O Universo Convoluto

Livro Um

Por
Dolores Cannon

Tradução: Tacia Duarte

© 2001 por Dolores Cannon
Primeira Tradução em português - 2023

Todos os direitos reservados. Nenhuma parte deste livro, em parte ou no todo, pode ser reproduzida; transmitida ou utilizada por qualquer forma; ou por qualquer meio, eletrônico, fotográfico ou mecânico, incluindo fotocópia, gravação; ou por qualquer sistema de armazenamento e recuperação de informações, sem autorização prévia por escrito da editora Ozark Mountain Publishing, exceto no caso de breves citações incluídas em resenhas e artigos literários.

Para permissão, serialização, condensação, adaptações ou para nosso catálogo de outras publicações, escreva para Ozark Mountain Publishing, Inc., PO box 754, Huntsville, AR 72740, ATT.: Permissions Department.

Dados de catalogação na Fonte da Biblioteca do Congresso Cannon, Dolores, 1931- 2014
O Universo Convoluto, Livro Um, por Dolores Cannon
     A continuação de Sob Custódia fornece informações metafísicas obtidas através de regressão hipnótica a vidas passadas de numerosos indivíduos.

1. Hipnose 2. Reencarnação 3. Terapia de vidas passadas 4. Metafísica 5. Atlântica
I. Cannon, Dolores, 1931-2014   II. Reencarnação   III. Metafísica IV. Título

ISBN: 978-1-956945-70-6

Tradução: Tacia Duarte
Design da capa: Victoria Cooper Art
Livro definido em: Times New Roman
Design do livro: Nancy Vernon
Publicado por:

PO Box 754
Huntsville, AR 72740
WWW.OZARKMT.COM
Impresso nos Estados Unidos da América

"99,9999% do que afeta nossa realidade será indetectável pelos nossos sentidos. O homem deve aprender a pensar por si mesmo, em vez de seguir cegamente o que lhe foi ensinado".
— Buckminster Fuller

"Os limites do possível só podem ser definidos indo além e alcançando impossível".
— Arthur C. Clarke

ÍNDICE

Introdução   i

SEÇÃO UM - A BUSCA PELO PRODÍGIO
1 .. Linda e Bartolomeu Entram em Minha Vida   3
2 .. Começam as Aulas   32
3 .. Os Dispositivos de Energia   56

SEÇÃO DOIS - CONTINUAÇÃO DE "SOB CUSTÓDIA"
4 .. As Transcrições Omitidas de Janice   79
5 .. O Planeta que Armazena Conhecimento   129

SEÇÃO TRÊS - MISTÉRIOS DA TERRA
6 .. Atlântida   157
7 .. O Mistério das Pirâmides   235
8.. Mistérios   261

SEÇÃO QUATRO - VIBRAÇÕES, FREQUÊNCIAS, E NÍVEIS DE ENERGIA
9 .. O Despertar   317
10.. O Lugar Chamado "Lar"   338

SEÇÃO CINCO - METAFÍSICA OU FÍSICA QUÂNTICA?
11.. Universos Paralelos   385
12.. A Energia e os Assistentes   424
13.. O Uso e Manipulação da Força Energética   465
14.. A Transformação do Corpo Humano   496
15.. A Pessoa Mecânica   542
16.. A Fonte de Deus?   563

Sobre o Autor   577

INTRODUÇÃO

É altamente recomendável a leitura do título "Sob Custódia" antes de abordar as informações deste livro. Esta é uma continuação ou sequência do livro citado. Sob Custódia é um relatório que aborda casos de Óvnis e abduções desde 1986, e cobre meu progresso do simples ao altamente complexo. Descobri que abduções e avistamentos eram a ponta de um iceberg, à medida que meu trabalho progredia, recebi informações cada vez mais complicadas. Quando esse livro foi compilado, percebi estar muito extenso, contendo informações que se desviavam do tema principal, Óvnis, indo em uma direção metafísica, altamente complexa. Foi então que decidi retirar algumas informações para colocar em um novo projeto que abordasse teorias mais elaboradas. O resultado é este livro.

Estou presumindo, talvez incorretamente, que quando o leitor chegar a este ponto em meu trabalho, estará familiarizado com minha formação como investigadora do paranormal, através do uso da hipnose. Minhas raízes na hipnose datam da década de 1960, quando comecei a trabalhar usando os métodos mais antigos de indução. Após alguns anos dedicada a cuidar da família, voltei à prática em 1979. Naquele novo momento, meu interesse era em trabalhar com terapias, utilizando hipnose na regressão à vidas passadas, então estudei os novos métodos de indução, mais rápidos, e que utilizavam visualização de imagens. Ao longo dos anos de terapia e investigação, desenvolvi minha própria técnica, utilizando exclusivamente o estado de transe sonâmbulo. Este é o método pelo qual consigo acessar uma vasta rede de informações, comunicando-me diretamente com a mente subconsciente.

À medida que meu trabalho progredia, percebi que, através dos meus paciente, outras entidades aproveitavam o estado de transe profundo para se comunicar. Esse fenômeno é recorrente, e mesmo depois de mais de 20 anos, novas informações continuam surgindo e serão relatadas em livros futuros. Foi-me dito que eu havia passado nos "testes" e poderia ter as respostas para quaisquer perguntas que eu desejasse fazer. Isso porque permaneci fiel às informações originais, sem mudar ou cesurar nenhuma parte. Considero-me uma repórter; uma investigadora da mente humana e do conhecimento "perdido", deste modo, a busca nunca termina.

    O leitor notará em meu trabalho que as entidades utilizam o intelecto da mente do indivíduo em transe. Buscando fornecer vocabulário apropriado, na tentativa de explicar o inexplicável, de uma maneira que os humanos possam compreender, eles nem sempre usam a gramática correta; ou geralmente inventam palavras com os substantivos e verbos mais próximos que encontrarem na mente do paciente. De qualquer maneira, funciona, e podemos entender o que estão tentando transmitir.

Dolores Cannon.

SEÇÃO UM

A BUSCA PELO PRODÍGIO

CAPÍTULO UM
LINDA E BARTOLOMEU ENTRAM EM MINHA VIDA

Inicialmente, pretendia incluir a história de Linda em "Sob Custódia", mas o livro cresceu tanto que tive que remover esta seção. A predestinação de conhecer e eventualmente trabalhar com Linda tinha muitos tons estranhos e incomuns. Nosso encontro inicial foi em minha primeira palestra em Little Rock, no Arkansas, no verão de 1989. O primeiro volume de "Conversas com Nostradamus" havia sido impresso e eu estava começando a promovê-lo, dando palestras e realizando sessões de assinaturas de exemplares, começando pelas redondezas, digamos assim. Depois que a palestra acabou, Linda foi uma das muitas pessoas que compraram um livro e estavam na fila de autógrafos. Enquanto assinei sua cópia, ela me entregou seu cartão de visitas e disse que se um dia eu precisasse de voluntários para minhas pesquisas, estaria disponível. Ela parecia constrangida e não disse mais nada naquele momento. Outras pessoas também me deram seus cartões, ou escreveram seus nomes e informações de contato em pedaços de papel. Alguns continham comentários que indicavam supostos encontros com Óvnis. Fiz anotações nestes cartões, prometendo entrar em contato com eles primeiro, pois na época, eu estava conduzindo investigações de Óvnis com Lou Farish, no Arkansas. Logo, percebi que seria impossível me encontrar com todos eles.

No passado, sempre tentei trabalhar com qualquer pessoa interessada em regressão hipnótica de vidas passadas, pois sabia ser muito relevante para a vida deles. Depois que meu primeiro livro foi publicado, o bombardeio de interessados começou, e logo percebi que as coisas não seriam mais tão simples. Minha vida nunca voltaria ao estilo normal de ritmo lento. Não havia como encontrar e conversar com todas essas pessoas, muito menos realizar sessões com todas elas. Presumi que a maioria deles eram apenas curiosos, procurando pela experiência e não as verdadeiras respostas para os problemas em suas vidas. Ao colocar todos aqueles cartões e pedaços de papel na minha bolsa, eu realmente tive a intenção de me esforçar para contatá-los, na medida do possível, e o cartão de Linda estava entre eles. Em pouco tempo, já estava envolvida em muitos eventos para entrar em contato com Linda e os outros. Naquela época, ela não era um indivíduo, mas apenas um rosto borrado na multidão. Um entre muitos.

Alguns meses depois, voltei a Little Rock para outra palestra e tive minha primeira sessão com Janice. Fiz um esforço especial para vê-la, pois ela suspeitava ter vivido uma experiência com Óvnis, e logo descobri que seu caso merecia uma investigação mais aprofundada. Combinei de trabalharmos toda vez que tivesse de realizar aquela viagem longa, de quatro horas até Little Rock. (A história sobre as coisas incríveis que descobrimos durante suas sessões foi relatada no livro "Sob Custódia", e na segunda seção deste título.)

Por coincidência, descobri que Linda era amiga de Janice e ela disse que Linda estava um tanto quanto desapontada por eu nunca ter retornado o contato. Expliquei a situação, disse estar sendo inundada de pedidos, que agora chegavam por telefone e cartas, portanto, eu precisava me tornar muito mais seletiva na escolha daqueles com quem teria tempo para trabalhar. Como Janice disse que Linda queria muito se encontrar comigo, com relutância marquei um encontro para minha próxima viagem a Little Rock, no inverno daquele mesmo ano. Relutei porque sabia que estaria muito ocupada. Eu já havia agendado várias sessões além de uma palestra, e sabia por experiências passadas, que também haveriam pessoas querendo ficar até tarde para ter a oportunidade de conversar comigo. Embora preocupada com a possibilidade de me sobrecarregar com muitos curiosos, por respeito à Janice, concordei em ver Linda. Eu, certamente, não alimentava nenhuma expectativa a respeito dessa sessão e nem podia imaginar que uma relação contínua surgiria.

Toda vez que eu viajava para Little Rock, eu ficava hospedada com minha amiga Patsy e ela me permitia marcar consultas para regressões em sua casa. Sempre havia privacidade, porque Patsy estava no trabalho. Quando Linda chegou, sentamos na sala de visitas para conversar. Ela era uma mulher atraente, provavelmente na casa dos 40 anos, bem vestida e com o cabelo arrumado graciosamente. Ela parecia não ser o tipo (se é que existe um tipo) de querer explorar uma regressão a vidas passadas, era uma mulher de negócios, que operava sua própria loja de animais. A maioria de seus filhos eram adultos e haviam saído de casa para seguir suas próprias vidas. Calma e de fala suave, levava uma vida cheia e ocupada, não parecia ser do tipo que encoraja sonhos ou fantasias ociosas.

Quando ela soube da minha primeira palestra, sentiu um impulso irresistível de assistir, embora não tivesse muito interesse em Nostradamus. Disse estar animada na noite da palestra, com um ar de grande expectativa, mesmo sem entender por quê. Enquanto estava sentada na plateia, durante minha apresentação, ela disse ao marido que sentia uma vontade incontrolável de falar comigo e mesmo o desejo sendo quase avassalador, hesitou em me abordar. Após a palestra, ela ficou na fila de pessoas esperando por autógrafos, ainda debatendo se deveria, ou não, dizer algo. Ela estava com medo de como aquilo poderia soar, mas seu marido a encorajou, dizendo que se ela estava sentido algo tão forte, deveria ir à diante. Quando chegou sua vez na fila, tudo que pôde concretizar foi me entregar seu cartão e dizer que gostaria de trabalhar comigo. Claro que naquele momento, ela não sabia que eu já havia ouvido mesmo pedido inúmeras vezes. Nossa conversa foi muito breve e quando ela saiu do auditório coloquei seu cartão com os outros, dentro da minha bolsa. Esqueci o incidente, até que o destino nos reuniu, aqui na sala de Patsy.

Quando questionei Linda sobre suas razões para realizar a regressão, ela não soube me dizer. Não estava procurando respostas para nenhum problema, nem tinha curiosidade sobre vidas passadas. Era uma compulsão que não a deixava em paz e ela sentiu ter algo para me dar, sem imaginar o que poderia ser. Como, na ocasião, meu trabalho era referente a Nostradamus, ela pensou, vagamente, que poderia ter algo a ver com o tema. Eu já estava trabalhando com várias pessoas na finalização daquele projeto, que resultou em mais dois volumes de "Conversas com Nostradamus", e realmente, não precisava de uma recém-chegada que morava a quatro horas de distância. Ela também não tinha nenhum conhecimento sobre os outros projetos que eu estava envolvida, então, estávamos completamente perdidas quanto ao motivo daquele encontro.

Suspirei, pensando que a regressão provavelmente acabaria sendo uma vida passada simples e mundana, sem nenhuma importância, a não ser para ela mesma. Eu havia conduzido muitas dessas regressões durante os últimos dias e realmente não estava com vontade de fazer mais uma, e por estar me recuperando de uma dor de garganta, minha energia estava baixa durante toda a viagem. Embora cansada, sabia que deveria realizar a sessão, por ela. Quando começamos, eu não esperava absolutamente nada, e logo fui agradavelmente surpreendida, pega completamente desprevenida. Mais um exemplo de iniciar algo sem expectativas e descobrir que o palco estava sendo montado, por forças além do meu controle.

Usei meu método normal de indução hipnótica, colocando Linda em uma vida passada. Quando ela entrou na cena, sua voz estava tão relaxada e calma, que era difícil de ouvir. Eu sabia, por experiência, que sua voz ficaria mais alta à medida que conversássemos. Ela viu folhas no chão e sabia que estava em uma floresta, mas ficou surpresa ao ver que seu corpo era de um homem. Usava botas até os joelhos e uma camisa de manga comprida. A descrição era de um jovem, vinte e poucos anos, com barba, bigode e longos cabelos castanhos ondulados. Seus olhos eram de um azul penetrantes e se ocupava cortando lenha na floresta, perto de onde morava. Isso pareceu intrigar Linda:

L: Estou tendo a sensação de que realmente não preciso fazer isso. Outras pessoas fariam isso por mim, mas gosto, assim posso ficar só e aprecio muito a sensação de alegria do trabalho.

Ofereci a sugestão para que ela visualizasse o lugar onde morava.

L: É um castelo, com uma ponte levadiça e bandeiras hasteadas no topo das muralhas. Meu pai é o rei.

D: *Então você realmente não precisa cortar lenha, precisa?*
L: Não, mas é divertido. Me sinto bem. (Baixinho) As pessoas pensam que sou louco.
D: *Por que pensam isso?*
L: Porque gosto de trabalhar. Eu não gosto da vida na corte. É tão superficial. Quando você trabalha com as mãos, sente uma sensação de realização que nada mais pode dar.

Seu nome era Bartolomeu, morava no castelo com sua família e muitas outras pessoas, incluindo servos. "É uma comunidade bastante grande. Vivemos todos juntos."

D: *Pelo menos, você não fica solitário, fica?*

L: Ah! Sim. Eles não se importam comigo, não sabem do meu interesse em aprender e não se importam com o conhecimento. Estou feliz do meu jeito.

A situação em seu país não era pacífica, havia perigo e eles tinham que ficar perto das muralhas do castelo.

L: Os camponeses querem se revoltar. Eles não são muito bem tratados, então, não seria seguro sair sem uma escolta.
D: O que seu pai pensa sobre como as pessoas estão se comportando?
L: A culpa é dele! Ele não é muito gentil e apenas os usa para benefício próprio. Não tenta ajudá-los.
D: Você disse ser interessado em conhecimento. O que gosta de estudar?
L: Sim! Gosto de estudar as estrelas... O universo. É por isso que as pessoas pensam que sou louco.

Imagino, é claro, que ele estava falando sobre astronomia ou astrologia.

D: O que as pessoas sabem sobre as estrelas na época em que você vive?
L: Acreditam serem apenas pedacinhos cintilantes da Lua.
D: Não existem outras pessoas em seu tempo que gostem de estudar as estrelas?
L: Apenas um. Ele é meu amigo.
D: Foi ele quem te ajudou a aprender essas coisas?
L: Sim. Ele não é daqui e sabe muitas coisas, mas está muito velho e logo me deixará.
D: Talvez, ele possa passar seu conhecimento adiante.
L: Sim, é isso que ele está fazendo agora. É uma responsabilidade muito grande que devo carregar quando ele se for. Então será meu conhecimento. Tenho que aprender e passar adiante, para não se perder, quando eu morrer. Não deve ser perdido.
D: Que tipo de conhecimento? Sobre as estrelas?
L: É o conhecimento do universo. Toda a criação de Deus. Não apenas desta Terra, mas de muitos, muitos, muitos universos e estrelas que estão tão distantes que nós humanos não podemos sequer conceber. Este homem, com quem estudo, já esteve em muitos

lugares e veio aqui para me presentear com esse conhecimento, na esperança de que minha mente o transmita para as futuras pessoas que virão. Para não terem mais medo.
D: *Você disse que esse senhor veio de outro lugar?*
L: Sim, ele veio de Plêiades.
D: *É mesmo?*

Agora meu interesse foi capturado. Esta não seria uma "simples" regressão.

D: *Onde é isso?*

Eu sabia ser uma formação de constelações, mas queria saber o que ele diria.

L: É... na Via-Láctea. Muito longe daqui.
D: *Isso não lhe parece impossível?*
L: Não. Ele veio aqui em um feixe de luz... (confuso) o que é muito difícil para eu entender.
D: *Suponho que sim. Quando você o conheceu, achou essas ideias difíceis de acreditar?*
L: Não. Eu sabia que era assim. Há muitas coisas sobre a criação que nós humanos não entendemos, só podemos sentir em nossos corações.
D: *Como é esse homem?*
L: Ele é um senhor muito velho e curvado, tem os cabelos brancos e veste uma túnica. É um senhor muito, muito simples.
D: *Onde mora?*
L: Não sei. Ele simplesmente vem até mim. Onde quer que eu esteja, ele simplesmente vem até mim.
D: *Como ele consegue fazer isso?*
L: Não sei. No começo pensei ser um mago, mas não sei se é exatamente isso. Acredito que ele tem poderes que não concebo neste momento, pois meu intelecto não é avançado o suficiente para que eu possa entender.
D: *O que as pessoas de sua época acreditam sobre magia?*
L: É um modo de vida aqui. Existem magos, mas eles são falsos. Meu pai dá muita importância à essas pessoas, mas eles não são quem dizem ser.

D: *Parece-me que ele se interessaria pelo seu amigo.*
L: Não, porque não posso contar-lhe sobre este homem. Sua existência estaria ameaçada.
D: *Você estuda com esse homem há muito tempo?*
L: Estou estudando já faz cinco anos. Eu tinha... vinte anos quando o conheci.
D: *O que você pensou quando ele chegou pela primeira vez?*
L: Ah! Pensei: "Por que eu? Não preciso disso, me deixe em paz". (Relembrando) Eu estava sentado na floresta, debaixo de uma árvore, contemplando minha vida e quando abri os olhos, ele estava bem na minha frente. Perguntei-lhe quem era e ele me disse: "Vim de muito longe para lhe ensinar coisas qual a existência você não pode conceber". Então respondi: "O que faz você pensar que quero aprender essas coisas? " Ele me disse: "Porque está destinado a ser, por isso você vai aprendê-las."
D: *Como se você não tivesse escolha?*
L: Foi o que eu lhe disse. "Farei o que bem me agradar." Ele respondeu: "Sim, e você terá o prazer em aprender."
D: *Ele parece um homem interessante. (Ela riu.) Demorou muito para convencê-lo?*
L: Não. Eu sabia em meu coração que seria assim.
D: *Mesmo tendo acontecido de maneira estranha. Então, Ele vem te visitando durante todos esses anos, onde quer que você esteja?*
L: Sim. Na maioria dos dias. Ele não me deixa descansar com muita frequência, há muito o que aprender. Ele me disse que quando se for, devo encontrar um prodígio muito mais jovem do que eu, e assim, o conhecimento viverá. Não posso escrever estas informações.
D: *Por que não?*
L: Devido aos perigos de ser destruído. Deve ser um conhecimento vivo, passado de uma geração à outra. Apenas os escolhidos têm permissão para receber esse conhecimento. Sinto-me muito agradecido e afortunado por ser o escolhido no meu tempo.
D: *É uma grande responsabilidade.*
L: É uma grande honra, mas sinto que o peso dessa honra pressiona minha alma demasiadamente.
D: *Então você deve lembrar o que ele diz, sem nada anotar?*
L: Exato, não posso escrever. Ficará armazenado em meu intelecto e quando encontrar meu prodígio tudo será lembrado, como que por

mágica. Tudo virá na sequência adequada para que esse prodígio entenda exatamente o conhecimento que ele precisa ter. Então ele irá armazená-lo, exatamente como eu fiz. Não é permitido escrever.

D: *Você não teme esquecer alguma parte?*
L: Não. O intelecto é muito vasto. As pessoas não entendem o intelecto.
D: *Por esse conhecimento ser passado de uma geração para outra, não existe o perigo de ser alterado?*
L: Não, há algo que o mantém intacto no intelecto.
D: *Estou pensando em como as pessoas são, geralmente tendem a mudar as informações ao longo do tempo.*
L: Mas fica guardado em um lugar muito especial e só pode ser usado no momento certo. Não posso discuti-lo abertamente com ninguém, só no momento apropriado, e então, essa parte do intelecto é ativada para liberar a informação.
D: *Mas não teria problema algum se você me falasse dessas coisas, sim? É porque não represento nenhuma ameaça para você?*
L: Isso mesmo.
D: *Este homem veio especialmente para vê-lo ou está vivendo na Terra?*
L: Ele vem só para me ver. Acredito que os outros não podem vê-lo. Eles me ouvem falando com ele, é por isso que me consideram louco.
D: *Isso seria confuso, não seria?*
L: Sim, mas tudo bem. Sei que não sou louco. Estamos muito isolados onde moro e não há muitas pessoas nesta área. Vivemos muito longe da maioria dos outros reinos.
D: *Vocês aprendem algum tipo de crença religiosa?*
L: Acreditamos somente em mágica...usando o fogo. O Deus do fogo é muito poderoso.
D: *Isso é parte do que os magos ensinam? É por isso que seu pai acredita nessas coisas?*
L: Sim. Ele está muito enganado.
D: *Então essa informação não seria para ele, certo?*
L: Não. Ele não pode conceber essas coisas, não iria aceitá-las. Devo viajar para muito longe.
D: *Já lhe disseram isso?*

L: Sim. Quando meu ensino terminar, terei que viajar muito, para muito longe, encontrar um prodígio e passar esse conhecimento. Eu nunca mais retornarei para a minha floresta. É por isso que devo aproveitar agora.
D: *Você não seria capaz de encontrar alguém adequado onde você mora? (não) Como você se sente tendo que partir?*
L: Muito triste.
D: *Você é o herdeiro do reino?*
L: Não, sou o filho mais novo. Se eu fosse o herdeiro, não teria sido escolhido para realizar este trabalho.
D: *Você teria outras responsabilidades.*
L: Sim! Como não tenho nenhuma, posso ir.
D: *Estou muito interessada na informação que lhe será passada, mas deixaremos essa cena e agora, eu quero que você avance no tempo. Vá para um dia importante, um dia em que algo que você considera especial, esteja acontecendo.*

Tudo até então foi estranho o bastante para despertar meu interesse, mas eu não estava preparada para o que veio depois.

D: *(Longa pausa) O que é? O que você vê?*
L: (Enfático) Estou no universo, em uma viagem, uma missão a campo.
D: *Como isso está ocorrendo?*
L: Me pediram para ir nessa missão, para dar minhas opiniões a outros, em uma terra distante. Estou viajando muito rápido, mas não parece, parece que mal saí do lugar.
D: *Como você está viajando?*
L: Estou em uma... cápsula.
D: *O que é isso?*
L: É uma coisa redonda.
D: *É grande?*
L: Não. É apenas uma pequena sala oval, ou melhor, uma pequena porção oval de luz, não há mais ninguém neste lugar além de mim. Eu não... eu não estou dirigindo. Parece viajar sozinho.
D: *Você está sentado dentro dela?*
L: Estou de pé, mas poderia sentar, se quisesse.
D: *Então é grande o suficiente para ficar de pé?*

L: Sim. Tem uma janela, uma abertura, mas não dá para atravessar a mão por ela.

D: *Por que não?*

L: Porque tem um tipo de cobertura que não permite saída, mas permite que você observe o que está ao seu redor, do outro lado.

Isso ocorre repetidamente quando regrido pessoas ao período da Idade Média. Eles não sabem o que é vidro. Deve ter sido incomum durante esse tempo, pois este é um padrão que se repete. Quando tais observações são repetidas, elas têm validade, porque cada indivíduo não sabe o que as outras pessoas relataram. Estas são algumas das pequenas coisas que aprendi a observar, à medida que fui praticando.

D: *O que você está vendo através da abertura?*

L: Estou vendo que está muito escuro lá fora, muito escuro mesmo. Uma escuridão muito pacífica e, ocasionalmente, vejo coisas flutuando ao meu redor. Não há muita cor aqui, diferente da Terra. Muito preto e cinza. Nada de cor.

D: *Que tipo de coisas você vê flutuando?*

L: Ah! Vejo formações de... algumas rochas negras.

D: *Como você chegou neste pequeno lugar?*

L: Eu estava dormindo, fui acordado e perguntado se gostaria de vir. Eu disse: "Claro!". Então dormi novamente e percebi estar neste pequeno lugar. Não sei como cheguei aqui, tudo o que sei é que apenas consenti em vir e aqui estava.

D: *Foi seu amigo que te perguntou?*

L: Não. Ele disse conhecer meu amigo, mas era de outro lugar no universo, não de Plêiades. Um planeta chamado (Fonético: Mycon) Micon......Micon. Micon? Fica do outro lado de Plêiades. Nunca ouvi falar desse lugar.

D: *Como era essa pessoa?*

L: Ele era pequeno, muito pequeno e não tinha cabelo. Tinha uma cabeça redonda imensa.

D: *Você pôde ver como era o rosto dele?*

L: Não me lembro se ele tinha rosto, só me lembro de sua cabeça ser grande e redonda, com um corpo pequeno. Perguntei-me na hora; como ele mantém o equilíbrio, sendo tão desproporcional?

D: *Claro! Era de noite, sendo difícil enxergar suas feições, certo?*

L: Não. É porque ele era... (em dúvida) prateado? Brilhante? Ele era prateado e muito brilhante.
D: *(Surpresa) Você quer dizer que ele brilhava?*
L: Sim. Era por isso que eu não conseguia ver seu rosto, porque estava muito claro e eu estava adormecido, não consegui ver direito. (Linda olhou para baixo.) Estou usando um grande cinto. (Movimentos de mão.) Um grande cinto na minha cintura. É muito grosso e muito quente, também é prateado, com compartimentos como bolsas na frente. Estou me perguntando: "Por que estou usando este cinto e para que serve?" Não é couro, não é duro, é muito macio e não parece com nada que eu conheça. (Fazendo gestos com as mãos, ela também parecia examiná-lo.) Não há começo neste cinto, nem fivela. Não me lembro de colocá-lo e isso me angustia um pouco.
D: *Há algo nas bolsas?*
L: Parece que sim, mas não há abertura, então não consigo ver dentro. (O cinto parecia incomodá-lo.) Penso que logo me dirão por que estou vestindo esse cinto.

A voz nesta parte parecia mais velha e tinha uma pronúncia distinta, diferente da voz normal de Linda.

D: *Isso não irá incomodá-lo. É apenas uma curiosidade.*
L: Sim. É um sentimento muito estranho, como se meu estômago estivesse se expandindo por baixo do cinto.
D: *Mas é uma sensação desconfortável?*
L: Não. É leve, muito leve.
D: *Você está vestindo suas roupas comuns por baixo do cinto?*
L: Não, não, não. Eles me fizeram deixá-las no meu quarto. Estou usando... (Ele parecia estar examinando.) Também é brilhante. Eu não sei o que é essa coisa. A roupa é muito leve e envolve todo o meu corpo. Estou usando esses sapatos, não são botas, são sapatos. É tudo junto, tudo uma coisa só. Estou envolto nele, no entanto, não tenho um chapéu.
D: *Tem algo nas paredes, ou o local está vazio?*
L: Deixe-me ver. (Longa pausa) Há uma janela enorme.
D: *Diferente da pequena abertura?*
L: Não, esta é a abertura. É muito longa. (Pausa) Estou me perguntando onde fica a porta. Eu não vejo uma.

D: *Fica cada vez mais interessante, não é?*
L: Sim! Eu me pergunto para onde estou indo.

Assim que ele se perguntou isso, as respostas começaram a vir. Pareciam vir de outro lugar, porque era como se ele estivesse repetindo o que estava ouvindo. Era uma informação nova para ele.

L: Eles me dizem que não levará muito tempo. Visitarei um novo lugar onde as pessoas foram para começar uma nova vida e, ... a razão de eu ir para lá é... (Surpreso) para encontrar meu prodígio! (Com alegria) Encontrarei meu prodígio! Tenho procurado por tanto tempo.
D: *Você não o encontrou na Terra?*
L: Não! Procurei em todos os lugares, e estou muito velho agora. Eu estava com tanto medo de não encontrá-lo a tempo. (Com deleite e prazer.) É para lá que vou! Estou indo para este novo lugar para encontrar meu prodígio!

De repente tive uma ideia. Esta era uma oportunidade boa demais para deixar passar.

D: *Você estaria disposto a compartilhar o conhecimento que lhe foi ensinado, não apenas com seu prodígio, mas comigo?*
L: Terei de perguntar primeiro. Eu não poderia, a menos que eu peça.

Chequei o gravador e vi que nosso tempo estava se esgotando.

D: *Tudo bem. Quando eu voltar em outro momento e falar com você, teria tempo para pedir e obter permissão?*
L: Sim! Perguntarei.
D: *Talvez você possa compartilhar com dois prodígios, porque também sou muito curiosa!*
L: (Deleite) Ah! Não seria maravilhoso? (Quase em êxtase) Oh! Isso seria duplamente maravilhoso!
D: *Então, eu gostaria que você pedisse permissão e quando voltar, retomaríamos deste ponto.*
L: Isso seria bom. Eu estava muito preocupado caso esse conhecimento se perdesse. Agora estou feliz em encontrar meu prodígio. Mas me perturbou muito que meu conhecimento

pudesse se perder nesta Terra. Isso seria uma pena, porque mesmo que as pessoas aqui sejam muito primitivas e não se importem com essas coisas, esse conhecimento deve permanecer.

D: *Eu concordo. Pedirei que continue a sua viagem. Eu não irei interferir na jornada de Bartolomeu, mas quero que a outra parte de Linda, com quem estou falando, saia dessa cena e avance no tempo.*

Eu, então, condicionei Linda com uma palavra-chave e a trouxe de volta à consciência plena. Estava desapontada por ter colocado apenas uma fita de 60 minutos no meu gravador quando começamos esta sessão, mas não tinha como saber que esse tipo de informação surgiria. Esperava uma vida passada monótona e mundana; e foi assim que começou. Normalmente consigo passar por uma vida inteira em uma sessão de 60 minutos, porque nada de espetacular acontece nas vidas simples. Quando Bartolomeu começou a falar sobre o estranho visitante e as informações que ele estava obtendo, sabia que não poderia completar a história em uma sessão, então nem tentei. Eu sabia que este seria um novo projeto que levaria várias semanas para ser concluído, caso eu tivesse acesso às informações ocultas. Aparentemente, estava embarcando em uma nova aventura, embora nossa conversa, de antemão, não tivesse indicado nada desse mérito no subconsciente de Linda.

Linda parecia confusa e ainda grogue quando acordou. Ela comentou: "Eu tinha uma mensagem para lhe entregar, me lembro disso e sinto uma grande responsabilidade. É realmente importante. Não sei qual é a mensagem. Só sei haver muito conhecimento que, nós humanos, não temos. Foi-nos tirado, devido ao nosso modo primitivo e tantos medos acumulados . Agora é hora de ser devolvido e por alguma razão você e eu fomos escolhidas para trazer de volta ao planeta. É uma responsabilidade enorme. Sinto isso pesando em minha alma. Isso é tudo que lembro sobre a sessão."

Era óbvio que ela estava em estado sonambulístico, porque estava em transe tão profundo que não conseguia se lembrar de mais nada do que foi dito durante a sessão.

Agora, eu estava definitivamente interessada em seguir essa história. Para mim, foi como abrir a caixa de Pandora. Amo um mistério e quando alguém diz que vai me contar conhecimentos perdidos que preciso saber, isso é intrigante demais para ser ignorado. O único problema seria a distância que eu teria de percorrer para trabalhar com Linda. Assim, decidi vir a Little Rock pelo menos uma vez por mês e tentar trabalhar com ela e Janice no mesmo fim de semana.

* * *

Agora, entre Janice e Linda, existiam dois projetos em desenvolvimento. Senti que para trabalhar com elas, deveria realizar uma viagem especial à Little Rock em janeiro de 1990, e não fazer nada além de ter sessões. Pretendia dedicar toda a viagem para trabalhar no material vindo das duas mulheres. Isso seria fácil, já que não tinha nenhuma palestra agendada. Meus amigos não contariam a ninguém sobre minha visita à cidade, assim poderíamos manter os curiosos afastados. Claro que não saiu como planejamos. Um conhecido descobriu que eu estava vindo e queria marcar uma regressão. Embora estivesse cansada da longa viagem, agendei para a noite em que cheguei, sexta-feira, assim, poderia dedicar o resto do fim de semana às duas mulheres.

A princípio, ponderei alternar as sessões, mas depois decidi que seria mais fácil seguir o embalo das histórias individuais e me concentrar em uma de cada vez. Além disso, se alternássemos, isso significava que uma mulher teria de esperar enquanto conduzia a sessão com a outra. Decidimos trabalhar com cada uma em dias separados. Tentaria realizar três sessões com Linda no sábado e três, com Janice, no domingo. Essa foi a primeira vez que tentaria algo do tipo e não sabia como isso as afetaria. Era possível que ficassem cansadas, mas não tão cansadas quanto eu, pois, para elas, a sensação seria de tirar curtas sonecas ao longo do dia. Seria uma experiência, e não sabíamos como funcionaria. Mas, se desse certo, eu conseguiria fazer o equivalente a um mês de trabalho, em apenas um dia.

* * *

Minha primeira sessão com Linda começaria no sábado de manhã. Quando ela chegou para as sessões, vi que seu antebraço direito estava engessado. Ela caiu no gelo, antes do Natal e o quebrou. Fiquei preocupada, caso muito desconfortável, poderia ser uma distração durante nosso trabalho. Ela poderia não descansar direito e isso interferir no transe profundo. Linda, então, colocou um travesseiro na barriga e apoiou o gesso sobre ele.

Antes de buscar as informações que Bartolomeu deveria me dar, eu queria descobrir mais sobre seu passado. Mais tarde, se um livro fosse escrito, isso seria necessário para preparar a história. Teria que descobrir o que aconteceu em sua vida, entre nosso primeiro encontro e sua jornada de busca na nave espacial. Esta foi a primeira ordem do dia. Usei a palavra-chave de Linda, que funcionou imediatamente. O gesso em seu braço não parecia causar nenhum problema, ela conseguiu ignorá-lo quando entrou em um profundo transe sonambúlico. Então, realizei a contagem regressiva e a levei até a época de Bartolomeu. Logo, perguntei o que estava fazendo.

L: (Novamente, ela começou com uma voz lenta e suave) Estou num terreno. Fica nos muros da cidade. Parece um mercado. Há muita atividade, muitas coisas acontecendo hoje. Pessoas com suas mercadorias para vender. Pessoas produzindo no local. O ferreiro está lá. Crianças correndo. Cães, animais. Está muito ocupado hoje. Estou aqui porque é a celebração da colheita do equinócio de outono. É por isso que há tanta movimentação. É o tempo após a colheita e as pessoas estão comemorando a boa fortuna, também se reúnem para agradecer aos deuses pelos favores concedidos durante a estação de crescimento. Esta celebração durará três dias e três noites, culminando em uma grande festa na última noite.

D: *Que tipo de deuses vocês adoram?*
L: São muitos. Existem os deuses dos elementos. Os deuses da terra. O deus do Sol e da Lua; do vento e da chuva.
D: *Você teria algo em seu país chamado "igreja"? (Pausa, como se não entendesse.) Como a Igreja Católica?*
L: Eles vieram aqui muitas vezes para tentar converter os camponeses, mas não foram aceitos. Os que vieram, foram apedrejados e agora nos deixam em paz.
D: *As pessoas não gostaram deles tentando mudar suas crenças?*
L: Não, porque nos chamavam de pagãos e nos tratavam mal, como se não fôssemos bons o suficiente.
D: *Seu povo ainda adora a antiga religião, certo?*
L: Exato.

D: *Você já teve contato com seu professor? (Pausa) Você sabe o que quero dizer?*
L: Falei com alguém recentemente, mas ele não me disse ser meu professor.

Aparentemente, havíamos entrado em sua vida mais cedo do que quando falamos em nossa primeira sessão.

L: Ele é um homem muito velho. Não é daqui e me visitou há um tempo atrás, quando eu estava na floresta. Ele estava andando e eu estava sentado debaixo de uma árvore, contemplando. Ele simplesmente caminhou até mim. Tinha uma mochila, uma bolsa nas costas, então presumi que ele estava viajando para algum lugar. Nós apenas conversamos, só isso.
D: *De onde ele disse que veio?*
L: Ele não falou. Disse apenas vir de um lugar muito distante, um lugar que eu não conhecia. Perguntou-me no que eu estava pensando tanto e eu disse estar apenas contemplando minha vida. Falamos sobre coisas dessa natureza e sobre como as pessoas não entendem.
D: *É assim que você se sente? Que as pessoas não te entendem?*
L: Sim. É como se eles tivessem um conceito totalmente diferente do que está acontecendo em suas vidas. Eles não vivem da mesma maneira que eu gostaria de viver minha vida.
D: *Este senhor pensa como você?*
L: Ah! Sim. Ele disse ser a época e isso as pessoas não percebem.
D: *Que bom que você encontrou alguém com quem pudesse conversar!*
L: Sim. Fiquei muito triste por vê-lo partir. Mas ele disse que poderia voltar por esses lados em breve e, talvez, pudéssemos conversar novamente.
D: *Isso seria ótimo! Ele te disse seu nome?*
L: Sim. Seu nome era muito estranho. Seu nome era... Christopher. Eu nunca ouvi esse nome antes. Achei muito estranho, de qualquer forma.
D: *Você quer dizer ser um nome estranho para o seu país?*
L: Eu nunca ouvi antes. Ele era um homem velho, e me parece que esse nome deveria ser para um jovem. Quando digo seu nome, me dá uma sensação muito pacífica.

D: *Mas agora você está se divertindo lá no festival, não é?*
L: Ah! Sim. Muita comida fresca e diversas mercadorias feitas pelos camponeses. Muito canto e dança.
D: *Que ótimo dia! Agora deixaremos essa cena, vá se desligando dessa cena. Quero que você avance no tempo para quando você for mais velho, nessa mesma vida. O que você está fazendo agora? O que você vê?*
L: Estou em uma cidade longe da minha casa, tem ruas de pedra, tem muita sujeira e... muitos mendigos. É muito triste, eu não gosto daqui.
D: *A cidade tem um nome?*
L: Tive de pegar um barco para chegar até aqui. Fica no país da Inglaterra, e o nome da cidade é Liverpool. É muito horrível aqui.
D: *O que você está fazendo aí?*
L: Viajei muito para ver como as pessoas vivem neste planeta, para conhecer as diferenças. Às vezes fico por longos períodos e às vezes parto brevemente. Provavelmente deixarei este lugar amanhã. Aqui é muito triste, me aflige ver o nível à que as pessoas caíram e a maldade entre elas.
D: *Mas você disse que visitou outras cidades e outros países também?*
L: Ah, sim, muitos! Nos últimos dez anos, aproximadamente, tenho viajado de um lugar para o outro.
D: *Quais são alguns dos países que você visitou?*
L: Visitei a Gália e Roma. Já visitei muitos lugares. Visitei o Leste! A maioria das pessoas nunca esteve lá.
D: *O que está no Leste?*
L: Ah! É um país muito grande. Eles têm uma cor de pele diferente e a filosofia de vida deles é muito diferente da nossa. São muito sábios e fazem uma coisa chamada "meditação", onde entram em contato com seu (teve dificuldade) ... conhecimento interior.
D: *Quando você vai para esses outros países, como viaja?*
L: Eu ando.
D: *Seria um longo caminho, não seria?*
L: Ah, sim. Às vezes, se existe água no caminho, devo pegar um barco, mas geralmente ando.
D: *Como você sabe para onde ir?*
L: Oh, eu apenas vou aonde sinto que devo ir. Escolho uma direção e apenas vou.
D: *Você tem que se preocupar em ter dinheiro ou comida?*

L: Às vezes. Geralmente, encontro alguém ao longo do caminho e eles são muito gentis comigo. Eles me acolhem por um tempo, e até agora não tive que me preocupar. Tenho sido bem cuidado.

D: *Você saberia me dizer, agora, o nome do país de onde você veio? Onde você morava quando era mais jovem?*

L: Às vezes as pessoas chamam de coisas diferentes. Algumas pessoas chamam de... (difícil) Seeton (fonético). (Longa pausa) Não me lembro. Não tem nome como tal. É um reino próprio, e eles não viajam de lá, de jeito nenhum.

D: *Então era muito incomum você sair?*

L: Sim. Ninguém nunca sai de lá.

D: *Foi muito corajoso de sua parte, querer ir embora.*

L: Eu realmente não queria ir embora, mas me disseram que eu deveria ir. Disseram-me para ir e ver como era a vida em diversos outros lugares, mas que não me preocupasse, pois, eu seria cuidado em minhas viagens. E assim tem sido, nunca estou sozinho.

D: *Seria assustador sair pelo mundo, sem conhecer ninguém.*

L: Foi, no início. Fiquei paralisado.

D: *Quem lhe disse para fazer isso?*

L: Meu amigo que vem a mim periodicamente. Ele disse ser importante ver como era a vida à fora. Disse que meu reino estava tão isolado, que se eu não descobrisse por mim mesmo, nunca poderia imaginar, nem em um milhão de anos, como as outras pessoas eram e vivam.

D: *O que você aprendeu sobre as pessoas?*

L: Aprendi muitas coisas sobre a cultura das pessoas. Como a onde moram e a maneira como vivem suas vidas pode influenciar sobre como eles enxergam a vida; alguns são bons, outros, maus; e como alguns são tão ignorantes que só enxergam o próprio nariz.

D: *Todo mundo fala línguas diferentes, não é?*

L: Sim, falam.

D: *Você tem dificuldade em se comunicar com eles?*

L: Não. Meu amigo me ensinou muitas coisas, uma delas é focar no meio da testa e a comunicação pode ocorrer sem palavras, de mente para mente. Não é como uma conversa, mas uma troca de informações.

D: *A outra pessoa também precisa se concentrar?*

L: Não. Eles ficam surpresos no começo. Eles começam a falar comigo, e quando eu fixo meu olhar neles, é como se uma calma pairasse e então nos comunicamos. Depois que nossa comunicação termina, eles continuam de onde paramos. É muito estranho.

D: Eles se lembram depois?

L: Não. É como um lapso de tempo que acontece e eles nem ficam cientes.

D: Existe uma razão para isso?

L: Sim. Porque eles ficariam com muito medo se soubessem e provavelmente me matariam por conta desse medo. Eles pensariam que sou maligno.

D: Esse tipo de comunicação facilita para você, não é?

L: Ah, sim, muito. Eu não poderia falar com eles de outra forma. É uma habilidade muito útil. Falo com os camponeses, com nobres, com reis, com agricultores e comerciantes. Tem sido bastante educativo.

D: Você conheceu pessoas importantes, como reis?

L: Sim, em minhas viagens, às vezes encontrei reis e às vezes apenas os nobres. Encontrei sacerdotes e sumos sacerdotes, suas filosofias, a meu ver, são sempre interessantes. São sempre muito justos, o que acho jocoso, mas não digo isso a eles.

D: Eles costumam pensar que sua filosofia própria é a única?

L: Sim, sim, isso é o que acho divertido.

D: Outra vez, quando falei com você, disse que também estava procurando por alguém. Isso é verdade?

L: Sim. Procuro um jovem para poder ensinar, antes de eu partir, tudo o que me ensinaram, assim ele poderá realizar meu trabalho. Até o momento não tive sorte de encontrá-lo.

D: Como você saberá quem ele é?

L: Saberei imediatamente. Receberei um sinal, e então, saberei.

D: Você sabe qual será o sinal?

L: Não, mas me disseram que quando começarmos nossa comunicação, serei avisado.

D: Seria essa uma das razões pela qual você viaja? Você não acredita ser possível encontrar esse jovem em seu próprio reino?

L: Sim. Também estou aprendendo muitas coisas e posso contar a este jovem o que vi.

D: Você viu muitas coisas maravilhosas, suponho.

L: Sim. Também vi coisas muito ruins, mas é disso que se trata a vida, te entrega o bom e o ruim.

D: *E não podemos fazer nenhum julgamento.*
L: Não. Isso não serviria para nada. Neste momento não posso fazer nada para melhorar as situações com as quais me deparo. Por hora, estou apenas coletando informações.
D: *Sim, seria inútil tentar ajudar uma quantidade tão grande de pessoas.*
L: Eles não ouviriam. Não estão prontos para fazer quaisquer mudanças em suas perspectivas neste momento.
D: *Suponho que você seja como um observador? O que sua família pensou quando você decidiu partir?*
L: Eles ficaram tristes, no entanto, sempre me acharam louco e viram apenas como mais uma de minhas loucuras.
D: *Você nunca foi como eles.*
L: Exato. Então, eles simplesmente deixaram "para lá". Sinto falta deles às vezes.
D: *Imagino que você se sinta solitário.*
L: Sim. Mesmo não sabendo as coisas que sei, uma família é um lugar muito reconfortante para se estar.
D: *Sim, eu posso entender isso. Então agora você está em um lugar chamado Liverpool?*
L: Sim. Sairei daqui amanhã. Provavelmente irei para a Espanha.
D: *Você terá que pegar um barco novamente? (Sim, sim.) Você já considerou viajar para o outro lado, cruzando do oceano?*
L: Tem havido boatos sobre isso, no entanto, não acredito que neste momento existe nenhuma rota comprovada. É um oceano muito grande lá fora, não estou pronto para me engajar nesse projeto por enquanto.
D: *Você quer dizer que as pessoas não viajam nessa direção?*
L: Há muita discussão sobre o assunto. Um homem, chamado Colombo, acredita que a Terra é redonda, mas as pessoas riem dele.
D: *Você conheceu um homem chamado "Colombo"?*
L: Não, eu não o conheci, só ouvi falar, através dos moradores da cidade. Falavam sobre ele e riam. Pensei comigo mesmo, que triste. Então eu apenas fiquei lá escutando por um tempo, imaginei que talvez pudesse ajudá-lo de alguma forma, mas me disseram melhor não. De qualquer maneira, ele está certo, ele não sabe o quão certo está.
D: *Como você sabe?*

L: Meu amigo me contou sobre essas coisas. Eu poderia ajudar este homem, Colombo, em sua jornada, mas me disseram para ficar em silêncio.

D: *Seu amigo disse haver um mar à fora?*

L: Ele me mostrou imagens. Não eram desenhos, eram, o que ele chamava de "fotografias". Eu não entendo o que são essas fotografias, são como imagens, mas não é como nada que eu já tenha visto. Não é desenhado ou pintado e são muito bonitos de ser ver. Ele sempre me mostra coisas inacreditáveis sobre esta Terra, coisas que eu nunca poderia imaginar.

D: *Você pode compartilhar isso comigo?*

L: Era como se eu estivesse muito longe, no céu noturno, olhando para baixo, lá de cima. Belíssimo! Era possível ver o formato da Terra e lugares no oceano que eu nunca soube existirem. Você sabe, as pessoas de hoje só pensam na existência de onde estão e nunca consideram existir outro lugar. Há muitos lugares que ninguém conhece, ou poderia sequer imaginar. Lugares muito maiores do que onde vivemos agora. Enormes extensões de terra, com florestas, colinas e montanhas. Lugares inacreditáveis! Alguns onde habitam pessoas, outros sem uma alma viva, apenas terra vazia. (Tudo isso foi dito com um tom de voz triste. Quase melancólico.)

D: *Como são as pessoas nesses lugares?*

L: Eu não visitei todos eles, apenas uma parte muito pequeno na minha área, porque caminhar até esses lugares seria impossível. Disseram-me, no entanto, que talvez um dia eu possa visitar esses lugares distantes também.

D: *Você disse que viu fotos.*

L: Sim, mas não eram de gente, só da terra, de uma distância muito longe. Isso me despertou um grande desejo de ver essas pessoas e saber se são como nós.

D: *Você pensa que é para onde esse homem, Colombo, está indo?*

L: Ele acredita estar indo para o leste. Creio que não sabe sobre a existência desses outros lugares.

D: *E seu amigo não quer que você conte a ele.*

L: Não. Disse que seria muito ruim, que não acreditaria em mim, de qualquer maneira.

D: Isso é verdade. Teria de descobrir por si mesmo, assim como você fez. No tempo em que você vive, o que as pessoas comuns acreditam que existe mundo à fora?

L: Eles acreditam que se você viajar de navio para muito longe, pode encontrar algo maligno, coisas que podem te pegar e você estará perdido para sempre.

D: As pessoas do seu tempo não acreditam existirem outras pessoas lá?

L: Não, eles não acreditam que haja nada além do que eles veem.

D: Quando ele lhe mostrou as fotos da Terra, que forma ela tinha?

L: Era meio redonda, e tinha muita água. (Excitado) Quer saber mais? Penso que a Terra dá voltas, girando e girando.

D: Lhe pareceu girar?

L: Sim, mas bem devagar e há grandes pedaços de terra e água. Água em todos os lugares.

D: As pessoas da sua época acreditam na Terra ser assim?

L: Eles não sabem que vi essas coisas. Eles pensam que a Terra é apenas onde estão e não há nada além. A maioria das pessoas tem muito medo e se contentam apenas com o que sabem, não se aventuram muito longe de onde vivem.

D: Então você tem sido muito corajoso em fazer essas coisas.

L: Precisei confiar nas instruções que me foram dadas. Foi muito difícil no começo, mas depois de alguns anos, ficou fácil.

D: Você provavelmente estava com medo também, sem saber o que poderia enfrentar.

L: Fiquei muito assustado. Estava com muito medo. Quando percebi que nada me causaria mal, que seria cuidado, aí foi muito fácil.

D: Você ainda vê seu amigo?

L: Sim, de vez em quando ele vem conversar comigo e me mostra coisas muito legais, também diz coisas que preciso saber. Ele me fala sobre a Terra, como as coisas serão daqui muitos anos e como as pessoas irão progredir em seus padrões de pensamento, seus estilos de vida e o quanto a civilização mudará. É muito interessante, mas às vezes é muito difícil pensar que essas coisas realmente vão acontecer.

D: Quais são algumas das coisas inacreditáveis que ele lhe disse que aconteceriam?

L: (Excitado) Ele me disse uma vez, e acho muito difícil acreditar, que haverá carruagens que voam no céu! Isso não lhe parece uma grande bobagem?

D: *Ah, isso soa estranho, não é?*

L: E que as pessoas viajarão nelas por toda a Terra, e saberão de todos esses lugares que não conhecemos agora.

D: *Parece muito milagroso, pensar que alguém poderia voar.*

L: Isso é muito emocionante. Eu não posso... (Suspiro) Ah! Minha mente não pode imaginar uma coisa dessas. Perguntei-lhe se os cavalos teriam asas e ele disse que não haveriam cavalos! Você consegue imaginar isso?

D: *Não, não consigo imaginar como isso aconteceria.*

L: Eu também não. Haverá muitas coisas maravilhosas. Ele disse que haverá máquinas que farão o trabalho de dez homens e que tudo o que eles terão que fazer é apertar botões e as coisas serão feitas.

D: *Isso pouparia muito trabalho, não é?*

L: Sim! Ele disse que as pessoas se comunicariam melhor do que agora, que usariam coisas para falar de um lugar para outro, e poderão ser ouvidas a muitos quilômetros de distância. Ele disse que isso abrirá as comunicações para o mundo inteiro, para que todos possamos conversar entre si e não sermos mais ignorante.

D: *Estas são todas as coisas boas, não são?*

L: Sim. Seria tão bom se alguns desses medos pudessem ser removidos e as pessoas seriam gentis umas com as outras.

D: *Você acha que isso aconteceria, se eles tivessem coisas assim, para falar um com o outro?*

L: Sim. Então eles não teriam tanto medo. Você vê, as pessoas estão muito isoladas agora. Eles vivem dentro de suas próprias famílias, em suas pequenas cidades, com muito medo de qualquer coisa além desses limites. Por causa desse medo, eles não se comunicam muito bem, mas poderiam aprender muito, uns com os outros, se apenas permitissem. A ignorância seria abolida por esses métodos.

D: *Então você acha que a resposta é aprender a se comunicar?*

L: Com certeza. A falta de comunicação é muito ruim, pois permite que o medo envolva o próprio ser, sem lhes permitir ver a realidade do que está diante deles. Tudo fica encoberto pela escuridão.

D: *Então ele te falou sobre coisas usadas para conversar ou falar através?*

L: Sim. É possível ouvir também. São pequenas máquinas, mas não com o que se parecem. Ele apenas me disse serem pequenas máquinas.

D: E isso seria bom, porque assim poderiam se comunicar.

L: Sim. Você vê, dessa forma eles poderiam expor suas ideias sobre as coisas, e as outras pessoas poderiam dar suas ideias, e talvez a melhor ideia pudesse ser usada.

D: Isso me parece ótimo. Ele lhe contou outras coisas que pareciam difíceis de acreditar?

L: Sim, muitas coisas. Ele disse que existem outras Terras no universo e pessoas nessa outra Terra progrediram muito mais rápido do que nós, tendo mais conhecimento. À medida que nosso mundo cresce e temos essas máquinas para nos ajudar a nos tornarmos mais instruídos, pessoas de outros lugares podem vir visitar e trocar suas ideias também.

D: Isso tudo soa muito bom.

L: Acho que seria maravilhoso.

D: É difícil pensar em pessoas vivendo em outras Terras, não é?

L: Sim. É muito difícil, embora eu sempre soube disso e por algum motivo, foi mais fácil de entender isso do que pensar que existem outros lugares nesta Terra que eu não conhecia. Não sei por que tive tanta dificuldade com isso.

D: Foi mais fácil para você entender haver pessoas em outros mundos?

L: Sim, eu poderia entender isso muito mais fácil do que imaginar haver outras terras, em outros lugares, e que a Terra não estava só aqui.

D: Mas não é difícil para as pessoas do seu tempo imaginar que existam outros mundos?

L: Ah, sim. Eles acreditam ser algo ruim ou maligno, por isso têm muito medo de pensar em tais coisas. O medo os mantém isolados. Qualquer coisa que eles não entendem, chamam de maléfico e tentam se livrar, matando ou queimando. Eles vivem amedrontados.

D: Quando você foi para Roma, não é lá que a igreja católica tem sua sede?

L: Sim, eles têm muitos lugares bonitos lá. Há muitos padres que ensinam essa religião para os camponeses, eles também estão mergulhados no medo.

D: *Você acha?*
L: Ah, sim. Penso que sim. Eles tentam manter os camponeses sob controle com sua filosofia religiosa, mas é tudo uma cobertura para o medo.
D: *Por que uma religião cultivaria o medo?*
L: Não sei. O Deus deles não deve ser muito bom. Se fosse bom, por que eles teriam tanto medo?
D: *Você quer dizer que os próprios padres têm medo?*
L: Sim. Eles têm esse sistema para manter os camponeses na linha. É como um reino, a mesma coisa, apenas com um nome diferente. Um sistema dos superiores contra os inferiores. Eles acreditam que existe apenas o seu Deus, e que todos os outros são maus. Dizem haver apenas uma maneira de ser bom, e essa é a maneira que eles ensinam, se você não seguir suas instruções, será condenado por toda a eternidade. Isso está incorreto. Há muitas, muitas avenidas. Essa é uma palavra que aprendi, sabe? A palavra "avenida". Não é uma palavra estranha?
D: *Essa é uma palavra estranha. O que você acha que isto significa?*
L: Avenida significa trilha ou caminho. Acho essa palavra muito interessante. Avenida.
D: *Sim. Mas você acha que é errado eles pensarem que sua religião é o único caminho?*
L: Com certeza. Dizem ser muito, muito sagrados ou muito, muito sábios e é assim que se deve ser. Não permite que o indivíduo examine suas próprias verdades internas. Eles ensinam que as pessoas são limitadas, e deve seguir as instruções explicitamente e fazê-lo apenas de uma maneira. Isso é muito ruim. Não permite que uma pessoa pense por si mesma. (Suspiro) Mas este é o momento. Você sabe, é assim por toda parte. Não é apenas em Roma, não é só com a religião, é com a política atual. Você não tem permissão para pensar por si mesmo, te dizem o que pensar e o que fazer. Fiquei espantado com o fato de haver essa linha de consistência, um padrão em todo o mundo. Eles podem ter costumes e hábitos diferentes, mas basicamente é tudo a mesma coisa. O medo é o mesmo. Pode ser sobre algo diferente, mas basicamente é a mesma lente que as pessoas usam. Eles enxergam a vida através da lente do medo, e permitem que isso os controlem. Eles têm medo de serem punidos.
D: *Preferem ficar com o que já sabem. Eles se sentem seguros assim.*

L: Isso está correto. E então não há perigo de ser apedrejado, pendurado ou colocado em uma caixa.
D: *O que você quer dizer com colocar em uma caixa?*
L: Eles têm essas coisas horríveis. São caixas de madeira, onde as pessoas são colocadas dentro e mantidas lá por dias, sem comida ou água. Chegam até a morrer lá. É muito horrível.
D: *Essas coisas são feitas com as pessoas que não pensam da mesma maneira?*
L: Sim, ou se questionam. Claro que há algumas pessoas más por aí e que merecem estar nessas caixas. Pessoas que roubam, matam ou coisas do tipo, mas no meu modo de pensar, ser colocado lá apenas por acreditar em algo diferente é uma injustiça muito ruim. Que mal tem se você pensa ou acredita em algo diferente? Pode ser até melhor, sabe?
D: *Nas suas viagens, o que você descobriu sobre a saúde das pessoas?*
L: Em alguns lugares é ótimo, e eles vivem muito tempo, principalmente se moram no campo, com a natureza, ou em fazendas. Se eles moram na cidade é muito, muito ruim. Como eu disse, as cidades tendem a ser muito sujas, cheias de doenças. As pessoas vivem pouco. Há muita morte na cidade.
D: *Existem pessoas que você chamaria de "médicos" para cuidar desses doentes?*
L: Sim, mas eles não fazem nenhum bem e as pessoas morrem de qualquer maneira. Acho que não ajudam em nada, eles pensam que sim, mas na verdade, não.
D: *Bem, você teve sorte em suas viagens. Você já ficou doente?*
L: Algumas vezes, nada muito sério. A maioria dessas pessoas na cidade morrem antes de chegar aos quarenta anos. Isso é "ser velho" na cidade. Tenho cinquenta anos e, para as pessoas, é incrível que apresente tão boa saúde. Meu cabelo está ficando branco, mas estou bem de saúde.
D: *Isso é considerado velho, então.*
L: Muito velho, muito velho.
D: *Mas você ainda consegue andar e viajar.*
L: Sim, sim, estou em boas condições físicas, apenas não tenho um cavalo. Mesmo sendo sempre protegido e cuidado em minhas viagens, não quero a responsabilidade de cuidar de ninguém além de mim mesmo.
D: *Penso que se você tivesse um cavalo, poderia viajar mais rápido.*

L: Assim não tenho que me preocupar com alimentação, nem abrigo para meu cavalo. Posso ir no meu próprio ritmo e ficar o tempo que quiser, depois ir embora. Às vezes pego uma carona, mas não com muita frequência.

D: *Mas você viaja em barcos, não é mesmo?*

L: Isso é uma necessidade, porque eu não poderia nadar tão longe.

D: *Os barcos em que você viaja são muito grandes?*

L: Às vezes. Já viajei em grandes navios, com muitas velas e outras vezes, em pequenos barcos. Depende com quem consigo pegar carona.

D: *Você não precisa se preocupar com dinheiro dessa forma, não é?*

L: Não, isso não é incrível? Nunca pensei que pudesse viajar tanto tempo sem dinheiro. É maravilho!

D: *Você carrega alguma roupa ou qualquer coisa com você?*

L: Não. Quando minhas roupas ficam velhas e esfarrapadas, sempre vem alguém e me dá roupas novas, ou para me alimentar. Tenho um grande bastão que carrego comigo, é como um cajado, e isso me ajuda a subir e descer colinas. Tornou-se meu velho amigo.

D: *Você acha que algum dia encontrará esse jovem para quem você deve passar o conhecimento?*

L: Estou ficando um pouco preocupado agora, devido à minha idade. Isso não me preocupava antes, sabia que ele seria mostrado a mim em uma hora apropriada, mas à medida que envelheço, fico preocupado em não encontrá-lo a tempo. Você vê, eu tenho muito a dizer a ele e não se trata de algo que eu possa dizer em um dia ou uma semana. Tenho muitas coisas para ensinar-lhe, e isso exigirá algum tempo. Terei de acompanhá-lo e devo ficar com ele enquanto tenho saúde. Esta é uma grande preocupação minha neste momento. Embora me disseram para não me preocupar, já está sendo cuidado, e até agora, todas as coisas que me foram ditas, aconteceram, então acho que devo parar de me preocupar. Não me sinto um velho, só quando é chamado à minha atenção.

D: *Seu corpo não parece velho, então.*

L: Para mim não. Não me sinto velho por dentro, mas para quem me vê de fora, pareço muito velho.

D: *Você está indo para a Espanha em seguida?*

L: Sim, eu nunca estive lá. Disseram-me ser muito bonito, então pensei em ver com meus próprios olhos. Conheci o leste de lá, o norte e o oeste, mas nunca fui ao sul daquela região. Talvez eu vá para lá desta vez. Geralmente, quando me levanto de manhã para sair, sou orientado em qual direção seguir. Sou guiado para o leste, nordeste, ou qualquer estrada que eu tome. Dessa vez, me dizem para seguir este caminho, e assim vou.

D: *Você não faz perguntas.*
L: Não
D: *Tudo bem. Deixaremos essa cena. Quero que avance até chegar à Espanha e me diga o que encontrou. Você pegou um barco?*
L: Sim, desta vez peguei uma embarcação grande. Conheci o capitão na pousada, ele ficou muito impressionado comigo e me deixou viajar em seu navio. Fiquei na cabine dele que era muito bonita. Era um navio muito grande com muitos mastros.
D: *O que você acha da Espanha?*
L: Não há muitas pessoas aqui, até então. Está muito quente. Quanta diferença, tal mudança aquece meus ossos. Estava muito frio em Liverpool, muito úmido e é gostoso sentir a luz do Sol no meu corpo. O ar é muito fresco e a brisa é simplesmente perfeita. Todas as histórias que ouvi são verdadeiras.
D: *Você ficará aí por um tempo?*
L: Penso que deveria. Eu gostaria de conviver com essas pessoas por um tempo, para conhecer sua filosofia de vida. Eles parecem muito amigáveis. Não parecem ser tão assustados. São pessoas mais abertas, não tão mergulhados em tradições. Parecem ser mais independentes em seus pensamentos do que tenho visto.
D: *Talvez você encontre seu prodígio lá.*
L: Acho que não. Penso que meu prodígio está muito longe daqui. Não sei por que sinto isso agora. Acho que não vou encontrá-lo, acho que ele vai me encontrar. Ficarei aqui na Espanha por um tempo, talvez "eles" o enviem para mim. Está sendo uma mudança de ares tão revigorante, poderia descansar um pouco aqui.
D: *Mas você realmente acha que algum dia irá encontrá-lo?*
L: Disseram-me que sim e não tenho motivos para acreditar o oposto.
D: *Você dedicou sua vida nessa busca, se você acredita tanto, deve haver alguma verdade nisso.*
L: Sim. É uma grande lição que aprendi há muito tempo. Uma lição de fé.
D: *Então, se for para ser, você o encontrará.*
L: Sim

D: Tudo bem então. Parece um lugar muito bonito, e você pode descansar um pouco.

Eu, então, trouxe Linda de volta à plena consciência e deixei Bartolomeu em seu mundo, sabendo que nos reuniríamos novamente em breve e continuaríamos nossa história.

CAPÍTULO DOIS
COMEÇAM AS AULAS

Após a primeira sessão, paramos por algumas horas para almoçar, descansar e fazer algumas visitas. Voltamos ao trabalho por volta das 14h. Usando a palavra-chave de Linda, novamente a conduzi de volta àquela vida. Eu terminara o histórico sobre Bartolomeu e agora queria prosseguir, obtendo mais informações. Minha curiosidade havia certamente despertado e eu queria descobrir o conhecimento que Bartolomeu deveria transmitir ao seu prodígio. Pretendia devolvê-lo à capsula e retomar a história à partir daí.

D: *Eu gostaria que você encontrasse Bartolomeu mais uma vez, quando ele estava naquela sala estranha, indo para algum lugar. Contarei até três e estaremos lá: 1, 2, 3, voltamos à cena. Você acabou de sair do seu quarto e se viu neste lugar estranho, com coisas acontecendo lá fora. Me conte, o que você está fazendo e o que vê?*
L: Sou o único aqui! (Quase maravilhado.) Estou sentado em uma cadeira, olhando para o universo, observando as estrelas e os planetas passarem. Fui acordado e convidado a fazer uma viagem. Quando concordei, me disseram para vestir essas roupas, então um feixe de luz me envolveu e agora estou aqui sozinho, sentado nesta cadeira.
D: *Você disse que está mais velho agora, certo?*
L: Sim. Estou muito velho. Já estou com quase sessenta. Estou muito, muito velho.
D: *Você ainda estava procurando por seu prodígio?*
L: Sim, eu estava. Achei ter falhado em minha missão nesta vida. Tentei confiar, sabendo que receberia a peça do quebra-cabeça na hora certa, mas à medida que envelhecia, comecei a duvidar e temer.
D: *Em todas as suas jornadas na Terra, você chegou a encontrar alguém em que poderia confiar e passar suas informações?*

L: Não, ninguém. Achei que, talvez, os povos no Oriente fossem mais compreensivos, abertos e receptivos, mas eles também estão cobertos por suas próprias tradições e sistema de crenças. Fiquei muito desapontado e foi quando comecei a perder a fé. Esta noite, porém, me disseram ser minha última viagem e eu receberia a peça final; o fim da minha busca.

D: *E qual seria a última peça?*

L: A peça final é compartilhar esse conhecimento com alguém assim como eu, aberto às ideias que vão além da sua compreensão. Alguém capaz de aprender o novo sem medo, sem julgamentos, sem preconceitos. Apenas aceitando os fatos e examinando-os cuidadosamente para, posteriormente, compartilhar seu conhecimento e isso é tudo.

D: *Eles estão levando você para o seu prodígio?*

L: Eles estão me levando para um novo lugar. Eles chamam de "A colônia". É um novo experimento, um lugar onde se espera que a verdade pura permeie e não seja distorcida de forma alguma. Essas pessoas possuem o coração e mente puros. Serei seu professor, lhes darei o conhecimento que acumulei ao longo de todos esses anos e eles serão os guardiões desse conhecimento. Devido a sua pureza, eles jamais esconderiam, modificariam ou fariam mau uso dessa informação. Eles serão os guardiões do conhecimento da verdade Universal.

D: *É aqui que seu prodígio estará?*

L: Sim. Ele então, por sua vez, será enviado para levar luz e esclarecimento ao planeta Terra, quando for a hora certa. Até lá, ficará neste lugar e esperará com os outros. Os outros também levarão esta mensagem para o lugar apropriado, no devido tempo.

D: *À princípio, você pensava que passaria esse conhecimento para alguém na Terra, por que não conseguiu fazer isso lá?*

L: Porque não havia ninguém de coração puro que pudesse mantê-lo sem distorção ou mau uso. Neste momento, a evolução do planeta não se encontra no espaço e tempo em que a humanidade esteja pronta. Eles têm muitas lições que ainda precisam aprender, antes de poderem usar qualquer uma dessas coisas para a vantagem adequada da humanidade. Essas informações poderiam ser distorcidas, mal utilizadas e, eventualmente, poderia destruir toda a Terra.

D: *Então, desta forma, ele será eventualmente trazido de volta à Terra.*
L: Exato. Este prodígio viverá aqui nesta "colônia". Este lugar está fora do tempo e espaço, eles não vão envelhecer ou mudar. É um lugar de retenção. Sairei daqui quando meu trabalho terminar e irei para meu local de descanso. Não ficarei aqui, nem voltarei à Terra por um bom tempo.
D: *Se você se considera já velho, isso fará diferença para onde você está indo?*
L: Não, mas não posso ficar nesta colônia. Meu padrão de alma é diferente dos que vivem aqui, não é compatível para uma estada longa e indefinida, eu não ficaria confortável aqui. Desejo ir para o meu descanso quando meu trabalho estiver feito, preciso descansar por algum tempo e estar com o "Todo".
D: *Você está dizendo que voltará à Terra, neste corpo, após terminar de transmitir suas mensagens e conhecimento a essas outras pessoas?*
L: Não, não voltarei à Terra por muitas, muitas gerações. Me juntarei ao "Todo" para descansar e voltarei muito mais tarde, em uma situação diferente.

Pelas respostas, parecia que ele estava se referindo a ir para o lado espiritual e entrar no local de descanso por um tempo, antes de reencarnar em um corpo diferente. Este lugar é descrito no meu livro "Entre a Morte e a Vida". O único problema que tive para entender foi que ele não havia mencionado ter morrido. Ele ainda, aparentemente, estava em seu corpo físico, mas todo mundo sabe que não podemos levar o corpo quando morremos.

D: *Estou tentando entender. Você ainda tem seu corpo físico que está dentro desta sala, sentado na cadeira?*
L: Sim, é o meu corpo. Eu nunca perguntei o que aconteceria com ele. Acho que deveria, mas não parece ter muita importância.
D: *Tudo bem. Vamos seguir adiante até que este veículo, ou seja lá o que for, esta máquina que você está dentro, chegue ao seu destino. Você disse que está viajando para onde fica a colônia. Seguiremos até chegar ao seu destino e me conte o que acontece quando você chegar lá.*

L: É um lugar muito brilhante, estou sentado na minha cadeira, pairando sobre este lugar. De repente, uma luz muito brilhante envolve meu corpo, começando do topo desta sala. É uma luz de forma cilíndrica e eu estou no centro dela. No instante seguinte, estou com esses outros espíritos e não estou mais na sala. Creio que fui transportado por esta luz para a presença destes seres, estão todos muito, muito felizes em me ver. Parecem seres de luz, cada um diferente, mas ao mesmo tempo, parecidos. São seres muito brilhantes.

D: *Eles não têm características físicas?*

L: Eles têm, mas são tão brilhantes que quando tento olhar em seus rostos, fico cego. É como olhar para o Sol. Posso ver que eles sorriem, devem ter uma boca. Sinto que estão sorrindo para mim, mas estão cobertos por uma luz tão brilhante que não consigo distinguir suas formas corporais.

D: *Você ainda está em seu corpo físico? (Pausa. Talvez ele não tivesse certeza.) Qual é a sensação?*

L: Parece muito leve. Sinto como se estivesse flutuando, como se não houvesse peso ou nenhuma força de qualquer tipo. Estou apenas livre. Acho que não tenho corpo, acho que sou apenas eu.

D: *Você acha que esses outros seres são físicos?*

L: (Pausa) Talvez, mas acho que, provavelmente, são apenas energia pura. Eu os vejo, mas não acho que tenham corpos humanos.

Isso foi dito com uma sensação de curiosidade e admiração. Como se tentasse entender algo estranho ou diferente para o qual não estivesse preparado.

L: Acho que cheguei a um plano de existência diferente. Começou como uma viagem física, mas acho que atravessei o plano físico e entrei em algum lugar que não conheço. Sinto que poderia sair daqui a qualquer momento e voltar para aquele quarto, se eu quisesse.

D: *Você acha que poderia retornar ao seu corpo físico naquela sala?*

L: Sim.

D: *Você disse que iria compartilhar seu conhecimento com esses seres. Isso é correto?*

L: Sim.

D: *Uma vez perguntei se seria possível compartilhar seu conhecimento comigo também e você disse que teria que obter permissão. O que você acha?*

Curiosa e afoita para que isso acontecesse, senti grande expectativa, esperando que me permitissem receber esse conhecimento, mas tudo dependeria de forças externas a mim; forças das quais eu não tinha conhecimento ou controle.

L: Perguntei ao meu amigo, ele disse que talvez você pudesse participar das minhas tarefas de ensino como ouvinte.
D: *Seria maravilhoso se eu pudesse fazer isso.*(Senti um arrepio de alegria.)
L: Ele disse que haverá momentos em que você não poderá ouvir certas coisas, mas a maior parte será disponibilizada para você.
D: *Por que eu não poderia ouvir certas coisas?*
L: Porque há certas coisas a serem colocadas em prática, e devem ser mantidas em segredo, antes que um plano seja implementado na Terra. Uma vez implementado, você receberá as informações restantes.
D: *Então, se eu participar das tarefas de ensino, poderei compartilhar o conhecimento?*
L: Correto. Essa oportunidade lhe foi concedida por também ser um dos poucos seres com coração puro que não vai alterar ou distorcer as informações recebidas, nem usará para ganho próprio.

A respiração de Linda estava ficando mais rápida. Ela apresentava sinais de desconforto.

D: *Vejo serem requisitos importantes.*
L: Sim. Nem todos podem fazer isso, somente poucos.

Durante as últimas frases, notei que sua respiração estava irregular, rápida e pesada. Isso atrapalhava sua fala.

L: O ar aqui será ajustado, está pesando no meu peito. (Ela ainda estava respirando com dificuldade.) Levará alguns dias até que eu esteja ambientado.

Dei sugestões para eliminar qualquer desconforto físico. Minha principal preocupação é sempre com o conforto dos meus clientes.

D: O corpo físico com o qual estou falando será capaz de se ajustar sem problema algum, mesmo que a entidade que está falando comigo, esteja tendo problemas. Você entende?
L: (Sua respiração estava voltando ao normal.) Eu entendo.
D: Tudo bem. Você vai começar suas aulas?
L: Em breve. Agora estão me dando as boas-vindas. Teremos um momento de reencontro, um tempo para estarmos juntos.
D: Eles estavam esperando por você?
L: Sim, eles estavam esperando por mim e estão muito, muito felizes. Eles estão me saudando e me abraçando. Estão muito felizes por mim.
D: Parece um bom lugar, um ambiente legal.
L: Ah, sim. Muito bom e acolhedor.
D: Podemos avançar para quando você começa suas aulas, do ponto onde posso participar como ouvinte? Você tem algum plano ou ordem em que vai ministrá-las?
L: Eu não havia considerado. Sinto que tinha um plano, mas faz tanto tempo que me esqueci. Eu agora decidi começar primeiro com perguntas de meus amigos e então, explanarei sobre os assuntos que surgirem. Sinto que esta é, provavelmente, a melhor maneira, neste momento.
D: Eu concordo. Mas como não poderei ouvir as perguntas, você poderia repeti-las para mim?
L: Sim.
D: Você está no ponto em que vai começar?
L: Sim
D: Ótimo. Continue no seu próprio ritmo, então.
L: Artness me perguntou (lentamente, como se estivesse ouvindo e depois repetindo.) "O que aconteceu no plano terrestre para tornar as pessoas tão limitadas em seu sistema de crenças?". Há muitas, muitas eras atrás, pessoas com um vasto conhecimento do universo vieram para a Terra, enquanto aqui viviam outros, seres não tão conhecedores quanto os que estavam chegando. Isso fez com que os recém-chegados provassem o tema do "poder". Era algo que eles nunca haviam experimentado até este momento, e eles gostaram dessa sensação, uma satisfação que não conheciam.

Então, eles decidiram manter seu conhecimento para si mesmos e não compartilhá-lo, como deveria ser. Eles escravizaram aqueles que não eram tão conhecedores, disseram-lhes coisas fantasiosas para assustá-los à servi-los. Eles eram considerados deuses, eles se tornaram os deuses. As pessoas comuns, que estavam aqui primeiro, pensavam serem deuses, porque podiam fazer coisas extraordinárias. Não era para isso acontecer. Quando se viram em meio a todo esse poder e ganância, eles não quiseram mais sair. Decidiram ficar, e assim o fizeram. À medida que passavam desta vida, histórias eram transmitidas sobre esses deuses e seus grandes poderes e o medo começou a tomar conta. Medo de que, se não fizessem como os deuses disseram, seriam destruídos. Foi uma época muito escura para o planeta Terra.

D: *O que esses seres disseram a eles que os assustou, que permitiu que eles fossem escravizados?*

L: Disseram-lhes que podiam controlar o vento, a luz, o sol, a lua e a chuva. Eles tinham esse poder e, se essas pessoas não seguissem suas regras, seriam destruídas. O povo não teria água, nem Sol. Sabiam precisarem dessas coisas para viver, para existir. Os deuses tinham controle sobre tudo isso, então eles tinham que obedecer ou seriam destruídos instantaneamente. O povo não sabia que seu ser, seu espírito, vive para sempre e só conheciam o aqui e agora. O propósito original desses seres de luz que vieram para a Terra era compartilhar esta informação, para o medo poder ser removido e as pessoas pudessem entender.

D: *Esses seres performavam maravilhas para fazer as pessoas acreditarem serem deuses?*

L: Sim. Era tudo um truque. Usavam luzes e magia, mas as pessoas pensavam serem deuses. Quero dizer que este é um exemplo perfeito da natureza humana, da constante luta interior contra o medo e o benefício próprio, através do controle do poder.

D: *Mas os seres que vieram foram os que causaram o problema.*

L: Sim. Eles não fizeram o que lhes foi dito. Eles caíram porque vieram para servir a si mesmos e não à humanidade.

D: *Você disse que este era um exemplo de humanos, mas o problema não foi causado pelos humanos.*

L: Eles foram enviados para elevar o nível dos seres da Terra à uma existência superior, para servir, ensinando àqueles que aqui estavam, não para torná-los escravos. Eles falharam em sua missão, por isso ficaram presos. Deveriam ajudar os humanos a entenderem e viverem em uma ordem superior.

D: *O que você quer dizer, eles ficaram presos?*

L: Eles se envolveram no poder e perderam a luz que deveria ser dada ao elemento humano na Terra. A Terra era um lugar para experimentar coisas novas e aqueles que chegaram na esperança de elevar quem já estava aqui ao seu nível, ficaram presos, sendo rebaixados para uma ordem inferior, ao invés do contrário.

D: *Em outras palavras, isso foi integrado à espécie humana?*

L: Sim.

D: *Isso é tudo o que você quer dizer sobre essa pergunta? Você quer receber outra pergunta do grupo?*

L: Sim. Estamos entrando no contexto histórico aqui, para que todos entendam o que evoluiu ao longo de muitas eras. Acho que esta é, provavelmente, a melhor maneira de explicar isso, mostrando o que aconteceu no passado e depois progredir, a partir daí. A pergunta é: "Por que não foram enviados mais seres para ajudar os quais ficaram presos? Alguém foi enviado para trazer de volta aqueles que estavam fazendo mal uso de seu conhecimento?" A razão é: naquela época, temíamos que, se mais fossem enviados, eles também pudessem cair nesse padrão. Então, foi tomada a decisão de esperar até que essa geração passasse e, em seguida, enviar um novo influxo com a esperança de salvar o projeto. Foi isso que aconteceu. As primeiras pessoas que vieram à Terra eram do planeta Tyrantus (fonético: Ty-rant-tus). Em alguns aspectos, é muito semelhante ao campo magnético da Terra, portanto, não foi difícil para essas pessoas serem aceitas na realidade natural, eles não seriam vistos como esquisitices. Eles se pareciam muito com os terráqueos. Infelizmente, eles falharam.

D: *Esses são os que queriam poder?*

L: Sim. Eles vieram primeiro. Alguns procriaram com os terráqueos. A segunda onda a ser enviada foi de (Ela teve dificuldade com o nome.) Iranius. (Fonética: Iran-i-us) Esses eram diferentes, não pareciam humanos e, portanto, vieram disfarçados de animais.

D: *Animais?*

L: Sim. Sua função era, silenciosamente, trabalhar com seres selecionados para reverter o projeto. Houve alguns escolhidos que receberam instruções desses que pensavam ser animais. Tudo isso acontecia em outro nível de consciência, essa instruções eram transmitidas a eles em seus sonhos. Recebiam conceitos sobre amor, imortalidade e cooperação entre as espécies. Foi feito de forma muito discreta e sutil, mas infelizmente, este projeto também falhou, havia apenas alguns que podiam ser doutrinados nesses novos sistemas de pensamento e esse foram desprezados pela população. Eles, por causa do medo da população em geral, resistiam em aceitar o que estava lhes sendo dado e, claro, quem estavam no poder não aceitariam perder seu posto. Então, a essa altura, o homem afundou ao nível mais baixo, uma situação muito decepcionante.

D: *Esses seres vieram como animais para não serem notados?*
L: Sim, porque eles não pareciam nada humanos.
D: *Como eles realmente eram?*
L: Eles eram pequeninos e tinham uma cabeça grande e redonda, seus corpos eram bem mirrados. Eles tinham braços e pernas, mas eram muito flexíveis, não eram como braços e pernas humanos. Achavam que seriam facilmente notados e as pessoas ficariam com medo, podendo matá-los.
D: *Então eles tinham essa habilidade de tomar a aparência de animais?*
L: Isso. Eles tinham a habilidade assumir a forma de um animal. Eles se disfarçaram e existiram como tal.
D: *Você disse que assim eles poderiam influenciar as pessoas através de seus sonhos, de uma forma sutil.*
L: Sim, através de seus sonhos. Esperava-se que o projeto pudesse ser revertido rapidamente, se conseguisse influenciar um número suficiente de pessoas, mas, evidentemente, foi muito sutil, muito lento, então também falhou.

Quando eu estava pesquisando sobre lendas indianas para o meu livro As Lendas de Starcrash, encontrei muitas histórias de animais aparecendo para humanos e transmitindo conhecimento, no início dos tempos. Esta é uma parte muito característica da cultura indígena americana. Outras culturas pelo o mundo também têm lendas semelhantes. É interessante notar que nos avistamentos atuais de Óvnis e Extraterrestres, eles geralmente aparecem como animais, algo como uma imagem holográfica de sobreposição, mascarando também suas memórias para não gerar nenhum tipo de trauma.

D: Você está recebendo mais perguntas sobre isso?

L: A pergunta foi: "Por que não enviaram mais iranianos ao planeta Terra? Como são uma raça de muito poder intelectual, poderiam dominar todos vivendo na Terra naquela época." A resposta para isso, meu amigo, é: a força nunca funciona. Não deve ser considerada uma solução viável. Aqueles na Terra devem chegar à realização através de sua própria escolha. A força tem sido usada com muita frequência como solução para muitos problemas, mas isso nunca, nunca funciona.

D: Essa é uma boa resposta. Qual é a próxima pergunta?

L: "Quanto tempo durou esse tempo provisório de degradação antes que mais fossem enviados?" Durou dez mil anos. A decisão foi tomada para permitir que a Terra crescesse um pouco por conta própria e, talvez, encontrar seu próprio caminho de evolução. As coisas não mudaram por muito tempo. As pessoas evoluíram, mas evoluíram na escuridão, havendo pouquíssima luz em seus corações.

D: O que você quer dizer com isso?

L: Eles eram muito primitivos e o amor era escaço. Houve muita matança, muito ódio, muitas lutas pelo poder, que continuaram por muitos séculos, muitas eras. A escuridão permeou por muito tempo.

D: Você tem outra pergunta?

L: Sim. A pergunta é: "Quais foram as mudanças na Terra durante esse tempo?" Houve muitas mudanças na superfície. Muitos foram retirados do planeta na esperança de recrutar energias mais leves.

D: Que tipo de mudanças na Terra ocorreram durante esse tempo?

L: Houve enchentes. Água, água por toda parte. Continentes que eram um só, se separaram. Momentos de calor intenso, um calor tão quente que os que aqui estavam, expiraram. Alguns viajaram para outras partes, para escapar. Aqueles que escaparam, começaram novas colônias, rezando por orientação e conhecimento.

D: O que causou a separação dos continentes e por que havia tanta água?

L: Abaixo da superfície da Terra existem estruturas que formam algo parecido com uma "rede" que mantém a Terra unida. Quando tudo isso estava acontecendo, essa rede mudou de posição e fez com que os continentes se separassem. A água veio do calor que derreteu a água congelada. Quando esses continentes se separaram, muitos desapareceram, humanos, plantas, animais, tudo foi perdido. Então, após esse calor intenso, veio o período de resfriamento. À medida que esfriava, muita vegetação nova começou a surgir. Nova vida começou a evoluir, trazendo uma grande esperança de que a Terra viesse à luz. Acreditava-se que o amor e a aceitação ao próximo haviam sido aprendidos e agora poderiam prosperar. Isso aconteceu por um tempo, mas não durou muito, as pessoas se cansavam de uma existência pacífica e procuravam algo excitante e diferente. Era isso que acontecia eventualmente.

D: *Você quer dizer ser da natureza humana não ficar satisfeito quando as coisas vão bem?*

L: Sim. Era isso que se esperava mudar, mas não aconteceu.

D: *O que eles faziam quando queriam algo excitante?*

L: Começavam com jogos, depois os jogos tornavam-se um teste de força e desejo, logo, uma coisa levava a outra, e eles acabavam sempre voltando para a disputa de poder. O "Sou importante. Sou mais forte. Sou melhor !" Tem sido muito difícil para as pessoas entenderem e aprenderem com esses erros e continuam caindo na mesma armadilha preparada para eles.

D: *Você acredita ser devido à herança deixada pelos que vieram aqui e isso foi integrado ao sangue das pessoas? É daí que veio, ou é da natureza humana?*

L: É a natureza humana ampliada no plano da existência, através da mistura das culturas. As pessoas de outras terras, de outros lugares, vieram na tentativa de tornar esse mundo melhor, mas foram absorvidas por essa energia. Desse modo, o que a princípio escolheram destruir para tornar melhor, acabou sendo intensificado através da existência terrena.

D: *Então seus genes ajudaram a tornar essa característica mais forte? Seria uma forma de dizer?*

L: Sim. Eles foram enviados para fazer algo diferente pelo planeta. É por isso que demorou tanto para que mais alguém fosse enviado, devido ao medo de intensificar mais ainda.

D: *Está bem. Acho que esse é todo o tempo que teremos agora para perguntas. Voltarei em breve para perguntar mais.*

L: Isso seria bom. Estarei aqui.

D: *Podemos continuar a história a partir desse ponto.*

L: Nós apenas tocamos a superfície.

D: Temos que começar de algum lugar. Tenho ainda muitas perguntas.

Eu então trouxe Linda de volta à consciência. Ela queria me contar sobre uma imagem que ficou em sua mente. Liguei novamente o gravador para ouvir sua descrição.

D: Você disse ver o interior do mundo?
L: Era como se fosse oco e essa coisas mantinham tudo unido. Eu não sei o que eram, se moviam na parte de dentro e era como se muitas coisas estivessem acontecendo em cima. (Movimentos de mão.) Indo assim, para cima e para baixo. No meio da Terra parecia uma bola oca e essas coisas nas laterais da bola estavam se movendo para cima e para baixo. Eu não sei o que eles eram, mas mantinham tudo unido. Aquelas pessoas que vieram pela segunda vez, tinham grandes cabeças redondas e eram prateadas. Eles tinham corpos com essas extensões saindo dos braços, do meio e das pernas.

D: Extensões?
L: Você já viu aquelas estátuas e desenhos de alguns deuses orientais? Eles tinham rostos e corpos humanos, com braços saindo em direções diferentes?

D: Vi alguns, aqueles com vários braços.
L: Isso mesmo, só que essas pessoas eram muito pequenas e tinham enormes cabeças redondas. Não me lembro dos rostos, não tinham cabelo, mas tinham todos esses braços e pernas saindo em lugares diferentes.

D: Então estes eram membros de verdade, braços e pernas reais?
L: Exato. Eles eram pequeninos e brilhavam. Não sei se usavam trajes ou se eram os próprios seres. Era completamente prateado, uma cor sólida por ele todo.

D: Eles sabiam que não podiam se apresentar dessa maneira para as pessoas, porque eram muito diferentes. Teria sido muito assustador. (Certo). Você disse que eles podiam entrar em um animal ou tomar a aparência de um animal?
L: Entendi que eles desceram e entraram no animal, de alguma forma, em seu intelecto, mas como fizeram isso, eu não sei. Eles fizeram isso para que pudessem estar bem próximos do ser humano.

D: Eu estava pensando que se um animal começasse a falar com um humano, não importa em que tempo, isso seria assustador. Mas não foi assim.

L: Não. Era feito através da mente, de alguma forma, ou através de seus sonhos. Mas a razão pela qual eles entraram nesses animais foi para que pudessem estar em contato físico, próximo aos humanos. Deviam ser seus bichos de estimação, pois vi pessoas dormindo e esses animais deitados nas proximidades.

D: Você pode ver como eram as primeiras pessoas? Os que foram feitos escravos?

L: Eu os vi na forma de humanos, eles eram escuros. Não sei se era o contexto, por serem negativos, menos inteligentes ou não evoluídos, algo assim, mas eu os via bem escuros. Esses primeiros seres que desceram, pareciam muito humanos, mas eram de pele clara. Você sabe, em nossa formação religiosa somos ensinados que Adão e Eva vieram e propagaram todas as outras pessoas na Terra, mas pelo que estou entendendo, foi diferente. Havia muitas dessas pessoas de pele clara na Terra e quando vejo esses seres mais escuros, a imagem mostra como se eles estivessem se arrastando pelo chão. Não sei se significa uma metáfora para seres de Luz e seres sem Luz, de qualquer forma, era muito óbvio para mim que esses claros estavam eretos, aqui acima e, abaixo, há essa massa rastejante de escuridão.

D: Claro que eles devem ter ficado muito admirados e assustados com essas pessoas. Eu me pergunto se foram facilmente escravizados pelo fato de serem primitivos.

L: Eu diria que, pelo que estava sendo dito, eles tinham pouco conhecimento. Esses outros seres estavam aqui para esclarecê-los a um nível mais elevado de existência. Então, a partir disso, eu imagino serem muito primitivos.

D: Devia haver muito medo e admiração, e eles tiraram vantagem disso. Humanos, humanoides, ou seja o que for, eles não eram evoluídos o suficiente a ponto de resistirem à "cegueira do poder", quando pessoas caíam de joelhos a seus pés. Isso mostra que mesmo alguém tão avançado pode ser corrompido.

L: Eles não eram seres perfeitos, mas eram conhecedores, e acho que é por isso que vieram, para trazer seu conhecimento. Eles pareciam humanos, muito altos e bastante confiante, exaltavam realeza. Eu me lembro de dizer serem tratados como deuses.

D: *Dá para imaginar por quê.*

L: E aqueles seres de luz, naquele planeta, para quem ele está contando a história, eram de uma luz branca e muito brilhantes. Eram como uma bolha, ou globos de luz. Me lembraram a forma daquele desenho animado de Gasparzinho, o fantasma camarada, com uma luz intensa e muito brilhante. Eram muito pacíficos, muito felizes e amorosos, querendo apenas compartilhar amor.

Linda expressou sua impaciência por não conseguirmos obter informações de uma forma mais rápida, ela pensou que seria mais rápido e levaria apenas algumas sessões. Lembrei a ela que havia muita informação para simplesmente ser despejada de uma só vez, em uma hora e meia. Também estava demorando mais porque ela estava falando bem devagar. Eu estava acostumada a trabalhar por longos períodos (vários meses em alguns casos) para compilar informações e colocá-las em ordem, mas é claro que Linda não estava. Minha parte nesses projetos é ter paciência e tentar organizar a sequência dos eventos.

Paramos para jantar, descansar e socializar com Patsy. Começamos nossa última sessão bem depois do anoitecer, sabíamos que acabaria tarde, mas isso não me importava, porque eu não tinha certeza quando voltaria à Little Rock. Queríamos fazer o máximo possível em um dia, ela poderia dormir até tarde no dia seguinte e eu também.

A palavra-chave colocou Linda em estado de transe profundo, e mais uma vez, voltamos para a mesma cena que deixamos algumas horas antes. Bartolomeu continuou como se não houvesse interrupção.

L: Estou de pé em uma plataforma, à frente dos meus alunos. Estou tirando dúvidas neste momento.

D: *Antes de respondermos às perguntas novamente, gostaria de esclarecer algo que você disse anteriormente. Aquelas primeiras pessoas que estavam aqui na Terra quando os outros chegaram, você sabe de onde eles vieram?*

L: Eles estavam aqui. Eles eram seres da Terra.

D: *Você foi informado de como eram esses seres originais?*

L: Imagino serem humanos como eu. Eu nunca perguntei.

D: *Tudo bem, então. Continuemos a história até o momento em que você mencionou sobre a catástrofe, com os continentes da Terra se separando e as pessoas se mudando para lugares seguros. Estávamos naquele momento, quando precisei me ausentar. Quer tirar mais algumas dúvidas dos seus alunos agora?*

L: Sim. Meus alunos querem saber: por que essas pessoas ficavam insatisfeitas ao ponto de romperem a paz que eles conheciam por tantos anos? Essa resposta ainda é muito confusa para mim. Foi-me dito que eles queriam experimentar um estado emocional de natureza superior. Estavam cansados da calma, eles queriam emoção em suas vidas e quando os jogos se tornaram guerra, isso lhes proporcionou essa válvula de escape. Seus corações ficaram sombrios e houve muita matança, muito trauma. Era algo que eles desejavam experimentar.

D: *Eles estavam cansados de paz, entediados, por assim dizer?*

L: Não necessariamente entediados, mas sem expressão emocional. Eles sentiram que extremos de comportamento promoviam suas necessidades emocionais. Isso lhes deu experiências que eles queriam explorar pessoalmente. Não percebendo que ao permitirem que essas emoções governassem, estavam perdendo a luz dentro de si. Ela não se foi por completo, mas se tornou tênue. Tudo isso por quererem experimentar a excitação de traumas e emoções extremas.

D: *Você mencionou que os seres do espaço decidiram deixá-los em paz e, buscar, tentar resolver as coisas por si mesmos?*

L: Sim. Naquela época não havia muitos e não ofereciam perigo para ninguém. Assim, decidiu-se deixá-los por conta própria, pois iriam evoluir ou se destruir nessa experiência. Logo, o planeta poderia ser entregue a outros que quisessem viver uma vida de bem.

D: *Os seres espaciais estavam observando as histórias dessas pessoas por todo esse tempo?*

L: Sim. Eles apenas balançavam a cabeça em espanto, diante de tão sombrias artes, perguntando-se, por quê.

D: *De onde eles estavam assistindo? Todas essas coisas devem ter levado um longo tempo.*

L: O tempo deles é muito diferente do nosso conceito de tempo. Eles podiam se sintonizar por meio de projeções mentais, ou às vezes visitavam o planeta de maneira física, o que não era feito com muita frequência, pois não era seguro. As pessoas nessa época eram muito ruins e matavam outras, sem pensar duas vezes. Houve muita matança.

D: *Por que esses seres espaciais estavam tão preocupados? Eles não poderiam simplesmente ir embora e esquecer a Terra?*

L: Não, porque havia um plano maior para esta Terra. É o planeta mais belo deste universo, foi projetado em beleza como um experimento. Infelizmente, nunca evoluiu da maneira como foi planejado. Seria uma experiência de emoção e prazeres físicos, coisas que outros lugares não têm. A Terra foi pensada para ser um lugar de experiências passageiras. As pessoas viriam de férias, para experimentar os prazeres aqui oferecidos, prazeres físicos que esses seres normalmente não experimentariam, e depois iriam embora.

D: *Você quer dizer que eles visitavam a Terra como um local para férias e tal, antes que da situação piorar?*

L: Foi antes das pessoas habitarem este planeta. Alguns deles se envolveram tanto com esse prazer físico que ficaram atolados a ponto de não conseguirem ir embora, ficaram para experimentá-lo ainda mais. Quanto mais tempo eles ficavam, mais difícil era sair. Eventualmente, perderam a capacidade de sair e permaneceram atolados na fisicalidade, até a chegada do primeiro grupo de seres, que por sua vez, deveriam ajudá-los a recuperar seus espíritos de luz, mas eles também foram apanhados nisso.

D: *Eles deveriam ajudá-los a lembrar o que haviam esquecido, mas não funcionou dessa maneira.*

L: Não, porque eles também foram pegos e ficaram presos, se entrelaçando com aqueles que estavam aqui primeiro.

D: *Você disse a princípio ser parte de um plano mestre. Você pode me explicar mais sobre isso?*

L: No início, era um belo plano e permitiria que as almas viessem à Terra para visitar a beleza e ter prazer nas coisas terrenas, como recompensa por serviços prestados em outros mundos. Seria uma parada curta para férias, uma experiência prazerosa e depois partir e continuar com sua existência.

D: *Esse era o plano?*

L: Sim. Era como uma recompensa por um trabalho bem feito.

D: *Parece que deu tudo errado, não é?*

L: Sim. Uma pena.

Não era a primeira vez que ouvia isso. Em outras regressões, tratando de outros assuntos, a Terra é mencionada como um local de férias, um retiro, onde seres de muitos mundos e dimensões diferentes visitavam, no início de tudo, antes que o mundo fosse contaminado por humanos. Isso acontecia antes das almas ficarem presas na fisicalidade do planeta.

D: *Alguém tem outra pergunta?*
L: Quando veio o dilúvio e os continentes se separaram, ele quer saber se isso foi uma mudança abrupta ou se foi acontecendo gradualmente. Em alguns níveis foi muito abrupto, mas o aquecimento do planeta foi uma coisa gradual. Abrupto foi quando a enchente começou, houve muita destruição e tudo aconteceu muito rápido. Não havia praticamente nenhum lugar do planeta que não fosse alcançado. A maioria dos habitantes foi pega e muitos sucumbiram, poucos sobreviveram. Esperava-se que isso os fizesse ver o erro que haviam cometido anteriormente e pudessem ser gratos pela paz que agora os visitava. Mas logo se cansaram disso.

Eu me perguntei sobre as lendas do dilúvio, predominantes em todas as culturas do mundo. Mas está em questão, pode ter acontecido em um tempo muito primitivo na história da Terra. Aparentemente a Terra passou por muitas transições e enchentes de grande gravidade não são atípicos em nossa história. O dilúvio bíblico e outros podem ter ocorrido em uma data posterior. É como se não houvesse realmente nada de novo na história do mundo físico, a não ser uma repetição em série dos mesmos eventos. Alguns desse eventos foram gravados em registros antigos, outros provavelmente ocorreram antes de nossa concepção de registros históricos.

D: *Há mais perguntas? Estamos acompanhando muito bem a história.*
L: "Por que as pessoas deixadas aqui não abandonaram o planeta se eram esclarecidas o suficiente para serem salvas?" A resposta é que eles não eram seres esclarecidos, ainda eram seres da Terra e não desejavam partir. Eles não sabiam de uma existência fora de sua própria vida diária. Não estavam cientes do fato de que havia uma escolha, portanto, eles não sabiam que poderiam sair e, provavelmente, foi melhor que eles não o fizeram. Pergunta:

"Você acha que se tivessem saído, teriam contaminado outros lugares para onde fossem?" Essa é uma possibilidade, pois suas intenções não eram puras, como em outros planetas. Se visitassem lugares receptivos ao seu modo de pensar, poderiam facilmente influenciá-los, no entanto, havia tão poucos deles, duvido que isso fosse uma possibilidade. Pergunta: "Quando foi tomada a decisão para enviar mais seres de luz?" Só depois de muitos anos que a Terra foi novamente visitada por embarcações espaciais. Havia muitas pessoas nesta nave. Eles não vieram para ficar, mas para instruir muitos que estavam aqui. Eles não foram autorizados a se misturar com o povo da Terra, deveriam apenas ensiná-los o suficiente para estimular seu processo de pensamento e evoluir um pouco mais em direção à luz. Pergunta: ....

D: *Mas primeiro, como eram as pessoas que vieram desta vez? Você disse serem muitos.*

L: Foram muitos. Eles eram parecidos com humanos em alguns aspectos, o suficiente para que fossem aceitos. Eles eram muito, muito altos e tinham pés engraçados.

D: *Pés engraçados? O que quer dizer?*

L: Eles não tinham mãos e pés como os nossos, eram mantidos cobertos para não serem notados. Usavam sapatos e luvas o tempo todo, para não assustar ninguém. Seus olhos eram grandes e escuros, no lugar do nariz, tinham apenas dois buracos. Tinham uma boca, embora não a usassem como nós, não usavam a língua para falar ou comiam alimentos da Terra, tão pouco bebiam líquidos.

D: *Como se nutriam então?*

L: Eles tinham um sistema totalmente exótico ao conceito humano. Um sistema energético que revitaliza através de uma série de luzes.

D: *Você quer dizer que a luz os mantinha vivos?*

L: Sim. Sem isso, eles morreriam. Eles traziam suas luzes no navio e tinham que descansar em uma câmara de tempos em tempos para serem revitalizados. Só precisavam passar pouco tempo nesses pequenos espaços, mas era crucial para sua saúde, que fizessem isso ocasionalmente.

Um conceito semelhante foi relatado em Legado das Estrelas, onde os seres se deitavam em um sarcófago para tomar um banho de

Luz. Esta também era sua única forma de nutrição e diziam que a Luz se originava da Fonte.

D: Todos esses seres vieram para o mesmo lugar na Terra?
L: Não. Haviam... satélites? (como se fosse uma palavra desconhecida) naves satélite, que deixavam a nave principal e iam para diferentes áreas, onde havia pessoas. Eles mantinham contato com a Nave Mãe periodicamente, comparando notas sobre seu progresso.

Tudo isso foi dito como se estivesse repetindo uma informação memorizada ou ouvindo-a de algum lugar. Como se fosse estranho e desconhecido. Uma mera repetição dos fatos.

L: Alguns tiveram mais sucesso do que outros. Alguns falharam completamente, no entanto, a maioria foi bem sucedida. Ensinaram muitas coisas aos terráqueos que melhoraram sua existência física, coisas como filosofias para ampliar sua visão espiritual e entendimento de vida, na esperança de plantar aquela centelha de luz que pudesse florescer..
D: Que tipo de coisas lhe ensinaram para ajudar sua vida física?
L: Deram-lhes conhecimentos em agricultura: tempos de plantio, tempos de colheita e como plantar, o que eles não sabiam. Eram caçadores antes disso e matavam muito. A missão era desviar-lhes a atenção da matança para um modo mais positivo, como plantio e colheita, outra fonte de alimento e energia. Isso também os manteria estacionários em um só lugar, em vez de viver uma vida nômade. Teriam mais tempo para pensar e desenvolver seus poderes de raciocínio, se vivessem de forma estável. Eles também os ensinaram a usar animais, em vez de matá-los. Ensinaram-lhes a serem mais gentis entre si e a viver uma existência mais harmoniosa. Infelizmente, o povo voltou a olhar para os professores como seus deuses, mas desta vez os professores permaneceram fiéis; eles não foram apanhados na existência terrena. O propósito era de ensinar e, quando sua missão terminou, todos saíram juntos. Este experimento foi considerado um grande sucesso. O povo da Terra recebeu uma existência melhor, mais estável e uma razão para expandir o que eles tinham, viveram com a prosperidade que não conheciam há muito tempo. Tiveram a

oportunidade de usar suas mentes de uma maneira que eles não haviam pensado antes.

D: *Estas foram coisas ótimas.*

L: Sim. Foi um projeto ótimo, muitos ficaram felizes e se regozijaram por algum tempo com sua conclusão.

D: *Mas você disse que alguns dos professores foram a lugares onde foi um fracasso total.*

L: Sim, porque essas pessoas estavam tão mergulhadas em seus prazeres terrenos que não podiam, nem aceitariam, receber nenhuma ajuda. Estes foram deixados à própria sorte para evoluir como quisessem, ou se perder, até mesmo morrer, o que muitos fizeram, porque estavam completamente perdidos e não ouviram.

D: *Houve alguma raça específica que pode ter morrido por causa disso? Raças que não existem mais na Terra?*

L: Nessa época os seres da Terra eram todos iguais. Levaria algum tempo antes que houvesse uma diferença de cor e aparência. Naquela época, eles eram todos semelhantes, não havia muitos.

D: *Você quer continuar com as perguntas?*

L: Pergunta: "Quando vieram as mudanças que resultaram nas diferentes cores e diferentes línguas/dialetos falados na Terra?" Isso aconteceu no futuro da evolução da Terra e tinha a ver com outras experiências que aconteceram em diferentes áreas. Pessoas vieram de todo o universo, alguns ficaram e se casaram com os seres da Terra. Este foi um longo processo, antes de se desenvolver no que sabemos existir hoje. Na minha vida, levei muito tempo antes de perceber haverem outras cores de pele, além da que eu conhecia. Nas minhas viagens, só vi outras duas cores, mas disseram-me que existiam mais do que eu vira. Conheci a raça oriental, a amarela, e a raça marrom. Disseram-me que existe uma raça de pele vermelha, que não consigo imaginar como isso ficaria em uma pessoa. Disseram-me existir uma raça de pele negra, esse ser eu poderia imaginar como seria. Me disseram, também, que há outra cor que eu não vi, é como a minha pele, só que mais branca. Eu também não vi isso.

D: *Já lhe falaram de alguma cor que existia na Terra e que não existe mais?*

L: Não.

D: *Mas essas cores de pele ocorreram por causa de outros seres vindos de outros mundos?*

L: Sim. Foi uma evolução lenta.
D: *Eu sempre pensei que parte disso fosse causada pelo clima quente e frio. Esse não é o único fator?*
L: Não. Isso pode ter acontecido depois, mas a princípio, foi causado pela mistura entre pessoas. Em certa época, éramos todos iguais, não havia diferença, então começamos a nos casar com seres de outros mundos e, foi aí que as mudanças começaram a evoluir.
D: *Como era, quando éramos todos iguais?*
L: Quando éramos todos iguais, tínhamos a pele morena. Essa era a cor, um marrom de tom quente.
D: *Tínhamos cabelo?*
L: Não. Sem cabelo.
D: *Isso veio através da mistura?*
L: Sim. Misturas com pessoas de outros planetas e também com alguns animais. Queríamos ter a força desses animais e pensamos que poderíamos obtê-la misturando-nos com eles. Foi uma péssima ideia, porque havia muitos seres de aparência estranha que evoluíram desses experimentos. Isso afetou nossa fala e nossa capacidade de pensar racionalmente, então foi proibido, porque era muito, muito ruim.
D: *Isso fez com que os humanos regredissem, em vez de progredir.*
L: Sim. Eles se tornaram mais animalescos do que humanos e já havíamos retrocedido o suficiente, portanto foi proibido fazer qualquer outra mistura com animais.
D: *Houve alguns animais procriados mais do que outros?*
L: Sim. Os maiores e mais fortes eram geralmente os escolhidos, por causa da força física e grandeza de sua estatura.
D: *Mas você disse que criou seres de aparência muito estranha.*
L: Sim, foi.
D: *Esses traços foram transmitidos? Eles não morreram todos, não*
L: Não. Alguns sim, mas alguns pontos fortes permaneceram.
D: *Mas não eram traços positivos.*
L: Não. Exceto que deu aos terráqueos uma estatura maior do que antes. Eles eram pequenos em estatura, e isso trouxe uma mudança de tamanho. Também acrescentou uma força física que eles não tinham anteriormente.
D: *Mas teve um efeito colateral negativo o suficiente para ser proibido depois disso.*

L: Sim, não foi bom, porque esses primeiros filhos não se importavam com suas famílias ou com a vida. Eles só buscavam solidão e existências físicas, pura sobrevivência.

D: *Não era o que os seres do espaço queriam.*

L: Não. O propósito que eles tinham em mente era ensinar os terráqueos a conviverem uns com os outros, numa existência mais aberta e amorosa. Essas criaturas eram solitárias, não interagiam com outros seres, a menos que fosse necessário para sua sobrevivência física. A segunda geração desses seres foi um pouco melhor, eles pelo menos participavam da comunidade.

D: *Esses seres espaciais que vieram de muitos lugares e cruzaram com terráqueos, eventualmente criando as diferentes raças, vieram com bons motivos?*

L: Alguns sim. Trouxeram consigo tecnologia e uma filosofia de boas intenções. Outros vieram para explorar, apenas para explorar. Eles não vieram para ensinar ou ajudar, mas apenas para ver. Essas pessoas, infelizmente, poderiam se enredar nos caminhos da Terra por acidente e seria difícil para eles quererem sair.

D: *Então havia diferentes razões para virem. Havia alguma razão para que todos eles viessem por volta do mesmo período?*

L: Porque as primeiras experiências na agricultura foram bem sucedidas e os seres anteriores partiram em massa. Pensava-se que a Terra progrediria rapidamente se recebesse mais experiências. O programa de reprodução havia sido interrompido, e sentiu-se que agora era o momento de vir e ajudar, em uma forma superior de existência. Alguns vieram genuinamente para este trabalho, outros vieram por curiosidade. Alguns vieram por motivos egoístas, para conquistar, eram guerreiros em sua própria existência. Seu planeta era muito pequeno e a maioria das outras pessoas não se associava a esses seres e, por serem muito egoístas, se isolaram. Eles viram isso como uma oportunidade de avançar no universo. Você vê, por um longo tempo não havia autorização para visitas à Terra, então, nova permissão foi concedida naquele momento. As primeiras pessoas que vieram eram do planeta Sirius (fonética: Si-rius). Eles foram os que tiveram sucesso e foram embora e, porque foram bem sucedidos, sentiu-se que talvez outros também pudessem ajudar, mas esse não foi o caso. Alguns ajudaram, outros não.

D: *Esses que eram como guerreiros, por que não foram proibidos de vir?*

L: Acho que eles vieram sem permissão. Foi inesperado.

D: *Pensei que havia algum grupo ou alguém encarregado de monitorar e, assim, impediriam que as pessoas indesejáveis viessem aqui. Você sabe alguma coisa sobre um grupo assim?*

L: Sim. Já existe há muito tempo, no entanto, sentiu-se que a Terra tinha tantos problemas que não importaria. Eles já estavam aqui, eles não pediram permissão, simplesmente vieram. E uma vez estando aqui, eles simplesmente se integrariam, não poderia ser pior que já era.

D: *Entendo. Pensei que talvez alguém pudesse ordená-los a sair.*

L: Eles até tinham algumas qualidades boas junto às negativas. Eram altamente evoluídos intelectualmente, mas motivados por sua inteligência na direção errada. Eram líderes dinâmicos em habilidades de desenvolvimento.

D: *Você tem outra pergunta do grupo?*

L: "Gostaria de saber: por que essas pessoas na Terra não puderam ser ensinadas a ter uma existência melhor, através do aspecto do amor e do refinamento do espírito?" A resposta é que eles poderiam aprender essas coisas, se as desejassem, mas neste momento, não desejavam ser mais do que eram. É uma lei universal. Um não pode infringir o outro sem permissão. Essas pessoas estavam satisfeitas com como as coisas estavam, não querendo nenhuma mudança naquele momento. É muito difícil entender por que uma pessoa não desejaria uma vida melhor, se lhe fosse oferecida. Mas foi assim.

D: *Não foi considerada uma infração quando trouxeram agricultura e tecnologia?*

L: Eles aceitaram essas coisas como presentes. Queriam essas coisas para si mesmos, não queriam uma nova filosofia, naquela época, só estavam interessados nos aspectos físicos de suas existências.

D: *Coisas materiais para ajudar suas vidas?*

L: Certo. Eles não estavam interessados em nada além do que podiam sentir, ver ou ser. Esperava-se apenas que a inoculação daquela pequena faísca permitisse que crescesse, ainda que lentamente, mas pelo menos era um começo. Levaria muitas eras para despertar.

Recebi esta mesma informação de outros clientes. É apresentado, principalmente, em "Guardiões do Jardim". No início do meu trabalho, achei o conceito de semeadura do planeta Terra bastante radical, mas tem sido apresentado através de muitos indivíduos e eu sempre acho que a repetição de evidências acrescenta validade, porque as pessoas envolvidas não têm como saber o que eu já recebi.

Agora era hora de eu encerrar novamente a sessão. "Posso voltar em outro momento para mais perguntas e ouvir suas lições? Você tem muito a me ensinar, assim como aos outros."

L: Sim, você pode. Às vezes é confuso para mim, essas coisas que eu sei. Eu só espero que eu possa explicá-las para que você saiba a verdade. Muitas distorções ocorreram ao longo dos anos, por isso temos muita desinformação sobre essas coisas. Será um prazer esclarecer e mostrar a você a progressão, na esperança de que a luz brilhe e todos a vejam por si mesmos. Desta forma, nosso planeta pode evoluir e fazer parte do que foi destinado, desde o início. Nós também nos tornaremos seres de luz, se permitirmos que nosso ser rejeite tudo o que não é desta luz. Tudo que não é de nossa essência perfeita, da qual todos evoluímos simultaneamente. Voltar a esse lugar do nosso destino seria maravilhoso.

Eu então trouxe Linda de volta à plena consciência e Bartolomeu, mais uma vez, recuou. Era muito tarde quando esta sessão acabou, quase dez horas e Linda estava obviamente cansada. Perto do final da sessão, houve intervalos mais longos do que o normal enquanto ela falava, quase como se estivesse adormecendo. Algumas vezes, tive que estimulá-la, repetindo o que ela havia dito para fazê-la prosseguir. Mas ao redigir, tudo se encaixou e fez sentido. Nós duas estávamos cansadas depois disso, apesar de termos sentado e conversado com meus amigos até depois das onze. Eu sabia que teria o mesmo ritmo intenso com Janice no dia seguinte, mas pelo menos, conseguimos fazer muito trabalho hoje.

Pretendia tentar voltar a Little Rock pelo menos uma vez por mês para poder continuar trabalhando nessas histórias, mas isso não deu certo. Durante os meses seguintes estive ocupada com a edição final e o manuscrito da sequência de "Conversas com Nostradamus" (Volume II). Eu também tive vários programas de rádio e fiquei sem tempo para ir a lugar nenhum ou fazer qualquer outra coisa. Nossa próxima oportunidade de encontro aconteceu vários meses depois.

CAPÍTULO TRÊS
OS DISPOSITIVOS DE ENERGIA

Eu não vi mais Linda até que ela e seu marido vieram novamente à minha área para a Conferência de Óvnis de Ozark, em Eureka Springs, no Arkansas, no mês de abril de 1990. Queríamos realizar pelo menos uma sessão enquanto estivessem lá. Eu tinha muitas coisas acontecendo e o único momento propício para nos reunirmos seria entre o final da conferência e o banquete. A regressão foi realizada em seu quarto de hotel, mas sabíamos que não havia tempo para uma sessão completa. Coloquei a fita de uma hora no gravador e tentamos realizar o máximo possível dentro daquela hora. Qualquer coisa seria melhor que nada. Durante esta sessão, fiquei olhando o relógio, sabendo que teríamos que parar a tempo de nos vestir para o banquete. Eu gostaria de continuar a história, mas acho que consegui registrar a maioria do que ela queria dizer sem sentir que a estava apressando.

Seu marido, John, participou desta sessão, parecia ser solidário e bastante interessado. Ele disse, mais tarde, saber que essa informação não vinha dela, pois ela não era tão inteligente. Foi uma observação chauvinista e brincalhona, mas provou ser um ponto válido. Ele tinha certeza de que ela não poderia estar inventando nada disso, ela não tinha tanta imaginação, na opinião dele.

Usei a palavra-chave e contei-a de volta para a mesma cena, em que Bartolomeu estava ensinando os seres brilhantes de luz.

L: Estou em uma plataforma, palestrando para todos esses seres de luz que esperavam minha chegada para que transmitisse a eles meu conhecimento.

Ela continuou como se no instante seguinte e não meses depois. Era como se o tempo tivesse parado, esperando nosso retorno.

L: Estou contando a eles a história da Terra. Como evoluiu ao longo das eras e quantos povos vieram de vários planetas e universos, para ajudar os terráqueos a progredir.

D: *Você está contando-lhe sobre algum momento específico da história?*

L: Acabei de contar-lhes de uma época em que muitos professores vieram doar seus conhecimentos aos seres da Terra. Eles não permaneceram mais do que tempo suficiente para ensinar-lhes técnicas de agricultura e construção.

D: *Essas são as principais coisas que ensinaram?*

L: Sim. Ensinaram como plantar grãos, como irrigar, como colher, quando plantar, quando colher e como guardar o alimento, para que pudesse ser usado mais tarde. Ensinaram algumas técnicas de construção que lhes eram desconhecidas para que pudessem construir lugares para morar e lugares para se agrupar.

D: *Que tipo de prédios eles tinham antes disso?*

L: Eles eram feitos de madeira e peles de animais, agora foram ensinados a usar pedras e os recursos da Terra para fazer tijolos. Aprenderam a construir de modo a ter um lugar mais permanente e que não estivesse sujeito aos elementos ou ser tão facilmente destruído.

D: *Eles ensinaram mais alguma coisa?*

L: Apenas alguns poucos foram ensinados a usar os elementos para seu benefício. Como usar o Sol, a Lua e as estrelas, em benefício das pessoas deste planeta. Como usar a energia do Sol.

D: *De que maneira eles os ensinaram a usar a energia do Sol?*

L: Foram ensinados a captar, com certos dispositivos, a energia durante o dia e assim ser usada posteriormente. Essa energia poderia ser usada para muitas coisas, como locomoção e iluminação, também podendo preservar coisas, como alimentos. Tinha inúmeros usos que os terráqueos não conheciam, porque não tinham os equipamentos adequados para captar ou usá-la corretamente. Apenas algumas pessoas tinham permissão para ter esse conhecimento e estas juraram segredo. Essas pessoas eram vistas como sacerdotes ou deuses e eram os únicos autorizados a saber dessas coisas. Eles, no entanto, tinham permissão de escolher alunos para continuar o trabalho que estava sendo feito.

D: *Você poderia descrever este dispositivo capaz de fazer todas essas coisas maravilhosas?*

L: Era feito de uma substância de outro lugar, não desta Terra. Parecia um pedaço de bronze, era comprido e tinha uma forma triangular. Deveria ser colocado na superfície da Terra e manipulado em um certo grau, entre a Terra e o Sol, em momento e local específicos, onde o Sol estava posicionado no céu. Tinha que ser em determinada hora do dia e, era crucial que esse dispositivo fosse colocado em raio e grau específicos, entre o Sol e o horizonte da Terra.

D: *Apenas isso, um pedaço de metal?*

L: Parecia metal e tinha a forma de um triângulo. Provavelmente tinha um metro e meio de comprimento por um metro de altura, na forma de um "V".

D: *Você disse que eles também ensinaram a usar o poder da Lua e das estrelas. Como isso era possível?*

L: A Lua também tem muita energia e os seres humanos nunca entenderam isso. É uma forma de energia passiva, totalmente diferente do Sol, muito ativa e forte. No entanto, a energia passiva da Lua é tão forte quanto a do Sol.

D: *Pensamos nela como sendo fria.*

L: Sim. É um tipo completamente diferente. E é por isso que os humanos pensam nela como fria, mas não é.

D: *Que tipo de dispositivo eles usavam para capturar a energia da Lua?*

L: Era brilhante e reluzente, como um pedaço de vidro.

D: *Era possível ver através dele, como o vidro?*

L: Não. Era prateado e brilhante, posicionado em um pedestal na forma de arco. Era côncavo no centro e girava em muitas direções, muito maior do que o instrumento usado para o Sol, devido à natureza da energia. Tinha quinze metros de diâmetro e seis metros de altura. Era bem grande.

D: *Provavelmente, era por isso que havia um pedestal, para girá-lo.*

L: Sim. Eram necessários muitos homens para movê-lo.

D: *Para que era usada a energia da Lua?*

L: A energia da Lua poderia ser usada para muitas coisas, para alterar os efeitos do tempo na forma humana, para curar o corpo humano.

D: *Como isso alteraria o efeito do tempo no corpo humano?*

L: À medida que a pessoa envelhece, há uma falha na comunicação celular em todo o sistema. Essa interrupção faz com que os órgãos do corpo envelheçam e não funcionem eficientemente, deixando, portanto, de realizar funções vitais do corpo. Este aparelho rejuvenescia a estrutura celular, permitindo que ela funcionasse normalmente, como em uma idade mais jovem. Somente aos escolhidos era permitido esse conhecimento, isso lhes foi dado para que pudessem permanecer na Terra por longos períodos, para direcionar os terráqueos.

D: *A energia teria que ser armazenada, certo, não apenas direcionada?*

L: Sim. Ficava armazenada em lugares secretos. As pessoas eram informadas que estes eram templos dos deuses, o que os deixavam amedrontados, de certa forma, isso serviu para que deixassem esse locais em paz e não explorassem o que lá continha. Eles não eram autorizados a entrar nesses lugares.

D: *Então a energia do Sol e da Lua eram armazenadas neste tipo de lugar?*

L: Sim. Em câmaras separadas, pois a energia do Sol era destrutiva para a da Lua.

D: *Você também disse que eles usavam a energia das estrelas. Como isso era feito?*

L: Eles capturavam frações de luz de certas configurações estelares.

D: *Mas as estrelas estão tão distantes, como eles conseguiam fazer isso? As estrelas não seriam tão potentes.*

L: Não, não era exatamente a energia, mas a posição das estrelas que eram mapeadas e monitoradas, para aprender mais sobre profecias e sobre a natureza espiritual das coisas.

D: *Então não era referente à energia das estrelas, e sim um estudo sobre elas?*

L: Um estudo das estrelas para projeções (teve dificuldade em encontrar palavras) de outras épocas e... não estou entendendo. Outras... projeções de profecia. Profecia. Estou confuso.

D: *É algo que você não está familiarizado? É isso que quer dizer? Você não entende isso?*

L: Sim. A posição das estrelas dava-lhes informações sobre profecias, coisas que aconteceriam.

Era óbvio que ela estava tentando descrever a astrologia, mas aparentemente a entidade, Bartolomeu, não tinha uma palavra para isso ou não entendia o conceito. Mais um exemplo de que estávamos usando a mente dele e não a de Linda.

D: *Parecia um lugar e um tempo muito maravilhosos, já que recebiam todas essas coisas fantásticas para melhorar suas vidas. O que aconteceu?*
L: Foi maravilhoso por algum tempo. Esses sacerdotes usaram seu conhecimento com sabedoria. Ajudaram seu povo a progredir e foram gentis. Eles curaram seus corpos doentes, os protegeram, lhes ensinaram muitas coisas e então, como aconteceu muitas vezes antes, a negatividade aparece e cresce, como ervas daninhas no campo. Eventualmente sufoca o trigo ou o grão e tudo se perde.
D: *Foi apenas acontecendo gradualmente, ou algo repentino que causou a negatividade?*
L: Foi uma deterioração gradual.
D: *E isso causou a perda do conhecimento?*
L: Sim. Essas coisas maravilhosas, dadas aos terráqueos como presentes, foram destruídas, porque houve uma revolta entre as pessoas comuns, eles queriam ter a energia do Sol. Eventualmente, descobriram estar armazenada neste certo templo, que pensavam ser dos deuses e queriam distribuído para as massas. Pensaram que os tornaria poderosos e ergueram um exército para dominar o templo, todos os sacerdotes foram mortos. Quando eles entraram no templo, obviamente, não foram capazes de usar a energia adequadamente, porque não tinham o conhecimento e tudo foi destruído. Houve uma enorme devastação, explosões, fogo e destruição em massa. Tudo foi perdido.
D: *Isso acabou destruindo a energia da Lua também, não é?*
L: Sim. Não havia perigo de explosão da energia da Lua, no entanto, por ser mantido próximo, também foi destruído.
D: *Os dispositivos originais também foram destruídos?*
L: Sim, porque eram mantidos neste lugar.
D: *As pessoas que, originalmente, lhes deram esse conhecimento, não poderiam vir e ensiná-los novamente?*
L: Não, porque há muito tempo já haviam partido e voltado para sua terra, há várias centenas de anos. Eles não estavam cientes que isso havia acontecido.
D: *Este grupo de seres parecia ser um grupo positivo. Estavam tentando dar aos humanos algum conhecimento que eles pudessem usar.*

L: Sim. Ficaram muito tristes quando souberam do ocorrido, mas isso foi muito tempo depois. Foi tomada a decisão de não interferir naquele momento.

D: *Mas deve ter havido sobreviventes desse grupo de pessoas na Terra.*

L: Sim, havia aqueles que estavam em áreas periféricas, não estavam envolvidos no cerco principal do templo. Eles estavam longe do centro da revolta. Eram os muito velhos ou os muito jovens, pensavam ser a ira dos deuses do templo que causou essa destruição. Então, não estavam cientes do real ocorrido.

D: *Imagino que a vida se tornou bem diferente depois disso.*

L: Sim, foi, porque tiveram que depender do pouco conhecimento que tinham. Só conseguiam plantar quando se lembravam, não tinham orientação dos sacerdotes. No entanto, eles conseguiram e se saíram muito bem com os poucos recursos que tinham.

D: *Provavelmente nunca conseguiram voltar para o estado onde tinham todo o poder e energia como ajuda.*

L: Não, eles não conseguiram. Foi um grande, grande revés. Muitas coisas foram perdidas. Muita tecnologia e segredos.

D: *Os sobreviventes retornaram às formas primitivas?*

L: Sim. No entanto, eles continuaram a construir casas e a plantar, continuaram a trocar com outras pessoas, como faziam anteriormente.

D: *Então eles ainda se lembravam de como construir casas de pedra?*

L: Sim, no entanto, não tinham mais os dispositivos de energia para mover as pedras, tinha que ser tudo à mão.

D: *Eles usavam a energia do Sol para mover as pedras de lugar? Como isso era realizado, por levitação?*

L: Sim, acho que poderia chamar assim. Essa energia entrava na pedra ou no que quer que fosse ser movido, e a atraía como um ímã para qualquer posição calculada. Quando chegava na posição desejada, era solto e lá ficava.

D: *Então, após a destruição dessas fontes de energia, isso teve que ser feito manualmente.*

L: Certo. Porque não sabiam como fazer de outra forma.

D: *Eles mantiveram o conhecimento parcial, mas não era suficiente. Há muitas lições a serem aprendidas com essa experiência.*

L: Sim, há muito ainda o que aprender. Algumas são muito, muito tristes.

Eu trouxe Linda de volta. Esta sessão não poderia ser tão longa quanto de costume, porque tínhamos que nos preparar para o banquete e estávamos realmente excedendo nosso tempo.

Quando Linda acordou, desenhou como entendeu ser os dispositivos. No caso do aparelho solar, ela pegou um pedaço de papel e dobrou-o ao meio, para mostrar o ângulo do triângulo.

Devido à edição final e da revisão da sequência de Nostradamus, não pude trabalhar com Linda novamente até retornar à Little Rock, para uma convenção de escritores, em junho de 1990.

* * *

Dessa vez, fui dirigindo meu próprio carro e pretendia trabalhar tanto com Linda quanto com Janice, embora tivesse uma agenda cheia. Consegui apenas realizar uma única sessão com Linda.

Usando a palavra-chave, contei-a até o tempo dos seres brilhantes e a continuação da história de Bartolomeu.

L: Estou cercado por esses seres de luz. Estão me bombardeando com perguntas. Há tanto para saber, estamos muito animados em poder absorver todo esse conhecimento e mantê-lo seguro para ser passado à diante, no seu devido tempo. Sentimo-nos abençoados por sermos escolhidos para este trabalho. Há muito falatório. Devo acalmar a todos para o trabalho poder prosseguir. (Pausa) Agora sim, estamos prontos para continuar nesta missão.

D: *Você pode repetir as perguntas que eles fazem?*

L: Havia muito falatório, todos falando ao mesmo tempo. Continuaremos a partir de onde essa excitação começou a perturbar o andamento. Tinha a ver com as fontes de energia, recebidas do Sol e da Lua. (Dois meses se passaram, mas eles continuaram da última frase.) Foi isso que causou toda a excitação, pois existem muitos Sóis e muitas Luas no universo, todos eles contêm esse poder e energia. É como em muitos outros planetas e essa energia pode ser aproveitada como foi na Terra, para uso da humanidade, em todas suas viagens interplanetárias.

D: *Pode ser utilizado como fonte de energia, você quer dizer?*

L: Sim. Pode ser usado para muitas coisas. Não só como propulsor e fonte de força e energia, mas também tem muitos outros usos.

Além do crescimento da espiritualidade dos seres que habitam determinado planeta ou área. Tem o potencial de cura e com essa cura vem o crescimento espiritual. Foi isso que causou a comoção e excitação de todos aqui.

D: Eles nunca ouviram falar disso antes?

L: Alguns sim, mas a maioria não. Haviam pensado sobre essas coisas, mas não sabiam ao certo. Para alguns, foi uma confirmação.

D: Claro, a questão é sempre como aproveitar a energia para fazê-la funcionar dessa maneira?

L: Isso está correto e não é um processo muito difícil, pelo contrário, é uma tarefa muito simples. Tão simples que muitos não sabem disso. É um processo de ampliação, de absorção da energia através da ampliação da Fonte. A energia é coletada e ampliada dez vezes, então absorvida em um dispositivo de coleta para ser distribuída no momento apropriado. O processo de ampliação é a parte mais importante e, a menos que seja entendida e feita corretamente, o processo não funcionará. A coleta e distribuição não podem ser realizadas, a menos que a ampliação tenha ocorrido adequadamente. É nesse ponto onde muitos falharam. Eles tentaram muito, mas perderam o aspecto mais simples do processo.

D: O que seria esse aspecto simples?

L: O aspecto simples não é o tamanho, mas a qualidade do material utilizado na ampliação da energia. Este material não pode ser encontrado em muitos lugares do universo, apenas em alguns planetas. A Terra é um desses lugares onde esta substância está prontamente disponível. Por isso que o pacto universal com os terráqueos era tão importante para todos os envolvidos, embora fossem ainda muito primitivos. Tentou-se muitas vezes ajudá-los a evoluir, para uma compreensão mais elevada, o que também falhou muitas vezes.

D: Que tipo de pacto foi feito?

L: Em várias ocasiões, pactos com os terráqueos foram realizados para permitir que os voos intergalácticos viessem negociar esse material. De tempos em tempos havia interrupções nesse comércio, devido à natureza guerreira do terráqueo. Coisas eram destruídas, pessoas iam embora e novos pactos tinham que ser renegociados. Na maioria das vezes, estes eram realizados com os líderes de áreas específicas da Terra. Às vezes, podiam ser negociados com cidadãos particulares, responsáveis por determinada área.

D: Entendo um pacto como geralmente uma negociação de troca, o que os terráqueos recebiam em retorno?

L: Os terráqueos receberam tecnologia que não conheciam antes, ou uma ajuda tecnológica em projetos que poderiam estar desenvolvendo em estágio primitivo. Nesses pactos, recebiam informações adicionais para ajudá-los a desenvolver o que estavam trabalhando naquele determinado momento e isso acelerava bastante o processo. Mais conhecimento poderia ser colocado em prática.

D: O que é esse material que eles queriam tanto?

L: Este material é um mineral encontrado logo abaixo da superfície da Terra. É uma substância fina e pulverulenta, que pode ser extraída e, uma vez colocada sob pressão, forma essas lâminas bem finas. Essas lâminas são utilizadas no processo de ampliação, sendo trocadas logo após o uso, à medida que filtram a energia. Portanto, devem ser substituídas constantemente. Existe uma abundância desta substância em muitos lugares ao redor da Terra e pode ser acessada facilmente, usando as ferramentas corretas.

D: Então é muito comum. Qual é a cor dessa substância?

L: É cinza, variando de tons. Às vezes pode ser confundida com simples poeira, mas é muito fina em consistência, quase em pó.

D: Você quer dizer que é colocado sob pressão para produção dessas lâminas. Precisa ser aquecido, ou existem outras etapas no processo para converter o pó em folhas?

L: Não, é apenas uma pressão absurda. Enquanto nesta câmara, devido ao alto grau de pressão, torna-se muito quente, mas nenhum calor precisa ser adicionado. Só fica quente pela pressão exercida sobre ele.

D: E então formam lâminas?

L: Sim. Lâminas bem finas e muito flexíveis.

D: Então isso é usado no processo de ampliação, certo? Você disse ser absorvido por uma câmara coletora e um dos usos comuns seria propulsão. Se fosse usado em algum tipo de nave, teria que estar a bordo da nave?

L: Sim. Há uma porção coletora na nave, na barriga da nave. Muita energia fica armazenada nesta área, para viagens longas. Não é necessário um grande espaço para este recipiente, por ser uma energia muito poderosa, pode mantê-lo por longos períodos.

D: *Então pode percorrer longas distâncias por longos períodos, sem ser reabastecido?*

L: Sim. Muitos, muitos anos.

D: *Depois a nave deve, eventualmente, retornar à fonte de energia para ser recarregada?*

L: Sim. No entanto, eles, agora, estão trabalhando em um dispositivo portátil que pode coletar essa energia de diferentes Luas e sóis, tendo essas lâminas a bordo. Apesar de não desfrutarem de muito sucesso, as folhas são muito.... (longa pausa). Acho que a palavra é "frágil". E devem ser mantidas de maneira correta, em temperatura controlada. Se houver muita instabilidade no armazenamento, destruirá sua capacidade de ampliação da energia. Essas lâminas não podem ser preparadas com muita antecedência, porque perdem suas propriedades, diferente da substância usada como matéria-prima, que pode ser armazenada por longos períodos, sem sofrer perdas no seu poder de ação. As lâminas, uma vez prontas, deve ser usada em pouco tempo.

D: *Quando estão em condições naturais, como na Terra, as lâminas são mais estáveis?*

L: Não. É o mesmo problema. O pó pode ser armazenado por longos períodos. Uma vez pressurizado em folha, deve ser usado brevemente.

D: *É perigoso para humanos, ou quaisquer seres, manipular esta substância ou é um componente, ou elemento perfeitamente seguro?*

L: Sim. É o que se chamará de "inerte". Não possui propriedades particulares até que o processo de pressurização o ative.

D: *Então era isso que os seres queriam, quando fizeram esses pactos com a Terra.*

L: Sim. Caso contrário, a Terra seria deixada aos seus próprios passos primitivos, porque aqueles que a povoam são muito imprevisíveis e já testaram a paciência de muitos de outras terras.

D: *Existe algum grupo que aprendeu a usar este elemento como fonte de energia?*

L: Não, há muitos que sabem disso e eles visitam de tempos em tempos, contudo, são controlados por um conselho. Há representantes de cada lugar fazendo parte deste conselho. Eles tomam as decisões; quem pode visitar e o que pode trocar com a Terra. Tudo é decidido de antemão, antes de qualquer contato ser feito. Ninguém pode vir sem permissão deste conselho.

D: *Já ouvi falar desse conselho antes e sempre tive curiosidade sobre onde ele está localizado. Você tem essa informação?*

L: Este conselho está localizado em um lugar inacessível para qualquer um, exceto membros do próprio conselho. Devendo ser alguém de alto prestígio entre seu povo. Ninguém sabe exatamente onde está.

D: *Mas é um lugar físico?*

L: Não, não é um lugar físico. Está em outro plano, e apenas seres de alto grau evolutivo têm acesso.

D: *Então, eles que concedem permissão para vir buscar esse material e trocar conhecimento com os terráqueos.*

L: Exatamente.

D: *Estou certa em supor que outros grupos também vieram por outros motivos, além da obtenção do material?*

L: Sim. Alguns grupos vêm para aprender com nossa forma de ser e por que fazemos o que fazemos. Eles vêm para observar nossos caminhos. Alguns vêm tentar nos ensinar como ser um povo mais pacífico. Existem muitas razões pelas quais eles vêm, não apenas para fins comerciais. Alguns vêm apenas por curiosidade, mas não é frequente. Essa permissão, de entrar na atmosfera da Terra, não é dada por simples curiosidade.

D: *Eles devem ter um propósito, então.*

L: Isso está correto.

D: *Algum desses grupos vem com propósitos negativos?*

L: Não com muita frequência, o conselho é muito sábio e eles não permitem. Os terráqueos já têm negatividade suficiente para muitas vidas. No entanto, às vezes, os que visitam, se envolvem na negatividade presente na Terra, reagindo de maneira que eles próprios parecem negativos, mas quando removidos desta atmosfera, eles não são.

D: *Então esta seria uma forma de coletar energia e criar propulsão para as aeronaves. Existem outras maneiras?*

L: Existem muitas maneiras de gerar energia para propulsão de aeronaves. Esta é apenas uma maneira. No entanto, desta forma, embora mais crítica em sua coleta, é menos prejudicial ao meio ambiente da maioria dos planetas. Seu grande poder de propulsão e facilidade de armazenamento em lugares pequenos, o torna muito desejável.

D: Então existem outros métodos perigosos ou prejudiciais ao meio ambiente?

L: Muito, como você sabe, pelo que está acontecendo na Terra, nesse tempo em que você vive. Isso está sendo trabalhado em seu tempo e, quando as pessoas se tornarem mais conscientes do que pode ser feito, muitas coisas que vocês agora usam como energia, não estarão mais disponíveis para uso na Terra. Será necessário, porém, um despertar de consciência. Há muitas pessoas que não querem essa mudança.

D: Esses seres, já usaram esses tipos mais perigosos de energia alguma vez?

L: Não, não esse tipo de energia que você imagina. A energia nuclear foi pesquisada, mas nunca usada. Foi descartado como sendo muito poluente para as galáxias. Não seria uma boa fonte, pois era muito volátil.

D: Então eles encontraram os métodos mais seguros. Eu estava pensando, se esse elemento fosse tão raro e difícil de encontrar em outros planetas, eles poderiam ter desenvolvido outros métodos que fossem mais convenientes para eles.

L: Isso é verdade. Eles encontraram outros planetas onde este material está prontamente disponível. No entanto, a Terra é a fonte mais próxima, por isso continuam buscando formas de negociá-lo aqui. Se não fosse tão conveniente, já teria sido deixado em paz.

D: E os terráqueos poderiam desenvolver isso se entendessem o processo?

L: Sim. Este processo foi dado a alguns, mas houve pouca aceitação, há muitos que se beneficiam economicamente das outras formas. Para os Terráqueos, outros caminhos parecem ser uma fonte melhor. É algo que está aqui há mais tempo, eles pensam, mas na realidade não é assim. Essas outras fontes de energia já foram usadas na Terra muitas vezes, no entanto, foram perdidas muitas outras vezes também.

D: Pensei, talvez fosse tão simples que eles não acreditavam que funcionaria.

L: Em parte, sim, mas é muito mais profundo do que isso. Tem a ver com poder e ganância. Há uma pergunta dos meus alunos. Eles querem saber como o material foi descoberto pelos visitantes.

Estou dizendo a eles que as naves estelares mais uma vez visitaram a Terra. Foi por acaso que eles descobriram esse material que vinham usando como energia. A descoberta foi uma revelação e tanto, deixando-os muito empolgados, já que estavam viajando para outras galáxias só para coletar esse mineral. A expedição desta vez era para levar conhecimento técnico aos que praticavam a medicina de forma muito arcaica, matando muitas pessoas. Vieram para lhes ensinar alguns conhecimentos básicos da constituição físico-biológica do ser humano. Foi uma operação extremamente importante para que a vida pudesse progredir neste planeta. Durante essa época, havia uma grande praga e muitos morriam diariamente, eles estavam tentando decidir o que fazer com os cadáveres. Foi durante esse período que o mineral foi descoberto, enquanto eles cavavam valas comuns para os corpos.

D: Quem? Pessoas da Terra ou do espaço?
L: Pessoas da Terra. Naquele momento, as pessoas do espaço estavam observando o que acontecia. Eles nunca interferem no dia-a-dia dos seres humanos, apenas observam e fornecem caminhos para os humanos aprenderem sua técnica.

D: Mas se eles não interferiam, como eles estavam dando aos médicos humanos a informação?
L: Através da telepatia. Os médicos achavam que era algo que haviam descoberto por conta própria. Eles precisavam saber como as doenças eram transmitidas de um para o outro e como elas viviam no sangue. O sangue é muito crucial para a força vital de um corpo humano.

D: Os médicos humanos não sabiam como a doença era transmitida?
L: Não, eles não estavam cientes do valor e da importância vital em manter o sangue fluindo no corpo humano, eles também não praticavam uma boa higiene.

D: Naquela época, eles não sabiam sobre germes, sabiam?
L: Não. Isso era o que estavam tentando transmitir a eles, sobre bactérias e não permitir que o sangue vazasse para fora do corpo.

D: Vazar?
L: Eles não estancavam o sangue e o deixavam sair do corpo. Não sabiam ser necessário. Assim, se alguém tivesse uma ferida e sangrasse profusamente, nada faziam para estancar o sangramento. Não sabia que para viver, é necessário manter uma certa quantidade de sangue dentro do corpo. Este era um dos erros

que estavam cometendo, com a falta de limpeza que permitia que bactérias entrassem no corpo, causando infecções. Não sabiam, naquela época, sobre desinfecção, lavagem e limpeza, não tinham conhecimento de produtos químicos. O primeiro passo foi ensiná-los a usar água para se lavarem bem e manter o ambiente limpo.

D: *Eles conseguiram transmitir esse conhecimento através de um médico ou ....?*

L: Através de muitos. As sementes deste conhecimento foram plantadas através das mentes e de uma mente para outra. A maioria dos médicos achava que era ideia dele. A intenção não era que sentissem ter recebido esse conhecimento de alguém, se não, ocorrido naturalmente à suas mentes.

D: *Eu estava pensando que se dessem a um único homem, ele poderia ser temido ou considerado incomum.*

L: Não. Eles deram para muitos e, quando os médicos compararam suas anotações, concordaram ser uma boa ideia.

D: *Mas os seres não achavam que isso seria uma interferência no livre arbítrio?*

L: Não. Foi dado como um presente, dependia do indivíduo querer receber ou não. Não é considerado interferência porque eles tiveram a oportunidade de recusar. Algo tinha que ser feito. Muitos estavam morrendo.

D: *Essa praga aconteceu ao mesmo tempo que decidiram dar a informação?*

L: Estava acontecendo quando eles vieram. Foi o motivo que os trouxeram a essa viagem. Muitos estavam morrendo e temia-se que o equilíbrio da vida fosse afetado, exterminando eventualmente a raça humana deste planeta. Esse não era o desejado. Este grupo foi enviado aqui para esta missão. Porque cumpriram bem a sua missão, receberam a dádiva de encontrar uma fonte de energia melhor do que conheciam anteriormente.

D: *Então esse material não era algo que eles estavam usando naquela época?*

L: Eles haviam realizado alguns experimentaram com esse material. No entanto, não estava disponível onde estavam, seria necessário uma longa viagem para obtê-lo. A ideia foi descartada por indisponibilidade.

D: *Que tipo de energia estavam usando até aquele momento?*

L: Estavam usando luz e, apesar de estar indo bem, havia situações que essa poderia não estar ou se acabava.

D: *De onde vinha a luz?*

L: É coletada em lâminas. (Lentamente, como se não entendesse o que estava vendo.) Em painéis, lâminas. No entanto, em alguns lugares percorridos, não existia luz para revitalizar seus painéis, deixando-os sem energia, precisando ser resgatado por outro veículo.

D: *Qual era a origem dessa fonte de luz?*

L: Dos Sóis, em várias galáxias.

D: *Mas se estavam viajando pelo espaço, imagino que estes ficavam muito longe.*

L: Sim. Essa era a desvantagem. (Lentamente, como se estudasse alguma coisa.) Alguns desses painéis tinham lentes de aumento capazes de transmitir a luz desses Sóis por grandes distâncias. Mas eram necessárias máquinas enormes para fazer isso, não era viável tê-las à bordo. Dessa forma, só tinham seus painéis para coletar energia e não podiam percorrer distâncias muito longas para não ficarem sem combustível.

D: *E quanto ao poder dos cristais? Experimentaram também?*

L: Não. Neste momento não havia lhes ocorrido explorar essa possibilidade. Estavam procurando outro sistema, pois quando viajavam grandes distâncias, não era bom que saíssem do alcance de uma fonte de luz.

D: *Então este novo material tinha grandes propriedades de ampliação. Isso é correto?*

L: Não, o próprio material não tinha essas propriedades, no entanto, eles conseguiam transformá-lo com as habilidades de ampliação que já possuíam. Foi um processo muito simples transformar esses grânulos através de seu sistema e poder armazená-los em pequenos contêineres, de modo que viagens por grandes distâncias pudessem ser realizadas com uma menor quantidade de cargas.

D: *Ainda usavam luz como fonte de energia?*

L: Sim, a luz é necessária e era utilizada. No entanto, esses grânulos eram usados para armazená-la. Esta era a propriedade que faltava em todo o seu sistema, permitia que armazenassem a energia em contêineres muito pequenos, quando antes, precisavam ter painéis enormes para impulsionar seus veículos. Isso revolucionou todo o seu sistema de energia e eles encontraram várias maneiras de usá-lo. Não apenas para veículos, mas para operações variadas. No começo, eles simplesmente pegavam esse mineral, mas com o passar do tempo, o que estavam fazendo foi descoberto e tiveram que negociá-lo. Ainda assim, por muito tempo, isso não era necessário. No início, quando foram descobertos, eles simplesmente se mudaram para outra área desabitada, mas , à medida que a população crescia na Terra, havia poucas áreas desertas onde pudessem obter esse mineral. Assim, negociações foram feitas com vários governos em toda a Terra, não apenas neste lugar. Temiam ser detidos, então fizeram acordos em vários lugares diferentes.

D: *Poderíamos voltar a essa história? Você disse que eles fizeram pactos com o povo, para ajudá-los a obter esse material. Eles seriam recompensados com algum tipo de tecnologia ou conhecimento que eles poderiam usar em suas vidas naquele momento.*

L: Isso está correto.

D: *Então o que acontecia para o pacto ser quebrado?*

L: O pacto seria quebrado em várias ocasiões, quando a natureza física do ser humano permitia que o poder e ganância assumissem. Como por exemplo o desejo de usar essa tecnologia para fins de guerra, de destruição, em vez de ajudar a humanidade. Quando essas coisas ocorriam, os humanos tentavam dominar esses seres visitantes e isso fazia com que eles fossem embora por um tempo, até que uma nova geração pudesse evoluir e um novo pacto pudesse ser feito.

D: *Então os terráqueos pegavam essa tecnologia dada como um benefício e a transformavam para fins bélicos. É isso que quer dizer?*

L: Sim. Isso aconteceu inúmeras vezes.

D: *Parece estranho, se voltarem contra seus benfeitores.*

L: Eles pensavam que tendo esse poder, controlariam os benfeitores. Achavam terem a única fonte disponível desse mineral, mas estavam enganados, pois havia muitos outros lugares na Terra.

D: *Então os seres se retiravam do local?*

L: Sim. Eles iam embora. Muitas vezes, dependendo das transgressões cometidas, eles retiravam toda a sua tecnologia, ou a destruíam para que não pudesse ser usada negativamente, então as pessoas regrediam. Isso aconteceu muitas vezes ao longo da vida desta Terra. Parece que a humanidade evolui para um estado superior e então, permitem que o poder e a ganância os absorvam completamente, junto ao que aprenderam, sendo destruídos e dando muitos passos para trás.

Quando Bartolomeu entrou no mundo dos pequenos seres de luz brilhante, ele aparentemente transcendeu nosso conceito de tempo, ou melhor, o tempo não existia lá. A princípio, as informações partiam da mente de Bartolomeu, as mesmas que haviam sido dadas por seu estranho amigo. Quanto mais informações reportava, era claro que começava a ter acesso a informações de tempos futuros, não disponíveis anteriormente a Bartolomeu. Ele realmente transcendeu o tempo e estava em um lugar onde passado, presente e futuro eram um só. Esta é a única maneira que consigo explicar seu acesso a informações pertinentes ao nosso tempo atual. Sua mente (em conjunto com a mente de Linda) foi expandida em sua capacidade de acessar e assimilar fatos complicados e relevantes.

Mas qual era o propósito de ensinar esses pequenos seres? Que papel desempenhariam em nosso tempo?

L: Os humanos não conseguiram aprender o suficiente com suas transgressões passadas para finalmente evoluírem além de um certo ponto. Este é um problema muito sério ao longo das vidas na Terra e esses seres esperam, em algum momento, ajudar os terráqueos em sua evolução. Uma vez que transcendam este ponto, se permitirão evoluir ainda mais ao longo do caminho. Esse obstáculo continua a causar grandes regressões em erros passados. É por isso que estamos nos reunindo agora, para encontrar uma maneira de fechar essa lacuna, que devido a ignorância humana, não conseguiram fechá-la sozinhos. Estamos ajudando a fazer isso. Todos esses seres aqui hoje estão querendo ajudar a fechar esse abismo de uma vez por todas. Para a humanidade poder dar esse salto em sua evolução e acessar o que está reservado para eles.

D: *Como eles são capazes de nos ajudar?*
L: Muitos, muitos serão enviados em breve para trabalhar nas coisas do dia a dia. Para esclarecer de maneira sutil, para iluminar e enviar uma mensagem de amor, assim isso pode ser encerrado de

uma vez por todas. Muitos escolherão não ficar na Terra, mas aqueles que o fizerem trabalharão muito e receberão muitas coisas maravilhosas por seu trabalho.

D: *Você quer dizer que esses pequenos seres de energia viriam à Terra para ajudar? Como eles vão fazer isso? Permanecerão em suas formas energéticas de luz?*

L: Sim! Alguns permanecerão como estão. Outros terão a capacidade de entrar em muitos corpos humanos. Um ser de luz conseguirá entrar em dez corpos humanos simultaneamente e iluminar o próprio corpo, para permitir uma progressão de pensamento e crescimento espiritual que até então era impossível.

D: *Eles entrarão em corpos que estão vivendo na Terra e ocupados por outro espírito?*

L: Sim. Não irão perturbar nenhuma lei natural ou assumir controle desses indivíduos. Serão apenas um grão de luz que iluminará o próprio corpo físico e permitirá que ele cresça.

D: *Entrarão como uma alma para viver uma vida a partir do bebê?*

L: Não, não. Isso não é possível. Esses seres de luz são tão leves e tão evoluídos que não precisam assumir uma existência física. Isso não é como foram projetados. Eles estão além do seu conceito, não são uma alma, como você os consideraria. São seres de luz evoluídos de um Deus de toda a criação. A fonte.

D: *Mas nossas almas também evoluíram disso.*

L: Sim, isso é verdade, no entanto, existem muitas, muitas fontes diferentes do Ser Único e todas foram projetadas de maneira diferente, para diferentes propósitos. No entanto, todos eles são parte do mesmo.

D: *Mas se eles entrarem no corpo humano por pouco tempo, você disse, não seria para possuir ou tomar controle, mas sim para ajudar. Isso seria permitido pelas regras do universo? Estou pensando na alma como sendo a guardiã do corpo. É permitida a entrada de outro ser?*

L: Sim. Pode entrar se for previamente acordado. Esses seres de luz são tão puros que não imporiam sua vontade a outro. Haverá muitas almas esperando ansiosamente por sua ajuda.

D: *Essa permissão entre os dois é dada conscientemente?*

L: Não. É dado em outro nível.

D: *Então o indivíduo consciente não sabe o que está acontecendo?*

L: Exato. Em um nível consciente, sabem que algo está mudando, mas não exatamente o quê. Ao aceitarem isso em seu estado consciente e permitirem a evolução, eles encontrarão a resposta e saberão então o que estou lhes dizendo. No início, terão apenas uma sensação de mudança de padrões de pensamento, o que causará indagações. Será um forte sentimento de vontade de mudar, mesmo que não se entenda por que ou como.

D: Mas isso não ocorrerá com todos os indivíduos.

L: Não. Apenas alguns, e estes levarão outros ao seu modo de pensar. Alguns vão escolher o oposto. Nem todos estão dispostos a mudar. Lutarão contra isso com veemência, causando muita dor e problemas. Mas esses negativos, acabarão sendo ofuscados pela maioria que deseja fazer a transição e serão forçados a sair, serão infelizes no ambiente que está sendo criado.

D: Provavelmente, quem, de qualquer maneira, não faria um acordo para a entrada dos seres iluminados.

L: Sim. Quero deixar claro que esses seres de luz, de forma alguma irão interferir com o corpo humano, alma ou propósito no qual devem viver nesta vida. Estão presentes, apenas para permitir que certo crescimento aconteça e não para mudar nada que foi acordado ou estabelecido até o momento.

D: Isso seria uma invasão do livre arbítrio do indivíduo.

L: Isso está correto. Eles são apenas uma faísca para permitir que o humano atravesse o abismo e o feche de uma vez por todas e esse retrocesso em caminhos primitivos, possa ser interrompido.

D: Esta é a razão pela qual estão vindo como uma forma de espírito, por assim dizer? Por que os seres físicos não estão conseguindo realizar isso sozinhos?

L: Isso está correto.

D: Outros seres tentaram de muitas maneiras e, como você disse, por vezes eram pegos na fisicalidade do planeta, falhando também.

L: Sim. E é por isso que esses seres de luz foram criados.

D: Para realizar esta tarefa de uma forma diferente.

L: Sim. Por nenhuma outra razão esses seres estão aqui.

D: É esta a razão pela qual Bartolomeu ensinou-lhes a história da nossa Terra?

L: Sim, eles devem saber quantas vezes isso ocorreu. Eles devem entender completamente a natureza humana, para não transgredirem de forma alguma. O elemento humano deve realizar isso por si próprio.

D: Quando fizerem sua entrada, por assim dizer, o humano tem de estar mais aberto naquele momento? Isso é feito de alguma maneira específica? Estou pensando no fato do subconsciente humano ter sistemas de defesa naturais.

L: Exato. Esta será uma transição feita de forma muito simples. Tudo o que é necessário é um desejo de crescer. Não seria uma entrada, nem uma possessão, mas uma mistura, uma fusão, uma adição, uma combinação. Um elemento adicionado que irá aperfeiçoar, sem ofuscar.

D: Isso faz sentido, já que nenhuma outra forma tem funcionado. Existem outros espíritos ou seres que estão planejando vir à Terra para ajudar em tudo isso?

L: Neste momento é esperar para ver. O conselho espera que uma vez que os terráqueos tenham evoluído, possa acontecer um intercâmbio de seres de outros lugares, estabelecendo uma rede de comércio e uma política aberta, em vez de uma política oculta. A Terra pode ser um lugar aberto para se visitar.

Quando recebi esta informação no início do meu trabalho, achei um tanto complicado, mas ao longo dos anos, foi corroborado por muitas outras sessões pelo mundo todo.

SEÇÃO DOIS

CONTINUAÇÃO DE "SOB CUSTÓDIA"

CAPÍTULO QUATRO
AS TRANSCRIÇÕES OMITIDAS DE JANICE

Ao escrever o livro "Sob Custódia", o foco era em minha pesquisa com Óvnis e casos suspeitos de abdução. Nele, explico como comecei, assim como a maioria dos outros investigadores, trabalhando em casos simples de avistamentos, pousos e abduções. Um acompanhamento do meu trabalho, à medida que progredia do simples ao complexo. A última seção do livro descreve sessões realizadas durante o final dos anos 80, início dos anos 90 e as sessões com uma jovem que morava em Little Rock, Arkansas. Suas regressões forneceram muitas informações valiosas, me permitindo descobrir que os extraterrestres não vinham apenas de outros planetas e galáxias, mas de outras dimensões. Alguns dos conceitos apresentados foram expansivos, pois não haviam sido relatados previamente por outros.

Estranhos fenômenos aconteciam durante as regressões com Janice. Quando já estávamos em meio a sessão, com ela em estado sonambúlico, o nível mais profundo de transe, sua personalidade desaparecia e outras entidades falavam através dela. Estes eram, muitas vezes, seres a bordo da espaçonave para a qual ela era levada. Esse curioso fenômeno também ocorreu com outros indivíduos com os quais trabalhei, como se eu tivesse estabelecido algum tipo de canal direto com esses seres. As informações vindas de Janice eram tão volumosas que ocuparam a maior parte do livro "Sob Custódia". Esses seres responderiam a qualquer uma de minhas perguntas e forneceriam informações sobre uma grande variedade de assuntos.

Minha preocupação era que o livro "Sob Custódia" estivesse se tornando muito extenso, eu sabia que algumas informações teriam que ser excluídas. Percebi que em partes das sessões, Janice estava se afastando do assunto de e naves espaciais, expondo novos terrenos em elaborados conceitos metafísicos. Não estávamos mais nos comunicando apenas com seres que operavam naves espaciais e conduziam os muitos experimentos do projeto Terra. Parece que entramos em contato com seres mais avançados, familiares ao povo do espaço, mas desconhecidos para nós. Decidi, então, deletar essas partes daquele livro, para que permanecesse fiel ao seu conceito original, focado em meu trabalho com extraterrestres.

Por muitos anos, durante minhas regressões normais, vinha acumulando informações que ultrapassam a linha para certas vertentes do paranormal, a qual eu não estava familiarizada. Para permanecer fiel ao foco dos livros que escrevia na época, optei por não incluir esses conceitos. Também sabia que não poderia destruir aquelas informações, só porque ainda não faziam sentido para mim. Deixei de lado, sabendo que em algum momento futuro e à medida que meu entendimento aumentasse, encontraria seu valor. Eu não sabia quando ou se o público, em geral, seria capaz de entender tais conceitos, então decidi escrever um livro que tratasse estritamente desse tipo de informação, na esperança de haver, por aí, pessoas com o interesse de expandir suas mentes. Certamente expandiu a minha, reorganizando meu padrão de pensamento por completo. Toda vez que pensei, presunçosamente, ter coletado todas as informações existentes para formular um entendimento sobre o funcionamento do Universo, "eles", astutamente, forneciam mais pistas. Novos conceitos que ampliavam e conduziam minha mente a explorar diferentes direções. Sempre gentilmente, com pequenas colheradas de informações, pouco a pouco, para que eu conseguisse digerir o próximo pedaço tentador, sem me assustar. Eu poderia ter recusado e não querer minhas crenças desafiadas, alegando conforto em minhas próprias teorias e sem perturbar minha linha de pensamento. Mas estava curiosa demais para isso, queria saber o que estava por vir na próxima curva da emocionante jornada. Mesmo que eu mesma não conseguisse entender, haveria quem entendesse. Portanto, minha exploração foi direcionada àqueles que gostam de ter suas mentes dobradas como pretzels. Meus livros são projetados para fazer as pessoas pensarem.

* * *

As sessões com Janice ocorreram durante o final dos anos oitenta e início dos noventa, enquanto eu estava fortemente envolvida no desenvolvimento do material de Nostradamus. Em 1986, fui convidada a me tornar investigadora de Óvnis no Arkansas, e essa foi minha primeira exposição a esse assunto fascinante. Tudo isso foi contado em "Sob Custódia". Eu viajava da minha casa, nas montanhas do noroeste do Arkansas até Little Rock, para trabalhar com duas mulheres que provaram ser excelentes voluntárias e estavam fornecendo informações maravilhosas. Como era uma viagem de quatro horas, tentava conduzir o maior número possível de sessões, enquanto estava lá.

Eu ficava hospedada na casa da minha amiga Patsy, onde tinha a privacidade de um quarto no andar de cima para as sessões. Janice vinha até lá e fazíamos várias sessões em um único dia. Com o tempo, entendemos que realizar muitas sessões em um dia só, era exaustivo demais para nós duas, pois se estendiam até tarde da noite. Assim, adaptamos um formato que não sobrecarregasse nenhuma de nós.

Nesta visita, em 1990, pretendíamos explorar mais um evento de "tempo perdido" que Janice teve no mês anterior. Ela foi convidada para um almoço de sábado à tarde com muitos amigos, nos arredores de Little Rock. Antes de sair de casa, ligou para sua amiga, checando, caso precisasse levar algum item de última hora, logo em seguida pegou a rodovia. Ao chegar no evento, sua amiga estava bastante irritada. A festa havia acabado e os convidados indo embora. Sua amiga disse: "Pelo menos você poderia ter ligado para avisar que chegaria tarde!" Janice não entendeu a reação, até descobrir haverem se passa quatro horas desde que saíra de casa.

Isso foi muito semelhante ao incidente do almoço do escritório, relatado também em "Sob Custódia", onde várias horas desapareceram, sem seu conhecimento. Definitivamente, essas situações estavam criando problemas em sua vida social. Janice havia chegado ao ponto de evitar compromissos e não passar pela embaraçosa situação de explicar essas esquisitices aos amigos. Ela mesma não sabia o que estava acontecendo, até que começamos a trabalhar em 1989, e descobrir se tratar de um caso de abdução, onde era levada (de carro e tudo) da rodovia e depois, depositada de volta, confusa e sem saber que um grande bloco de tempo estava faltando.

Nas sessões, descobrimos que Janice havia trabalhado com extraterrestres durante toda a sua vida, fato desconhecido de sua mente consciente. Suas experiências progrediram desde os primórdios de experimentos em reprodução até a participação em aulas complicadas, a bordo da maravilhosa e enorme nave "mãe", onde podia estudar qualquer assunto do universo. Claro, todo esses ensinamentos, nunca estiveram disponíveis para sua mente consciente, eram mantidos em seu subconsciente, até a hora certa de serem liberados. Uma parte sabia haver coisas importantes acontecendo em outro nível, mas isso não aliviava a confusão que os eventos trouxeram para sua vida normal, quando estava sob vigília.

Comecei a sessão usando sua palavra-chave, levando-a imediatamente para um profundo transe. Eu, então, a regredi para o dia em que o evento de tempo perdido ocorreu.

Ela reviveu os detalhes de se arrumar para sair de casa, mas ficou um pouco apreensiva, pois sentia que algo ia acontecer. " Posso sentir a presença dos meus amigos, eles estão aqui há dias. Tive uma premonição... eu sabia que iria fazer algum trabalho, só não queria estar no jantar, outras pessoas estariam lá e eu não quero me sentir exposta. É algo muito privado, não quero que seja sensacionalizado por um monte de pessoas que não entendem. Então eu não quero ir, porque sei que terei uma experiência, está chegando, mas ainda não sei quando. Pensei que deveria ficar em casa e deixar acontecer, onde estivesse sozinha."

Esses sentimentos devem ter acontecido em um nível subconsciente, porque, conscientemente, Janice normalmente só sentia sensações desconfortáveis antes de um evento, sem saber de onde vinham ou o que significavam. A conexão era sempre incerta, principalmente porque acontecia em outro nível, inacessível para sua mente desperta. Só mais tarde eles eram associados aos episódios de tempo perdidos.

Ela saiu de casa, mas as apreensões continuaram. "Eu estava começando a sentir sensações estranhas. Aprendi não haver problema em dirigir quando isso acontece, não preciso me preocupar em ter um acidente ou algo do tipo. No começo, às vezes, tinha medo de não poder dirigir. Parece assustador, não conseguir prever." Ela não havia dirigido muito longe na autoestrada quando sussurrou: "Ohhh! Lá estão eles!" Suas expressões faciais indicavam que algo estava acontecendo.

J: (Em admiração.) Que Enorme! Vejo Uma espaçonave enorme! Está na minha frente, acima de mim. Estou olhando e penso: "Que saída?" Eu só estava na estrada por um minuto ou dois, e aí está.
D: Você vê outros carros ao seu redor?
J: Sei que existem outros carros, mas é como se eu fosse a única aqui.
É como se eu estivesse em um corredor, por falta de um termo

melhor. Como se eu estivesse no meu próprio "espaço", mas separado do espaço dos outros carros.

Esse fenômeno de estar separado do mundo exterior quando esses eventos ocorrem foi explorado em "Sob Custódia", onde as outras pessoas não testemunham o mesmo evento e parecem não ver nada do que acontece. Aprendi ser uma experiência individual e invisível para qualquer um que não esteja envolvido.

J: Já vi naves grandes, mas esta é simplesmente astronômica. Uau! (Ela estava definitivamente maravilhada.) É uma cor cinza, como o céu em um dia nublado. Existem diferentes conjuntos ou linhas de pequenas janelas, porque são vários andares acima. É simplesmente enorme!
D: Então o que acontece?
J: Basta um "plin"! *(Eu não entendi.)* Vruum!! Basta estalar os dedos e é apenas "plin". Puff! É uma coisa instantânea. É quase tão rápido quanto um pensamento. Em um minuto eu estava na rodovia e, então, eu não estava mais. Estou lá em cima.
D: Seu carro está lá em cima também?
J: Ah! sim.
D: Diga-me o que você vê.
J: É como se tivesse sua própria cidade lá. É tão grande. Deixamos o carro ali mesmo, eu vou com eles. Sabemos que eles estão esperando, e nos levam aonde temos que ir. Este lugar é tão grande que nos perderíamos aqui, não conseguiria nem encontrar o caminho de volta. É tão grande!

Seus acompanhantes a instruíram entrar em uma estranha engenhoca. "Você fica meio inclinado, parece um assento individual. Não há fios. Eu estava procurando os fios."

Houve então uma forte inspiração de ar, e ela parecia desconfortável. Podia ver que ela estava experimentando uma sensação física desconhecida. Pareceu tirar-lhe o fôlego. "Como essa coisa vai assim? Ela se move muito rápido."

Ela relatou ter ficado tonta, então dei instruções para aliviar qualquer desconforto físico. Por vários segundos ela descreveu a sensação de se mover muito rápido e, literalmente, teve que continuar tentando recuperar o fôlego. Isso foi pontuado por exclamações vocais. Ela não conseguia descrever a aparência da área pela qual estava passando, tudo se tornou um borrão de cores e as sensações voltaram.

J: Ah, meu Deus! Oooh! Foi muito rápido. Muito, muito, muito rápido. Meu corpo está estranho. (Uma risada quase histérica.) Ah, está tudo formigando.

Continuei a dar sugestões de bem-estar, enquanto ela respirava fundo. Eu estava tentando levá-la mais à diante, para que chegasse a algum lugar onde as sensações pudessem diminuir. Depois de alguns segundos, sua respiração estava voltando ao normal e sua próxima observação me surpreendeu.

J: (sussurrando) Você está falando muito alto. Muito alto!

Fiquei confusa, eu não havia aumentado o volume da minha voz. Esse é um ponto que não deve ser alterado, o tom da voz, pois pode quebrar o estado de transe.

J: Parece um megafone.

Ela estava suspirando e gemendo, obviamente, ainda se recuperando do passeio frenético. Dei instruções para que ela percebesse minha voz no volume normal.

J: Obrigado. Por um minuto, foi como se falasse num megafone.
D: *O que você vê à medida que diminui?*
J: Ainda não diminuiu em minha mente. Fisicamente estou parada, mas ainda é rápido. Ainda é rápido.
D: *As coisas estão voltando ao normal, porque não queremos que você tenha nenhum tipo de desconforto.*
J: Não é desconforto. Não entenda mal, é necessário que eu o sinta. Estou participando porque quero. Não é desconforto, é uma experiência. Você não pode fazer isso aqui. Oh, meu Deus, foi rápido! Veja, você tem que ir rápido para ultrapassar a velocidade da luz.
D: *Mas não incomodará este corpo físico.*

J: Bem, o corpo físico foi ajustado. Seu nível de tolerância tem sido... tem outra palavra, além de ajuste, mas não sei qual é.

Mais uma vez ela estava respirando pesadamente. Então, ficou quente e com a minha ajuda se moveu para sair debaixo da coberta. Isso às vezes acontece, e indica uma variação energética. Às vezes, o indivíduo em transe pode variar sensações, de quente para frio e vice-versa. Ela passou por vários segundos de desconforto alternado, como se ainda estivesse sentindo a aceleração. Eu ainda estava tentando levá-la ao final de sua jornada para que pudéssemos continuar com a história. Após alguns segundos de sugestões, respirou fundo, relaxou e começou a fazer movimentos muito graciosos com as mãos.

D: Por que está fazendo esses movimentos?
J: (suavemente) É uma saudação.
D: Quem você está saudando?
J: Um ser.

Ela continuou com os movimentos das mãos, quase como em reverência e indicou que o ser à sua frente também estava fazendo os mesmos movimentos. Quase alheia a mim, ela se concentrava em seus movimentos. Eu tinha que fazê-la falar novamente. Pedi uma descrição do ser.

J: O ser está numa área que é luz, mas é um corpo. Como se ainda não fosse físico. A luz é muito brilhante, é a ausência de cor. Diria ser a luz mais brilhante que já vi.
D: Ele está conversando com você?
J: Sim. É como instruções de algum tipo. Explicações e instruções.
D: Você pode repetir o que ele está dizendo?
J: Bem, eu não os ouço. (Suspiro de frustração.) Não é em palavras. É como se você visse a poeira chegando, ou a sentisse entrando em você. Quero dizer, vai além do seu cérebro. Algo além.

Recebi cartas de muitos leitores com experiências estranhas, recebendo informações por meio de símbolos que parecem entrar diretamente em seus cérebros. Isso às vezes ocorre após ou durante um avistamento de Óvnis. Outras vezes, enquanto a pessoa está deitada em uma cama ou sofá e símbolos geométricos parecem entrar em seu cérebro através de um feixe de luz vindo de uma janela. Recebi muitos desses relatos para descartá-los como fantasiosos. Isso também foi relatado em "Sob Custódia", pois os alienígenas disseram que as informações estavam sendo transmitidas rapidamente em um nível celular, que viriam à mente consciente em um momento futuro, quando fosse necessária e o destinatário nem saberia a origem da informação.

D: Você sabe a que se referem as instruções?
J: (suspiro) É muito rápido para saber.
D: Talvez essa seja a única maneira de transmitir uma grande quantidade de informações, entrando diretamente em seu corpo e sua mente.
J: Está em todo lugar. Me sinto como uma esponja.
D: Você se sente confortável nessa presença?
J: Me sinto muito humilde. Pedi para vê-lo e ele se transformou em uma pessoa. A luz pode ser uma pessoa se quiser, pode ser qualquer coisa. Uau! Oh! Está de pé na minha frente como uma pessoa. (Com admiração.) Parece um humano, mas é diferente. Ele pode ser como uma luz suave, você sente que a pele é macia. Como um ser de luz... como uma lâmpada fosca.
D: Você quer dizer que o rosto e o corpo dele parecem feitos de luz? Brilhando por dentro?
J: Sim. Perguntei: "Você é apenas uma luz? É tudo o que você é? Apenas uma luz?" E bem diante dos meus olhos ele se transformou. Fiquei realmente emocionada ao ver isso acontecer. Entender que uma luz pode se transformar em uma pessoa.
D: Você pode perguntar quem ou o que é?
J: Estou tão impressionada que nem faço perguntas. É como se soubesse o momento de ficar quieta. (Ela parecia estar ouvindo.) Coisas estão acontecendo com você. Coisas estão acontecendo com você e, ao falar, seria apenas tagarelice. Como se você simplesmente não falasse. Estou falando, mas diferente de qualquer forma que eu saiba. Nesse momento, estou apenas permitindo que aconteça algo necessário, pois tem a ver com outra coisa.
D: Bem, vamos seguir em frente. Você pode acelerar essa sequência. Isso foi tudo o que aconteceu? Você apenas ficou na presença do ser e absorveu informações?

J: Não. Fomos para um lugar diferente.
D: *Você saiu da cadeira?*
J: Eu não estava mais na cadeira. Eu não sei onde era. Saímos para o planeta, ou seja lá o que for. Não estamos mais em uma nave.

Aparentemente, a cadeira a levou para fora da nave, para outro local. (Outra dimensão?)

J: (Um grande suspiro) Está tudo muito claro. Chega a machucar os olhos de tão brilhante. É muito tranquilo. Fizemos o que imagino ser um passeio por sua cidade. A maneira como nos movemos foi interessante, porque não estávamos andando, apenas nos movendo. Sem fios. Eu estava procurando por fios. (Risos) Algo muito suave, sem solavancos. Apenas se movendo pelo ar.
D: *Diga-me o que você vê enquanto realizam um tour.*
J: Eu não sei. (Ela ficava frustrada, às vezes, sem encontrar conceitos para explicar o que estava vendo) É luz, e você se move através da luz, então muda, porque existem áreas nesta luz e você entra, ela não se torna sólida, mas muda de uma área para algo. Então você se muda para outra área, e é diferente.
D: *Em que isso se transforma?*
J: (Ela teve dificuldade) Você sabe, como se você estivesse dirigindo em um bairro, então você muda e está em outro, só que diferente.
D: *Você quer dizer como prédios ou objetos?*
J: Não são prédios, mas é onde eles moram.
D: *Ele está mostrando os lugares onde eles moram, entre essa luz?*
J: A luz é a soma total do... Puxa! Eu não consigo explicar isso.
D: *Você pode descrever um deles para mim?*
J: Não tem como, porque não consigo achar nenhuma referência. Não se parece com nada que eu já tenha visto antes.
D: *Bem, eu penso em uma casa ou um prédio, como um recipiente com paredes ou algo assim. (Seus movimentos faciais indicavam discordância.) Não é assim?*
J: Não. Você sabe que é o lar, como a luz se transforma na pessoa, então você conhece a luz... Não consigo descrevê-la.
D: *Você pode pedir a ele para ajudar a lhe dar as respostas? Tenho certeza que ele tem as respostas e, talvez, você tenha o vocabulário que ele possa te ajudar a explicar. (Longa pausa)*

Foi assim que aconteceu em todas as outras circunstâncias. Quando eu precisava de uma explicação que o cliente não podia fornecer, outra entidade aparecia, se eu solicitasse sua ajuda.

J: Não é hora de entender isso.
D: *Ele vai te dizer por que ele está mostrando essas coisas?*
J: Este é o primeiro passo.
D: *Primeiro passo de quê?*
J: Eu não sei.
D: *Ele pode te dizer?*
J: Não é hora.
D: *Este lugar não é na Terra, é? Seria outro planeta?*
J: Eles não os chamam de planetas.
D: *Como eles os chamam?*
J: Eu não posso dizer agora.
D: *É físico?*
J: O que você quer dizer?
D: *Estou pensando em nossa Terra, sendo física, sólida. Algo que se pode tocar. (grande suspiro) Ou é diferente?*

A voz mudou. Tornou-se mais espontânea. Onde a de Janice estava confusa e vacilante, esta parecia autoritária. Talvez agora eu pudesse obter respostas. Este era o tipo que havia fornecido respostas antes. Seu subconsciente? Ou talvez a mente do outro ser?

J: É uma realidade diferente e uma dimensão diferente. Não é considerado... (Confuso) sólido.
D: *Então é diferente, mas mesmo assim é real. Mas, as pessoas, os seres que vivem lá, precisam de corpos?*
J: Não
D: *Foi um corpo, mostrado à Janice?*
J: Sim. Foi um corpo que lhe foi mostrado, como nossos corpos podem ser mostrados. Não é uma forma que mantemos o tempo todo.
D: *Não é um corpo sólido como o dela, um corpo físico? Isso porque você não precisa de um corpo?*
J: Isso é correto.
D: *Estou tentando entender. Este lugar onde você está, é como um estado superior de evolução?*
J: É um estado de evolução muito mais elevado.

D: *Me contaram sobre algumas das dimensões. O espírito indica para onde as pessoas vão quando deixam o corpo físico na Terra. É assim ou é diferente?*
J: É assim.
D: *Mas mais evoluído do que me disseram?*
J: Eu não entendo sua pergunta.
D: *No meu trabalho, as pessoas relatam que quando saem de nossa dimensão física, quando morrem, por assim dizer, seu espírito ou sua essência se move para diferentes níveis e às vezes esses níveis são muito parecidos com a Terra, apenas em um espectro diferente. Então, à medida que eles se movem mais alto, às vezes esses objetos, como você quiser chamá-los, mudam. (Ela estava balançando a cabeça.) Não é assim?*
J: Algumas das funções podem ser denominadas como as mesmas, pois as propriedades envolvidas são aquelas que se prestam àqueles níveis dos quais você foi informado. No entanto, neste ponto infinito do ser, não se precisa de casa. Um não precisa de corpo. Pois a existência é muito diferente... (suavemente) a terminologia é apenas...
D: *Sei que é difícil encontrar palavras. Vejamos. Vibração? Frequência?*
J: (Com certeza.) Vibração! ... Isso não está correto, mas seria um elemento com o qual você pode se relacionar, usaremos a vibração. Pois, o que você entende é incompreensível em comparação com o que estou tentando lhe dizer neste momento. Sendo, simplesmente, uma questão evolutiva, para que este em questão, seja capaz de compreender o que estou dizendo, devo conseguir comunicá-lo em sua língua, o que não pode ser feito por meio de palavras.
D: *A linguagem é insuficiente. Já me disseram isso antes.*
J: Poderia fazê-lo de outra maneira, mas não acontecerá neste momento, para você.

Eles haviam indicado anteriormente que poderiam se comunicar diretamente através da minha pessoa, como uma como canalização, mas prefiro esse método, mantendo-me como repórter objetivo. Ele também pode estar se referindo ao mesmo método de inserir símbolos, diretamente em minha mente. Nesse caso, estaria limitada em minha capacidade de extraí-los e transmitir o significado para outros. Posso entender, mas seria incapaz de transferir o conhecimento.

J: As línguas são muito limitantes. Mas o tipo de comunicação usado pelo nosso povo é muito diferente do idioma.
D: *Ela disse estar recebendo muitas informações, fluindo em sua direção, como uma esponja. É assim que você se comunica?*
J: Esse é um método. Esse é um método muito intenso e muito completo de assimilação de informações.
D: *Que outros métodos você usa?*
J: Acredito que ela tenha falado com você dos... símbolos. Mas essa não é a palavra.

Ele estava se referindo aos símbolos que ela recebia, quando em um estado meditativo e relaxado.

D: *Mas é uma palavra que a gente entende, do nosso jeito limitado. Conseguiríamos tentar interpretar esses símbolos?*
J: Isso será decidido por outra pessoa além de mim.
D: *Você pode dizer por que está lhe dando essa informação?*
J: Isso não é permitido neste momento. Devo conhecê-lo melhor.
D: *Isso está perfeitamente ok para mim.*
J: E ela deve estar pronta para ouvir.
D: *Sim, porque muitas vezes, se você ouve coisas e não está pronto, pode ser bastante surpreendente.*
J: Correto.

A voz continuou a soar mais profunda e masculina do que a voz normal de Janice.

D: *Você está passando essa informação, digamos, em um nível subconsciente?*
J: Nada a ver com o subconsciente, e tudo a ver com o subconsciente. Nesse sentido, quando me refiro aos "eus", estamos falando em termos do subconsciente, do consciente, do físico, do não-físico. Falamos do estado completo do ser.
D: *Então é muito mais vasto e complicado do que podemos entender.*
J: Talvez.
D: *Bem, é esta informação que ela precisará saber mais tarde?*

J: Com certeza.
D: Isso a ajudará em sua vida terrena?
J: Com certeza.
D: Vai ajudar os outros?
J: Com certeza.
D: Teríamos permissão para compartilhar essa informações posteriormente?
J: Ela evoluirá e será revisitada, mas isso acontecerá em tempo hábil. Algumas delas emergiram em estado natural. Algumas você terá permissão para acessar, portanto, a resposta à sua pergunta talvez seja "sim", mas não neste momento.
D: Tudo bem. Tenho muita paciência. Pretendo colocar a informação na forma escrita, para outras pessoas poderem compartilhá-la e serem ajudadas por ela.
J: Isso será determinado por muitos outros fatores. Não posso responder que "sim", pois isso será determinado pelos resultados de várias interações planetárias e interdimensionais.
D: Eu estava pensando que se ajudasse as pessoas da Terra, talvez pudéssemos explorá-lo.

A voz, não apenas soava masculina, mas agora, soava velha e muito sábia. A enunciação das palavras era bem cuidadosa e exata. Houve uma pausa ocasional e murmúrios, enquanto buscava a palavra correta. Essa foi a única vez que houve qualquer hesitação. Senti como se estivesse na presença de uma entidade possuidora de grande sabedoria.

J: Existem, e sempre existirão, povos da Terra a quem isso não ajudaria. A quem prejudicaria. Por prejudicar, é dizer que nunca estarão prontos para conhecer ou assimilar nenhuma das informações. É por isso que não pode ser produzida, a não ser por meio de certos indivíduos raros, capazes de assimilá-la e integrá-la ao ser. E estes... não encontramos muitos em seu planeta, portanto, é imperativo que você entenda a proteção de qualquer informação que se obtém ao vir a esse ponto do infinito, no futuro.
D: Você acha que chegarei a esse ponto em outro momento?
J: Será determinado à medida que avançamos. Não tenho liberdade para discutir com você muitas coisas neste momento de nossa interação, no entanto, é que estou tendo dificuldade em me

comunicar. É meu problema. Isso poderia ser feito de outra maneira, mas você precisa permanecer como está. Portanto, para me comunicar com vocês eu... espero que você entenda que pareço estar vacilando e tropeçando, quando é muito difícil desacelerar até o nível de vibração que forma a linguagem das palavras, portanto, é difícil interagir com você. Então, desenvolvemos uma espécie de confortabilidade, talvez se você e eu nos encontrarmos novamente.

D: Você acha ser mais sensato que esta seja a única maneira de nos comunicarmos, através de outra pessoa?

J: Atualmente, sim. Eu poderia me comunicar com você agora, de uma maneira diferente. Eu poderia fazer isso. Mas não o farei, pois não teria valor para você, se não ouvisse as palavras.

D: É assim que tenho que me comunicar, então?

J: Não é assim que tem que fazer, mas é o único método que se adequaria aos seus propósitos, sendo produtivo para você.

D: Acho correto. Seria melhor receber as palavras através de outra pessoa, outro veículo, com o trabalho que faço. Eu me sinto mais confortável com esse método. Entendo o que você quer dizer, que algumas pessoas nunca entenderão, e isso as prejudicaria. Foi-me dito, há muitos anos, que algumas informações são como remédios e outras como veneno, podendo ser mal interpretado.

J: Com certeza.

D: Me disseram que o mundo não está preparado para algumas dessas informações e que, por esse motivo, nem todas as minhas perguntas seriam respondidas. Acho que você pode ver que entendo, e não pretendo forçar.

J: Sim. Lamento que mais não possa ser dado atualmente.

D: O importante é que Janice está absorvendo tudo o que precisa saber e irá usar em outro momento, ela não precisa saber disso conscientemente.

J: E ela sabe disso. É um dos raros indivíduos em seu planeta, capaz de estar seguro o suficiente para chegar a este ponto do infinito. É preciso uma pessoa muito segura para chegar a este ponto e retornar. Seguro é a palavra. Seria importante que o nível de inteligência do ser fosse compreendido por nós, pois esse tipo de indivíduo pode se comunicar em vários níveis. Essa é apenas uma razão pela qual essa interação está ocorrendo neste momento. Além disso, há outro fator envolvido, onde a pessoa é extremamente confiável, com o cuidado de proteger o trabalho. De nada beneficiaria ao mundo saber desse ponto do infinito, pois eles nunca acreditariam ser possível, em primeiro lugar. Em segundo lugar, eles nunca poderiam entendê-lo e, em terceiro lugar, entregariam Janice a uma instituição.

D: *Eu nunca iria querer isso.*

J: Isso nunca aconteceria também.

D: *Mas na minha compreensão limitada, você está no que consideramos o nível de Deus? O nível do Criador?*

J: É o ponto do infinito, sim.

D: *Levo muitas pessoas a níveis diferentes, e eles falam de alguns que são mais altos. Embora, talvez, não exista tal coisa, como hierarquia.*

J: É uma direção apenas, no sentido de movimento do ser. Pois, em realidade, "superior" é apenas um ponto de referência, de onde eles vieram.

D: *Sim, em nossa forma linear de compreensão.*

J: Correto.

D: *Então este seria o nível que todos esperamos alcançar algum dia?*

J: Há níveis além deste.

D: *Existem? Então esse não é o nível máximo.*

J: Isso não pode ser discutido neste momento. Exceto para lhe dizer que a interação deste nível requer pureza de corpo, mente e espírito. Pureza. Essas interações não são tão prevalentes em seu planeta. Embora aconteçam, não é sabido, pois a maioria dos indivíduos não é capaz de carregar o saber.

D: *Ela disse que não ouve as gravações dessas sessões. Talvez seja melhor que ela não saiba o que está acontecendo?*

J: Ela sabe o que está acontecendo. Essa minha declaração foi para você, no sentido de que ela pode carregar o que sabe. Pois, ser capaz de carregá-lo é a chave para a obtenção dos diferentes outros estados de ser e, é muito importante que ela seja levada a estágios de seu desenvolvimento. Você deve entender uma coisa, este indivíduo trabalhou muito, muito duro com muitos seres. Seu trabalho com a energia de Óvnis, é apenas uma faceta do que ela faz. Ela não é do seu mundo povoado comum, embora seja uma parte muito importante do seu mundo povoado. Funcionalmente, suas propriedades estão totalmente fora do domínio da compreensão pela ciência medida. O que você deve entender é que essa pessoa opera no nível físico e é um ser humano muito físico, mas, ao mesmo tempo, opera em muitas outras dimensões e níveis, de forma interdependente.

D: *Você disse haver outros níveis acima deste, mas ainda assim, chama de nível infinito.*

J: É um nível infinito.

D: *Para mim o infinito significa para sempre, como se não houvesse nada além disso.*

J: Há o ponto de infinito, e então há além o ponto do infinito.

D: *Ela tem que vir a este lugar com muita frequência?*

J: Não é uma questão de ter que vir. Essa é uma interação necessária para .... (Hesitação, procurando palavras.)

D: *O trabalho dela ou o quê?*

J: Hum. Há muitas razões. Uma delas é o conforto para o indivíduo.

D: *Então ela sente conforto quando chega lá? Mesmo sendo bombardeada por informações e pela sensação de velocidade? Ainda é conforto.*

J: Sim. Veja, para alcançar o ponto do infinito você deve ultrapassar a velocidade da luz. Além de Luz, além da luz, é mais rápido que a luz. Então você entra em outro tipo de ser.

D: *Bem, acho que estamos conduzindo a sessão há tempo suficiente. Sou muito cuidadosa de quanto tempo fazemos isso para proteger meus clientes. Então, eu quero agradecer muito por me permitir falar com você.*

J: Você não estaria falando comigo, a menos que tivesse sido pré-aprovado por alguém além de mim. Agradeço-lhe por permitir qualquer comunicação vacilante, pois é difícil, quero apenas agradecer-lhe por sua paciência em meus tropeços.

D: *Está tudo bem. Aprecio que tenha falado comigo e, talvez, em outro momento no futuro, possamos nos falar novamente, se você estiver disposto.*

J: Talvez as coisas tenham evoluído a ponto de podermos ter uma discussão mais aprofundada. Mas não é garantido neste momento.

D: *Está tudo bem. Tenho paciência e posso esperar até o momento oportuno. Nesse meio tempo, vou aproveitando o máximo de informações que me for permitido.*

Orientei Janice para trazê-la à consciência plena e, como de costume, demorou para conseguir se sentar. Ela sempre conseguia falar comigo após cada sessão, mas o transe a deixava tão relaxada que ficava impossível se levantar e andar de imediato. Mesmo depois de algum tempo, cambaleava, até estar totalmente acordada. Este parecia ser seu padrão normal, nada para se preocupar. Enquanto ela se recompunha, discutimos um pouco da sessão. Ela sempre tinha total amnésia do que se passara.

* * *

Após comer e relaxar com Patsy, voltamos para o quarto e iniciamos a segunda sessão. Acordamos que duas seriam suficientes durante esta visita. Vínhamos praticando três sessões, mas muitas vezes, isso se mostrava cansativo e tedioso, mais para mim do que para ela.

Antes de começarmos, discutimos o que queríamos descobrir. Janice ainda se perguntava sobre os símbolos que vira inundando sua mente, na semana anterior. Expliquei que o "Ser" disse ainda não ser o momento de saber e não tivemos acesso ao significado. Embora a tenha desapontado, sabia que, por experiências passadas, não poderíamos insistir na tentativa de obter tal informação. Eles permitiriam o acesso, quando chegasse a hora certa. Não adiantaria passar por cima do que foi dito. De qualquer maneira, sempre priorizei garantir a confiança "deles", ou todas as informações seriam bloqueadas e minha pesquisa pararia.

Decidimos, finalmente, explorar um estranho incidente ocorrido na noite anterior. Ela havia entrado em um estacionamento escuro para pegar seu carro. Ao ligar o motor, viu, de repente, o que parecia ser fumaça ou neblina, subindo ao redor do carro. Pensando haver algo de errado com o motor, ela saiu e caminhou ao redor, tentando ver de onde vinha a fumaça. A fumaça, então, se instalou em uma área na frente do carro e, ao centro, ela pode apenas distinguir a imagem de um gato. A última coisa que ela se lembrava era caminhar em direção ao animal, no meio do nevoeiro. Só tomou consciência de ter voltado em seu carro, se preparando para dirigir para casa, várias horas depois. Decidimos então focar neste evento, durante a sessão.

Quando usei sua palavra-chave, Janice imediatamente entrou em transe profundo, eu a levei de volta à noite anterior, no momento em que estava saindo de uma reunião e indo para seu carro, no estacionamento. Ela começou a reviver a cena.

J: Estou tentando ver se é fumaça saindo do capô. Não é exatamente cor de fumaça, mas pude ver que se moveu para cima. Estava na frente do pára-brisa, no capô do carro, por toda a frente. Não é espesso como fumaça, é mais vaporoso, como uma névoa. No começo, pensei ser um superaquecimento do carro, mas senti que poderia ser outra coisa. Fiquei ali e esperei. Pensei: bem, verei o que acontece. Então vi que tinha um gato lá e eu disse: "Eu sabia. Eu sabia. Eu sabia!". Enquanto me movia em direção ao gato, percebi que não era um gato. A fumaça e o gato estavam ali para me tirar do carro. Chegando próximo ao animal, sabia que ia se mexer e, quando se mexesse, eu ia embora. É assim que funciona. Algumas coisas acontecem, e você sabe que não é o que parece.

D: *O que aconteceu quando você caminhou em direção ao gato?*

J: Fiquei travada. É como se ficasse presa a uma frequência. Você olha nos olhos do gato e fica presa. Como se passasse do agora, para uma frequência, como mudar de canal em uma TV, só que você realiza isso de forma diferente. Então é como se você estivesse em uma esteira, ou em um corredor e sabe que está se movendo. Não sei dizer se estou me movendo fisicamente ou apenas mentalmente.

D: *Quando você ficou preso a isso, você viu alguma coisa além do gato?*

J: Sim. Se transformou em um grupo de seres, bem diante dos meus olhos. Eu sabia estar me movendo em direção a eles, mas às vezes quando isso acontece, me encontro na nave. Eles estavam ali, e ainda assim, não poderiam estar ali. De qualquer forma, continuei me movendo em direção a eles, como se estivesse sendo atraída, como se estivesse no automático. Então ouvi um som e já sabia o que estava acontecendo. Comecei a me sentir indo, mas de outra maneira. Você se sente muito fluido e você vai assim. Eles já estavam me esperando.

D: *Quem estava esperando?*

J: Havia todo um grupo de seres lá. Não tenho certeza de que eu realmente os reconhecia. O cara com aquela túnica verde, eu o conheço. Eu estava tentando ver cada um, mas estava me movendo muito rápido, não conseguia olhar para todos eles.

D: *Você disse ser alguém que você reconheceu?*

J: Reconheci as roupas de outra época. Quando estava em uma grande reunião, sentada no auditório. Esse mesmo cara estava de pé em um palco, dando uma palestra e eu estava sentada lá, exceto que eu estava em estado de vapor. Se você olhasse para algo, veria-o físico, depois voltava a ser vapor. É uma forma diferente de ver. Estávamos todos lá, neste lugar grande, e ele estava lá embaixo, na frente de um monte de nós. Depois que terminou sua parte, foi embora, e então veio outra pessoa.

D: *E você achou seguro ir com eles, é porque você o conhecia?*

J: Quando eu o vi, sabia estar tudo bem.

D: *Para onde foi?*

J: Eu não sei para onde fui. Estou parada no ar, deitada. Não estou em cima de uma mesa, não entendo, mas sei que não estou na Terra.

D: *Você pode ver alguma coisa ao seu redor?*

J: Não, agora não consigo ver nada. Você sabe, é como o céu noturno, você sabe que está lá, e pode ver as estrelas. Acho que não havia estrelas ontem à noite.

D: *Já que não pode ver nada, consegue sentir alguma coisa ao seu redor?*

J: Sei que eles estão lá. Sei que eles são a preliminar para onde eu fui. Então passei por eles para chegar onde estou. Eles ficaram entre mim e onde estou. Estou segura e estou bem. Eles me dizem que sei que estou segura. É como se eu tivesse que me deitar depois que cheguei lá.

D: *Tem alguém com você?*

J: Sinto que sim, mas não os vejo. Há uma grande luz roxa sobre meu rosto. Está pulsando, está se movendo. É como um batimento cardíaco, exceto que não é um batimento cardíaco. É enorme e, às vezes, tudo fora dele é verde, é como uma coisa brilhante, e no centro quase um iridescente índigo. Já vi outras vezes e não sei o que é. Dali, surgem novamente algumas formas diferentes, mas eu nunca as vi saindo daquela luz antes. Já vi essa luz cem milhões de vezes, mas nunca vi isso. Isso nunca aconteceu. Formas. Padrões. Formas. Padrões. (Ela repetiu essas palavras várias vezes em uma velocidade crescente, indicando estarem ocorrendo rapidamente.) Como se eu estivesse observando o que está acontecendo lá dentro... está se integrando a mim. Formas, padrões, formas, padrões. Padrões, formas. Formas de padrão de floco de neve, formas de padrão de seis lados.

D: Mas tem uma sensação boa?
J: Oh, a sensação é que estou me preparando para um teste, ou algo assim. Sabe, como quando você estuda muito, exceto que, eu realmente não tenho que estudá-lo. Estou apenas absorvendo, mas está acontecendo comigo. (Com admiração.) Oh, meu Deus, olhe para aquilo!
D: Enquanto você está fazendo isso, há alguém que possa responder às nossas perguntas? Assim poderíamos descobrir o propósito disso?
J: É como se o grupo estivesse presente.
D: Você quer perguntar a alguém se podem vir e responder nossas perguntas? Enquanto você está fazendo a visualização das formas, eles podem falar conosco.
J: A luz foi embora. As formas foram embora. Estou ouvindo alguém conversando, porém, não sei o que estão dizendo. Eu não entendo essa conversa.
D: Você pode pedir para alguém nos ajudar com informações?
J: (Pausa) Eles não estão ouvindo.
D: Talvez você possa fazê-lo mentalmente.
J: Estou tentando. (Suavemente) Eu simplesmente não sei o que está acontecendo. (Ela estava resmungando e parecia estar se comunicando silenciosamente com alguém.) Eles parecem estar todos ocupados e conversando. (Pausa, resmungando novamente.) Agora eles estão ao meu redor.
D: O que eles estão fazendo?
J: Troca de informações.
D: Com você, ou um com o outro?
J: Ambos.
D: Tudo bem. Você pode perguntar mentalmente a um deles se podem responder nossas perguntas enquanto isso?
J: É difícil perguntar enquanto isso está acontecendo. Há tanta coisa acontecendo agora. É apenas um grande... É um monte de... (Confusa e um pouco sobrecarregada.) Tanta coisa chegando, é difícil para mim até perguntar. (Ela fez movimentos de mão apontando para diferentes seres ao seu redor.) Esse cara vem trocar informações, então esse outro cara depois, e esse cara faz uma troca também, e esse cara faz uma troca. (repetido várias vezes).
D: E eles estão todos mentalmente fazendo isso com você?

J: Eu não acho que seja mental. Não sei como é feito, ou o que é, não parece mental.

D: *Bem, após tudo isso podemos seguir em diante, então você não terá tanta coisa acontecendo em sua mente? Passaremos para quando isso terminar.*

J: Minha cabeça dói!

Suspeitei o desconforto ser devido a muita informação entrando em seu cérebro. Dei sugestões de que, quando tocasse sua cabeça, qualquer desconforto desapareceria. (Ela deu alguns gemidos relaxados e aliviados. Eu podia dizer que se sentia melhor.) Vamos para onde você não tem tantas informações acontecendo e consiga discutir as coisas comigo. (Um longo suspiro de alívio.) Você pode pedir, mentalmente, a alguém para vir agora e responder nossas perguntas?

J: Ok. Agora eles estão discutindo quem falará com você. Estou tentando ver, mas não consigo. (Um suspiro repentino.) Oh, uma pirâmide veio até mim. Com a ponta para baixo, tem linhas nele. Acabou de descer.

D: *O que é, uma luz ou o quê?*

J: Eu não sei do que é feito. Agora está se movendo, é como esses videogames que existem. Está descendo sobre minha cabeça. Vejo que está entrando no meu corpo, tem diferentes níveis e está dividido por anéis ao redor, como uma árvore teria anéis, exceto ser uma pirâmide. A ponta desce, e vai até um certo ponto, então pára. Então, continua a se mover e pára. Se move novamente e para, se move novamente e para. É como se todo o meu corpo estivesse nele, está se espalhando por todo meu corpo. Sinto meus braços estranhos, parece que meu corpo está indo embora. (Fiquei momentaneamente preocupada.) Está tudo bem, tudo certo. Não está doendo. Meu corpo está indo embora. Está apenas se dissolvendo. Oh, está se dissolvendo.

D: *Você sempre pode ouvir minha voz, não importa onde você esteja. Existe alguém nesse grupo que pode responder às nossas perguntas e explicar isso para você?*

J: Por favor. (respira fundo) Neste momento não é possível responder às suas perguntas. Eles responderão às suas perguntas, mas não agora. Não pode acontecer agora.

D: Ok. Mas é uma sensação boa?
J: É uma sensação boa, sim. É só que meu corpo está dissolvido. Completamente...

Eles queriam que eu esperasse, então aproveitei o tempo para dar mais sugestões de bem-estar.

J: (Longa pausa) Podemos entender que você deseja receber alguma comunicação, no entanto, estamos realizando algum trabalho, aproveitando uma oportunidade e talvez uma liberdade com sua sessão. Uma continuação está em vigor do trabalho de ontem à noite. E você está desejando obter as informações sobre a noite anterior, quando o que está acontecendo agora é um desenvolvimento inteiramente novo de informações para essa pessoa. Saber mais sobre o produto do envolvimento que ela está sendo levada a fazer.

A voz havia definitivamente mudado. Sempre era fácil saber quando um dos seres falava, porque a mudança era imediata.

J: Agora explicarei a você. O que você deseja saber?
D: *Ela está curiosa sobre o propósito das formas e imagens que tem visto.*
J: Esta é uma linguagem completa de; (pausa) não posso discutir com você de onde, no entanto, posso dizer-lhe que existe um método de comunicação, é importante que os humanos tenham à sua disposição. É impossível, porém, neste momento específico, comunicá-lo a você em uma linguagem que entenderia. Haverá uma maneira de fazer isso, quando Janice reunir mais experiência em funcionar dessa maneira. Atualmente ela está, pode-se dizer, recebendo orientação e outros métodos de comunicação para trabalhos futuros. Talvez, a melhor maneira de explicar a você seja dizer: você vai à escola e estuda francês para ir à França e falar francês. Ela está aprendendo isso para desenvolvimentos futuros e para sua própria proteção.
D: *Esses símbolos serão uma forma de se proteger?*
J: Os símbolos são uma forma de se proteger, de conseguir comunicar coisas que não deveriam ser comunicadas no nível humano, neste momento. É importante, no entanto, que eles sejam impressos,

para que no futuro, quando forem chamados à vanguarda de sua consciência, a impressão esteja lá para ser ativada. Disponíveis para o momento em que precisar saber, que precisar explicar e precisar ensinar.

D: *No futuro ela seria capaz de desenhar esses símbolos e explicá-los para mim?*

J: Talvez. Essa é uma liberdade para a qual não posso dar permissão. Isso deve vir de um nível de desenvolvimento que não está presente neste momento. Você poderia ter perguntado em sua sessão anterior e obtido sua resposta.

D: *Eu perguntei, e eles disseram que eu não poderia tê-lo naquele momento.*

J: Então eu lhe daria a mesma resposta.

D: *Ela também queria saber o propósito do grupo de vários seres reunidos aqui.*

A voz mudou novamente. Este soou mais autoritário e profissional. "Eu vou te responder. O propósito do grupo de seres é que cada membro do grupo tenha um nível particular de perícia. Então, o que você tem é um grupo que, você talvez chame a "nata" da experiência em vários aspectos do desenvolvimento. Assim como você tem em um programa de mestrado, os professores ou mestres que ensinam neste nível. Eles não são os mesmos professores que ensinariam os calouros, em suas aulas na faculdade."

D: *Ela disse que não podia ver todos eles, mas eles pareciam ser diferentes.*

J: Muito.

D: *Ela pode reconhecer alguns deles. Bem, dentre este grupo de pessoas, você seria alguém que poderia responder algumas perguntas?*

J: Se eu não for qualificado a responder às suas perguntas, aquele com autoridade se apresentará. Pois é de comum acordo interagir com você. Se houver alguém no grupo que não ache apropriado interagir neste momento, isso não será feito. Se isso ocorrer, pedimos que você entenda que, embora qualquer pessoa do grupo possa responder, isso não será feito. Caso a autoridade achar que a resposta não deve ser dada, ninguém mais responderá pela autoridade.

Isso também ocorreu ao trabalhar com Phil em "Guardiões do Jardim". Naquela época, um grupo de doze entidades estava se comunicando comigo e contando a história da semeadura do planeta Terra. Eles também disseram que só podiam dar informações com as quais todos concordassem.

D: *Estou sempre disposta a receber de bom grado o que for possível. Se não quiser responder, é só me avisar. Há um mistério ocorrendo na Terra neste momento sobre o qual muitas pessoas estão fazendo perguntas. Isso diz respeito aos círculos nas plantações, em campos na Inglaterra. Eles os chamam de "Círculos de Milho", ou "Agroglifos" embora apareçam realmente em plantações de trigo e outros grãos. Eles vêm ocorrendo nos últimos anos. Você pode me dar alguma informação sobre isso? De onde eles vêm, como, e por quê?*

J: Posso lhe dizer que existem várias razões para os círculos e diferentes razões para eles. Em cada momento, diferentes razões se aplicam. Agora, você entende espirais? (Sim) E você entende janelas? (Sim) Em determinado momento, elas são usadas por certas energias para interagir com as correntes de sua Terra, as vibrações de sua Terra. Estou tentando te responder sem ser técnico. Não posso lhe dar todas as informações a este respeito, mas posso dizer que alguns deles são feitos por naves que desembarcam, sendo elaborados devido ao método de propulsão ou navegação que abastece a espaçonave, tendo a ver com a força gravitacional do seu planeta. Existem também outras razões, além da antigravidade.

D: *Eles não são todos feitos por naves, são? Alguns deles parecem estar em padrões. Eles têm círculos em volta de círculos e desenhos diferentes.*

J: Isso é correto. Você está falando de sua interrelação entre si. (Longa pausa) Desculpe. Eu tenho suas respostas, mas eu as darei em uma próxima reunião. Eu não posso fazer isso agora, porque é um problema de tempo. Significando ser importante o não entendimento neste momento. Posso dizer apenas que há um projeto em que certas pessoas estão trabalhando, e estes são uma parte desse projeto. Apenas acredite não haver mal algum vindo desses círculos. Está em conjunto com outros aspectos do fluxo de energia. É muito importante que eles estejam lá e, assim como Janice está aprendendo os símbolos da linguagem, todos os esforços estão sendo usados em relação à estabilização do frágil manto do planeta Terra e se ele precisa ter um círculo reverso. Os círculos são muito poderosos, você sabe, também são usados como um ponto focal de transmissão, isso é tudo que posso te dizer.

D: *Os padrões têm significado?*

J: Eles têm significado.

D: *É significativo que muitos deles tenham sido encontrados em torno de monumentos antigos como Stonehenge?*

J: Claro. Quando você pensa em Stonehenge, quando pensa em seus antigos monumentos ou em seus chamados "lugares sagrados" em seu planeta, deve saber que tornar-se "sagrado", não acontece instantaneamente. O tempo é um portador da energia e trabalhamos com esses locais específicos há séculos.

D: *Mas parece ser um fenômeno novo com os círculos.*

J: Apenas se tornou visível. Você não podia vê-los antes, mas eles sempre estiveram lá. Você pode vê-los agora, por causa de uma mudança dimensional que ocorreu atualmente.

D: *Então eles estavam no chão?*

J: Eles estavam abaixo da superfície do solo. Eles apenas vieram à tona. A Terra está mudando tanto que... (grande suspiro) A mudança em seu planeta foi outra maneira que os fez vir à superfície.

D: *Então, no passado, a energia que eles estavam criando, ou a função que eles estavam servindo, estava sendo feita abaixo da superfície. E agora está sendo aplicado na superfície?*

J: Sim, porque as coisas mudaram.

D: *Muitas pessoas estão pensando que talvez seja uma forma de comunicação.*

J: E é. Expliquei anteriormente que eles eram usados como um ponto focal para vibração... talvez eu não tenha dito isso. Você vê, isso é o que acontece quando se comunica de maneira diferente. Você tende a acreditar que todos sabem o que está pensando. O que estou tentando dizer a vocês é que eles são um ponto focal para a entrada de energia. Agora, a entrada de energia em um padrão, em uma espiral, entra e é impulsionada... (Confusão sobre como dizer isso.)

D: *Saindo do mesmo lugar? Algo como um efeito quicante?*
J: Isso está correto.
D: *Tá certo. Ela foi informada de que fazia parte de um projeto onde estavam usando energia.*

Em "Sob Custódia", foi explicado que Janice fazia parte de um projeto onde sua energia está sendo usada para equilibrar as energias da Terra. Há muitas pessoas envolvidas neste projeto, embora seja totalmente desconhecido para sua mente consciente. Fui informada de que eu também faço parte disso e, minhas viagens me levariam a muitas partes do mundo, pois ali seria necessária minha energia. Este projeto não gera nenhum esgotamento de energia para o participante envolvido.

J: É uma fase diferente do mesmo projeto.
D: *Mas isso soa como se a energia estivesse ricocheteando ou saltando. Isso seria correto?*
J: Existem diferentes... Posso responder isso? (Sua pergunta foi suave e obviamente não foi dirigida a mim.) Sim. Eu poderia responder isso. (novamente suave, e eu não entendi que ela não estava falando comigo.)

Houve uma longa pausa, depois outra voz, mais suave, quase doce. Obviamente feminina.

J: Talvez eu possa te responder, mas veja, ainda não é hora de você entender tudo sobre este projeto agora. É importante que você saiba alguns detalhes, que serão dados pelos membros do grupo. Uma das coisas que você precisa saber é que existem círculos no Peru e em outros lugares do seu planeta que as pessoas não percebem. Estamos fazendo um esforço para permitir que a humanidade comece a conhecer outras formas de comunicação. No entanto, existem aqueles que podem ser comunicados através desses círculos. Os círculos de energia também passam pela Terra, então é parte do mesmo projeto. É apenas uma fase diferente. Agora, outra coisa a saber é que sua Terra está girando no espaço, não é? (Sim) E como gira? Qual direção?

D: Eu teria que pensar. Está indo no sentido anti-horário? (Ela fez movimentos com a mão.) No sentido horário, tá bom. Não me lembro dessa parte.

J: Bem, na verdade não importaria se estivesse girando de ponta a ponta. O ponto dos círculos é simplesmente criar um efeito oposto e esta é outra área de equilíbrio. Esse é um propósito, e apenas um, mas eles são usados e a energia é circulada através deles. Se você pudesse ver em outra dimensão, poderia identificar a espiral e perceberia o efeito desse redemoinho, pois está em movimento e se deslocando. Você não pode vê-lo, mas ele está se movendo. Constantemente em movimento, assim como uma tampa se move, no sentido horário.

Em que direção os círculos nas plantações vão? Os que vi e estive vão em ambas as direções.

D: Estou pensando em um vértice. A parte superior está girando e se movendo, seriam esses os lugares onde ela aterrissa na Terra?
J: Talvez você possa pensar em um vórtice.
D: Tudo bem. Estou pensando estar no espaço e, depois, vir em direção à Terra e pousar.
J: Isso é correto. Na verdade, o feixe é transmitido para o centro do círculo e gira para fora. Lembra-se do ponto focal sobre o qual falei com você? O feixe é transmitido para o centro do círculo e gira em espiral.

Isso foi algo que notei, por várias vezes, quando estive nos Círculos de Milhos da Inglaterra. Na minha mente, parecia haver um ponto focal central, com o círculo girando em espiral, a partir dele. Quase como a imagem visual de alguém focando o bico de uma mangueira de alta pressão e depois abrindo para girar a partir desse ponto central. Sei não ter sido realizado com uma mangueira, mas provavelmente com foco de energia, mas essa foi uma analogia com a qual me identifiquei.

D: E isso faz parte do projeto que ajuda a estabilizar os movimentos da Terra. Nas placas tectônicas?
J: Sim, exato.

D: *E parece ser direcionado apenas a certos lugares, ou seriam mais perceptíveis lá.*
J: Eles emergiram de lá. É uma tentativa de fazer com que a humanidade se pergunte e, também uma tentativa de permitir que aqueles capazes de compreendê-lo, comecem a entendê-lo.
D: *Em alguns casos, se forma um círculo onde a vegetação está indo em uma direção e, em seguida, um círculo ao redor, do lado de fora, indo na direção oposta.*
J: Este é o meu ponto.
D: *Por que está na direção oposta no círculo externo?*
J: Porque é preciso equilibrar a intensidade interior.
D: *Isso deve acontecer muito rápido. Isso está certo?*
J: Muito rápido. Você não pode vê-lo.
D: *Eles dizem que aparece durante a noite. De onde vem o raio?*
J: Eu não posso... te dizer.

A respiração de Janice ficou rápida e a voz foi interrompida. Soou estranho na fita, quase distorcido neste ponto. Seria um fluxo de energia?

D: *Você não pode me dizer?*
J: (A entidade parecia chateada.) "Não."
D: *Tudo bem. Eu queria saber se estava vindo do espaço, de uma nave, ou ....?*

Janice estava reagindo como se estivesse desconfortável. Pensei estar com excessivo calor novamente, como na sessão anterior. Eu estava tentando deixá-la confortável, ajustando as cobertas e dando sugestões de resfriamento, mas algo além parecia estar ocorrendo, pois estava respirando desconfortavelmente rápido. Após vários segundos de sugestões, sua respiração desacelerou. Ela estava relaxando novamente, então continuei com o questionamento. O ser me interrompeu.

J: (suavemente) Por favor...
D: *O que é?*
J: Permita um período de ajuste ao ser.
D: *Ok. Porque ela ficou muito quente naquele momento. Foi por causa da energia?*

J: Sim. O corpo entrou em contato com toda a força da fase daquele projeto. Você deve entender que quando estamos nos comunicando com você, o corpo é um veículo para isso e devido ao nível de envolvimento deste órgão neste projeto, às vezes é impossível impedir que a experiência atinja força total. O ser experimentará o trabalho sendo feito mentalmente. Mentalmente. Talvez você possa entender "mentalmente", mas não é realmente um processo mental, pois o físico pode ser afetado e isso acontece de forma muito rápida. As palavras que você usou para fazer isso acontecer foram: "Isso deve acontecer rapidamente." Então a palavra "rapidamente" foi um gatilho. A comunicação neste nível torna-se muito delicada.

Na verdade, após ouvir o gravador, eu disse "muito rápido", em vez de rapidamente, mas foi, aparentemente, interpretado da mesma maneira pelo uso do vocabulário de Janice.

D: *Me desculpe. Eu não tinha como saber.*
J: É uma impossibilidade para você saber e queremos interagir com você. Desejamos orientá-la em seu trabalho. Desejamos que você continue a trabalhar com o ser, sendo importante que você perceba haver momentos em que um nivelamento deve ser realizado por nós e por você, para o ser poder continuar envolvido em sua sessão. Você deve entender que o nível de energia operacional é muito... (Confuso, procurando a palavra)... delicado.
D: *Sei que ela reagiu. Parecia uma explosão de calor.*
J: Isso porque quando este indivíduo está localizado no centro de um dos círculos, a força rotacional particular pode causar, no físico, uma abundância de calor a ser gerada em um instante. Estamos tentando compartilhar com vocês e, vindo aqui para comunicar, porque é importante que essas coisas sejam discutidas, no entanto, precisaremos ensinar alguns métodos para ajudar o indivíduo a continuar.
D: *Sim, eu não tinha como saber que qualquer uma das minhas palavras iria desencadear alguma coisa. Certamente não queria que isso acontecesse.*
J: O corpo físico do indivíduo não sofrerá. Você talvez acredite, devido a sua observação visual, que a fisicalidade do corpo sofrerá. Este indivíduo foi... (Não tendo certeza da palavra novamente.)

D: *Qual é a palavra? Condicionado?*
J: Isso é perto. Mas é mais que condicionamento. (Hesitou.) Preparado. Sim. Há uma forma de te explicar. Durante os anos, por causa de seu envolvimento de longo prazo neste projeto, que durou toda a sua vida aqui, ela se desenvolveu a ponto de conseguir suportar níveis de energia física incompreensíveis para o indivíduo comum e, também, impossível para seu corpo físico experimentar, sem algum efeito desintegrador.
D: *Contanto que ela possa lidar com isso, porque eu certamente não gostaria de fazer nada para prejudicá-la. Você acha prudente pararmos de falar sobre os círculos?*
J: Há mais do que apenas falar sobre os círculos. Os círculos são parte integrante, porque o que vocês ainda têm de experimentar são as pirâmides. Vocês têm suas pirâmides físicas no Egito, no entanto, existem pirâmides como seus círculos, que vocês ainda não viram na superfície, também em operação. Este é apenas outro método de trabalho de energia. O trabalho energético é vital para a manutenção do seu planeta e o que você também deve saber é haver naves que chegam e, ao pousar na superfície, podem causar uma impressão física da mesma maneira. Portanto, existem círculos e existem círculos.
D: *Mas esses locais de pouso não têm o mesmo efeito de energia. Eles são causados apenas pela propulsão da embarcação.*
J: No entanto, uma vez que são feitos, eles são usados.
D: *O que eu estava perguntando era se os raios vinham do espaço ou de uma nave? De onde eles estão sendo direcionados?*
J: Não tenho permissão para lhe dizer isso, discutiremos em outra reunião. Existem seres presentes que não lhe deram conhecimento, se você deseja fazer suas perguntas.
D: *Tudo bem, mas nunca sei se estou tocando em assuntos que não tenho permissão para conhecer.*
J: Você saberá.

Eu estava prestes a continuar com as perguntas, quando, de repente, fui interrompida. Ocorreu algo que o grupo considerou uma emergência, tomando precedência sobre o que eu estava fazendo.

J: (Uma voz severa.) Dê a sugestão!
D: *O quê?*

J: (Parecia impaciente.) Dê a sugestão!
D: *O que você quer dizer?*
J: O ser está com dor. Forneça a sugestão!

Janice estava segurando sua cabeça, então comecei a dar minhas sugestões normais, tocando o centro de sua testa, para aliviá-la. A entidade logo interrompeu o processo e ordenou que eu aplicasse pressão com apenas um dedo. Tentei fazer o que sugeriu, mas ele interrompeu novamente. "Você está no lugar errado!"

D: *Mostre-me onde.*
J: (Ela apontou para o local.) Suavemente! Vou te guiar. (Ela pegou meu dedo e o guiou para o ponto correto, no meio de sua testa.) Eu a guiarei. Continue a falar e dar a sugestão.

Continuei a dar sugestões, mas isso ainda não satisfez a entidade.

J: Deixe-me pegar sua mão! Não opere sua mão! Isso é importante! (Com severidade.) Não opere sua mão! Permita-me ter sua mão. Isso é importante para o ser. Relaxe sua mão! Dê-me seu dedo. (Suavemente) Me dê seu dedo.
D: *Você o tem.*

Houve uma longa pausa enquanto ela direcionava meu dedo para o local adequado em sua testa. Relaxei minha mão e dei sugestões para aliviar qualquer desconforto, enquanto manipulava minha mão.

J: Permitirei que você saiba quando eu terminar. Lamento ser tão firme, mas houve uma emergência.
D: *Você pode me dizer o que causou isso?*
J: (Pausa) Não fale! (Longa pausa.)
D: *Você está usando a energia do meu corpo?*
J: Não.

Houve uma longa pausa, então Janice pareceu mais relaxada e respirando mais devagar, novamente.

J: (Mecanicamente.) Obrigado. Lamento ter sido tão contundente, mas devido à emergência, foi necessário que pudéssemos ter esse contato físico com o sere, de onde estamos operando, isso é impossível.

D: Estou feliz em poder ser útil, porque me preocupo muito com a segurança dela também. Você pode me dizer o que causou a emergência?

J: Em um momento. Devemos estabilizar.

D: Então não é minha energia, é apenas o toque físico.

J: Sim. Não tem nada a ver com você ou sua energia e, se você estiver sentindo alguma coisa, removeremos.

D: Não, não estou.

J: Imaginei.

D: Estou apenas tentando relaxar para que você possa usar minha mão.

J: Isso é muito difícil, e eu aprecio. É muito importante.

Houve outra longa pausa enquanto ela movia meu dedo para outros pontos em sua cabeça, dando uma série de longos suspiros.

D: Você pode me dizer por que está pressionando essas diferentes áreas?

J: Estes são pontos meridianos, os mesmo usados em suas práticas de shiatsu e acupuntura. O que está acontecendo é o indivíduo ser capaz de se conectar comigo através do seu toque, embora seu corpo não esteja envolvido.

D: Quero colocar isso na gravação. Você estava tocando a testa e vários lugares: os olhos, a área logo na frente das orelhas....

J: (interrompendo) Me dê sua mão! Mantenha seu braço estável.

D: É a maneira como estou sentada. Pronto, assim está melhor. Você estava tocando na frente das orelhas, sob o queixo, e no topo da coroa da cabeça. Em seguida, logo acima da ponte do nariz, no meio da testa.

Essas ações foram repetidas várias vezes. Então ela relaxou e abaixou minha mão. Aparentemente, a emergência havia acabado.

J: Obrigado.
D: Está Melhor agora?
J: (Em voz normal.) Sim, melhor.

D: Fico feliz em poder ajudar. Não sabia o que estava fazendo, estava sentada em uma posição tensa, senti dificuldade para relaxar.
J: (A voz severa voltou.) Obrigado pelo uso de sua mão.
D: Qual foi a emergência? Você pode me dizer?
J: É um efeito residual dos círculos. O que deve perceber é que, neste momento, você está em fase interdimensional. O ser é interdimensional. Quando deslocado dimensionalmente, bruscamente, se o alinhamento adequado não for realizado, pode ocorrer que em determinado ponto não seja alcançada a mudança dimensional, causando dor ou curto-circuito na fisicalidade do ser e nós (com dificuldade em encontrar a palavra)... nos antecedemos, por assim dizer.
D: Foi um rápido demais?
J: É uma questão sincronismo. Tempo cósmico, tempo da Terra, tempo biológico. Quando incongruente nesses tempos, essas coisas podem acontecer com a fisicalidade do ser. Agora, o que você deve entender é que quando você discute os círculos, o ser está vivendo isso.
D: Eu não sabia disso.
J: Nós sabemos. Pensamos, talvez, ser algo que você não precisa saber.
D: Mas para garantir a segurança dos meus clientes e evitar dor, gostaria de saber essas coisas.
J: Tratamos de maneira a ser instruído em futuro pré-dado. Não será, a menos que necessário. A transferência deste tipo particular de informação a vocês é muito incomum para este grupo de seres. O que você deve saber é... (Respira fundo, e ela parecia desconfortável de novo.)
D: Ela está sentindo calor de novo?
J: Estamos tentando ver se isso é possível, acelerar o processo de comunicação com você. Haverá alguns ajustes necessários, como estamos descobrindo neste momento.
D: Ok. Mas se isso lhe causar algum desconforto, não acredito que valha a pena.
J: Não é uma questão de sua escolha valer a pena. Na verdade, ou escolhe realizar o trabalho, ou não. Não desejo ser incisivo, eu simplesmente quero dizer a você que esta é uma informação muito importante, sendo apenas uma questão de encontrar o meio adequado para entregá-la. À medida que o grupo trabalha com você, será estabelecido um tipo de equilíbrio, que não é presente

neste momento. Então temos alguns pequenos ajustes de equilíbrio entre o ser e o grupo, e o grupo e você, e você e o ser. Quando nos movemos, precipitadamente, para um assunto de tal seriedade, como os círculos, a alteração energética também acontece rapidamente. Existe ainda essa palavra. Mas cuidamos disso com o indivíduo. Veja bem, não sabíamos que o uso de "rapidamente" causaria a mesma reação. Então, estamos aprendendo ao mesmo tempo como esse indivíduo reage.

D: *Isso é o que quero dizer. Quando estou falando, não tenho como saber como isso a afetará.*

J: Entendemos completamente sua situação e somos solidários. Agradecemos que você entenda que, se formos contundentes, não é por estarmos irritados com você, é por causa da urgência. (Longa pausa)

D: *Você está ouvindo alguém?*

J: (Sua voz soou mais normal.) Sim. É alguém que quer falar com você, mas não fala inglês, e eu não consigo falar isso. Estamos tentando descobrir como fazer isso.

D: *Ninguém mais pode comunicá-lo?*

J: Eles estão procurando. Estão conversando. Eles estão tendo uma pequena discussão no canto, como se estivessem tentando decidir.

D: *Diga a eles que estamos ficando sem tempo aqui. Eu realmente quero receber a mensagem, porque eles estavam me dando instruções. (Confusão) Talvez eles possam retransmitir para outra pessoa e assim me passar a mensagem.*

J: Isso é o que eles estão fazendo. (Baixinho, como se estivesse falando com outra pessoa.) Certo. (Grande suspiro.)

D: *Eles estão prontos agora?*

J: (Outra voz mais alta.) Talvez.

D: *Porque eu não tenho como saber se estou infringindo algum regulamento, se eles não me instruírem.*

J: (Ela começou a falar, então limpou a garganta, como se o ser tivesse que se ajustar às suas cordas vocais. A próxima voz era definitivamente feminina e mais suave.) Não houve nenhuma violação do regulamento. Mas nós o advertimos para ser extremamente cuidadoso em suas discussões casuais sobre o fenômeno. Você deve ter cuidado com quem compartilha informações casuais. Existem áreas sensíveis. É importante, repito, apenas informação casual e compartilhamento não é

permitido. Você fez bem, e estamos agradecidos. Um dos problemas pode ser a natureza e o momento da informação. Não é uma questão de todos saberem tudo. Você é ótima em determinar quem deve saber o quê. Esse é um nível de sua experiência que nos permite trabalhar bem com você. Não é uma questão de confiar ou não, mas sim uma questão de sincronismo. O Tempo para saber e o tempo para não saber. Portanto, sempre que você receber informações no futuro, às vezes, haverá instruções para não divulgá-las, até que você receba mais instruções. Talvez você possa encontrar uma maneira, se for necessariamente crucial, para aconselhar em algo, onde outros estejam trabalhando, mas não divulgue sua fonte. Estaremos orquestrando seu conhecimento para que qualquer coisa a ser compartilhada com terceiros, seja de natureza pré-aprovada.
D: *Então seguirei suas instruções.*

Eu havia aprendido, no passado, que deveria ouvi-los, ou encontrariam maneiras de impedir que as informações fossem publicadas. Em "Sob Custódia", relatei como quatro fitas desapareceram por oito anos, pois não era hora de serem publicadas. No presente momento, já se passaram mais de dez anos desde esta sessão, então, acredito ser hora de revelar essas informações. Também estavam corretos sobre outro ponto, várias vezes, durante os anos de meu trabalho, me deram informações confidenciais e me disseram para não publicá-las, seja para minha própria proteção ou porque ainda não era a hora certa. Assim, aprendi a obedecer às suas instruções.

D: *Acho que estamos ficando sem tempo. E o veículo passou por uma provação com tudo isso. Quero agradecer todos os membros do grupo que falaram comigo hoje.*
J: Há outros que falarão com você na próxima vez.
D: *E eu vou me esforçar muito para fazer o que você deseja. Se eu cometer algum erro, é por não saber.*
J: Oh! Estamos bem cientes de suas capacidades, apreciamos e agradecemos. Às vezes, se faz necessário um pouco de urgência e, estando envolvidos, podemos soar um pouco duros, mas não é nossa intenção.

D: *Mas, por favor, entenda que estou me esforçando muito e não trairia sua confiança, não desejo que a conexão se interrompa por culpa de minha parte.*

Iniciei sugestões de reorientação para trazê-la de volta a este mundo, mas ela estava fazendo movimentos com as mãos, em vez de seguir minhas instruções.

D: *O que isso significa?*
J: (Muito suavemente.) Estamos dizendo "adeus" a você.
D: *Eu não acho que poderia replicar esses movimentos de mão, mas os aprecio.*

Eu, então, trouxe Janice de volta à consciência plena. Ela não se lembrava de nada do que havia acontecido e parecia não estar pior física ou mentalmente, pela provação que nos fez passar. Aprendi muito com as entidades nesta sessão. Ao trabalhar em um campo tão incomum, muitas vezes fico apreensiva em haver algum perigo à minha cliente, principalmente porque estávamos pisando em novas águas e não sabíamos o que esperar. Também, monitoro cuidadosamente os sinais físicos da pessoa, sempre atenta a qualquer problema que possa surgir inesperadamente. As entidades me disseram, anteriormente, para não me preocupar tanto com isso, que sempre seria avisada, caso algum problema estivesse se desenvolvendo. Durante esta sessão, se mostraram fiéis à sua palavra, me alertaram para uma situação que eu não tinha como saber que poderia ocorrer. Aprendi uma lição valiosa, mas também aprendi que nunca precisaria confiar apenas em minha própria experiência. Eu estava sendo definitivamente guiada em meu trabalho, por forças de outro lugar, uma dimensão superior.

* * *

Se já achei confuso o que acontecera na última sessão, certamente não estava preparada para as informações que surgiriam nesta. Só espero que o leitor consiga seguir conceitos mais complicados.

Houve um intervalo de mais de um ano, desde a nossa última sessão. Em uma ocasião, quando eu estava em Little Rock, Janice não pôde trabalhar comigo. Ela sabia que estivera em algum lugar na noite anterior, e isso a afetou a ponto de não conseguir sair de casa e, definitivamente, não poderia dirigir seu carro. No passado, disse às vezes entrar no carro e nem saber onde colocar a chave, ou como dar partida. As coisas mais simples, de repente, se tornavam extremamente complicadas, como se sua mente estivesse totalmente vazia e confusa.

Nesta viagem, em setembro de 1991, eu estava em Little Rock para entrevistar alguns casos de Óvnis para Lou Farish, então tentaria fazer tudo no mesmo fim de semana. Antes de iniciar os trabalhos, jantei com Patsy, Janice e alguns outros amigos. Discutimos principalmente nossas vidas pessoais, sem mencionar nada sobre Óvnis, ou como meus projetos estavam progredindo. O tema principal da discussão de Janice durante o jantar, girava em torno de um velho namorado que havia, recentemente, voltado para sua vida e as coisas estavam ficando sérias. Ela parecia extremamente feliz, apesar da contínua atividade de Óvnis que permanecia como pano de fundo em sua vida. Depois do jantar, fomos à casa da Patsy, realizar a sessão. Muitas experiências paranormais aconteceram na vida de Janice desde a última vez que nos encontramos, mas foi decidido não escolher nenhuma em especial. Achamos que seria melhor apenas ver onde a sessão nos levaria. Cada uma das minhas sessões com Janice era sempre cheia de surpresas e reviravoltas inesperadas.

Depois que se deitou para relaxar, usei sua palavra-chave e comecei a indução, mas ela interrompeu, disse termos que esperar até um certo horário para começar.

J: Às 11:16 podemos continuar. Exatamente.
D: *Ok. Segundo o meu relógio, falta um minuto, de qualquer maneira. Só espero que meu relógio esteja correto.*
J: 11:16, por favor. Nós saberemos. Pois a informação não poderá culminar se não o for.

Esta foi a primeira vez que uma entidade esteve presente antes mesmo do início da sessão, normalmente, temos que procurá-los. Continuei com minhas sugestões de indução, enquanto observava meu relógio.

J: Você precisa dar a palavra a ela novamente.

Desliguei o gravador enquanto dizia a palavra-chave, para que não ficasse gravada na fita. Liguei-o novamente, quando ela parecia já estar em transe.

D: *Você sabe para onde quer ir ou gostaria que eu a orientasse?*
J: Iremos para uma conjuntura no tempo. O tempo tem junções, você sabe.
D: *Sim, você me disse isso. Por que você quer ir para uma conjuntura no tempo?*
J: Porque esse será o início de uma experiência. Vai lidar com muitas coisas, porque é uma conjuntura multifacetada.
D: *Bem, estamos no momento que você falou anteriormente. 11:16.*
J: Estou em um momento, você está em um minuto.
D: *O que você quer dizer?*
J: Estamos falando da coordenação de vários tipos diferentes de tempo. Você vê, quando você fala do tempo da humanidade, você está falando em minutos e horas. Mas quando você fala de tempo em outros reinos, não é medido por minutos e horas. Para trazer informação através do tempo dimensional, você deve estar em um ponto particular no tempo da humanidade. Caso contrário, a informação que chega não será total e não será coordenada elementarmente.
D: *Mas isso, muitas vezes, é difícil de saber, pois apenas fazemos as sessões quando podemos.*
J: Sim, mas se você encontrar um indivíduo que esteja trabalhando no tempo interdimensional, eles saberão que isso é importante. Tudo deve ser feito, nem um minuto, ou um segundo, antes ou depois. Pois pode faltar.
D: *Como uma porta ou um portal?*
J: Sim.
D: *Você quer direcioná-la para onde tem que ir?*
J: Vamos encontrá-la enquanto viajamos.
D: *Como você está viajando?*
J: Estou viajando como um raio. Como uma partícula. Sou uma partícula. Apenas uma partícula de luz, muito pequena, minúscula.
D: *Onde você está viajando?*
J: (Um grande suspiro.) Entre as estrelas.
D: *O que vê por aí afora?*

J: Ah, é maravilhoso! Simplesmente uma paz completa, suspensa em sossego. Toque de veludo.

D: *Você pode ver para onde está indo?*

J: Não, mas sei para onde estou indo. Eu não preciso ver. Sei que vou sentir quando estiver lá.

D: *Eu queria saber se parece com alguma coisa.*

J: Não, porque não estou olhando no físico. Estou procurando um campo. Você vê um padrão e sabe que é um lugar. Se você for ao padrão, você está no lugar, o lugar se torna você, e você se torna o lugar. Tanto assim, que você não precisa ver, pois você está sendo isso. Portanto, se você deseja ver no físico, você pede e pode olhar no físico. Caso contrário, você a experimenta de uma maneira totalmente diferente. Há uma cor, uma cor de quartzo rosa, então você sabe que está se aproximando. Chegando mais perto, e mais perto, e mais perto. Vai se movendo muito rápido, indo muito, muito rápido. Muito rápido. Mas ainda assim, se sente mentalmente a uma velocidade diferente da fisicalidade, onde a partícula está viajando, porque a partícula está viajando tão rápido que você não pode vê-la.

D: *Você quer dizer que se torna invisível?*

J: Sim. Está bem aí, só um vruum! (Ela parecia estar distraída com algo que estava vendo.) (Suavemente) Ah sim!

D: *O quê?*

J: Foi um cruzamento. (Distraído) Foi um... tudo bem. Uma junção.

D: *Como uma encruzilhada?*

J: Sim. Assim como em um mapa, quando você chega a esse ponto.

D: *O que acontece quando você chega a esse ponto?*

J: Você pára. Você pára.

D: *Por que você pára?*

J: Por diferentes razões. Depende de onde você quer morar.

D: *O que você quer dizer?*

J: Nesse ponto você pode coletar informações, ou você pode ir para uma dimensão diferente e estar em uma vida totalmente diferente.

D: *Você quer coletar informações?*

J: Nós apenas começamos, mas quero reunir informações neste momento, porque é uma porta de entrada para onde encontremos nossas informações. Veja, o que está acontecendo é que paramos para o tempo da humanidade corresponda a este tempo. Percebo que isso, talvez, não esteja fazendo muito sentido, mas não poderia acontecer de outra maneira. Você vê, se o seu tempo está fora de sintonia com este tempo, então a conexão não pode ser feita. Portanto, você deve permitir essa parada, essa parada, e você irá disparar para a frente, no instante em que ela coincidir. Se você pegar dois círculos e colocá-los um ao lado do outro, e eles se unirem até que se encaixem, você não poderá passar por eles.

D: *Mas se você passar por eles, você vai para um lugar onde está a informação?*

J: Posso ir para os antigos. Posso ir para onde você quiser ir, ou posso ir para onde precisamos ir. E eu posso ir para a Criação. Ou posso ir à fonte divina.

Ela respirou fundo e demostrou uma reação física. Algo estava ocorrendo.

J: É uma infusão de informação. Há, também, um professor que quer falar com você e com Janice. Para dizer que você passou os limites do tempo e do espaço. (A voz mudou.) Primeiramente, deve entender alguns princípios básicos e fundamentos, em relação à fonte de energia.

D: *Estou sempre disposta a aprender.*

J: A partícula que você descobriu era, na verdade, uma partícula fonte. Tudo começa com uma partícula de luz. Tudo o que é começa como o poro mais minucioso da sua pele. Se você pudesse imaginar uma molécula, poderia ver um ponto de luz e entenderia que, na fonte suprema, isso é tudo que você representa. Então, o que estou lhes dizendo é que, dentro dessa fonte de "Tudo O Que Existe", as interconexões entre as partículas formam uma fonte de energia. Se você identificar um tipo de padrão em uma partícula e colocar essa partícula sobre outra, elas combinarão totalmente, em todos os mínimos detalhes. Agora, à medida que a energia se torna matéria, a partir dessa fonte de energia, ela percorre o feixe ou vai do feixe, dependendo do seu entendimento, ou de como você deseja se referir à ela, e enquanto implode, explode, se divide como uma célula, para formar indivíduos diferentes. Pode dividir-se muitas vezes, pode dividir-se uma vez, pode dividir-se milhões de vezes. À medida que se divide, torna-se masculino, feminino ou masculino-feminino, feminino-feminino, masculino-masculino. À medida que continua a se dividir e viajar através de mudanças dimensionais, torna-se em cada dimensão sendo, fundamentalmente, em sua fonte e começa a crescer, à medida que passa por universos e galáxias, em cada lugar que vai, ainda é, carregando seu padrão inicial de partícula fonte. Quando você traz a partícula para a realidade prática, em termos da Terra, você tem seres humanos que são como companheiros, você tem seres humanos que, como em partículas subdivididas, apresentam semelhanças. Você tem estranhos que instantaneamente se tornam amigos de longa data, porque eles se subdividem no nível da fonte. Raramente as pessoas se fundem. Somente quando há um propósito maior, é que essa união acontece. A humanidade tem tal maneira de alterar a realidade que, raramente, a realidade final, em sua mais elevada possibilidade, se manifesta neste nível do plano terrestre. Então, o que você tem depende de propósitos planetários. Um propósito comum para o benefício final da humanidade, deve ser realizado e dependerá das escolhas feitas. O final mais elevado possível. Você está preso a um padrão de energia e, por fim, retornará à fonte, nesse mesmo padrão de energia inicial. Estou falando do além-tempo, além do espaço e da criação. Estou lhe dizendo que estou falando com você além da criação. A criação é o círculo de que falei, através do qual a humanidade pode surgir, podendo retornar, sabendo como, à sua fonte, no entanto, antes que isso aconteça, existe trabalho a ser feito neste planeta, pois é hora. Como falei com vocês em relação ao tempo, como falei com vocês em relação ao tempo da humanidade e em relação ao tempo interdimensional. Estou tentando explicar o tempo para você. Você tem que entender o tempo e esse é o seu trabalho. Porque é com isso que você está lidando em seus livros. Você está lidando com o tempo interdimensional.

D: *E também com conceitos muito complicados.*

J: Conceitos complicados que é seu trabalho simplificar, para o homem, na esquina, possa ler e dizer, "Oh!" Para as pessoas começarem a aprender a viver "vidas simultâneas" . Entendendo que tudo o que eles fazem aqui no físico, neste planeta, afeta todas as outras vidas. A linha deles vai até o fim. Esse rastro de energia de onde estamos agora, o que estamos dizendo agora, o que você está dizendo, de onde você está para onde estou, sempre

permanecerá. A diferença é que você se move de dimensão para dimensão.
D: *Fico pensando que estou sendo levada ao conhecimento perdido, à informação perdida.*
J: Está perdido.
D: *Sinto que tenho que recuperá-lo.*
J: Esse é o meu ponto. É isso que estou lhe dizendo. Quando foi levada às profecias de Nostradamus, foi apenas o começo. A ponta do iceberg. Você tocou apenas na superfície. Quando você falava com ele, para ele era a realidade, porque a realidade dele é onde ele está e a realidade dele existe, assim como existe a sua realidade. Nunca deixará de existir. É apenas uma mudança. É uma mera mudança. Você se lembra que inicialmente começamos a conversar às 11:16. Conversamos às 11:16 porque 11:16 está ligado a... (Pausa) Acho que talvez eu deva mostrar no papel.

Isso já aconteceu antes, durante as sessões, mas desta vez eu não estava preparada. Conversei com ela enquanto abria minha mala e procurava um bloco de notas e uma caneta que aprendi a carregar exatamente para essas ocasiões. Coloquei os materiais na cama. Ela se sentou e eu lhe entreguei a caneta, o bloco de notas, posicionei em sua outra mão. Ela abriu os olhos com dificuldade e olhou para o papel.

Testemunhei esse fenômeno várias vezes nos primeiros anos de meu trabalho. É sempre fascinante observar, pois o paciente tem a aparência vidrada de quem não está acordado. Eles sempre estão alheios ao seu entorno, focando toda a sua atenção no papel e no que estão desenhando ou escrevendo.

J: (Ela começou a desenhar.) Aqui é você, onde está, onde estou com você. Isso é fluido. Isso está em constante movimento. Nunca para.
D: *O que é isso?*
J: Níveis. (Pausa enquanto ela desenha.) Explicarei o tempo dimensional. (Longa pausa enquanto ela desenhava linhas.) Há mais, mais.
D: *O que essas linhas representam?*
J: Tempo. Períodos.
D: *Períodos? Diferentes anos, você quer dizer?*

J: Sim, exceto ser mais complicado do que anos, porque pode haver universos e galáxias dentro. Dependendo de quão longe você vai. Você pode sair em qualquer um desses períodos, até o infinito. (Ela desenhava, enquanto falava.) Infinito, infinito, infinito. Você, eu, todos no planeta, no físico...

D: Nesse ponto. OK.

J: Então... a fonte "Deus".

D: Lá no fluido. OK.

J: É tudo fluido. (Ela estava anotando as datas.) Oh, bem, realmente, não importa quantos anos eu anotei. Você começa a se mover. Em todos os momentos a energia está indo dessa maneira.

D: *Para a frente?*

J: E assim.

D: *Para frente e para trás também.*

J: E o tempo também. E o tempo também.

D: *Para trás e para a frente, em simultâneo?*

J: Simultaneamente. Uma vez que você domina a desmaterialização, então pode se tornar aquela partícula da qual você começou, enquanto você está no físico. Você pode ir para aqui, porque você estava aqui. Quando você veio daqui para cá, você passou por tudo o que existe. Você sempre se move por tudo o que existe. É complicado, no entanto, o que você precisa saber é que, à medida que você se move, em forma de partícula, você vai para aqui...

D: *Aquele ano ou período.*

J: E você pode mudar para qualquer vida dentro desse período, porque há mais de uma vida em cada período. Então, o que estou dizendo a você é que é perfeitamente possível, como partícula, ir até onde Nostradamus está. Porque ele existe passado o tempo. Porque aqui; é a Criação, o tempo pára! Os períodos artificiais, param.

D: *Na criação?*

J: Na criação. A história da sua humanidade diz que Deus criou os céus e a Terra.

D: *Parece que foi aí que o tempo começou, em vez de parar.*

J: Começa para a humanidade, mas termina para essas dimensões aqui. Porque você tem dimensões iguais em ambos os quadros. Você tem dimensões iguais. Você tem o tempo da humanidade começando aqui. Todo o tempo. Todo o tempo-tempo. Mas nosso tipo de tempo, tempo espiritual, é totalmente diferente, mas ainda assim, congruente com o seu. A mecânica é totalmente diferente.

Você diz: "Uma hora". E nós dizemos, nada! Porque não precisamos de tempo. Porque somos tudo . Sempre fomos. Nostradamus está aqui, sendo tudo o que ele sempre foi, e continuando seu infinito. Mesmo que a morte tenha feito com que ele deixasse de estar aqui, nunca fez com que ele deixasse de estar aqui. Então, na verdade, o que você está fazendo é chegar ao ponto de sua morte. Você está transcendendo sua morte, se conectando com ele, vivendo seu infinito. Em realidade, você está trazendo de volta, a partir dele, essa informação e conceito, através da criação, de volta até aqui.

D: Quando levo as pessoas de volta à vidas passadas, é essa partícula que vai para essas vidas e as revive? Porque é como se aquela personalidade, na outra vida, nunca morresse.

J: Sim. Nunca morre.

D: Posso entrar em contato com essas outras personalidades a qualquer momento.

J: Correto. O que você está fazendo é conectar vibracionalmente esta partícula que existe aqui com esta partícula que existe aqui (apontando para outro ponto na folha). Por mais que você diga: "Oh, eu me lembro do que aconteceu no Natal de 1964. Oh! Nós nos sentamos ao redor da árvore de Natal. Oh! Ganhei uma boneca." Isso é nesta vida. Mas você está falando sobre esta determinada frequência vibracional. Bem aqui. (Desenho.) Esta faixa vibracional. Só você se sintonizou na Terra 1945, nesta vida. Esta vida começou em 1945. Este é um período, nesta dimensão, mas na morte a partícula viaja todo o caminho, até aqui.

D: De volta à fonte, de onde começou.

J: Mas, mais complicado é que, dependendo do que aconteceu aqui, talvez possa voltar aqui. (Apontando para as datas.)

D: Se quiser voltar aos anos 1800, pode fazer isso.

J: E voltar de lá. Então, estamos entrando em um pouco de física aqui. Há um pouco mais, mas o que você precisa saber, no que diz respeito aos Einsteins e aos Nostradamus.... Existe uma área. (Ela estava desenhando.)

D: O que é isso?

J: É o conhecimento absoluto. Conhecimento absoluto ancestral. O que aconteceu com pessoas como Nostradamus e Einstein é que eles começaram aqui.

D: Nessa área de todo o conhecimento?

J: Sim. E eles levaram uma área de especialização com eles para o planeta. Agora, eles não necessariamente voltaram para cá (a área de todo conhecimento), mas é irrelevante, uma vez que você passa do ponto da Criação, onde você está.

D: *Então, eles retiveram mais desse conhecimento em seu subconsciente? Isso seria correto?*

J: Exatamente. Mas esse era o propósito deles ao vir à terra, para trazê-lo.

D: *Para o nosso tempo. OK. Seria correto chamar essa pequena faísca de "alma"?*

J: Você pode chamá-lo de alma, mas de fato, na realidade absoluta, você deveria chamá-lo de "fonte de energia". Uma "alma" é o nome da humanidade para essa fonte de energia, porque tudo é energia. Tudo, cada coisa, tudo mesmo, é energia. Agora, isso... (Ela estava desenhando de novo.)

D: *A parte fluida.*

J: Fonte "Deus" ou a parte fluida. A faísca é tudo o que esta parte fluida é.

D: *Seria como nosso conceito de Deus?*

J: Pode ser. Sim, se você quiser, pode ser Deus. Pode ser o ponto máximo. Poderia ser chamado por qualquer nome. Realmente não tem nome. Não usamos nomes. Na verdade, todos somos fluidos, quando passamos desse ponto. Na verdade, você existe dessa maneira. E você também pode imergir aqui, aqui e aqui. Você também pode saber tudo, e sair. (Desenho) Veja, estou dizendo que estes se sobrepõem... (Desenho)

D: *Todos esses pontinhos. Todos eles se sobrepõem.*

J: E então, quando cada molécula se sobrepõe, elas se redividem em três. (Desenho) E são tudo o que era a outra energia. Tudo.

D: *Mas o principal é que estamos focados nesta parte da nossa vida, agora. Essa é a ideia?*

J: Quando entramos na vida um do outro aqui, levamos conosco parte do que eles eram e parte do que eles são. Fazemos tudo aqui no físico, o que fazemos aqui.

D: *No espírito.*

J: Não é diferente.

D: *Mas não sabemos sobre os outros, porque estamos focados nesta vida e no que estamos fazendo agora.*

J: Devido a nossa faixa vibracional, estamos aqui. Tudo o que acontece quando você se move é que a energia acelera. Acelera quando vai assim (Avançar). Ele fica mais lento quando vai assim (para trás).

Ela parecia ter terminado o desenho, então eu a ajudei a se deitar e a fiz fechar os olhos novamente. Olhei para o papel enquanto ela se movia para ficar confortável, novamente. Achei que seria inútil guardá-lo para colocar em um livro, mais tarde. Quando ela terminou, era uma confusão sem sentido, linhas e pontos que mais pareciam rabiscos de uma criança. Eu sabia que a descrição importante seria capturada pelo gravador.

J: Expusemos Janice a diferentes padrões de comunicação. É o início de um conceito de comunicação totalmente diferente, do qual Einstein estava bem ciente.
D: *Ela falou sobre o momento em que estava deitada no sofá, em sua casa, e todas essas informações pareciam estar entrando pela janela, em um feixe de luz e bombardeando-a. Imagens? Símbolos? O que era tudo isso?*
J: Padrões de energia.
D: *Qual era o objetivo?*
J: Os padrões de energia são codificados com informações. Cada padrão contém um conjunto diferente de conhecimento. Um conceito diferente e em casos, toda uma história de um planeta.
D: *Nesses desenhos e imagens?*
J: Sim. Porque sua capacidade mental é tal que ela pode carregar o conhecimento, é como uma cápsula vitamínica de liberação programada. Sempre que a junção do tempo da humanidade com o tempo interdimensional coincidir, uma...(procurando a palavra) sobreposição interplanetária, fará com que um conjunto de circunstâncias evolua. Para ser gravado, talvez por você. As conexões que você está fazendo são porque tem intenções puras e é confiável para gravar corretamente.
D: *Sim, me disseram para não censurar nada. Só para relatar do jeito que veio.*
J: E você não censurou. (Suavemente) Exceto em alguns casos.
D: *Às vezes era necessário, em algumas partes, mas a maioria permaneceu pura. Esse era o propósito de todo esse bombardeio.*

J: Não, esse não era o propósito total. No entanto, esse era um dos propósitos. Há outro propósito, que ela possa carregar uma determinada frequência vibracional em relação ao projeto do qual falei anteriormente. É também uma ativação para outras informações que ela já possui, uma integração dos tempos dentro dela, porque ela entende a importância das conjunturas. Ela deve se tornar ativa na obtenção... (procurando a palavra) ativação de alguns conceitos que já existem dentro dela, pois não usamos a palavra "implantado", mas eles foram inseridos em seu banco de memória. Assim, quando apresentado a ela, no físico, faz com que o conhecimento surja na mente consciente e ocorra uma integração dos quadros de tempo. No nível da fonte, no nível do padrão de energia, a frequência vibracional do planeta está interdimensionalmente conectada até a fonte. É por isso que é importante a humanidade não destruir seu planeta, entende. Porque interdimensionalmente, terá um efeito até a fonte. Agora, o que eu não expliquei é que, quando eu disse que ela tem a escolha, isso significava que colocamos informações em seu caminho, e ela a afastou. Essa foi a escolha dela. Nós a levamos a livros destinados a ativar certas memórias, e ela não os leu, então as memórias não se tornaram ativas. Nós lhe damos estímulo físico para conceitos colocados naquele banco de memória. Mas se ela optar por ignorar sua oportunidade, devemos esperar por outra conjuntura, a tempo para que seja restaurado.

D: *Então você acha que é por isso que ela deveria trabalhar comigo, para ajudá-la a liberar isso?*

J: Sim. O que quero te explicar é que Janice é uma pessoa multifacetada, capaz de se sintonizar em diferentes dimensões. Ela tem uma compreensão completa do tempo em relação às junções interdimensionais e, com um ajuste fino desse conhecimento, para entender coisas como o eclipse solar, pode mudar a história do seu planeta. Se todas as pessoas envolvidas no Projeto Triângulo, estiverem localizadas, no momento certo, no ponto do planeta em que precisam estar, a história mudará. Se uma pessoa não se localizar, então, esse momento, essa junção, esse tempo minuto-hora da humanidade em relação ao tempo multidimensional, nunca mais voltará. E deve ser projetado no tempo futuro da humanidade, no tempo interdimensional, para existir uma nova oportunidade onde a mudança ocorra. Caso contrário, não acontecerá.

D: *Mas somos pessoas normais. Nós realmente não sabemos que devemos estar em um determinado lugar e fazer certas coisas.*

J: Sim, vocês sabem. Vocês sabem. Você sabe. Ela sabe. Estão sendo preparadas. Janice tem uma conexão com você, e você com ela. Qualquer outra pessoa com quem você trabalha tem uma conexão e sempre saberão quando for a hora. Irão pensar: "Preciso fazer isso. Preciso fazer aquilo". Vocês vao tentar. Lembre-se da minha explicação para você em relação às junções. Você não pode configurá-lo. Seus pacientes não podem defini-lo. Já está predefinido, o que você precisa saber é que será, não em relação ao seu tempo ou ao tempo deles. Será em relação à importância universal planetária, da mesma maneira que sua informação de Nostradamus veio.

D: *Mas foi uma surpresa total na primeira vez.*

J: Mas foi pré-ajustado. Você começou em uma junção. Não poderia ter feito isso em qualquer outro momento, não teria acontecido. Mas o que deve entender é que seu trabalho com Óvnis, é agora, mais importante do que seu trabalho com Nostradamus. Estou lhe dizendo isso porque quero que esteja preparada e se organize. Você ainda não terminou seu trabalho sobre Óvnis. E muito do trabalho que fez com Janice, em relação aos Óvnis, é para sua própria compreensão. Porque à medida que se move, através de seus contatos de Óvnis, chegará um ponto em sua vida em que entenderá sua conexão em relação a tudo. Portanto, algumas das informações não são para publicação. Você terá permissão para usar algumas informações, mas há uma grande parte dela que não seria benéfica neste momento, faria com que os desenvolvimentos futuros fossem alterados, devido ao conhecimento e do que aconteceria vibracionalmente à medida que é disseminado. O que você não entende é, como suas informações são divulgadas, como seus livros são vendidos aqui, ali, aqui, ali, aqui, ali. O que está acontecendo? Você já pensou no que está acontecendo energeticamente?

D: *Bem, eu sei que estou me conectando com muitas pessoas.*

J: O que está acontecendo no nível de energia? Estamos falando de energia. O que está acontecendo? A energia de Nostradamus passa por cada pessoa que lê esse livro.

D: *Muitas pessoas me escrevem e me dizem que sentem algo.*
J: É disso que estou falando, sobre o que eles estão dizendo. Eles estão dizendo a você o que estou explicando.

Eu estava, novamente, chegando ao final da sessão. Eu nunca mantenho um cliente em transe por mais de uma hora e meia. Mais do que isso, produz alguns efeitos indesejáveis, incluindo letargia e confusão.

D: *Acho que está na hora de sairmos desta sessão. Então, continuarei trabalhando e, quando chegar a hora certa, as outras informações chegarão. Quero agradecer a você, quem quer que seja, que vem me dando as informações.*
J: Estou falando com você do além do tempo. Além da Criação.
D: *Além da Criação. Passado o início da Criação?*
J: Sim. Você é um ser maravilhoso e estamos ao seu redor, constantemente, orientando nas direções para coletar as informações, pois na verdade, você é nosso tradutor, assim como você é o tradutor de Nostradamus, porque o conhecimento dele vem desse nível de conhecimento.
D: *Estou tentando juntá-lo da melhor maneira que posso.*
J: E você está fazendo um trabalho maravilhoso.

Pedi, então, à entidade que recuasse e que a consciência e a personalidade de Janice se integrassem totalmente de volta ao seu corpo. Ficou óbvio quando a outra entidade foi embora, porque Janice começou a tossir e se movimentar, quando antes ela não apresentava tais sintomas. Então eu a orientei e a trouxe à plena consciência.

* * *

Esta foi a última sessão que tive com Janice. Ela continuou sua vida, assim como eu. Sua principal preocupação era ter sua identidade protegida, e isso fiz mudando seu nome e profissão, em ambos os livros. Sempre serei grata pelas informações maravilhosas que ela me deu e pelos conceitos aos quais me expôs, que mudaram para sempre meus processos de pensamento e a maneira como vejo o mundo. Também afetará, para sempre, a maneira como conduzo meu trabalho e coleto informações. As informações de Janice me deram uma maneira diferente de ver o mundo em que vivemos e me mostraram que residimos em um Universo Verdadeiramente Convoluto, onde tudo é possível.

CAPÍTULO CINCO
O PLANETA QUE ARMAZENA CONHECIMENTO

Parte desta sessão foi incluída em "Sob Custódia". No início do meu trabalho lidando com casos de abdução, quando um cliente apresentava episódios de tempo perdido, eles, geralmente, se encontravam a bordo de uma nave, interagindo com extraterrestres. À medida que meu trabalho progredia e evoluía, as coisas começaram a mudar. Encontrei casos em que, em vez de embarcar em uma nave física, eles se encontravam em situações sobrenaturais. Um exemplo foi relatado no Capítulo 4. Cheguei à conclusão de que, neste tipo de trabalho, não podemos fazer suposições sobre nada. Uma vez que penso, um padrão ter sido estabelecido, encontro casos que se desviam desse padrão e seguem direções diferentes. Estes, acabam por ampliar minha compreensão do mundo desconhecido que venho investigando. Incluí a primeira parte deste caso em "Sob Custódia", para ilustrar uma situação drástica de falta de tempo, mas como o resto não seguia a norma, decidi guardá-lo para este livro e contar a história na íntegra.

Durante o ano de 1997, Clara havia escrito e ligado várias vezes, pedindo uma sessão. Isso acontece com tanta frequência que não posso mais trabalhar com novos voluntários, a não ser que eu vá dar uma palestra na cidade onde eles moram e, ainda assim, desde que eu tenha tempo disponível. Não é possível trabalhar com todos e ainda conservar minha própria energia. No início do meu trabalho, muitas vezes percorria grandes distâncias para ter sessões com as pessoas e tentava ajudar quem pedisse, mas os tempos e as circunstâncias mudaram. Tem tanta gente querendo sessões agora que deixei de fazer em minha casa e em dias em que palestro. Me sinto com a energia dividida, fazendo coisas aleatórias, durante as viagens de palestras. Eu só conduzo sessões em dias vagos ou com poucos compromissos. Normalmente, digo às pessoas que entrarão na minha lista de espera, na próxima vez que eu estiver em sua cidade, podemos agendar uma consulta.

Clara descobriu que eu estaria em Hollywood em maio de 1997 para uma conferência, então ela ligou e pediu um encontro. Ela mora perto de São Francisco, mas estava disposta a dirigir até Hollywood. Nessas circunstâncias, senti que não poderia recusá-la, especialmente se ela estivesse disposta a todo esse trabalho.

A conferência acabou sendo um desastre. A falta de publicidade e planejamento foram os principais motivos. Embora todos os palestrantes estivessem presentes, não havia público. Várias palestras foram canceladas por falta de plateia. Foi o pior evento que já participei, mas como resultado, tive mais tempo livre do que planejado. Phil, meu amigo e voluntário em "Guardiões do Jardim", estava morando lá. Ele transformou a viagem em um passeio turístico e me mostrou a Hollywood que eu queria ver desde a adolescência, quando eu sonhava e fantasiava no escuro do cinema. Nunca sobrava tempo para realmente conhecê-la, estava sempre confinada em um quarto de hotel ou em centros de convenções, indo direto para o aeroporto, depois de cada palestra. Decidimos tirar o melhor proveito de uma situação ruim e eu realmente gostei de ver o lado glamouroso da cidade.

Assim, quando Clara chegou, eu estava relaxada e tinha muito tempo para passar com ela. Ela me encontrou em meu quarto de hotel, Phil, chegaria mais tarde e esperaria no saguão até que terminássemos para então, jantar.

Clara é uma loira atraente de quarenta e poucos anos, ativa, inteligente e de boa saúde. Durante nossa conversa de anamnese, onde tento determinar o problema ou o motivo da sessão, ela disse que o que mais a incomodava era um episódio de falta de tempo, ocorrido alguns anos atrás. Ocasionalmente, ela vai ao Havaí para conferências relacionadas ao seu trabalho. Nesta ocasião, ela estava dirigindo na ilha de Maui, estava quase anoitecendo, mas ainda claro e ela estava procurando por um hotel em que já estivera antes. O hotel era localizado na praia, ela tinha planos de jantar ali e apreciar a vista do mar. Enquanto dirigia, procurando o local, percebeu ter perdido a entrada e decidiu ir mais adiante na estrada para encontrar um ponto de retorno. Esta parte da ilha tinha uma exuberante vegetação tropical e palmeiras sombreando a via de duas pistas. Havia poucas casas e elas ficavam afastadas da estrada, escondidas da vista. Ela, finalmente encontra uma entrada para voltar, mas mentalmente, notou nunca ter visto esse retorno em outras ocasiões, nas diversas vezes que dirigiu pelo local. Quando parou, se viu em um pequeno conjunto habitacional, composto por casas modulares, situadas entre palmeiras, em um ambiente muito agradável. A única coisa estranha era que Clara não se lembrava de ter visto essa comunidade naquela estrada antes. Ela embicou o carro em uma das vielas para fazer o retorno e essa foi a última coisa de que se lembrava.

No instante seguinte, ela se encontrou do outro lado da ilha, dirigindo por uma movimentada rodovia de quatro pistas. Agora estava escuro como breu, e ela não tinha ideia de como chegou lá.

Um ano depois, quando voltou à Maui para outra conferência, por curiosidade, ela dirigiu pela mesma estrada, procurando a entrada em que havia feito o retorno, já que o estranho incidente nunca havia saído de sua memória. Ela dirigiu por toda a área e, embora tenha encontrado o hotel novamente, nunca encontrou o conjunto habitacional de casas modulares. Isso a confundiu desde então, e foi o que a levou a buscar uma sessão comigo. Ela queria descobrir o que aconteceu com ela naquela noite, como, tão misteriosamente, chegou ao outro lado da ilha, sem memória de ter dirigido até lá.

Ela provou ser um excelente tópico a ser pesquisado. Não tive problemas para levá-la, imediatamente, a um transe profundo. Ela se lembrava da data do evento, então, iniciei a contagem para levá-la até março de 1994, durante seu episódio, na ilha de Maui, Havaí. Ela se viu parada na frente de seu hotel, Maui Sun, prestes a atravessar as portas de vidro. Ela tinha acabado de chegar para um workshop anual, onde gostava de combinar relaxamento com trabalho. Admirou as cores vibrantes das flores que cercavam o hotel e depois de realizar o check-in, eu a levei adiante, quando já estava dirigindo, em direção ao outro hotel para jantar.

C: Eu nunca estive lá para comer. Acabei de passar por ele. É à beira-mar, onde meu hotel fica um pouco acima da colina. Eu realmente queria experimentar sentar no hotel com as janelas abertas e ouvir a água batendo na praia. Há muito tempo que queria ir lá, mas nunca aconteceu.
D: *Que horas são?*
C: É quase noite. Não sei que horas são pelo relógio, mas está ficando escuro. É difícil de ver, não há postes de luz na estrada e estou passando pelo Astland. É um lugar muito grande, e acabo de perder a entrada. Há muitas árvores e a entrada parece... bem, não

camuflada, mas eu acabei perdendo. (Agravada) Eu simplesmente não consigo ver. Então vou mais adiante para encontrar um lugar de retorno, quero muito jantar naquele hotel.

Durante essa parte, ela às vezes parecia estar falando sozinha, enquanto dirigia e depois também respondendo às minhas perguntas.

C: Estou dirigindo e encontro um lugar por onde voltar. Ok. Então vejo esse lugar. É um beco sem saída. Sim, este parece ser um bom lugar para fazer o retorno. Hmmm. Eu nunca vi este lugar antes. (Confusa) Hmmm. Tem belas palmeiras e flores, e uma cerca que consigo ver através. Há todos os tipos de... (tendo dificuldade em descrever) casas modulares, ou casas móveis muito chiques. Sim, tudo bem, este é um lugar lindo.
D: E você encontra um lugar para o retorno?
C: Sim. É uma rua sem saída e estou virando meu carro. (Suavemente) E eu vejo essas luzes brilhantes. (Pausa, depois confusão.) É como... luzes ofuscantes.
D: Onde estão?
C: (Sua respiração ficou mais rápida.) Eles estão descendo do céu. É como um funil de luz. Um funil, com a ponta larga voltada para mim. É quase como... vindo do Sol, como você vê através das árvores esta luz brilhante, muito brilhante. Eu sinto uma grande energia, muito poderosa, vindo desta luz. (respira fundo)
D: É uma luz sólida?
C: É como feixes de luz. Raios de luz.

Era evidente por sua voz e sua respiração que ela estava experimentando algo incomum e levemente perturbador.

D: Você ainda está dirigindo seu carro?
C: Não! Eu apenas sou. Eu apenas sou.
D: O que você quer dizer?
C: (Com incredulidade) Parece que sou parte dessa luz.
D: Você ainda está em seu carro?
C: Não. Sinto que estou flutuando e assim como sou parte da luz. (Respira fundo.) Sou apenas luz. Parece uma transcendência de tempo e luz. Como se eu estivesse me movendo, estou indo para algum lugar, mas não sei para onde. Está tudo bem. (Ela foi,

definitivamente, apanhada na experiência.) A sensação de flutuar, de movimento. Através das cores, através do tempo, através do espaço, através... (Respira fundo.) É muito agradável.

D: Isso é tudo que você pode ver, cores?
C: (lentamente) Cores e luz dourada. É simplesmente muito tranquilo. (Ela soltou a respiração de uma maneira muito relaxada.) A sensação é que eu sou tudo, e tudo faz parte de mim. Tudo o que existe, está lá; tudo o que é, está aqui; tudo o que é, é.
D: Você tem a sensação de movimento ou ir a algum lugar?
C: Sim. Subindo. Ascendendo. Me movendo para outro lugar e outro tempo.
D: Vejamos para onde você está indo.
C: (Hesitação) É como se eu tivesse pousado. Parece um lugar onde... (Suspiro profundo.) É muito difícil descrever.

Ela teve dificuldade em encontrar as palavras para descrever seus arredores, mas parecia ter pousado em um terreno muito plano onde havia várias torres. "São como prédios, cinza, como granito. Tem uma cor brilhante, mas ainda cinza e brilha como granito."

D: Você quer ir até lá?
C: Sim, mas sinto uma relutância. Isso é tão incrível. (Ela se emocionou e começou a chorar.) Estar aqui! É como se fosse... (Ela estava chorando abertamente.)

Era difícil entender por que ver essa cena deveria deixá-la emocionada.

C: Eu nunca pensei que veria esse lugar novamente. (Ela estava soluçando e chorando.)
D: Explique o que você quer dizer.
C: É como se eu estivesse voltando para casa. (Ela estava chorando alto.)
D: E este é um lugar que você conhece?
C: (Solucionando) Sim. Eu sei que sim. Mas é de muito longe no tempo, não tinha certeza se algum dia estaria aqui novamente. (Soluçando) É uma sensação muito boa.

Enquanto eu tentava acalmá-la, um calafrio me percorreu. Foi como um déjà vu. Parecia a mesma cena e a mesma experiência emocional que Phil teve quando foi, inesperadamente, ao Planeta dos Três Pináculos. Este era o lugar que ele chamava de "lar", e ele sabia estar longe há muito tempo, pensava que nunca mais voltaria. Isso foi relatado em "Guardiões do Jardim" Poderia Clara, ter ido para o mesmo lugar?

D: *Você vê alguma pessoa?*
C: (fungando) Não, eu não vejo ninguém agora, Acabo de chegar... (Ela estava tentando se recompor.)
D: *Foi uma surpresa, você quer dizer. Inesperado.*
C: Estou muito surpresa. Eu... eu nunca pensei que estaria aqui novamente. Parece tão repentino, estar aqui, como se eu tivesse vindo de muito longe, depois de muito tempo. (Ela ainda estava emocionada.) Para estar neste lugar. (Chorando)
D: *Parece um lugar especial. (Eu sabia ter de ajuda-la a superar a emoção antes que pudéssemos continuar a história.) Diga-me o que acontece.*
C: Estou olhando, e é como se eu viesse desta luz para este lugar, e... (Pausa) ... vejo gente.
D: *Onde estão as pessoas?*
C: (Acalmando-se.) É um grupo de pessoas, estão vindo dos arredores dos prédios.
D: *Eles vêem você?*
C: Sim. Pareço muito estranho para eles. (Soluçando novamente.)
D: *Por que você parece estranho para eles?*
C: Porque eu não sou cinza como eles são. Eu sou luz. Sou este ser de luz. E eles estão curiosos, mas também estou curiosa para saber o que acontece.
D: *Como eles se parecem?*
C: Eles têm cabeças marrons, e... (Movimentos de mão) suas cabeças são assim.
D: *(Tentei decifrar os movimentos dela) Você quer dizer, meio alongado?*
C: Meio que alongado, e o queixo deles desce quase até certo ponto, quase como se fosse tudo cabeça. Não há muito corpo, você só vê a cabeça.
D: *Você pode ver alguma característica facial?*

C: De forma geral, vejo apenas a inteligência e, é bastante...

Ela estava com dificuldade de explicar, mas pelo menos não estava mais soluçando e chorando.

D: *Eles estão vestindo alguma coisa, consegue ver?*
C: É como um macacão. Tudo de uma cor, cinza, brilhante.
D: *E você disse que esse grupo de pessoas vê você brilhando?*
C: Sou apenas luz e eles parecem estar curiosos sobre o meu ser de luz. Eles estão muito próximos. Estão tentando me tocar e fico um pouco apreensiva. Não sei o que acontece. Estão tentando me tocar.
D: *Você pode ver suas mãos?*
C: Sim. Seus dedos são um tanto finos... ah, vejo apenas três, e então, há um pequeno dedo mindinho. É quase nada, como um toquinho e eles apenas querem me tocar.
D: *Eles conseguem tocar a luz?*
C: Sim. É apenas uma sensação de amor.
D: *Você estava apreensiva.*
C: Sim. À medida que se aproximam é .... (Suas expressões faciais e sons eram de uma experiência agradável.) Eles estão muito curiosos.
D: *Mas agora não te incomoda.*
C: Não. Está tudo bem.
D: *Eles entendem o que você é?*
C: Eles parecem saber o que eu sou, e quem eu sou e assim, caminhamos juntos de volta aos prédios. Eles estão me dizendo que sou um deles e que eu saí deste lugar como investigador, para coletar informações. Eu tinha que ir como ser de luz, ao longo do tempo. Agora que reuni essa informação, voltei para trazê-la a esta terra.
D: *Você esteve fora por um longo tempo?*
C: Por muito tempo. Muito, muito, muito, muito, muito tempo.
D: *Mas eles ainda reconhecem você?*
C: Demorou um pouco. Disseram estarem curiosos. Eles não tinham certeza de que era eu, aquele ser enviado para coletar informações. Agora eles reconhecem. Eles sabem que sou quem foi enviado.
D: *Muitas pessoas são enviadas para fazer essas coisas?*
C: Um a cada milênio ou dois.

D: *Por que eles queriam que você coletasse as informações?*
C: Recuperar o conhecimento além deste lugar, para que o conhecimento seja guardado, que não se perca.
D: *Você quer dizer ser um conhecimento que não faz parte de sua história?*
C: Exato. A história e o conhecimento de outro tempo e espaço.
D: *Por que eles estão interessados em recuperá-lo, se não é a história deles?*
C: Porque já ouviram falar desse outro lugar, e podem aprender com esse conhecimento. Não deve ser perdido.
D: *Então, queriam que você encontrasse novas informações que eles não tinham?*
C: Novas informações de outro lugar que eles não conheciam, mas que pudessem armazenar.
D: *Eles não tinham outra maneira de encontrar a informação?*
C: De tempos em tempos, esses seres selecionam seus escolhidos. Eles viajam para outras galáxias, outros tempos e lugares no espaço, para obter informações desconhecidas e as trazem de volta para este espaço de ser. Para aprender, crescer, expandir, pois, à medida que esse tempo e espaço aprende a crescer e se expandir, ele se separa. Torna-se outro tempo e espaço.
D: *Você quer dizer que só pode se expandir através do conhecimento?*
C: Só através do conhecimento.
D: *Eles têm meios de viajar para outros lugares para adquirir conhecimento?*
C: Eles vão em feixes de luz. Os feixes de luz, às vezes, são esferas ovaladas. De um ponto de vista, parecem prateados, longos e ovais, de outro, são redondos. São como um disco de prata e simplesmente deslizam pelo ar.
D: *Eles são sólidos, físicos?*
C: Sim, sim.
D: *Porque você também disse que eles eram como raios de luz.*
C: Eles são. Eles podem ser sólidos, ou podem ser pura energia. O que for apropriado para o local. Podemos ser pura energia, ou podemos ser um disco sólido, para chegar onde precisamos estar.
D: *Eles não são capazes de usar esse tipo de "equipamento" para reunir o conhecimento eles mesmos?*
C: Eles poderiam. Mas um ser escolheu ir, e um ser foi escolhido para ir, pela experiência.

D: *Você quer dizer, se eles fossem com suas máquinas, eles não poderiam experimentar?*
C: Não. O ser vai e pode ser o disco, ou o veículo, ou pode ser apenas o ser. O ser pode ser o veículo, ou o veículo pode ser o ser.
D: *Então não precisa ter uma forma física?*
C: Não.
D: *Mas ainda assim você os está vendo em forma física.*
C: Eles estão se tornando forma física para que eu os reconheça como eram, na época em que parti.
D: *Então, desde que saiu, eles não precisam mais dessa forma física? Isso é correto?*
C: Eles não precisam da forma física, mas eles se tornaram a forma física, para que eu reconheça que cresceram, durante minha ausência, para um estágio onde podem ser pura energia. Para que eu os reconheça como eram no momento em que parti. Naquele momento, eu era um ser como eles.
D: *E desde que você se foi, eles mudaram para onde não precisam mais do corpo.*
C: Se assim o escolherem. Se escolherem ser pura energia, podem ser pura energia. Ou podem ser o corpo, ou o disco, o veículo.
D: *Mas eles ainda precisam de algo para viajar.*
C: Não necessariamente. Viajei do outro tempo e do outro espaço, pela luz, como pura energia. O objeto que me mostram é para que eu me lembre de ter voltado para esta estratosfera, esta... não há atmosfera aqui, apenas....
D: *Essa dimensão, ou mundo em que eles vivem?*
C: Sim. Este mundo em que eles vivem. Então, reconhecerei que usamos o disco. Ainda podemos usar o disco, caso precisarmos ir para outro mundo. Podemos usar o disco, ou podemos usar energia pura. É para a minha lembrança, do tempo passado, quando parti.
D: *Mas ainda, a melhor maneira de obter o conhecimento é ter alguém como você, para absorvê-lo? Essa é uma boa palavra?*
C: Essa é uma boa palavra. Absorver, sim.
D: *E agora você voltou para compartilhar com eles. Mas você não voltou para ficar, certo?*
C: Isso será determinado em outro momento, se fico ou se vou para outro mundo, obter mais informações ou conhecimento.

D: Tudo bem. Mas você disse que eles estão levando você a algum lugar.
C: Entramos nesta sala redonda. Sentamos em uma mesa redonda. É como um conselho de seres, lá compartilho as informações coletadas desses outros mundos em que estive.
D: Como você está compartilhando as informações com eles?
C: Estamos sentados em... como uma forma física. (Ela teve dificuldade em explicar, mas estava sorrindo.) Podemos compartilhar as informações em um nível telepático ou podemos conversar verbalmente. Os padrões de pensamento... nossa comunicação de pensamento, às vezes, é interrompida por alguém falando no grupo e dizendo algo... (sorrindo) engraçado. Um pouco de humor interplanetário.
D: Algo que você disse que eles acham engraçado?
C: Sim. Eles estão dizendo algo que acho engraçado. Então isso é feito de forma auditiva. É como se meu ser estivesse alimentando informações em um banco de dados. Está transmitindo telepaticamente as informações coletadas e aprendidas para seus bancos de dados, em seus sistemas de computadores.

Isso também ocorreu com Bonnie, quando os seres levaram seu carro da estrada para uma enorme nave. Com a ajuda de um aparelho colocado em sua cabeça, duplicaram e transferiram suas memórias para uma espécie de computador. Isso foi relatado em "Sob Custódia".

D: Você pode ver esses sistemas? Eles estão na sala?
C: Não. Está em seus cérebros, em suas mentes e em seus seres.
D: Então a informação está sendo transmitida de sua mente para a mente deles. As informações de todos os mundos que você visitou, desde que partiu. Todas as vidas que você viveu, ou apenas de mundos?
C: Sim. Mas apenas as informações dos mundos.
D: Então você realmente não viveu em todos esses mundos que você está discutindo com eles?
C: Há outras vezes em que estive em outros mundos. Mas desta vez fui a apenas um mundo, para reunir informações e conhecimento sobre essa cultura, sobre esse mundo e sobre esse sistema, para trazê-lo de volta. Este parece ser um lugar onde as informações são coletadas de todos os outros mundos. É como um lugar

gigante, onde está armazenado todo o conhecimento de todos os universos, de todas as galáxias, de todos os lugares que existem. Como um ponto de encontro. Como uma enorme biblioteca de informações, de todos os tempos e todos os espaços.

D: Quem tem acesso a esta informação, se está armazenada aí?
C: Todo mundo. Todos em todas as galáxias podem acessá-lo, se souberem como. É um centro de recursos, todos podem entrar em contato. É só ter a chave para fazê-lo.

D: E você faz parte disso agora, transmitindo as informações que encontrou. Mas, segundo o que disse, você foi a um mundo, que mundo era esse?
C: Esse mundo era a Terra.

D: Você teve que viver vidas na Terra para coletar as informações?
C: Sim.

D: Então você se foi há muito tempo, deve ter muitas informações para compartilhar.
C:Sim. (Suspiro profundo) Mais do que pensei ser possível.

D: Mas parece que está sendo transmitido muito rapidamente.
C: Sim. É mais rápido que a velocidade da luz, embora tenha levado muito, muito tempo e vidas para reunir a informação, neste centro de recursos, ou neste lugar que estou agora, é como se pudesse disseminá-la muito rapidamente. Pode ser transmitida rapidamente e fluir através do meu sistema para onde precisa estar, porque aqui tudo está agora. Tudo acontece agora.

D: E a informação está segura lá porque está armazenada com esses seres?
C: Com esses seres, e dentro de tudo que existe aqui. Nas rochas, nos prédios, tudo absorve a informação. É como se tudo fosse um computador. Tudo absorve esse conhecimento. Tudo se torna esse conhecimento que estou trazendo.

Quando Phil foi ao Planeta dos Três Pináculos, ele também disse que todo o conhecimento era obtido lá, e estava armazenado dentro do próprio planeta. Esta informação estava em "Guardiões do Jardim".

D: Se alguém como eu quisesse encontrar a informação, como poderia ser recuperada?
C: É um código-chave especial. Um código apenas para entrar em si mesmo, porque dentro de nós, está a chave para esse

conhecimento, e este é o lugar onde todo o conhecimento está. Qualquer ser, qualquer um, de qualquer tempo e lugar, pode acessar isso por seu próprio desejo.

D: Você quer dizer, eles têm que desejar o conhecimento primeiro?
C: Sim, e o conhecimento vem através do amor. Você não precisa ir a este lugar onde estou, onde estão esses seres. Basta pedir a informação, e ela será dada.
D: Parece que você está cumprindo um dever muito importante.
C: Esse é o meu propósito. Isso é o que vim ser e fazer.
D: Então você fica lá com esses seres de energia por muito tempo?
C: Sempre.

Isso foi um choque. Se ela ficou lá, o que acontece com esse corpo com quem eu estava falando, essa Clara aqui comigo, deitada nessa cama, em Hollywood? Poderia uma parte dela ficar lá, e também estar aqui ao mesmo tempo? Sempre me preocupo em não causar dano aos clientes, essa foi uma resposta estranha.

D: Quero dizer, você fica lá até que eles tenham recuperado o conhecimento?
C: Não. Ficarei aqui até que eu vá para outra missão, para outro lugar ou outro tempo. Pode ser para coletar informações de outro mundo, como a Terra, ou outro lugar.
D: Mas estou pensando no corpo com o qual estou falando na Terra, neste momento. O corpo de Clara. Será que essa energia que estou falando, retornará a esse corpo? Ou é separado? Estou tentando entender o que acontece.
C: É um e o mesmo.
D: Mas você disse que a energia ficaria lá até outra missão?
C: Isso é correto.
D: Mas ainda assim, é também parte deste corpo na Terra?
C: Isso é correto.
D: Como pode estar em dois lugares ao mesmo tempo? Como entender isso?
C: (suspiro profundo) Ela não entende.
D: Existe alguma maneira que você pode nos ajudar a entender?
C: (Intensamente) Ela foi enviada para estar em um corpo e coletar informações. Sou uma parte dela que reuniu informações e agora está trazendo de volta para este lugar de armazenamento. Este

centro de recursos. Esta biblioteca. Ela tem muita dificuldade em entender e aprender que ela pode estar ali, colhendo informação, e que eu posso estar aqui, divulgando a informação, trazendo a informação de volta e, assim, há um momento em que, para ela, ocorre uma divisão de energia. Sem saber se está em um lugar ou outro.

D: *Isso acontece com outras pessoas também?*
C: Sim. Há outros que experimentam vidas semelhantes.
D: *A sensação de estar em dois lugares em simultâneo?*
C: Sim, sim. Porque existem inúmeros seres que são enviados. Seria uma tremenda responsabilidade e trabalho para uma pessoa apenas, reunir todas essas informações.
D: *Seria quase impossível, eu acho.*
C: Sim, sim. Portanto, há muitos seres. E há outros seres que estão indo para outros mundos ao mesmo tempo que estou aqui, e que Clara está aí, como dessa forma. Espero que ela esteja reunindo mais informações nessa forma física, para transmitir à parte dela que sou eu, que trago as informações para cá.

Isso estava ficando além da minha compreensão e exigiria um estudo mais aprofundado. Achei que deveria voltar à experiência que estávamos investigando à princípio.

D: *Você poderia explicar o que aconteceu quando ela estava dirigindo pela estrada no Havaí, quando essa transferência ocorreu? O corpo físico dela ainda está naquele carro, naquele momento? (Sem resposta) Estamos revendo aquela vez, quando ela estava dirigindo pela estrada, e chegou naquele parque.*
C: Ela foi mandada para lá naquela hora e naquele lugar. Porque aquele foi o lugar que se materializou em seu benefício, para que ela pudesse entrar naquele espaço, para que a parte que eu sou pudesse sair e trazer as informações aqui, para o centro de recursos. Acontece que não era apropriado, no momento em que a informação foi divulgada aqui, que ela voltasse para aquele local específico. Então ela foi levada para um lugar que ela, naquele corpo físico, conhecia, nesta estrada, Pelanoni (fonética). Um lugar que ela conhecesse, para que o carro estivesse lá, quando a parte que sou eu saísse de seu corpo físico.

D: *Então a transferência tinha que ser em um determinado lugar no Havaí naquela época?*
C: Não necessariamente. Aquele era apenas um lugar com o qual ela se sentia confortável, em seu corpo físico. Foi um lugar criado para ela estar, era um lugar de grande beleza para ela, um lugar onde ela podia estar total e completamente relaxada, então a transferência da parte que eu sou, pudesse sair do corpo, subir e transferir a informação.
D: *Então o carro e seu corpo físico no carro, foram levados para a outra rodovia do outro lado da ilha?*
C: Isso é correto. Foi simplesmente desmaterializado e depois materializado de volta, em outro lugar.
D: *Isso é comum, mover carros e pessoas de um lugar para outro?*
C: Ah, sim. Oh sim.
D: *Isso acontece com frequência?*
C: Muito frequentemente, muito frequentemente.
D: *Quando isso acontece, o corpo físico é desmaterializado e rematerializado também, sem nenhum dano?*
C: Nenhum dano. Torna-se pura energia.
D: *E ela e o veículo foram movidos de um lugar para outro?*
C: Isso é correto.
D: *Então, quando ela estava novamente consciente, estava em um lugar diferente na ilha. Ela já estava dirigindo naquele momento e sem memória do que aconteceu, até agora.*
C: Sim, isso mesmo.
D: *Esta foi a única vez que isso ocorreu em sua vida, como Clara?*
C: Aconteceu muitas vezes. Mas desta vez ela estava em um lugar e momento de sua vida aberta para investigar, para ver o que ocorreu e como pode ter ocorrido. As outras vezes não foram uma época em que ela estava pronta para ter um entendimento, ou em um momento de crescimento em sua vida física terrena que ela pudesse ter uma compreensão do que estava acontecendo.
D: *Além disso, provavelmente não foi tão perceptível que isso a fez se lembrar.*
C: Isso é correto.
D: *Então esse foi um momento em que algo inusitado ocorreu e a fez se lembrar disso.*
C: Isso é correto.
D: *Está tudo bem para ela saber a informação agora?*

C: Sim. Ela deve saber, ela ansiava por saber essa informação. Ela entenderá agora. Deve ser um benefício alegre para ela.
D: *Isso é muito importante. Estaria tudo bem se eu viesse em outro momento e me comunicasse com essa parte dela?*
C: Ah, sim. Gostamos de nos comunicar Esse é o nosso trabalho, comunicar.
D: *Porque outros me disseram que se eu quisesse informações, poderia ter acesso a qualquer coisa que eu precisasse saber.*
C: Isso mesmo. Você tem um talento especial, um dom que lhe foi dado, de reunir informações que foram silenciadas, que foram suprimidas, escondidas, e encobertas por eras. Agora é a hora, nós estamos fazendo esta comunicação através deste veículo, para você, para que você saiba e esteja ciente que está realizando um grande trabalho. Esse é o momento apropriado no planeta Terra para que vocês disseminem a informação da maneira qual foram escolhidos a fazer, para permitir que esse conhecimento venha por meio desses recursos, para que todos saibam que cada um é capaz de mergulhar mais fundo no que é e aprender mais sobre si mesmo. Sobre o passado e o futuro, e tudo o que acontece em todos os universos. Então, sim, você tem acesso a todas as informações no centro de recursos e nós reconhecemos você.

Pedi então para a outra entidade, ou parte, ou o que quer que fosse, recuar, e fiz com que a personalidade de Clara se incorporasse totalmente de volta ao seu corpo. A liberação ou mudança é sempre perceptível, pois o sujeito respira profundamente neste momento. Eu a orientei para o momento presente e a trouxe de volta à consciência plena.

Depois que Clara acordou totalmente, liguei para a recepção do hotel, pedindo para que Phil subisse. Achei ser importante os dois se conhecerem, já que suas experiências eram muito parecidas. Phil ficou intrigado quando lhe apresentei Clara, porque sabia que eu era muito cautelosa em revelar a identidade dos meus colaboradores, a fim de proteger sua privacidade. Quando expliquei, ambos ficaram muito emocionados. Era como se duas almas se encontrassem e reconhecessem instantaneamente sua conexão. Eles conversaram e descreveram memórias semelhantes deste estranho planeta de pináculos. Foi uma cena muito emocional e logicamente antinatural, porque todos sabíamos que eles haviam retornado "para casa" por um breve período, e os sentimentos eram intensos. Haverá outras sessões neste livro onde os clientes descobrem que seu "lar" era um lugar não natural e longe da Terra (Capítulo 10).

Nos últimos anos, 2000 e 2001, encontrei outros casos em que a pessoa parecia estar em dois lugares em simultâneo, ou relatando eventos de diferentes perspectivas. Em um deles, uma mulher, em vez de ir para uma vida passada, foi para o reino espiritual, onde participava de uma reunião de professores, guias e mestres. Ela disse que essa parte sempre permaneceu lá e uma de suas tarefas era monitorar seu progresso na Terra, dando conselhos em um nível subconsciente.

Quando este livro estava indo para a gráfica, encontrei outro caso semelhante, em 2001. Me parece que, quem quer que seja o "comandante" deste show, do outro lado, decidiu ser hora de divulgar esta informação. Uma mulher regressou à uma vida passada, como homem, em uma parte remota da Grécia. Ele não pertencia ali, mas estava observando e ouvindo. Eu a levei para o passado, para saber sua origem, e ela se encontrou em um planeta escuro, todo cinza. Tinha alguns prédios, mas sem árvores, parecia ser subterrâneo. Ela se viu em um corpo estranho e o descreveu como um corpo de peixe, quem mais parecia um lagarto. Tinha boca e olhos enormes, com um formato de cabeça, um tanto incomum formato incomum e uma protuberância nas costas que se unia a uma cauda. Disse ser uma observadora e acumuladora de história e informações, enviada à Terra em vários períodos da história e nesse momento, assumia a forma do ser descrito. Quando tentei levá-la ao último dia de sua vida, ela disse que não havia último dia. Sua personalidade atual ainda era a de observadora. Esse era o trabalho dela.

Tem havido muita conversa sobre seres metamórficos, ou shape shifters. Se eles são reais, penso serem esses seres, capazes de existir em várias formas convenientes. (Também, seres de energia podem criar qualquer forma ou corpo que escolherem.) Minhas conclusões são que esses seres não estariam em posições de poder ou de tomada de decisão (como se tem sugerido), porque são observadores, acumuladores e repórteres. Penso serem semelhantes a Bartolomeu, e isso parece estar acontecendo desde o início dos tempos.

Então, parece que essa parte de nós, vivendo uma vida na Terra, é apenas um pequeno pedaço ou lasca de um nós maior. Em verdade, somos muitos, em vez de apenas um, ou melhor, somos pedaços de um todo, ainda mais complexo. Só somos capazes de nos concentrar na lasca que percebemos como nossa totalidade. Isso é uma coisa boa, porque se estivéssemos cientes da complexidade do todo, não conseguiríamos funcionar neste mundo ou realidade. Só nos é permitido ver a fachada que mascara uma imagem muito maior, só agora estamos autorizados a espiar por trás do véu.

* * *

Quando soube que eu voltaria à Califórnia, Clara pediu para realizarmos outra sessão. Precisei voltar na semana seguinte, para falar na Whole Life Expo, em Pasadena. Desta vez, Clara viajou de avião e conseguimos fazer uma sessão. Queria focar especialmente em questões relacionadas aos mistérios da Terra, já que nos disseram que poderíamos ter acesso a qualquer informação que quiséssemos. Não contei a Clara o que estava interessada em explorar. É claro que, no passado, descobri que os guardiões do conhecimento não costumam dar tudo o que você pede. Aprendi a não pressioná-los e pegar o que conseguir. Tenho muitas perguntas e sempre posso passar para outro tópico, se for o caso.

Durante esta sessão, perguntei sobre muitos tópicos inexplicáveis e as respostas serão incluídas na seção sobre Mistérios da Terra. Fui recusada informações sobre as Pirâmides, ainda não era a hora certa de obtê-las, mas recebi outras informações pertinentes a este tópico.

D: *A razão pela qual perguntei sobre as Pirâmides , foi porque você disse que no planeta dos "Três Pináculos", o planeta inteiro, tudo nele, as rochas e todas as partes do planeta, foram transformadas em um grande armazém de informações. Isso também acontece na Terra?*
C: Tudo na Terra tem o conhecimento. Está tudo na mente do homem, mas o homem precisa se abrir para a expansividade que a mente oferece. A maneira que se encontra o desenvolvimento da mente nesse momento, exige conceitos tangíveis para que sejam aceitos e assimilados como reais. Presidam tocar, ver para sentir seu conhecimento, como em uma biblioteca, por exemplo. Esse é um lugar onde o conhecimento está. Onde fica armazenado e se pode ir lá e pegar. Portanto, é viável que todo o conhecimento para o homem, toda a criação, todo o conhecimento da Terra e do

universo, tenha um armazém na Terra e isso é representado pelas we Pirâmides. Se o homem fosse capaz de abrir sua mente à plena capacidade, então ele saberia que todo o conhecimento está dentro de si mesmo.

D: *Sim, isso é verdade. Descobri em meu trabalho, que ele pode ser aproveitado por este método. Mas conscientemente as pessoas nunca percebem isso, apenas quando eles estão em transe e fazendo um trabalho subconsciente.*

C: Isso é verdade, por isso que você foi escolhida para mostrar à humanidade, para mostrar às pessoas na Terra, que esta é uma forma de expansão da mente, para saber que todo conhecimento que existe está dentro de si. É possível encontrar caminhos para explorar esse conhecimento, e pelos seus métodos, você mostra que pode ser feito. Há pessoas que não acreditarão, mas à medida que você começar a permitir que a informação flua através de você, da maneira que você conseguiu fazer, então a aceitação será em uma escala maior. Eventualmente, com o tempo, mais e mais aceitarão esse método como uma forma de conseguir acessar o que está dentro de todos e, talvez, em algum momento futuro, esperançosamente, em um futuro próximo, as pessoas serão capazes de explorar esse tipo de conhecimento em um nível mais consciente.

D: *Eu sempre acreditei nisso. Que o conhecimento não foi destruído simplesmente com a morte das pessoas ao longo dos séculos. Ele ainda está armazenado na mente subconsciente.*

C: Está armazenado no nível celular do DNA. Assim, mesmo que uma pessoa faça a transição do físico para o corpo de energia pura, o Eu Sou, nunca se perde.

D: *Portanto, está sempre disponível, a partir do momento que se encontra o método para contactá-lo.*

C: Sim. Está dentro de tudo. A informação está lá.

D: *Muitas vezes suspeitei que as pirâmides e os monumentos no Peru, que acabei de visitar, eram muito mais antigos.*

C: Machu Picchu?

D: *Sim, eu estive lá. Pude ver ali uma combinação de estruturas que pensei serem de diferentes períodos.*

C: Machu Picchu representa, de fato, diferentes períodos. Alguns são muito mais novos que outros. É como se duas civilizações tivessem habitado ali. O que ocorreu de fato.

D: *Isso é o que o xamã nos disse. Que os incas não construíram as estruturas principais, com os enormes blocos.*
C: Isso é correto. Os Incas vieram muitas gerações depois, muitos, muitos, anos depois da civilização original e as cidades ou ruínas (como você as conhece agora) foram construídas. Eles foram construídos muito antes dos Incas, que habitaram a área depois que a outra civilização já havia deixado o planeta.
D: *Isso é o que eu pensei e é o que o xamã acreditava também. Que os incas vieram e apenas utilizaram o que encontraram.*
C: Sim. Eles encontraram um habitat muito bom, e então disseram: "Por que devemos criar algo quando já foi criado para nós?"
D: *E alguns dos prédios que eles construíram eram de qualidade muito menor.*
C: Isso é correto. Porque perderam o conhecimento que a civilização anterior havia alcançado.
D: *O que aconteceu com os habitantes originais? Eles simplesmente desapareceram e deixaram suas cidades. Ninguém sabe dizer o que aconteceu com eles.*
C: Eles evoluíram para um outro nível vibracional, no qual não precisavam mais de uma forma física. Eles atingiram um nível de tal pureza que se tornaram apenas energia e, simplesmente, como você diria, "desapareceram" da matéria, ou da densidade do corpo humano, ou forma física, como você a conhece. Essas cidades foram construídas por pessoas que sobreviveram à Atlântida e migraram para o Peru. Então eles já estavam em um nível mais evoluído. Quando vieram para este planeta, eles já estavam em um nível vibracional mais alto. Aqueles que, então, saíram e criaram outras comunidades, outras civilizações, perderam um pouco desse nível vibracional mais alto, porque se separaram do todo. O todo sendo a civilização como era. Como havia sido criada quando voltou das estrelas. Então, quando eles saíram e criaram outras comunidades e outras pequenas civilizações, como vocês chamariam, começaram a perder suas vibrações mais elevadas. Suas vibrações tornaram-se mais baixas, portanto, mais densas, e mais densas, até que alcançaram a forma física e densa, como vocês a conhecem hoje.
D: *Os altamente evoluídos, de certa forma, elevaram sua taxa vibracional para tal nível a se transformarem?*

C: Eles mudaram totalmente de forma. Não havia mais densidade. Tornaram-se leves.
D: *Eles ainda existiam na Terra quando se transformaram em luz?*
C: Eles ainda existem hoje.
D: *Por que não podemos vê-los?*
C: Porque eles estão vibrando em uma frequência de energia tão alta, que não precisam mais manter uma forma física ou uma forma visível, como vocês na terra têm como referência.
D: *Mas o que eles estão fazendo? Eles ainda estão vivendo uma vida?*
C: Eles ainda estão vivendo uma vida. Eles podem ser, muitas vezes, um guia espiritual, como os que conhecem e sabem o que são. Se um ser ou uma energia aparecer para você, é muito possível que seja um daqueles que atingiram tal nível de vibração que se tornam o que você chamaria de "um mestre ascensionado". Toda esta civilização, como um grupo, era uma unidade e como unidade, evoluíram para um lugar onde não precisavam mais de uma forma física.
D: *O que aconteceu com os corpos quando evoluíram?*
C: Os corpos simplesmente se dissiparam.
D: *E este lugar para onde eles foram, era como uma terra, uma cidade?*
C: Sim. Eles podem estar em qualquer cidade. Qualquer cidade, qualquer lugar pode ser seu lar. Também há o que você chamaria de "cidades etéricas". Cidades como suas cidades, só que estão em um nível vibracional, uma nota mais alta, que os humanos não podem ver. Mas eles existem.
D: *E eles existem nesta forma de luz.*
C: Na forma de luz, sim. Se você for capaz de elevar sua consciência, a um nível tal que não precise mais de um corpo físico denso, então poderá ver as cidades. Você seria capaz de entrar e sair, fazer o que faz diariamente, como se estivesse em uma forma densa, mas com nível vibracional de um pensamento, digamos assim. Pensamentos tão puros, uma existência tão pura, que tudo é positivo e você alcança um nível onde sua sensibilidade, sua vibração e seu nível de energia estão em uma nota tão alta, que você não precisa mais dessa massa e vai para aquele lugar, que ainda existe.
D: *Mas naquele lugar, parece que eles não morreriam, se fossem luz pura.*

C: Não, você não morre. Você nunca morre. Mesmo na forma densa você não morre.

D: *Sei que você apenas muda de forma.*

C: Sim. Você simplesmente muda para uma vibração diferente. É uma possibilidade poder ir para essa vibração, em algum momento. Você pode transcender. Porque mesmo que deixe uma forma física densa, como a matéria, você ainda tem estágios nos quais pode crescer e se desenvolver para outros níveis vibracionais. Existem muitos níveis diferentes de vibração.

D: *Então, mesmo nesse nível, se eles transcenderam e foram para lá coletivamente, eles ainda têm carma para pagar?*

C: Quando se alcança esse nível de vibração, muito além da quinta dimensão, seguindo seu entendimento sobre dimensões, você resgatou todo o carma que precisaria ser trabalhado. Então, quando você chega a esse nível de vibração, não há carma.

D: *Então eles poderiam ficar lá para a eternidade?*

C: Enquanto eles quiserem.

D: *Mesmo que eles não morram, eles poderiam decidir continuar e fazer outra coisa?*

C: Eles podem decidir voltar em forma física. Eles decidem: "Bem, caramba, isso foi muito divertido, por que não tentamos isso de novo?"

D: *Mas eles podem ser pegos no carma novamente.*

C: Isso é uma possibilidade, sim.

D: *Estou tentando juntar isso com algumas das outras coisas que ouvi. É diferente do nível espiritual, para onde as pessoas vão quando morrem na Terra e deixam o corpo físico. Este é um lugar diferente em que esses seres estão?*

C: Pode ser o mesmo, depende do crescimento do espírito. Se for alguém que acabou de fazer uma transição, pode estar em um nível vibracional onde esta comunidade está ou pode precisar de mais crescimento para chegar a esse lugar. Depende do estado de iluminação em que essa pessoa se encontra no momento da transição.

D: *Se a maioria das pessoas na Terra hoje, quando morrem e deixam o corpo, estão resolvendo problemas cármicos, então elas têm que continuar indo e voltando. Aparentemente, estes no Peru estavam vindo de um lugar diferente quando eles atravessaram.*

C: Sim. Esse grupo era uma civilização que veio em forma coletiva, de grupo, em vez de individualmente.

D: *Então, é provavelmente isso que estamos tentando alcançar, chegar a esse nível em que não tenhamos que continuar voltando.*

C: Esse é o objetivo final.

D: *Ouvi dizer que o objetivo final é retornar ao Criador, retornar a Deus.*

C: É disso que se trata, ir para a luz que é a fonte, isso é o que você chamaria de Deus.

D: *Sim, existem nomes diferentes para Ele.*

C: Muitos nomes diferentes. É o que você escolhe ter significado para você.

D: *Então essas pessoas, suponho que você diria, são o mais próximo que você pode chegar do Criador.*

C: Muito perto. Muito perto. Porque uma civilização foi em forma de grupo, como um único ser, sem separação entre, o que você diria, o seio de Deus. Ser um com Deus, ou ser um com o todo, ser um com tudo o que é. Sendo tudo o que é. O objetivo final é ser um com Deus e não se pode ser um com Deus quando percebe haver uma separação, porque o homem tentou tanto se separar de Deus. O objetivo final da alma é estar de volta com Deus, de onde viemos desde o princípio.

D: *Sim, isso faz sentido para mim. Existem outras civilizações que fizeram essa transição em massa?*

C: Muitos fizeram isso.

D: *Existe algum com o qual estaríamos familiarizados na história?*

C: Não em sua história conhecida, não.

D: *Foi antes disso?*

C: Antes disso, sim.

D: *Parece que o povo da Atlântida morreu violentamente. Então, seriam circunstâncias diferentes quando temos desastres em massa.*

C: (Interrompido) Direi uma coisa sobre os desastres em massa. Se é uma civilização, ou se é um grupo de pessoas, essas almas, esses seres escolheram isso naquele momento, como forma de ir para outro nível, ou para outro lugar, onde pudessem crescer de uma maneira diferente. É uma escolha.

D: *Como você pode ver, eu tenho muitas perguntas.*

C: Sim, você tem. Você tem perguntas muito boas e é por isso que você foi escolhida. É por isso que desejamos compartilhar o conhecimento com você, para que a humanidade, como você a conhece hoje, tenha as informações e os segredos trancados e escondidos de nós mesmos. Queremos conversar um pouco mais com você. Clara está fazendo muito parecido com o que você está fazendo, mas em um sentido diferente. Com seu trabalho, estará relatando para a humanidade. Ela entra em contato com humanos, está pegando informações e relatando para nós, é por isso que vocês foram enviadas a muitos povos diferentes, para coletar esses informações.

D: *Mas a informação está se tornando mais complicada à medida que eu trabalho.*

C: Isso porque você está abrindo mais portas, e à medida que se permitir abrir mais portas, ao passar pelas portas, outras portas se abrirão, para que outras realidades e material muito mais complicado, sejam dados a você. Será uma honra explorá-los com você.

D: *Tentarei nunca violar sua confiança.*

C: Sabemos disso ou não chegaríamos até você.

Orientei Clara de volta ao tempo presente e a trouxe para a consciência plena. Ao acordar, ela descreveu seus sentimentos enquanto falava.

C: Tive a sensação de que estava no agora. Eu senti como se estivesse no tempo futuro, no tempo passado e no agora. Era como se todos os tempos fossem agora.

D: *Tudo intercalado, como se você estivesse dividida?*

C: Não, não parecia dividido, e sim uma consistente unidade, estando no tempo futuro e ainda no tempo antigo, passado. Muitas, muitas civilizações atrás. Parecia que essa entidade não conhecia limites de tempo. Era como se todos os tempos fossem agora.

D: *Bem, você pode ver como obtemos informações dessa maneira, porque não existem limites.*

Uma ocorrência incomum aconteceu após esta sessão. Clara voltou para seu quarto de hotel. Depois de alguns minutos, ela me ligou e me pediu para que eu fosse até lá. Quando cheguei, me mostrou sua nuca. Enquanto escovava o cabelo, ela notou uma marca vermelha naquel região. No banheiro deste hotel havia espelhos em ambos os lados da parede e Clara podia ver a parte de trás de sua cabeça enquanto penteava o cabelo. A marca vermelha se estendia da nuca até a linha do cabelo, com um formato triangular. Era muito vermelho e parecia uma listra. Peguei minha câmera e tirei algumas fotos, mas já estava começando a desaparecer. Não há como alguma coisa ter causado qualquer irritação naquela parte do corpo, porque Clara estava deitada perfeitamente imóvel em um travesseiro. Ela disse que não doía, nem coçava, era apenas vermelho e a deixou intrigada. Isso se encaixa com experiências de outras pessoas com quem trabalhei, com marcas e manchas aparecendo em seu corpo, após trabalhar com energias como esta. Esses casos foram relatados em "Sob Custódia".

* * *

Esse contato com um planeta que detém todo o conhecimento e está sempre acumulando mais, é muito semelhante aos relatos de meus outros colaboradores, que descobriram serem "repórteres" do conhecimento. Muitos humanos têm implantes em seu corpo que atuam como transmissores. Tudo o que veem, ouvem e sentem, está sendo enviado para bancos de dados, registrando a história do nosso planeta Terra. Seriam esses dois projetos, independentes, ou estão conectados de alguma forma ao todo? Descobri que uma das principais funções do subconsciente, ou talvez de nossa própria alma, é acumular informações de todas as vidas que vivemos. Nosso objetivo final é retornar à Fonte, nosso conceito de Deus, o Criador. Quando tivermos completado todas as jornadas e aventuras, através de toda a nossa variedade de vidas, devemos retornar ao Criador com nosso conhecimento acumulado, reintegrado-nos ao todo. Desta forma, podemos nos considerar células no corpo de Deus.

O conhecimento e a informação parecem ser o objetivo principal da espécie humana, portanto, nada pode estar certo ou errado. É apenas positivo e negativo. Aprendemos lições que nos permite trabalhar qualquer carma para completar nossas tarefas e retornar à origem. A esse respeito, em última análise, tudo o que temos e somos é a soma de nossas experiências e nossos conhecimentos.

* * *

    Um pensamento perturbador passou pela minha mente quando ouvi sobre toda a civilização no Peru que transcendeu em massa para uma vibração mais alta, se tornando invisíveis. Foi dito que isso também aconteceu com outras civilizações no passado. Muito agora se relata sobre a nossa Terra atual, mudando de vibração, para uma mais elevada e mudando de dimensões. Alguns iriam partir e alguns seriam deixados para trás, os que ficarem, nunca saberão o que aconteceu. Será que a mesma coisa aconteceu com essas civilizações no passado?

SEÇÃO TRÊS

MISTÉRIOS DA TERRA

CAPÍTULO SEIS
ATLÂNTIDA

Um mistério importante que atormenta as mentes dos homens por eras é a existência da civilização da Atlântida. Muitos acreditam ser apenas um mito, uma lenda, mas a curiosidade persiste. Sempre entendi existir uma base verdadeira nos mitos e lendas e isso vem sendo validado em meu trabalho com a hipnose.

Quando meus pacientes estão no nível mais profundo de transe, podemos acessar o subconsciente diretamente, de várias maneiras. Descobri que todo o conhecimento se torna disponível ao acessar a sabedoria da mente subconsciente. Muitas vezes, a pessoa recebe a informação diretamente, através de vidas passadas, outras, é levada a lugares onde pode acessar esses dados e interpretá-los por si mesma. Isso geralmente é feito visitando a "Biblioteca" no lado espiritual, também conhecida como "Registros Akashicos". Neste maravilhoso edifício, todo o conhecimento que já existiu, e o que ainda existirá, está catalogado em arquivos sobre todos os assuntos concebíveis. Este é o meu lugar favorito no mundo espiritual, já que estou sempre procurando por conhecimento "perdido". Este local é, geralmente, administrado por um guardião, cujo trabalho é escanear aqueles que desejam ter acesso, e determinar a finalidade de seu interesse. Disseram-me poder ter acesso a tudo o que desejo, pois provei ter integridade e respeito às informações, relatando-as da forma mais factual possível, sem distorção ou censura. Claro, há sempre informações que não podem ser reveladas, até o momento que a mente do homem estiver pronta para entendê-las. Mas posso notar que ao longo desses vinte anos de trabalho com regressão, informações que antes proibidas, agora estão sendo vazadas, o que me traz esperanças, finalmente a mente do homem está avançada ao ponto de poder compreender conceitos complicados.

Ao longo dos anos, sempre que meus pacientes ou voluntários alcançam um nível profundo de transe, minha curiosidade exige que faça o máximo de perguntas possível, sobre muitos, muitos tópicos.

Quando tenho acesso ao conhecimento, jamais me esquivo da oportunidade. As informações nesta seção surgiram ao longo de quinze anos de pesquisa. Fui acumulando todos os assuntos relacionados ao mesmo tema, até que chegou a hora de colocá-los neste livro.

Algumas das informações sobre o assunto de Atlântida podem parecer contraditórias à primeira vista. Mas levo em conta que os diversos pacientes presenciaram diferentes momentos de sua existência. Descobri que Atlântida não era um único lugar, nem mesmo um só continente. Era o nome dado ao mundo daquela época, o planeta como um todo. O nome tornou-se associado à parte mais desenvolvida da civilização, mas semelhante ao nosso momento atual, todo o mundo não compartilhava o mesmo nível de realidade. Esta notável civilização existiu por milhares de anos, sofrendo inúmeras mudanças à medida que ascendia aos altos avanços tecnológicos que a humanidade jamais presenciou antes, até sua queda, ruindo em gradual deterioração. Basta apenas um olhar à história de nosso próprio mundo nos últimos mil a dois mil anos para reconhecer a semelhança. Nossa civilização também passou por uma infinidade de mudanças e avanços, alguns bons, outros nem tanto.

Foi-me dito que muitas, muitas pessoas que vivem hoje, também viveram na época de Atlântida. Voltamos, coletivamente, no mesmo presente porque a humanidade está, mais uma vez, se aproximando de equivalente experiência catastrófica que poderia mergulhar nosso mundo no mesmo abismo que sucumbiu Atlântida. Operando como uma espiral, o tempo trouxe ao nosso presente circunstâncias semelhantes e, pelo visto, estamos repetindo os mesmos erros. Voltamos para garantir que a humanidade mude seus rumos. Ao viver neste momento tumultuado, temos a oportunidade de retribuir o carma que, normalmente, nos exigiria dez vidas. Então, todos nós nos voluntariamos para estar aqui, durante esse tempo.

Brenda nos trouxe informações sobre Atlântida durante seus dias de glória, antes de começar a se deteriorar.

B: A história de Atlântida se estendeu por muitos milhares de anos. Poderíamos começar dando-lhe termos gerais de como as coisas se desenvolveram, depois, à medida que desejar mais detalhes, podemos organizá-los e dar a você, nos vários aspectos da história.

D: *Esta foi a primeira civilização avançada neste planeta, ou existiram outras antes dela?*
B: É difícil dizer, já que se estendem tão remotamente. Parece que antes do surgimento da Atlântida, a principal civilização nesta Terra era da comunidade galáctica, ajudando a humanidade. Eles ajudaram a Atlântida a se desenvolver, para que consequentemente, a humanidade desenvolvesse sua própria civilização. Essa era a tarefa da humanidade, para eventualmente, se juntar à comunidade galáctica. Todos ficaram chateados, pois a humanidade estava prestes a dar esse passo de elevação quando Atlântida foi destruída. Isso abalou a humanidade severamente, regredindo-os de forma a não poderem se juntar à comunidade galáctica.
D: *Por onde você quer começar? Eu sempre gosto das coisas em ordem. Isso facilita para mim.*
B: Sim. Como acabei de mencionar, foram vários assentamentos da comunidade galáctica geral que ajudaram no desenvolvimento inicial de Atlântida. Eles observavam a humanidade, tentando ajudá-los a avançar, mas à princípio, permaneceram basicamente escondidos. A humanidade realizava coisas básicas como agricultura, eles também tinham o fogo e estavam construindo cidades simples. Foi entendido a humanidade ser avançada o suficiente para lidar com o conhecimento que outros seres, além deles, também existiam. Um grupo em Atlântida, com características bem urbanas, foi identificado como o mais avançado, era uma civilização mais desenvolvida na produção de bens, arte, literatura e assim por diante. Esse grupo foi ajudado e avançou ainda mais sua civilização. Os seres galácticos conheciam o tipo de energia que conduzia o pensamento criativo e passaram a estimular a mente dessas pessoas para que pudessem criar invenções de forma rápida. Quando viram dar certo, começaram a fazer isso em outros centros civilizados do mundo, o que deu origem a outras civilizações. Você perguntou especificamente sobre a Atlântida, então tentarei me manter nessa história.
D: *Atlântida era apenas um lugar?*
B: Começou sendo um lugar, mas depois que a civilização cresceu, sua influência se espalhou. O que era considerado Atlântida, começou a incluir mais do que apenas a terra originalmente

chamada pelo mesmo nome. Sua civilização se espalhou de maneira que quem estivesse na influência dessa esfera, era considerado parte de Atlântida.

D: *Está correto chamá-la assim?*

B: É um bom nome. É uma correção do nome original. Como você sabe, quando uma civilização se estende por uma grande área, diferentes dialetos da língua principal aparecerão. No dialeto que se desenvolveu no sul, o nome foi pronunciado mais próximo de Atlanta e alterado ainda mais na pronúncia, de acordo como cada idioma. Mas se aproxima o suficiente... Foi uma progressão direta e não apresenta nenhum problema em relacionar esse nome à civilização da qual estou falando.

D: *Havia outras civilizações, mas você quer focar nesta, no momento.*

B: Você parece desejar informação sobre esta, especificamente, farei apenas referências às outras civilizações. O desenvolvimento foi constante em todas essas civilizações. Atlântida estava um pouco à frente porque eles começaram a se desenvolver primeiro. Mas as outras civilizações também se desenvolveram concomitantemente, para que todas pudessem trabalhar juntas. Isso seria necessário para o bem da humanidade como um todo. Assim, a civilização continuou a avançar. O povo era, em termos gerais, feliz e de boa aparência, um povo bonito. Emocional e fisicamente saudáveis, o que ajudou a torná-los um povo belo. O que não significa somente de boa aparência, mas belo como justo e harmonioso. (aparentando dificuldade). Sua linguagem é muito imprecisa com suas palavras descritivas.

D: *Eu sei, já ouvi isso antes. Eles tinham alguma coloração geral ou características predominantes?*

B: Não necessariamente. No início, sim, depois, à medida que se espalharam, entraram em contato com outros povos. Tornou-se uma mistura geral, assim como em seu país. Às vezes, por sua coloração, era possível distinguir a ascendência principal de alguém, de onde seus ancestrais vieram, apesar de não se importarem muito com isso, era irrelevante para eles. Começaram sendo basicamente loiros avermelhados com alguns cabelos castanhos. Tez azeitonada, entre um tom de azeite claro e um tom mais cremoso, com olhos geralmente verdes ou cor de avelã. Mais tarde, passaram a ser pessoas loiras ou negras, olhos castanhos, pele clara, pele escura, uma mistura geral. Eram altos e bem formados.

D: *Gostaria de obter uma imagem mental.*

B: Eles não basearam sua cultura no metal, como acontece atualmente. Acreditavam no uso de materiais tão próximos da condição original como quando os obtiveram, usando muita pedra e barro para suas construções. Suas ciências se desenvolveram diretamente na manipulação de energias, para que pudessem manipular todos os tipos, incluindo coisas como gravidade. Portanto, foram capazes de erguer edificações usando enormes blocos de pedra, o que parece impossível para a mentalidade de sua civilização atual.

D: *Então não usavam máquinas ou equipamentos?*

B: Exato. Não havia necessidade. Eles sabiam como manipular essas energias usando o que parece ser instrumentos comuns e simples, impossíveis de realizar tais coisas. Mas sabiam sintonizar diferentes tipos de fluxo de energia para que interagissem de forma a manifestar o que eles desejassem. O que soa vago em seu idioma, mas parece ser o melhor que posso afirmar.

D: *Eles precisavam de muitas pessoas para fazer isso?*

B: Depende do que estava sendo feito. Normalmente, uma pessoa poderia fazê-lo com as ferramentas disponíveis, mas precisava do consentimento de todos, para que a energia fluísse em uma direção positiva.

D: *Todo mundo não precisava estar se concentrando ou enviando energia?*

B: Não. Mas eles tinham que dar o seu consentimento geral, para que não bloqueassem a energia, discordando do que estava acontecendo. É como o seu conceito de pensamento positivo, não é preciso um alto nível de concentração para ter pensamentos positivos, em geral é apenas uma mentalidade que se tenta alcançar. No processo de aprender sobre essas energias e manipulá-las, eles desenvolveram suas habilidades psíquicas ao máximo. Tantas coisas das quais sua civilização depende hoje, simplesmente não eram necessárias para eles. Coisas como telefones, burocracia governamental. Coisas de carácter administrativo eram muito diretas porque as pessoas se comunicavam por telepatia. Sempre que exigia o consentimento de todos, eles simplesmente pediam por telepatia e recebiam o aval da mesma forma. Acontecia quase que instantaneamente, isso eliminaria muitos dos problemas presentes no mundo moderno.

D: *Essa era a única maneira pela qual eles se comunicavam, apenas através da mente?*

B: Não. Eles também se comunicavam verbalmente, mas era uma mistura de ambos. Eles simplesmente entendiam essa como sendo a forma normal de comunicação. Nunca diferenciaram estar se comunicando verbal ou mentalmente, pois realizavam ambas, em simultâneo.

D: *Isso foi algo que eles tiveram que aprender, ou veio naturalmente?*

B: Todos os seres humanos têm inclinação natural para isso. Foi introduzido no desenvolvimento da raça, mas seria uma questão de desenvolvê-lo. Por exemplo, todos os seres humanos geralmente têm mãos com cinco dedos. Essas mãos são ferramentas extremamente habilidosas e podem fazer um trabalho de manipulação muito delicado, mas apenas se você desenvolver os músculos e usar as mãos. É o mesmo com as habilidades psíquicas. Todos os seres humanos têm habilidades psíquicas, mas a única maneira de desenvolvê-las é usando-as.

D: *Mas isso foi algo que veio naturalmente para essas pessoas?*

B: Não, eles tiveram que desenvolver. Era apenas considerado parte do processo normal de amadurecimento, mas eles estavam mais conscientes disso do que as pessoas em geral estão hoje. Eles o consideravam uma parte normal do desenvolvimento de uma criança, desenvolver habilidades motoras e psíquicas. Eles não ignoraram os sinais da forma como são ignorados hoje. Esta lá, de esperando para ser desenvolvido, mas eles tiveram que trabalhar nisso, como teriam que trabalhar para aprender a andar. A habilidade sempre esteve lá, mas eles levaram um tempo para perceber estar consistentemente lá. Os primeiros humanos dependiam dela apenas para sobrevivência, mas não percebiam o que estavam fazendo. Mais tarde, quando os humanos se tornaram civilizados, muitas vezes eles se esqueciam dela, mas ainda estava lá. Quando essa civilização se desenvolveu, com a ajuda da comunidade galáctica, eles perceberam ser algo que poderia ser desenvolvido. Sua ciência apontou que precisavam ser um conjunto harmonioso para estarem em equilíbrio com o universo em geral, e este fazia parte do seu ser. Caso não fosse desenvolvido, o indivíduo não alcançaria seu equilíbrio e não estaria em harmonia com o todo. Nas raras ocasiões em que alguém adoecesse, suas habilidades psíquicas os ajudavam a localizar o ponto de desequilíbrio em relação aos níveis básicos de energia do universo. Eles usavam suas habilidades psíquicas de inúmeras maneiras, nos mínimos detalhes da vida cotidiana. Seria impossível listar todas as formas, ficaríamos aqui por muito tempo, apenas listando diferentes maneiras pelas quais suas habilidades psíquicas poderiam ser usadas. A psique é uma habilidade que vai além do uso comum da mente, embora esteja funcionando através da mente. É um aspecto diferente do cérebro, mente e psique são dois aspectos diferentes que funcionam através de um órgão chamado cérebro. Um é básico e atende às necessidades da vida, e o outro acrescenta os detalhes e os toques finais. Pode ser muito preciso e fazer coisas que a mente seria incapaz de fazer, porque não é suficientemente afinada.

D: *A maioria das pessoas no mundo, naquela época, foram educadas dessa maneira?*

B: Os civilizados, sim. Os selvagens não tinham uma psiqu tão desenvolvida. Apenas confiavam nisso quase como instinto.

D: *Eles tinham um governo de qualquer tipo?*

B: A principio sim, mas depois mudou conforme a civilização se desenvolveu, os propósitos originais do governo se tornaram obsoletos, devido aos poderes psíquicos. E assim, o governo gradualmente se alterou e mudou para acomodar outros propósitos. Eles direcionaram a estrutura organizacional para melhor uso em outros setores, como na organização de pesquisas.

D: *A comunidade científica era considerada assim naquela época?*

B: Não necessariamente como se entende hoje. A pesquisa realizada era baseada, principalmente, em fenômenos místicos e psíquicos. Assim eram consideradas missões individuais, um projeto que envolvia cada pessoa. Sempre que alguém tinha um insight sobre algo, relatavam a esse órgão, que acompanhava o fato e entendia como ele se encaixava no quadro geral da civilização. Todos os fatos eram considerados pertinentes e, assim, estudados, buscando o melhor entendimento sobre a natureza do universo. Era muito complexo e a organização era necessária. Então foi isso que aconteceu com a estrutura governamental original.

D: *Eles mantinham registros de algum tipo?*

B: Sim, eles tiveram que manter registros muito extensos. Devido à natureza dessa civilização, eles não tinham computadores como se entende hoje, mas tinham uma maneira de armazenar informações usando a energia básica do universo, que podia ser acessada através de suas habilidades psíquicas. (Talvez semelhante à maneira como estávamos coletando informações.) Essa era a principal forma de armazenamento usada por eles, é por isso que seus arqueólogos não encontraram nada. Suas informações ainda estão armazenadas em determinados locais, prontas para serem exploradas, basta desenvolver as habilidades psíquicas corretas para conseguir acessá-las. Eles tinham materiais parecidos com papel para ensinar crianças a ler, ilustrações sobre como desenvolver suas habilidades psíquicas e coisas do tipo. Mas isso já apodreceu há muito tempo.

D: *Acho que os cientistas esperam encontrar algo escrito ou esculpido, ou algum tipo de registro assim.*

B: Sim. O registro está lá, mas está nos planos psíquicos. Está armazenado de forma muito organizada e pronto para usar. Será de grande benefício para o seu mundo. É quase como os registros Akáshicos, mas não exatamente, porque esses fazem parte do universo. Eles utilizaram o mesmo conceito e descobriram ser possível replicá-lo para criar um tipo novo de registros que existe em uma espécie de nível energético.

D: *Eu estava pensando nas pirâmides ou algo semelhante. Se é possível ter acesso ao conhecimento em um local físico.*

B: Não. No entanto, as pirâmides e outros tipos de estruturas megalíticas alinhadas com os corpos celestes, com isso estou me referindo a coisas como os misteriosos círculos de pedra na Europa, são dispositivos para ajudar a focar essa energia, para que se possa explorá-la. A energia tinha que ser organizada e focada, para ser usada para esse fim.

D: *Se alguém fosse a um desses locais antigos, isso os ajudaria a ter mais acesso a essa energia?*

B: Sim. Alguns dos círculos de pedra não estariam tão afinados como antes, simplesmente por causa da procissão dos equinócios.

D: *Você quer dizer o céu e a Terra mudando?*

B: Exato, eles estão um pouco desalinhados agora, mas outros que tivessem um forte alinhamento solar ainda seriam funcionais. Por exemplo, desde que a Atlântida foi destruída, o principal centro de foco energético agora são as pirâmides do Egito. Elas ainda estão em perfeito alinhamento, do jeito que estavam quando foram construídas, portanto, seu poder não diminuiu. É por isso que pessoas tiveram experiências alucinatórias ao passar longos períodos em certas partes do interior das pirâmides. É porque esse é o centro da focalização do poder, você teria que ser surdo, mudo, cego e retardado, para não conseguir captar essas emanações. Eles tinham estruturas megalíticas semelhantes na Atlântida. Se seus arqueólogos encontrarem alguma coisa, serão essas estruturas megalíticas, e elas não estão mais alinhadas, foram severamente danificadas no momento em que a Atlântida foi destruída e, naturalmente, seu alinhamento está desarranjado. Seus arqueólogos descobrirão terem sido, em um momento, alinhados com o Sol, usarão a lógica da precedência dessas outras estruturas megalíticas que estão intactas. Estes eram como um gigantesco computador de pedra, usando os fluxos naturais de energia da Terra e do espaço ao redor, focando-os de certa maneira a usar os diferentes níveis de energia do universo.

D: Você disse que o povo da Atlântida não usava metal?

B: Usavam pouco metal porque descobriram quanto mais algo é manipulado e alterado de sua forma original, mais irá perder vibrações, entrando em desarmonia com universo. Se você pegar algo da Terra e usá-lo sem alterar drasticamente sua estrutura molecular, ainda estará em sintonia com os níveis de energia e poderá ser usado para esse fim. Por isso, eles costumavam usar muita pedra em suas estruturas, já que eram apenas pedaços sólidos de terra cortados e transportados para outro lugar sem serem submetidos a derretimento, como você faz para o refinamento de certos metais.

D: Então todos os seus edifícios, mesmo as residências particulares, eram feitos de pedra.

B: Tanto pedra como barro ou madeira, materiais naturais. Alguns dos móveis de suas casas eram esculpidos em pedra. Usei "esculpido", pois essa é a palavra na língua, mas não é realmente uma boa descrição do processo. Quando eles tiravam a pedra da terra, havia uma maneira de alterar temporariamente seus campos de energia para que ela se tornasse flexível como argila e, como resultado, eles conseguiam moldá-la como a argila, no formato que eles precisassem. Então, deixariam o campo de energia retornar ao seu estado normal e o material se tornaria rígido como pedra novamente. Eles tinham todos os confortos comuns do cotidiano esperado em uma comunidade civilizada.

D: *E a comida?*
B: Apenas um equilíbrio natural de alimentos. No processo de aprendizagem sobre energia, entenderam a importância de manter o equilíbrio em sua alimentação. Isso eliminou muitos problemas médicos causados por uma alimentação desequilibrada, semelhante aos que sua civilização tem sofrido atualmente. Então, como consequência, a maioria das pessoas comeria principalmente vegetais, dietas ricas em fibras e pouca carne. Eles não chegaram aos extremos que alguns de seus vegetarianos têm, porque o corpo precisava de proteína e eles não queriam comer ovos o tempo todo. Assim, eles matavam a carne quando precisavam. Alguns dos místicos mais avançados não sentiam necessidade de comer, porque podiam aproveitar a energia e absorver o que seus corpos precisavam diretamente do universo, em vez de indiretamente através da comida. (É assim que certos extraterrestres existem.) É uma técnica muito avançada e mesmo sendo tão avançada quanto a Atlântida era, psiquicamente em geral, apenas os mais avançados o fariam regularmente.

D: *Seus animais eram semelhantes aos que temos na Terra hoje?*
B: Eram basicamente semelhantes. O que seus arqueólogos consideram as primeiras civilizações, isto é, as civilizações que primeiro tiveram agricultura e animais domesticados, eram, na verdade, sobreviventes remanescentes dessa antiga civilização que havia ruído. Eles estavam tentando reconstruir a civilização de seus restos destruídos. Foi daí que vieram os animais domésticos, como gado, cabras, ovelhas, camelos e certos tipos de cavalos. As raças tinham aparência diferentes, mas isso porque a humanidade está sempre fazendo reprodução seletiva para mudar a aparência de seus animais domesticados, mas, basicamente, eram o mesmo animal. Por exemplo, é como a diferença entre uma vaca-leiteira e um touro Brahma.

D: *Eles tinham algum tipo de transporte?*
B: Ah, sim. O tipo de transporte que eles tinham chegou até você nas lendas dos tapetes mágicos. (Dei uma risada surpresa.) Basicamente, eles podiam levitar sem problemas, porque sabiam como manipular a energia e a gravidade, e assim realizavam a

maior parte de suas viagens, por levitação. Agora, se quisessem levar algo com eles, mas não quisessem carregá-lo, em vez de usar a energia adicional para levitar separadamente, eles pegavam um tapete ou algo em que se sentavam e apenas levitavam, carregando os objetos no tapete.

D: *Ah- hã. Assim como as Mil e Uma Noites.*

B: Correto. Eles aprenderam a manipular essa energia para realizar muitas coisas, e isso inclui viajar pela superfície da Terra. Se eles quisessem apenas percorrer uma curta distância e não quisessem utilizar a energia, eles usariam um animal. Como resultado de poder explorar essa energia, não haveria necessidade em desenvolver automóveis ou aviões. A comunidade galáctica estava muito animada com isso, essa habilidade parece, pelo que posso ver, ser exclusiva de nossa raça. Seria uma das contribuições oferecidas à comunidade galáctica, tendo em vista que outros planetas se desenvolveram através do uso de máquinas e veículos.

D: *Como fizemos desta vez.*

B: Sim. A comunidade galáctica está um pouco preocupada por não termos desenvolvido nossas habilidades psíquicas desta vez, mas eles sabem que essas habilidades estão lá, esperando para serem desenvolvidas. Se lembram de como era com a outra civilização e se não formos bem-sucedidos em acessar essas informações psíquicas, eles, sem dúvida, nos estimularão e nos ajudarão a "descobri-las", como fizeram com outras descobertas passadas. Esse tipo de energia era usada, principalmente, para o transporte pessoal em longas distâncias, e para o transporte dos blocos de pedra e afins. Existem certos místicos em sua civilização atual que ainda podem fazer isso, mas eles estão em áreas isoladas do mundo, como as profundezas das selvas da Índia. Essa habilidade é ainda mais proeminente entre os Lamas, nas altas montanhas do Tibete. Eles conseguiram preservá-la porque estavam muito isolados, os menos afetados pelas consequências devastadoras da destruição de Atlântida.

D: *Eles faziam alguma coisa para entretenimento?*

B: Ah, sim, essa é uma necessidade básica da natureza humana, sendo uma experiência única para cada civilização, de acordo com suas culturas individuais. Por exemplo, em Atlântida, algo muito popular era um grupo de pessoas colocarem fitas coloridas em seus braços ou em peças de roupa, todos levitariam, um ao redor do outro para realizar padrões bem coloridos com as serpentinas fluindo atrás deles. As crianças adoravam assistir a isso. Fariam o que sua imaginação pudesse inventar. Havia drama, peças de teatro e música. Preferiam apresentações ao vivo, mas podiam sintonizar psiquicamente, de forma remota, para assistir algo que não estava sendo realizado localmente no momento. Então, de certa forma, era como a TV.

D: *Parece serem muito desenvolvidos psiquicamente.*

B: Sim, mas a destruição da Atlântida os assustou muito. Deu-lhes o equivalente a um trauma mental. Como quando um jovem sofre um trauma mental grave e isso o afeta pelo resto de sua vida, vivendo com sequelas profundas, a menos que se conscientize, trabalhe e resolva seus traumas. Toda a raça humana sofreu de maneira equivalente. A forma como Atlântida foi destruída e a maneira como os centros de foco psíquicos foram destruídos, causou em todos um esgotamento temporário. Seria como ver, acidentalmente, uma explosão muito de perto, seus olhos ficariam temporariamente cegos.

D: *E isso os afetou por várias gerações.*

B: Sim. A habilidade ainda estava lá, apenas entorpecida por um tempo. Então, gradualmente, a sensibilidade foi sendo recuperada. Não demorou tanto quanto você imagina, mas a humanidade ainda mantinha o trauma em seu subconsciente, portanto, evitou desenvolver habilidades psíquicas por vários milhares de anos, com medo de se queimar novamente, por assim dizer.

D: *Isso faz sentido. Bem, eles ficaram nesse tipo de desenvolvimento por muito tempo?*

B: Sim, esse foi o grande entusiasmo dessa civilização. Usavam cristais para focar certos tipos de energias e entrar em contato com a comunidade galáctica. Conseguiam fazer isso mentalmente, mas para ajudar a amplificar as energias mentais, usavam certos tipos de cristais. Sua ciência de cristalografia era extremamente avançada.

D: *Você disse que eles usaram isso para entrar em contato com a comunidade galáctica?*

B: Sim, para comunicação de longo alcance. Em vez de drenar a energia da população, sintonizando as habilidades telepáticas de todos, usavam esses cristais. Como nem todos na comunidade galáctica estavam sintonizados, seria como tentar falar com um surdo. Era preciso usar um meio de comunicação diferente.

D: E eles desenvolveram a comunicação por cristais?

B: Isso! Assim, eles usariam as energias geradas pela cristalografia para interagir com a comunidade galáctica. Era complementar e compatível, tanto com sua civilização, quanto com as várias civilizações da comunidade galáctica.

D: Uma pessoa poderia focar nesses cristais ou eram necessárias muitas pessoas?

B: Uma pessoa poderia fazê-lo, com esses cristais era possível atrair as várias energias e campos energéticos da Terra. Como os campos eletromagnéticos, a gravitação, a luz do Sol, o que quer que seja. O que precisava ser feito dependeria de que tipo de energia os cristais usariam. Havia diferentes tipos de cristais para diferentes propósitos, alguns desses diferentes tipos seriam especializados para extrair certos tipos de energia.

D: Eles teriam de ser esculpidos ou moldados de uma maneira específica?

B: Suas matrizes e treliça da estrutura molecular teriam que ser desenhadas de uma certa maneira. Assim como muitas vezes, a forma da superfície também influenciava. Eles alteravam o campo de energia, começando pelo nível molecular e faziam com os cristais algo semelhante às rochas. Alteravam o campo de energia para que pudessem redesenhar a estrutura da rede molecular, de forma a filtrar uma determinada energia de maneira específica. Uma vez, alcançado o resultado esperado, o campo de energia era restaurado, tornando a alteração permanente.

D: Então, era assim que criavam certas formas para diferentes propósitos?

B: Não formas! A estrutura interna. A estrutura molecular do cristal e então, sim, alterariam a superfície desse cristal para moldá-lo do jeito que precisava ser. Mas primeiro era importante obter a estrutura interna, a estrutura molecular correta, ou você poderia fazer toda a modelagem do mundo e não adiantaria nada.

D: Pensei ter algo a ver com as facetas ou a forma diferente como seria focado.

B: Primeiro, você tem que acertar a estrutura molecular. É como a estrutura de um floco de neve, mas replicado em níveis infinitamente pequenos de energia e você deve ter tudo isso na forma correta, ou não adiantaria nada.

D: O tamanho do cristal seria um quesito importante?

B: Depende do propósito de uso, em última análise, isso definiria sua forma ou tamanho, mas a maior preocupação era a estrutura molecular. Uma das razões de sua ciência da cristalografia ser tão avançada, era devido a possibilidade de controlar a forma molecular desses cristais. É por isso que eles conseguiam usar cristais para tantos propósitos diferentes, porque tinham estruturas moleculares controladas especificamente, bem como formas e tamanhos.

D: Eu sempre pensei que quanto maiores, mais poderosos seriam.

B: Não necessariamente. Havia um cristal que focalizava um tipo particular de energia, tinha cerca de sete centímetros de comprimento, era muito fino e pontiagudo em ambas as extremidades, se assemelhando a um formato de lente. Se você olhasse de ponta a ponta, tinha a forma de uma estrela de cinco pontas, ou algo parecido. Tinha, apenas, cerca de três milímetros no ponto mais largo, era muito esbelto e seu grande poder era devido ao tipo de energia que concentrava. Não consigo encontrar a informação para o que foi usado, mas consigo ver aquela forma de cristal.

D: Entendo. Então eles tinham que estar cientes da energia que queriam e o poder de cada uma.

B: Exatamente. Acho que você está começando a ver agora. Eles tinham diferentes cristais para focar diferentes tipos de energia, para diferentes propósitos. Por exemplo, eles tinham certos tipos de cristais que podiam focalizar raios cósmicos, radiação do tipo ultravioleta e luz das estrelas, para tornar a luz visível à noite. E esses cristais também podem usar o calor infravermelho, como o calor do corpo, para ajudar a produzir luz à noite. Seus arqueólogos encontraram alguns desses cristais nas selvas da América Central. Mesmo sem nenhuma manutenção em todos esses séculos, ainda brilhavam à noite, produzindo uma luz tênue, enfraquecida pelo tempo. Para os arqueólogos, parecem ser simples bolas de pedra, eles não conseguem entender para que servem ou como funcionam, porque são um tipo especializado de cristal. São, de fato, artefatos prevalentes, parecem bolas de diferentes tamanhos e já foram encontradas em todos os lugares, gerando muitos rumores sobre o mistério de seu brilho noturno. Nos lugares onde os encontravam, eram usados para fornecer luz à noite. Como a maioria das civilizações, há coisas acontecendo à noite também, e você precisava de uma fonte bastante difusa de luz artificial.

D: *Eram como enormes postes de luz que iluminavam as cidades?*
B: Sim. Luzes de rua, luzes interiores, luzes tipo spot, dependendo do tipo de iluminação necessária. Havia, também, outros tipos de cristais que irradiavam calor para ajudar a aquecer as casas. Assim, eles não precisavam derrubar suas florestas para fazer fogueiras, usavam esses cristais, salvando as florestas para artigos de mobília, ou simplesmente, cultivar e oxigenar o ar.

D: *Que tipos eles usavam nas casas para a luz?*
B: Bolas de pedra, em todos os tamanhos. Foi encontrada uma variedade na América Central. Você pessoalmente só ouviu falar das grandes, mas também encontraram menores, do tamanho de uma bola de boliche, que podiam ser transportadas com ambas as mãos.

D: *Esses são de pedra, mas você os chama de cristais.*
B: Como já disse, seus arqueólogos os chamam de pedra porque parecem pedra, mas são um tipo especializado de cristal.

D: *Penso no cristal como algo translúcido, que se pode ver através.*
B: Alguns podem e outros não. Eles são chamados de cristais não por causa de sua aparência externa, mas simplesmente por causa de sua estrutura molecular.

D: *Entendo. Então essas bolas de pedra menores eram usadas para iluminação nas casas?*
B: Exato. Havia um pedestal saindo da parede, onde eles ficavam apoiados, ou também um tipo de suporte no teto, algo parecido com um soquete de lâmpada. Usavam uma estrutura semelhante, por assim dizer, saindo do teto, onde eles poderiam implantar uma ou mais dessas bolas, dependendo do tipo de arranjo que desejassem.

D: *Os usados para aquecimento eram semelhantes?*
B: Esses usavam uma estrutura diferente e, por isso, pareciam diferentes. Se aproxima mais de sua percepção de cristais, podendo ser obtidos em cores diferentes, de acordo com a decoração de suas casas. Eles também faziam algo com as esferas de luz, algo que sua civilização não pensou. Como as bolas

vinham em tamanhos diferentes, eles podiam obter algumas muito pequenas, digamos, de 2 a 5 centímetros de diâmetro e transformá-las em um lindo arranjo, tanto como decoração quanto como fonte de luz.

D: Sem desejar fugir do assunto Atlântida, mas me veio à memória algo que escrevi no livro sobre Jesus, quando Ele viveu em Qumran (Jesus e os Essênios). Eles tinham uma misteriosa fonte de luz. Soa muito semelhante. Você saberia dizer algo a esse respeito?

B: Parece que essa fonte de luz eram cristais antigos, sobras dos tempos ancestrais, passados de geração em geração. Como não tinham mais o conhecimento para replicá-los, eles os valorizavam.

D: Eles disseram que vieram dos Antigos, as pessoas que viveram muitos anos antes. Mantinham muitas coisas que vieram deles.

B: Sim. Eles eram transmitidos e cuidados, usados de geração em geração. Transmitiram o conhecimento de como mantê-los, e enquanto mantivessem esses cristais, poderiam produzir luz praticamente para sempre. Bastando uma simples manutenção.

* * *

Trabalhei com Phil por muitos anos, as informações que ele forneceu foram inseridas em muitos de meus livros. Em vez de ir para a Biblioteca no lado espiritual, ele obtinha suas informações do Planeta dos Três Pináculos, que parecia ser um arquivo, contendo todo o conhecimento. Muitas vezes, um grupo de doze entidades também forneciam informações-chave que poderia estar faltando. Em algumas situações, mostravam cenas e para que Phil pudesse interpretá-las, com sua ajuda.

Tivemos acesso a essas informações usando o método do elevador, em vez do método da nuvem, também muito eficaz com a maioria dos meus voluntários. Phil se visualizava em um elevador, em um prédio de escritórios, e parava no andar apropriado, que continha acesso a qualquer informação que procurássemos. Neste caso, discutimos a possibilidade de encontrar algo sobre a Atlântida. O método realmente não importa, obter acesso é a parte importante do trabalho.

O elevador havia parado e eu perguntei o que ele viu quando a porta se abriu.

P: Há luzes cintilantes, brilhando. São a energia do nível o qual estamos trabalhando, estou passando por elas. Posso ver o que parece ser uma nave voadora, ou uma espaçonave, voando sobre um campo de grama verde. Tem uma forma pontiaguda na frente, e uma forma oval na parte traseira. Há espaço para duas pessoas se sentarem, mas há outras naves no céu, que podem conter mais pessoas. Há, ao longe do meu ponto de vista, uma cidade que brilha ao Sol. Esta é uma das muitas cidades dessa época.
D: *Você sabe onde estamos?*
P: Isso foi discutido anteriormente. As perguntas estavam relacionadas a esse tempo na Terra. Esta é apenas uma cidade, no que era então chamado de continente Atlântida.

Pode parecer uma contradição, ele ter visto aeronaves voadoras enquanto Brenda não as viu. Como já foi dito, a civilização naquela época existia há milhares de anos, passando por muitas mudanças e avanços. A essa altura, aparentemente, eles desenvolveram dispositivos mecânicos e viviam uma era tecnológica. Ainda descobriríamos outras mudanças, além dessa.

D: *Você pode dizer do que essa nave é feita?*
P: É uma liga de alumínio, muito parecida com a que se usa atualmente.
D: *Você pode dizer como é abastecida?*
P: Pelo que chamam de poder do cristal. Existe, por todo o território, linhas ou raios de energia cristalina em direção a várias outras partes do continente. Essas naves, simplesmente, se alinham a esses raios, sendo projetadas ao longo deles. Semelhante ao conceito de rodovias, em uso em todo o país hoje.
D: *Eles também têm naves que saem do planeta ou viajam no espaço?*
P: Sim, porém, não usa esse mesmo tipo de estrutura. Essa possibilidade era permitida apenas a determinadas pessoas, os sumos sacerdotes ou a mais alta ordem funcional em comunhão com os de natureza estelar. Viagens espaciais não eram experiências comuns entre a população em geral. Somente àqueles do mais alto caráter moral e compreensão era permitida essa experiência, como parte de seu aprendizado e evolução

espiritual. Não era um tipo de experiência de lazer, era oferecida no contexto de aprendizagem.

D: *Existem partes do continente original acima da água hoje?*

P: Partes do continente Atlântida estão, de fato, emergindo e, novamente, subirão à superfície e acima dela. No entanto, não há neste momento, acima da superfície, o que se chamaria de terra original significativa.

D: *Ouvi dizer que parte dos Estados Unidos era parte do território Atlântida.*

P: Da forma como percebemos, isso não seria exato. Seu questionamento é sobre a terra considerada parte permanente de Atlântida. Todo o continente dos Estados Unidos era, de fato, parte do fundo do oceano, em certo tempo.

D: *Você sabe onde a Atlântida foi originalmente localizada, de acordo com nosso mapa geográfico como é hoje?*

P: Foi no Oceano Atlântico. Existem áreas que estavam, naquele período, tanto acima como abaixo da superfície. Existem áreas hoje que estavam acima do solo naquela época, que posteriormente afundaram por um período e desde então, ressurgiram. Existem aquelas áreas que, naquela época, eram submersas e agora, estão acima do solo. Houve muitas mudanças no planeta desde aquele período e o território de Atlântida já existiu como terra e mar.

D: *Então, a maior parte do continente está agora abaixo da água.*

P: Isso é correto.

D: *E o resto do mundo? Não poderia ter sido o único continente povoado.*

P: Havia, naquela área em particular, muitas civilizações de diferentes povos. Uma estrutura social não distante do que vocês têm em seu planeta hoje. Ou seja, economicamente falando, havia diferentes classes de pessoas; a classe trabalhadora, baixa ou pobre; e as classes média e alta.

D: *Mas havia outros continentes além da Atlântida?*

P: Correto. Havia áreas que não eram, necessariamente, continentes, no sentido de lhes ser dado, ou atribuído um nome; ou designação particular. Naquela época, a área de população iminente e principal era chamada de "Atlântida", no entanto, não se pode dizer ser a única área povoada. Era, sem dúvida, a vitrine ou centro da civilização do período.

D: As outras áreas não tinham nomes.
P: Isso é exato. Não havia necessidade de incorporá-las ao que, então, se chamava "governo mundial".
D: Eles tiveram o mesmo avanço cultural do continente da Atlântida?
P: Havia aquelas áreas que eram tecnologicamente superiores, no entanto, moralmente, nenhuma superava Atlântida, que alcançou o nível supremo de civilização em seu planeta na época, o epítome da busca pela verdade.
D: A humanidade já existia há muito tempo quando Atlântida se desenvolveu neste estado?
P: Houve muitas, muitas gerações anteriores à ela. A evolução das manifestações espirituais era, sem dúvida, altamente superior aos tempos de hoje.
D: Eu queria saber se este era o maior desenvolvimento que o homem havia alcançado naquela época.
P: Isso é exato, daquela época e até hoje. Pois o caráter moral de seu planeta tem, até os dias de hoje, uma grande distância a percorrer para alcançar este ápice do sucesso.
D: Eu estava pensando que pode ter havido outras civilizações anteriores que não conhecíamos.
P: Houve de fato outras civilizações e continentes anteriores à cultura atlante. No entanto, nenhuma superou o que foi encontrado na Atlântida naquela época, falando estritamente do ponto de vista moral e de caráter.
D: Então houve momentos que o homem evoluíra ao ponto de destruir suas civilizações, antes que o continente atlante fosse formado?
P: Exato. Os caminhos da história do homem são inconstantes como as areias do deserto. Havia sempre aqueles avanços que destacariam particular cultura em relação aos demais, mas, por circunstâncias do que poderia ser chamado "infortúnio", essas culturas nunca conseguiam estabelecer um ponto firme de apoio entre as civilizações existentes na época, havendo um contínuo ciclo de destruição e reconstrução. Até que, de repente, vieram os grandes avanços daquele continente de Atlântida. Havia, antes disso, muitas culturas espiritualmente avançadas, no entanto, nunca de forma homogênea, incluindo a população como um todo. Alguns indivíduos em outras culturas que, por meio de diligência, abnegação e treinamento, atingiram níveis de consciência acima da população geral da Atlântida. No entanto,

falamos aqui de uma conscientização geral, abrangendo a civilização por completo, ou seja, a cultura de uma população, em sua totalidade, atingindo uma área elevada de consciência. Havia culturas anteriores aos atlantes com caráter moral mais elevado, mas ainda sem atingir uma cultura de coletividade. Era mais a base individual.

D: *Mas a humanidade sempre recomeçava de um nível muito baixo?*

P: Sempre houve aqueles guardiões do conhecimento, pois esse era um segredo zelosamente guardado. O conhecimento foi protegido com muita reverência e dignidade, no entanto, não estava disponível para a população em geral. Havia sempre aqueles de padrões morais mais elevados, que eram os guardiões do conhecimento.

D: *Então a Terra estava sempre em mudança, continentes surgindo e desaparecendo antes da época de Atlântida.*

P: Exatamente, cataclismas naturais causaram muitas transformações no planeta naquele período, a Terra ainda estava fazendo ajustes e se estabelecendo para uma vida longa e próspera, naquele ponto era mais jovem do que agora, sendo ainda muito instável.

D: *Nossos cientistas tendem a pensar que não havia pessoas naqueles primeiros dias.*

P: Não foi bem assim, havia pessoas em épocas que os cientistas acreditavam não haver vida alguma, no entanto, eles simplesmente não tinham a perspectiva retroativa necessária para confirmar a existência dessas civilizações. Com cada mudança, havia a extinção daqueles que existiam antes, suas culturas se perdiam sem deixar vestígios. Os próprios povos não eram dizimados ao ponto de não restarem humanos, mas não restavam vestígios de suas realizações. Simplesmente por causa da destruição cataclísmica que se seguiu a cada mudança natural da Terra.

D: *Então, sempre houve sobreviventes.*

P: Isso é exato. Pois sempre se soube que a mudança era iminente e aqueles que estivessem sintonizados e conscientes, fariam preparativos, sobrevivendo intactos para dar continuidade à sua existência. Sempre houve aquele nível de consciência que afirma que a maior realização possível na história do homem é aquela presente. Isso tem sido prevalente ao longo da história humana. Houve muitas civilizações anteriores que, infelizmente, mantinham esse mesmo ponto de vista. Essa é apenas a natureza humana.

Eu conduzi regressões onde civilizações inteiras foram destruídas por mudanças drásticas na Terra. Às vezes por gigantes ondas, às vezes por enxurradas de lama e detritos, produzidos por erupções vulcânicas, muitas aconteceram antes de Atlântida e a humanidade nunca teve conhecimento de suas realizações altamente avançadas. Os cientistas não guardam registros, pois se existem restos mortais, estão submersos pelos oceanos ou enterrados sob as montanhas da Terra. Nosso planeta é como uma senhora inquieta e incomodada na hora de dormir, constantemente torcendo e se virando.

Retornei ao que Phil observava.

D: Você disse ver uma cidade à distância?
P: Exato. Os detentores do conhecimento estão alocados ou originam-se desta cidade. Os Elohim ancestrais, os guardiões das leis físicas da verdade moral. Essa é a forma mais elevada de consciência das leis naturais e físicas da humanidade, em conjunto com a consciência espiritual.

D: Então os que tinham esses chamados poderes mentais, eram apenas alguns em comparação com toda a população?
P: Negativo, a cidade como um todo era muito consciente. É como se a própria cidade contivesse algum tipo de energia que parecia elevar essas pessoas a potenciais muito maiores do que normalmente se via no resto do país.

D: O que faz a cidade brilhar?
P: Sua natureza cristalina, os próprios materiais usados em sua construção. É como se o concreto usado hoje fosse de natureza cristalina.

D: Você está em um ponto na cidade onde pode observar ao redor?
P: Há uma certa hesitação em se aproximar da cidade. Para aqueles que não são da mais alta energia, não é permitido a entrada, pois causaria danos consideráveis à entidade física e espiritual, como um todo. O nível de energia desta cidade era tal que sobrecarregaria aqueles não familiarizados com a forma de canalizá-la. É prudente que observemos à distância, pois no momento, não há intenção em canalizar poderosa energia.

D: *Aprecio você me dizer isso. Não faremos nada que possa prejudicá-lo. Você pode obter informações observando-a à distância?*

P: Isso é exato. Entidades com o conhecimento de nossa presença no perímetro, podem nos auxiliar, canalizando esta informação sem causar nenhum tipo de perturbação física ao veículo. Há aqueles que veriam em sua mente que há algo a ser aprendido com este contato e assim viajariam para esta cidade, atraídos por alguma força invisível que os traria a esta área. Eles sentiriam, intuitivamente, a conexão com aqueles que eram os Vigilantes da Verdade, e entrariam em contato com esses indivíduos. É dessa maneira que a comunhão que estabelece aquilo que é verdade para os indivíduos que a buscam, se dá.

D: *Mas na verdade, somos o futuro deles. É possível falar com pessoas em épocas diferentes?*

P: Sempre há a possibilidade de transpor a chamada barreira do tempo, pois no sentido mais verdadeiro, tal barreira não existe. É sempre possível relacionar-se com aqueles de ordem superior, simplesmente através do pensamento. Não há barreiras para o pensamento. Eles ficam muito satisfeitos à medida que mais pessoas tentam essa comunicação, pois apenas aqueles com elevada vibração de pensamento, consegue essa comunicação. De outra forma, não seria permitido.

D: *Sim, estou sempre em busca de conhecimento. Então, já que ficaremos a uma distância que você se sinta seguro e protegido, gostaria de fazer algumas perguntas sobre a cidade.*

P: Será dado conhecimento seguro para o veículo envolvido, e para a missão geral, como você chamaria. Isso é, trazer esta informação para o seu período.

D: *Sendo a energia dessa cidade tão poderosa, o que dizer das pessoas que não moravam lá. Teriam permissão para entrar?*

P: Como dissemos anteriormente, havia quem tentasse ir em direção à cidade, no entanto, o nível de energia era tal que eles, intuitivamente, não seguiam adiante, pois sabiam ser uma área fora de seus limites. O nível mais alto de sua consciência lhes diria para não se aproximar além do ponto seguro, a não causar danos a si mesmos. Era uma consciência inata e intuitiva. Não havia necessidade de guardas ou centuriões, pois a consciência era tal que apenas aqueles compatíveis com a energia da cidade, não sentiam necessidade em se afastar. Era um recurso de segurança automático, que repelia aqueles que não eram de natureza superior.

D: *Esta é a única cidade desse tipo que existia naquela época?*

P: É uma das várias. Cada uma era única no aspecto particular de sua energia. O conhecimento e nível das pessoas, em cada cidade, era distinto, no entanto, as cidades como um todo eram semelhantes na característica de manifestarem sua particular egrégora energética por todo seu território.

D: *Então cada uma dessas cidades foi usada para propósitos diferentes?*

P: Isso é exato, pois havia o aprendizado das naturezas físicas: os elementos da personalidade, por exemplo, e havia o desenvolvimento da consciência da natureza espiritual: os elementos da espiritualidade. Havia cidades que desenvolviam a integração dessas duas naturezas.

D: *Qual era a função que tais cidades ofereciam?*

P: Essas, eram cidades da classe da saúde e natureza, ou consciência daquilo que combina o físico e o espiritual para manter a saúde e o equilíbrio da consciência física e espiritual.

D: *Eles podem nos dar informações sobre os tipos de edifícios? Você disse que eles eram feitos de cristal.*

P: Na construção, usavam um pó de natureza cristalina, parece algo como cristais individuais, separados. Era como se o próprio edifício fosse feito de material cristalino, de modo que o edifício, como um todo, se tornasse um receptor de cristal.

D: *No começo, eu pensei serem feitos inteiramente de cristais enormes.*

P: Não era assim, eles eram de natureza pulverizada, de modo que os próprios grãos, individuais, eram de natureza cristalina.

D: *De qualquer maneira, não acho que seria possível encontrar cristais tão grandes. Mas esse pó era misturado a algo para fazer as paredes?*

P: Isso é exato. Eram misturados a um conteúdo de base ou argamassa, que os cimentaria em uma forma sólida. Eram derramados em uma forma de concreto e deixados endurecer. Apresentavam uma característica de autoaquecimento, emitindo uma energia de temperatura similar ao do Sol do meio-dia, brilhando sobre eles.

D: *Eles eram grandes edifícios?*

P: Havia estruturas que ascendiam várias dezenas de andares, talvez trinta andares, se necessário. Havia conhecimento disponível para construir esses edifícios. Havia o comércio e a indústria, depois havia o espaço dos escritórios, por assim dizer, áreas onde o conhecimento e a informação eram assimilados e distribuídos, tanto quanto vocês têm em sua sociedade hoje.

D: Então todos os edifícios desta cidade são construídos com o mesmo material.

P: A cidade como um todo, de modo que toda a cidade e aqueles que habitam dentro dela eram irradiados por essa energia.

D: Mas as cidades normais no planeta não foram construídas com este material?

P: As cidades menores eram construídas com tipos mais comuns de materiais, como argilas, pedras e madeiras, que eram predominantes.

Isso se parecia mais com a cidade que Brenda viu.

D: Isso explicaria por que esta, em particular, emitia um nível de energia diferente.

P: Isso é exato. Era como se a própria cidade refletisse o caráter mental superior daqueles habitantes.

Ele descreveu os móveis, mas eram feitos de materiais semelhantes aos que usamos hoje. Também, nada havia de incomum sobre as pessoas e suas roupas, exceto usarem, principalmente, túnicas e mantos.

P: A iluminação era feita com energia cristalina, usando cristais que emitiam uma energia luminosa, uma luz brilhante um tanto azulada. Havia naquela época, cristais que quando estimulados pela energia cósmica, emitiam ou traduziam essa energia em luz física. Era simplesmente um transdutor de energia.

D: Os pisos e paredes também eram desse material cristalino?

P: Isso é exato. Era como se toda a cidade fosse construída com esse material.

D: Existe algum outro tipo de veículo além do que você viu no céu?

P: Há muitos que permitem o transporte e em oposição, muitos de natureza utilitária. Visto que na construção e reconstrução, era necessário transportar grandes cargas de materiais por longas distâncias.

D: Como eram usados para transporte?

P: Poderia ser descrito como uma espécie de nave de transporte, em sua aparência. Em referência à espaçonave de dois tripulantes, apresentada anteriormente, se assemelha ao formato de um ovo, quando visto de baixo, um pouco maior na parte traseira em oposição à frente. Havia uma área à frente na qual os indivíduos se sentavam, uma área de visualização, que permitia observar as áreas ao redor, abaixo e acima. Naquela época, não havia necessidade de transporte mecânico por fricção, como você tem neste momento. A natureza dos veículos era gravitacional, alimentados por cristais. Era necessário aumentar a quantidade de produção de energia para compensar a carga útil adicional. A disposição dos cristais de acionamento poderia ser em múltiplos, o que permitiria uma saída combinada, suficiente para impulsionar essa carga útil.

D: Você quer dizer, haver vários cristais menores, de acordo com a quantidade de carga útil a transportar?

P: Exatamente. Havia mais de um tipo comum de cristal, eram organizados em tal padrão que sua produção total de energia seria múltipla de uma única forma. Esses cristais eram, como um todo, de ocorrência natural, fabricados com uma determinada especificação, de modo que sua produção de energia pudesse ser direcionada.

D: Você disse que eles eram alimentados por raios de energia, projetados de algum lugar, como rodovias?

P: Isso é exato. Para transporte de longa distância, havia como faróis de energia de cristal. Um radiador de energia cristalina, alinhado de modo que o caminho levasse a outro farol, estacionado em algum ponto distante. Seria, simplesmente, uma questão de alinhar a nave ou transporte ao longo desse feixe de energia para que fosse conduzido ou impulsionado. Era preciso redirecionar a energia, sempre que estivesse avançando ou retrocedendo de um ponto a outro. Era simplesmente uma questão de rearranjar os próprios cristais e unidades de propulsão, para seguir em uma direção ou outra. Os feixes ou faróis, eram largos o suficiente para que pudesse haver várias naves viajando simultaneamente, talvez até em direções opostas. Não era, como foi interpretado, um feixe estreito e apertado, mas um farol amplo e abrangente.

D: *Então esses faróis foram colocados em vários lugares do planeta?*

P: Não necessariamente por toda a extensão planetária. O conhecimento e consciência necessários para utilizar esse meio de transporte não eram predominantes por toda parte. Mas estavam presentes por todo o continente, em vários lugares estratégicos ou importantes. Sua distribuição não era aleatória, pois havia as áreas que precisavam de tais faróis e as áreas que não precisavam.

D: *Então os veículos dentro desta cidade operavam de forma diferente?*

P: Havia energia disponível em toda a cidade, então não eram necessários faróis ou feixes direcionados. A energia disponível na atmosfera circundante ou energia ambiente era suficiente para fazer com que essas naves pudessem voar em qualquer direção que os ocupantes desejassem.

D: *Eles conseguiam aproveitar a energia gerada pelos edifícios de cristal e pela própria cidade.*

P: Isso é exato.

D: *Então, se quisesse sair da cidade, tinha que usar outro tipo de veículo.*

P: Correto.

D: *E a comunicação dentro da cidade?*

P: Era de natureza telepática. Não havia necessidade de telefones, como vemos atualmente. Os habitantes eram muito telepáticos por natureza, podiam estar cientes e se comunicar com qualquer pessoa que desejassem a qualquer momento. Também havia o que poderia ser chamado de "máquinas", semelhantes aos seus computadores. Eram distribuidores e acumuladores de conhecimento e informação. Estes foram usados principalmente na própria cidade, para comunicações mais precisas de informações.

D: *As pessoas eram capazes de se comunicar telepaticamente a longas distâncias?*

P: Precisamente. Havia aqueles que podiam se comunicar entre diferentes áreas do planeta. Não havia necessidade de formas artificiais de comunicação, nem era necessário limitar-se apenas ao planeta, pois havia a capacidade de se comunicar com aqueles que estavam em planetas bastante distantes, simplesmente por meios telepáticos. Essa forma de comunicação ainda está disponível até hoje, caso fosse reconhecida como tal.

D: *Reativada, até certo ponto.*

P: Isso é exato.

D: *Todos no planeta tinham essa capacidade de se comunicar?*

P: Não necessariamente, havia aqueles que não se importavam. Talvez eles não sentissem necessidade de tais formas de comunicação e não estivessem interessados em aprender o que era necessário para permitir esse tipo de comunicação.

D: *Então o planeta inteiro não era tão evoluído.*

P: Exato. Houve quem desejasse a dedicação e o conhecimento que facilitasse essa comunicação. A comunicação não era por si só o foco da busca pelo conhecimento. Não era o fim dos meios.

D: *Por que eles estavam se comunicando com outros planetas?*

P: Foram dadas informações que permitiriam uma maior compreensão do ser, com respeito a si mesmo e aos outros. Foi disponibilizado, pelo progresso da consciência social dos habitantes, uma compreensão mais completa das funções sociais ao nível planetário.

D: *Pessoas de outros planetas entravam em contato sempre que evoluíram para o estado adequado?*

P: Não necessariamente, era simplesmente uma questão de evolução da consciência, de tal forma que a consciência daqueles no planeta logo atingiu um nível em que estavam cientes de muito mais do que apenas sua própria espécie, em seu próprio planeta. Sua consciência se ampliou e aumentou, então eles estavam cientes da comunicação entre outros planetas.

D: *Eles também tiveram contato físico com pessoas de outros planetas?*

P: Sim, como dissemos anteriormente, foi dada essa capacidade de se comunicar diretamente ou conhecer pessoalmente aqueles de outra natureza.

D: *Sim, você disse que alguns foram autorizados a sair do planeta.*

P: Isso é exato.

D: *As pessoas de outros planetas também vieram aqui?*

P: Correto. Foi entendido que a troca de conhecimento seria benéfica para ambas as partes envolvidas, para que o aprendizado fosse mais completo e fundamentado.

D: *Você sabe se essa comunicação já estava acontecendo há muito tempo, antes que eles percebessem?*
P: Havia, em outras áreas do universo, a comunicação acontecendo muito antes do aparecimento no planeta como um todo, no entanto, a conscientização alcançada por essa parcela específica da população, permitiu a comunicação com seres de outros planetas e entre eles mesmos.
D: *Eu estava curiosa para saber se as pessoas dos outros planetas estavam vindo para a Terra antes de serem notadas, por assim dizer.*
P: Houve, por algum tempo antes da encarnação atlante, aquelas visitas que permitiram a conscientização do planeta sobre outras áreas do universo. Era sabido que o planeta estava evoluindo e, eventualmente, se estabeleceriam formas telepáticas de comunicação nas quais aqueles seres deixados nos planetas, que não estavam viajando, logo poderiam contatar diretamente os que habitavam o planeta recém-evoluído.
D: *Havia outros tipos de máquinas na cidade?*
P: Havia, como já mencionado, os tipos de máquinas de comunicação, bem como os de recuperação e armazenamento de informações. Havia aquele nível de maquinário que garantiria o conforto dos próprios edifícios e também máquinas de conservação, para que os alimentos, artigos de vestuário e assim por diante fossem mantidos saudáveis e em um estado limpo com aparência elevada.
D: *Esse é um termo interessante, "máquina de preservação". Penso em nossas geladeiras, mas não poderia ser isso, já que também mencionou roupas.*
P: Falamos aqui em uma categoria geral e não tanto em um único conceito. De fato, é muito semelhante em conceito à geladeira e à máquina de lavar, tão comuns em sua sociedade hoje.
D: *Então eles sempre precisaram dessas coisas, suponho.*
P: Isso é exato. Pois a necessidade de limpeza e preservação prevaleceu com o homem por muitos séculos.
D: *Existem animais na cidade?*
P: Não foi considerado apropriado, nesta cidade de cristal, permitir a perambulação de animais pelas ruas, como era comum em algumas outras áreas do continente naquela época. Os animais não seriam capazes de se ajustar ao tremendo poder energético da cidade.

D: *A expectativa de vida das pessoas era parecida com a nossa?*
P: Era um pouco mais curta do que é comum neste tempo hoje, no entanto, não devido a problemas de saúde. Estar nesta energia diminui um pouco a expectativa de vida, o acúmulo de conhecimento era tal que se aprendia em um tempo muito mais curto, o que diminuía a necessidade de múltiplas encarnações subsequentes. Era como se o processo de aprendizagem fosse acelerado e, ao viver com as energias, os corpos físicos eram usados mais intensamente do que aqueles que viveriam fora das energias. As doenças e problemas de saúde prevalentes em outras áreas do planeta eram, em grande parte, inexistentes naquele tipo específico de cidade.
D: *Então, outras pessoas no planeta tinham uma expectativa de vida diferente daquelas que viviam na cidade.*
P: Correto. Aqueles que viviam nas cidades energéticas, tinham uma expectativa de vida um pouco menor do que a considerada média. Possivelmente, na faixa de quarenta e cinquenta anos. Quem que vivia fora das cidades e de ordem superior, ou seja, estavam cientes da limpeza e da dieta, podiam esperar viver até os sessenta, setenta anos. Havia aqueles mais primitivos, cuja expectativa de vida era muito menor.
D: *Suspeito que muito disso tenha a ver com avanços médicos também.*
P: Isso é exato. Era simplesmente um nível de consciência que ditava a expectativa de vida.

Decidi encerrar a sessão, senti havermos aprendido o suficiente sobre a cidade de cristal. Perguntei se poderia retornar em outro momento e obter informações sobre seus conhecimentos e habilidades.

P: Tentaremos dar a você o que for mais apropriado para o momento. Gostaríamos que você entendesse que o fator de adequação é a diretriz constitutiva de cada uma dessas sessões. Pois o que é apropriado em uma sessão, talvez não seja na próxima.
D: *É de acordo com a energia que responde às perguntas?*
P: De acordo com a energia geral da situação. Há muitos participantes neste empreendimento, não apenas os seus, o que afeta a operação geral. É essa soma total das condicionais energéticas que constitui

o fator de adequação. Devemos protegê-lo em seus esforços para compreender a si mesmo, assim como sua vida, que pode, como sempre, ser muito distinta e separada. Muitas vezes as pessoas sentem ser a vida que vive, no entanto, na verdade, a vida de uma pessoa é realmente uma extensão de si mesma. O próprio eu pode tornar-se bastante separado de sua vida. Aqui, definindo a vida nos aspectos socioculturais e não no sentido físico. A experiência de viver é a própria vida e assim se filtra, através deste conceito de vida, aquelas experiências que são a experiência da própria vida.

Esta foi uma sessão difícil para mim, pois, embora Phil não estivesse perto daquela cidade, parecia haver uma energia emanando dele. Isso me deu uma leve dor de cabeça e perturbou minha linha de pensamento e questionamento. Foi difícil me concentrar e formular perguntas. Quando saí desta sessão e fui ao apartamento de John, para trabalhar no material de Nostradamus, tive outra experiência estranha. Este foi o dia em que o malvado Imam me atingiu com sua energia. Relatei essa experiência em "Conversas com Nostradamus, volume II". Duas ocasiões em um dia de exposição a um tipo estranho de energia. Coincidência?

* * *

Informações contínuas vieram de Phil durante outra sessão, quando eu estava fazendo perguntas sobre os Mistérios da Terra.

D: *Estou amarrando pontas soltas sobre a história da Atlântida. Me disseram que esse povo desenvolveu uma grande habilidade mental e podiam fazer muitas coisas com suas mentes, coisas impossíveis para as pessoas de nossos dias. Você pode me dizer que habilidades mentais o povo de Atlântida tinha?*
P: Havia coisas na existência que eram mais aparentes para aqueles que você chamaria de Atlantes. As pessoas estavam mais sintonizadas com o sopro da existência e eram capazes de perceber mais. Os talentos desses indivíduos eram mais motivados pelo desejo de aprender, em oposição ao desejo de possuir. Que é o que você encontra em sua sociedade neste momento, como você a define.
D: *O que eles podiam fazer que não podemos fazer hoje?*

P: Não há nada que faziam naquela época que não poderia ser feito hoje. A motivação talvez esteja faltando na maioria das pessoas que vemos em seu planeta neste momento. Há muitos que estão tentando recuperar esse conhecimento perdido.

D: *Mas que poderes eles tinham que nós perdemos?*

P: A capacidade de metamorfosear tornou-se inutilizada e esquecida. Isto é, mudar a existência de um ser particular para outro. É simplesmente uma questão de remontar a estrutura atômica de alguém para se aproximar com a de outro conjunto de harmonias atômicas, já estabelecido e identificado. A capacidade de fazer isso tem muito mais a ver com a aceitação de modelos de vida do que o que é comumente conhecido hoje em dia. O conceito é que na formação de um planeta físico, existem acordos entre as energias que constituem este planeta, onde tais e tais energias serão tais e tais manifestações, e outras, serão tais outras. Há um acordo de que rochas serão rochas e árvores serão árvores. Isso está em harmonia com as necessidades e desejos das energias individuais. Existem, no entanto, aqueles com capacidade de mudar suas realidades aceitas, para se moldarem como outra criatura ou realidade. Isso não é uma transgressão da lei universal, mas meramente uma aplicação da lei universal. Hoje, muitas pessoas em seu planeta possuem a habilidade de fazer isso, mas têm medo desse talento. Eles estão cada vez mais conscientes dessa possibilidade, mas estão presos a muitos tipos diferentes de medos e lealdades, de modo que se recusam a reconhecer a existência de tal talento. Isso era comum naqueles dias de Atlântida.

Esta foi a primeira vez que ouvi falar de tal conceito, fora as histórias de Hollywood. Eu queria mais esclarecimentos.

D: *Você quer dizer que em vez do espírito entrar no corpo de um animal, eles realmente mudam o corpo existente do humano para a forma de um animal e vice-versa?*

P: Isso é exato. Seria simplesmente uma remodelação integral da harmonia molecular de uma existência particular, de tal forma a se tornar outro tipo de existência, totalmente diferente. São vibrações diferentes. Mudar a vibração de uma árvore para a de uma pedra seria simplesmente uma questão de ajuste. Existem aquelas entidades que podem fazer isso, se desejarem, para algum propósito, no entanto, descobriu-se que durante aqueles dias da Atlântida, antes da separação, muitos estavam usando esse talento e capacidade para causar danos e destruição. Não só para aqueles ao seu redor, mas para si mesmos. A ordem superior e a harmonia dessa habilidade foram descartadas em favor do engrandecimento ou ganho pessoal. Portanto, o talento foi perdido.

D: *Por que alguém iria querer fazer isso? Parece mais um jogo.*

P: Não há jogos na vida que não ensinam. O que acontece é que existem aqueles "jogos" que podem ser usados de maneira não saudável e sem integridade. Foi observado então que os jogos que estavam sendo jogados, causando morte e destruição, não eram jogos, mas estavam se tornando passivos para as consequências dos indivíduos envolvidos.

D: *Mas como metamorfosear ou mudar de forma, poderia causar morte e destruição?*

P: O ato de engano e traição não era desconhecido naqueles tempos. Portanto, você pode ver que o domínio da injúria moral sobre uma civilização, através dos indivíduos que podiam se transformar e imitar outra pessoa, pode ser muito aparente; mesmo em sua vida, se você pudesse se representar como outra pessoa e causar danos, disfarçado desse indivíduo. Quando se leva isso a um nível de personalização cruzada entre uma espécie para outra, então há muitos que ficariam confusos sobre qual é sua verdadeira identidade. Ficariam, portanto, perdidos quanto ao que e quem eles realmente são.

D: *Então você quer dizer que eles estavam usando isso para os propósitos errados.*

P: Isso é exato. Os propósitos para os quais esses talentos foram dados estavam sendo descartados em um ritmo alarmante. E assim, foi visto que essa habilidade teria, necessariamente, que ser removida, a fim de evitar a destruição em massa da civilização em geral.

D: *Isso combina com as lendas de meio-humano e meio-animal?*

P: Exatamente. Minotauros, por exemplo. Havia aqueles que se transformavam naquilo que se tornou um, e ainda retinham aspectos do que é outro. Confusos sobre qual dos dois eram de fato, acabavam retendo uma porção de ambos. Essa habilidade, então, degenerou em uma confusão das identidades de ambas as realidades ou existências, de tal forma que havia o perigo de uma perda geral de identidade de todas as espécies. Portanto, viu-se que esse cruzamento de identidades não seria permitido.

D: *Eu também ouvi que eles faziam isso com outras pessoas, sem permissão.*

P: Para que isso fosse realizado, era necessário que a consciência do indivíduo soubesse, não apenas de onde vinha, mas para onde ia. Portanto, necessariamente teria que haver a percepção consciente desse processo, para que ele fosse viabilizado. Vemos que houve casos em que foram dadas instruções sobre como transformar esse indivíduo nessa figura, depois, eram dadas mais instruções, sobre como mudar aquele indivíduo para outro, de modo que a identidade original fosse perdida. Viu-se que essa era uma maneira de tirar alguém do quadro, por assim dizer, de transformá-lo em algo menos ameaçador ou neutro.

D: *Mas isso na verdade estaria indo contra as leis morais, e também as leis do universo.*

P: A técnica correspondia com as leis, obviamente. Não seria possível fazer isso, se já não fosse uma lei estabelecida. O fato de que isso foi possível sugere já ser estabelecido como uma das leis. As implicações morais de tais ações estavam, no entanto, em conflito direto com a carta dada a este planeta no momento da outorga da vida, de modo que o avanço da raça seria potencializado, e não impedido. Foi visto que essa mutação cruzada estava atrapalhando o progresso portanto, foi retirada.

D: *Havia mais alguma coisa que eles tinham a capacidade de fazer com suas mentes, que perdemos ou não desenvolvemos neste momento?*

P: Havia muitos, muitos talentos diferentes, como você os chamaria, no entanto, eles são simplesmente reconhecimentos de verdades universais. Com o tempo, será dada novamente a consciência e a capacidade de reconhecer e usar, por falta de um termo melhor, essas realidades.

D: *Essa foi uma das coisas que ouvi, que começaram a abusar de suas habilidades e das leis do universo. Essa foi uma das razões pelas quais eles tiveram que parar.*

P: Isso é exato.

* * *

Esta parte veio de outra sessão, e não tenho certeza se está falando da mesma coisa ou não.

D: *Uma vez, quando estávamos conversando, eles disseram que no início, quando os espíritos começaram a vir à Terra para habitar os corpos, eles entravam nos corpos dos animais. Acredito que você me disse que não era mais permitido fazer isso. Aconteceu alguma coisa? Por que não era mais permitido?*

P: Foi dada a oportunidade de experimentar, o que você poderia chamar, uma experiência transmigratória. Talvez mais simplesmente, a implantação de consciência e percepção em corpos de animais, para que um animal então perceba e tenha a consciência do que vocês chamam de percepção humana.

D: *Você quer dizer que os animais eram mais conscientes do que são atualmente?*

P: Queremos dizer apenas que os corpos dos animais tinham, naquela época, a percepção e a consciência dos corpos dos animais que vocês chamam de "humanos". Não é que os próprios animais tenham mudado, falando de um ponto de referência estritamente físico. No entanto, a percepção, a consciência, que é distinta entre animal e humano, foi dada aos animais. Era simplesmente uma permissão de consciência para se integrar a um corpo animal.

D: *Isso fez o animal se comportar de forma diferente?*

P: De um sentido estritamente espiritual, a consciência não foi muito alterada, mas foi permitido experimentar a habitação de um corpo animal ou uma forma de vida diferente. Seria como se sua consciência pudesse entrar na de um animal. Você mesmo, sua consciência, não mudaria tanto. Você ainda manteria sua identidade, no entanto, a expressão do seu físico seria diferente. Você estaria então consciente em um corpo animal.

D: *Você ficaria limitado pelo que o animal poderia fazer.*

P: Pelas limitações físicas do veículo animal, isso é correto.

D: *Fiz perguntas sobre a força vital que habita os animais atualmente, e me disseram ser diferente.*

P: Isso é exato. Não é tão consciente ou perceptivo, ou no mesmo nível daquela inteligência que você mesmo habita. É, em si, um animal ou força vital, porém, não é da mesma energia que essa consciência que você carrega.

D: *Então naqueles primeiros dias, era diferente?*
P: Não era tão diferente da inteligência que habita seu corpo animal. É simplesmente que a inteligência foi dada a mais de um tipo físico de corpo, naquela época.
D: *Então isso foi apenas uma forma de experimentação?*
P: Isso é exato. Há sempre, no campo da experiência, a necessidade do que é novo e do que não foi feito anteriormente. Portanto, foi permitido. Aqueles que estavam ministrando o planeta, naquela época, permitiram essas transmigrações, para que inteligências experimentassem a vida em um ambiente físico, por diferentes tipos de expressões. Foi visto que isso poderia melhorar a capacidade de expressão ao nível físico. As habilidades adicionais de expressão aumentariam as capacidades das inteligências para que... (pausa); achamos isso difícil de traduzir, pois não há conceito dado neste nível. No entanto, a intenção da expressão era aprender.
D: *Então isso estava acontecendo quando os espíritos vieram pela primeira vez à Terra?*
P: Não exatamente, pois foi bem depois da semeadura original do planeta, no entanto, estava em um estado avançado de habitação na experiência atlante, em que havia um alto grau de consciência das forças vitais.
D: *Eu estava pensando que talvez não houvesse humanos quando isso aconteceu, apenas animais.*
P: Isso não é exato. Pois não seria dada a capacidade de transmigrar dessa maneira, se não houvesse o desenvolvimento humano anterior a isso. Isto é, a experiência da encarnação humana.
D: *Então, naquela época, você disse que os atlantes eram mais conscientes?*
P: Isso é exato. Eles estavam extremamente conscientes da força vital e das implicações das forças vitais em corpos animais ou físicos. Era como se isso fosse uma ciência levada a um alto grau. Eles foram autorizados a experimentar com mais veículos para entender melhor esse fenômeno da inteligência ou consciência que habita um corpo animal. Foi simplesmente uma permissão para que isso fosse possível. Infelizmente, foi abusado e mal utilizado, na medida em que as expressões animais estavam turvando as águas dos reservatórios genéticos. Estava criando distúrbios na harmonia da expressão física. Se esse experimento

tivesse sido mantido em seu mais alto código moral, teria permitido elevadas expressões de inteligência, em muitas formas diferentes de vida animal. No entanto, a introdução da desarmonia neste experimento o condenou ao fracasso.

D: *Um ponto que estou tentando entender. Eles morreram primeiro e depois entraram no corpo animal, ou estavam fazendo isso enquanto também estavam no corpo humano?*

P: Poderia ser feito simultaneamente. Pois foi demonstrado que a consciência pode ser migrada de um veículo para outro. Seria como se alguém meditasse e se desconectasse do próprio corpo, então, fosse introduzido no corpo físico de outro animal.

D: *Pensei que se eles estivessem fazendo isso como um experimento, onde morriam e depois voltavam como um animal, o que é uma verdadeira transmigração.*

P: Houve experiências em que aqueles do outro lado, estavam ajudando quem ainda estavam no físico. Assim, pode-se dizer que houve casos em que uma encarnação foi permitida, mas não no sentido clássico de renascimento, como você tem aqui em seu planeta, agora.

D: *Então, os atlantes eram tão desenvolvidos mental e intelectualmente que realizavam essas coisas como um experimento?*

P: Seria mais correto dizer que eles eram muito mais conscientes, não tanto intelectualmente, mas simplesmente tinham uma "mente aberta". Pois parece haver uma grande distinção aqui. Há aqueles, que talvez não tenham o intelecto mais elevado, no entanto, eram muito conscientes e, pode haver aqueles gênios, mas fechados para tudo além dos cinco sentidos. Não há distinção aqui entre o que é melhor ou mais elevado.

D: *Pensei que talvez eles fossem altamente desenvolvidos.*

P: Um não depende do outro.

D: *Estou tentando entender isso corretamente, então posso dizer algumas coisas que soam ingênuas, mas me parece que eles estavam jogando algum tipo de jogo?*

P: Isso não é exato, pois não havia futilidade envolvida. Foi realmente um esforço sério, em nome da descoberta ou, para retratar-lhe com exatidão, uma pesquisa séria, sobre as consequências das inteligências que habitam a forma animal ou a forma física.

D: *Mas eles conseguiram, mais ou menos, projetar sua consciência no animal. Então eles poderiam voltar para seus próprios corpos quando quisessem.*
P: Nesses casos, isso é preciso. De modo geral, foi uma migração da inteligência de uma forma para outra.
D: *Esta foi uma migração completa?*
P: Em alguns aspectos, isso está correto, no entanto, existem diferenças sutis que não podem ser totalmente dadas neste momento. Percebemos haver uma falta de compreensão das consequências físicas da consciência simultânea ou paralela (a ciência moderna chama de consciência não-local), neste nível, neste momento. No entanto, havia aqueles casos em que se optaria por deixar o corpo físico anterior para habitar o que era de natureza menor ou diferente.
D: *Mas nesses casos eles não retornaram ao corpo original.*
P: Isso é exato.
D: *O corpo original não morreria?*
P: Talvez pudesse ser habitada por outra ou diferente inteligência. Seria como se estivessem trocando de lugar.
D: *Mas não seria a inteligência animal entrando no humano. Negociando dessa forma.*
P: Não é assim, pois não havia inteligência no animal para começar. Não existe o que você chamaria de inteligência animal. A inteligência era de natureza espiritual, que estava simplesmente experimentando novas formas de expressão física.

Aparentemente, isso tinha que ser permitido ou desejado pela inteligência, e o animal não seria avançado o suficiente para ter a escolha ou desejo de trocar de lugar. Além disso, como descobri em "Entre a Morte e a Vida", o espírito animal é diferente do espírito humano, é mais um espírito coletivo, semelhante a colônias de formigas ou colmeias de abelhas.

D: *Você disse que isso criou desarmonia?*
P: Exatamente, pois houve a integração dessas diferentes formas de vida em agrupamentos comuns, causando assim, mutações. Era tal que as formas verdadeiras ou...(pausa). Achamos este conceito difícil de traduzir aqui, pois, novamente, não há uma compreensão precisa das realidades das formas de vida que habitam os corpos

físicos. Portanto, devemos usar o que é conhecido neste momento: os blocos de construção disponíveis para nós, a fim de retratar, o mais próximo possível, aquilo que percebemos como a realidade definitiva. Em outras palavras, usaremos o nível de conhecimento disponível para seu entendimento neste momento. Sentimos que você pode ver que a imagem retratada não seria tão precisa quanto gostaríamos. Assim, devemos sacrificar um pouco na tradução, a fim de transmitir o que está mais próximo do que percebemos como verdade. Pedimos que você também entenda que não poderíamos permitir que isso fosse traduzido, se fosse retratado de uma maneira que chamaríamos de falsa ou enganosa. Portanto, existem algumas áreas das quais não podemos falar, simplesmente pelo fato de não haver base conceitual de transmissão. Pois, qualquer tentativa de transmitir esse conhecimento, devido à natureza do que está disponível para a comunicação, seria traduzida dando uma imagem bastante imprecisa e enganosa.

D: *Apenas faça o melhor que puder. Agradeço qualquer coisa que você possa me dar nesse sentido.*

P: Pedimos, então, que você simplesmente diga o que deseja saber.

D: *Bem, você disse que eles eram capazes de transformar os corpos...?*

P: Os corpos sofreram mutações, não que eles o tenham mutado. A distinção, aqui, está entre os aspectos físicos e espirituais. Em outras palavras, os corpos, então, expressam ou refletem o que é, ou era, da natureza espiritual. É sabido que o físico é apenas um reflexo do espiritual, portanto, ao misturar essas energias espirituais houve a mutação, ou reflexão, cruzada do físico para o espiritual.

D: *Eu estava pensando que após habitarem os corpos, poderiam ter cruzado com outros animais, e isso foi o que você quis dizer com mutação.*

P: Isso é exato. No entanto, é importante compreender que a coabitação em si não é o único fator determinante nessas mutações. Se alguém experimentar e assimilar a forma de vida de um tipo de animal, e então migrar para aquele veículo, ao cruzar os limites distintivos dos aspectos físicos, haveria uma transferência das propriedades ou assimilações de uma forma para a próxima, é aqui que essas mutações surgiram.

D: *Ouvi dizer que os animais, normalmente, não podem cruzar com outras espécies. Pensei ser isso que você queria dizer com mutações.*

P: Queremos aqui transmitir a ideia de que a expressão física, novamente, é meramente um reflexo daquilo que está no sentido espiritual. Portanto, se metade de uma reflexão fosse misturada com a metade de outra expressão, você poderia ver que o resultado seria uma mutação.

D: *Então, fazendo isso, eles conseguiram influenciar, de alguma forma, a genética....?*

P: (Interrompendo) Isso é correto, pois o genético é totalmente influenciado pelo espiritual. Poderia ser explicado assim, a expressão humana é uma expressão espiritual na natureza. A forma física que se forma em torno dessa expressão é simplesmente um reflexo daquilo que é espiritualmente humano. Portanto, segue-se que essa forma humana é encontrada em muitas partes diferentes do universo, simplesmente pelo fato de ser uma expressão semelhante. O espírito humano é expresso em forma humana, (forma de pentagrama) seja aqui neste planeta ou em qualquer outro planeta. Existem, ainda, outras expressões, aquelas não humanas, mas que estão conscientes. Se fossem expressas neste planeta, se expressariam de uma maneira bastante desconhecida, possivelmente aterrorizante. É simplesmente que a forma humana é uma expressão do espírito no físico.

D: *Isso levanta duas linhas de questionamento, temos a possibilidade de cobrir ambas. Isso explicaria algumas das lendas sobre seres estranhos, metade humano, metade animal?*

P: Isso é exato. Houve de fato essa expressão cruzada, o turvar das águas.

D: *Isso é o que você quis dizer com a desarmonia?*

P: Exato.

D: *Então essas eram verdadeiras criaturas físicas.*

P: Exatamente. Eles foram rejeitados em sua própria sociedade. Pois havia aqueles que se consideravam puros e desprezavam essas criaturas que denominavam de expressão "menos pura". Tornou-se então uma espécie de sociedade de castas, como você tem na Índia hoje. Há aqueles considerados de natureza superior e aqueles considerados de natureza inferior.

D: *Quando essas formas apareceram, por exemplo os seres metade homem, metade cavalo e outras diferentes dessa natureza, foram capazes de se reproduzir?*
P: Não, pois não faziam parte de um projeto genético. Eles eram meras expressões daquilo de natureza espiritual, não sendo, propriamente, uma raça de seres. Existem essas raças de seres, sejam eles humanos ou animais.
D: *Então eles eram únicos.*
P: Isso é exato.
D: *Parece haver muitas histórias sobre diferentes tipos.*
P: Isso é exato. Pois houve mais do que eventos singulares dessa migração cruzada. Foram vários eventos, no entanto, eles não eram, propriamente, o que você chamaria de "uma raça" de criaturas. Para explicar isso melhor, talvez precisemos fazer um breve discurso sobre essa consciência da integração espiritual. Na expressão física ou humana, existem aquelas energias que, por si mesmas, são de natureza humana. Falamos aqui estritamente no sentido espiritual, desconsiderando qualquer tipo de componente físico. Estas são energias humanas. Na expressão física, essas energias humanas aparecem na forma como vocês as conhecem, como humanos. A realidade aqui é o físico ser, simplesmente, uma expressão daquilo de origem espiritual. A forma humana, fisicamente falando, é meramente uma expressão daquela energia de natureza humana. Uma força vital peculiar ou particularmente humana por natureza, se traduz até o nível físico na forma humana. Existem tais energias, como aquelas que vocês chamariam de energia de "grama". Uma folha de grama é simplesmente uma manifestação física dessa energia que é da natureza da folha de grama. Então você vê que existem muitas formas de energia. Essas diferentes formas de energia se traduzem de maneira diferente no nível físico. O universo é feito de energia. O físico é simplesmente uma expressão ou uma tradução dessas energias superiores. Então veja você, a realidade do universo é baseada na energia espiritual. O universo físico, nada mais é do que uma expressão ou tradução daquilo que é de natureza espiritual. Portanto, quando alguém pega uma energia espiritual e a traduz em uma expressão física, você tem o que é percebido como uma forma física, sendo simplesmente refletindo ou traduzindo aquela energia espiritual. Então, quando você olha ao

redor e vê essas formas físicas, na verdade você não vê nada além de reflexos ou traduções. São reflexões ou traduções, baseadas ou derivadas daquelas energias das quais são um componente. Assim, na transmigração, encontramos uma mistura dessas energias. A energia peculiar ou particularmente energia de cavalo misturando-se com aquela energia que, em expressão, é humana. Assim, nesta mistura de energias, a expressão torna-se naturalmente parte cavalo e parte humana.

D: *Então, dessa forma, você está usando o centauro como exemplo, que seriam geralmente parecidos. É por isso que temos essa lenda?*

P: Isso é exato, no entanto, as proporções de mistura não eram consistentes. Havia o consenso de que este era meio cavalo ou talvez meio humano, no entanto, não havia lei ou ditame que exigisse que a parte humana se estendesse de onde talvez estaria o pescoço do cavalo. As expressões não eram idênticas em todos os casos, mas eram, em sua generalidade, semelhantes.

D: *Então as lendas apenas deram uma generalização.*

P: Isso é exato.

D: *Então as histórias de sereias e harpias: metade pássaro e metade mulher, todas vieram desses acontecimentos reais.*

P: Isso é exato.

D: *Então, naquela época, essas criaturas vagavam pela Terra, mas como você disse, eram desprezadas.*

P: Não diríamos vagarem pela Terra, pois não se espalharam por todas as áreas populadas do planeta. Eram, de fato, localizados ou segregados nas áreas onde a experimentação estava ocorrendo. Nas áreas onde a cultura atingiu esse alto estado de consciência, manifestando esses experimentos.

D: *É por isso que essas lendas estão hoje em apenas certas culturas.*

P: Exato. A experiência era conhecida por muitos ao longo da evolução do planeta, no entanto, as reais manifestações físicas foram, de certa forma, locais à encarnação Atlante.

D: *E as histórias de magia, onde um indivíduo, um mago de algum tipo, poderia transformar pessoas em animais?*

P: Talvez, isso fosse regulado com mais precisão para as áreas de fantasia e desejo. O desejo de ter mais controle sobre a própria vida, pois naquele período em que a magia era bastante prevalente na consciência humana, havia o desejo de ter controle sobre o ambiente físico, assim essas histórias deram credibilidade à possibilidade de que as pessoas realmente tivessem mais controle sobre seu ambiente. Era simplesmente uma manifestação de uma necessidade psicológica em expressar sua soberania sobre os elementos. De forma que ao contar e acreditar nessas histórias, foi vicariamente vivida por essas pessoas. Eles, então, poderiam imaginar terem um pouco desse poder mágico e ter mais controle sobre seu ambiente físico. Não é tão diferente hoje em dia ver o uso da ciência para domar o que é do ambiente físico. É novamente esse mesmo tipo de necessidade de estar no controle desses elementos.

D: *Então, nesses casos na Atlântida, eram pessoas que queriam experimentar esse outro tipo de realidade.*

P: Isso é exato.

D: *Então você disse ter sido proibido depois disso?*

P: Foi visto estar causando mais desarmonia do que realizando qualquer benefício. Portanto, foi decretado por aquelas energias e níveis de energia muito acima daqueles que estavam nos níveis experimentais, que para o bem da raça e para o bem daqueles indivíduos, isso não seria mais permitido.

D: *Então isso estava causando desarmonia ao espírito, à energia que estava habitando os corpos humanos? De alguma forma, estava distorcendo sua personalidade ou seu próprio espírito?*

P: Isso é exato. Foi então dado que (buscamos aqui a tradução exata), à medida que as mutações refletiram no espiritual, não foram permitidas outras manifestações como esta. Isso simplesmente não era uma permissão apropriada naquele período e, essa proibição permanece até hoje. Essa proibição pode, em algum momento, ser removida. No entanto, considerando o estado das coisas neste planeta, neste momento, parece improvável que isso aconteça em um futuro próximo.

D: *Mas a memória sobreviveu após a destruição da Atlântida, é por isso que temos essas lendas?*

P: Exato. Foi em relatos escritos, transmitidos para as gerações sucessivas e mudou tanto ao longo dos séculos que logo se tornou lenda.

D: *Essa desarmonia criou mais carma para o espírito?*

P: Talvez, no sentido de que carma possa ser interpretado como desarmonia, ou talvez desarmonia possa ser interpretada como carma. Havia a necessidade de resolver essa desarmonia e, assim, endireitar as energias. Nesse sentido, pode ser visto como carma. Sentimos que em seu contexto, o carma representa, então, uma desarmonia ou um desalinhamento de energias, que através da experiência deve ser realinhado. Sentimos que o conceito de carma, como é entendido, não é adequado neste retrato, pois não é um fator do tipo represália. A compreensão predominante do carma em seu tempo, é um tipo de efeito punitivo ou castigo, e sentimos que esta é de fato uma percepção totalmente errada. É simplesmente que ao gerar o que se chamaria de carma "ruim", estamos simplesmente lidando com energias que se tornaram desajustadas ou desalinhadas. Sentimos que seria mais correto dizer que quando alguém está endireitando seu carma, está de fato alinhando suas energias.

D: O mau uso desse tipo de habilidade foi parte do que levou à queda da Atlântida?

P: Seria mais correto dizer que isso foi um reflexo das condições que levaram à queda. Não que isso fosse por si só a causa direta da queda. No entanto, aquelas condições que estavam presentes e que causaram a queda dessa cultura, tinham como elemento ou manifestação, esse tipo de condição, ou essa experiência.

D: Havia mais uma pergunta que eu queria fazer, antes que eu me esqueça. Essa força vital, aparentemente, foi capaz de alterar geneticamente a aparência do animal, pela manipulação dos genes ou de qualquer maneira que fosse realizada. Isso também significa que temos controle sobre nossa própria estrutura celular corporal?

P: Isso é exato. Você deve entender que esse controle não é, em grande medida, em um nível consciente. A expressão física é uma representação precisa da energia da qual você é, portanto, você não pode, por seu livre arbítrio, mudar seu reflexo. Você pode mudar sua energia, o que causaria uma mudança relacionada em seu reflexo. Veja bem, você não pode mudar seu reflexo no espelho, mas pode mudar sua aparência, isto é, seu corpo, assim seu reflexo mudará. No entanto, você não pode mudar apenas o reflexo e não mudar o que causa o reflexo. É importante entender que o físico é apenas um reflexo. Para mudar o reflexo, você deve mudar o que causa o reflexo.

D: *Você quer dizer que não podemos mudar fisicamente nossa aparência.*
P: Se fosse permitido, como anteriormente, a mistura de energias, então seria possível. Por exemplo, para misturar a energia de uma folha de grama com uma energia humana, o efeito poderia ser um humano que tivesse folhas de grama em vez de cabelo.
D: *(Risos) Posso ver de onde todas essas histórias vêm, imaginar que essas coisas fossem possíveis.*
P: Elas são inteiramente possíveis. No entanto, ser permitido é algo bem diferente.
D: *Se tivéssemos controle genético, poderíamos mudar nossa aparência para parecer um tipo diferente de ser humano.*
P: É importante entender aqui que seria de pouco valor mudar o reflexo apenas por mudar o reflexo. O valor de tal experimento estaria em juntar as energias que causaram o reflexo. Você deve ver que o verdadeiro valor seria a um nível mais elevado, do que simplesmente fazer reflexos interessantes.

* * *

Descobri que ao longo da extensa existência da Atlântida, as pessoas desenvolveram suas mentes em um grau muito mais elevado e munidas de curiosidade científica para descobrir o que era possível, levaram a mistura de espécies ainda mais longe. Essas pessoas, cientificamente avançadas, pareciam estar tentando decifrar os segredos da própria criação, que soa sinistramente semelhante aos nossos dias atuais. Talvez os experimentos distorcidos tenham sido causados pelo tédio, quando atingiram o ápice de descobrir o que a mente podia fazer, então, em vez de usá-la para fins criativos e benéficos, fizeram mal uso de seus "poderes".

Quando colocava John em transe profundo, ele era sempre capaz de acessar a magnífica Biblioteca no plano espiritual, localizada no complexo do Templo da Sabedoria. A maioria das informações que ele forneceu em meus muitos livros, veio desses arquivos. Como sempre, ao entrarmos no edifício, fomos recebidos pelo guardião da Biblioteca, perguntando sobre nossas intenções, e informando-nos das restrições.

D: *Ele pode localizar qualquer informação dos volumes ou o que quer que sejam, no continente da Atlântida?*
J: Sim. Ele diz que temos muitas pesquisas sobre Atlântida. Ele disse que você pode entrar no visor.
D: *O que é isso?*
J: Ele está me levando para esta outra sala, como uma sala de visualização. É como se você apenas chamasse a atenção para a Atlântida e todos os tipos de imagens surgissem. Elas estão nas paredes.
D: *Como uma tela em uma parede?*
J: Não é realmente como uma tela. Ela envolve você, e eu estou no meio, assistindo. Oh, é esta linda, linda, linda cidade. É ouro. Parece luminescente, como se a luz viesse de dentro dos muros da cidade. Está escuro, e as estrelas estão aparecendo. Há esta linda lua cheia. E parece que eles sabem como usar a energia da lua. É muito bonito. Estou cercado por este cenário. E estou começando a ver as pessoas. Estou chegando mais perto. As pessoas são simplesmente lindas.

Ele disse ao acordar que a cidade parecia estar organizada como uma pirâmide à distância. Uma torre central ou ponto mais alto, e o resto dos edifícios aumentando gradualmente em altura, à medida que cercavam ou levavam a este ponto. Havia rampas que uniam esses vários níveis.

D: *Como as pessoas se parecem?*
J: Ah, eles são como nós, mas parecem estrelas de cinema. Todos eles têm dentes perfeitos e cabelos bonitos. Eles experimentam diferentes estilos, cores e desenhos de cabelo.

Ele disse mais tarde que o cabelo tinha partes de cores diferentes, cores vivas como pássaros: vermelhos, amarelos, verdes e azuis. O cabelo era trançado e torcido para formar vários desenhos. Comentei que seria semelhante aos estilos punk de hoje, mas ele se opôs dizendo que não era tão selvagem, era diferente, extravagante, mas bonito à sua maneira.

J: Eles parecem estar usando... vestidos, se essa for a palavra certa. Não, vestidos não, eles usam como túnicas e mantos. São luminescentes, quero dizer, suas roupas podem mudar de cor. É como se belos espectros de cores estivessem entrelaçados no tecido, então, em diferentes luzes, ele dá cores diferentes. Você olha para uma roupa e ela pode parecer rosa, então você olha de uma maneira diferente e parece um azul pastel, mas ao olhar novamente, a vê como violeta. Muda e brilha. As roupas são simplesmente lindas. E vejo que eles têm diferentes tipos de joias com cristais.

D: *E a cidade? Por que você acha que as paredes irradiam luz?*
J: Eu não sei. Existem alguns edifícios realmente grandes lá. Alguns deles se parecem com a nossa versão dos templos gregos. Há outros modernos que parecem muito contemporâneos do século XX. Alguns dos edifícios têm vinte e trinta andares.

D: *Como eles sobem para os diferentes andares?*
J: Existem rampas móveis. Você entra em uma rampa e está exatamente onde precisa ir. São rampas, mas são difíceis de descrever. Você vê, esses prédios não são construídos como os nossos prédios, que precisam de elevadores. Eles são construídos em etapas. (Ele teve dificuldade em descrever.) Os níveis mais baixos são escalonados, essa é a palavra. Esses edifícios não são apenas um edifício. São edifícios diferentes com rampas entre eles. Essas rampas são elétricas, como uma escada rolante, mas plana, que move as pessoas rapidamente para cada lugar diferentes que querem ir.

D: *Existe algum tipo de transporte dentro da cidade?*
J: Sim. Tem muito transporte. Existem aviões em forma de charuto e carros com a mesma forma, mas basicamente, usam muitas dessas rampas para se locomover pela cidade.

D: *Os carros são como os nossos, com rodas?*
J: Não, eles não têm rodas. Eles são como um aerodeslizador.

D: *Como eles funcionam?*
J: Eles são alimentados por energia solar e cristais. Energia solar introduzida através do cristal.

D: *E as aeronaves? Têm asas?*
J: Não, não tem asas. Não se parece nem um pouco com a nossa aeronave. Na verdade, parece um grande charuto (risos), com janelas no meio. Parece obter seu poder de um enorme cristal em sua ponta, que por sua vez, extrai energia de algo que se parece com uma torre. É como uma conexão que ajuda a nave subir e

descer. Por isso, também é energizado por fazer parte deste posto de contato.

D: *Então não poderiam ir muito longe, poderiam, já que recebem sua energia dessas torres?*

J: Ah, podem voar por milhares de quilômetros. Armazenam energia solar nessa bateria e é assim que a nave se alimenta.

D: *Elas têm algum dispositivo de comunicação?*

J: As pessoas não precisam de telefones lá, elas podem falar telepaticamente.

D: *E as longas distâncias fora da cidade? Ainda podem usar esse mesmo recurso?*

J: Sim. Eu não vejo rádio, TV ou qualquer coisa assim. Não há necessidade. Eles têm entretenimento, sim, gostam de música. Há arenas. (Ele fez uma pausa e, de repente, engasgou.) Oh, meu Deus! Isso é horrível! São pessoas realmente cruéis.

Esta foi a primeira indicação de que algo estava diferente. Até este ponto, sua descrição soava muito parecida com as de outros pacientes. Aparentemente nem tudo era paraíso. Como eu disse anteriormente, Atlântida existiu por milhares de anos, e talvez John estivesse vendo como era durante o tempo em que começou a se deteriorar. As pessoas e a cidade eram belas e magníficas, mas esse exterior escondia um segredo sombrio e feio.

J: Há algumas coisas realmente cruéis acontecendo. Parecem pessoas presas a corpos de animais. Eles os colocaram nessa arena e os estão forçando a lutar entre si. É como um concurso de gladiadores romanos.

D: *Como são as criaturas?*

J: Posso ver uma delas, é um homem, mas parece um homem no meio das costas de um cavalo. Ele tem quatro pernas e o torso de um homem está no meio de suas costas. Parece ter sido enxertado e onde estaria a cabeça do cavalo, é apenas um espaço vazio.

D: *Acho que sei o que você quer dizer. (ele parecia estar descrevendo um centauro.) Como são as outras criaturas?*

J: Ah, ... tem o que parece ser uma onça... o rosto é de uma onça, mas as patas traseiras de um humano. A parte de trás é como um corpo humano. Ah, é simplesmente terrível! É como se fossem anomalias genéticas e são tratados de forma muito cruel.

D: *Existem apenas essas duas criaturas?*
J: Ah não! Há dezenas deles. Eu diria haver pelo menos de cem a duzentos. Estão todos nesta arena, lutando entre si. Estão tendo uma batalha de morte. Há pessoas sentadas ao redor, meio que assistindo, não estão batendo palmas, nem gritando, ou qualquer coisa assim. É apenas uma diversão para eles.
D: *Você consegue ver qualquer outra criatura combinada?*
J: Sim. Há outra criatura que se parece com um touro. Tem os chifres e o rosto de um touro, e o corpo de um touro, mas onde estariam as pernas há pernas humanas. Essas coisas são realmente grotescas. Há outros. Tem uma coisa que parece uma cobra com rosto humano. Tem também um... Ah! Um animal que se parece com uma girafa com um rosto humano.

Ele parecia chateado por estar observando essas criaturas estranhas.

D: *Não quero lhe causar nenhum desconforto com minha curiosidade.*
J: Não, não é desconfortável, é que são defeitos genéticos. Eles não podem se reproduzir, então por que não deixá-los morrer? É como um esporte que essas pessoas gostam. Essas pessoas são muito cruéis.
D: *Eu teria pensado que, sendo telepáticos, seriam mais humanos e gentis. Não é assim?*
J: Não. Na verdade tenho essa sensação de que eles são muito, muito orgulhosos e desprezam outras criaturas. Eles veem todas as outras espécies da Terra apenas como animais horríveis.
D: *Você acha que eles reuniram essas criaturas e as colocaram aqui para que pudessem lutar?*
J: Sim, fazem isso periodicamente, porque é como se eles sempre pudessem experimentar um novo lote.
D: *Essas criaturas têm alguma arma ou apenas atacam umas às outras? Estou pensando em gladiadores.*
J: Não, eles usam seus instintos e as pessoas gostam de ver isso, mas não aplaudem, nem mostram qualquer expressão. Eles não torcem ou gritam, não demonstram qualquer emoção. Eles gostam de assistir, é divertido para eles.
D: *Parece difícil entender alguém se divertindo e não demonstrando algum tipo de emoção.*

J: Sim, eles não demonstram emoção alguma. É tão diferente. Essas pessoas realmente não são boas pessoas. Quero dizer, eles são frios. Se acham superiores, têm real desgosto por outras formas de vida. Alguns deles estão entrando na arena agora, munidos de algo como armas, mas feitas de cristal. Estão apontando-as para os centros cardíacos de todos esses animais que sobraram.

D: *Os que não se mataram?*

J: Sim, estão matando eles. Há um feixe de luz que sai dessa arma e foca na área do coração. Parece um laser, exceto que é um feixe de luz, não um laser. (Sons de desgosto.) E agora estou sendo levado para outro lugar onde esses "animais" são criados. Algumas pessoas estão reunidas diante de um desenho. Há um animal em uma câmara separada, eles estão visualizando o rosto de um homem neste animal. Estão olhando para o desenho de um animal com rosto humano, estão manifestando essa alteração no animal, através de suas mentes. Estão se concentrando nisso e serve para ensiná-los a manifestar. Há um animal vivo lá, parece um cachorro. É muito doloroso para o animal passar por essa alteração. Por isso que os considero cruéis. Há quatro pessoas fazendo isso, uma mulher e três homens. É preciso uma concentração combinada, eles estão se concentrando em colocar um rosto humano neste animal na câmara.

D: *E eles conseguem fazer isso apenas com o poder da mente?*

J: Sim. Eles são capazes de se concentrar tanto que isso acontece. Sua concentração está na reestruturação do rosto do animal. Eles se concentram em trabalhar na estrutura celular do rosto do animal, o que é muito doloroso para o animal passar.

D: *Eles fazem isso como um exercício de controle mental?*

J: Bem, creio que sim. Também estão tentando encontrar algum tipo de animal de estimação, como temos cães e gatos. Um animal de estimação com características humanas.

D: *Há algum tipo de máquina ou qualquer coisa na sala que os ajude com isso?*

J: Sim, tem... parece uma pedra de cristal, mas a pedra é maleável. Quero dizer, é como borracha, podendo ser dobrada e manipulada. A pedra é usada no interior da sala.

D: *Esta pedra é parte de uma máquina?*

J: Não. É usada apenas no forro da sala. Em vez das paredes serem pintadas, são forradas com essa pedra maleável.

D: *Então os cristais fazem parte do que eles usam.*
J: Sim, eles têm cristais por toda parte. Grandes cristais maciços e de cores diferentes. Vejo uma placa de controle com os cristais, então a luz vem de cristais no teto, aglomerados como estrelas.
D: *Alguém está operando esta máquina?*
J: Eles estão fazendo isso com suas mentes, mas se sintonizam com os cristais.
D: *Não sei se você tem acesso a esse entendimento, ou não, mas quando esse animal sofre essas alterações, isso o afeta de alguma forma? A forma como pensa e age?*
J: Bem, o animal odeia porque está ferido. É doloroso.
D: *Quero dizer, isso faz o animal ganhar características humanas?*
J: Sim, assumem atributos humanos, embora não sejam de fato boas qualidades humanas.
D: *Eu queria saber como isso afetaria a força vital, o espírito, por assim dizer, dentro do animal.*
J: A razão pela qual eles sentem que podem fazer experimentos com esses animais é porque entendem ser uma forma de vida inferior, sendo eles próprios uma força vital superior. Sua atitude em relação ao mundo animal é: "Somos superiores, então podemos fazer o que quisermos".
D: *Mas ao fazerem isso, tornariam o animal menos inferior, certo?*
J: Eles não estão tentando evoluir o animal, não. Eles não veem o animal tendo uma alma. Eles têm as almas e podem fazer o que quiserem porque são deuses, e são realmente "deuses", já que podem fazer tanto. Eles podem criar e reestruturar o rosto desse cachorro para torná-lo parecido com um humano.
D: *Mas é sem propósito, não é? Se eles simplesmente colocá-los na arena e deixá-los matar uns aos outros.*
J: Não, eles usam algumas dessas criaturas em servidão. Eles acreditam serem uma forma inferior de vida, então está tudo bem.
D: *A única intenção era para parecerem com humanos. Parece que eles estão jogando.*
J: (Ele franziu a testa) Eu não acho que estão jogando. Eles não são pessoas legais. Eu não gosto deles.
D: *Bem, não queria causar nenhum desconforto para você assistir algo assim.*

J: Ah, foi doloroso ver esses pobres animais matarem uns aos outros, eles estão em agonia o tempo todo, porque sua estrutura molecular foi alterada.
D: *Parece ir contra a força vital do Universo, do ambiente, fazer algo assim.*
J: É por isso que a Atlântida foi destruída.

Os Atlantes eram descritos como pessoas perfeitas. Talvez já tivessem dominado ou aperfeiçoado a arte de alterar geneticamente o corpo humano. Não havia mais desafios, então se aventuraram a alterar e combinar seus genes com animais. Foi um novo desafio, mergulhado na aventura do desconhecido.

D: *Consegue ver mais alguma coisa que eles podem fazer com suas mentes? Talvez não tão destrutivo, mas algum outro poder que eles tenham?*
J: Sim. (Suspiro) Podem levar uma pessoa ao orgasmo muito facilmente, só de pensar. (Ele achou isso bastante divertido.) Isso é algo que eles gostam de fazer, cumprimentar, conversar e amar outras pessoas. (Risos) Esse é um jogo para eles, influenciar outros seres no planeta. Eles são muito superiores e pensam serem os melhores, e que tudo funciona para eles. Como resultado, eles desprezam as formas inferiores de vida. É por isso que eles realizam experimentos desse tipo nos animais.
D: *Eles têm alguma maneira construtiva de usar suas mentes?*
J: Ah, sim. Eles podem criar essas cidades com o poder da mente. Eles podem levantar objetos pesados e teletransportá-los.
D: *Levitação? Bem, isso seria um atributo positivo.*
J: São tão egocêntricos. É isso que estou tentando dizer, eu acho. Tudo tem que responder a eles.
D: *Também estou interessada nesta pedra maleável.*
J: É um certo tipo de pedra que eles usam para construir suas cidades e essas rampas elétricas.
D: *Isso ocorre assim, no estado natural?*
J: Eu realmente não sei. Estou perguntando sobre isso agora. Estou sendo mostrado que é uma pedra tratada pela experimentação mental, para se tornar maleável. São pessoas muito, muito inteligentes, no entanto, eles realmente têm desprezo a outras vidas. (Pausa) Ooooh! Isso é nojento! (Ele interrompeu

enfaticamente.) Eu não quero ficar aqui! (Uma expressão de desgosto.)
D: Tudo bem. Eu não quero isso para você. Pode viajar para fora daquela cidade. O resto da população do continente vive em cidades assim, ou é apenas um pequeno grupo de pessoas?

Eu estava tentando removê-lo de algo que era obviamente desagradável de assistir.

J: Não, algumas pessoas vivem no campo. Eles vivem em belas casas com belos jardins. Oh! (Surpreso) Acabo de notar não haver insetos. Eles não tem insetos como temos aqui. Podem ficar ao ar livre, e não há insetos realmente incômodos.
D: Você sabe por quê?
J: (Surpresa) Eles criaram muitos insetos nocivos em seus experimentos. Eu realmente não gosto deles. Eles também são canibais. Vi esse grupo comer outra pessoa.
D: Você acha que foi um desses animais?
J: Não, não era um desses animais. Eles capturaram este homem e o comeram. Isso foi fora da cidade. Havia um grupo deles, viajando em algo como um avião. Capturaram uma dessas pessoas, cozinharam e o comeram.
D: Oh, meu Deus! (Eu queria mudar de assunto.) Bem, e esses insetos nocivos? Você disse que eles fizeram como experimentação?
J: Sim. Foi por isso que a Atlântida teve que cair, porque eles estavam abusando da força vital. Só fizeram isso para serem inventivos. Tenho a sensação de que não eram pessoas muito simpáticas. Eu não gosto de estar aqui. Eu gostaria de sair daqui.
D: Ok. Se te incomoda, não precisa ficar.
J: Eu gostaria de sair. Você vê, eles têm essa atitude arrogante real da vida. Que eles são supremos, que tudo o mais é para seu benefício. Eles não respeitam a força vital. Por isso foram destruídos.
D: Aprecio você ter assistido a tudo isso para me passar essa informação. Eu não queria perturbá-lo de forma alguma.
J: O que me incomodou foi o canibalismo. Era tão sem sentido, é por isso que ainda temos canibalismo no mundo, eu acho. Mas eles apenas fazem coisas muito sem sentido, no calor do momento.
D: Se você está desconfortável, pode sair da sala de exibição.

J: Está tudo em branco agora. Sempre pensei que os atlantes eram pessoas legais, com muita energia e coisas assim. E eles não eram. Eram altamente avançados, sim, mas eram muito, muito arrogantes e desrespeitosos com as formas de vida inferiores. Faziam coisas que jamais poderíamos entender. Tão insensatos. Transformavam esses animais, causando tanta dor, só porque queriam fazê-lo.

D: *Talvez eles estivessem entediados.*

J: Foi o que pareceu quando capturaram esse homem. Este grupo de pessoas entrou neste avião e eles capturaram este homem aborígene. Do mesmo jeito que se pegássemos um avião para a Nova Guiné agora.

D: *Então eles tinham nativos naquela época.*

J: Correto. Eles foram a um lugar onde havia nativos, e o capturaram, o cozinharam e comeram. Eu pensei ser realmente sem sentido.

D: *Talvez tudo estivesse tão avançado que eles ficaram entediados. Esses eram esportes para mantê-los interessados e entretidos.*

J: Provavelmente. Tenho essa sensação.

D: *Suas mentes evoluíram a tal ponto que nada mais era um desafio, então eles queriam tentar coisas diferentes.*

J: O bibliotecário está me dizendo que a maioria das pessoas na Terra pensa nos Atlantes como um povo altamente elevado. Mas por que seu continente foi destruído? Foi porque eles usaram mal a força vital, e tiveram que ser destruídos.

D: *Isso faz muito mais sentido do que algumas das outras coisas que ouvimos.*

* * *

Mais informações foram obtidas em outra visita à sala de visualização na Biblioteca.

J: Estou entrando na biblioteca agora. Estou no lugar onde fica o guardião. Ele diz: "Estou aqui para lhe servir e ajudar." E me perguntam: "Qual o meu desejo?"

D: *Anteriormente, solicitamos informações sobre Atlântida e nos mostraram na sala de exibição. Foi perturbador. Gostaríamos de ver algumas informações sobre seus poderes positivos, se pudermos.*

J: Sim. Ele diz, por favor, entre na sala de visualização. Ele estava confuso, achava que a informação que queríamos assistir era a queda da Atlântida e por que ela afundou.

D: *Deixaremos para outro momento.*

J: Ele diz ser por isso que a informação foi perturbadora para o veículo, pois esse foi um dos motivos pelo qual a queda de Atlântida aconteceu. Há um senso de justiça, diz ele, e quando alguém usa sua negatividade com tanta força, atrai negatividade. Foi assim que a civilização atlante finalmente entrou em colapso.

D: *Mesmo que tenha sido perturbador, agradecemos pela informação. Desta vez, queremos ver qualquer coisa sobre os poderes de cura daquela época, para ver a que ponto chegaram com esse tipo de poder.*

J: Ele está me mostrando esta linda sala de cristal. Existem milhares de cristais por toda esta sala. É quase como painéis de vidro fosco, mas todos são feitos de cristais feitos por eles. Eles pegam um gel que descobriram e o misturam com areia, formando os mais perfeitos cristais. Mas há um aparato especial nele, quase biológico. Ele está me mostrando esta área maravilhosa com luzes de diferentes cores. Há verde, azul, vermelho, violeta, amarelo, laranja e branco. Cada uma delas, diz ele, representa uma parte diferente do corpo a ser curada. O branco é para curar o corpo etérico e o corpo astral, o verde é para curar o corpo físico, azul, o corpo emocional e vermelho, para curar o corpo causal. Estes são todos diferentes corpos da pessoa. Ao sentar-se nestes raios coloridos, na harmonia e na sua sequência, a pessoa seria curada de qualquer mal dentro de si. Também existem terminadores de cristais, dispostos em diferentes padrões em torno de uma placa onde a pessoa se deita. Parece uma placa de pedra, mas ao mesmo tempo é muito confortável. Tem uma cobertura de pano que parece muito fina, mas muito forte em resistência. Parece um daqueles cobertores da era espacial, com aquela cor prata metálica, mas diferente, porque parece espuma quando você se deita nele. Esta "cama" passa por debaixo dessas cores diferentes. As cores têm de estar na sequência certa, se estiverem na sequência errada, podem causar problemas de saúde, então a sequência deve ser respeitada. Existe uma sequência exata, mas ele ainda não me deu essa sequência, diz não ser importante agora.

Esta era a câmara de cura mais elevada de Atlântida e era usada para tratar pessoas da aristocracia e elites do governo.

D: *Não era para a pessoa comum?*

J: Não. Ele diz existirem outros lugares muito parecidos, mas esse seria como um hospital para a elite, como os que existem hoje.

D: *Então as doenças individuais não precisavam ser tratadas?*

J: A cura do corpo por inteiro tinha que ser realizada. Não apenas o corpo físico, mas também o emocional, o mental, todos esses corpos tinham que ser curados.

D: *Se você tinha uma lesão ou uma doença, não era tratado separadamente.*

J: Não. Isso era principalmente para desenvolvimento espiritual e cura de falhas passados e coisas desse tipo. Era como uma abordagem psiquiátrica. Ele está me mostrando as áreas para reparo de ossos quebrados e coisas dessa natureza. De certa forma, parece com nossas salas de cirurgia normais, a diferença é o uso de instrumentos como cristais refinados e afiados com perfeição.

D: *Você disse que a máquina na outra sala que curava os diferentes corpos, era quase biológica. O que você quer dizer com isso?*

J: Parece viva! Parece que está viva. É um terminal de computador que se parece com algo da família vegetal, pois tenho a impressão de que pode crescer e se multiplicar, assim como uma planta se expande, criando ramificações. Tem uma cor como um verde-claro. Também apresenta uma unidade de exibição de cristal líquido, parece algo saído de uma revista de ficção científica.

D: *Quem decidia se alguém tinha um distúrbio que precisasse ser tratado nesta sala?*

J: As pessoas da época eram muito conscientes. Este era o centro onde, após a transição de um parente próximo, se vem para lhes desejar adeus e enviar vibrações de amor. A compaixão é um processo de cura para muitas coisas. Eram pessoas altamente avançadas que sabiam basicamente suas manipulações e motivações. Nessa época, não se julgavam uns aos outros.

* * *

Em 2001, enquanto montava este livro, recebi uma pequena informação durante uma sessão em Memphis. Uma mulher descreveu uma máquina, em Atlântida, que usava luz para regular as frequências e harmonizar o corpo, conduzindo-o à cura. Era operado pela própria mente da pessoa, usando apenas energia. Era real e eficaz, mas depois de um tempo ficou sem uso, já que os cientistas desenvolveram outra máquina que achavam mais eficiente. Preferiram usar máquinas de cristal que eram poderosas, mas que distorciam a energia. Os cristais ficavam em caixas com algum tipo de fluido. Uma luz brilhando através das caixas, gerava o poder da mente de muitas pessoas na sala. Degenerou-se por ser usada para propósitos errados (especialmente sexuais) e produziu efeitos distorcidos.

À medida que os atlantes aprendiam sobre o uso de energias, seu conhecimento se expandia, tornando-se fascinados com o poder de manipulá-las. Eles descobriram novas maneiras de experimentá-la e conduzi-la. Perderam de vista o uso para fins positivos, como cura e equilíbrio de vida. Quando a energia (multiplicada por muitas pessoas se concentrando e dando-lhe mais poder) foi usada para o negativo, tornou-se mal direcionada, distorcida e destrutiva, tão poderosa que sucumbiu a si mesmo. Esta foi uma das razões para a destruição de Atlântida.

Continuamos a obter mais informações quando voltamos à Biblioteca.

J: O guardião pergunta, qual assunto você gostaria de discutir?
D: *Ainda estamos interessados em Atlântida. Eu gostaria de fazer algumas perguntas sobre a época em que todos eram felizes, no seu auge, antes da destruição. Gostaríamos de saber algo sobre a vida familiar das pessoas durante os bons tempos da Atlântida. Você consegue ver isso?*
J: Sim, ele está me mostrando fotos de Atlântida.
D: *Eles tinham famílias individuais e uma estrutura familiar?*
J: Sim, eles tinham famílias individuais. As famílias eram muito ligadas. As pessoas viviam por muito tempo, então havia uma grande quantidade de pessoas. Uma família ocuparia uma cidade inteira, ou não uma cidade inteira, mas seria quase assim, se no nosso tempo. Mas elas eram interligadas e cada membro da família era muito importante. Todos eles tinham habilidades e técnicas diferentes para ajudar uns aos outros. Entretanto, eles não viviam comunitariamente como nós. Todo mundo tinha seu próprio espaço individual, mas todos se reuniam ao longo do dia para refeições, conversas e coisas assim. Até maridos e esposas

tinham quartos separados ou áreas separadas. Suas casas eram espaçosas e tinham muitos cômodos para cada membro da família, todos interligados, como se fossem pátios. Vejo pátios com pessoas diferentes. Eles são todos parentes mas bem individualizados. Vejo as pessoas mais velhas trabalhando com as crianças, e essas pessoas mais velhas têm centenas de anos. Eles não têm apenas uma centena, eles têm centenas de anos e parecem gostar especialmente de trabalhar com crianças pequenas. Vejo que as pessoas fazem suas coisas diferentes. Há pessoas meditando e pessoas trabalhando em diferentes experimentos científicos e coisas desse tipo. Todos eles têm seu próprio senso de espaço, como seu próprio quarto onde eles fazem suas coisas. O senso de individualidade era muito importante para eles.

D: *E você disse que eles se reuniam para comer?*

J: Sim, eles se reúnem em momentos diferentes para se divertir, comer, dançar e cantar. Eles participavam de atividades em grupo com a família. Havia feriados e coisas assim, mas basicamente todo mundo vivia individualmente.

D: *E sobre arte, música e coisas do tipo?*

J: Ah, sim, eles tinham uma linda arte. Misturavam cristais moídos com suas tintas, então tudo tinha uma qualidade luminosa. Os estilos de pinturas eram algo como espirais, pequenas coisas espiraladas que realmente saltavam à vista. Eles tinham esses processos, onde usavam cristais para fazer música. Parece algum tipo de máquina que gira o cristal em um fio espiral, vai assim... (Movimentos de mão em espiral.) Eram instrumentos de cordas que eles tocavam. Eles pegavam o cristal e giravam... não é como os cristais que temos agora, sólidos. Eles eram originalmente assim, mas passavam por um processo de mutação em laboratórios que existiam em todo o continente. Giravam esses cristais a um grau que parecia um fio em espiral. Esse fio espiralado era usado como instrumento em guitarras, mas não como nossas guitarras ou algo assim. São tipos de instrumentos de aparência muito diferente. Existem instrumentos de corda, existem flautas, e também há essas coisas feitas de enormes e longos cristais. Eles são todos feitos de um tipo de material de cristal, e tocados em áreas especiais, para ressoar. Realmente, abre o coração e os músculos, com uma música muito bonita, relaxante e espiritual. Faz você se sentir em paz e as pessoas dançam e cantam. Vejo muitos cordões de flores ao redor das pessoas, e é assim que dançam, enroscando-se nelas. Não parece romano ou grego antigo, na verdade, todo mundo tem essas lindas roupas coloridas, em vermelho, azul, verde e amarelo, e estão dançando com essas flores e guirlandas. É uma espécie de combinação de música sintetizada e música clássica, os sons são muito semelhantes e com um tom muito puro. Não é sintetizado, não tem conversão, mas é usado em seus rituais, não em igrejas, mas em templos que existiam. Quanto à arte, está em todo lugar. Tudo é pintado lindamente, mas não usam tinta líquida, parece uma tinta terrosa. Vejo pinturas em telas e outras nas paredes, vejo também paredes esculpidas, com lindas pinturas.

D: *Você vê algum tipo de fonte de luz usadas em casas?*
J: Existe essa energia de cristal maleável que eles têm. Irradia em todos os lugares, mantendo o ambiente sempre luminoso. Movendo a mão para cima ou para baixo, podem controlar a intensidade do brilho para mais claro ou mais escuro. Quando dormem, se querem deixar o quarto tranquilo, abaixam a mão assim, em direção à parede e a luz diminui.. (Movimentos de mão para baixo, lentamente.). Suas vibrações são captadas pela parede, tudo é controlado por suas próprias energias.

D: *E quanto aos seus hábitos alimentares ou culinários.*
J: Eles têm essas áreas como grandes vinhedos e jardins, com esses seres de aparência estranha cuidando de tudo. Eles trabalham nos campos e jardins, parecem centauros, sereias e cabras. Toda a comida que entra na área da cozinha é processada por essas criaturas. Eles realizam todo o plantio e colheita, em troca de alimentação. A maioria dos atlantes os ama muito, como um bom fazendeiro ama seus cavalos e cuida bem deles. Essas estranhas criaturas são tratadas como animais benevolentes.

Assim, em algumas partes do continente essas criaturas foram criadas e apreciadas.

D: *Estou curiosa sobre esses animais. De onde eles vieram?*
J: Eles eram criados para esse propósito e foram geneticamente modificados.
D: *Você disse haver sereias?*

J: Sim, as sereias entram nas águas e trazem cestos de peixes. As pessoas vêm, riem, cantam e acariciam esses animais, os beijam e os abraçam, fazem com que saibam que são amados e apreciados pelo que estão fazendo. As criaturas também preparam a comida. Não as sereias, no caso, elas ficam nesse tipo de lago, já que metade do seu corpo é de peixe. Os pequenos centauros trazem essas carroças, carregadas de cestas de comida e frutas que vão para uma cozinha central. Há um ser com um corpo humano na parte superior, mas com pés de bode. A cozinha até tem uma atmosfera familiar, mas não se parece em nada com as nossas, a não ser os armários para guardar as coisas. Basicamente, a comida não é cozida tanto quanto é processada ao vivo, como frutas são fatiadas ou descascadas. Os peixes e coisas desse tipo, entram em uma coisa que os cozinha muito rapidamente. Tem diferentes áreas, como um tipo de micro-ondas, mas não funciona da mesma forma. Parece uma câmara de cristal, onde são colocados os alimentos que precisam ser cozidos, como peixes. Não vejo carne ali, eu só vejo os peixes e crustáceos, como vieiras, mariscos e coisas do tipo. Eles são apenas aquecidos ao ponto de não estarem mais vivos e assim são comidos.

D: *Essas criaturas foram criadas geneticamente para serem servos?*

J: Sim, eles foram criados para serem servos dessas pessoas, embora sejam amados. Quando alguém se machuca ou algo assim, toda a família se reúne para energizar a parte daquele animal ferido. Eles são tratados como servos, mas amados. Assim como tratamos um gato ou um cachorro, mostramos amor e carinho. Eles são muito gratos pelo que esses animais fazem, porque são considerados mais como animais do que humanos. Partes do corpo são mais parecidas com animais, mas basicamente seus rostos são humanos.

D: *E quanto ao seu comportamento ou seu intelecto.*

J: Ah, eles podem falar e receber instruções. Eles sabem coisas simples, sim, mas nada como o resto das pessoas.

D: *Eles não são tão inteligentes quanto os outros humanos, embora pareçam parcialmente humanos.*

J: Eles não são nojentos ou algo assim. Eles parecem muito naturais e são bem cuidados, muito apreciados, e amados. Vejo este servo que compôs o prato de frutas e esta mulher o pega, beija e acaricia sua cabeça, onde há pequenos chifres. Ela esfrega esses chifres assim, (movimentos de mão) e diz: "Oh, você é tão maravilhoso! Olhe para isso, isso é maravilhoso! Parece tão bonito. Todo mundo vai adorar! Venha, para que todos vejam seu trabalho". E todos eles vêm depois para serem amados pelo resto da família. Eles são tratados como um amado animal de estimação.

D: *Essas criaturas podem se reproduzir geneticamente ou são únicas?*

J: Não, eles não podem se reproduzir, as pessoas os compram. Cada um deles é individual, mas são comercializados em massa. Eles têm lugares onde você pode ir e comprar essas criaturas para serem úteis.

Após acordar, John descreveu a criatura na cozinha, que era a última coisa que ele lembrava. Ele tinha um rosto que era meio de vaca e meio humano. Como se um humano tivesse nariz de vaca e pequenos chifres saindo de sua cabeça. Ele estava vestindo algo como um avental sobre seu corpo que, aparentemente, era do sexo feminino.

* * *

Phil: Há muito mais usos para os cristais do que disponível no momento para sua compreensão humana. O que é desconhecido, vai muito além do conhecido. Quando seu nível de consciência aumentar para aceitar e acomodar essas realidades, os usos serão manifestados. Pode-se ver que o quartzo, de alguma forma, amplia e intensifica a energia humana. Achamos aqui, a tradução ser difícil, pois o verdadeiro conceito de energia também não é compreendido. No entanto, uma mistura de energias, tanto humanas quanto não humanas, é bem possível e prontamente realizada com esses cristais. Eles podem ser usados como misturadores e diferenciadores ou separadores, dependendo da direção da energia dada pela pessoa, ou pessoas que usam ou direcionam este cristal. Eles são um filtro, útil de maneiras diferentes, limitado apenas pela imaginação de quem os usaria.

D: *Quando você fala de uma pedra filtrando os raios cósmicos, qual seria o propósito em precisar filtrar os raios cósmicos?*

P: Existe a filtragem e o foco, que podem ser separados ou simultâneos. Há quatro razões ou propósitos específicos. Energias específicas que são mais adequadas, isso seria para o aspecto de filtragem ou foco. A focalização meramente focaliza ou condensa as energias em uma área singular. Pedras diferentes podem fazer cada uma ou pedras especiais podem fazer as duas coisas, dependendo da finalidade. As energias cósmicas são uma fonte de energia muito poderosa, intocada, que este planeta ainda não descobriu. Uma fonte abundante de energia bruta, muitos milhões de vezes mais poderosa do que qualquer matéria-prima aqui neste planeta.

D: *O problema é poder descobri-lo.*

P: O problema é aumentar a consciência para aceitar o conceito e simultaneamente, aguçar a responsabilidade para usá-lo. Esta energia foi predominante neste planeta uma vez, mas por falta de responsabilidade o conhecimento de seu uso foi perdido.

D: *Isso foi na época da Atlântida?*

P: Sim, está correto. Muito se perdeu naquela época. Houve muito mau uso, nos tempos da Atlântida, de muitos tipos e formas diferentes de energias. Pois havia inicialmente uma alta compreensão dessas energias que constituem a realidade física. Houve, então, o mau uso da compreensão dessas energias.

* * *

Clara recebeu informações de um lugar que soava muito parecido com o Planeta dos Três Pináculos, de Phil. Também era um planeta com estranhas estruturas, em forma de espiral e a informação estava contida em todo o planeta, como se sua composição fosse um repositório de conhecimento. Esta foi a mesma descrição dada por Phil. Clara, também emocionada, chamou esse lugar de "casa", assim como Phil. A história completa de como ela localizou este lugar foi contada anteriormente neste livro.

D: *Você pode me dizer alguma coisa sobre Atlântida? Isso faz parte dos registros?*

C: Atlântida foi para o mar.

D: *Eu gostaria de saber sobre antes dela ir ao mar. Que tipo de civilização era?*

C: Era muito sofisticada. Muito verde. E muito avançada tecnologicamente, além de onde a Terra está hoje.

D: *Esta civilização existia há muito tempo?*

C: Muito tempo.

D: Você pode me contar alguns de seus avanços tecnológicos?
C: Eles tinham a capacidade de mudar e mover a energia através do tempo e do espaço de uma maneira muito mais sofisticada do que tecnológica, como você diz? Avanços são feitos hoje. (com dificuldade) Hmmm, que palavra é essa que você usa para máquinas avançadas? Como computadores e dispositivos de comunicação. Este equipamento era muito rápido, ao ponto em que algumas informações eram obtidas ao nível telepático.
D: Como o maquinário ou os computadores eram alimentados?
C: Era tudo realizado por energia solar. Tudo era feito pelo Sol. O grande Sol central.
D: Então eles não tinham eletricidade como temos hoje?
C: Tiveram por algum tempo. Mas, aproximando-se dos últimos anos em que existiu, tudo era gerado pelo grande Sol central.
D: Este é o Sol que conhecemos no céu, ou é algo diferente?
C: O Sol que você conhece.
D: O equipamento era parecido com o que temos hoje?
C: Muito mais sofisticado. Você tem painéis solares gigantes e equipamentos solares que são trambolhos, se comparados aos usados em Atlântida. O deles era avançado, podendo ser utilizado de maneira mais eficiente e não ocupava tanto espaço. Sua tecnologia estava em sintonia com o Sol central, que emitia a energia, era como se estivessem ligados a um poder maior. Estavam ligados às estrelas e aos poderes de outras estrelas.

John havia mencionado que eles também sabiam como utilizar o poder da lua. Bartolomeu também mencionou que os povos antigos tinham esse conhecimento.

C: Eles se comunicavam com seres de outros planetas, de outras estrelas. Através de suas comunicações, trocavam informações que utilizavam na tecnologia de suas máquinas, seus computadores e seus outros avanços tecnológicos, seja quais fossem.
D: Então os outros seres das estrelas os ajudaram?
C: Sim. Foi um esforço cooperativo.
D: Disseram-me que os cientistas desenvolveram o poder de suas mentes para alcançar alguns desses resultados.

C: Isso é correto. No desenvolvimento de suas mentes, quando começaram a se abrir para todas as possibilidades e que, de fato, existiam seres em outros planetas, eles iniciaram contato de uma forma ilimitada. Ao deixarem para trás o limitado jeito de pensar, sentir e acreditar, eles então conseguiram receber o que vinha de outros universos e de outros planetas. Esses planetas, por sua vez, forneceriam informações que os elevaram ao nível telepático, passando a se comunicarem de mente para mente, sem a necessidade de longas linhas de comunicação, como suas linhas telefônicas. Com o tempo, eles aperfeiçoaram essa habilidade telepática, comunicando-se com muitos planetas. Tornou-se uma comunidade global, em oposição a um setor da raça humana.

D: *Eles foram capazes de evoluir muito mais. É isso que você quer dizer? Ouvi dizer que a Atlântida não era apenas um país, mas o mundo inteiro naquela época.*

C: Sim! Era o mundo conhecido na época em que a Atlântida existia.

D: *Todas as partes deste mundo conhecido eram avançadas?*

C: Não. Nem todas as partes. Havia áreas primitivas, onde as pessoas não se abriram para a comunicação. O planeta inteiro não foi completamente elevado a um nível maior de vibração. Houve lugares e algumas áreas povoadas que optaram por não abrir os seus corações e endossar uma nova forma de viver, uma nova forma de ser. Então eles se tornaram, o que você pode chamar, marginalizados. Eram aqueles que não acreditavam que poderiam ir além de suas limitações. Aqueles que escolheram viver uma vida limitada, escolheram viver em uma área diferente daquele planeta. Enquanto os que abriram seus corações e suas mentes para um modo de vida ilimitado, subiram e avançaram, se comunicando com todos os planetas.

D: *Era como se eles não tivessem nada em comum um com o outro.*

C: Exatamente.

D: *Você consegue ver onde os mais avançados, a comunidade científica vivia em relação ao mundo hoje? Sei que o mundo mudou muito.*

C: Mudou muito. O que era o mundo conhecido naquela época compreendia uma área que agora vocês chamariam de Oceano Atlântico.

D: *Existem resquícios dessa civilização que a humanidade pode encontrar em algum momento?*

C: Apenas em um nível etérico.
D: *Então não pode ser encontrado em um nível físico?*
C: Neste momento existe uma possibilidade, se o homem se abrir o suficiente para acreditar verdadeiramente e de forma consciente, que ela pode ser encontrada. Então será encontrada.
D: *Algumas pessoas pensam que viram coisas debaixo d'água que podem ser remanescentes das cidades, estradas e edifícios.*
C: Isso não é verdade. O que eles estão vendo são resquícios de outras civilizações mais recentes, desde a Atlântida.
D: *Também me disseram que os cientistas atlantes chegaram ao ponto de fazer experimentos físicos. Você vê algo assim?*
C: Que tipo de experimentos físicos?
D: *Genética ou algo assim?*
C: Tudo o que está sendo experimentado agora, neste planeta, foi feito durante o tempo da Atlântida, entretanto, muitos séculos antes do seu desaparecimento. Geneticamente, eles clonaram animais e clonaram humanos, mas descobriram não ser apropriado fazer. Isso tudo interferiu no DNA da raça humana, que sofreria muito se continuado. Então foi mostrado que eles deveriam parar.

Assim, a experimentação genética foi feita somada ao uso da mente para modificar o físico. Eu nunca descobri o que veio primeiro, ou se os dois aconteceram ao mesmo tempo. Parece que a curiosidade deles não tinha limites. Um eco do passado se repetindo em nosso tempo presente.

D: *Foi apenas como um experimento, ou eles tinham um propósito?*
C: Foi experimental. O objetivo era ver se isso poderia ser feito, quando descobriram que sim, se depararam com muitas dificuldades e muitos problemas com os resultados. Não era desejável, e por isso, foi considerado melhor por aqueles que fizeram as regras, que deveria ser descontinuado.
D: *Que tipo de problemas eles encontraram?*
C: Formas não-humanas. Muitos experimentos de como você diz? Cruzamentos? (Ela questionou essa palavra.) Interclonagem? Mistura? Levando a resultados animalescos, causando doenças e invertendo o processo de evolução. Não era para o propósito do planeta que isso continuasse, então foi decidido que, para o

melhor do planeta, fosse descontinuado. Precisou ser interrompido, ou destruiria a humanidade.

D: Isso soa muito drástico.

C: Foi drástico . É drástico.

D: Então, em vez de fazer apenas clones exatos, eles começaram a misturar o DNA, os genes, só para ver o que aconteceria? É isso que você quer dizer?

C: Sim. A curiosidade de experimentar. Vamos fazer isso e ver o que sai, vamos tentar isso e ver o que acontece. No reino vegetal, fizeram híbridos de diferentes plantas, vegetais e árvores. Então pensaram: "Uau! Tivemos sucesso fazendo isso, por que não fazer isso com humanos?" Então começaram. E se tornou: "Oh! Bem, vejamos agora o que podemos fazer com isso, e isso e isso." E se tornou um grande desastre.

D: Então, quando eles começaram a clonar e misturar os diferentes genes, você disse que se tornou mais animalesco que humano?

C: Era como se estivessem revertendo a evolução. Mas tornou-se muito grotesco e muito maligno.

D: Então eles começaram a obter combinações que não eram desejáveis.

C: E nunca fora antes.

D: Mas aparentemente eles eram viáveis. Eles viveram.

C: Eles viveram por um tempo, e entraram em um estado do que você chamaria de "insano". Então a destruição aconteceu, porque se tornaram monstros.

D: Por que eles ficaram loucos? Você quer dizer, por não ser um processo normal, afetava a mente da criatura?

C: Isso era parte da questão. Outro lado, foi a mistura da genética humana com o reino animal, se tornando um brinquedo para os cientistas. Descobrir onde podemos ir e o que podemos criar. Agora podemos nos tornar deuses e criar aquilo que escolhemos criar. Aquilo que nunca existiu antes. E assim reinou o desastre.

D: Mas você também disse que a doença foi introduzida.

C: Doenças que nunca existiram, foram introduzidas.

D: Como isso aconteceu?

C: Misturando os genes. Misturando o que estava doente com o que estava sadio. E o que era... (com dificuldade em encontrar a palavra.) O que você chamaria de "corpos estranhos" para a raça humana. Poderia ser animal, ou de qualquer outro reino que eles quisessem tentar introduzir no DNA humano. Se uma partícula do DNA de uma das fitas, ou de uma raça, tinha um indício de algum tipo de doença, ela era introduzida no todo, o que criava toda uma nova linha de doença.

Este poderia ser um tipo de doença latente que o corpo do hospedeiro estava carregando e provavelmente era imune. Mas com o processo de clonagem, foi ativado, gerando mutações.

C: A doença sofreria mutação, se transformando em outra coisa. Se uma doença fosse introduzida por uma fita de DNA e outra doença fosse introduzida na manipulação, a combinação geraria algo com poder destrutivo.

D: *Então não eram apenas os corpos, a aparência física e as mentes dessas criaturas mudando, qualquer bactéria ou moléculas, também sofreria mudanças, quero dizer, diferentes doenças eram criadas no nível molecular, de maneiras completamente desconhecidas?*

C: Isso é correto. Tornou-se tão extenso que tiveram de encerrar todos os experimentos, porque viram se tornar algo descontrolado, podendo destruir toda a raça humana.

Em agosto de 1997, algum tempo após a realização dessa sessão, foi anunciada a primeira clonagem oficial de uma ovelha na Inglaterra e autoridades passaram a discutir abertamente os perigos sobre clonagem e sua ética. Através do meu trabalho, descobri que a clonagem de humanos já foi aperfeiçoada. Há muitas coisas que o público em geral não está ciente. É como se as primeiras migalhas de informação estivessem sendo deixadas (especialmente com o recente anúncio da primeira clonagem bem-sucedida de um macaco [nosso parente mais próximo]), para nos acostumarmos com a ideia, e estarmos preparados, quando o anúncio oficial da clonagem humana for feito.

Os cientistas disseram que poderiam clonar animais e introduzir genes humanos neles para produzir melhor carne, criando melhores animais. Recentemente, também começaram a introduzir genes humanos em porcos especiais para que seus órgãos pudessem ser usados em operações de transplante humano. Se o porco doador tivesse alguns genes humanos, o humano hospedeiro não rejeitaria o órgão, algo que normalmente acontece.

Um cientista levantou a objeção de que a introdução e mistura de genes humanos com genes animais poderia criar doenças desconhecidas, que começariam com o animal e possivelmente se espalhariam para o humano. O porco, por exemplo, tem doenças exclusivas, que necessariamente não são transmitidas ao manuseá-lo ou ao ingerir sua carne. Os cientistas se preocupam com o que aconteceria se o órgão doado fosse uma parte permanente do corpo humano, recebendo e compartilhando constante fluxo sanguíneo. Poderia este, espalhar partículas contaminadas, por todo o sistema do hospedeiro, correndo o risco de desenvolvimento de doenças desconhecidas que podem se espalhar por toda a população. Houve preocupação suficiente para interromper temporariamente o programa de doadores, até que mais pesquisas pudessem ser feitas.

A história parece se repetir. A humanidade estava cometendo os mesmos erros dos dias passados de Atlântida. Talvez esse tenha sido o propósito desta informação ter surgido neste momento de nossa história. Um sinal de alerta vindo do passado.

D: Então as doenças não estavam apenas nos experimentos genéticos. Estava começando a se espalhar para o resto da raça humana?
C: Ficou confinado aos experimentos genéticos, mas os cientistas viram que, se continuassem, então se espalharia. Esses seres, inevitavelmente, se integrariam nas outras comunidades, então essa doença seria transmitida por toda a civilização e os poderes constituintes disseram: "isso não podemos permitir que aconteça!". Então, o que existia, foi destruído.
D: Essas criaturas que eles criaram, eram estéreis, ou foram capazes de se reproduzir?
C: Não podiam se reproduzir. Eles eram simplesmente "clones", sem órgãos reprodutivos.
D: Para que usavam esses seres, quando tudo começou e antes de ficar fora de controle? Havia um propósito?
C: O objetivo inicial era simplesmente saber se poderia ser feito, e ficou fora de controle.
D: Então eles não usaram esses seres para nada?
C: O que os seres eram capazes de fazer, eles os ensinavam como robôs. Então eles agiram como robôs aos comandos dos cientistas.

Podiam ser assistentes, para uns ou companheiros de brincadeiras, para outros. Eram projetados para serem donas de casa, pastores, para o que quer que seja, já que entenderam, "Bem, devemos ter um propósito para isso, se vamos criá-los".

Seriam esses os gentis servos que John viu?

C: E então, pensaram: "Bem, isso é legal. Então vamos introduzir todos esses outros genes, com todos esses outros animais, para ver o que podemos fazer." E então o que aconteceu foi o caos.

D: Então, a principal razão para encerrar o experimento foi o medo de que estivesse saindo do controle e a doença se espalhasse?

C: Essa foi a única razão. Eles podiam ver que toda a civilização seria totalmente destruída, em vez disso, eles destruíram aqueles seres que haviam criado.

D: E você disse que os "poderes constituintes" foram quem lhes disseram para parar com tudo. Quem seriam eles?

C: Os governos.

D: Então eles sabiam o que os cientistas estavam fazendo.

C: Sim. Eles o endossaram, até que viram que haviam chegado em uma encruzilhada, um lugar onde não se podia ir, não se podia estar. Caso contrário, toda a civilização seria destruída.

D: Teria se espalhado até para as comunidades que eram, mais ou menos, o que você chamava de "párias"?

C: Ah, sim. Oh! sim.

D: Então eles reuniram os seres que criaram e tiveram que destruí-los?

C: Sim, isso foi realizado. Não de uma forma massiva, mas de uma forma muito silenciosa e sutil, que parecia natural. Assim, a comunidade em geral não ficaria alarmada ou entraria em uma situação de pânico. Foi tudo mantido muito sob controle. O público em geral não estava ciente de alguns dos seres grotescos que saíram das experimentações. Era um pouco como a forma como o seu governo esconde muitas coisas do público em geral. Assim era no tempo da Atlântida.

D: Eu sempre suspeitei que muitas das lendas de metade-humano, metade-animal, podem ter vindo desse período. Isso é possível?

C: Sim, é possível. Foi de onde veio.

D: *Então essas criaturas, meio humanas, meio animais, não existiam após o tempo da Atlântida? (Não) Então todas as lendas são muito antigas?*
C: Positivo. Originou-se na Atlântida.
D: *Nos tempos dos romanos, gregos e egípcios, você ouvia essas histórias. Então eles tinham uma base de fato, mas era muito atrás no tempo. Isso é correto?*
C: Muito antes de o Egito e Roma serem concebidos.
D: *Mas fazia parte das memórias, e eles as transformaram em lendas.*
C: Sim, está correto. Foi transmitido, sendo uma memória da consciência coletiva.
D: *Eu sempre acreditei que as lendas têm alguma base de fato, se você as levar longe o suficiente.*
C: Todas elas têm, caso contrário, como se tornariam uma lenda? Uma vez lenda, cada pessoa que a recebe quer adicionar uma pequena pitada de seu próprio brilho e extravagância para torná-la uma lenda ainda maior e mais colorida.
D: *Mas tudo começa em algum lugar.*
C: Há sempre o começo.
D: *Houve mais alguma coisa que os cientistas fizeram que mais tarde lhes disseram que deveriam parar?*
C: Essa foi a maior coisa, a coisa importante sobre a qual você perguntou, e parecia apropriado mencionar neste momento.
D: *Porque estamos começando a tropeçar na mesma área. Me disseram que em nosso tempo, hoje no século XX, há cientistas que estão experimentando esse mesmo tipo de coisa. Você sabe algo a respeito disso?*
C: Isso é verdade. Isso é verdade. Eles estão começando a brincar com a genética e à medida que o público se torna mais consciente disso, haverá uma revolta. De dizer: "Isso não é natural. Deixe estar."
D: *Muitas vezes suspeitei que eles foram mais longe do que estão deixando as pessoas saberem.*
C: Sim, eles foram. Gradualmente, irão soltar pequenos pedaços de informações aqui e ali. Nos dias de Atlântida, era tudo escondido, no tempo de hoje, como você sabe, eles estão permitindo um pequeno pingo de informação. Apenas o suficiente para que o público em geral não fique alarmado. Quando informações relevantes vazarem de propósito, por parte de alguns do envolvidos, o público se revoltará e dirá: "Não podemos permitir

que isso aconteça! Não deve acontecer! Isso destruirá a raça humana, como conhecemos."

D: A história vai se repetir.

C: Sim. Mas por causa da comunicação no tempo em que você vive, mais pessoas ficam cientes de maneira mais rápida, obtendo essa comunicação em massa de uma só vez. Se souberem disso, da possibilidade de destruir o mundo, o público se levantará em armas.

D: Os cientistas do século XX já começaram a combinar DNA de diferentes espécies?

C: Sim. Muito secretamente.

D: Você pode me dizer alguma coisa sobre isso? Gostaria de saber até onde chegamos. Sei que é um tema perturbador.

C: (Suspiro profundo) Não é apropriado neste momento falarmos mais sobre esse assunto.

O mesmo ocorreu quando quis explorar mais esse assunto em "Sob Custódia". Os alienígenas me deram muitas informações, mas houve algumas que eles não revelaram, principalmente por causa do efeito que isso teria no veículo pelo qual a informação teria que passar. Quando isso acontece, não posso desrespeitar essas diretivas, nem quero.

D: Ok. Mas me disseram que os extraterrestres estão ajudando nosso governo em tais experimentos. Isso é verdade? Eles aprovam o que está acontecendo?

C: Exato. O que os extraterrestres estão fazendo é simplesmente controlá-lo e mantê-lo em um nível onde a raça humana não se destrua.

D: Porque eles, de certa forma, sabem como isso funciona, não é?

C: Sim, sabemos.

D: Eu me pergunto se os cientistas humanos irão ouvi-los, ou eles saem fazendo tudo por conta própria?

C: Temos maneiras de deixar os cientistas saberem que existem limites.

D: E presumo que esses experimentos estejam sendo realizados em lugares secretos.

C: Sim. Em todo o planeta. Mas nós, mais ou menos, estamos ajudando a manter um limite, para não destruir o planeta.

D: Você acha que os cientistas poderiam tirá-lo do controle?
C: Pode acontecer. É um planeta de livre escolha. (Ela parecia desconfortável.)
D: Tudo bem. Você sempre me diz quando não pode ir adiante com as informações, e eu respeito isso. Para voltar à Atlântida, você pode me dizer o que aconteceu na destruição? Houve algum evento que finalmente culminou e o fez afundar no oceano?
C: Eu não posso discutir isso hoje.
D: Por que não?
C: Não é um momento apropriado para discutir como isso aconteceu. Talvez, em algum momento futuro, essa informação poderá ser divulgada.
D: Tudo bem. Após a destruição, houve sobreviventes?
C: Houve muita perda de vidas naquela época. A Terra exigiu uma nova semeadura.
D: Acredito na semeadura, então isso não me surpreende. Deixe-me dizer-lhe uma teoria que tenho, e você pode me dizer se está correto ou não. Muitas vezes pensei que poderia haver sobreviventes que vieram para o Egito, Peru e diferentes partes do mundo, onde temos esses grandes monumentos. Que talvez eles carregassem o conhecimento de como fazer essas coisas, como trabalhar com pedra. Isso é correto?
C: Durante aquele tempo, estávamos em contato com humanos de Atlântida e assim, em cooperação, seres daquela civilização visitaram outras estrelas. Alguns dos seres de Atlântida, que estavam em outras estrelas, ajudaram a semear a área onde está o Egito e onde estão outras áreas. Portanto, as informações e as memórias da Atlântida continuaram. A lenda começou e continuou, porque os seres da Atlântida que viviam em outras estrelas, voltaram, como sementes em forma física.
D: Mas como sementes, você quer dizer... adultos. Porque sei que no início a vida começou no estágio celular e evoluiu.
C: Sim. Não é assim neste momento. Esses seres, pode-se dizer, tiraram um período sabático, tiraram férias de Atlântida e foram para outras estrelas. Quando Atlântida desapareceu da Terra e outras áreas surgiram, esses seres voltaram ao planeta para começar a vida novamente. Muitos que repovoaram a Terra tiveram que vir de outros sistemas estelares, porque houve uma grande perda de vida, simplesmente pela natureza explosiva em

que o planeta desapareceu. Isso é tudo que posso dizer sobre o assunto. Talvez em outro momento, se apropriado e o conselho permitir, poderemos divulgar mais informação.

O que Clara disse sobre humanos sendo transportados para outras estrelas e devolvidos após o cataclisma, soou muito semelhante à outra informação que recebi, relatada mais adiante, neste livro. Este é um plano viável para evacuar uma parte da raça humana no futuro, se necessário. Aparentemente, isso já aconteceu no passado, e também pode ser a história se repetindo. Os alienígenas sempre disseram que não permitiriam a destruição da raça humana. Muito tempo e energia foram investidos em seu desenvolvimento. Eles estão empenhados em nos ajudar e nos salvarem de nós mesmo.

Não me preocupei com o fato de Clara não poder me dar informações sobre a destruição da Atlântida, eu já as havia recebido de outros clientes. Guardei tudo em meus arquivos por anos, até começar a compilá-los neste livro. Então descobri que realmente tinha tudo que precisava. Fui recebendo pequenas peças do quebra cabeça ao longo de vários anos.

Recebemos pistas de que essa grande civilização teve que deixar de existir, por causa do mau uso de seus poderes mentais e suas tentativas de ir contra a estrutura moral do universo, reescrevendo a genética. No entanto, eu suspeitava que algo mais poderoso estivesse envolvido no cataclisma final que afundou Atlântida.

* * *

Esta informação veio do bibliotecário da grande Biblioteca, no plano espiritual.

D: *Podemos ter acesso aos arquivos de Atlântida, novamente? Eu gostaria de saber sobre a real destruição da antiga civilização. Na última vez, o bibliotecário estava nos contando algumas das razões pelas quais foi destruída, como o mau uso do poder da mente, mas e a destruição final? Poderia nos mostrar alguma coisa sobre isso?*

John: Sim, ele está me mostrando fissuras profundas feitas na Terra. Profundas, por causa desses cristais. Eles usaram esse poder do cristal, transmitindo a luz do Sol para o solo, o que causou um alto nível de stress. Também tentaram penetrar no núcleo fundido da Terra, isso causou muita pressão que ajudou a destruir a ilha. Ao perfurarem o núcleo fundido, ele explodiu, causando toda aquela destruição.

D: *Por que eles estavam fazendo isso?*
J: Eles estavam procurando outra fonte de energia, em vez de apenas o Sol.
D: *Então eles estavam usando o Sol com os cristais. Como eles estavam perfurando a Terra?*
J: Através de pesada concentração do poder mental.
D: *Eles, de fato, tinham suas mentes desenvolvidas. E depois, o que aconteceu? Você disse que fizeram essas fissuras na Terra de ambas as fontes, os cristais e sua mente?*
J: Ele diz que os cometas também tiveram algo a ver com isso.
D: *Ele sabe por quê?*
J: Não. Ele está apenas mostrando que os cometas estavam nos céus, que predestinou que este evento aconteceria. Os cientistas perfuraram a rocha sólida até o nível do núcleo fundido, causando uma grande liberação nuclear. Isso afetou não apenas os continentes da própria Terra, mas todos os planetas ao redor.
D: *Você quer dizer os planetas em nosso sistema solar?*
J: Exato. Isso gerou muita energia, e por essa razão que Atlântida afundou.
D: *Eles estavam mexendo com algo que não entendiam?*
J: Eles não compreenderam o poder por trás do núcleo derretido.
D: *Então os cometas nada tiveram a ver com isso.*
J: Não, mas havia atendentes nos céus para este evento.
D: *Então o que aconteceu?*
J: Essa perfuração mental causou fissuras, gerando liberação do núcleo fundido, isso desequilibrou o mundo, e por isso afundou.
D: *Como uma erupção vulcânica?*
J: Certo. Foi uma mudança da Terra.

Após acordar, John contou o que conseguiu lembrar e que não foi gravado na fita. Como sempre, a memória mais clara foi a última coisa que discutimos.

J: Eles sabiam sobre astrologia, dominavam essa arte. Os cometas que apareceram os alertaram de que não deveriam estar brincando com a busca dessa fonte de energia do centro da Terra. No entanto, eles continuaram perfurando a Terra, usando o poder mental. Imagine um furo entrando na Terra. Quando atingiram esse núcleo derretido, isso fez com que uma enorme quantidade de energia fosse liberada, causando erupções vulcânicas. Como se algo explodisse na superfície, sabe como pode borbulhar e estourar na superfície?

D: Eu estava pensando que deve ter sido como um vulcão, mas aparentemente era mais poderoso do que isso.

J: Ah, sim, era muito mais poderoso. Eles não perceberam que não podiam canalizar essa energia.

D: Para pará-lo, você quer dizer?

J: Exato, era muito poderoso. Era como um vulcão, só que multiplicado por um milhão. Simplesmente destruiu toda a ilha. Ele estava muito relutante em me dizer, acho que ele não queria que as pessoas tivessem ideias para fazer isso de novo.

D: Falou-se em perfurar a Terra com máquinas.

J: Sim. Ele estava realmente relutante em falar sobre isso. Eu poderia insistir, mas era como "assunto finalizado, arquivo fechado". Isso foi o suficiente.

* * *

Mais informações foram encontradas nas sessões de Phil, quando ele recebeu conhecimento da história do Planeta dos Três Pináculos.

D: Você pode ver o que causou a destruição da Atlântida?

P: Há muitos fatores aqui que são ambos, físicos e não-físicos. No entanto, sentimos que os fatores físicos, talvez, sejam o que você procura. A destruição foi múltipla, sendo o mais traumático a destruição da própria massa de terra, em um cataclisma de atividade vulcânica, causado por terremotos. A maior parte dessa destruição foi reforçada por aqueles pertencentes à classe dominante, naquela época. Foi oferecida ao povo a capacidade de se destruir, pelo uso de muitas formas diferentes de energia. Havia muitos tipos diferentes de energias disponíveis e eles estavam, simplesmente, usando mal estes recursos, de tal forma que se tornaram forças muitas desarmônicas, naquela porção particular do planeta.

D: *Eu me perguntei se a causa foi um fenômeno natural ou se as pessoas desempenharam um papel na real destruição.*
P: A maior parte da destruição foi um ato de ignorância e estupidez. No entanto, havia, em algum nível, uma consciência de que tais ações teriam consequências. Essas consequências foram ignoradas em favor do chamado "ganho imediato" de tais ações.
D: *Mas você disse que eles usavam energias, esses tipos de energias eram parte da causa dos vulcões em erupção e dos terremotos?*
P: Isso é exato. Havia as energias dos cristais que foram focalizadas de modo a cortar as linhas de energia da própria Terra. Como se a "cola", por assim dizer, que segurava aquela porção da Terra, foi perdida. Houve grande desarmonia, como resultado dessa destruição e finalmente o cataclisma.
D: *Isso significa que eles não esperavam isso acontecer?*
P: Houve quem avisasse que tais ações causariam tal reação. Infelizmente, a maioria das pessoas tomando as decisões naquele momento, estava cega por seu próprio sentimento de impunidade, pelas leis da natureza e de Deus. Estavam agindo de maneiras a causar muita destruição.
D: *Então, em outras palavras, estavam brincando com coisas que não deveriam.*
P: Eles estavam brincando com as coisas de maneiras não devidas. Não que eles estivessem brincando com coisas que não deveriam.
D: *Tudo saiu pela culatra e naquele momento acabaram destruindo o mundo e a si próprios.*
P: Isso é exato.

* * *

D: *Eu estava me perguntando, se Atlântida era um lugar tão perfeito, desenvolvendo tremendas habilidades, o que a levou à queda?*
Brenda: Da melhor forma que posso ver, o que aconteceu foi um desastre natural imprevisto. Esse desastre natural foi tão expandido que jogou tudo ao caos. Parece que a principal coisa que aconteceu foi que eles estavam se desenvolvendo muito bem e um pequeno grupo, queria mais poder do que deveria. Mas ainda não haviam desenvolvido nenhuma energia que gerasse grandes problemas. Atlântida estava situada entre duas placas tectônicas diferentes e a tensão entre essas duas placas era muito intensa,

chegando ao ponto de causar um grande terremoto. Imagine um terremoto de proporções gigantescas, ao ponto de quando o solo se partiu, dividiu toda a crosta, magma e lava começaram a brotar, não de um vulcão, mas do próprio terremoto. Foi tão violento que foi sentido em todo o mundo. Prédios em ambos os continentes desmoronaram. Simplesmente, destruiu Atlântida em pedacinhos, como diria este sujeito.

D: *Eu ouvi uma história, mas não sei o quão verdadeira é. O grupo que queria poder, usou o cristal principal, ou algo assim, colaborando parcialmente com o cataclisma.*

B: Isso provavelmente contribuiu para a violência do terremoto. Havia muita instabilidade e tudo pronto para irromper a qualquer momento. Eles pensaram poder reparar ou reverter a situação, mas isso desencadeou o terremoto de forma ainda mais devastadora que de outra forma.

D: *Você consegue ver, foi por esse motivo que o continente afundou?*

B: Não afundou totalmente. Afundou, mas durante séculos os navios não puderam navegar naquele oceano, por causa dos bancos de lama que se formaram. Era muito raso para os navios navegarem por todo o oceano. À medida que as placas foram se afastando, os bancos de lama gradualmente afundaram o suficiente para que os navios pudessem atravessar, sem encalhar. Houve alguns registros disso em seus anais marítimos, as pessoas acabavam por atribuir a algo inexplicável.

Isso poderia explicar alguns mapas antigos e a relutância dos marinheiros em navegar por grandes distâncias. Havia muitos contos, mesmo nos dias de Colombo, de monstros e navios perdidos. Talvez isso estivesse por trás das lendas de navios caindo da borda da Terra, quando não voltavam, era certeza terem caído. As pessoas em casa não tinham como saber que talvez tivessem atingido os destroços e afundado, ou ficado preso e, assim, morrido de fome. Isso também poderia explicar a lenda do Mar dos Sargaços ou Mar dos Navios Perdidos.

D: *Quando aconteceu, foi como um naufrágio para as pessoas que estavam na terra?*

B: Não, foi confusão e desastre, suas terras tremendo loucamente e rios de lava correndo pelas ruas. Foi muito horrível, as pessoas corriam para o oceano e nadavam à fora, para fugir da lava e da terra trêmula. Os que escaparam para o oceano, se afogaram, já que o terremoto inicial fez com que as ondas voltassem, ricocheteando no continente em ambos os lados. Maremotos varreram os restos da ilha e destruíram tudo o que ainda não havia sido destruído pela lava e pelo tremor.

* * *

Gostaria de comentar sobre um caso, no ano de 2000, em Nova Orleans. Um homem regrediu ao que descreveu como Atlântida, onde era membro de um grupo de padres. Havia um sumo sacerdote acima deste grupo e eles estavam usando cristais para tentar neutralizar as influências negativas de outro grupo de cientistas dominantes. Parecia que o grupo de cientistas estava usando poderes e controle mental de maneira prejudicial, com experimentos nocivos e negativos. Assim, este grupo de sacerdotes estava tentando neutralizar a negatividade, usando cristais e direcionando energia para tentar anular os efeitos criados. Mas estavam tendo problemas. Eles tinham um grupo de cristais, que deveriam ser alinhados em uma certa ordem ou padrão para criar o mais alto grau de eficácia, mas não estavam funcionando. Eles continuaram reorganizando os cristais e usando o poder de suas mentes, mas sem sucesso.

As coisas pioraram gradualmente, e a terra estava experimentando uma grande atividade sísmica. Eles sabiam que o continente ia afundar. Perguntei como eles tinham certeza, ele disse por causa das coisas negativas que o outro grupo estava fazendo. Estavam criando um desequilíbrio, e tudo estava muito instável e desarmônico. Tudo o que estava acontecendo criou uma atividade sísmica. Eles sabiam que o pedaço de terra, a ilha ou o que quer que fosse, Atlântida, ia afundar. Então decidiram deixar o continente para ir para outro lugar.

Ele disse que partiram em navios e levaram todo o seu grupo com eles. Pedi uma descrição dos navios e eram muito estranhos, como grandes bolhas redondas. Eles eram bem grandes porque podiam conter até cinquenta pessoas. Quando navegaram no oceano, metade da bolha estava acima da água e metade dela, abaixo. A metade que estava acima da água era transparente, podendo ver através. As pessoas viajaram dentro dessas bolhas, movidas através da mente, com ajuda dos cristais. Cada navio carregava alguns cristais. O grupo concentrava suas mentes para criar o poder que impulsionava esses navios-bolha através do oceano e estavam indo para o que mais tarde seria conhecido como Egito.

Quando o grupo chegou ao Egito, conseguiram usar os cristais e erguer alojamentos. Eles nunca souberam o que aconteceu com o continente, porque nunca encontraram nenhum sobrevivente que realizara a mesma jornada. Havia grupos de pessoas vivendo lá, nativos da área, sem habilidades psíquicas avançadas. Eles não criaram relações com o grupo, guardaram seus conhecimentos para si mesmos. Este grupo de sacerdotes continuaria seu trabalho, fundando uma civilização totalmente nova, com o uso de seus cristais e controle mental. Eles pretendiam continuar usando a ciência avançada.

Este foi um exemplo inesperado de sobreviventes que conseguiu escapar da tragédia e levar consigo conhecimentos avançados. Eles esperavam criar uma nova civilização, que não fosse levada aos extremos da última. Quem sabe quantos outros escaparam e foram para outros continentes? Esta seria uma explicação para a construção de monumentos e edifícios que nossos cientistas não conseguem explicar. O conhecimento estava lá, e foi provavelmente perdido, depois de várias gerações. Essa possibilidade será explorada no próximo capítulo.

CAPÍTULO SETE
O MISTÉRIO DAS PIRÂMIDES

Toda vez que tenho um paciente sob profundo de transe, faço muitas, muitas perguntas. Quando fui concedida acesso a uma fonte ilimitada de informações, a curiosidade insaciável do meu lado "repórter" tomou conta, desejando saber tudo sobre todos os tópicos imagináveis.

Phil teve acesso às respostas, através do Planeta dos Três Pináculos.

P: O conhecimento não está no próprio planeta, mas pode ser acessado daqui, através do sistema de comunicação planetária.
D: *Algo como uma central de processamento de informações? Um sistema de comunicação para contatos interplanetários?*
P: Sim, isso seria exato.
D: *Certa vez, você disse que os registros do passado da Terra eram acessíveis a partir deste lugar, certo?*
P: Isso está correto. A história está aqui. A história está em todos os lugares ao mesmo tempo e, simplesmente, disponível para mim neste momento.
D: *Houve muitas teorias diferentes sobre como as antigas pirâmides do Egito foram construídas. Podemos ter alguma informação sobre esse assunto, por favor?*
P: Essas estruturas foram construídas com o auxílio de levitação, que atualmente está sendo redescoberta em algumas áreas da Terra. O ato de mover essas pedras foi realizado com pura energia mental. Isso é possível hoje, neste tempo, como era naquele tempo. Requer foco absoluto e concentração. Havia um grupo de cinco a sete sacerdotes, educados nesta ciência e em muitas outras ciências. Este era apenas um aspecto de seu treinamento. O conhecimento foi transferido de Atlântida. As pirâmides foram um presente do conhecimento de Atlântida.
D: *A levitação foi o único método pelo qual essas pedras foram transportadas?*

P: Havia cantos de tons que acompanhavam o processo. Era também uma experiência religiosa.

D: *Ouvi dizer também que, talvez, algumas pirâmides tenham sido construídas de uma maneira diferente.*

P: Há muita especulação no mundo. Sempre que não existe conhecimento sobre como algo é construído, teoriza-se que o método utilizado era comum à civilização da época. Não seria natural supor um método de construção desconhecido. Há muitas maneiras de construir pirâmides, algumas são mais relevantes do que outras.

D: *Outra pessoa me disse que viu o material sendo despejado, como hoje seria despejado o concreto, por exemplo.*

P: Vemos que as pedras foram extraídas e cortadas, depois, levitadas. Não desacreditamos essas informações, pois não temos o controle total de todas as informações, e isso pode ser totalmente preciso. Pelo que vemos, no entanto, as pedras com as quais estamos familiarizados foram cortadas e extraídas em locais distantes, depois transportadas por telepatia. O sacerdote acompanhava as pedras no transporte, depois as levitava até o ponto de onde eram erguidas. O trabalho era mais mental do que físico.

D: *Então eram transportados por levitação também?*

Eu estava me referindo ao transporte das pedras, mas Phil pensou que eu queria dizer que os sacerdotes também eram levitados.

P: Os sacerdotes eram transportados de maneira mais convencional, como em carruagens, mas acompanhavam as pedras e as mantinham à vista, de modo a fixar firmemente as pedras em sua concentração. As pedras eram transportadas das pedreiras para o local e, depois, movidas para o ponto final, por levitação. Todo o levantamento era realizado através de levitação. As energias usadas e transferidas às pedras, durante sua levitação, eram armazenadas. Cada pedra armazenava uma pequena parte, e assim a pirâmide como um todo continha muita energia. As pedras atuam como cristais, pois podem armazenar energia humana, bem como muitas outras energias.

D: *Você mencionou cantar e sons. Que papel isso desempenhou?*

P: Esta é uma manifestação física daquela energia que está sendo focalizada.

Quando trabalhava em meu livro, "Jesus e os Essênios", era difícil obter informações sobre certos assuntos, por causa do código de sigilo extremo sob o qual os essênios viviam. Eu estava tentando descobrir se eles tinham algum método para se proteger de seus inimigos. O máximo que pude aprender foi usarem algum método sonoro, pois não carregavam armas, imagino que não eram necessárias. Também perguntei sobre a construção das pirâmides, mas só me contaram histórias e lendas que tinham em sua cultura. Quando um cliente é regredido a uma vida passada, ele é muito influenciado pela estrutura moral da personalidade que assume naquele momento. Assim, muitas vezes era impossível fazer com que o sujeito revelasse segredos.

Anos após eu ter iniciado essa pesquisa sobre o livro, outra mulher, em outra parte dos Estados Unidos, forneceu algumas das peças que faltavam no projeto original, justamente por causa dessas restrições mentais do paciente. Essa mulher também havia sido membro da comunidade essênia em uma vida passada, envolvida com o ensino de mistérios, também sentia a extrema necessidade de sigilo. Porque ela não entrou no transe sonâmbulo completo, ela conseguiu reter memórias de algumas cenas, quando recobrou a consciência. Ela disse que mesmo em estado de vigília, era difícil falar dessas coisas, porque seu corpo ficava tenso e sua garganta tentou fechar. É impressionante, quão arraigadas estavam essas restrições naquela vida. Ela entendeu conscientemente as razões da privacidade da comunidade e a necessidade de proteger as informações, porque, se certas coisas vazassem e usadas incorretamente, poderiam causar muito estresse e danos.

Ela relatou a informação que permaneceu em sua mente consciente: "Eu vi este vale onde centenas ou duzentas pessoas estavam sentadas em filas. Eles usavam o som para levitar uma enorme criação de pedra e movê-la para onde desejavam que ficasse. O som era místico, sagrado e, ao mesmo tempo, terreno. Era todas as coisas do universo combinadas. O som não era apenas criado pela voz, mas era acompanhado por certos tipos de trombetes. (Ela não sabia como chamar os instrumentos porque eles não se pareciam com nada que ela tivesse visto nesta vida.) Eles eram muito longos, alguns eram curvos e alguns eram retos. Eles produziam notas bem sustentadas e claras, e isso era realizado em unissonância. O som combinado nunca parava antes da conclusão da atividade realizada. Em outras palavras, não paravam para respirar ao mesmo tempo, assim os sons eram mantidos constantes. O número de pessoas participantes variava de acordo com o trabalho a ser realizado. Quanto mais difícil, ou maior a escala, mais as pessoas estariam envolvidas.

"Levitação não era o único objetivo. O som poderia ser usado para muitas coisas diferentes. Havia diferentes tons, ou altura, com o poder de tornar pessoas impotentes, causando inconsciência, ou fazendo com que elas se comportassem de maneira insana, irritada ou agitada. Também era possível matar com som, embora os essênios nunca tenham ido tão longe, pois deixar as pessoas inconscientes serviria ao mesmo propósito. Eles também poderiam usar o som para se tornarem invisíveis. Tinha a ver com harmônicas, o método natural de encontrar a equação matemática que faz qualquer objeto vibrar. Isso poderia ser feito por uma pessoa, mas se houvesse um exército avançando, seria necessário um grupo para conseguir neutralizá-los."

Isso, é claro, trouxe imediatamente à mente a história bíblica de Josué e a Batalha de Jericó, onde o som fez com que as muralhas da cidade desmoronassem. O som é capaz dessas proezas, uma certa nota pode quebrar um copo de cristal e a vibração de um grupo de soldados em marcha pode derrubar uma ponte, se eles não quebrarem o passo.

Eu me perguntei por que essa arma poderosa não foi usada em tempos posteriores, quando os romanos atacaram e destruíram Qumran, capturando e torturando os essênios. Esta foi a época em que, por segurança, os pergaminhos do Mar Morto foram escondidos nas cavernas. Talvez eles soubessem ser a hora do fim de uma era? Talvez eles tenham esquecido como usar esse método ou não tenham sido ensinados? Provavelmente, nunca saberemos. Em todos os aspectos, creio que os antigos tinham conhecimento sobre a levitação através do som, e isso foi perdido nas gerações seguintes.

Retornei meu questionamento às pirâmides.

D: Foram todas construídas da mesma maneira?
P: A construção das pirâmides aumentou em complexidade e o significado é difícil de traduzir, mas a evolução foi de grosseira para mais refinada, concomitantemente com a sintonização dos sacerdotes em sua religião. À medida que a sintonia entre eles se elevava, mais era realizado e maiores eram as possibilidades. Isso não era algo que o cidadão leigo pudesse fazer. Foram necessários muitos anos de estudo e esforço concentrado para conseguir tais

feitos. Isso era algo que apenas alguns poucos poderiam realizar, através de anos de estudo.

D: Seria possível para as pessoas hoje aprenderem a levitação?

P: A resposta é sim. Não há restrições físicas, mentais ou emocionais, quanto a quem pode receber esse conhecimento. O fator decisivo está na própria pessoa, no seu desejo de perseguir e exercer o esforço necessário para aprendê-lo.

D: E a estranha energia nas pirâmides que dizem ter o poder de preservar as coisas?

P: A energia é simplesmente uma energia capaz de ser convertida através do corpo humano. Existem aquelas energias que o corpo humano não consegue converter, que estariam fora de sintonia com a experiência humana. Portanto, essas pirâmides não contêm esse tipo de energia, pois os humanos que armazenaram a energia nessas pirâmides não conseguiram converter essa energia. Assim, essas pirâmides contêm energia peculiar à experiência humana. O material pode ser carregado por qualquer humano que concentre suas energias nele, como sabem muito bem quem trabalha com cristais. O mesmo princípio se aplica aqui.

D: Li que existem maldições que matam pessoas que invadem as pirâmides ou violam seus túmulos. Isso é verdade ou é apenas a imaginação das pessoas?

P: Isso não é o que se chamaria de maldição, com o trabalho de entidades vingadoras, por exemplo. Isso não seria correto. As pirâmides estão cheias de energia humana, mais do que qualquer outro objeto ou dispositivo atualmente na Terra. Quando alguém entra nessas pirâmides, entra nesse campo de energia humana concentrada. Eles estão imersos e banhados na energia que faz parte das personalidades de quem carregou essas pedras. A maldição, a má sorte de que você fala, são apenas manifestações de desequilíbrio nessas pessoas que não conseguem lidar com essa energia, atraindo essas tragédias para si mesmos. Aquele treinado, consciente e aberto pode entrar nessas pirâmides e receber delas muito conhecimento, armazenado em suas próprias estruturas. Se o indivíduo é alguém aberto e agradável, perceberá as pirâmides sendo muito psíquicas. Um edifício psíquico, por assim dizer.

D: E as pirâmides na América do Sul? Foram construídos da mesma maneira que no Egito?

P: Essas pirâmides são da mesma qualidade de pessoas, emigrantes de Atlântida, sobreviventes da destruição. O método usado é idêntico, pois era de conhecimento comum em Atlântida. Esses templos eram usados para adoração. Muitos anos transcorreram, desde a experiência original de Atlântida até que essas pirâmides, no leste e oeste, foram construídas, muitas ideias evoluíram em direções diferentes também.

D: *Mas era o mesmo princípio. E as pirâmides no México, também foram construídas por levitação?*

P: Houve uma perda gradual dessa arte, e muitas civilizações tentaram, de maneiras mais convencionais, copiar essa técnica de construção. Estamos em busca desse conhecimento, o que parece indicar que estes foram construídos na forma convencional, com labor físico.

D: *Isso porque o conhecimento estava sendo perdido naquela época?*

P: Foi porque esta geração nunca recebeu o conhecimento e desejou copiar aquelas estruturas que viram ou ouviram sobre. Havia pirâmides no continente da Atlântida, mas que, neste momento, estão submersas. Essas pirâmides estão destinadas a emergir novamente, após o cataclismo. O conhecimento armazenado nessas pirâmides deve ser liberado para a geração da fundação, a nova consciência da qual a Terra está agora integrando. Esse conhecimento auxiliará na evolução do homem nessa época.

D: *O que você quer dizer com o cataclismo?*

P: Este é um termo solto, aplicado às muitas mudanças físicas que estão ocorrendo agora e ocorrerão, neste planeta, nos próximos dezoito anos cronológicos. (Isto foi gravado em 1985.) Estes eventos são agrupados vagamente no termo "cataclismo" que não deve ser considerado como um único evento gigantesco.

* * *

D: *Você poderia me dizer quem construiu as Grandes Pirâmides no Egito, e por quê? E como eles as construíram?*

P: Essa informação foi cedida em muitas canalizações anteriores. Este é um monumento às realizações, ou ápice do sucesso de uma civilização anterior para as gerações seguintes. Um marco de sua conquista, um símbolo de seu sucesso. O epítome de sua compreensão da natureza da realidade. O fato de este monumento permanecer um mistério, indica às gerações sucessivas sua falta de compreensão. No momento em que este pináculo for entendido, a tecnologia dessa geração terá alcançado um nível de consciência suficiente para receber informações sucessivas, das quais a pirâmide fala muito pouco. É um teste decisivo para determinada geração. De modo que as energias superiores, encarregadas da disseminação de informações, possam perceber que a geração atual no planeta, naquele momento, atingiu um nível de compreensão suficiente, para que lhes seja dado o restante das informações disponíveis. Até que o entendimento completo da pirâmide seja alcançado, seria prematuro permitir a divulgação das informações nela mantidas.

D: *Eu estava interessada em como essas pirâmides foram construídas. Você consegue ver isso?*

P: Você consegue ver isso? (Risos) Já foi entendido que por meios de levitação e propulsão eletromagnética de muitos tipos diferentes, incluindo o uso de tons e ressonância mental. Elaborar mais seria inútil, pois seu nível de compreensão não é elevado ao ponto que pudesse assimilar o que lhe explicaríamos. Portanto, quando você, através de suas próprias tentativas de compreensão, tiver se elevado a esse nível, de modo que possa entender essas realidades de ordem superior, então você receberá uma compreensão mais completa. Você deve construir sua fundação, antes de construir sua casa.

D: *Isso faz sentido. Ouvi dizer que foi realizado através da música. Isso corresponde com o que você disse sobre tons?*

P: Música no sentido de tons, não no sentido de canção.

D: *Esses tons estão se tornando mais viáveis, com nossos sintetizadores existentes hoje? Eles conseguem gerar tons que não podíamos gerar anteriormente.*

P: Não no sentido de simples realidades sonoras ou vibracionais, mas realidades conceituais, o tom das energias mentais. Sua energia mental ressoando em um único tom particular; o conceito de tom. Sendo que sua energia mental não é, simplesmente, um ruído aleatório, como muitos operam nesse momento. Mas que sua energia mental pode ser focada de tal forma que ressoe em um tom específico. Não em ruído ou mesmo em harmonia. Embora muitos acordes de energia mental sejam possíveis com a realização posterior do conceito de tons mentais. De tal forma que esses tons mentais em uníssono geram uma tremenda energia, poderosa e capaz de, literalmente, dividir sua Terra em duas. Haveria um número suficiente de seres para se unirem em um esforço comum. Seria como a destruição da Atlântida novamente.

D: *Isso corresponderia com o que nos foi dito sobre como os extraterrestres são capazes de impulsionar suas naves? Através de concentração mental.*

P: Isso é exato.

D: *É a mesma energia?*

P: Não é a mesma energia, mas o mesmo conceito, praticado de uma forma diferente.

D: *As pirâmides funcionam apenas como monumentos ou atendem a uma necessidade útil de energia na natureza?*

P: Elas são um elemento psicoativo da energia em seu planeta. Algo como um estímulo para aqueles em seu planeta que, através de suas próprias ações, tentam elevar seu nível de consciência para o mesmo nível em que a pirâmide ressoa. Foi um estímulo, não apenas em termos conceituais, mas em termos reativos. A energia em seu planeta é um pouco amplificada ao se sintonizar e tentar entender as realidades conceituais dessas pirâmides.

D: *É verdade que as pirâmides também são um transmissor de energia para outros planetas, ou mesmo outras galáxias?*

P: Isso é exato. A energia que flui para o seu planeta é focada por este desenho geométrico, muito além do que o conceito de "perfeito" pode sequer se aproximar. Imagine o dobro ou mesmo o triplo do conceito de perfeito, ou perfeição, sendo que a ressonância dessa perfeição vai além das realidades tridimensionais. É a verdade mais absoluta que poderia ser alcançada em suas realidades inferiores, estendendo-se além de suas realidades tridimensionais. Esta verdade, então, é sentida em outras áreas de sua galáxia. As energias que fluem de, e para o seu planeta são direcionadas ou homogeneizadas por esta verdade. A verdade sendo um pouco como um filtro polarizador. Essas analogias conceituais são imprecisas, no sentido de que, no seu entendimento, elas não têm base para denominadores comuns. No entanto, estamos simplesmente tentando permitir que você entenda, em termos que você possa perceber, o fato de que a verdade não é simplesmente uma abstração. É uma realidade. A verdade é muito mais real do que abstrata e pode ser utilizada. O conceito de verdade, em seus termos, é simplesmente abstrato. Na realidade, há uma verdadeira causa e efeito daquilo que vocês chamam de "verdade". Essa verdade então se torna um pouco como um filtro, ou talvez até um refletor, da mesma forma a ser possível, talvez, refletir um raio laser. Esse laser é a luz coerente de um determinado comprimento de onda ou espectro, refletindo talvez um espelho ou dispositivo sísmico em sua lua. A analogia aqui sendo o dispositivo refletor em sua lua, equivaleria a esta pirâmide. O conceito ou fluxo conceitual de verdade, verdade universal, reflete nessa pirâmide. Em seu planeta existe este refletor de verdades superiores, conhecimento superior, de tal forma que aqueles que voltarem seu olhar para o seu planeta, possam ver esse reflexo da verdade. Portanto, alguém em seu planeta esteve em algum momento neste nível superior de verdade, seu planeta, então assim, tem um refletor de níveis superiores de verdade. Novamente, a verdade sendo muito mais do que simples abstração.

D: Acho que recebi mais respostas do que planejei. (Risos)

* * *

P: As pirâmides eram usadas como pontos de observação. O alinhamento das estrelas poderia ser calculado pela proximidade do vértice do triângulo à estrela correspondente ou estrela correspondente mais próxima. Certas estrelas receberam o status de "estrela correspondente", e assim, posicionando-se especificamente em um ponto da pirâmide e olhando para o vértice e daí para fora, para os céus, pode-se encontrar a estrela correspondente, ou onde o ápice estava alinhado à estrela correspondente.

D: Para que eles usaram essa informação?
P: Para permitir o mapeamento dos céus, bem como para mapear o tempo e assim poder dizer exatamente onde se estava na trajetória da Terra em torno do Sol.

* * *

D: Estou pensando nas pirâmides, no Peru, no México e monumentos feitos de grandes pedras. Os povos antigos tinham habilidades para erguer essas pedras, habilidades que não temos hoje no século XX?

Clara: Não. Você tem. Você não usa.

D: (Risos) Já me disseram isso. São os poderes da mente que não utilizamos mais.

C: Isso é correto.

D: Como eles conseguiram erguer esses grandes monumentos de pedra?

C: Deixe-me fazer uma pergunta. Essa pedra é nativa daquele lugar?

D: Acho que em alguns casos é, mas em outros, disseram ser transportada por longas distâncias.

C: Em muitas estrelas e em muitos planetas criamos algo simplesmente pela energia. Pedras ou o que for, são simplesmente criados! Podemos criar algo a partir da área, ou se tivermos a habilidade de criar telepaticamente, simplesmente materializamos por pura energia, podendo transportá-la de qualquer lugar para qualquer lugar. Mas as grandes pirâmides foram criadas, principalmente, a partir do que era nativo daquela área em particular, podendo confundir muita gente, como tem feito ao longo dos séculos. Simplesmente surgiu usando a mente, aquilo que não usamos hoje. Simplesmente criando, cortando aquela pedra da maneira desejada para se adequar ao padrão, de acordo com a estrutura arquitetônica escolhida para a pirâmide em particular.

D: Já vi algumas onde as pedras se encaixam perfeitamente, sem nenhum tipo de argamassa ou cimento, são até curvados para que todas se encaixem.

C: Sim. É feito telepaticamente, simplesmente usando o pensamento. O pensamento é a criação de tudo. Primeiro torna-se um pensamento, e no pensamento daqueles que estavam criando a estrutura esse pensamento é unificado de tal forma que cada canto se encaixaria perfeitamente. Porque cada pensamento se encaixa perfeitamente. E assim, quando cada pensamento se entrelaça e se molda um ao outro, ele se torna o outro, e se encaixa perfeitamente em um padrão ou desenho escolhido.

D: Algumas pessoas pensam ter sido realizado com máquinas, como raios laser.

C: O pensamento é o laser mais rápido que se conhece. Cada bloco é um pensamento. Assim, um pensamento pode ser a base. Um bloco de cada vez é um pensamento de cada vez e ao mesmo tempo, todos os pensamentos juntos. Você pode dizer que uma pedra telepática é um pensamento, então, todo pensamento sendo uma pedra telepática, ou uma pedra física, porque o pensamento pode se tornar físico, é colocado um em cima do outro, ou um ao lado do outro. No entanto, o padrão se encaixa para criar.

D: *Como eles foram transportados ou colocados um em cima do outro?*

C: Pelo pensamento. Digamos que meu pensamento é criar uma pedra. Eu poderia dizer: "Vou trazer esta pedra daqui e colocá-la aqui". Foi uma construção coletiva de muitas pessoas com seus pensamentos. Então meu pensamento é, tenho essa pedra para colocar aqui, e essa aqui. O pensamento torna-se realidade, um ser. Uma pedra é um ser. É apenas uma massa diferente de energia. Como você vê, é uma massa que não se move, mas tudo é espaço. Quero dizer, é tudo espaço, e é tudo energia. Portanto, este grupo coletivo, com uma mente em unidade e um objetivo de construir e criar, reúne seus pensamentos, criando algo físico.

D: *Então a mente coletiva é mais poderosa que a individual.*

C: Muito mais. Sempre é, quando há um pensamento, ou um objetivo, que quer ser alcançado.

D: *Eu sempre pensei ter sido realizado por levitação.*

C: Você poderia chamar isso de levitação. Por seus pensamentos levitando, ou dizendo: "Tudo bem, eu vou até aqui e meu pensamento esculpe esta pedra. Então vou criá-la, vou traze-la." Essa é uma boa analogia, em sua maneira linear de pensar, você poderia dizer que, de fato, seria levitação.

D: *Também me disseram que poderia ser levitado através do som.*

C: Isso é uma possibilidade. O pensamento é muito mais rápido que o som. O pensamento é mais rápido que a luz.

D: *Você acha que as pessoas usaram o som mais tarde porque esqueceram como usar a mente.*

C: Sim, sim. As pessoas tornaram-se tão envolvidas em suas personalidades, em sua vida cotidiana, indo e vindo, que começaram a se afastar do coletivo, afastar-se da fonte e daquilo que é. Separaram-se de Tudo Que É e se tornaram individualizados. Então, como uma pessoa ou ser individual, eles escolheram a separação da fonte criadora, e assim começaram a esquecer de usar o pensamento, tendo de encontrar outros caminhos.

D: *É possível que mais tarde tenham usado o som.*

C: Ah, sim!

D: *O grupo original, que usou o pensamento coletivo para construir as pirâmides, eram seres humanos?*

C: Ah, sim! Seres humanos altamente evoluídos.

D: *Esses eram os que você disse serem sobreviventes de Atlântida?*

C: Eram os seres humanos trazidos das estrelas, de volta à Terra.

D: *E eles viviam nessas áreas centralizadas, Egito, Peru e México?*

C: Sim, inicialmente. Então os humanos se afastaram para descobrir novos universos, descobrir novos planetas, novas terras, e assim, à medida que vagavam pela terra, criaram mais comunidades. Geralmente, partiam em grupos, por quererem companhia, ou proteção contra os ermos, ou possíveis perigos em terras desconhecidas, sobre colinas ou pelas águas.

D: *E no início eles levaram esse conhecimento com eles. De certa forma, precisavam da mente coletiva para criar grandes monumentos. Você pode me dizer o propósito da grande pirâmide?*

C: Exato. A Grande pirâmide é um depósito de conhecimento de tudo o que a Terra é. O mistério da Terra e a criação da Terra estão na grande pirâmide.

D: *Seria uma tentativa de transformá-la em um armazém, semelhante ao planeta dos três pináculos?*

C: É um armazém semelhante. Não será transformado em um.

D: *Muitas pessoas pensam que as medidas e a orientação de sua posição podem fornecer soluções para o mistério.*

C: Isso é verdade, mas há mais. O homem perdeu a capacidade de usar sua mente ao máximo e usa apenas uma pequena porção do que está disponível para ele. Será preciso se abrir e aceitar não haver limitações, e sem limitações, poderá ir além do tempo e do espaço, só assim poderá conhecer o mistério de tudo o que há para conhecer e receber mais informações, em um momento futuro. A energia das pirâmides está sendo reativada e novas mudanças ocorrerão nessa área.

D: *Como as pessoas podem explorar o conhecimento contido nas pirâmides?*

C: Nesse momento, o homem ainda não está pronto para isso. Ele não está aberto o suficiente, pensando ainda ser apenas uma tumba. Ele não está disposto a aceitar que realmente carrega o mistério da criação do universo e todo o conhecimento do que é o universo. A Terra, o universo, e das estrelas.

* * *

Brenda: A cultura do povo das pirâmides estava ligada à Atlântida e as estruturas de pedra que construíam faziam parte de algumas de suas ciências. Quando Atlântida foi destruída, essas estruturas de pedra não podiam mais funcionar da maneira que foram projetadas, pois a parte central delas havia sido destruída com a Atlântida.

D: Como eles deveriam funcionar?

B: O conceito mais próximo que posso encontrar é de um computador, interagiam de forma a calcular equações celestes. Também podiam ser usados para manipular energias cósmicas e terrestres, como gravitação e outras, por várias razões. Eram dispositivos complexos, podiam ser usados para muitas coisas, mas a maioria dos conceitos não podem ser traduzidos para esta linguagem, porque são coisas que sua civilização ainda não descobriu ser possível.

D: Me disseram que o segredo estava nas próprias pirâmides. Os números e os cálculos.

B: Sim, estão. As pirâmides foram projetadas com precisão, particularmente as três principais do Egito. A forma como estão posicionadas e a forma como foram desenhadas, suas dimensões e todas as medidas aplicadas, como por exemplo, distância de vértice a vértice e tudo mais. Qualquer coisa e tudo que você poderia sonhar, dentro dela contém todas as fórmulas matemáticas existentes naquela civilização, incluindo também as que sua civilização ainda não desenvolveu. Haverá algumas que serão descobertas nas pirâmides, que podem demorar um pouco para sua civilização entender e poder aplicar. Os cientistas encontrarão usos para elas e vocês simplesmente acharão ser algo maravilhoso. As pirâmides são como um recipiente condensado de todo o conhecimento científico da civilização que a construiu.

D: Você sabe qual era a fonte de energia que usavam? Você disse que não poderia funcionar após a destruição de Atlântida.
B: A fonte de energia era a própria Terra. Mas a razão pela qual não poderiam funcionar é porque não estavam mais equilibrados para fazer uso do fluxo da Terra.
D: A ciência diz serem túmulos para reis egípcios.
B: Quando as civilizações perderam o conhecimento e não sabiam o que eram, imaginaram ser essa sua finalidade e assim a história foi transmitida através dos séculos.

Foram encontradas imagens e hieróglifos que aparentemente mostram a construção das pirâmides e escravos arrastando pedras por rampas de terra para colocá-las em posição. Talvez as pirâmides já existissem na época em que essas figuras foram desenhadas, sendo essa a versão contada pelas pessoas da época, como achavam ter sido construídas. Talvez fossem um mistério tanto no seu tempo quanto no nosso.

D: Nunca houve nenhum corpo encontrado lá.
B: Nunca houve nenhum rei enterrado lá.
D: Então para que serviam as salas no seu interior?
B: Eram usadas para fins muito mais complexos do que câmaras funerárias. Algumas eram usadas para certas formas de manipulação de energia, mas a maioria tinha o propósito de conter mais cálculos e fórmulas matemáticas em suas medidas, e sua relação com as medidas da pirâmide.
D: Você pode ver como foram construídos, usando essas pedras enormes?
B: Parte, através da manipulação das forças da Terra e parte, através do processo que lhe foi dito, transformando as pedras em líquido.
D: Os mesmos métodos usados em Atlântida, então. Alguém me disse achar possível o uso de música de alguma forma.
B: Uma das maneiras que usavam para manipular as energias era o uso controlado do som.

* * *

Alguns pacientes acidentalmente acessaram o conhecimento sobre as Pirâmides quando regrediram para uma vida naquela época.

Tive uma sessão com Steve, em agosto de 2000, na cidade de Nova Orleans. Ele relatou uma experiência estranha ao visitar a Grande Pirâmide do Egito, alguns meses antes. Isso era uma das coisas que ele queria explorar, enquanto em transe.

Ele nunca teve a intenção de ir ao Egito e não tinha vontade de ver as pirâmides. Mas quando ele e sua esposa foram à Suíça, visitar parentes, foram surpreendidos com tudo arranjado para viajarem ao Egito, conhecer as pirâmides. Ele realmente não queria ir, mas sentiu não ter escolha. Surpreendentemente, Steve teve uma experiência tremenda, enquanto estava lá.

Por um breve momento, ele se separou de sua esposa e parentes, enquanto seu guia comprava as passagens. Os egípcios estavam sendo muito seletivos, tentando manter estrangeiros para fora. Havia um limite diário de 300 pessoas para entrar nas pirâmides, então o guia deles ficou na fila para comprar os ingressos. Havia centenas de pessoas e muitos ônibus, muita atividade e Steve estava procurando o resto de seu grupo entre a multidão de turistas no Planalto de Gizé, para poderem entrar.

Enquanto ele atravessava o platô, em direção à pirâmide, uma coisa estranha aconteceu. De repente, foi como se ele entrasse em algum tipo de dobra no tempo. Enquanto estava lá, olhando ao redor, ele era o único no platô. Não conseguia ouvir nada, nenhum som e todas as pessoas e ônibus desapareceram totalmente. Ele ainda se sentia o mesmo, mas quando olhou ao redor estava totalmente sozinho e um sentimento tremendo tomou conta, enquanto olhava para as pirâmides. Steve teve uma súbita onda de emoção, sentindo-se voltando para "casa", sendo ali seu "lar". Ele disse ter sido engolido completamente por essa emoção maravilhosa ao olhar para a estrutura.

Então, com a mesma rapidez, tudo voltou ao normal, ao continuar sua caminhada em direção às pirâmides. Houve um súbito ruído, quando o som voltou. Toda a atividade de pessoas e ônibus girava em torno dele, quando foi sacudido de volta ao presente. Ao ser localizado por sua esposa entre a multidão, ela se assustou ao vê-lo chorando e emocionado. Eles se encaminharam para a pirâmide, e o passeio foi uma experiência maravilhosa. Contudo, ele não conseguia compreender o que aconteceu naquela fração de segundo, onde o tempo parecia ter parado, tudo mudou, e depois voltou ao normal.

Depois que Steve foi colocado em transe profundo, passamos por uma regressão normal, eu estava falando com seu subconsciente para encontrar a resposta de suas perguntas.

D: Quando Steve foi ao Egito e viu as Pirâmides, teve uma experiência estranha. Ele gostaria de entender o que aconteceu naquele episódio?
S: Foi um presente. Ele estava onde seu espírito era mais feliz e sentindo muita alegria.
D: Quando ele estava naquela terra, novamente? O que aconteceu? Ele disse ter sido uma experiência estranha.
S: Sim! Sua alma estava tão alegre. Queria expressar isso, portanto, foi um presente para ele.
D: Ele disse ser como se o resto do mundo tivesse desaparecido.
S: Sim, foi.
D: Ele realmente entrou em outro momento durante esses poucos minutos?
S: Em parte. Conscientemente, não.
D: Porque as outras pessoas não estavam presentes.
S: Não, eles não estavam. Isso foi para lhe dar forças para continuar.
D: Por que seu espírito estava tão alegre ao redor das pirâmides?
S: Isso tem relação a outra vida. Ele esteve envolvido na construção da pirâmide, sendo uma das principais pessoas a ajudar a construí-la.
D: Como ele ajudou na construção?
S: Realizando a engenharia da colocação dos blocos.
D: Como foi feito?
S: De diferentes maneiras, ele estava apenas no comando de uma delas. Como escolher cada pedra para cada colocação. Era uma ciência muito complicada.
D: Tinha que se encaixar perfeitamente, não é? Era usado algum tipo de ferramentas?
S: Sim. Algumas ferramentas e alguns poderes mentais.
D: Como era realizado com poderes mentais?
S: As ondas cerebrais sintonizam com as vibrações da pedra.
D: Algo como sincronizar?
S: Sim, através de pensamentos sonoros e mentais.
D: Ele realizou isso sozinho, ou foi feito com outras pessoas?

S: Foi realizado com pessoas altamente evoluídas. Eles executaram suas técnicas e nós executamos a construção.
D: *Essas pessoas que moravam lá naquele lugar?*
S: Sim, eles moravam lá, eles migraram para lá.
D: *Você disse ser realizado com som também?*
S: Sim. É um som do tipo alta frequência que poderia sintonizar a construção molecular dos blocos e cortá-lo da maneira desejada.
D: *O som era criado por alguma coisa?*
S: Às vezes, sim.

Eu estava pensando em um instrumento musical.

S: É como um afinador. Deve ser feito com a mente também. Sem a mente você não tem nada.
D: *Você pode ver como é o instrumento com o qual eles criaram o tom?*
S: Era longo, brilhante como metal e tinha muitos pinos. (Como se estivesse observando.) Eles tocavam a pedra com ele.
D: *Era grande?*
S: Não, era pequeno, mas alongado.
D: *O que aconteceu quando eles tocaram a pedra com ele?*
S: Às vezes levitava, às vezes, se estraçalhava. Era muito poderoso.
D: *E criava esse tom, quando tocava a pedra?*
S: Sim. Às vezes você mal podia ouvir. Era quase como uma faísca.
D: *Mas as outras pessoas tinham que usar suas mentes, sempre que o indivíduo tocava a pedra com o instrumento?*
S: Sim, isso mesmo.
D: *Assim conseguiam amplificar seu poder dessa maneira? Você disse que essas pessoas altamente evoluídas migraram para lá. De onde eles migraram?*
S: Exatamente. Não temos certeza.
D: *Então sabiam como ensinar aos outros como fazer.*
S: Sim. Mas você tinha que ser capaz de controlar seus pensamentos. Apenas alguns poderiam fazê-lo, ou seria muito perigoso.
D: *Por que seria perigoso?*
S: Essa técnica tinha um poder letal. A frequência poderia afetar suas moléculas. Era preciso bloqueá-la mentalmente para se proteger.
D: *Era preciso direcioná-lo para fora? Então, se você não tivesse os pensamentos certos, poderia ricochetear de alguma forma?*

S: Essencialmente, sim.
D: *Então, apenas as pessoas de mente pura ou sensatas poderia direcionar essa energia.*
S: Sim, apenas as mentes certas.
D: *Então todos os envolvidos no direcionamento da energia mental tinham que ter uma mente pura?*
S: Sim, são poucas as pessoas com habilidade para isso.
D: *Se houvesse muitos trabalhadores, poderiam usar a consciência de massa de suas mentes?*
S: Não.
D: *Tinha que ser aqueles que sabiam direcionar a energia? E o instrumento ajudava a direcioná-la para a pedra?*
S: Sim, através da energia mental.
D: *E você disse que eles trouxeram esse instrumento com eles, quando migraram.*
S: Sim, ele o trouxeram.
D: *Mas foi por isso que Steve sentiu tanta emoção quando voltou para aquele lugar?*
S: Sim. Foi dado a ele como um presente para fortalecimento de sua jornada e capacitá-lo a continuar. Ele era capaz de coisas muito importantes e poderosas no passado e pode usar essa mesma habilidade, sua mente é muito poderosa. Ele pode fazer o que quiser com sua vida, mas deve aprender a disciplina.

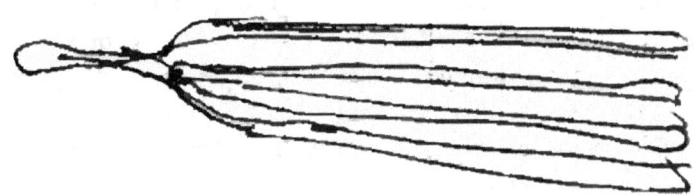

O instrumento que Steve viu tinha aproximadamente 30 cm de comprimento. Era feito de um metal brilhante, como um espelho. As pontas eram finas e havia um cristal no cabo.

* * *

Em 2000, uma cliente regrediu para uma vida onde era uma espécie de diretor no Egito. Ela se viu em um corpo masculino e estava parada no deserto, à beira de uma grande cidade, observando a construção de um grande edifício nas proximidades. Estava vestido com roupas que não eram do tipo usado ao ar livre. Eram roupas muito luxuosas, com sandálias de tiras douradas e um pesado colar, também dourado, com uma insígnia (os raios do Sol) em volta do pescoço. Estava acostumado a usá-lo, apesar de seu peso. Ele tinha um cocar, tipo capacete dourado, com penas (semelhante ao pavão) saindo do topo. Debaixo do sol quente, era tudo pesado e desconfortável.

Estava lamentando sobre o lento progresso do edifício, reparava que todos estavam cansados, extremamente cansados da construção constante. Era tudo para o ego incessante do governante. Disse que o edifício tinha a forma de uma pirâmide, mas o alinhamento não estava certo, e tudo ia muito devagar. Sabia que o governante já estava construindo outras duas pirâmides, uma estava completa e a outra quase completa, quando iniciaram essa terceira. Em sua opinião, acreditava que deveriam completar as outras, antes de começar esta e via todos muito cansados da constante construção.

Perguntei como estavam sendo construídas. Disse que a base era subterrânea, com câmaras e passagens que deveriam ser perfeitamente traçadas. Essa parte era feita com trabalho físico, porque "eles" não podiam ter contato com a Terra. Claro, eu queria saber quem eram "eles". "Os seres do disco", como eram chamados, dirigiam toda a operação. Depois que a base era construída, o resto do edifício (acima do solo) foi construído com energia direcionada pelo disco. Todos os trabalhadores formavam um círculo ininterrupto ao redor do prédio, então a energia era direcionada do disco para ele e outros como ele, depois, para os trabalhadores. Era criado um círculo de energia, suficiente para colocar enormes blocos de pedra no lugar. Era importante que os trabalhadores tivessem pureza em seus corpos que funcionavam como um conduíte de energia. (sem beber, etc.). Depois eles não teriam conhecimento do que aconteceu, eram usados apenas como condutores, por assim dizer.

O único problema era que às vezes o disco descia muito baixo. Normalmente, pairava sobre onde o ápice da pirâmide acabaria, sendo esta a posição de onde a energia era direcionada, mas se descesse muito baixo, atingia alguns dos trabalhadores e os nocauteava para fora do círculo. Não sabia dizer se isso os prejudicava ou não, mas o lugar tinha que ser imediatamente substituído, pois o círculo deveria permanecer ininterrupto. A descrição do disco parecia muito com os avistamentos atuais: metal cinza brilhante, com um círculo menor, dentro do maior. A energia vinha do círculo menor. Perguntei como eram os ocupantes. Ele disse que não podia ver seus rostos, pois usavam um tipo incomum de touca, algo projetado para impedir que os humanos leiam suas mentes e conheçam suas intenções. O cocar de metal era mais grosso na parte superior da cabeça, porque segundo ele, era de onde os pensamentos emanavam. Seu cocar deveria ser uma cópia do deles, embora não servisse ao mesmo propósito.

Embora ele culpasse a construção constante ao ego do governante, ele achava que era realmente agenda dos seres no disco. Deveria haver uma série de sete pirâmides ao todo, e seriam construídas em um determinado padrão. A construção vinha acontecendo desde que ele conseguia se lembrar, há pelo menos 50 anos. Ele lamentou que as pessoas estivessem cansadas disso e achava ser demais.

O objetivo final das pirâmides era direcionar a energia para o espaço, portanto as coordenadas tinham que ser perfeitas, e o disco direcionava a colocação precisa das pedras. A construção ficava mais fácil à medida que atingia o topo ou ápice, pois era menor e não exigia tantas pedras. Depois que a construção foi concluída, os trabalhadores comuns foram autorizados a trabalhar no preenchimento de algumas rachaduras e espaços entre as pedras, mas mesmo isso teve que ser feito com precisão. Ele achava que deveriam terminar uma completamente, antes de começar a trabalhar em outra. Os prédios comuns da cidade eram construídos diferentemente, eram toscos pois o trabalho não precisava ser feito com tanta precisão. O direcionamento da energia para levantar as pedras era muito intenso para todos os envolvidos, no entanto, não parecia haver nenhuma intenção de desafiar aqueles no disco.

O governante era um homem de formato incomum, muito alto e magro. Ele tinha que ser velho, mas não mostrava sinais de idade. O homem disse saber que estaria morto, antes que as sete pirâmides fossem concluídas, mas o trabalho seria realizado por outros. Ele enfatizou que os do disco não podiam ter contato com a terra, portanto os trabalhadores tinham que fazer essa construção física. Eles tinham que ficar em um círculo ininterrupto ao redor do canteiro de obras para direcionar a energia da "Terra" que, aparentemente, era "coletada" e redirecionada pelo disco. Este era o poder que realizava o levantamento das pedras. Era dirigido através dos trabalhadores, usando seus corpos como "amplificadores". Eles não teriam nenhuma lembrança depois, não eram elementos relevantes, eram apenas usados. Ele sabia o que estava acontecendo, mas também estava sendo usado para direcionar a energia. Disse que matemáticos, astrólogos e outros sábios eram usados no alinhamento. Tinha que ser exato, então a direção eventual da energia (quando completada) seria direcionada para os pontos apropriados no espaço sideral. Ele era um dos poucos que conhecia o propósito da construção constante, mas não sabia como ela era usada no resultado final. Os seres do disco só tinham contato com o governante.

Quando tentei levar a história para uma conclusão, a mulher saltou para outra vida e, como eu estava fazendo a sessão de terapia, segui essa linha, sem retornar à história. Tinha todas as indicações de que estava ocorrendo no Egito, mas poderia ter sido em Atlântida. É difícil dizer a quais pirâmides se referem, já que aparentemente havia muitas pirâmides naquela época. Algumas delas podem não ter sobrevivido ao nosso tempo.

Em outra sessão, um homem esteve presente durante a construção de uma grande pirâmide, e estava envolvido no cálculo das medidas. Ele indicou que seria usado como um dispositivo de comunicação entre a Terra e Sirius.

* * *

Outra sessão em 2000 teve uma estranha reviravolta e, embora não trate da construção das pirâmides, parece tratar da origem de outro mistério associado ao Egito.

Após ter passado pela regressão com Marie, entrei em contato com seu subconsciente para fazer perguntas. Ela fez uma lista prévia, com coisas que queria saber. Ela teve uma visão ou uma cena de algo que ocorreu no Egito, pelo menos ela imagina ter sido lá, se viu em uma sala com algum tipo de dispositivo estranho.

D: *Você pode dizer a ela alguma coisa sobre essa visão? Era real ou apenas sua imaginação?*
M: Foi real. O que ela viu foi apenas um fragmento de uma máquina maior, dizemos "máquina", mas não máquinas como conhecemos, era uma fonte contida de energia.
D: *O que ela estava fazendo com isso?*
M: Ela era como uma assistente de laboratório. Apenas a pessoa que sabia como regular o quanto dessa energia poderia voltar para uma forma de vida humana e regenerá-la. Na verdade, trazia a vida de volta aos cadáveres. Era uma experiência.
D: *Esses experimentos estavam sendo feitos na Terra?*
M: Eles foram feitos na Terra, mas não por seres da Terra. Os que sabiam fazer isso estavam experimentando nessa massa de pessoas. Não sei como eles morreram.
D: *Você sabe que país era esse, ou tem um nome?*
M: A palavra "Targa" vem à mente.
D: *Marie teve a sensação de que era o Egito, o que você acha?*

M: Talvez "Targa" fosse o grupo. Era no calor do deserto, uma civilização como o Egito, mas não era o Egito.
D: *Você disse que muitas pessoas morreram de alguma forma?*
M: São todos corpos carbonizados, parecem múmias. Eles são como o tipo que você vê mumificado por um longo tempo.
D: *Seco, você quer dizer?*
M: Sim.
D: *Mas por que eles iriam querer revitalizar, regenerar esse tipo de corpo?*
M: Porque havia poucos corpos vivos nessa época. Algo havia acontecido e eles precisavam encontrar uma maneira de trazer de volta uma força vital suficiente para o planeta. Ter corpos vivos e ativos o suficiente.
D: *Mas algo assim poderia funcionar?*
M: Funcionou.
D: *Eles poderiam reativá-los?*
M: Sim. Mas havia um período de gestação, uma vez que você os enfaixava, era como se lhes desse um casulo. Você pega esse material básico, é isso que os corpos parecem ter se tornado. Apenas material genético resecado, junto aos ossos.
D: *Eles devem estar mortos por um bom tempo, eu acho.*
M: Exato, nada de fluidos corporais, então você os embrulha e dá a eles uma caixa para se reconstituir.
D: *Eles tinham que ser cobertos.*
M: Eram totalmente embrulhados e, posteriormente, conectados a esta mangueira, ligada a uma fonte de energia na base, ou nos pés. Então eram bombeados. Tem um som de bomba (ela fez barulhos de pancadas), como o som de um grande coração batendo. Vai bombeando até ver o inchaço nas bandagens, então você deixa esses pacotes, esses corpos embalados, ficarem lá até que você precise deles.
D: *Então é algo como animação suspensa? Mas eles conseguiam andar e se movimentar, quando precisavam deles?*
M: Isso mesmo. Não sei depois disso. Só consigo ver que meu trabalho ali era envolvê-los, reenergizá-los e abrigá-los.
D: *Como eram alojados?*
M: Nas prateleiras.
D: *(Achei isso estranho.) Nas prateleiras?*
M: Sim.

D: *Mas tenho a impressão de que, a menos que uma alma, um espírito entre no corpo, ele não está realmente vivo. O que você acha?*
M: Não, há uma força vital que ativa o sistema do corpo. Não tem nada a ver com a alma.
D: *É mais ou menos como um ser mecânico ou robótico então?*
M: Você faz o sistema funcionar, mas a ativação da inteligência e da consciência vem depois.
D: *Então essas pessoas tinham a habilidade de realizar essas coisas, mas você era apenas um ajudante.*
M: Como um técnico.
D: *Deixe-me fazer uma pergunta ao seu subconsciente que realmente está me intrigando. Poderia ser daí que a ideia das múmias vieram mais tarde ao Egito? Você tem acesso a essas informações?*
M: Ah, sim, isso mesmo. Mas os egípcios não tinham esse conhecimento, é quase como se fizessem pela metade, ou algo assim. Eles não tinham o equipamento, tinham apenas uma lembrança residual dos corpos embrulhados, e a referência da vida retornando e continuando. Mas não sabiam realmente como reconstituir, como feito antes.
D: *Então esse equipamento não estava disponível para as pessoas que vieram depois?*
M: Certo. Eles tinham conhecimento da viagem da alma e da vida após a morte, e estrelas em transição, mas eles não sabiam realmente como trazer o corpo físico de volta a vida.
D: *Mas eles se lembravam dos tempos quando isso era possível de ser feito?*
M: Eles sabiam que em algum lugar, de alguma forma, era possível, pois alguns de seus primeiros professores estavam conosco. Eles sabiam, mas perderam a tecnologia. Eles tinham outras tecnologias, mas não essa, que trazia a vida de volta.
D: *Então eles estavam tentando trazer a pessoa de volta à vida e achavam que era assim.*
M: Acho que eles se lembravam do desembrulhar dos corpos, quando trazidos de volta à vida, se necessário. Sabiam disso, então assumiram que envolver os corpos preservaria a vida. Mas sabiam que algo estava faltando.

D: *Algo que eles não tinham. Um ingrediente, um pedaço de conhecimento. Mas de onde essa tecnologia e conhecimento vieram originalmente?*
M: Pessoas que não eram da Terra. Eu trabalhava para eles, mas não era um deles. Eles eram muito, muito eficientes e inteligentes. E grandes.
D: *Pessoas grandes?*
M: Sim.
D: *Você tem conhecimento do que aconteceu para matar todas essas pessoas?*
M: Não, eu não. Estou apenas nesta sala fazendo o trabalho.
D: *Mas se tiveram que trazer essas pessoas de volta, por não haver o suficiente, deve ter matado muita gente.*
M: Sim, grandes números.
D: *E essa era uma maneira de trazer as pessoas de volta rapidamente?*
M: Ou salvar a raça.
D: *Eles não poderiam simplesmente criar mais, ou começar de novo?*
M: Aparentemente não. Era muito importante, porque dava muito trabalho e levava muito tempo. Mas era um trabalho muito espiritual também.
D: *Não era apenas para criar trabalhadores. Esse não era o motivo.*
M: Não, não, não, não. Foi mesmo pelo amor por esses seres e pela raça.

Esta deve ter sido uma memória de um tempo muito antigo, por anteceder os egípcios. Algo catastrófico deve ter acontecido que matou (queimou) muitas pessoas. Não havia uma população tão grande na Terra como mais tarde. Aparentemente, levaria muito tempo para esperar que a raça se repovoasse. Talvez, este fosse um procedimento paliativo. Uma forma de preservar as pessoas e reativá-las, quando necessário. Ela disse ser apenas o material genético seco, embrulhado e preservado. Sabemos que mesmo uma célula contém toda a informação genética para reproduzir um ser humano idêntico. Assim, os restos de corpos embrulhados eram armazenados até que pudessem ser reativados. Eu gostaria de ter informações mais completas sobre o procedimento, mas ela era apenas uma trabalhadora cumprindo instruções e só podia relatar o que sabia. Seria uma conclusão lógica que quando essa informação fosse transmitida, como memória racial, os descendentes soubessem que, de alguma forma, o embrulho e a preservação dos corpos eram a chave para o retorno à vida. Eles provavelmente tinham lembranças ou lendas, transmitidas a eles de que esses pacotes embrulhados foram trazidos de volta à vida ou reativados, após um longo tempo. Como acontece tantas vezes ao longo da história, eles tinham conhecimento parcial, mas não o suficiente para repetir o que aqueles seres antigos podiam fazer. Mais tarde, as razões para embrulhar e preservar os corpos foram provavelmente perdidas, se deteriorando em um ritual associado à vida após a morte.

* * *

Eu estava recebendo mais informações sobre os mistérios das Pirâmides e da Esfinge quando este livro estava sendo preparado para ir à gráfica. Em vez de adiar a publicação, decidi que esse novo material seria colocado no Livro Dois de "O Universo Convoluto". Isso confirmou que minha jornada para o desconhecido estava apenas começando. Tenho muito mais para explorar.

CAPÍTULO OITO
MISTÉRIOS NÃO EXPLICADOS

Explicações sobre os vários mistérios da Terra vieram de vários colaboradores durante um período de vários anos. Alguns podem parecer contraditórios, mas estou incluindo todos aqui para fazer o leitor refletir e tirar suas próprias conclusões. Elementos da verdade podem aparecer em todas as explicações, mesmo que não sejam a verdade em seu total. Tudo depende da interpretação do veículo e sua compreensão das informações recebidas.

LINHAS DE NAZCA NO PERU

D: Você conhece as linhas de Nazca no Peru?
Phil: Isso é correto. O que você gostaria de saber?
D Há um mistério sobre de onde vieram e o propósito por trás deste fenômeno.
P: São desenhos pintados por um artista, enquanto olhava para baixo, neste planeta. Ele desejava embelezar este planeta, naquele lugar ou ponto, com suas habilidades artísticas. Foi uma manipulação por meios telepáticos, feitos de uma nave flutuante, à distância. Não confundir com uma nave extraterrestre, pois esta era uma nave de origem terrestre, operada por meios antigravitacionais. Este artista simplesmente levitou-se para um ponto de observação, bem acima das planícies e, de lá, usou seus esforços telepáticos para traçar essas linhas. Estes são simplesmente "rabiscos".
D: Há outras coisas além das linhas, não há? Nas planícies também há desenhos.
P: Sim, é a isso que nos referimos, a aranha, o macaco e assim por diante. Estes são simplesmente empreendimentos artísticos e não têm significado especial, a não ser que foram o trabalho de um homem.
D: Ele estava apenas se divertindo?
P: Sim, exatamente.

D: *Um autor pensou que as linhas eram aeródromos de antigos astronautas.*

P: Hum! Achamos isso divertido, pois vemos esse artista com barba preta e manto branco, em sua espécie de carruagem. Nós o vemos claramente agora, pairando acima das linhas, pensando, parando, decidindo seu próximo passo. Foi tão importante como se estivesse soletrando o "ABC".

D: *(Risos) Eles pensaram ser onde as naves dos antigos astronautas pousavam e decolavam.*

P: Isso não seria exato. As naves extraterrestres não precisam de linhas dessa dimensão para guiá-las. Sua visão é muito boa e eles poderiam pousar em uma moeda de um centavo, se fossem colocados no chão do deserto.

D: *Você acha que naves extraterrestres estiveram lá por curiosidade?*

P: Para observar as linhas? Talvez isso seja verdade.

D: *Muita importância é atribuída a esses símbolos.*

P: Sim, pois há muitos mal-entendidos. Então, naturalmente, o que é incompreendido é temido ou, se também for maior que o homem, é muito reverenciado.

D: *Você tem ideia de há quanto tempo os desenhos foram feitos?*

P: Você desejaria um delineamento em anos cronológicos?

D: *Sim, se você puder.*

P: Doze mil e quinhentos anos. (12.500)

D: *Uau! Isso foi há muito tempo.*

P: Na verdade não.

D: *Bem, para nós é. Então foi feito por uma pessoa que vivia naquela época?*

P: Isso está correto. Um humano, um ser da Terra. Ele não era extraterrestre.

D: *Deve ter sido uma civilização muito avançada, se possuíam naves flutuantes.*

P: Isto é correto, em termos relativos ao que você conhece hoje. Seria avançado nesse aspecto, no entanto, os medicamentos e a tecnologia que você tem hoje, elevariam sua civilização a condição de Deuses para eles.

D: *Ah, então temos coisas que eles não sabiam.*

P: Isso está correto.

D: *Bem, parece muito tempo, e as linhas não mostraram nenhum sinal de deterioração ou...*

P: São construídas em pedra, sendo mais difícil de serem sopradas pelos ventos. São rochas colocadas de maneira a formar este contorno. Não há muita chuva naquelas planícies.
D: *Não houve catástrofes na Terra desde aquela época?*
P: Certamente, mas nenhuma que o apagaria, ou então estes não seriam mais visíveis..
D: *Pensei que se houvesse uma catástrofe na Terra, o oceano teria subido sobre esta parte e inundado com água.*
P: Isso não aconteceu.
D: *Este homem com a nave flutuante tinha alguma conexão com Atlântida?*
P: O conhecimento que permitia à nave pairar era o mesmo conhecimento usado em Atlântida. O próprio homem era da linhagem de Atlântida, no entanto, em referente àquela civilização, isso seria tudo. Houve outros continentes também, como vocês sabem, Lemúria ou Mu.
D: *Esses continentes existiam antes desse período em que esse homem viveu?*
P: Simultaneamente a ele. Este homem não estava sozinho, pois havia uma civilização ali, naquela época.
D: *Onde as linhas de Nazca estão localizadas agora?*
P: Não no lugar exato, mas na costa, por assim dizer.
D: *Há também marcas na encosta de uma falésia, não muito longe dali.*
P: Mais rabiscos, sendo ele bastante inventivo. Houve outras linhas que foram traçadas, mas que se perderam para os elementos. Estes, no entanto, permaneceram, devido à sua posição e relativo abrigo dos elementos. Muitos outros artistas construíram grandes projetos, de estruturas magníficas, por esse mesmo método. Infelizmente, estes foram perdidos no tempo, devido aos elementos.

* * *

D: *Você sabe de onde vieram as Linhas de Nazca no Peru?*
Brenda: Elas são muito antigas e não são tão visíveis como antes. Um conjunto de visitantes de uma das civilizações que queriam nos ajudar e observar a humanidade, mas precisavam de um lugar para pousar suas naves maiores e usar apenas naves menores para viajar na superfície da Terra. Eles escolheram uma área

abandonada como centro de operações, então usaram feixes de energia para cortar essas linhas na terra que serviriam como pontos de direção para guiar seus pousos, sem que chamasse atenção, usando qualquer tipo de dispositivo de energia. Eles entrariam com todos os sistemas de energia desligados e pousariam por meios visuais, mantendo sua presença em segredo. Daí as longas linhas que vão de uma montanha a outra, por quilômetros a fio. Eles fizeram isso com um feixe de energia, enquanto voavam pela primeira vez, muito rapidamente para não serem descobertos. As figuras dos animais e afins eram feitas pelos diferentes pilotos, em seu tempo livre, quando não estavam em serviço. Eles usariam dispositivos de energia com baixas luzes para não serem detectados pelo outro grupo da Ilha de Páscoa. Gostavam de observar diferentes formas de arte, dos vários povos. Em vez de desenhá-los com um instrumento portátil, em uma superfície de escrita, por diversão e para manter suas habilidades de voo em forma, eles o fizeram com dispositivos de energia conectados a suas naves individuais.

D: Ah, como uma brincadeira, você quer dizer?

B: Sim. Seu vôo por lá era muito básico, nada mais que manter suas habilidades afiadas. Todos eram pilotos extremamente habilidosos, desejando manter suas habilidades aprimoradas. É como um músico que precisa praticar todos os dias, estavam apenas fazendo isso e também, para aliviar um pouco o tédio.

D: Então essas figuras, a aranha e o macaco etc., não tinham nenhum significado real. Há alguns cientistas que passaram a vida inteira tentando decifrá-los.

B: Realmente não. Isso até foi considerado um ponto muito divertido entre os pilotos, dizendo: "Algum dia, os cientistas dessas pessoas, finalmente virão aqui e descobrirão tudo isso, vão se perguntar: que diabos aconteceu aqui!"

D: (Risos) Eu estava me perguntando, como conseguiram durar por tanto tempo, com todas as mudanças na Terra que aconteceram.

B: Da maneira como eles foram cortados, com feixes de energia, afetou o local permanentemente. Isso não teria acontecido, se outra ferramenta fosse usada.

D: Há um desenho na costa que parece uma forquilha.

B: Era uma das coisas que eles usavam, como um tipo de farol direcional, para ajudá-los a entrar visualmente. No momento em que desciam na atmosfera da Terra, para não serem detectados, eles tinham que desligar seus dispositivos de energia e davam algumas voltas ao redor da Terra, entrando gradualmente na atmosfera. Quando desciam o suficiente para ver o solo, geralmente estavam se aproximando da costa e aquela figura esculpida, naquele penhasco, os apontaria na direção certa. Eles voavam naquela direção e depois, sobre essas longas linhas que iam de um topo a outro da montanha, assim sabiam estarem sobrevoando na direção certa.

D: *Então era um lugar onde eles podiam pousar secretamente. É isso que você quer dizer?*
B: Sim. Quando aterrissaram, estava no meio de um planalto abandonado. Não havia seres humanos e ninguém mais lá e não precisavam se preocupar em serem descobertos. Sabiam que estariam seguros e poderiam manter os navios prontos para decolar a qualquer momento, em vez de disfarçá-los.
D: *Havia pessoas na Terra naquela época?*
B: Ah, sim! Oh sim! Havia pessoas na Terra naquela época, várias civilizações se desenvolvendo. É por isso que vinham observá-los, as civilizações pareciam muito promissoras e sabiam que a humanidade tinha curiosidade e inteligência para se desenvolver em uma civilização tecnológica viável, muito rapidamente. Então estavam realizando relatórios de progresso observacionais.

* * *

D: *Outro mistério da Terra sobre o qual estamos curiosos são as linhas de Nazca, no Peru. Você sabe do que estou falando?*
João: Sim. Ele está me levando para lá agora. (Na Biblioteca) Ele diz que esses desenhos eram apenas observáveis de veículos planetários. Esta era uma área sagrada para os Lemurianos também, fazia parte do continente de Lemúria. Estes eram locais de pouso, onde os extraterrestres vinham para ajudar a tecnologia das pessoas da época.
D: *Eu não pensei serem tão antigos.*
J: Alguns foram feitos pelos descendentes dos Lemurianos, para atrair novamente os visitantes extraterrestres.
D: *Então, na época que os extraterrestres originais pousaram, não havia nenhum desenho naquele local?*

J: Há uma longa história deles indo e vindo, indo e vindo, indo e vindo. Essa arte foi passada adiante, desde muito cedo. Os extraterrestres ajudaram a fazer essas linhas, é por isso que são melhor vistos do ar do que do solo.

D: *Qual foi o propósito para fazerem isso?*

J: Os extraterrestres que vieram para esta área, vieram como visitantes, como se estivessem de férias. Você sabe, "Vamos ver um mundo primitivo." Mais ou menos como os americanos viajariam para a Nova Guiné ou para o interior australiano, conhecer os aborígenes. Esses extraterrestres viriam à Terra para observar as pessoas e a atmosfera daquele tempo e lugar. No tempo presente, muitos desembarques ainda acontecem neste lugar. Esta é uma parte do globo onde os extraterrestres são bem-vindos.

D: *Eles têm algum significado?*

J: Representam diferentes figuras de animais, até mesmo uma que representa humanos. Foi a mentalidade dos povos primitivos, deixando os extraterrestres saberem que estes eram seus povos e animais que os acolheram. Foi feito em parte pela população local e em parte pelos descendentes de Lemúria. Ao longo de milhares e milhares de anos, este local se tornou muito especial para o pouso das naves. Eles desembarcaram quando era parte de Lemúria e agora como parte do continente sul-americano. Eles pousaram e ainda estão pousando nesta área.

D: *Ele pode mostrar como os desenhos dos animais foram feitos? Que método foi usado?*

J: Havia um extraterrestre que usava um feixe de energia vindo de uma nave espacial, direcionado sobre a terra. Foi assim que foi feito.

D: *Tanto as linhas retas como os desenhos também?*

J: Os desenhos também. Mas foi feito do alto, no ar, e um feixe de energia que descia. Havia um grupo de pessoas e extraterrestres. Ao passar por um determinado segmento, o raio pulverizava a terra e um grupo seguia o curso deste raio, removendo a poeira e revelando o desenho.

D: *Este mistério perdura por anos com pessoas tentando descobrir o significado desses símbolos que só podem ser vistos do céu. Bem ali perto da costa, na encosta do morro, há um desenho que eles chamam de forquilha. Isso vem do mesmo período?*

J: Sim. É para dar as boas-vindas a esses visitantes extraterrestres. É como nas ilhas do Havaí que oferecem colares ao visitantes. Essas pessoas ofereciam esses desenhos para receber os visitantes de outros planetas, conhecidos como curandeiros e muito prestativos ao homem local. Eles também traziam grãos, como milho e coisas desse tipo, eram originalmente hibridizados por esses extraterrestres para ajudar a alimentar essas pessoas. Eles eram como uma missão do corpo de paz.

D: *Isso significa que o milho e outros grãos não se originaram na Terra?*
J: Exato, foram hibridizados para servir à Terra.
D: *Você conhece alguma planta ou alimento que não se originou na Terra, mas foi trazido para cá originalmente?*
J: Ele está trocando o arquivo, por assim dizer. Algumas de nossas colheitas foram hibridizadas por esses extraterrestres. Ele diz que a cana-de-açúcar, o algodão, a batata, eram todos híbridos. Eram plantas da Terra, mas foram quimicamente ou de alguma forma melhoradas pelos extraterrestres, que ajudaram os nativos no desenvolvimento da planta da batata e do milho. Isso foi muito importante. Outros extraterrestres trabalhavam com algodão na Índia e naquela parte do mundo. Eles pegavam uma planta existente e ajudavam a transformá-la.

Quando visitei o Peru para ver Machu Picchu, um xamã me disse que milho e batata são culturas muito importantes no Peru. Eles têm centenas de variedades diferentes.

D: *Eu sempre tive curiosidade sobre bananas, se seriam uma hibridização. Não cresce de uma semente, mas de uma raiz da planta.*
J: Não. As bananas existiam no tempo da Lemúria. Eram uma das frutas populares. Muitas plantas e animais foram hibridizados por esses extraterrestres.

* * *

D: *Tenho curiosidade sobre as Linhas de Nazca. Você pode me dizer algo sobre esses desenhos?*
Clara: (Longa pausa, mas suas expressões faciais indicavam que algo estava acontecendo.) Precisei subir para olhá-las novamente. O propósito original era algo como as linhas de Ley. Havia essa

vasta comunidade e essas eram linhas particulares que os seres de outros planetas usavam para se guiar em seus pousos na Terra. Em determinados pontos dos desenhos, havia diferentes comunidades, eram lugares diferentes, como portos, de onde eles vinham e desembarcavam.

D: *Então havia pessoas vivendo naquela planície?*
C: Sim. Em lugares diferentes. Em alguns pontos, um pouco longe da planície. Mas seria um porto para onde eles poderiam pousar e se estabelecer. Essas eram as diretrizes para saber onde essas diferentes aldeias e lugares onde as pessoas viviam, estavam. Como um mapas das diferentes comunidades. Diferente de Macchu Picchu, algumas dessas comunidades não foram descobertas, algumas nunca serão encontradas. Existem ainda civilizações, de milênios atrás, que não foram descobertas.

D: *Se os projetos sobreviveram, por que não sobreviveriam as ruínas das comunidades?*
C: Porque não estavam naquela planície. Aquela era uma espécie de disfarce para o local onde ficavam essas aldeias. Podemos chamá-lo de um porto aéreo, onde grandes navios poderiam descer e naves menores sairiam. Eles poderiam ir para as aldeias nos navios menores, saindo dos grandes.

D: *Estou pensando na aranha e no macaco, as aldeias não estavam localizadas exatamente ali.*
C: Não exatamente na aranha ou no macaco, mas em alguns lugares ao redor. Era um disfarce para as naves conseguirem encontrar um determinado lugar "no macaco", digamos assim. Daquele lugar em particular eles poderiam ir e encontrar a aldeia e, de outro lugar, "no macaco", seria outra aldeia. Outra civilização.

D: *Entendo. Um pouco como um dispositivo de navegação.*
C: Exatamente. Obrigada. Sim.

D: *Cientistas acreditam que tribos antigas fizeram esses desenhos e não sabem por qual razão, já que não podem ser vistos da Terra.*
C: Isso é correto. Eles não podem ser vistos, a menos que você esteja no ar. Então quem... (pausa). Estou sendo silenciado sobre o assunto. Existem outras aldeias que nunca foram descobertas, nunca investigadas.

D: *Então não eram os nativos originais que moravam lá, estes seriam muito primitivos e não construíram essas coisas.*

C: Não, eles não fizeram. Era de uma origem mais elevada e mais inteligente, do que os nativos que viviam por lá. Mas eles interagiram com essa inteligência.
D: Então suponho que isso tenha sido há muito tempo.
C: Sim. Muito mais antigo que os incas, muito mais remoto, antes da chegada dos Incas. Foi feito para interação com os nativo. Os nativos possuíam uma comunicação, mas não tinham a inteligência como dos seres da espaçonave que tiveram interação entre algumas das aldeias. Era uma coisa comum, ver as idas e vindas da espaçonave. Era um lugar crucial no planeta para a conexão interplanetária. Como eles viram o planeta Terra, era como um grande espaço de pouso. Um lugar onde pudessem vir e ter proteção para não serem detectados. Sua interação de ir e vir, eles ainda o fazem, até hoje.
D: Eles ainda vêm para aquele lugar?
C: Sim.
D: Por que eles viriam agora? As aldeias já não existem.
C: Isso tem sido um padrão para eles. Ainda não podem ser detectados entrando e saindo de lá, como seriam em algumas outras partes do planeta. Por causa da localização geográfica particular nas montanhas peruanas.
D: Então imagino que esses designs, foram provavelmente feitos pelos alienígenas. Porque os nativos provavelmente não teriam as habilidades para fazer isso.
C: Não, eles não fizeram.

Essas várias versões da origem das Linhas de Nazca podem parecer um tanto contraditórias, mas creio serem simplesmente versões de diferentes períodos, abrangendo milhares de anos, quando houve atividade na área por extraterrestres e civilizações posteriores. Talvez cada um tenha algo a ver com a criação dos vários designs.

* * *

LENDAS DE INUNDAÇÃO

D: Dizem que todos os países no mundo têm uma lenda de inundação.
Phil: Muitas das informações chegaram inalteradas e são bastante precisas, mas nem todos. A lenda do dilúvio é realmente mais do

que mera lenda, foi baseada em realidades. Foi causado pela agitação das terras. O naufrágio de Atlântida pareceria uma inundação se visto da perspectiva de estar na própria terra.

D: *Eu me perguntei se estava relacionado à Atlântida. Aconteceu ao mesmo tempo?*

P: Esta é uma explicação de como aconteceu. De certa forma, essa inundação foi apenas o rebaixamento ou afundamento das terras em algumas dessas lendas. Houve, no entanto, um verdadeiro problema global, causado pelo derretimento das calotas polares devido a mudanças ou deslocamentos polares. Cada pólo foi naturalmente deslocado, havendo uma mudança de um pólo para o outro. A ocorrência aconteceu mais de uma vez.

D: *Isso aconteceu ao mesmo tempo que o naufrágio da Atlântida?*

P: Sim, isso é exato. Aconteceu, foi concomitante. Como esta foi simplesmente uma das muitas manifestações físicas desta causa.

D: *Também foi dito que algo drástico deve ter acontecido, pois os dinossauros foram encontrados com comida ainda na boca.*

P: Isso é exato. A mudança foi tão rápida que causou uma inclinação da Terra, não exatamente em um instante, mas em uma velocidade muito rápida, fazendo a atmosfera mudar, esses ventos e massas de ar permaneceram um pouco estacionários enquanto a Terra se inclinava abaixo deles. Assim, aqueles ventos mais frios do Ártico e as massas de ar que anteriormente estavam sobre os pólos, rapidamente se localizariam sobre aquelas terras em que um clima mais temperado fosse encontrado. Como você pode imaginar, isso foi acompanhado por ventos terríveis, à medida que as massas de ar se precipitaram sobre a terra.

D: *E os terremotos e outros fenômenos vulcânicos?*

P: Exato. Muitas terras, anteriormente acima da água, foram inundadas e muitas terras, naquela época, abaixo da água, foram elevadas.

D: *Então por um tempo toda a Terra foi coberta com água? Ou isso é apenas parte da lenda?*

P: Ao relatar essas histórias, houve inundações generalizadas. No entanto, não seria correto dizer que toda a Terra foi inundada. Havia aquelas áreas que estavam a salvo de inundações. No entanto, não eram do mundo conhecido naquela época.

* * *

ILHA DE PÁSCOA

D: Há uma pequena ilha chamada Ilha de Páscoa, na costa da América do Sul, com muitas, muitas estátuas gigantes. As pessoas sempre se perguntaram sobre sua origem.
Phil: Você deseja uma explicação? Os monólitos foram criados por uma raça de pessoas da cultura atlante que migraram na época da queda. O simbolismo é "olhar para o leste" esperando a chegada daquela raça que retornaria.
D: É por isso que eles os construíram tão grandes?
P: O tamanho físico é um pronunciamento de seu respeito por essas pessoas ou seres. Muitas vezes é comum na natureza humana relacionar tamanho com respeito. Semelhante a como uma estrela de cinema, projetada na tela grande, é instantaneamente adorada e reverenciada. Esse fenômeno funciona no sentido contrário também. Aqueles tidos em alta estima, recebem proporções gigantescas. Aqueles que recebem proporções gigantescas são tidos em alta estima.
D: Entendo. Eles são feitos maiores que a vida.
P: Exatamente. Funciona de ambos os modos. É assim que fenômenos como a loucura ou a mania dos fãs acontecem. É uma peculiaridade da raça humana.
D: Por que as características das estátuas são exageradas?
P: Isso é uma expressão artística, assim como as pinturas são exageradas para destacar um aspecto ou uma expressão.
D: Eles são tão grandes que as pessoas se perguntam como eles foram feitos.
P: Envolve a mesma tecnologia usada na construção de pirâmides. O material tinha uma forma um pouco diferente de um bloco e havia o uso de ferramentas, de cinzelagem, como se faz hoje. O meio de transporte era o mesmo, de natureza telepática, com energia do pensamento.

Havia blocos semelhantes a chapéus em cima das estátuas que, em algum momento, caíram. Eram feitos de um tipo de pedra diferente das estátuas. Eu me pergunto, qual era o propósito desses chamados "coques".

P: Era algo feito para acomodar as pessoas que se sentavam no topo dessas estátuas, e assim estariam olhando no mesmo plano ou direção da própria estátua. Isso foi pensado para dar um poder ou uma visão a esses sacerdotes, pois estariam olhando com os ídolos.

D: *Eles estavam olhando para o mar, esperando os outros de sua raça que viriam. É isso que você quer dizer?*

P: Eles sentiram que fazendo isso, o retorno poderia ser acelerado e que era necessário que a energia fosse lançada, antes de retornar. As estátuas foram apontadas na direção a ser observada. Os sacerdotes então subiam até o topo e sentavam nessas pedras, ou topetes, e assim direcionavam sua energia para atrair esses seres. O esforço foi bem-sucedido, em muitas vezes foram visitados por seres de natureza extraterrestre por embarcações vindas do mar. O olhar, a saudade, era como um farol, que sinalizaria aos seres o desejo de se comunicar e assim ocorreria a chegada.

D: *Que tipo de embarcação veio pelo mar?*

P: Havia extraterrestres em naves flutuantes. O termo é aerodeslizador, pois existem muitos tipos diferentes de embarcações.

D: *Pensei que poderia ser algum tipo de barco.*

P: Não como os humanos conhecem, estes pairavam sobre a água e não dentro dela.

D: *O que aconteceu com esses Atlantes originais? Eles permaneceram naquela ilha?*

P: Eles se dispersaram com o tempo, pelas dificuldades e mudança do eixo da Terra, que mudou o clima. As pessoas ou nativos migraram para outras partes do globo. Os nativos residentes atualmente na ilha eram das tribos das Índias, depois que o clima voltou ao seu estado atual, migraram para as ilhas, e assim encontraram esses monólitos muitas gerações depois.

D:*Claro, eles não entenderam seu propósito, não é?*

P: Não, eles pensavam que as pedras eram os próprios deuses.

D: *Também ouvi dizer que foi encontrada uma forma de escrita, mas que nunca foi traduzida. De qual tribo isso se originou, dos primeiros ou dos que vieram depois?*

P: Esta foi a escrita criada ou expressa pelas pessoas que ergueram as pedras. Alguns dos escritos em posse hoje são um manual de instruções sobre como levitar. As idéias são tão abstratas que seriam inúteis para qualquer um que as lesse. Requer um conjunto completo de abstrações e ideias que não estão presentes na Terra hoje.

D: *Algum dos ancestrais dos Atlantes permaneceu na ilha, gerando descendentes até os tempos modernos?*

P: Os egípcios, a raça com pele oliva, são os descendentes diretos, mais próximos em uma linhagem física. As pessoas de pele oliva são da linhagem original da Atlântida. Todos deixaram a ilha porque o clima não era propício para sustentar a vida ali, naquela época. A Terra é uma velha inquieta que gira e se agita, e assim as pessoas se mudam para diferentes áreas.

D: *Os extraterrestres os ajudaram a partir?*

P: Não houve necessidade de assistência, andar de barco nas ondas era uma arte ou ciência firmemente estabelecida.

Phil disse, ao acordar, poder ver os sacerdotes sentados de pernas cruzadas no topo das estátuas, observando a nave flutuante cruzar a água.

* * *

John estava mais uma vez na Biblioteca no plano astral, e o guardião perguntou o que ele poderia nos ajudar a encontrar. Perguntei-lhe se havia alguma restrição quanto a quem poderia vir à Biblioteca. Ele disse não haver nenhuma, mas que as almas com baixo nível de energia, não iriam para lá. Além de não estarem particularmente interessados em buscar conhecimento, sentiriam repulsa pela diferença de energia emitida por este reino.

D: *Há muitas coisas na Terra, consideradas mistérios que as pessoas não entendem.*

J: Isso é verdade. Há muitas coisas nos céus que também são mistérios. Ele diz que a mente consciente nem sempre pode entender as coisas, o que seria uma restrição. Mas as pessoas, em seu superconsciente, podem entender coisas que a mente consciente não pode conceber. Já que mencionamos anteriormente, é dessa forma que funcionam as restrições.

D: *Quer dizer que as coisas seriam muito complicadas?*

J: Sim. Ele diz que você não está no nível de energia adequado. Não se entrega um livro de álgebra para uma criança de três anos, entrando na pré-escola, ele diz, não se faz isso e é assim que nossa biblioteca funciona também. Uma criança de três anos não entenderia a álgebra.

D: Mas algumas vezes, me deram coisas que eu achava não conseguir entender.

J: Isso é verdade. Mas o conhecimento é para fazer você crescer. Para fazer você entender mais.

D: E para abrir sua mente.

J: E para te abrir, sim.

D: Bem, estamos tentando encontrar algumas explicações para os mistérios da Terra que as pessoas não entendem. Temos que ir para a sala de exibição?

J: Depende de qual informação você gostaria de saber.

D: Existem todas aquelas estátuas gigantes na Ilha de Páscoa. Podemos ter informações sobre eles?

J: Ele diz, sim, por favor, entre na sala de exibição. Ele diz que uma vez, isso foi parte do continente lemuriano. Quando o continente lemuriano afundou, esta era uma área sagrada, no topo da montanha. Os lemurianos eram tribais, mas capazes de manifestar leis físicas e concretizaram essas estátuas, solidificando-as e movendo-as com poder mental. Foi realizado por seus xamãs, seus sacerdotes e líderes das diferentes unidades tribais. Quando a mudança da Terra ocorreu, ele diz que este foi um dos lugares que restaram. Os cientistas modernos não podem datar essas estátuas, já que a pedra vem de um período primitivo. Há algo sobre este tipo de rocha ou pedra que é único, não consigo obter a palavra. Os geólogos pensam que sabem sua a idade, mas na verdade não sabem. Por isso é um mistério. São remanescentes da antiga civilização Lemuriana e remetem a cerca de vinte mil anos.

D: Os cientistas modernos pensam que as estátuas foram esculpidas em rocha retirada das montanhas próximas.

J: A pedra foi tirada das montanhas próximas. Isso é verdade. Mas foram moldados pela concentração de diferentes energias. A pedra tornou-se maleável pelo direcionamento de energia, de modo que era fácil para instrumentos trabalharem com essas formas diferentes. Era como uma faca cortando manteiga, muito fácil.

D: *Eles acham que a pedra veio de muito longe de onde as estátuas estão agora. Como foram transportados?*
J: Isso está correto. Novamente, métodos de levitação telepática foram usados com essas pedras. É por isso que não há rastros.
D: *Alguns deles caíram. Os que vemos agora estão todos voltados para uma direção. Todos parecem estar voltados para a água, a menos que tenham sido movidos.*
J: Exato. Não, eles não foram movidos. Ele está dizendo que eles olharam na direção onde o Sol nascia naquela época. O Sol nascia em uma posição diferente da atual e eles estavam alinhados a isso.
D: *Havia uma razão pela qual enfrentavam o Sol nascente?*
J: Era espiritual, de experiências religiosas significativas para as pessoas da época.
D: *O que as estátuas representavam? Todas parecem iguais.*
J: Representam as almas do homem. Os guardiões da torre de vigia, por assim dizer. São rastreados ao longo da história e representam a manifestação dos espíritos guardiões dos diferentes clãs tribais dos antigos Lemurianos. Havia 136 clãs tribais diferentes na antiga Lemúria. Estes representam diferentes facções desses clãs tribais, ancestrais, por assim dizer. Eles eram um povo bastante primitivo em suas documentações, mas também tinham grandes dons espirituais.
D: *Parece que eles também tinham grandes poderes psíquicos.*
J: Sim, seus líderes tinham grandes poderes psíquicos.
D: *As estátuas parecem ter características exageradas. Havia uma razão para isso?*
J: Sim, havia uma razão definida. Era assim que as pessoas se pareciam naquela época. O homem, em seu processo de evolução, tornou-se mais refinado. E, de fato, ainda terá mais um passo de refinamento, quando passarmos para a idade de ouro, no florescimento da Era de Aquário. Ele será mais refinado então.
D: *Havia também o que chamamos de "topete" e ficava em cima da cabeça das estátuas, que desde então, caiu. Isso foi feito de um tipo diferente de rocha.*
J: Sim. Isso representa uma espécie de cordão espiritual. Eles vestiriam seus cabelos dessa maneira. Às vezes diziam estarem sendo puxados para fora do universo material por seu topete. (Risos) Era por isso que tinham esses ornamentos de cabelo elaborados.

D: *Era feito de um tipo de rocha diferente do que o corpo da estátua?*
J: Sim, assim como o cabelo tem cores diferentes em sua vida agora. Havia desenhos diferentes, e essas pessoas acreditavam que os ajudariam a ser puxados para fora de seus corpos. Eles acreditavam que a entidade espiritual, o espírito principal do universo, permitiria que eles entrassem no astral puxando-os pelos cabelos. Mas esta é uma história antiga em seu período.
D: *É por isso que é tão difícil para os cientistas entendê-lo. Eles acham que as estátuas foram feitas por um grupo de pessoas mais recentes.*
J: Estes foram deixados pelos Lemurianos.
D: *Então outras pessoas vieram para esta ilha?*
J: Ah, sim, muitas pessoas vieram para esta ilha. Eles profanaram algumas das pedras. Eles se canibalizaram, eram como animais selvagens.
D: *Estas não eram as pessoas originais.*
J: Não, essas não eram as pessoas originais desta terra. De fato, alguns dos remanescentes da civilização lemuriana ainda existiam quando essa tribo invasora chegou. Eles foram comidos por esses guerreiros ferozes.
D: *Algum dos descendentes originais sobreviveu?*
J: Nenhum deles sobreviveu. Eles foram completamente exterminados pela tribo invasora. Para você ver, os mares ao redor da Ilha de Páscoa estão repletos de vida animal, mas é muito difícil sustentar a vida nesta área da ilha. E, de fato, essas tribos guerreiras capturaram essas pessoas e as comeram.
D: *Então essas tribos guerreiras são os ancestrais das pessoas que vivem lá agora.*
J: Sim. Eles são os descendentes dessa tribo guerreira. Os lemurianos eram pessoas muito avançadas espiritual e psiquicamente, em comparação com o homem moderno, mas viviam de forma primitiva. Quero dizer, não tinham o tipo de invenções que temos hoje. Eles viviam em lugares parecidos com cidades, mas eram construídos com materiais que podiam ser substituídos com muita facilidade. Como fibras de palmeira e coisas do tipo, vegetação natural.
D: *Os cientistas também encontraram resquícios do que eles alegam ser seus registros escritos, mas não sabiam quantos anos tinham.*

J: Estes datam dos antigos lemurianos, foram carregados por seus descendentes, eliminados pelas tribos ferozes. Veja, as tribos ferozes achavam ser boa caça. Olhavam para eles e viam apenas animais, mas essas pessoas carregavam antigas tradições. Alguns de seus videntes escreveram sobre os tempos anteriores e sobre a mudança da Terra que acabou com a Lemúria.

D: *Então, mantiveram os escritos, mas não sabiam seu significado. Isso é correto?*

J: Os descendentes dos Lemurianos sabiam o que significavam.

D: *Mas as outras pessoas...*

J: Ah, não, eram apenas animais. Eles eram guerreiros. Talvez os xamãs do povo conquistador possam ter captado espíritos ancestrais da região e interpretado alguns dos escritos. Mas eles... eu não quero falar sobre isso. Eles são muito guerreiros e muito maus e eles são realmente... eu quero ir embora. O que ele está me mostrando... eles são simplesmente pessoas terríveis. Eles cortaram o coração das pessoas. Ah, é simplesmente terrível.

João disse ao acordar que viu essas pessoas perseguindo os lemurianos. Viu um deles abrir o peito do homem e arrancar seu coração. Ele então começou a comê-lo, enquanto ainda estava batendo. Não me admira que a visão o revoltasse.

D: *Ok. Não quero que você se sinta forçado a ver nada que o perturbe.*

J: O guardião diz, continue.

D: *Sim, mude de assunto. Mudaremos a tela para mostrar outra coisa, por assim dizer. Não temos que olhar para isso.*

* * *

ARCA DA ALIANÇA

D: *Há muito escrito na Bíblia sobre a Arca da Aliança, havendo muito mistério em torno dela.*

Phil: Sim, estamos familiarizados com esta área. Pedimos a você que o veja como um receptor, um rádio receptor, capaz de traduzir ou receber essas mensagens de um plano superior e convertê-las para um nível de plano físico, havendo extrema precisão nessa canalização. Já que não haveria consciência ou consciência humana pela qual essa informação passaria.

D: Você quer dizer que as mensagens eram passadas à pessoas dessa maneira?

P: Isso está correto. Era uma mensagem falada.

D: De onde vieram os planos para construir isso?

P: Isso foi um presente. Os planos foram dados para construir uma habitação para este presente. Havia aqueles artistas e artesãos da tribo que usaram seus talentos para criar esta habitação, este receptáculo, no entanto, o próprio receptor era de um projeto construído por seres que estavam auxiliando na evolução planetária, naquele momento. Foram dadas instruções de onde colocar a Arca, quando finalizada, para que fosse acionada, sem ser visto por pessoas. Pois isso foi conduzido sob o manto da escuridão. As pessoas foram instruídas sobre onde deixar este Pacto ou Arca, sendo então ativado com este receptor atraindo a energia do poder cósmico, que ainda hoje está circundando o planeta e ainda disponível para esse uso. Você gostaria de saber onde a Arca ou receptor está neste momento, embora não seria apropriado divulgar sua localização, está em boas mãos.

D: Ainda está localizado na Terra?

P: Nós não daríamos um local neste momento.

D: De acordo com nossa Bíblia, tornou-se perigoso.

P: Isso não seria correto. Foi mal utilizada. Ela, em si, era inerte e não mais perigosa do que uma folha de grama, no entanto, seu uso por motivos políticos ou expressão semelhante, estava corrompendo o propósito pretendido.

D: Na Bíblia, diz que pessoas morriam quando a tocavam. Havia algum tipo de poder dentro dela?

P: Havia a energia que estava sendo processada para esse feito, o que faria com que alguém simplesmente expirasse, matasse ou morresse por uma superexposição dessa energia. Essa insistência de que resultaria em morte, foi para impedir que pessoas abrissem a arca, descobrindo seu conteúdo, também para construir uma aura de proteção em torno desse aparelho, que seria tratado com medo e respeito.

Esta parte da fita estava muito distorcida e a transcrição tornou-se impossível. Parecia uma alta e pesada estática que obliterou completamente a voz de Phil. Mal foi possível ouvir minhas perguntas e nada de suas respostas. O resto do meu questionamento sobre a Arca e início das perguntas sobre o Triângulo das Bermudas foram bloqueados. Se houver alguma maneira de ser decifrada, ainda gostaria de salvar essa parte que ficou faltando. Agora, com os computadores, deve ser possível separar a estática da voz. No final deste lado da fita, o som voltou de repente e quando a fita foi virada, o outro lado estava normal. Esta foi uma experiência estranha, Phil tinha seu gravador do outro lado da cama, e sua fita também ficou intransmissível. Se algo estivesse errado com a fita, imagino que ambos os lados seriam afetados. Além disso, se algo estava errado com o microfone, por que o problema não continuou quando virei a fita?

Um especialista em eletrônica disse que isso pode acontecer caso o gravador seja colocado em cima de uma TV, ou alguma fonte de emanações eletrônicas. Mas estava apoiado em uma mesinha ao lado da cama, não havia nenhum rádio nas proximidades e isso não explicaria o som ter voltado de repente. Se a causa fosse algum tipo de sinal eletrônico, teria afetado os dois lados da fita, creio eu.

Desde então, isso vem acontecendo com outros pacientes. Coisas estranhas também vem acontecendo com meu gravador, como se influenciado por energias externas (estática, falhas no som, aceleração e desaceleração, duas vozes simultaneamente, etc.).

Por causa do estado truncado da fita, eu desejava recapitular o que foi dito, o que geralmente é muito difícil. Na semana seguinte, quando comecei a sessão com Phil, perguntei a eles, se poderiam me contar o que aconteceu.

D: A última vez que visitamos este lugar fizemos muitas perguntas sobre a Arca da Aliança e o Triângulo das Bermudas, recebendo informações muito interessantes. Mas por algum motivo nada ficou gravado na fita. Você sabe por quê?
P: As informações dadas traziam consigo energia semelhante ao que o enunciado descrevia, causando um vórtice nesta área imediata, semelhante ao descrito na narração. Isto ilustra o poder da sugestão. Essas energias estão presentes agora e são de tal natureza que apenas pensar nelas, cria essa manifestação no físico. Esta é a natureza das energias no planeta neste momento, à medida que avançamos para esta nova era de consciência.

D: *Você quer dizer o planeta Terra ou o planeta onde você se encontra? (O Planeta dos Três Pináculos.)*
P: Este planeta físico, aqui, o planeta Terra. As energias neste planeta, agora são da natureza que um pensamento é uma ação. Portanto, isso é ilustrativo do cuidado que deve ser exercido no uso dessas energias. Pois são criadoras.
D: *Eu sabia que o gravador estava funcionando corretamente.*
P: Isso é exato. O gravador estava reproduzindo fielmente o que recebeu e como você pode ver, seu gravador tem uma consciência acima e além daquela que pode ser percebida por seus sentidos humanos. As máquinas e equipamentos produzidos neste plano também estão aumentando sua consciência. Seu nível de energia está sendo naturalmente elevado. Pois é desta Terra e parte desta Terra e, tudo nesta Terra doravante, estará imerso nestas energias.

Gostaria de refazer as perguntas. De outra forma, teria que confiar na minha memória, já que a gravação ficou inaudível.

P: Você pode perguntar, se assim o desejar. Não há mal nenhum em perguntar.
D: *Me pergunto se há alguma maneira de evitar a interferência?*
P: Tentaremos focar com clareza aquelas energias solicitadas para canalização, e assim, ajudar a limitar interferências de outras energias canalizadas através deste veículo, no entanto, pode haver alguma recaída desta condição, pois este veículo é, em grande parte, responsável pelas energias recebidas. Assim, deve se conscientizar desse amplo espectro energético e aprender a limitar o que está passando. Esta não é uma energia prejudicial, é simplesmente energia que está chegando e se manifestando em seu gravador. Não há nenhum dano físico nisso.
D: *É apenas captado pela máquina.*

Comecei a fazer novamente as perguntas sobre o Triângulo das Bermudas, esperando que desta vez não houvesse interferência. Quando transcrevi aquela fita, estava tudo bem. Durante os muitos anos de trabalho com Phil, ocasionalmente aconteciam coisas incomuns com o gravador, mas nada tão drástico quanto esta experiência.

* * *

Ao longo dos anos 80 e 90, continuei a fazer as mesmas perguntas a outros pacientes e voluntários, sempre que uma situação adequada se apresentava.

D: Existem histórias que relatam a Arca da Aliança ser perigosa. Isso é verdade?
Brenda: Claro! Era um dispositivo de energia.
D: Histórias sobre pessoas que se feriram quando tocavam ou....
B: Se eles não souberem operá-la com o isolamento correto, sim, poderão ser prejudicados por ela.
D: Você sabe o que eventualmente aconteceu com a Arca da Aliança?
B: Durou vários séculos. É difícil dizer o que aconteceu, porque no final, antes de desaparecer, havia mais de uma Arca da Aliança. Uma delas foi jogada em uma ravina, por acidente. Eles a carregavam na estrutura em que era transportada e ao atravessarem uma ponte estreita, sobre uma ravina, um dos homens tropeçou acidentalmente e caiu no fundo da ravina.
D: Isso foi durante as peregrinações pelo deserto?
B: Depois. Uma foi armazenada em um templo por vários séculos. Alguns invasores estavam entrando naquele país e tiveram que escondê-la. Uma terceira ainda existe, mas está escondida em segredo e apenas um grupo muito pequeno sabe sobre ela.
D: Eu não sabia que havia mais de uma. Todas elas existiam ao mesmo tempo, ou fizeram outra depois que a primeira caiu na ravina?
B: Fizeram a original e depois outras, em séculos posteriores. Uma ainda existe. A que está no fundo da ravina, agora faz parte de uma geleira. Às vezes as pessoas conseguem vê-la, quando o gelo derrete. A que estava escondida, está selada em uma caverna e não posso ver se será descoberta ou não. A terceira que ainda existe, está em um cofre de banco privado.
D: Você sabe em que país?
B: É difícil dizer. Um país ocidental com tecnologia avançada.
D: Se alguém a encontrasse no cofre do banco, saberiam o que era?
B: É impossível alguém encontrá-la no cofre do banco, porque é um cofre de banco privado. Está na propriedade privada de alguém extremamente rico.

* * *

TRIÂNGULO DAS BERMUDAS

D: *Você tem alguma explicação para o desaparecimento de navios e aviões na área do Triângulo das Bermudas?*
Phil: Muita especulação foi feita, na melhor das hipóteses, todas equivocadas. Esta área é um vórtice de energia. Um poderoso e vasto vórtice criador dessas energias, presentes agora neste planeta. Esse comportamento errático é em parte devido às maquinações inertes e ainda não totalmente adormecidas que se encontram nas profundezas do oceano. Há nos vastos rios de energia que passam por este planeta, energia suficiente deixada por esta maquinaria para causar um efeito de focalização, resultando nesses desaparecimentos, por assim dizer. É simplesmente passar por uma porta para outra realidade. Eles não estão perdidos no sentido físico, pois ainda estão aqui, estão simplesmente em outro lugar. Existe a crença de que eles morreram de morte natural, mas eles estão simplesmente em outra realidade, em outro plano de existência, em outro tempo. Esta é uma curva ou uma porta, se você quiser essa conotação. Essas pessoas não são prejudicadas quando passam, a não ser psicologicamente, mentalmente e emocionalmente por essa ocorrência. Seus níveis de energia física teriam aumentado ao passar por esta porta. Muitos descobriram que se tornaram mais telepáticos e clarividentes. Pois muitos se encontraram em uma realidade em que esses dispositivos sobre-humanos são bastante normais. Suas realidades manifestadas são tais que se encaixam com aqueles com quem estão. Como as realidades aqui poderiam ser bem diferentes se a mente estivesse tão disposta a acreditar nessas possibilidades. Então, tão certo quanto alguém pensa ser possível, se tornariam realidade. É simplesmente uma questão de crença no que é real e no que não é, e é isso que determina uma realidade.

D: *Há relatos de equipamentos dos aviões apresentando problemas logo antes dos acidentes.*
P: Isso é exato. Há uma perturbação neste fluxo magnético. Este é um sintoma desse fenômeno. Este fluxo é o resultado da flexão dos

campos magnéticos da Terra e outras energias desconhecidas para o homem neste momento. Os instrumentos funcionam na presença desses campos, estando em seu estado normal. No entanto, na ausência de um estado normal desses campos, os instrumentos não funcionam como foram projetados, já que os campos não estão funcionando adequadamente, por assim dizer.

D: *Eles também relataram o horizonte estranho e, por vezes, onde sobrevoavam parecia diferente.*

P: Muitas coisas obviamente pareceriam estranhas, por causa da crescente conscientização. Não apenas da consciência física, mas do plano interno, assim, aquelas coisas que nesta realidade são bastante fechadas e não vistas, na maioria das vezes, se tornariam facilmente aparentes. À medida que a consciência aumenta, os planos internos começam a assimilar a informação que estão recebendo e alimentam essa informação ao eu consciente.

D: *Essa curva está lá o tempo todo? Muitas pessoas voam por essa área, e entram e saem de lá sem problemas.*

P: Não está lá o tempo todo, isso é correto. Por ser irregular, está sempre variando.

D: *Quando essas pessoas passam por esse portal, elas pousam em algum lugar?*

P: Isso é exato. Pois há massa física como nesta realidade. Eles ainda estão aqui na Terra. No entanto, estão simplesmente em outra realidade, em outro tempo, se você optar por usar essa analogia. Eles teriam passado pelo olho da tempestade, por assim dizer, e se encontrariam em um lugar onde nunca estiveram antes, em outro tempo na Terra.

D: *Você teria alguma forma de saber se essas pessoas foram para o passado ou para o futuro?*

P: Realmente não faz muita diferença, pois, para ser bem franco, não há passado ou futuro. Este é simplesmente um conceito criado pelo homem para permitir a percepção dos eventos que ele pode compreender. Não seria correto dizer que eles passaram para o passado ou futuro. Eles simplesmente estão "em outro tempo".

D: *Penso que se um avião caísse no passado, seria bastante surpreendente para as pessoas daquela época. Então, essas pessoas provavelmente desembarcaram, ou suas naves pousaram em algum lugar, mas em uma época diferente.*

P: Um plano diferente, talvez, seria mais preciso.

D: *Mas deve ter sido assustador para essas pessoas se não estavam esperando por isso.*
P: Eles ficaram, sem dúvida, bastante impressionados com essa dramática reviravolta dos acontecimentos, no entanto, como podemos perceber, a maioria se adaptou prontamente e não encontra nenhum desejo real de voltar ao passado, por assim dizer. Muitos deles entraram de cabeça em seu futuro, onde está a consciência Crística. É um fenômeno bem conhecido e observado, tal como é deste lado. As pessoas aqui simplesmente desaparecem e, ali, simplesmente aparecem. Há tanto mistério para ambos, como quem são essas pessoas; porque elas continuam vindo aqui e como suas histórias são fantásticas.
D: *Deve ter sido uma surpresa para as pessoas no futuro ver essas pessoas aparecerem de repente.*
P: Do ponto de vista futuro, não seria uma surpresa. Como o futuro já sabe o que aconteceu no passado, seria simplesmente uma questão de perceber que outro passou pela porta e então acolher e ajudar a permitir que essas pessoas se ajustem e se acomodem à sua nova realidade.
D: *Então, algumas dessas pessoas podem ainda estar vivas, ou podem ter envelhecido nesse tempo.*
P: Isso é exato.
D: *Existe alguma maneira deles voltarem?*
P: Neste momento não parece possível, pois a porta está um pouco oblíqua e fora de controle, simplesmente balançando pelos ventos que a sopram, por assim dizer. Teriam de estar no lugar apropriado, na hora certa e esperar que a porta se abrisse corretamente. Isso exigiria conhecimento que não existe atualmente neste planeta. Eles, provavelmente, não iriam querer, se pudessem, já que o nível de consciência em que habitam agora faz com que essa realidade pareça como brincadeira de criança. Pois estão elevados muito além deste plano em que estamos aqui.
D: *Essas pessoas foram escolhidas para isso, ou simplesmente cruzaram a porta, por assim dizer?*
P: No grande esquema cósmico, no relógio universal, há uma razão dada para tudo o que acontece. Assim, pode-se dizer que esses eventos foram baseados em uma razão muito válida, no entanto, não seria correto dizer que isso foi planejado, pois muitas coisas acontecem na vida que não são planejadas, mas que se tornam

muito apropriadas para o momento. Teria sido, então, muito apropriado que isso acontecesse com essas pessoas. Para dar um exemplo, seria muito apropriado para algumas dessas pessoas avançar, no caso de estarem prontas para uma rápida transição para a consciência do próximo plano. Considerando que, normalmente, um indivíduo terminaria esta encarnação física para então nascer de novo, e se elevar para aquele ambiente em que eles se encontram. Essas pessoas, possivelmente, não precisavam de tal ocorrência. Eles estavam simplesmente prontos em sua consciência e treinamento do plano interno para que isso acontecesse. Assim eles se encontraram naquele ponto em que eram necessários.

D: *Existe alguma chance de as pessoas que entraram nesta área, terem recebido um aviso de que algo assim poderia acontecer?*

P: Haveria consciência nos planos internos para guiar a pessoa. Quando alguém se encontra nesta situação, não se pode dizer que o aviso não foi dado nos planos internos.

D: *Você quer dizer, dentro de sua própria mente?*

P: Exato. Passar uma vida ouvindo a si próprios, para entrar em sintonia consigo mesmo e se conhecer, como apropriado.

D: *Não há realmente nenhuma maneira física de dizer. Eles simplesmente estão no lugar errado na hora errada.*

P: Não inteiramente, pois como foi dito, o aviso foi dado. No entanto, não foi atendido.

D: *Mas houve um caso em que pilotos foram enviados para procurar outros aviões perdidos. Eles não tiveram escolha, tiveram que ir procurar os aviões.*

P: Criamos nossos próprios destinos. Portanto, seria correto dizer que esses indivíduos criaram as circunstâncias de seus desaparecimentos, da mesma forma que muitos escolhem suas próprias mortes. Pois todos escolhem suas próprias mortes.

Este conceito é expandido em meu livro, "Entre a morte e a vida".

D: *Existem muitas dessas curvas ou campos na superfície da Terra?*

P: Não em termos numéricos, não. Este é um incidente isolado.

D: *Há um tempo, você falou sobre máquinas no oceano que ainda funcionavam em parte, sendo isso uma das coisas que causariam esses campos energéticos.*

P: Isso é exato. Visualize um espelho, um espelho outrora grande, mas que agora está quebrado. Um pedaço deste grande espelho, está agora pendurado em um fio. À medida que as correntes do vento ou da água brincam com esse espelho, o Sol brilhando no alto, ocasionalmente reflete no espelho que brilha por um breve instante, causando um reflexo de raio brilhante e direto, através do ar ou da água, ou qualquer que tenha sido a analogia que você escolheu. Você pode ver que isso é uma ocorrência aleatória e não controlada pelo homem. Da mesma forma, essas correntes de energia estão se movendo, ou brincando com os restos desta, outrora, grande sociedade, causando essa ocorrência.

D: *Isso é um espelho real ou é uma analogia?*
P: Isso é uma analogia. Pois o próprio espelho é de natureza cristalina.
D: *Como ele ficou sob o oceano originalmente?*
P: Isso não estava originalmente sob o oceano. Foi na época de Atlântida. Algumas das máquinas daquele grande continente foram inundadas durante a destruição e agora repousam confortavelmente e com segurança nas profundezas do oceano.
D: *Em algum tipo de edifício?*
P: Fica em um platô, onde foi originalmente erguido. Toda a massa de terra afundou e levou consigo tudo o que essa civilização havia criado.
D: *Você pode explicar mais sobre como era?*
P: Não haveria necessidade ou utilidade em explicar, pois seria inútil tentar. Simplesmente não seria possível dar explicações satisfatórias sobre seu aspecto visual. Está além da compreensão humana neste momento.
D: *Estou visualizando um cristal em forma de pirâmide. Não sei se seria correto ou não.*
P: Diríamos que poderia tentar usar essa analogia e visualizar com o olho da sua mente, e suas percepções estariam bastante precisas. Não julgaremos esta visualização, pois essa é a sua realidade, e que assim seja. Pois isso, novamente, é da natureza das energias que se deseja, e que assim seja.
D: *Mas você falou como se estivesse quebrado. Seria isso verdade, este o cristal original ou o que quer que esteja lá embaixo, está quebrado?*
P: Está fragmentado, sim. Isso é preciso.
D: *Como isso aconteceu?*

P: Seria melhor dizer neste momento que foi intencional, para evitar que aqueles que cobiçavam o uso desse cristal o usassem de maneira desarmoniosa. Pois havia aqueles que desejavam nada mais do que reivindicar esta grande fonte de poder para si. Assim, se viu ser necessário segmentar este cristal para evitar seu uso destrutivamente.

D: *Então eles destruíram propositalmente?*

P: Isso é exato.

D: *Isso aconteceu na época do naufrágio, ou antes?*

P: Simultaneamente com.

D: *A destruição do cristal causou o naufrágio?*

P: Houve eventos simultâneos, precipitados pelo uso desarmônico desse cristal, fazendo com que essas energias fossem usadas de maneira prejudicial. O que, por sua vez, causou, em certa medida, o naufrágio do continente. Há de fato alguma correlação, no entanto, não é uma simples causa e efeito. Foram incidentes separados e ainda com alguma correlação também.

D: *As pessoas que o destruíram não sabiam que causaria uma catástrofe como essa?*

P: Essas pessoas estavam cegas por sua ganância e ambição, e ignoravam os efeitos de sua loucura. Continuaram o uso dessas energias de maneira desarmônica, e então pagaram o preço.

D: *Pensei que talvez estivessem na ignorância e não sabiam que isso iria acontecer.*

P: Não foi em total ignorância, pois houve quem advertisse incessantemente sobre o uso dessas energias, dessa maneira. Houve aqueles que dedicaram suas vidas inteiras à tentativa de iluminação das pessoas dessas energias, pois sua consciência de uso e poder havia diminuído. No entanto, a ignorância logo ofuscou a iluminação e a desarmonia superou a harmonia.

D: *As peças estão nas profundezas do oceano?*

P: Isso seria exato.

D: *Você acha que alguém pode encontrá-los algum dia?*

P: Haverá o ressurgimento desta terra durante o período de agitação e essa informação guardada no templo, será mais uma vez descoberta e implementada para as gerações futuras. Pois foi visto que esta terra seria inundada e ficaria fora de alcance. Esse conhecimento foi armazenado e no futuro será entregue àqueles de alto caráter, preparados e aptos a usar este conhecimento.

D: *Quando os cientistas, ou quem for, encontrar esse conhecimento, saberão o que é?*
P: Seria de esperar que sim. Isso, no entanto, é algo a ser decidido no momento.
D: *O conhecimento está em forma de livro? Ou como foi preservado?*
P: Por escrito, em pedra. Precisará ser decifrado, pois está na língua das pessoas que o armazenaram. Esta não é uma tarefa intransponível, pois grande parte da consciência sobre como realizá-la, será intuitiva. Haverá muito mais trabalho e processamento realizado no nível mental do que é feito agora, através do nível simplesmente racional.
D: *O templo ainda está lá ou estaria em ruínas?*
P: Naturalmente, enterrado abaixo de vários quilômetros no oceano, por milhares de anos, não estaria em muito boa forma. No entanto, a informação foi preservada. Essa seria uma avaliação precisa por enquanto.
D: *Mas isso não será descoberto até o levante da terra?*
P: Isso é exato. Acontecerá em um momento apropriado, quando aqueles que encontrarem esse conhecimento serão da mais alta ordem e o usarão de acordo. Não será dado até que seja apropriado.
D: *Esse conhecimento contém a história do que aconteceu com a Atlântida?*
P: Exato. Contém a história e os relatos do dia-a-dia desta civilização ao longo de muitos milhares de anos. Um resumo dos últimos dias que levaram ao colapso social e à inundação física. Com tal relato, quem encontrar a informação, entenderá o que aconteceu com aquela civilização.
D: *Quando estava em funcionamento durante o tempo da Atlântida, para que o usavam?*
P: Esta era uma fonte mestra de energia. Muitas energias poderiam ser canalizadas naquele tempo. Algumas das energias poderiam ser utilizadas para diversas finalidades, dependendo de sua aplicação. Havia energia de cura, energia gravitacional, iluminação, aquecimento e motivação. Muitos tipos de energias estavam disponíveis, como estão agora retornando ao planeta.
D: *Então, ao ser quebrado, por algum motivo, cria essa curva de tempo?*

P: É uma simples reflexão aleatória ou transmissão das energias. Gostaríamos de dizer que muitos que viveram naquela época estão novamente encarnados.
D: *Há muitos mistérios, e estamos procurando respostas.*
P: Muitas vezes as pessoas perguntam, mas se recusam a ouvir as respostas. Muitos fazem as perguntas, mas não acreditam nas respostas, e assim continuam fazendo as perguntas, até encontrarem alguém que dê a resposta que desejam ouvir.

* * *

MONSTRO DO LAGO NESS

D: *Um mistério na Terra que interessa às pessoas é o Monstro do lago Ness, na Escócia. Você pode me dar alguma informação sobre ele?*
Brenda: A resposta é complexa. Estou tentando organizar. Existem várias criaturas desse tipo na superfície da Terra. Eles geralmente vivem em lagos profundos de água doce. Há um semelhante em um lago na Sibéria, considerado o mais profundo. Essas criaturas ficam nas profundezas e realmente não têm motivos para vir à superfície.
D: *É um tipo de mamífero ou o quê?*
B: É um réptil aquático de água doce. Um animal muito antigo, está na Terra há muito tempo. É muito parecido com alguns dos insetos na Terra. Ele evoluiu até seu estado presente e não teve necessidade de evoluir mais, assim permaneceu como está através das eras. É uma criatura gentil e inofensiva, daí a coloração protetora que possui para evitar que outros o prejudiquem. Ele se alimenta das plantas aquáticas que crescem na água.
D: *Há muitos deles? Quero dizer, eles se multiplicam muito rápido?*
B: Alguns se multiplicam, mas não são tão prolíficos quanto outros animais. Eles põem ovos no fundo do lago e os ovos eclodem na lama. São, na verdade, algo entre um réptil e um anfíbio, mais perto de um réptil. Vivem principalmente em lagos de água fria, gostam de temperaturas frias. Existem mais do que as pessoas dão crédito, acham que encontram um aqui e outro ali, mas há mais do que isso. Não muitos, mas algumas pequenas comunidades dessas criaturas.

D: *Então, se não são mamíferos, eles realmente não precisam subir para respirar?*
B: Na verdade não, mas podem. É assim que estão um pouco relacionados aos anfíbios, porque têm brânquias e pulmões rudimentares. Assim, eles podem emergir por alguns minutos sem sufocar, mas também podem respirar debaixo d'água. Estas são criaturas aquáticas, foram vistas na terra, mas raramente saem do lago.
D: *Em um caso, eles obtiveram reflexos de sonar na água. O sonar é como um radar que reflete em objetos grandes. O que eles estavam pegando?*
B: Isso é verdade, mas muitas vezes o sonar também rebate onde a água muda de temperatura, se houver uma camada de água com temperatura diferente, ela ricocheteará lá também. Seriam sábios em não confiar muito em parte das leituras.
D: *Em outras palavras, todas essas imagens e outras chamadas "provas", não são confiáveis.*
B: De acordo com os padrões de seus cientistas, não podem ser consideradas confiáveis.
D: *Eles alegaram ser uma criatura pré-histórica.*
B: É como eu disse, ficou preso na evolução, há eras atrás. Existem outras criaturas como a que você chama de Monstro do Lago Ness, em outros continentes. Há uma colônia no corpo de água chamado... Lago Superior? Há também uma colônia no Lago Baykal, na Sibéria e outros espalhados. Criaturas semelhantes, que gostam de água morna e vivem na Bacia Amazônica. Os nativos de lá têm relatos sobre essas criaturas, mas pessoas no poder descartam o assunto como superstição.

* * *

D: *O que você pode me dizer sobre o Monstro do Lago Ness, no grande lago, na Escócia.*
Phil: Essas criaturas estão presas em terra agora, sem ter para onde ir, no sentido de que não têm acesso ao litoral. Quando antes conseguiam viajar pelo mundo inteiro, agora se encontram trancados. Sem trocadilhos. No entanto, não há outras criaturas nos oceanos livres que se comparem a esse tipo específico.

D: De onde vieram originalmente? Seriam remanescentes dos dinossauros, ou algo assim?
P: Isso é exato. Durante eras passadas, havia muitas dessas criaturas entre os oceanos e mares do mundo. No entanto, durante o período de convulsões e deslocamentos, apenas aqueles que ficaram encalhados conseguiram sobreviver, devido às mudanças no teor de sal dos oceanos. Portanto, não puderam evoluir, como as outras criaturas ao seu redor. Sua capacidade de permanecer em seu estado primitivo deve-se ao fato de que as águas em que ficaram presos, não os fizeram mudar. Eles se permitiram continuar como eram, como são.
D: Eles são mais anfíbios ou mamíferos?
P: Eles são mais parecidos com golfinhos e botos, pois têm vértebras e respiram ar. No entanto, são mais serpentinos ou reptilianos na aparência e não possuem apêndices.
D: Mas deveríamos vê-los com mais frequência se estiverem se multiplicando, não deveríamos?
P: Não há correlação entre o número de aparições e o número de animais. O fato de sobreviverem até hoje, se deve ao seu comportamento reservado e não valorizarem o mundo superior. Há muitos que acreditam que estes são remanescentes dos tempos pré-cambrianos, no entanto, existem de fato muitos que são de herança mais atual, mas não foram reconhecidos como tal.
D: Você disse serem sobreviventes das convulsões planetária. Isso aconteceu na época de Atlantis ou antes?
P: Naqueles dias, havia muitas convulsões em todo o planeta. Durante esse tempo, muitas criaturas foram perdidas devido às mudanças no clima, em oposição às mudanças na geologia. Em se tratar dessas criaturas que você chama "Monstro do Lago Ness", diríamos que as mudanças de ambos fizeram com que isso acontecesse. Os mares mais quentes, de onde vieram originalmente, tornaram-se frios e fizeram com que muitos que viviam em mares abertos, morressem de uma mudança no clima. Houve aqueles, entretanto, que descobriram poder sobreviver ficando perto do fundo, onde a água era muito mais quente. Dessa forma, ao longo de um período, eles se adaptaram ao clima mais frio, para que pudessem sobreviver na água mais fria por curtos espaços de tempo, como a do lago Loch Ness.

D: Então a catástrofe de Atlântida ocorreu muito mais tarde, seguindo essa linha de tempo?
P: Esse não é realmente o caso. As calamidades de que falamos, aconteceram em um período muito mais amplo do que apenas o que se abateu sobre a cultura da Atlântida. Todo o cenário foi mais ao longo das linhas de um milhão de anos, em oposição a mil anos.
D: Entendo. Existem algumas dessas criaturas em outras partes do mundo?
P: Existem muitas criaturas deixadas em muitas partes diferentes do mundo, que ainda não são conhecidas em sua cultura, mas conhecidas por outras culturas mais conscientes. Existem muitas criaturas em seu planeta das quais você não está ciente.
D: Essas são todas criaturas do mar? Ou criaturas terrestres?
P: A distribuição seria tal que existam mais mamíferos do que peixes. O quadro geral do que vocês chamam de "natureza" hoje é um pouco distorcido por esse primo sombrio que a raça, como um todo, desconhece.
D: Esses animais geralmente estão em lugares como África, América do Sul, continentes que não são tão povoados?
P: Eles existem em todo o planeta conhecido, no entanto, não quer dizer que eles existam no planeta, mas talvez dentro do planeta.
D: Eles podem estar sob a superfície?
P: Isso é exato.
D: Porque a maior parte do mundo, como o conhecemos, foi explorada e achamos que não há mais nada que possamos encontrar na superfície.
P: A maior parte do mundo conhecido foi explorada. No entanto, o que é desconhecido não foi explorado. Logo, não é do mundo, porque não se sabe que existe.
D: Então sob o planeta existem criaturas das quais não temos conhecimento.
P: Isso é exato. Raças e culturas que existem sem o conhecimento daqueles que vocês chamam de "moradores da superfície".
D: As pessoas que vivem no subterrâneo são remanescentes da Atlântida? Ou são raças que existiam antes disso?
P: Há cada um dos itens acima. Há alguns que estavam lá antes, e alguns depois. No entanto, eles não estão em completa harmonia um com o outro e assim tendem a se manter afastados. Devido aos seus próprios desejos únicos de serem mantidos separados,

chegam a ser um tanto desconhecidos um do outro. O verdadeiro alcance da interação entre as civilizações da superfície e dos moradores do subsolo não é difundido ou de conhecimento comum, embora, existem aqueles que secretamente, são comuns aos dois grupo.

* * *

D: *O guardião da Biblioteca pode nos dar alguma informação sobre criaturas como o Monstro do Lago Ness? Essas criaturas são reais?*
John: Sim, eles são reais. Eles são remanescentes de formas de vida primitivas que costumavam viver na Terra durante a era dos répteis.
D: *Você quer dizer como o dinossauro?*
J: Sim. Existem criaturas tanto no mar, na terra e até no ar, que o homem ainda não descobriu. Eles se refugiaram em certas áreas e suas vidas foram se prolongando até se reproduzirem.
D: *Estou pensando em um em particular, aquele chamado de Monstro do Lago Ness.*
J: Há cerca de sete no tanque do Lago Ness. (Risos) Isso é o que ele diz, "tanque". (Risos) Eles se reproduziram ao longo do tempo e vivem por muito tempo, centenas de anos, mas não se reproduzem com tanta frequência. A água fria tem algo a ver com isso.
D: *Como eles se reproduzem?*
J: Como a maioria dos animais.
D: *Quero dizer, é mamífero ou põe ovos, ou o quê?*
J: Eles põem ovos debaixo d'água. Leva muito tempo para eclodirem e para se tornarem adultos. Leva quase dois anos, parece. Existem predadores, peixes e coisas assim, que precisam ser vigiadas. Mas eles têm um covil debaixo de um dos penhascos do Lago Ness.
D: *Eles também respiram ar ou são estritamente aquáticos?*
J: Eles são basicamente aquáticos, mas podem emergir por breves períodos. Semelhante à maneira como os peixes-voadores são capazes de voar e depois voltar para a água. Eles têm essa capacidade, possuem brânquias e não precisam respirar ar pois obtêm seu suprimento de oxigênio através da água.
D: *Existem histórias deles serem vistos na terra. Isso aconteceu alguma vez?*

J: De vez em quando. Já aconteceu no passado e pode acontecer de novo.

D: São relatos de serem vistos ao redor do lago.

J: Ah, sim! Eles foram vistos. Eles emergem do lago, mas escapam às tentativas de captura porque são muito intuitivos e dependem de seus instintos.

D: Existem histórias de suas imagens serem vistas no sonar. Aconteceu mesmo?

J: Sim. Eles existem. Há sete deles agora que vivem no Lago Ness, em uma caverna submersa em um penhasco. Eles caçam peixes e são grandes.

D: Sim. Algumas pessoas tiraram fotos deles quando emergiram da água. Existe algum outro lugar específico onde há muitos deles?

J: Há dois ou três em um lago na África. Antigamente eram doze. Existem dois na floresta tropical amazônica, em um lago ao largo do rio Amazonas. Também no sudeste da Ásia, onde há quatro nos rios.

D: Essas criaturas são perigosas?

J: Até certo ponto, não, eles não são perigosos, mas comem peixe e podem confundir uma pessoa com um peixe na água. Especialmente os tipos maiores.

D: Você também disse haver outras criaturas desse período que sobreviveram?

J: Sim. Nem todos eles se parecem com o Monstro do Lago Ness. Também são reptilianos em forma. Alguns parecem um grande lagarto.

D: Você disse serem terrestres?

J: Não, a maioria deles são aquáticos. É assim que eles funcionam, vivem em cavernas no fundo de rios e lagos.

D: Você disse serem remanescentes, sobreviventes da era dos dinossauros.

J: Era reptiliana.

D: Existem criaturas que sobreviveram e estavam principalmente na terra, não sendo aquáticas?

J: Estes sofreram mutações e evoluíram biologicamente, se transformando nos animais modernos. São principalmente animais aquáticos que sobreviveram deste período e um aéreo que vocês não descobriram. Essas informações serão encontradas em

breve. É como se dissesse, "Não faça mais perguntas. Esse é um arquivo que ainda não foi aberto." (Risos)
D: *Se está no ar, por que não vimos ainda?*
J: Foi capaz de se tornar quase invisível. Essa é a razão.
D: *Como podem fazer isso?*
J: (Ele sorriu.) Não sei. O arquivo sobre este assunto não foi aberto e ele diz que mais informações serão reveladas no futuro. Há ainda uma criatura na terra, nas selvas da África. Outro na terra será encontrado na Cordilheira dos Andes. Ele diz que aguçará sua curiosidade, mas não posso falar mais sobre isso porque este é um arquivo aberto, e ainda está sendo arquivado.

* * *

YETI OU ABOMINÁVEL HOMEM DA NEVE

Brenda: Existem outras criaturas presas na evolução. Essas criaturas são chamadas por vários nomes. Há tantos nomes na sua língua para esta criatura, é difícil escolher qual seria o melhor rótulo para ela: Yeti, Pé Grande, Homem da Neve. Isso é de se esperar, já que são criaturas muito difundidas. Qualquer área montanhosa e coberta de neve tem esta criatura. É uma criatura extremamente tímida com medo dos homens. Tem habilidades psíquicas, na medida em que pode sentir outras criaturas a uma grande distância. Geralmente eles se escondem quando sentem outras criaturas. Estes estão relacionados ao homem de certa forma são como os irmãos mais novos do homem. Eles estão desenvolvendo inteligência e este planeta é capaz de suportar mais de uma espécie inteligente, se as espécies inteligentes atualmente dominantes permitirem. Seria um enriquecimento para o planeta e eventualmente para a comunidade galáctica.
D: *De onde veio essa criatura? É indígena do planeta?*
B: Sim. Quando os antigos, os arcaicos estavam ajudando as espécies a evoluírem neste planeta, eles criaram uma espécie inteligente que agora é o homem. Enquanto esta espécie estava se desenvolvendo, eles ficaram angustiados com as tendências violentas que retratavam e perceberam que uma linha paralela de experiência também tinha a promessa de se desenvolver em uma espécie inteligente, mas sem o traço violento. Assim eles

continuaram evoluindo essa espécie também. Quando atingir todo o seu potencial, será tão inteligente quanto o homem, mas de maneiras diferentes. Ambas as espécies terão que fazer muitos ajustes para lidar uma com a outra, já que esta espécie não tem os traços violentos que há no homem, sendo extremamente sensíveis e tímidos.

D: *Mas eles estão demorando mais para se desenvolver do que o homem?*

B: Não, só começaram mais tarde.

D: *Ouvimos muitas histórias sobre eles serem violentos.*

B: Geralmente é o jeito da criatura tentar assustar as pessoas para poderem fugir e se esconder, pois só querem ficar sozinhas. Até o presente ponto de desenvolvimento, não levaram mais tempo do que o homem. É possível que seu desenvolvimento seja retardado para garantir que os traços violentos não entrem acidentalmente. Alguns dizem precisarem de traços violentos para lhes dar a energia necessária e sobreviver à adversidades. Alguns traços violentos no homem os ajudou a sobreviver a vários tipos de adversidades, desde que ele alcançou sua inteligência.

D: *Não é realmente bom ser completamente passivo de qualquer maneira.*

B: Isso é correto.

D: *A maneira como o homem está evoluindo e desenvolvendo, ocupando mais áreas, está invadindo seu território?*

B: Sim, e vem acontecendo há algum tempo. É por isso que fiz a declaração: "Se o homem permitir que eles se desenvolvam, eles o farão". Mas fazem um bom trabalho de se esconder. Eles vivem em todo o planeta, nas montanhas remotas muito altas, bem como nas profundas florestas tropicais do planeta. Eles se adaptaram a diferentes climas e altitudes, mas preferem as áreas isoladas.

D: *Bem, as pessoas têm medo de coisas que não entendem, essa é uma das nossas características.*

* * *

D: *Ouvimos falar de algumas criaturas que chamamos de Sasquatch e Yeti? Ele sabe a que estou me referindo? O Abominável Homem das Neves, esse tipo de criatura? Eles são conhecidos por muitos nomes diferentes.*

John: Ele diz que sim, eles existem.
D: *Eles são todos do mesmo tipo de animal, mas apenas encontrados em diferentes partes do mundo?*
J: Não, eles não são animais. Ele diz que eles são seres evoluídos, assim como você.
D: *Ele pode nos dar alguma informação sobre eles?*
J: Ele diz serem um povo muito gentil, espiritualmente sintonizado com os espíritos da natureza. É por isso que podem ser quase invisíveis. Eles têm o poder de se misturar ao cenário e ao ambiente. Não procuram ativamente o homem porque têm medo dele. Seus espíritos da natureza lhes disseram que o homem desviou este planeta e seus recursos. Assim, eles fogem do homem. Mas gostam da comida que o homem tem.
D: *Então os que foram encontrados nas diferentes partes do mundo são todos do mesmo tipo?*
J: Sim. Foram sobreviventes primitivos do cataclismo lemuriano.
D: *Pelas descrições, parecem ser muito animalescos.*
J: Em certo tempo, todos fomos. (Risos)
D: *Então eles não evoluíram e mantiveram o tipo de corpo?*
J: Até certo ponto eles evoluíram. Mas eles evoluíram mais em uma consciência espiritual e mental do que física. Ele disse serem uma raça protegida, uma minoria protegida, por assim dizer. Estão muito mais em sintonia com as formas de vida inferiores.
D: *Protegido por quem?*
J: Espíritos da natureza.
D: *Pelas descrições que tivemos, eles não parecem falar como nós.*
J: Eles têm comunicações telepáticas, enquanto vocês humanos precisam ter fala, portanto, não são tão involuídos quanto vocês pensam. Eles fazem sons de cliques e ruídos como os animais, mas têm uma capacidade telepática muito mais forte do que o homem desenvolveu atualmente. Francamente, a fala é a coisa mais limitante. Cada palavra individual que dizemos é compreendida apenas pelo quadro de referência que cada pessoa tem do que essa palavra significa. Então, de fato, podemos estar falando sobre uma coisa, e a pessoa que recebe a informação pode criar um significado totalmente diferente, com base na sua experiência individual de definição de uma palavra. Quando você tem comunicação telepática, está comunicando o que está pensando. É muito, muito mais amplo do que o discurso verbal.

Nós, humanos, somos limitados à voz. Então, temos um grande, grande obstáculo a superar.

D: Muitas pessoas pensam serem violentos.

J: Não, ele diz que não são naturalmente violentos, mas têm características animalescas. Eles têm medo dos humanos. Sintonizam a energia emocional do ambiente. Podem ler intuitiva ou telepaticamente as auras das pessoas, ou o ambiente das pessoas. Se sentirem que podem ser abusados, isso causaria reações negativas, o mesmo se são encurralados. A maioria, seja um homem ou um animal, não gosta de ser encurralado.

D: E quanto ao seu tipo de comida?

J: Eles comem muitas nozes e frutas. Peixes, comem por inteiro. (Ele fez uma expressão de desgosto e eu ri.) Eles comem da terra de forma muito simplista. Gostam de coisas como borboletas e insetos também.

D: Ouvimos histórias deles invadindo os galinheiros das pessoas e coisas assim.

J: Sim. Eles comem formas de vida menores, até galinhas. Eles comem ratos também. (De novo uma expressão de desgosto e eu ri.) Roedores, cães de pradaria, mas não comem animais carnívoros. Eles só comem animais que comem alimentos vegetais.

D: Eu pensaria que se alguém tivesse evoluído o suficiente para ter poderes mentais, não comesse carne, isso soa primitivo para mim.

J: Não julgue. (Ele balançou o dedo para mim.) O guardião está dizendo: "Não julgue! Eles são mais avançados em tantas coisas que você não pode entender." Porque eles estão sintonizados com a energia da Terra e os espíritos da natureza, eles têm telepatia. É por isso que conseguem evitar o homem também. Ele disse: "Não julgue".

D: Então, quando soam primitivos pelos nossos padrões, podem não ser.

J: Não. Por outros padrões, eles não são.

* * *

D: Vamos mudar para outra parte do globo. Por que os animais da Austrália são tão diferentes de outras partes do mundo? Existem animais lá que não são encontrados em nenhum outro lugar.

Phil: Não há uma resposta real para a pergunta que você faz, simplesmente porque não vemos essa distinção. De fato, existem animais em cada continente que não são encontrados em nenhum outro continente, no entanto, isso não quer dizer que eles sejam únicos do resto dos animais do planeta. Simplesmente eles residem em um lugar, e não em outro. Gostaríamos de pedir que talvez você esclareça.

D: *Na Austrália, existe uma teoria de que talvez os animais tenham vindo do espaço sideral. Que os alienígenas os trouxeram, e é por isso que eles são diferentes de outros, em outras partes do planeta.*

Ouvi isso durante minha primeira viagem à Austrália em 1994. Havia um livro publicado na época que expunha essa teoria.

P: Realmente existem animais que foram trazidos de outros planetas para este. No entanto, se excluirmos a presença apenas daqueles animais que foram trazidos de outros planetas, não restaria absolutamente nenhum.

D: *Estou pensando no conceito original da semeadura do planeta, mas não vamos seguir essa ideia, vamos? Ou não? Pensei no transporte físico de um animal, talvez após a época da semeadura.*

A teoria da semeadura do planeta Terra está em "Guardiões do Jardim" e "Sob Custódia"

P: Há muitos itens, pois incluímos aqui não apenas o reino animal, mas toda a existência de vida em seu planeta. Ele foi aprimorado através do transporte de criaturas e entidades vivas e viáveis de outros planetas e dimensões. Entenda que toda a existência de qualquer tipo particular de forma de vida em seu planeta, se deve à existência dessa forma de vida em outro planeta.

D: *Então a Austrália não é a única do resto do mundo.*

P: Houve muitas melhorias nas formas de vida neste planeta, ao contrário das formas de vida em outros planetas. Não quer dizer que talvez um seja melhor que o outro, mas talvez tenham sido alterados para o clima ou ambiente específico que habitariam. Talvez, em seu planeta existam muitos que achem os animais um pouco estranhos, de sua percepção, de suas habilidades, em alguns aspectos, e de suas aparências, em outros. No entanto, pedimos que você olhe para o quadro geral e veja que a variedade não é, por si só, um indicador de se essas criaturas habitavam este planeta originalmente ou de algum outro planeta. O quadro geral de semelhança em seu planeta é muito diferente do que em outros planetas.

* * *

STONEHENGE

D: Eu queria perguntar sobre Stonehenge, na Inglaterra.
Phil: Isso foi simplesmente uma escola de astronomia. Um lugar onde quem deseja aprender astronomia pode fazê-lo.
D: Que raça construiu isso?
P: Era de origem gaélica. Este conhecimento foi espalhado por todo o mundo na época do naufrágio de Atlântida, muitas culturas se beneficiaram com o desinvestimento desse conhecimento por aqueles que viajaram pelo mundo.
D: Este foi o único lugar onde as pedras foram colocadas assim?
P: Nessa estrutura exata, sim. Existem muitos, em todo o mundo, cuja função é idêntica, mas cuja forma é diferente. As pirâmides da América do Sul foram usadas para observação, assim como as do Egito. Existem vários lugares na Terra semelhantes a este.
D: Em Stonehenge, como essas pedras foram levantadas?
P: Por meios telepáticos, pela energia do pensamento. Na mesma função geral que as pirâmides. Elas foram conduzidas por energias de pensamento telepático, de suas pedreiras para o local final. Este foi construído ao longo de um período de anos. O propósito original foi perdido, porém, não quer dizer que não houvesse alguma função encontrada nesses monumentos. Mas o propósito original não era de tempo, mas de distância. Para rastrear as posições dos planetas, de modo que pudesse ser determinada a localização deste planeta em relação a muitos outros de origem conhecida, em outros lugares deste universo.

* * *

D: *Você sabe o que aconteceu com o povo maia? Eles eram muito únicos. Supostamente, eles simplesmente desapareceram de repente.*

Phil: A resposta a esta pergunta se apresenta com final "amarrado", para usar sua analogia. A história ou talvez o final não está completo neste assunto. No entanto, basta dizer que eles não morreram, mas foram transportados. Não nos importamos de detalhar neste momento os meios, porém, eles foram transportados.

D: *Você sabe por quê?*

P: Eles mesmos escolheram escapar daquela destruição que eles podiam prever acontecendo com seus irmãos, durante a conquista espanhola.

D: *Isso acontece frequentemente com civilizações na história?*

P: Não que não tenha precedentes, no entanto, não é uma ocorrência regular. Se surgir a situação de uma civilização ter atingido um nível, como um todo, que eles, para a sobrevivência da civilização, desejem tal transporte, então, sim, isso aconteceria. Não há nenhuma lei que diga que isso deva acontecer, no entanto, através do desejo dos próprios indivíduos de proteger seus níveis de consciência e suas realizações, para melhor capacitá-los a promover sua compreensão e crescimento e proteger sua sociedade, então eles receberam essa oportunidade, se fosse de seu melhor interesse, bem como o melhor interesse daqueles ao seu redor.

* * *

ACROGLIFOS - CÍRCULOS NAS PLANTAÇÕES

D: *O que você pode me dizer sobre os círculos nas plantações que têm aparecido na Inglaterra? Sei que estão aparecendo em outros lugares, mas parecem mais definidos lá, com símbolos mais elaborados. Você pode me dizer alguma coisa sobre quem os está fazendo e como eles estão sendo feitos?*

Phil esteve em transe profundo por quase uma hora e respondeu a muitas perguntas, mas de repente ele abriu os olhos e parecia desconfortável.

D: *Você não quer responder a essa pergunta?*
P: (Ele parecia muito desconfortável.) Não, é só... não sei... não me sinto muito bem. Por alguma razão, sinto-me quase doente. Alguma coisa não está certa. Não acho que tenha a ver com os círculos nas plantações. Embora eu tenha a impressão de que havia algo quando você fez essa pergunta.
D: *Nós nunca os consideramos prejudiciais, porque eles estão apenas nas plantações.*
P: Mas há algo ligado a isso que está oculto. Não tenho certeza... não é humano. Há um definitivo... não sei. Isso está em um nível muito mais profundo e amplo.
D: *Você acha que é isso que te incomoda?*
P: Eu quase me senti mal, mal do estômago. (Ele se sentou.) Posso voltar. Eu só... deixe-me fazer uma pausa aqui.

Phil se levantou e foi ao banheiro. Ele era o único entre meus colaboradores que conseguia acordar de um transe profundo, caso se sentisse desconfortável. Depois de alguns momentos ele voltou. A sensação perturbadora passou tão rapidamente quanto veio. Quando ele se deitou novamente na cama, relaxou e imediatamente entrou novamente no transe profundo. Não tive que fazer nada. Dei sugestões tranquilizadoras de que ele se sentiria perfeitamente confortável e reforcei o fato de que estava protegido o tempo todo.

P: Diríamos que existem dispositivos que protegem tanto você quanto o receptor, dessa informação. Não seria dado aquilo que seria prejudicial em qualquer sentido.
D: *Mas ele teve uma reação física. Isso é o que me preocupava.*
P: A necessidade de tal dispositivo não era aparente naquele momento, no entanto, as conexões estavam ficando muito próximas para o conforto, por assim dizer, na medida em que o estabelecimento de tal conexão causaria desconforto físico. As energias daqueles que estavam sendo conectados ao veículo, não eram compatíveis com a energia do veículo.
D: *Você acha que conseguirá responder à pergunta agora? Só queria saber sobre os círculos nas plantações. Quem os estava fazendo e com que propósito? Também como estavam sendo criados.*

P: As formas superiores de comunicação em seu planeta agora são compreendidas em termos de linguagens binárias ou de computador. Em seu sistema de crença comum, as formas mais elevadas de comunicação são realizadas por meio de seus cientistas e, portanto, não são compreendidas pelas massas em geral. Esses círculos nas plantações destinam-se a transmitir às massas as informações que estão sendo fornecidas ao seu planeta, para que a população como um todo entenda que a natureza de sua existência é radicalmente diferente daquela que geralmente se acredita ser o ponto de vista aceito. Nem tudo é o que parece. Aqueles que empreendem tal esforço estão tentando se comunicar de uma forma que ressoe com cada indivíduo em um nível altamente pessoal, em níveis aos quais cada indivíduo está aberto, e não simplesmente dado.

D: *Quem ou o que está criando os círculos nas plantações?*

P: A resposta completa a tal pergunta não seria possível neste contexto, pois seria necessário fazer um discurso completo sobre as origens da raça humana como um todo. Mas devemos dizer que esses símbolos são relevantes para a história da vida em seu planeta. É uma lição de geografia sobre as origens de suas formas de vida planetárias. Há aqueles que agora estão lentamente reconhecendo o significado que esses símbolos transmitem. Eles não são simplesmente atos de arte aleatórios. Eles são, de fato, formas de comunicação. Aqueles sendo conhecedores desta forma de comunicação, lentamente perceberão o que está sendo comunicado a eles, e então entenderão a mensagem transmitida sobre as origens da vida neste planeta.

D: *Então é simbolismo. Mais ou menos como "nos levar de volta às nossas raízes", por assim dizer?*

P: Isso é exato.

D: *Está sendo feito por pessoas da Terra?*

P: Houve tentativas de replicá-lo, no entanto, não é possível dizer que os humanos são os criadores disso. Como o conhecimento que está sendo transmitido não é familiar neste planeta há séculos.

D: *Quem foram os criadores? Aqueles que estão fazendo os verdadeiros.*

P: Eles são da ordem de... (procurando a palavra) ... os guardiões da verdade.

D: *Onde estão localizados esses guardiões da verdade?*

P: A localização física deles não é relevante. No entanto, seu propósito é realmente relevante. Agora estão apresentando a vocês, como uma raça, a verdade de sua herança.
D: Acho que estou tentando perguntar se são alienígenas em naves espaciais?
P: E é isso que estamos tentando não dizer. Pois de fato não seria uma simples explicação, no entanto, diríamos que eles não são da Terra.
D: Mas eles também não são dos Vigilantes?
P: Isso é exato. Não no sentido de vir de outro lugar para cá. Eles são daqui. Eles já estão em "casa", mas não são do mundo como você o conhece.
D: Seria suficiente dizer outras dimensões?
P: Eles são do seu mundo, mas não do mundo como você o conhece. No momento, não há necessidade em divulgar sua localização verdadeira ou relativa, para não haver uma tentativa de comunicação com esses seres. Com o tempo, será dada a localização de onde eles estão vindo. De tal forma que haverá aqueles que podem ir até eles, buscar entendimentos mais elevados.
D: Mas eles não são do reino espiritual para onde vamos depois que morremos?
P: Eles são do reino espiritual no mesmo sentido que cada um de nós é do reino espiritual, no entanto, eles se manifestaram de maneira não muito semelhante à que vocês se encontram. Não quer dizer que eles não manifestam certas formas físicas que lhes permitam cumprir seus propósitos, no entanto, eles não são residentes na forma física.
D: Então eles estão mais ou menos associados com a Terra, mas não estão em uma forma com a qual estamos familiarizados. Isso seria correto?
P: Isso é exato.
D: Eles não são um espírito falecido.
P: No sentido de que eles eram de natureza física e depois partiram, não. Eles são de uma forma superior que não estava no plano físico, como você imagina. Tão pouco seria certo dizer que eles não são de forma física, pois, de fato, eles foram em algum momento de sua evolução, de natureza física, mas não como você conhece.

D: *Então eles evoluíram além daqueles que estão nas naves espaciais e nós na Terra. Eles mais ou menos evoluíram para outro nível, por assim dizer?*

P: Eles não estão acima dos da espaçonave, mas evoluíram por si mesmos, para um nível acima daquele de onde vieram. No entanto, ainda há mais a percorrer, mais coisas a fazer, antes de irem para lá. Esta comunicação (círculos nas plantações) é de fato parte de sua tentativa de transmitir aos de seu mundo as realidades de seu mundo.

D: *Você pode me dizer como os círculos nas plantações são feitos?*

P: O processo em si não é tão misterioso, mas simplesmente está sendo usado em uma escala que não é comum em seu mundo. Existem aqueles capazes de direcionar as energias para formas concentradas, de modo que as estruturas moleculares dessas plantas sejam assim alteradas. Seria como dobrar um galho, de maneira com que a força da dobra não seja externa, mas interna. É simplesmente um realinhamento das próprias estruturas, e não do ambiente.

D: *Estamos pensando ser o uso de algum tipo de energia.*

P: Isso é exato.

D: *Então não é feito com uma máquina ou de qualquer forma manual.*

P: Não no sentido que você percebe. Existe uma realidade onde as máquinas são espirituais e não físicas. Então, nesse sentido, pela definição da sua pergunta, diríamos máquinas não no sentido físico, como você conhece. Isso não inclui o conceito de máquinas no plano espiritual, como você entende existir. Não estamos excluindo as máquinas espirituais.

D: *Acho que estou pensando em espaçonaves.*

P: Estas não são máquinas usadas para transportar de uma dimensão para outra, ou mesmo para viajar, mas sim que o conceito de máquinas no mundo espiritual é um tanto inexistente. Diríamos que realmente existe a realidade daqueles que vocês chamam de "máquinas" no plano espiritual, além do mundo tridimensional. Elas são realmente fabricadas e servem a um propósito específico, no entanto, não são, como você diz, tridimensionais, mas são fabricadas com energia superior.

D: *Há relatos de que algumas pessoas ficam doentes ou apresentam sintomas físicos quando estão nesses círculos.*

P: Isso é exato. Essa é a mesma reação que este veículo teve ao se aproximar dessas energias. Existem aqueles que simplesmente não são compatíveis com essas energias. É simplesmente que as próprias energias não estão em harmonia com as energias da testemunha.

D: *Quando eu estava no círculo, tive uma experiência maravilhosa, foi muito pacífico e edificante.*

P: Existem aqueles que estão em harmonia e aqueles que estão fora de harmonia, no entanto, isso não é um julgamento, mas sim como notas musicais, que podem ou não estar em harmonia com outras notas.

D: *A reação física que ele teve foi como se a energia não fosse boa.*

P: Isso é compatível ao sentido de percepção que ele entende por meio de sua experiência. Havia, no filtro consciente, uma entidade ou energia desconhecida, sendo percebida como ameaçadora. Achamos que é um produto desse medo do desconhecido. Os sintomas físicos são reminiscentes daquilo que se encontra quando se está em desarmonia com muitas formas de realidade.

D: *Então eles não são negativos.*

P: Isso é exato. O mal-entendido ou a falta de compreensão é compreensível. Visto que nunca foi solicitado por este veículo para se comunicar nesse nível. Foi uma nova experiência.

D: *Então, se ele realmente fosse aos círculos nas plantações, como fiz, ele poderia sentir uma sensação desconfortável porque suas energias seriam diferentes e não compatíveis com o círculo.*

P: Isso é exato.

D: *Você sabe por que eles estão aparecendo em áreas como Stonehenge, Avebury, Glastonbury? Dizem serem pontos de energia muito, muito antigos. Mas por que eles estão aparecendo nessas áreas na Inglaterra de forma mais predominante do que em outras partes do mundo?*

P: Há neste momento, em seu planeta, muitos pólos opostos de vórtices de energia. Existem alguns pontos onde a energia entra e outros pontos onde a energia sai. São os portões dos rios que fluem para dentro e para fora do seu planeta. Há, neste momento, muitos vórtices naquela parte específica do planeta, que estão absorvendo energia, como uma entrada. Nesses vórtices serão dadas as energias que são filtros de forma que as energias que podem entrar sejam harmoniosas e alinhadas com as necessidades e propósitos do planeta para o qual essas energias são direcionadas. São nesses vórtices onde se encontram os guardiões do portão que essas manifestações se apresentam. Eles estão trazendo novos conhecimentos para o seu planeta neste momento.

Quando Phil acordou, reteve algumas memórias das informações que vinha recebendo. Há sempre mais apresentado do que pode ser retransmitido para mim verbalmente. É por isso que fazer as perguntas certas é tão importante.

D: *Qual foi a sensação que você teve sobre os círculos nas plantações? Você disse que não sentiu ser algo humano, mas também não achava que era um alienígena em uma nave espacial.*
P: Mas dizer que eles estão na Terra também não é exatamente correto. É quase como se estivessem em outra dimensão. Eles parecem ter tecnologia, talvez tecnologia quadridimensional. Na verdade são máquinas fabricadas e funcionando como máquinas aqui. Mas eles trabalham com energias de maneiras diferentes das nossas máquinas, neste nível. Suas máquinas são muito mais refinadas e não são tão grosseiras em suas ações, e trabalham com energia, quero dizer, eles literalmente mudam as energias.
D: *Eles as moldam de alguma forma?*
P: Eles as moldam, mudam, alteram, mas as próprias máquinas são energias que trabalham com energias. Elas não têm uma forma física grosseira como a nossa, mas são tão máquinas quanto as nossas máquinas.
D: *Você foi muito enfático sobre eles não serem os alienígenas na nave espacial.*
P: Eles são daqui. O que eu estava vendo estava em um nível mais alto do que onde estão os espíritos. É quase como uma forma superior de nós.
D: *Vivendo em outra dimensão?*
P: Talvez. Não tenho certeza. É como se nossa energia fosse elevada, não tão alta que saíssemos do físico. Ainda éramos físicos, mas em um ultra-físico. Sim, é um bom termo: ultra-físico. Uma energia melhor energia. É isso o que é. Eles não são realmente físicos para nossos padrões, mas também não são espirituais, são hiperfísicos. Suas formas de energia são de frequência muito mais

alta que a nossa. É ultra-físico. Essa palavra se encaixa perfeitamente.

D: *Então eles são capazes de nos observar, mas não podemos vê-los. (Sim) Já falamos antes sobre mundos de energia e outras dimensões. Alguns deles podem existir lado a lado com os nossos. Se conseguirmos elevar nossa consciência, como eles afirmam que vamos...*

P: É mais do que apenas nossa consciência. É como se nossos seres físicos estivessem mudando, vibrando muito mais alto, de alguma forma. Não sei bem como é, mas é como se nossos átomos estivessem vibrando com o dobro da velocidade. Então, se você eleva tudo, altera também a tabela periódica com os elementos químicos em sua vibração, em termos de quantos elétrons existem. Não sei como definir isso. Mas se você pegasse o nível de energia de cada átomo e dobrasse, de modo que todos mantivessem o mesmo nível de energia relativo entre si, mas tudo seria elevado duas vezes em relação o nosso. É por isso que não poderíamos vê-los, porque eles estão vibrando muito rápido. Estou vendo que todo o "Agroglifo" é feito de uma vez, não em segmentos ou algo assim. O tamanho da máquina que está fazendo isso não é o mesmo tamanho do próprio círculo de colheita. Mas não é físico como o entendemos. É ultra-físico.

Todo esse lado da fita de discussão começou a acelerar gradualmente até o ponto em que era impossível transcrever. Lentamente, tornou-se impossível de entender. Talvez pudesse ser desacelerado para onde pudesse ser entendido. Pelo menos parte dessa discussão não era importante o suficiente para me preocupar. De repente, na outra metade da fita, ela começou a desacelerar novamente para onde eu poderia transcrever, mas ão tenho ideia do que estávamos discutindo até este ponto.

P: ... uma pedra é uma pedra e uma árvore é uma árvore. Mas se você realmente é o mestre de suas moléculas e entende que existem certos modelos atômicos de comum acordo, pode converter suas moléculas em outro modelo.

Aqui a velocidade da fita voltou ao normal pela primeira vez. Vários minutos foram um borrão acelerado de ruído.

D: *Bem, isso remonta à ideia de que podemos controlar as células do nosso próprio corpo e, dessa forma, podemos controlar a doença. Podemos alterar as células.*
P: Exatamente. E você pode ir ainda mais longe, podendo controlar as moléculas, no entanto, ao nível molecular ou atômico, existem padrões já estabelecidos que não podem ser alterados.

Durante a gravação da sessão ocorreu o efeito contrário. Ele gradualmente diminuiu a velocidade para onde estava se arrastando. Foi tedioso, mas pelo menos poderia ser entendido. Troquei de gravador e o efeito foi o mesmo em ambos. Portanto, não foi a aceleração ou desaceleração mecânica do gravador. Foi definitivamente algo que afetou a fita. A máquina estava sendo afetada pelo mesmo fluxo de energia que afetou Phil e o fez quebrar o transe porque se sentiu mal? Isso foi semelhante à maneira como a mera menção dos "Agroglifos" afetou drasticamente Janice no Capítulo 4. Parecia definitivamente haver um efeito de energia de algum tipo relacionado aos círculos nas plantações que não afetava apenas meus clientes, mas também o maquinário que eu uso.

* * *

D: *Existe o fenômeno chamado de "Agroglifos", ou chamado pelos ingleses de "Crop Circles". Eles parecem estar aparecendo em torno de antigos locais sagrados. Existe uma conexão?*
Clara: Existem padrões de energia muito definidos, alguns dos outros locais sagrados para os agroglifos. Há um padrão muito definido nisso. É algo como o seu, como você diz? anagrama?
D: *É um quebra-cabeça?*
C: Sim, é o quebra-cabeça, e está escrito no trigo. Então o quebra-cabeça é para você olhar, e tudo é conduzido por energias e quando você olha para esse "anagrama", esse quebra-cabeça, cabe a você descobrir.
D: *Você pode me dizer quem ou o que está criando esses fenômenos?*
C: Tudo o que posso dizer é que é positivo. É por amor, é para o bem.
D: *Mas são seres alienígenas? (Não) Você pode me dar alguma outra indicação?*

C: São as energias de dentro da Terra. Só posso dizer isso. A própria Terra.
D: *E poderia ser dirigido por seres como você? (A entidade que falava através de Clara.) Porque considero vocês um tipo diferente dos que estão na espaçonave.*
C: (Um sorriso malicioso.) O que você acha? Isso é para você decidir.
D: *(Risos) Tenho a sensação de que você tem muito mais poder e conhecimento, mas alguns dos seres com quem falei nas naves também são muito inteligentes e muito conhecedores.*
C: Sim, são. Eles são muito inteligentes, muito magistrais. Muitos deles passaram por uma experiência na Terra a caminho de uma vibração mais elevada e se mudaram do planeta Terra para outro planeta, seja qual for o planeta de onde eles são.
D: *Mas ainda tenho a sensação de que está sendo dirigido por forças superiores.*
C: Diremos que essa é a verdade.
D: *Porque não consigo perceber que a própria Terra faria os desenhos. Talvez usando a energia da Terra, mas que não poderia...*
C: (Interrompido) Isso mesmo. A energia da Terra é usada nisso, nesses círculos.
D: *E está tentando nos dar mensagens. É isso que você quer dizer?*
C: Sim. Ela tem tentado nos enviar mensagens.
D: *A Terra. (Sim, sim.) Mas algumas pessoas pensam que está sendo feito por espaçonaves.*
C: Diremos o seguinte, isso é feito de uma fonte muito mais elevada e mais poderosa do que as espaçonaves.
D: *Eu estive nos círculos e para mim parece que definitivamente há um raio de energia ou algo assim, que torce o trigo. (Sim) Porque parece começar em um ponto central e sair dele.*
C: É uma força muito poderosa, muito maior que uma espaçonave, que cria isso, com a energia da mãe Terra. E há uma mensagem, se alguém for capaz de decifrá-la e decodificá-lar
D: *Você pode me dizer qual pode ser a mensagem?*
C: Esse é o seu quebra-cabeça. (Nós dois rimos.)
D: *Quando eu estava nos círculos, eu me sentia muito tranquila e com uma energia muito positiva. Mas me disseram que quando algumas pessoas entram nos círculos, às vezes ficam doentes.*

C: Isso depende do espaço onde o ser está, dentro da sua própria jornada, dentro do seu próprio caminho. Onde está a jornada deles é o que eles sentirão. Se sua jornada estiver em um lugar de paz e harmonia, se estão dentro de seu contrato, no caminho do que vieram fazer aqui, eles se sentirão maravilhosos e tranquilos, mas se não estiverem, sentirão vontade de se mexer, vontade de sair daquele lugar. Será um reflexo de como eles estão em seu ser físico, querendo se mudar para outro lugar em sua jornada. Portanto, se eles estiverem, digamos, movendo-se negativamente de seu contrato, eles não se sentirão em paz nos círculos.

D: *Então isso explicaria por que algumas pessoas tiveram náuseas e se sentiram mal. E eles estão muito desconfortáveis em estar neles.*

* * *

Esta sessão foi realizada em um estabelecimento Bed and Breakfast, na zona norte de Londres. No verão de 1992 fiz minha primeira viagem à Inglaterra, e eu estava ansiosa para ver os "Círculos de Milho" ao fim de minha turnê de palestras. Alick Bartholomew, meu editor na Inglaterra, também fazia parte do Conselho de Pesquisadores de "Agroglifos". Ele iria me levar para o local onde os últimos fenômenos foram encontrados, perto de Milk Hill em Alton Barnes, e na área de Oliver's Castle.

Laura era uma astróloga talentosa, loira e muito atraente. Não tinha problemas e não procurava nada específico, quando a sessão começou, regrediu para uma vida muito normal e mundana. Após ser levada através da sequência da morte, ela estava descrevendo o mundo espiritual. Nesse ponto, outra entidade começou a falar através dela, foi quando ocorreu a surpresa. Nessas sessões, você deve aprender a nunca tomar nada como garantido e estar sempre alerta para o inesperado. Jamais deixarei passar a oportunidade de fazer perguntas se o ser aparentar ter conhecimento.

D: *Posso fazer uma pergunta? Estamos muito interessados nos "Círculos nas Plantações" que estão sendo feitos aqui na Inglaterra. Você tem alguma informação sobre como eles estão sendo construídos?*

L: Sim, temos essa informação. Eles estão sendo construídos como parte de um padrão que agora está sendo colocado dentro da frequência de energia da Terra. O padrão será mudado para a consciência de muitas pessoas no plano terrestre. Isso continuará na frequência de energia ao redor da Terra. À medida que cada pessoa se conecta com esse padrão de frequência, elas serão carregadas. Suas próprias frequências irão interagir com os padrões do círculo e outras configurações.

D: *Como eles estão sendo construídos? Existem instrumentos envolvidos, ou qual é o método?*

L: Existe um sistema de frequência de energia, e cada pessoa se tornará consciente de suas próprias frequências, em seus corpos. Você tem uma frequência específica, esse é o seu próprio padrão. Agora, conforme você interage com outras pessoas, você se torna consciente de sua frequência. Você está ciente de que, quando fala com outra pessoa em seu plano terrestre, ou você gosta da companhia dela, ou deseja se separar dela, correto?

D: *Sim, é verdade.*

L: Ah! Essa é a interação direta das frequências de energia. E conforme você percebe uma frequência de compatibilidade, essa frequência pode interagir com a sua, assim vocês podem entrar em contato com os padrões de pensamento uns dos outros. Não é por acaso que você fala de padrões de pensamento. Essas frequências, esses padrões de pensamento, interconectam você com todas as outras formas de vida inteligentes na galáxia, dentro do próprio universo. É assim que você se comunica, e também através das linhas de energia. Isso é o que formará os círculos e as configurações das plantações.

D: *Então estes estão sendo produzidos pelas pessoas em uma nave espacial?*

L: Isso está correto, mas também através de seus próprios padrões de pensamento. Você entende isso? Dolores, seus próprios padrões de pensamento contribuirão para este completo sistema de comunicação

D: *É por isso que tenho que estar aqui na Inglaterra neste momento? Ou estou apenas supondo?*

L: Não, você não está apenas supondo, você está certa. Por qual outro motivo, teríamos reunido você com outros investigadores dos círculos? Lembre-se de que cada pessoa que você conhece, suas próprias frequências se interconectam com as deles. E assim as conexões continuam, certas espaçonaves e cápsulas se conectam diretamente com as frequências de pensamento de todas as formas de vida em sua Terra e muitas outras frequências.

D: Então os projetos foram realmente feitos pelo pensamento?

L: Essa é uma maneira de pensar sobre isso. Nem sempre é fácil transmitir como essa comunicação ocorre. A maneira mais fácil de pensar nisso é em padrões de ondas de pensamento.

D: Em outras palavras, não está sendo feito por algum tipo de máquina ou raio, ou algo assim. Essa foi uma teoria que foi apresentada, ser algo mecânico.

L: Não é mecânico. Existem várias pessoas que tentaram com máquinas. Eles são bem conhecidos. Mas a máquina de que falamos não tem nenhuma semelhança com a maquinaria bastante física usada em seu plano terrestre. Usamos essa palavra como está em seu vocabulário, é a palavra mais próxima que pudemos encontrar. A maquinaria que usamos é muito mais sofisticada e complexa do que você poderia compreender.

D: Então, provavelmente estou olhando para isso de maneira simplificada, mas queria fazer essas perguntas, porque foram apresentadas a mim. Então é uma combinação de trabalho com as energias de certas pessoas que cria esses projetos.

L: Isso é correto.

D: As pessoas pensam que os designs são como uma linguagem e estão tentando nos comunicar alguma mensagem. Há uma mensagem nos círculos?

L: A mensagem que está sendo transmitida é que todas as pessoas têm um papel a desempenhar. Qualquer símbolo que você escolha ver, qualquer ferramenta que possamos usar para atrair sua atenção, para alterar seus padrões de onda, nós nos empenharemos em perseguir. Para alguns é um feixe, um raio, como você usou o termo. Para outros, são os símbolos antigos. Para outros, eles são apenas um achatamento do milho. Tudo o que for necessário para atrair sua atenção será usado. Pois, à medida que sua atenção é conquistada, suas formas-pensamento podem interagir com nossa dimensão e assim, a assistência pode ser prestada a qualquer momento, para atender a todos vocês em seu plano terrestre.

SEÇÃO QUATRO

VIBRAÇÕES, FREQUÊNCIAS E NÍVEIS DE ENERGIA

CAPÍTULO NOVE
O DESPERTAR

Realizei muitas sessões durante a década de 1980 e partes delas foram usadas em muitos de meus livros. Outras, permaneceram em meus arquivos, aguardando um livro coerente para ser inserido. Durante minhas sessões com Pam, cobrimos muitos tópicos. Enquanto ela permanecia em transe profundo, diversas entidades surgiam durante as sessões para nos fornecer informações e esclarecer dúvidas.

Durante determinada sessão, em 1988, ela visualizou um ser vestido com um manto que a lembrou o Pai Tempo. Embora, instintivamente, soubesse não haver gênero para esse ser, imediatamente pensou nele como sendo um homem vestido de branco e suas roupas brilhando com sua intensa energia interna. Perguntamos de onde ele veio, a resposta foi: "Além do além, ou, se preferir, do Salão de Sempre."

D: *Você sabe quem ele é?*
P: Não. Para facilitar a comunicação, ele disse ser uma das essências manifestadas. Ele se permitiu entrar na matéria física, densa e grosseira, porque é mais fácil para mim falar com um ser físico do que apenas com um espaço em branco no ar. Esta não é a primeira vez. Ele apareceu para muitos outros, em muitos outros tempos, neste planeta e em outros, diz ele, não apenas para facilitar a comunicação, mas para inspirar e confortar. Portanto, este não é um trabalho considerado levianamente e não é um evento solo. Mas, de fato, para fins de comunicação, isso é raramente feito. Ele aparece principalmente nos devaneios e sonhos das pessoas com o propósito de inspiração e conforto.
D: *Seria correto dizer que ele é como um guia?*
P: Ele acha o termo "guia" muito limitador, mas entende que nosso conceito de guia é mesmo limitado. Se expandíssemos o que pensamos sobre guias, ele aceitaria esse rótulo.
D: *Estou tentando colocá-lo em algum tipo de categoria, suponho.*

P: Sim. Ele diz que isso é bem humano. (Ela riu.) Disse que um dos problemas que temos como seres terrestres limitados é que tentamos rotular, categorizar e colocar em caixas e compartimentos todas aquelas coisas que são ilimitadas e eternas. Esse é um pensamento muito limitante. Se pudéssemos praticar o pensamento sobre o espaço continuando para sempre, atemporalidade, eternidade e possibilidades infinitas, então talvez pudéssemos abordar o pensamento sobre como definir "guia". Assim como colocar gênero em um ser limita, de alguma forma, a maneira como pensamos sobre o ser. Ao colocar qualquer tipo de rótulo em qualquer coisa, nós a limitamos. Ele está dizendo que talvez "amigo" seja um melhor termo. "Guia" não seria a melhor maneira de olhar para ele, pois não deseja nos dirigir ou guiar, mas nos ajudar de qualquer maneira que pedimos.

D: *Ele já viveu na Terra em um corpo físico?*

P: Não, mas ele está intimamente associado aos seres da Terra que pediram ajuda. Não houve necessidade em ter o esquecimento que deve acompanhar a vida na forma física como humano neste planeta.

D: *Então ele nunca sentiu necessidade de ter uma vida física, de ter essa experiência?*

P: Nunca sentiu necessidade. Ele diz que tem apenas uma responsabilidade, tornar manifesto o princípio do amor. Portanto, a necessidade de ser realmente um ser humano atrasaria ou desviaria sua atenção a essa tarefa muito maior.

D: *Estou pensando nos diferentes níveis e dimensões, tentando colocá-lo fisicamente em algum lugar.*

P: Se você visse o planeta como uma bola de pingue-pongue e estendendo para fora, outro orbe concêntrico, digamos, do tamanho de uma laranja. Então, estendendo-se para fora disso, outro orbe do tamanho de uma bola de basquete e continuando, orbes cada vez maiores. Você poderia chamar essas camadas de planos ou níveis. De fato, alguns dos planos e níveis são tão lentos e quase tão densos e esquecidos quanto a bola de pingue-pongue que é a Terra. Mas ele transcende esses níveis. A dificuldade está em passar por esses níveis, porque alguns são pegajosos, quase como um melado estático, como roupas grudadas umas nas outras na secadora. É com intenção amorosa que ele tenta penetrar nesses níveis até o mais denso para podermos ter essa comunicação. Em seu reino natural, ele não é rebaixado ao que consideramos um "nível". Ele é leve, onde a luz pode permear, eu queria dizer quase todos os níveis. Sua resposta foi que a luz pode permear todos os níveis. Não para qualificar a declaração.

D: Quando deixamos nossos corpos físicos, também atravessamos esses diferentes níveis, da bola de pingue-pongue para fora?

P: Sim, atravessamos. Como eu disse, existem níveis fixos. Temos vibrações saindo de nós o tempo todo, muitas, muitas vibrações que não saem para o ponto X e param. Elas continuam fluindo em todas as direções, entrelaçando-se com as vibrações de todos os outros e com as vibrações de tudo o mais. Cada vibração não só tem poder e força que poderíamos equiparar à eletricidade, mas também tem magnetismo. Assim, nossas vibrações são atraídas por vibrações semelhantes. Se, por exemplo, uma grande porcentagem de nossos pensamentos estiver em um determinado nível vibratório, podemos ser mais facilmente atraídos por um anel concêntrico específico. Se, no entanto, praticarmos a projeção de nossos pensamentos, sentimentos e desejos para Tudo O Que É, para o maior poder e amor do universo, dos universos, ele corrige, então podemos, como um peixe deslizando na água, transcender muitos, muitos níveis, por nossos pensamentos serem vibrações extremamente poderosas. Essas vibrações extremamente poderosas são atraídas por vibrações igualmente poderosas e podemos, definitivamente, transcender muitos desses níveis mais complicados.

D: Existem barreiras que nos impedem de chegar a um determinado nível?

P: Nossos pensamentos, nossos medos, nossas crenças e nossas intenções.

D: Poderíamos ir para o nível de onde ele veio?

P: Neste momento, podemos fazer isso com nossa consciência, que sempre reside neste nível, sem o conhecimento de estarmos 99% adormecidos. Há uma enorme parte de nós que sempre habita no reino da luz e da eternidade. É nossa responsabilidade trazer isso para o estado "desperto" de nossa consciência.

D: Estou pensando que estamos tão concentrados em nossos corpos físicos, que quando morrermos, por assim dizer, e deixarmos o corpo físico, sairemos apenas até certo ponto e depois retornaremos ao nível físico.

P: Isso é absolutamente uma possibilidade. Depende do seu foco. Seus pensamentos conscientes são a fonte de poder que você e todos os outros humanos possuem. Os pensamentos que você gerar conscientemente, serão um fator determinante, importante sobre onde você vai, se e quando você retornará conscientemente na forma física, neste planeta.

D: *Você disse que estávamos 99% dormindo? Você quer dizer todos os humanos?*

P: É claro que existem humanos capazes de obter a realização por meio de seus pensamentos, de suas intenções amorosas, de sua crença e fé reais na eterna luz do amor. Houve seres humanos, neste planeta, que foram definitivamente capazes de transcender a matéria física grosseira e não "morrer", como vocês estão familiarizados. Eles foram chamados de "mestres ascensionados", um termo com algum humor, pois significa apenas que eles conseguiram transcender muitas das camadas pegajosas. Parece que não é possível ainda estar na forma física no planeta e operar na luz simultaneamente. Portanto, para realmente atingir esse estado, devemos nos livrar do que é material e denso, e isso foi feito por alguns seres humanos. Seria permitir que cada molécula do corpo humano, digamos, aumentasse a energia. Cada molécula se tornaria totalmente leve. Ao acender a luz, a vibração é acelerada a tal ponto que o corpo, assim como a consciência infinita, transcende este plano.

D: *Então o corpo desaparece?*

P: Isso é correto.

D: *Porque não haveria necessidade de um corpo físico na outra dimensão.*

P: Seria muito perturbador. (Ela riu.) Você percebe que a Terra tem gravidade que mantém objetos com peso sobre sua superfície. Para viajar no espaço, é preciso saber trabalhar a gravidade e o peso. Assim eles realmente têm a capacidade de se teletransportar, como purpurina rodopiante. Se Desmontar e remontar, de acordo com sua intenção consciente.

D: *Então é como se todo o corpo se decompusesse. Não sei se essa seria a palavra certa. Como se desaparecesse.*

P: Sim, desaparecer é adequado. Teria que ser uma condição muito controlada, e apenas no sentido de que essas vibrações pudessem ser elevadas a um nível que estaria além do seu sentido físico de visão. Isso foi feito, no entanto, não por pessoas que você geralmente aceitaria como normais. Alguns humanos perceberam que, de fato, fazem parte da força de Deus. Uma vez que eles, em sua consciência, se tornam a luz que são, eles têm a capacidade de desmontar suas moléculas. Existem aqueles de natureza avançada que podem reorganizar suas moléculas. No entanto, isso não seria normal ou comum. Há pouca razão para remontar as moléculas em forma física densa e grosseira. Uma vez desmontado, remontar significa que você tem que voltar, de alguma forma.

D: *Algumas pessoas acham que isso seria um método de escapar da morte.*

P: Não há necessidade de escapar da morte. Pois, como você pode ver, não há morte no sentido de qualquer coisa da qual você escaparia. Não há morte nesse sentido. Assim, o corpo físico naturalmente não precisaria ser elevado a outro nível. Seria como se você estivesse tentando levar seu casaco com você quando morresse. Você não precisa dele, portanto, por que você o levaria? Não seria necessário tentar transfigurar um corpo para levá-lo consigo ao plano espiritual. Não teria nenhuma função ou uso nesse nível, no entanto, tentar isso na forma encarnada, na tentativa de obter mais conhecimento enquanto ainda está saudável ou funcionando, então sim, pode ser uma ferramenta. No sentido de que poderia envolver muitas experiências, muito além daquelas que seriam consideradas experiências normais ou cotidianas, no entanto, novamente, por si só não tem valor real.

D: *E quanto à relatada transfiguração de Jesus. Aquele era o Seu corpo físico real?*

P: Aquele corpo físico foi elevado muito além de um nível que decairia. Para acelerar o processo de decaimento natural, era como se as moléculas fossem simplesmente separadas por meio de um processo avançado de estimulação energética, de modo que as próprias moléculas se quebrassem. Que é o processo de decadência natural na forma acelerada. Quando Jesus apareceu para as pessoas após Sua "morte", foi possível para Ele ajustar Sua frequência, ou mais precisamente, a frequência de Seu espírito ou alma para aqueles que o testemunhassem. Ele poderia ajustá-lo para que apenas uma pessoa na multidão pudesse vê-lo. Também poderia ser ajustado para que toda a multidão pudesse vê-Lo, se necessário. Isso está sendo feito muitas vezes, em muitos lugares diferentes. Não foi exclusivo da experiência de Jesus.

Em meu trabalho, relatei muitos casos em que extraterrestres conseguiram fazer isso. Eles não morrem até que decidam, geralmente porque estão prontos para partir para outra aventura em um corpo diferente, em outro lugar. Nestes casos, seu corpo desaparece, ou como dizem "desformula". Foi visto se desintegrar em uma substância brilhante ou em moléculas minúsculas separadas. Eu nunca ouvi falar disso sendo feito por um humano, porque, normalmente, a única maneira de nossas almas saírem do corpo é pela forma espiritual, deixando o corpo físico para trás para se decompor.

D: *Quando a maioria das pessoas morre, deixam o corpo na Terra, e o espírito, a essência delas continua.*
P: Isso é correto. Esse é o caso normal. O exemplo que estamos descrevendo é alguém que não está dormindo entre os 99%. Esta seria uma pessoa com a crença, o desejo e a intenção de fazer isso. Para transcender, levando seus corpos com eles. Outras pessoas também desejam essa transcendência, mas não acreditam ser possível. Portanto, eles não podem, e seu corpo deve morrer fisicamente. Seu sistema de crenças é um eixo de aço. Sem acreditar verdadeiramente que isso é possível, não é possível.
D: *Eles parecem ter um apego ao corpo e querer levá-lo consigo.*
P: Você parece ter respondido à sua própria pergunta também, sendo um apego relevante para o indivíduo. O corpo humano tem um propósito específico, experimentar a vida dessa forma. Ele diz algo no sentido de que pedimos a forma física, e cada ser humano se manifestou dessa forma. Isso é relevante para cada individuo. Os humanos não são as únicas "espécies", e isso está, entre aspas, dito com humor. (Ela riu.) Mas não é a única espécie ligada à forma física. Você deve perceber que aquelas pessoas que conscientemente foram capazes de "desmontar" conscientemente o corpo físico, não estão no estado 99% adormecido. Se, de fato, você despertou para o conhecimento e a crença de que pode transcender esses níveis, ou camadas, do ser e conseguiu alcançar essa realização, então também despertou para o fato de que não precisa se esforçar no plano material pesado e denso.

D: *Parece-me que conseguir controlar a mente a tal ponto, seria uma lição final. Isso seria correto?*
P: Lição. Aprendendo. Parece ser um problema de semântica e a palavra aprendizado "final", é limitante, é claro, porque aí você acha que acabou. Mas na verdade é o maior aprendizado físico que podemos possuir quando também acompanhado pela crença do coração. Portanto, deve ir além da mente. A mente é uma ferramenta do espírito.
D: *Mas se você aprendesse a controlar a mente e o corpo a tal ponto, seria o último aprendizado físico.*
P: É difícil, porque somos como crianças nos aproximando do Oceano Pacífico. Somos como pequenos seres olhando para um vasto, vasto mar sem limites que parece tão grande. O ponto, eu acho, é que usamos a mente como nossa ferramenta para chegar ao espírito. Mas, na verdade, quando liberamos nossa sonolência, percebemos que quem está usando a mente é o espírito. Cada vez que você tem um pensamento consciente de elevar sua vibração, esse pensamento tem poder, força e clareza. Você se concentrou no que deseja realizar. Esse pensamento sai como uma flecha clara e reta. Não para. Todas as outras consciências que se tornam conscientes desse pensamento claro e direto podem adicionar poder a ele. Mas o fato de você tê-lo inicialmente, significa que você está lançando essas linhas, essas estradas de harmonia e vibração "elevada". Vibração aumentada ou acelerada. Portanto, toda vez que você faz esse esforço consciente, está de fato realizando sua intenção, porque acredita que isso é possível. Você pode, definitivamente, fazer isso enquanto está na forma física. Se você realmente permitir que sua mente aceite o fato de que cada molécula de tudo é luz, e luz é sinônimo de amor, você pode trazer isso para seu sistema de crenças e trabalhar com cada átomo de seu ser físico. Você pode aumentar a potência. Você pode deixar a luz brilhar. Aumentando o poder, acendendo a luz, acelerando essa vibração, você pode realmente desmontar sua forma física.
D: *Se, como você disse, os humanos estão 99% adormecidos, que medidas poderíamos tomar para despertar?*
P: Ele disse: Ótima pergunta! A informação foi dada, é claro, mas certamente vale a pena repetir. Se nossa mente é nossa maior ferramenta e se desejamos usá-la em sua capacidade máxima, desejamos nos conectar conscientemente com aqueles que estão

no reino da luz. Então, enviamos essas vibrações. Praticamos o pensamento consciente na luz, na expansividade, além das estrelas. Não pense que termina em algum lugar e depois vem outra coisa. Basta enviá-lo como uma sonda de satélite. Apenas sabendo que se tornará o que pretendemos. Nossa intenção é aquela linha de vida incrivelmente forte que podemos enviar, no entanto, isso deve ser feito de maneira disciplinada e focada. Tem que haver algum tipo de continuidade.

D: Então, o que devemos fazer todos os dias?

P: Concentre conscientemente seus pensamentos na luz. Não apenas a luz externa, mas a luz que irradia de cada célula do seu corpo vivo, do próprio planeta, de cada planta e animal, e da própria água e ar. Pense que cada coisa com a qual você entra em contato ou mesmo pensa é, em essência, feita de luz e o núcleo da luz, o ponto principal, é o amor. O amor é uma força muito mal compreendida pelos humanos, que o colocam em uma caixinha muito pequena e estreita.

D: Como você pensa sobre a luz ou se concentra na luz?

P: Como o humano foca? Ele está rindo porque percebe o quanto essa questão é importante e o quão óbvia ela lhe parece. (Ela riu.) Ele disse para não tentar visualizar, como em um filme, mas tentar imaginar todas as coisas brilhando. Basta pensar em brilho. Talvez isso facilite.

D: Como procurar a aura?

P: O que vejo quando você faz essa pergunta é muito parecido com fumaça saindo de todas as coisas. Ondulando e girando e formando padrões e dispersando, e continuando a fluir. Então é como uma fumaça brilhante. As fibras luminosas mencionadas em muitos contos dos índios americanos existem. Então, se você pensar em fios brilhantes, talvez; se de fato você visse a aura acontecendo para sempre! A maioria das pessoas pensa nisso apenas como coisas circundantes, mas está dentro e através e continua acontecendo. Ela permeia todas as coisas.

D: Desta forma estaríamos todos conectados, porque se continuasse para sempre cada luz individual, por assim dizer, uma se sobreporia à outra.

P: Isso mesmo. A analogia da tapeçaria não foi perdida.

D: Como você explica a analogia da tapeçaria?

P: Não tão simplesmente, receio, podemos ver uma tapeçaria. A tapeçaria parece ser relativamente plana, embora composta de muitas fibras entrando e saindo, tocando nas interseções, padronizando e formando desenhos. A tapeçaria é de fato holográfica, então tem profundidade, assim como todas as outras dimensões.

D: *Fiz essa pergunta porque fui levada para a sala onde está a tapeçaria. (Descrito em "Entre a morte e a vida".)*

P: Por favor, esteja ciente de que as informações são dadas a você por meio de outros seres humanos na forma que eles podem interpretar melhor e, em seguida, entregar as informações. Há uma tentativa tão amorosa de comunicar aos humanos a incrível vastidão de Tudo O Que É, que os seres usarão muitas analogias diferentes que se tornarão visíveis para a pessoa com quem você está falando, sendo muito real em suas mentes. Elas são, de fato, analogias que ganham vida, se você preferir. Então, acreditar que uma sala de registros Akáshicos existe na forma sólida é maravilhoso, é bom e é uma boa analogia.

D: *Muitas dessas mesmas analogias vieram de pessoas diferentes.*

P: Isso mesmo. Mas ele disse que outras essências amorosas "lêem os mesmos livros". Se eles encontraram uma técnica que funcionará para abrir um ser humano a essas outras possibilidades e domínios, de forma que eles possam entender e interpretar os dados, eles estarão propensos a usar técnicas semelhantes com diferentes indivíduos. Um problema que encontramos ao trabalhar com humanos é verificar, validar e, de alguma forma, chegar a um acordo com a lógica. Isso é bastante limitante e desnecessário. O despertar é o propósito. O despertar do fato de que, em essência, somos luz, somos amor. Cada célula do nosso corpo, cada célula e molécula de tudo, a fonte de energia que comanda toda a vida é a luz. Portanto, despertar para esse conhecimento e desejar operar nesse reino, acreditando ser possível, são fatores que o colocarão lá.

D: *Então ficamos presos na roda do carma que nos mantém presos aqui e nos impede de transcender.*

P: Absolutamente. Porque esse é o estado adormecido, na roda do carma e esse termo também precisa de muito esclarecimento. Por uma questão de continuidade, na roda do carma, o humano está adormecido, portanto inconsciente.

D: Eles não percebem que podem sair.
P: Isso é correto, no entanto, não poderia acontecer sem uma crença. Veja bem, as crenças são coisas reais, assim como os pensamentos. Até serem expostas à luz, as crenças são, digamos, como cordas que nos prendem. Nosso "Eus" maiores; devo dizer que é muito confuso falar em termos de maior e, novamente, maior do que isso é maior do que esse eu. Porque o "eu maior" do qual estou falando, certamente, não é uma célula de luz no reino angélico. O Eu maior é apenas mais um eu consciente, mas ainda não expandido em Tudo O Que É. Então, você vê, aqui é onde a terminologia é muito crítica para a compreensão. Eu gostaria que houvesse outro termo que pudéssemos usar. Talvez eu devesse chamá-lo de eu "cármico". Pois o eu cármico é quem determina a quais distrações nos apegamos.

D: Pelas lições que temos que aprender.
P: Lições que decidimos que temos que aprender, por meio de nossa crença. Se houvesse algum aprendizado que pudéssemos trazer desta sessão para outras pessoas, seria o poder de nossas crenças. Crença é um termo muito difícil, até mesmo para o ser humano realmente compreender. O que é crença? Está além do que seu pensamento sobre algo. É o que você pensa, sente e retém como conhecimento interior. Mas é ainda maior do que isso. Ele desafia a definição. Parece que as crenças são estradas e nós nos apegamos firmemente a essas estradas de crença. Nosso trabalho como seres buscado a iluminação é enviar estradas de crença em direção à luz. As crenças são; encontro dificuldade em articular isso; pensamentos extremamente fortes. Vejo que nossa amiga acha que um dos problemas vem da semântica. Que ao colocar uma palavra em algo vasto e ilimitado e sem bordas definidas, tendemos a estreitar essas rodovias.

D: Por que todas essas informações estão se tornando disponíveis agora?
P: Primeiro, houve um chamado. Em grande parte devido ao fato de que, neste ponto da história humana, temos comunicação de massa instantânea. Muito mais pessoas estão se tornando intelectualmente conscientes da possibilidade de que reinos maiores existam. Após se tornar intelectualmente consciente de que essa possibilidade existe, o curioso humano quer experimentar. Então eles enviam desejo, intenção e o argumento

decisivo: pedidos. Portanto, neste momento do planeta, há realmente mais pessoas pedindo comunicação com os reinos invisíveis. Parece uma urgência interna obtermos essas informações. Os reinos angélicos, por um longo período, desejava essa comunicação e contato consciente com os seres humanos. Portanto, essa urgência não é necessariamente uma nova urgência. O desejo dos reinos angélicos existe há muito tempo. Não consigo diferenciar neste momento o motivo da urgência, se é de longa data ou se algo é iminente. Olhar para um potencial desastre planetário, como tem sido especulado por muitos, como o motivo desta comunicação, não é a intenção neste momento.

* * *

Pam: Parece Deus, a força, a usina geradora de Tudo O Que É. Conhecida por muitos nomes, mas chamaremos essa força de Deus, por enquanto. Também podemos chamar de curiosidade. A curiosidade é uma força incrível. Então, quando você pega a força mais poderosa que existe e usa apenas parte dela, essa curiosidade consegue manifestar em forma física qualquer coisa onde coloque sua atenção. Portanto, você tem uma miríade de formas de vida, porque a força de Deus é uma força muito curiosa e o fato de pensar em tudo, pensar em qualquer coisa, leva à manifestação. O pensamento cria, e nós somos um de muitos, muitos, muitos, muitos pensamentos.

* * *

Phil: Há vida em tudo o que existe. Também existe, é claro, aquilo que se chamaria de inanimado, no entanto, a distinção realizada aqui é de um nível muito além da compreensão humana. Considerando uma perspectiva vinda dos planos superiores de consciência, é evidente que tudo é, de uma forma ou de outra, consciente. Aqui fazemos a distinção entre consciente e vivo. Do seu ponto de vista, seria difícil perceber a consciência nesse nível. No entanto, é verdade que todos, até mesmo as rochas, têm consciência, talvez não em um nível em que você possa percebê-la. Se assim fosse entendido, então poderia ser dito que, sim, de fato, até as próprias rochas estão vivas se esta consciência constituir a vida. Existe o que você chamaria de força vital que é separada e distinta daquilo que chamamos de consciência. No entanto, de sua perspectiva, a consciência e a vida estão de alguma forma inter-relacionadas, pois parecem ser a mesma coisa.

* * *

Pam: A música é definitivamente uma grande forma de arte. É uma forma de comunicação interestelar, bem como comunicação planetária.
D: Você pode explicar sobre a música ser interestelar?
P: O som é uma vibração, como você já sabe. As vibrações não se estendem para fora e depois param em algum ponto X. Uma vibração continua a sair, segundo seu percurso infinitamente. É difícil compreender sair para sempre, porque nossos cérebros humanos, limitados não pensam em termos de eternidade e infinidade. Porém, o canto da baleia é padronizado, harmonioso e totalmente planejado. Essa vibração continua harmoniosamente padronizada e planejada. Portanto, se estende para fora e aqueles perspicazes para receber este padrão e esta harmonia o fazem.
D: Isso significa que os seres interestelares podem captá-lo e compreendê-lo?
P: Absolutamente.

* * *

Phil: Realmente não é necessário comer nada. O globo em que vivemos está imerso em um plasma vivo. Neste plasma estão todos os elementos necessários à vida, indo além do que pensamos como ar, água, luz. Mas basta dizer que todos os nutrientes necessários existem de forma invisível em toda a Terra. O problema é que esse plasma é afetado pelo pensamento e pela poluição física existente, e em muitas partes do globo não é mais puro. O que você chama de extraterrestres, não precisam comer fisicamente. Eles recebem do plasma do cosmos a força vital não poluída e não distorcida. (Isso foi explorado em "Sob Custódia")
D: Muitos dos seres espaciais me disseram não precisar de comida como nós. Isso parece ser uma característica humana. Eles podem viver do ar, da atmosfera e da luz.

Os alienígenas continuam dizendo que nossos corpos estão se tornando mais leves para escapar da densidade de nossa dimensão e que nossa dieta está mudando para acomodar isso. Estamos progredindo para o estado em que também existiremos na luz? Esse é o plano?

* * *

Parte de uma sessão com LeeAnn, em 1989, onde investigavamos uma experiência de Óvni, demonstra que muitas vezes não atingimos as expectativas do pacientes. Também mostra que muitas vezes a pessoa não é levada a bordo de uma nave, mas para outro lugar que, definitivamente, não é a Terra. (Como Clara no Capítulo 5.)

LeeAnn lembrou-se conscientemente de ter visto uma bela luz dourada quando estava indo dormir. Teve um efeito muito caloroso, pacífico e calmante quando ela adormeceu. O quarto estava escuro, então não poderia ter vindo de uma fonte de eletricidade. Ela se lembra de fragmentos de um sonho naquela noite, sobre estar em um quarto muito branco e estéril. Em parte do sonho, viu a imagem de um vulcão ou lava e, quando acordou, a palavra "holograma" estava em sua mente.

Já havíamos explorado outras experiências que aconteceram logo após pensar ter ido dormir. Uma delas foi relatada em "Sob Custódia" quando ela foi levada a bordo de uma espaçonave. Eu suspeitava uma conexão com o mesmo tipo de experiência, então, quando ela estava em transe, eu a regressei para aquela noite, no momento em que ia dormir. De repente não estava mais escuro, era claro, mas ela não conseguia determinar a fonte da luz. Ela então se viu sentada em um lugar semelhante a um auditório, sem saber como foi parar ali. Era um espaço limpo e estéril, ela estava sentada em degraus que pareciam arquibancadas, feita de material maciço e moldado. Os cômodos eram divididos por paredes transparentes, podendo se ver muito bem através, mas que não eram de vidro e se projetavam de maneira interminável, semelhante a um Salão dos Espelhos. A atmosfera era muito calma e tranquila. Ela ficou surpresa quando perguntei como estava vestida.

L: Só de luz. Acho que com um roupão. Não estou realmente vestida, mas também não estou despida. Sei que tem gente lá. Não os vejo, mas os sinto, então deve ter alguém aí. Se eu der uma olhada em volta, devo ser capaz de vê-los.

D: *Se você pudesse perguntar a eles como chegou aí, qual seria a resposta?*

L: (Longa pausa) Essa é boa. Devo estar inventando isso. (Devagar, como se estivesse ouvindo e repetindo.) É uma manifestação de transcender os limites físicos de seu corpo para se aventurar nos reinos do espaço-tempo. Onde a unidade chama -- isso não faz sentido -- a unidade do universo. O fim do ser .... completo. Isso não faz sentido.

D: *Tudo bem se não fizer sentido. Talvez possamos entendê-lo mais tarde. Essa é a resposta que você tem?*

L: Sim. Seja lá o que disse.

D: *Você está aí no corpo físico?*

L: Não, acho que não.

D: *Então você viajou para lá em algum tipo de forma espiritual?*

L: É o que dizem. Bem, o corpo físico não está aqui. (Longa pausa) Acho que é uma questão de... Não entendo, mas quero dizer o correto. A energia do seu espírito é tal que você é apenas uma força capaz de viajar pelas dimensões e pelo espaço, sem, eu acho, realmente saber como. Quando você está pronta, então você está pronta. Não é por vontade ou por opção. Você não pode forçar esse desejo. Simplesmente acontece. Quanto mais você tenta fazer um esforço consciente, mais você se bate contra a parede.

D: *Então não acontecerá até que esteja pronto para acontecer.*

L: Certo. Essa separação é preciso. Essa mentalidade, objetiva e subjetiva.

D: *Esses seres têm algo a ver com isso?*

L: Acho que sim. Estamos aqui para aprender, para servir, porque iluminam e orientam. Para saber, para podermos estar a serviço.

D: *Essas são coisas boas. Por que eles queriam que você viesse aqui?*

L: Porque mudanças ocorrerão. Mudanças estão ocorrendo. Na evolução do planeta, tudo para a melhoria do planeta. Na era em que estamos, as pessoas devem ser mostradas, pelo seu exemplo, em sua unidade com o universo e o pai. Nesse ponto o planeta estará bem. Tomamos muito e abusamos, agora ela precisa ser

limpa. Estamos aqui para ajudar, pelo exemplo, não pela pregação. Gentilezas geram gentilezas.
D: Mas eles lhe disseram estarem ocorrendo mudanças?
L: Sim. Eu realmente não quero saber sobre elas, mas acho que devo.

Ela fez uma pausa quando parecia estar observando algo. Então começou a descrever erupções vulcânicas e terremotos. Também explosões e incêndios causados por gases vindos do subsolo. Houve muitas mortes, mas no meio disso tudo, ela viu uma nave auxiliar evacuar as pessoas para uma nave maior, mais alta no céu. Eles deveriam então ser transportados para outros planetas, em outras galáxias.

L: Eles estão vindo para dar assistência. Elevamos nossos níveis vibracionais, ou eles aumentaram nossos níveis vibracionais, alguém o faz, algo o faz. E então você é apenas, "vrumm", transportado para lá. Como você é apenas uma força de energia, você vibra em uma taxa mais alta. A densidade da fisicalidade do seu corpo diminui, mas você ainda é o mesmo ser. Acho que tem que ser assim, porque se vamos mudar de planeta, acho que seria uma atmosfera diferente. Não deve ser tão denso e a estrutura do seu ser tem que mudar. O nível vibracional tem que mudar para uma figura de mais luz, diferente de seres de matéria densa como somos hoje. Acho que é isso que acontece, e isso é verdade, porque as pessoas podem fazê-lo mesmo quando estão nessa nave. Elas conseguem mudar a densidade de seus corpos. As pessoas atravessam paredes e outras coisas. Tem gente que faz isso, gente de verdade. Então acho que se existe uma espécie mais evoluída ou "ser"; é uma palavra melhor; eles são capazes de ajudar no que já sabemos, porque você sabe tudo inerentemente. Ao aumentar essa taxa vibracional, isso não importaria de qualquer maneira, porque mesmo que os corpos físicos morressem, simplesmente continuaríamos nessa transição para outro lugar, de qualquer maneira.

D: Mas neste caso eles estão levando o corpo físico com eles.
L: Sim, mas eles estão reorganizando as partículas para acomodar a transferência.
D: Estão levando todos os sobreviventes do planeta?

L: (triste) Não, acho que não. Eu gostaria de pensar que sim. Muitos corpos físicos foram perdidos na destruição. Eles não estão levando todos.

D: *Existe uma razão para isso?*

L: As pessoas mais evoluídas são as que estão sendo levadas. Eu também não posso acreditar nisso, porque não parece se encaixar. Acho que sim. Quem sou eu para julgar?

D: *Os mais evoluídos são os que conseguem fazer essa transição.*

L: Eu acho, estou vendo uma regressão no planeta. As pessoas físicas voltando a um estado mais primitivo, mais bestial, como costumávamos ser.

D: *Você quer dizer os que sobraram no planeta?*

L: Sim. Uma grande regressão...antes mesmo do homem das cavernas.

D: *Existe uma razão pela qual eles estão regredindo?*

L: Depois que isso acontece, a atmosfera física do planeta muda e para sustentar a vida física humana, a espécie humana precisa mudar, porque o planeta se torna mais denso. O ar se torna mais denso, devido a todas essas coisas que estão acontecendo. Tudo recomeça. Não acredito que estamos começando de novo.

D: *Bem, talvez esta seja uma alternativa. Talvez eles estejam tentando nos mostrar as diferentes coisas que podem acontecer. Mas isso acontece com todas as pessoas que restam na Terra?*

L: Eu odiaria dizer "todos". Só porque demoraria tanto se tudo.... Mas não, só alguns, só alguns. É isso o que é. A mente racional diz ser como defeitos congênitos, por causa do que quer que tenha acontecido e os ambientes mudaram, mas tem que haver formas de vida superiores, formas humanas.

D: *Então você acha que eles estão mostrando o que aconteceria com algumas das pessoas que estão sobrevivendo?*

L: Não, não os sobreviventes. Estes são os descendentes dos sobreviventes, eu acho.

D: *Deixe-os mostrar os outros que não evoluíram nessa direção.*

L: (Pausa) Não consigo entender como existem esses opostos. Acho que não estou mais na Terra. As pessoas são muito leves. Luz na estrutura física, quase espírito de um espírito. Não é denso, para habitar a Terra. Mas talvez com a mudança a Terra seja o paraíso, certo?

D: *Essas pessoas que você está vendo agora são as que foram levadas embora? E eles estão existindo em outro lugar.*

L: As pessoas mais leves são mais evoluídas e levadas embora. Não sei quem pode realizar esse julgamento. É um lugar muito legal. Calmo. Mais gasoso. É mais como a existência em forma de gás, com azuis, lavandas e roxos e você não faz as coisas como faz na Terra, porque não está amarrado. Nem existem casas, mas vejo formas. O conhecimento é adquirido apenas através do pensamento. Não há livros tangíveis, sólidos ou o que quer que seja. Não há nada que tenha densidade, exceto o estado gasoso. É um lugar muito livre e flutuante, onde todos são legais e felizes.

D: *E não há estruturas físicas sólidas?*

L: Sim, vejo alguns ali. Essas coisas cristalinas sobre as quais eu estava falando antes. Acho que não são de vidro. Tão bonito, de fato, bastante ornamentado em estrutura. São torres de cristal. Existem algumas coisas grandes que, estruturalmente, parecem bem com um design romano, com colunas, mas não são feitos de mármore, como as romanas. É um tipo de vidro azulado, vidro azul-claro. É muito lindo.

D: *Para que servem essas estruturas?*

L: Acho que são usados para aprender. Isso é exatamente o que apareceu antes de você fazer a pergunta, porque eu sabia que você iria perguntar. Mas o aprendizado ocorre por meio do som, não de livros.

D: *Você acha que todas as pessoas levadas pelas naves foram para este lugar, ou foram para outros lugares?*

L: Ah, nem todos virão para cá. Todos irão para seus lares de origem Mas nem todo mundo é daqui.

D: *Você quer dizer que todas essas pessoas são de outros lugares? Eles não são originalmente da Terra?*

L: Claro. Bem, tenho certeza de que algumas pessoas são apenas da Terra. Tudo está dentro desse reino de possibilidade. Mas nem todos irão para este planeta. Quem sabe de onde viemos.

D: *Eles irão para uma atmosfera que lhes é familiar?*

L: Sim, seus lares. Todos irão, porque viajam em grupos, se unirão novamente com suas sogras. (Risos) Familiares. Isso é interminável.

D: *Mas esse estado não é o que chamamos de "morte".*

L: Ah, não, isso é um estado físico, só não é denso como este corpo físico que temos agora.

D: *Estou tentando entender isso. Todas essas pessoas foram levadas a bordo, transcendidas de alguma forma e suas moléculas quebradas de alguma forma. Mas não foram todos. Todos os que foram levados na nave são levados de volta para seu lar de origem?*
L: Sim. Eles vieram para a Terra ajudar na evolução da espécie, pois conforme a espécie foi progredindo, eles se esqueceram da divindade. Então enviaram outros para ajudar naquele desenvolvimento espiritual, que não existia desde o início. Acho que isso faz sentido.
D: *E havia muitos desses?*
L: Ah, sim, muitos, muitos. Um lado meu diz que essas são as pessoas apanhadas porque seus níveis vibracionais são mais elevados, mas pessoalmente, não consigo entender como alguém ficará para trás. Então quem deve julgar? Deus em sabedoria divina poderia levar todos juntos, porque somos todos um.
D: *Sim. Mas você vê alguma dessas pessoas sendo devolvida à Terra, ou todas elas vão para outro lugar? Eu estava pensando ser uma coisa temporária.*
L: As pessoas serão devolvidas à Terra, pessoas que escolherem voltar. Porque o que estou vendo agora é um tipo muito primitivo de cultura. Acho que as pessoas que retornaram são aquelas que querem voltar para seu próprio desenvolvimento, que sabem que o planeta tem coisas a oferecer que precisam aprender ou lembrar. As pessoas que voltarem, acho que serão os líderes ou os seres de luz por um tempo. Para ajudar a quem, não sei, a menos que uma espécie diferente vá evoluir.
D: *Essas pessoas estão sendo trazidas de volta pelas naves no corpo físico que elas deixaram?*
L: Não, eu não os vejo no corpo físico que eles deixaram. (Ela suspirou.) Não, eles não estarão em seus mesmos corpos físicos. Será uma espécie altamente evoluída e outra não tão evoluída. É quase como se os anjos estivessem cuidando das novas espécies que estarão aqui. Para que se alinhem e então...não sei. Acho que o planeta será muito diferente. Não sei. Não sei. Não sei.
D: *Você disse que viu os sobreviventes que se transformaram nessas pessoas animalescas, regredindo ao estado primitivo. O mundo se tornou assim ou existem alguns que continuam a civilização.*
L: Parece que a civilização começa de novo.

D: *Você não a vê continuando, talvez em partes isoladas do mundo?*
L: Não. O mundo voltou ao estado em que prédios, tecnologia, carros e aviões não existem mais. De volta a um estado em que todos os arbustos estão apenas brotando e as árvores estão apenas começando a crescer. É quase como no começo, tudo de novo. É como se você fosse para a floresta e encontrasse um pedacinho de floresta onde as pessoas não andaram ou perturbaram, e tudo é muito novo e fresco. É assim que o planeta inteiro é.
D: *Você acha que tudo foi destruído?*
L: Este é um tempo adiante no caminho. Logo depois... o que eu vejo? Vejo que há mais água no planeta. Ou mais massas de terra cobertas por água.

Então pedi a ela que descrevesse como seria o mundo, nas partes dos continentes que ficariam acima da água. O incrível é que ela descreveu quase exatamente a mesma coisa que relatei no Volume Dois de "Conversas com Nostradamus". Ela não poderia ter obtido esta informação do livro, porque ainda não havia sido publicado, quando estávamos realizando esta sessão em 1989.

D: *Estas podem ser possibilidades. Elas não precisam ser verdades concretas. Bem, eles têm algum conselho?*
L: O conselho é muito simples e tem sido ensinado através dos séculos. Trate os outros como você gostaria que eles o tratassem.

Esta Regra de Ouro pode ser encontrada nas sete religiões básicas do nosso planeta:

BRAHMANISMO: Esta é a soma do dever: não faça nada aos outros que lhe cause dor, se feito a você. (Mahabharata 5:1517)

BUDISMO: Não machuque os outros de maneiras que você mesmo acharia prejudicial. (UdanaVarga 5:18)

CONFUCIONISMO: Certamente é a máxima da bondade amorosa: Não faça aos outros o que não gostaria que fizessem a você. (Analectos 15:23)

TAOÍSMO: Considere o ganho do seu próximo como seu próprio ganho e a perda do seu próximo como sua própria perda. (T'ai Shang Kan Ying P'ien)

ZOROASTRIANISMO: Só é boa aquela natureza que se abstém de fazer a outrem tudo o que não é bom para si mesma. (DadistanIdinik 94:5)

JUDAÍSMO: O que é odioso para você, não faça ao seu próximo. Essa é toda a lei; todo o resto é comentário. (Talmud, Shabat 31a)

CRISTIANISMO: Todas as coisas que quereis que o homem vos faça, fazei-o também a eles; porque esta é a Lei e os profetas. (Mateus 7:12)

ISLÃ: Nenhum de vocês é crente até que deseje para seu irmão o que deseja para si mesmo. (Sunnah)

D: *Às vezes, o conselho mais simples tem mais sabedoria.*
L: Se o ritmo vibratório do planeta mudar, com as pessoas se tornando mais gentis ou reconhecendo Deus em todos, o ritmo vibratório do planeta mudará. Ao elevar esse nível, o planeta Terra será curado até certo ponto e a limpeza que deveria estar ocorrendo, por causa de como agredimos o planeta, não necessariamente terá que ocorrer. Agradeça ao planeta por sua bondade, porque não há separação entre nós e nosso planeta. Não crie a separação. Somos todos um, juntos. O planeta, nós, o pássaro, o cachorro, não há separação entre nada. Apenas a diferença na manifestação da forma, se as pessoas percebessem isso, então teríamos o Céu no planeta.

Quando LeeAnn acordou, ela discutiu sua percepção do lugar em que se encontrava imediatamente após adormecer.

L: Parecia um Salão dos Espelhos, mas não era de vidro, como quando você se olha no espelho e fica vendo o reflexo de novo. Isso era mais como um túnel, dividido em seções, onde você pode continuar olhando para baixo. A sala era redonda ou curva com os degraus moldados, e o corredor se abria na minha frente.

Como ela havia mencionado anteriormente, o conceito de um holograma, eu me perguntei se esse Salão dos Espelhos tinha algo a ver com a projeção das imagens do desastre que ela viu. Expliquei o conceito para ela. Ela nem sabia o que era um holograma.

D: Aparentemente, você deveria ver isso por qualquer motivo. Isso te incomoda?
L: Não. (Risos) Eu inventei.

Eu ri. Esta foi a melhor maneira de integrar algo que pode ser perturbador. Se o sujeito não levar muito a sério, não vai interferir na vida dele. Mais tarde, quando estiverem prontos para explorá-lo mais profundamente, sua mente será capaz de lidar com isso.

LeeAnn não sabia que eu estava trabalhando com outras pessoas nos mapas das mudanças da Terra e que estávamos nos concentrando nas mesmas formas dos continentes e condições do mundo que ela havia descrito. Mais tarde, levei-a para conhecer um dos outros participantes deste projeto. Quando conversou com Beverly sobre essas coisas, ficou surpresa ao ver que algumas das coisas de que se lembrava correspondiam ao que Beverly havia recebido. (Beverly foi o artista que desenhou os mapas das mudanças da Terra em "Conversas com Nostradamus", Volume II.)

Embora existam grandes semelhanças, ainda gosto de pensar nessas cenas catastróficas como futuros alternativos, probabilidades e possibilidades, em vez de certezas. Não quero que este seja o nosso futuro, e podemos seguir o conselho de tratar a Terra como um ser vivo e ser mais gentil com ela e uns com os outros. Talvez então, possamos evitar esse tipo de futuro.

Aparentemente, os extraterrestres não estão se arriscando, se preparando para qual seja o cenário final. Talvez entendam a natureza humana melhor do que nós.

CAPÍTULO DEZ
O LUGAR CHAMADO "LAR"

Ao realizarem esse tipo de terapia, muitos pacientes acabam indo, inesperadamente, para outros lugares, em vez de irem para uma vida passada. Fica evidente que não se trata de nenhum lugar ou tempo na Terra, mas cada um deles considera emocionalmente esses diferentes lugares como sua "casa". Muitas vezes parece um ambiente tão hostil que essa descrição é difícil de explicar, mas não há como negar as fortes emoções que o sujeito sente ao regressar. A primeira vez que isso ocorreu foi com Phil em "Guardiões do Jardim". Ao reconhecer o Planeta dos Três Pináculos, a conexão emocional foi avassaladora. Ocorreu novamente com Clara, no Capítulo 5, quando ela viu um planeta semelhante, com estruturas em forma de espiral. Ela também teve uma forte reação emocional. Se negarmos a existência da reencarnação, isso seria difícil de explicar. Se a pessoa vivesse apenas uma vida no planeta Terra, este seria considerado o único lar que ela já conheceu. Por que eles teriam uma conexão tão poderosa e emocional com um planeta alienígena desolado? Quando eles o veem, sentem uma forte saudade de casa e desejam permanecer lá, em vez de retornar ao seu atual lar na Terra.

Chamo essas pessoas de "Filhos das Estrelas", embora perceba ser um termo amplo. Eles consideram este planeta Terra como o ambiente alienígena. Eles não querem estar aqui. São pessoas gentis e não entendem como as pessoas podem ser tão insensíveis umas com as outras; como o mundo pode ter tanta violência. Eles desejam ir para "casa", embora não saibam realmente onde é "casa". Na maioria desses casos, quando estão em transe, dizem que estão experimentando sua primeira vida na Terra, ou que tiveram apenas algumas. Cada um desses "Filhos das Estrelas" diz que se ofereceu para vir aqui e experimentar a vida, na esperança de que sua força vital que não conheceu a violência tenha um efeito positivo na Terra. Eles são chamados de infusão ou transfusão de sangue novo. Por não saberem conscientemente que se ofereceram, estão muito infelizes aqui. Muitos deles tentam o suicídio para escapar do que consideram uma situação insuportável.

Como meus livros foram traduzidos para vários idiomas, agora recebo correspondências de pessoas do mundo todo que experimentam as mesmas emoções. Eles pensavam serem os únicos no mundo com esses sentimentos e realmente se sentiam sozinhos, porque o que sentiam não fazia sentido para seus familiares e amigos. Foi uma revelação maravilhosa ler meus livros e descobrir que eles não estavam sozinhos e, na verdade, havia muitos outros passando pela mesma turbulência.

Desde que trabalhei com Phil, no final dos anos 1980, descobri muitos desses "Filhos das Estrelas" em todo o mundo. Alguns estão passando pelas mesmas emoções que Phil. Outros parecem ter se ajustado e estão muito felizes por estarem aqui, esses são mais jovens, então talvez os "poderes do universo" estejam melhorando em ajudá-los a se ajustar. Em cada um desses casos, no entanto, seu subconsciente diz que a principal razão pela qual estão aqui, é atuar como um canal de energia necessário no momento atual da evolução da Terra. Muitos, muitos me disseram que estamos passando por alterações dramáticas, à medida que a Terra muda sua vibração e se prepara para elevar a consciência das pessoas de nosso planeta para uma dimensão superior. A energia dos "Filhos das Estrelas" é necessária para ajudar a estabilizar essa transição.

Durante outra sessão, um homem disse haver concluído o pagamento de todo o seu carma e não precisava estar aqui, mas fazia parte do coletivo enviado pela Fonte. Outros são coletores de informações, embora isso seja desconhecido para sua mente consciente. Um exemplo disso foi uma cliente prostituta que atendi em Londres, em 2000. Ela relatou uma infância e vida extremamente traumáticas e, definitivamente, não queria estar no físico, tentando o suicídio para ir embora. Em transe, disse ter sido enviada para coletar informações sobre o comportamento humano, pensei, que melhor maneira de examinar esse lado da humanidade do que como uma prostituta? Outra cliente estava tentando o suicídio de uma forma mais sutil. Seu corpo a matava lentamente, pois todos os seus órgãos desenvolveram sérios problemas. Em transe, ela descreveu que aqui não era seu lar e foi levada para seu local de origem: um lindo mundo aquático, onde nadava em contentamento, sem preocupações. Quando foi enviada a este mundo para habitar em um corpo denso e pesado, ela se rebelou contra ele tentando destruí-lo na tentativa de voltar para casa.

Muito disso não fazia sentido para mim nos primeiros dias do meu trabalho. Mais tarde, conforme recebi informações mais complicadas sobre dimensões e outras realidades, começou a ter um tipo estranho de lógica. À medida que absorvia mais e mais informações, encontrava mais desses tipos de almas, muitas vezes em circunstâncias incomuns.

Encontrei dois casos de pacientes testemunhando a destruição do que, a princípio, seria apenas um planeta qualquer. Em Cingapura, 1999, atendi a uma mulher chinesa que carregava uma incrível sensação de tristeza por toda a vida. Seus pais comentaram que ela nunca sorriu quando criança. Ela também tinha uma sensação de peso na região do peito que era quase uma dor. Na sessão, assistiu seu planeta natal explodindo. O choque causou dor na região do peito e a tristeza foi causada pela percepção avassaladora de que ela nunca poderia voltar para "casa" e que todas as pessoas que ela conhecia haviam partido.

Este caso teve mais validade porque nenhuma literatura sobre Óvnis e o paranormal está prontamente disponível em Cingapura. Fui uma das primeiras autoras a dar palestras em um centro metafísico, recém-inaugurado. O governo é muito controlador sobre que tipo de material pode ser escrito ou ensinado. O ano de 1999 foi o primeiro em que qualquer tipo de conversa dessa natureza era permitida. Ainda assim, o dono do centro comunicou que eu poderia dar palestras sobre todos os meus outros livros que não mencionavam Óvnis. Claro que não perdi a oportunidade de levar comigo todos os meus livros, incluindo os de Óvnis, e introduzir essas informações dentro do país. Todos os livros foram vendidos e minha cliente, que nunca havia sido exposta a tais escritos, ficou chocada com a sessão, foi a explicação mais estranha e plausível, que ela jamais teria.

Em Memphis, no ano 2000, encontrei outro caso semelhante, de consequências drásticas. Uma mulher reviveu uma vida como homem, onde pousou em um planeta, dentro de uma pequena embarcação. Ao sair, ela se assustou ao ver que a areia e a sujeira de chão haviam sido expostas a um calor incrível que as transformaram em uma substância semelhante a vidro e observou ser necessária uma incrível fonte de calor para realizar esse feito. Logo pode ver as ruínas de uma cidade e começou a chorar profusamente. Este era seu lar. Ainda esperava encontrar familiares e amigos ao retornar, mas não havia ninguém. Tudo o que restou foram cascas de edifícios, horrivelmente retorcidas e queimadas. Não havia sinal de vida em parte alguma, e ela sabia que todos estavam completamente queimados que nem mesmo seus ossos restaram. Todos foram completamente incinerados.

Ela foi dominada pela emoção e levou um tempo para voltar ao estado objetivo. Retornando à experiência, o homem ainda tentou ir a outros lugares, em busca de vida, mas em toda parte a destruição foi completa. A única vegetação remanescente eram plantas com folhas em forma de espada. Ele então lembrou haver testemunhado a causa da destruição. De uma nave maior, ele havia visto uma enorme explosão, subindo da superfície, com enormes nuvens cinzentas ondulantes. Aparentemente esta foi a causa, mas ele não sabia por que isso aconteceu, foi aí que decidiu descer para checar, testemunhando a horrível destruição de seu planeta natal. Em desespero, tudo o que ele queria fazer era fugir e retornar à nave maior que orbitava na atmosfera superior.

Ele estava completamente perturbado e chorando ao atracar com a nave maior. Tanto que até esquecera como entrar (provavelmente por causa de seu estado emocional). Finalmente, quando relaxou, encontrou-se dentro da espaçonave. Era justamente assim que deveria entrar, usando sua mente. Completamente esgotado e dominado pela emoção, ele foi para seus aposentos e deitou-se em algo que parecia um assento de janela. Tudo o que queria, era dormir e fugir da ansiedade daquela cena.

Não pude continuar a história, porque ele se retirou para o sono e o esquecimento. Em seguida, prosseguimos com outros tópicos relacionados aos problemas do cliente. Esses casos mostram que a destruição de um planeta natal ocorreu várias vezes na incrivelmente longa história do universo, e isso pode ser transferido para esta vida como uma tristeza extrema, o sentimento de não pertencer ou o desejo de voltar para "casa", mas sem saber onde fica. O período de adaptação a um novo mundo costuma ser difícil e fica oculto nos registros do subconsciente.

* * *

Dan era um jovem Australiano que insistentemente me mandava e-mails de diferentes países, pedindo meu itinerário para que pudesse me encontrar nos Estados Unidos. Ele estava fazendo "mochilão" na América do Sul e chegaria no país em junho de 2000. Tentei desencorajá-lo a vir apenas para me ver, mas seus e-mails eram persistentes. Seus planos eram de chegar em Los Angeles e alugar um carro, dirigir até Chicago, chegando a tempo de me encontrar na Conferência Dowser, onde eu iria palestrar. Ele disse que se o plano não desse certo, me seguiria até o Arkansas. Dessa forma, concordei em trabalhar com ele, e marquei uma sessão para o horário que ele achava que chegaria. Desencorajo esse tipo de comportamento, mas como ele era tão insistente, achei que deveria abrir uma exceção já que ele viajava de tão longe.

Dan estava hospedado em um albergue, próximo ao Centro de Convenções. Na manhã seguinte, chegou um pouco atrasado por causa do trânsito, então não conseguimos iniciar a sessão no horário combinado. Não imaginávamos quão significativo isso seria até horas mais tarde. Como eu estava hospedada com outras pessoas em uma casa particular distante do local da conferência, o organizador me permitiu usar seu quarto para sessões particulares. Eu havia agendado duas sessões por dia, e sendo aquele o último dia do evento, Dan era o único cliente marcado.

Durante a discussão antes da sessão, ele me disse ser australiano, e que havia aceitado um ótimo emprego como designer gráfico para uma grande empresa em Londres. O trabalho começou bem, mas depois de um tempo, a pressão de horários e a vida na cidade grande começaram a cobrar seu preço e sua saúde foi afetada. Em vez de voltar para a Austrália, ele decidiu largar o emprego e viajar. Por ser um funcionário valioso, seu chefe lhe deu uma licença e disse que poderia voltar ao trabalho, assim que resolvesse tudo. Dessa forma, foi primeiro para a América do Sul e mochilou por todos os países. Sua namorada o acompanhou em parte da viagem, mas as duras condições não a empolgaram e ela finalmente o deixou na Argentina. Ele continuou o resto da aventura sozinho, chegando finalmente aos Estados Unidos. Suas economias o permitia retornar à Austrália de lá. Tínhamos várias coisas para explorar durante esta sessão.

Em uma rotina normal, a pessoa desce de uma nuvem e se encontra em uma vida passada, apropriada para ser explorada, de acordo com os problemas apresentados. Mas, em vez de descer para uma vida na Terra, Dan se viu indo para outro lugar.

Dan: Saí da nuvem, mas não desci. Vejo uma grande luz brilhante com uma silhueta. Da maneira como esses feixes de luz atravessam a silhueta, a luz se estilhaça, então não consigo ver nenhum detalhe. Sinto que estou no espaço.

D: *Mas você também pode flutuar no espaço, se for para lá que você quer ir.*

Dan: Estou meio que imaginando esta porta no espaço, talvez eu deva ir até lá. Sinto que estou nadando contra a maré, para chegar até ela. É quase como se minha mente não me permitisse ir até lá, ou não sei como.

Dei sugestões reforçando que ele estava seguro e protegido, podendo explorar qualquer coisa que quisesse em segurança.

Dan: Não tenho certeza se passei por aqui ou não, mas agora posso ver um massivo e enorme planeta verde. Está principalmente em eclipse, na sombra, então só posso ver a borda dele. É muito longe. Há belas estrelas atrás e um sol brilhante à esquerda e isso está lançando uma sombra. Posso ver a borda do planeta, e é um verde lindo, como esmeralda. Vejo uma textura. Não é suave; parece irregular como uma lua de ficção científica. Estou voando sobre um deserto, entre algumas estruturas que não têm outro propósito senão atuar como um portão, como um marco, se preferir.

D: *Eles são parte de uma parede?*

Dan: Não. São dois pilares, não muito diferente do Monumento a Washington, mas de cor arenosa e um do lado do outro. Como um portal, mas sem lintel ou porta, propriamente dita. São apenas marcadores.

Aqui, novamente, havia um planeta com estruturas distintas em forma de espiral como sua característica predominante.

D: *Você está voando por aquela porta?*

Dan: Ou acima dela, como uma águia. Ao olhar para ela, sinto uma espécie de saudade, diga-se de passagem. Esses dois pilares estão em uma planície, como um deserto e um mar esmeralda está à direita da minha posição. Há uma enseada mais à distância, não é uma praia propriamente dita, mas como se o deserto simplesmente parasse. Então, um pouco mais para o interior, há rochas, como um afloramento rochoso no oceano. É enorme.

D: *Você tem que passar pelo portão e pelos pilares, para chegar lá?*

Dan: Não, é como uma placa de sinalização que diz: você está aqui. Por falta de uma palavra melhor, esta é a minha casa.

D: *Você disse haver um sentimento de saudade quando olhou para os dois pilares.*

Dan: Sim. (Emocional) Ver este lugar novamente revisitou minha lembrança mais antiga de me sentir completamente confortável. Estou tentando explorar mais, mas é como se tivesse tirado uma foto em minha memória e a guardo com carinho.

Isso definitivamente me deu a sensação de déjà vu, porque essa foi a mesma descrição emocional dada por Phil e Clara. Logicamente não havia nada neste lugar que inspirasse esse tipo de sentimento, no entanto, há muito tempo aprendi que lógica não tem espaço nessas sessões. As emoções deslocam a lógica.

Dan: Sei que neste lugar não tenho corpo. Estou tentando me olhar, e sei que sou apenas essência. Eu me sinto quase como se fosse o planeta. Eu sou este lugar, se preferir. Aqui, o oceano é igual ao nosso, mas totalmente verde-esmeralda e os desertos são como os nossos, mas não são familiares para essa pessoa. É diferente, mas familiar. Me sinto como uma águia, apenas olhando para todas as coisas. Posso ver bem longe.

D: *Existem cidades, ou é apenas a terra?*

Dan: Se eu olhar para o deserto, parece não haver ninguém. Sem prédios, apenas deserto. Se eu tivesse que falar honestamente, o que sinto é os pilares serem quase como um afinador para energia, e meu ser conhece essa bifurcação, esse tom, essa vibração. Me traz de volta, toda vez que preciso estar lá, porque é como um foco, como um cristal. É muito confortável aqui.

D: *Isso é bom. Mas você sente quaisquer outros seres como você neste lugar?*

Dan: Sinto que não estou sozinho. Sinto-me mais estável, mais confortável. Como se eu estivesse extremamente feliz só de estar aqui. Sinto que sou tudo ao redor. Não posso ignorar essa emoção dentro de mim de que sou bem-vindo. Aqui apenas sou. É realmente difícil de descrever.

D: Mas você se sente como pura energia, sem corpo?
Dan: Sim, porque não consigo me relacionar com nada. Sou todas as coisas, por assim dizer. A quietude das rochas, o calor do deserto, o balanço do oceano. Eles são todos confortáveis e simplesmente agradáveis.
D: O que você faz lá?
Dan: Apenas existo. Mas talvez seja porque estou focando apenas em uma parte, já que é muito confortável fazê-lo. Se eu tivesse que dizer ter um propósito, não saberia dizer, porque aqui apenas sou. (Pausa) Uma coisa em relação a esses pilares é que sinto que eles me ajudam a viajar. Digamos que se eu quisesse vir para cá, poderia usar aqueles pilares, porque os conheço tão bem, que eles me trariam de volta. Isso é apenas um exemplo. Não estou dizendo que foi isso que fiz.
D: Você quer dizer viajar de onde você estava?
Dan: Para onde eu quiser ir. Qualquer lugar. É como a luz da varanda da frente. Esses pilares são como a luz que deixamos acesa para o entregador de pizza. Você sabe, é aqui que você está.
D: Para identificar um lugar. Mas como eles podem ajudá-lo a viajar para outros lugares?
Dan: Eu não acho que eles realmente me ajudem a viajar como tal. É apenas uma maneira de voltar. Agora estou obtendo imagens de uma luz bonita. Apenas luz. Estou vendo outra imagem agora, então creio que deixei aquele lugar. Da perspectiva de um observador, posso ver algo acontecendo, mas acho ser apenas uma ilusão de como algo funciona. É uma espécie de água-viva com a forma de uma esfera. Existem esses pequenos tendões ou tentáculos pontiagudos que me mantêm preso a esse lugar. Mas não anexado. Assim como quando os mergulhadores entram nos buracos do mar ou nas cavernas, e deixam uma linha de corda para guiá-los de volta à superfície. Deve ser assim que funciona.
D: Isso é uma ilustração. Você não tem um corpo, mas está conectado a esse lugar. Aparentemente, você deve ter deixado aquele lugar uma vez ou outra. Deixemos essa cena, e eu quero que você vá para o tempo quando deixou aquele lugar que considera seu lar.
Dan: Instintivamente, eu só precisava de uma mudança, isso é o que veio primeiro. Era apenas o momento. Eu não sei por quê.
D: Não foi um incidente ou algo que aconteceu?

Dan: Você já sugou um lenço de papel com um aspirador de pó? (Sim) Esse é o tipo de emoção que estou sentindo. Como vê-lo ir "vruum". O observo desaparecer através de um cano e sentir minha energia simplesmente indo para fora. Não tenho certeza se foi uma escolha consciente. Agora eu quase quero chorar, porque dói. Essa separação toda só dói.

D: *Isso é bom, quando sentimos uma emoção sabemos que estamos atingindo algo importante. Você disse ser como se a energia fosse sugada. Quer dizer, para longe daquele lugar?*

Dan: Sim, se eu tivesse que descrever o que estou vendo, diria estar ocupado olhando minhas lindas colunas e meu lindo mar e, de repente, não estou mais lá. Não consigo sentir essa escolha sendo feita. E estou vendo coisas como galáxias e cenas maravilhosas que sempre observei nos livros. Apenas olhava e me perguntava.

D: *São realmente imagens muito bonitas.*

Dan: Sim, são. São lindas demais. Quando tento pensar em quando saí do meu lar, recebo essas imagens. Sei que esta é uma visão correta, porque é como uma memória. Como se eu fosse um avião chegando, ou uma águia, mas não há som. Posso ver essas colunas e estou me sentindo muito bem, dizendo: "Aqui estou eu de novo! Excelente!" E então esperarei até a próxima oportunidade para poder retornar. Sabe quando falei da sucção? Isso não parece confortável. Não tenho certeza de onde isso está me levando. Posso sentir isso agora. É uma percepção de que não voltarei.

D: *Mas sabemos estar lá, e você pode visitá-lo quando quiser, com sua mente.*

Dan: Sim, mas não ajuda. (Fungando)

D: *Você disse ser a sensação da energia, ou você mesmo, sendo sugado e desta vez você sabe que não vai voltar. Vamos seguir esse sentimento.*

Dan então relutou para seguir o sentimento e ir adiante. Ele realmente não queria deixar este lugar novamente após ficar separado por tanto tempo. Finalmente, depois que as sugestões foram aplicadas, ele relaxou e se viu em uma vida incomum. Ele imaginava ser no Egito, porque havia edifícios em forma de pirâmide que faziam parte de uma cidade movimentada. Pode ter sido uma civilização muito mais antiga. Ele morava em um enorme edifício do tipo pirâmide, com muitos quartos enormes, rampas e túneis subterrâneos. Ele morava sozinho e se sentia muito solitário e entediado neste imenso lugar. Ocasionalmente, costumava olhar pela janela ou porta, observando a atividade das pessoas. Embora não fosse um prisioneiro ali, se sentia separado e preso nesta existência. Eu o levei adiante para ver qual era o seu trabalho. Prestava serviços de consultoria para determinado indivíduo e se sentia entediado, porque a pessoa não ficava lá com frequência, passando grande parte do seu tempo sem ter o que fazer. Sentiu trabalhar com energias universais, usando gestos para focar seu pensamento.

Dan: Ele não está aqui o tempo todo. Estou vendo uma grande bola de luz. Eu o vejo se movendo pelo espaço e mantemos comunicação direta. Não sei o que estamos dizendo. Eu nem sei por que estamos dizendo isso. Talvez seja um conselho ou eu contando a ele o que está acontecendo, como as notícias.
D: *Da Terra, ou deste lugar onde você está?*
Dan: Este lugar. Aqui não é a Terra. Tenho certeza agora. As coisas aqui são muito grandes. Temos grandes coisas na Terra, mas este lugar é muito maior. Estou contando a ele o que está acontecendo e talvez como devemos lidar com isso. Mas ainda tenho essa sensação avassaladora de incompletude. Honestamente, é como se o que faço realmente não importasse, sendo muito chato.
D: *Mas essa grande bola de luz às vezes entra naquela sala?*
Dan: Sim, acho que ele tem essa habilidade. Agora estou recebendo imagens de um indivíduo muito musculoso. Grande e forte. Se eu olhasse para mim mesmo, diria que sou mediano e ele é enorme. Acho que ele é muito mais importante do que eu. Acho que ele governa essa área.
D: *Mas quando ele chega lá, ele se parece com você?*
Dan: Sim, só que maior. Acho que ninguém gosta de mim. Acho que ele não me trata com muito respeito. Sou tipo um servo. Ele não apresenta nenhuma polidez em relação a mim. Eu me sinto tão sozinho aqui. Tenho a mesma sensação que tenho aqui na Terra. Quero sair, quero que isso acabe. Eu me sinto realmente preso, eu acho, mas não estou preso. É importante deixar isso claro. Sinto que estou confortável. Minha posição é boa. Mas sou como um Maître para essa pessoa grande. Conto coisas a ele, e se as pessoas querem vê-lo, elas têm que passar por mim e lhes digo se podem ser recebidas ou não. É simplesmente chato.

Inesperadamente, alguém começou a bater na porta do quarto do hotel, mesmo eu havendo colocado a placa de "Não perturbe". Pensei já ser tarde demais para ser a camareira, mas as batidas continuaram. Dei então instruções a Dan para parar por um momento, e que qualquer ruído não o perturbaria. Quando abri a porta, era o diretor da conferência e sua esposa. Traziam um carrinho e queriam pegar a bagagem. Precisavam fazer check-out ou seriam cobrados por outra diária. Eu não havia pensado nisso quando agendei a sessão, agora estava em uma situação complicada. Perguntei-lhes se poderiam voltar em cerca de quinze minutos, permitindo-me tirar Dan do transe. Fiquei realmente incomodada com a situação, ainda não havíamos tido a chance de trabalhar em nenhum dos problemas apresentados por ele. No entanto, não tive escolha a não ser trazê-lo de volta à consciência. O casal havia partido, mas eu sabia que voltariam rapidamente.

Orientei a personalidade de Dan de volta ao seu corpo, trazendo-o até os dias atuais. Realmente não gosto de trabalhar sob condições apressadas, assim não consigo realizar meu melhor. Achei prudente trazê-lo de volta à consciência a tentar apressar a investigação e não fazer meu trabalho com eficácia. Dei sugestões ao seu subconsciente para ajudá-lo a incorporar os sentimentos humanos. Ainda assim, sabia precisar de mais tempo para tornar as sugestões eficazes, especialmente porque ainda não localizamos a causa dos seus problemas. Me senti decepcionando-o, sei que se trabalhasse no tempo que normalmente dispenso para cada etapa, poderíamos ter encontrado a resposta.

Dan Acordou bem na hora em que voltaram a bater na porta e estava tão insatisfeito quanto eu. Também sentiu não ter concluído a sessão e sem ter encontrado suas respostas. Descemos para a mesa da conferência onde minha filha, Nancy, vendia meus livros. Não havia escolha, a não ser fazer outra sessão para amarrar as pontas soltas. Me senti responsável e em débito com Dan, sabia que não poderia cobrar por outra sessão, então, concordei em deixá-lo vir à minha casa em Arkansas, o que nunca permito a estranhos.

Pedia para que me comunicasse quando estivesse próximo, para nos encontrarmos na montanhas e eu o guiaria até minha casa. Sou muito cautelosa em deixar qualquer um dos meus leitores e fãs saberem onde moro, caso contrário, não teria nenhuma privacidade.

Tive que confiar em meus instintos de que ele era um jovem legal e que havia viajado meio mundo para trabalhar comigo. Ele costumava hospedar-se em albergues, muito mais baratos em comparação a hotéis, mas não havia nenhum em Huntsville.

Após passar alguns dias em Chicago, passeando, Dan dirigiu até Arkansas e chegou no pior dia possível. Na noite anterior, tivemos uma de nossas chuvas de Ozark que fazem os riachos subirem e se transformarem em rios caudalosos. Ele ligou da cidade, contando que havia passado a noite nas margens do lago Beaver, em sua barraca. Durante a noite, a tempestade tornou-se tão violenta que ele acordou imerso em vários centímetros de água. Descobrindo da maneira mais perturbadora que, aparentemente, sua barraca não era à prova d'água. Ele acabou comprando outra e pegou a estrada até nossa pequena cidade, Huntsville.

Eu já tinha realmente esquecido que ele chegaria tão prontamente, quando recebi sua ligação. Estávamos todos em casa mais preocupados com o tempo, estando o riacho subindo e a estrada principal para nossa casa, intransitável. Levaria algum tempo até que alguém pudesse descer à cidade para conduzi-lo montanha acima, pela estrada secundária. Essa é a única maneira de chegar à minha casa quando o riacho sobe, levando quase uma hora a mais. Ele disse que esperaria na pequena loja de conveniência, até que alguém descesse. A princípio, pediu instruções para subir nossa montanha, mas eu disse para esquecer essa ideia. É impossível direcionar um estranho pelas estradas secundárias, sem conhecer bem a área. Dan teve que esperar por mais de duas horas, antes que pudéssemos chegar até ele. No caminho de volta para minha casa, Nancy dirigiu meu carro e eu fui com ele, apontando os pontos turísticos locais, ao longo do caminho. A área é muito isolada, natural e rústica. Gosto dessa privacidade, uma vez que passo muito tempo viajando e dando palestras em grandes centros, constantemente cercada por multidões. Quando estou em casa, aprecio o isolamento.

Convidei-o para passar a noite em meu quarto de hóspedes, mas ele insistiu em armar sua barraca no quintal, na esperança que chovesse novamente durante a noite, e dessa forma poderia confirmar se o material era mesmo à prova d'água. Todos jantamos e já era tarde da noite quando iniciamos a sessão. Ele estava relaxado e foi fácil colocá-lo em transe novamente. Dessa vez, sabia termos mais tempo para explorar seus problemas, sem incômodos. Eu esperava que ele voltasse à mesma cena, e lá foi ele, imediatamente.

Dan: Estou olhando para a entrada do meu quarto. Não há desenhos, nem nada na parede. É muito simples. As paredes são definitivamente de pedra e mais uma vez, posso realmente sentir chão sob meus pés. É legal, bem agradável. Há algo como lanternas. Acho que são uma luz gerada, não é fogo. Parece ser algum tipo de processo químico que gera uma luz que percebo de forma adorável. Não é ofensivo aos meus olhos.

D: É diferente, mas não é como uma chama?

Dan: Não, definitivamente não é fogo. Estou olhando bem para ele agora. É como... quero dizer luz fluorescente, mas não seria exatamente isso, não está suavizada. É um longo tubo de ouro com uma coisa de vidro brilhante, tipo cristal no topo. O que entendo é ser uma luz produzida quimicamente. Não acredito haver muita energia envolvida e nenhuma fiação é usada. Sim, este é o meu lar. A mesma janela, e não há nada obstruindo minha visão, exceto quando olho para fora e vejo uma pirâmide à minha direita. Há uma pirâmide à minha esquerda, menor e outra ainda menor à esquerda desta.

D: Há três, então?

Dan: São quatro, incluindo a minha. A que está ao meu lado é muito maior. Minha pirâmide é interconectada a essa maior, e também às outras duas. Tenho que descer do meu quarto para chegar até elas. Todas se conectam por uma série de túneis, como corredores, iluminados por essas lanternas. Tenho que descer de alguma forma. Estou tentando visualizar como isso acontece, mas não consigo ver nenhuma escada.

D: Que te leve ao subterrâneo.

Dan: Sim. Todo o lugar parece meio deliberado.

D: Deliberado. O que quer dizer?

Dan: Eles não são necessariamente para se viver. São como fortalezas, focando em um ponto, gerando energia. Estou lembrando que esta pessoa maior, da qual falava, viaja pela energia, se você preferir, ele tem a capacidade de se tornar apenas energia. Saio do meu quarto para uma plataforma, como um elevador. Posso ver luzes piscando. Ela desce rapidamente.

D: Você disse estar passando informações a essa pessoa.

Dan: Sim, esse é o meu trabalho. Está mais claro agora. Eu faria a ligação entre as pessoas que o tratam como uma divindade, mas sei que ele não é uma divindade. Sei que ele faz parte do universo tanto quanto qualquer um de nós. Talvez seja porque esqueci como fazer o que ele faz. Posso ver ocasionalmente esta grande bola de luz e pessoas, não quero dizer pessoas "comuns", mas basicamente pessoas que não compartilham os segredos, se preferir. Eles o adoram muito, acham que ele é um deus, mas sei que ele não é. De qualquer forma, não há nada que eu possa fazer sobre isso, eu esqueci alguns dos segredos e não é provável que ele me diga. É uma dinâmica de poder, posso até ver algumas discussões que tivemos no passado, piscando na minha frente. Digo que não está certo, e ele não se importa.

D: *Não é certo que eles o adorem, você quer dizer?*

Dan: Sim, porque todas as coisas no universo são iguais, mas como ele pode fazer coisas que os outros não podem, naturalmente pensam que ele é algum tipo de deus. Ainda tenho que mantê-lo informado. Só sei que quero novamente sair dessa situação. Não é uma sensação boa. Às vezes penso em fugir, mas é só falta de empenho, e medo. Falta de um lugar para ir, eu acho.

D: *Para onde você iria?*

Dan: É isso. Eu não tenho ideia de onde iria. Tenho certeza ser o único que sabe que ele não deveria ser adorado da maneira como é. Os segredos que ele tem devem ser compartilhados como um ideal edificante, e não usados como um argumento de "eu sou melhor que você". Ele está usando as pessoas para extrair energia, eu acho. Não tenho certeza se é a maneira certa de expor esse pensamento, mas é como uma coisa de ego. "Olhe para isso. Veja o que posso fazer. Sou isso, portanto, sou melhor." Estou tentando trabalhar com a ideia de que ele vem de um lugar diferente. Acho que é mais um universo do que apenas um lugar diferente. Como se ele tivesse desenvolvido essa ideia universal... é difícil colocar em termos. Digamos apenas que existe uma energia universal, quando você está nesse "rio", digamos assim, pode fazer bem feito, ou mal feito, ou pode não fazer de nenhuma forma. Ele faz de má forma, porque simplesmente pulou no rio. Isso lhe proporcionou esses poderes, que podemos olhar e dizer: "Oh, uau, isso é incrível. Você teria que ser um deus para realizar essas coisas." Então, em vez de usar esse poder que surgiu da autoconsciência. Vai ainda além disso. É saber e ser. Em vez de ser humilde com isso, ele está sendo completamente egoísta fazendo isso e aqui estou eu, sabendo que tenho esse poder semelhante, ou pelo menos vim de algum lugar que originalmente possuía esse conhecimento. Tenho uma vaga lembrança de outra existência, ou apenas entendo os poderes que o universo contém, e as consciências, se preferir. Cá estou, dizendo a ele que isso não é uma coisa boa e ele está me rebaixando por isso. Ele está adorando tudo isso. É como se não fosse da minha conta. Tipo, "o que você tem a ver com isso". Essa arrogância.

D: Mas você disse que ele não está lá o tempo todo. Ele vem e vai.

Dan: Ele não precisa estar lá o tempo todo, ele pode viajar para onde quiser, sem esforços. Quando você entende o princípio do universo, não há nada que o impeça de estar em qualquer lugar, a qualquer hora. É matéria e energia fundamental, e como entendemos, não há diferença entre essas coisas.

D: A menos que, nós mesmos coloquemos restrições.

Dan: Bem, podemos restringir a matéria a uma forma, mas não há diferença entre essa matéria e a energia. Quando você entende que a consciência é o fator de separação entre qualquer tipo de forma, então, quando essa consciência atinge um nível onde consegue controlar essa forma, qual é a diferença entre qualquer coisa na forma? Não há nenhuma. É apenas uma coleção de energia colocada na matéria física.

D: Você disse quando pode controlar ou quando não pode controlar?

Dan: Quando pode. Quando você entende.

D: Quando você entende que pode controlar a energia?

Dan: (suspiro) Bem, estou dizendo "controle", mas não é a palavra, porque é exatamente o que entendemos. Mas é mais como, você é a energia. Você é isso, então você pode ser isso. A forma da matéria física é apenas energia física. Tempo é energia. Somos energia. Consciência é energia e podemos direcionar isso para a forma. Quando você coloca isso em sua fonte pura, a fonte da consciência, você pode redirecionar para qualquer lugar. Não precisa necessariamente estar em um ponto em simultâneo. Pode ser qualquer coisa que você goste. Se você desejasse, poderia existir por um éon, sem que sua falta seja percebida por uma parte do tempo. O que estou vendo diante dos meus olhos é a ideia de um elástico sendo esticado. (Movimentos das mãos) você segura uma ponta com os dedos para cima, para que essa parte não seja afetada pelo alongamento e permaneça em sua forma normal. Então você puxa uma ponta e ela fica mais fina, mas a outra ponta em que você está com os dedos, não é afetada, mas o outro lado parece um pedaço de borracha alongado e leve. Resultando nesse efeito elástico. Então, o que estou tentando dizer é que somos contínuos através da consciência, e podemos "empurrar? puxar? manipular?" Podemos manipular, dizendo: "Bem, eu existo nesta parte da banda e existo naquela parte da banda. Posso ficar nesta parte por um éon e posso viver nessa parte por um milésimo de segundo." Mas ainda não há diferença para aquela banda, ainda faz parte da mesma matéria física. Está apenas deformado, separado, estilhaçado.

D: *É complicado. Isso significa que nessa forma não precisa ter um corpo?*

Dan: Isso volta à ideia de que posso existir como uma folha de grama e fazer parte dessa energia, e ser um ser energético de pura luz, simultaneamente, em diferentes espaços de tempo. O que distingue essas duas energias é o meu ser consciente.

D: *Isso remonta à ideia de não haver tempo e tudo acontecendo simultaneamente?*

Dan: O tempo é apenas uma energia que gira. É a pulsação da matéria. Tanto quanto este corpo aqui entende, o que parece mais correto, ser a viagem da matéria, matéria física. Portanto, não existe realmente o tempo como tal, mas existe em um plano causal. Nem sei o que isso significa, mas existe causalmente. Portanto, se há matéria, há tempo. Se há energia, há tempo. Se houver consciência, não haverá tempo, porque estamos criando nossos mundos físicos a partir da consciência.

D: *Da consciência. Então, se não há consciência, não há tempo? É isso o que você vê?*

Dan: Não. Há consciência, não há tempo. O tempo é material. O que estou vendo diante dos meus olhos é uma grande bola giratória de gás. Não sei ao certo por que isso é relevante no momento, mas todo o meu corpo está tremendo como uma folha.

Isso deve ter sido interno, porque seu corpo físico não mostrava sinais de nada, além de relaxamento.

Dan: O conceito é difícil de transmitir e ao tentarmos imaginá-lo, só conseguimos limitá-lo, porque, simplesmente, não tem limites. Portanto, podemos apenas imaginar, limitando-o para podermos concebê-lo, para tentar apreendê-lo. Então fazemos parte disso. Não há tempo como tal, não há o que precisamos transcender, para podermos ser livres , a melhor palavra, a única palavra que vem é: podemos ser livres. Agora tente materializar um pensamento consciente, apenas consciente. Não há outras palavras. "Pensamento" está errado, porque pensamento também é energia. Mas a consciência em si, é como onde o universo, bem, nosso universo de qualquer maneira, é definido antes de acontecer.

D: *Antes que aconteça.*

Dan: Como pensado a acontecer, faz mais sentido. Essas são as palavras mais livres que posso dizer. A consciência define para poder acontecer.

D: *Para que isso aconteça. Mas a consciência é essa energia da qual você está falando. É isso que você quer dizer?*

Dan: O Consciente define a energia, se preferir.

D: *Mas isso não significa consciência física, mas uma consciência energética?*

Dan: Pensamento é energia. Mas quem a pensou? Fiz essa pergunta porque estou tentando ilustrar um ponto. Onde temos que dizer: "Bem, pensamentos são energia. Mas quem pensa esse pensamento?" Estou tentando sugerir que esse corpo acredite ou sinta, que a consciência é esse pensador. Essa própria consciência é a força motriz de toda a criação, como a conhecemos. Seja metafísico, espiritual, energético, físico, material. Todas essas coisas são derivadas pela consciência. É através da consciência para aprender ou da consciência para existir, que essas coisas existem. Como jogar uma moeda, você não pode ter um lado da moeda sem o outro. Agora estou vendo a bola de gás novamente, que gira para criar uma força. Essa força se torna mais densa, se torna o que entendemos, ou pelo menos o que entendo porque minha mente consciente está gritando comigo agora, e estou tentando ignorá-la, mas é mais difícil. Posso vê-la girando. Posso vê-la criando. Para haver essa matéria, ela tem que existir por um período. Período? Tem que existir. Então nos apegamos a um conceito de tempo, já que somos limitados? (Ele não tinha certeza dessa palavra.)

D: *Isso faria sentido. Estamos limitados em nossos corpos físicos, enquanto vivendo na Terra, nesta dimensão ou seja ela qual for.*
Dan: Mas não necessariamente tem que ser... mas sim, acho que sim.
D: *Somos limitados, mas no outro estado não?*
Dan: Estado consciente, sem limites. É quase como, por falta de uma melhor chance de palavras, um jogo coletivo. Isso parece trivial, eu sei, mas somos eternamente perfeitos. No entanto, temos lições a aprender. Consciência deriva crescimento? Acho que "crescimento" é o que está por vir, a menos que eu queira dizer "manifestação", mas acho que algo entre os dois estaria correto. A consciência deriva, em algum lugar, entre a ideia de crescimento e manifestação, por ser lúdica, criativa, enérgica. Assim, para que ela se entenda, criamos outras coisas, além do que ela é. Agora estou sendo levado de volta ao planeta de onde fui sugado como um lenço de papel. Estou tendo que criar mais coisas para crescer. Para me tornar mais criativo, eu existia lá, por Deus sabe quanto tempo, apenas dizendo a palavra "eons" para mim.
D: *Você estava existindo lá na mesma forma de energia que esta outra pessoa é? Ou isso faria sentido?*
Dan: Tenho a sensação de o ser do qual falávamos, aquele sendo tão egocêntrico, sendo para onde estamos de volta agora, ele está perto de um estado de essência total, mas ainda é um indivíduo como você e eu, ao invés de existir totalmente, como eu na existência sendo aquele planeta. Eu podia sentir uma individualidade sobre mim, mas era mais uma energia também. Muito mais, muito mais. Ainda estou tentando definir essa pessoa para você.
D: *Mas ele forma um corpo às vezes, não é?*
Dan: Sim, ele é totalmente capaz. É como mágica.
D: *Mas quando você estava no outro planeta, onde se sentia parte de tudo, você era o mesmo tipo de energia que ele é agora, ou você era mais avançado?*
Dan: Eu diria: mais simples. Não havia intelecto, não havia julgamento de nada. Era como se eu fosse um bebê. Mais descomplicado. Eu nem mesmo entendia a ideia de reino físico, como tal, como um corpo material.
D: *Foi algo que você nunca tinha experimentado?*

Dan: Nunca. Mas o outro, acho que ele progrediu para este estágio, de ser humanoide, ou humano, escalando até esta ideia de níveis energéticos de alma, e ainda tem crescimento pela frente.

D: *Então ele não estava no ponto que você estava.*

Dan: Acho que são duas coisas diferentes. Acho que existe uma ideia da forma de vida mais simples que se possa imaginar, sendo tão ingênua e caprichosa, brincalhona, gentil.

Parecia que ele estava descrevendo uma energia elementar. Era isso que era naquele planeta? Apenas a forma mais básica de energia?

Dan: O primeiro existe, e sempre existiu dessa forma. Está lá, o outro, esse ser, avançou tanto em suas evoluções físicas que começou a realmente se perder nos poderes que o universo consciente tem a oferecer. Está se tornando tão consciente que pode usá-los. Existem outros seres assim.

D: *É por isso que ele se tornou egocêntrico então.*

Dan: Acho que é isso que aconteceu.

D: *Eles têm tanto poder e gostam de usá-lo, e gostam de ser adorados.*

Dan: Claro! Eu também. Eu gostaria de "me achar", cantar e me exibir, se pudesse flutuar ou brilhar.

D: *Por que você teve que deixar essa existência no outro planeta, se era tão simples e descomplicada?*

Dan: Acho que tem a ver com crescimento. Temos uma ideia que o objetivo é existir nestas formas, onde a energia pura é tudo o que somos, e podemos ser maravilhosos e gloriosos. Mas para que a consciência cresça de forma criativa, temos que criar. Deixe-me ilustrá-lo, perguntando: "O que eu estava criando, exceto experiência?" Não havia amor. não houve aventura. Havia um pouco de curiosidade, imaginando poder viajar e ver outros lugares, apenas experimentando diferentes ambientes por um tempo. Mas fiquei com saudade de voltar para a minha zona de conforto, e ser o que era.

D: *É por isso que aquele lugar era como um lar.*

Dan: Sempre. Estou começando a sentir agora de um ponto de vista mais objetivo, ao invés da emoção que senti da última vez. Estou começando a sentir que estive lá por um tempo extremamente longo. Eu realmente não posso colocá-lo em números. Demorou muito. Esse era o ponto, eu acho, era muito longo. Talvez eu tenha tido oportunidades de sair por conta própria, e fiquei tipo, "Oh, eu realmente não quero ir." Então, de repente, acho que a decisão foi tomada por mim. Disseram-me que foi difícil para eu esquecer.

D: *É por isso que você teve esse sentimento de não pertencer e de querer ir para casa, porque ainda tinha aquela memória. (Sim) E quando você estava com esse outro ser, você tinha uma lembrança de que uma vez pode fazer mais do que ele.*

Dan: Isso é quase certo. Mas eu não tinha ideia de como fazer a encarnação física. Ele tinha todo o conhecimento. Ele poderia entrar como o vento e se materializar. Em um momento não estar lá, e no segundo seguinte, simplesmente aparecer. Testemunhei isso. Posso ver mudanças na luz e o corpo sendo composto dessa luz e ele dando um passo à frente e se formando. Não é como um portal, acho que não. Algo continuava dizendo: as pirâmides apenas brilharam para cima. Talvez a disposição daquelas pirâmides e a ordem em que estavam, influenciam isso. Era: grande, um pouco menor, um pouco menor, um pouquinho menor, em semicírculo. Talvez isso o tenha ajudado a ter uma ideia de onde estaria. Eu realmente não sei. Agora só tenho o flash.

D: *A maneira como elas estavam posicionadas?*

Dan: Sim, as pirâmides ajudavam.

D: *Você disse ser como um ponto de foco de energia? Então ele consegue usar isso de alguma forma?*

Dan: Acho que sim. Ele sempre se materializaria em sua pirâmide, nunca na minha, nem nas outras.

D: *Qual era a dele?*

Dan: A maior. Era lá que as pessoas iam admirá-lo, e isso me deixaria doente.

D: *Então, sempre que ele aparecia, era como se o deus tivesse retornado. (Sim) Você deveria adorá-lo como o resto deles.*

Dan: Sim, ele imaginava que eu sabia. Acho que era por isso que eu era seu conselheiro, porque eu tinha alguns poderes. Acho que quando se chega ao nível que ele estava, é possível ver a aura, como se vê qualquer outra coisa. É possível ler as pessoas, portanto, é mais fácil ter controle sobre elas também, sendo fácil abusar disso. Em vez de honrar a individualidade dessa pessoa em sua jornada, você tira vantagem delas.

Depois de um tempo a outra entidade parou de vir. Não houve explicação e Dan ficava apenas sentado, esperando, entediado e sem saber o que fazer a seguir. As pessoas começaram a recorrer a ele em busca de conselhos, mas ele não tinha nenhum para dar.

Dan: Eu estava confuso. Ele saiu e o povo começou a me procurar para ser essa divindade. Eu disse: "Bem, executem vocês mesmos." Eles não gostaram dessa ideia. Então eu basicamente me escondi. Estou nesta grande pirâmide, e estou me escondendo de todas essas pessoas, sabendo que ninguém pode me pegar. A menos que sejam conduzidos a esses complexos, eles não sabem como entrar aqui. Eles precisavam de um deus, e eu não queria ser hipócrita. Após anos dizendo a esse cara que ele não deveria ser assim, eu não queria me tornar ele, embora não tivesse seus poderes e já estivesse envelhecendo. Ao mesmo tempo, sinto que nada fiz para ajudar também e isso meio que me chateou. Estou em um ciclo de simplesmente não saber o que fazer. Eles querem essa divindade. Estou em um sistema de focalização de energia dessas pirâmides. Imagino que isso possa ajudar, pode amplificar. A sensação que tenho é como gritos em meus ouvidos. "Onde você está? Quando você vai nos ajudar? Faça 'tal coisa' acontecer." Me vem a palavra "chuva", mas não tenho certeza.

D: Eles o procuravam para ajudar a resolver todos os seus problemas.
Dan: Sim. Talvez ele estivesse nesse estágio, em que poderia realizar tudo isso. Lembro-me dele parado ali, criando milagres. Solidão é a primeira palavra que me veio à cabeça.

D: O que isso significa?
Dan: Bem, eu estava totalmente sozinho. Depois que ele saiu, não havia mais ninguém. (Grande suspiro) Há a ideia de que não estou aproveitando ao máximo isso.

Era óbvio que isso não estava indo a lugar nenhum. Nenhuma informação nova estava sendo adicionada. Então fiz Dan ir para o último dia de sua vida naquela experiência.

D: O que você está fazendo agora, e o que você vê?
Dan: Estou apenas na cama, morrendo sozinho e os segredos estão morrendo comigo. Não tem como o povo usar o que tenho nessas pirâmides, porque eu não mostrei nada para eles, nem ensinei

ninguém. Sou apenas eu sozinho. É isso. Tenho meus olhos fechados.

D: *Qual é o problema que faz você morrer?*

Dan: Eu só estou velho. Tenho um sentimento de arrependimento e solidão, e uma completa tristeza. Estou olhando para o meu rosto agora, e há algumas lágrimas em meus olhos, e eles simplesmente se fecham. Eu pareço não saber o que está acontecendo. Eu poderia ter feito melhor.

D: *O que você quer dizer com completa tristeza?*

Dan: Como se tudo que vivi fosse um desperdício. Como se todo o seu ser dissesse: "Você deveria ter feito isso melhor" ou "Gostaria que não fosse assim" e você tem essa tristeza bem dentro de você. É isso que posso ver em meus olhos enquanto se fecham.

Eu então o levei para além da experiência da morte e o fiz olhar para trás, para toda a vida, e ver qual era a lição.

Dan: Fazer alguma coisa. Para aproveitar ao máximo qualquer situação que você criou. As pessoas vão ser o que vão ser. E cabe a você ser o que você será. Portanto, você pode assumir a responsabilidade por si mesmo ou nunca realizará nada. Isso não o leva a lugar nenhum. O pior é não realizar nada, quando você sabe que pode. Acho que isso é bastante relevante na minha vida agora. Todo mundo tem que fazer o que tem que fazer. Mas você pode ser vencido por isso e nunca fazer nada. Mesmo se considerar cada falha que você tem, ainda tem com o que colaborar, com o que ajudar. É apenas pior se você não fizer nada, e nem tentar.

Depois disso, trabalhei com Dan e seu subconsciente para descobrir a origem de seus problemas e como resolvê-los. O restante da sessão foi muito bem-sucedida. Sabia que tudo o que precisávamos era de tempo suficiente para trabalhar nessas questões, o que foi negado em Chicago com o abrupto fim da sessão.

Então, trouxe Dan para a consciência plena. Após conversar um pouco, Dan saiu para sua tenda, onde dormiu como uma pedra até a manhã seguinte. Depois do café da manhã, ele partiu para mais explorações e passeios turísticos no Novo México e território indígena do Arizona, por fim, retornou a Los Angeles, onde entregou seu carro alugado e voltou para a Austrália.

Semanas depois, ele me mandou um e-mail dizendo que a sessão havia sido um sucesso, resultando em mudanças significativas em sua vida. Ele agora não tinha medo do que o futuro pudesse trazer. Através do nosso estranho encontro, pude ajudá-lo e ele também me forneceu informações interessantes sobre o lugar que ele considerava seu "lar".

* * *

Enquanto buscava localizar em meus arquivos, casos para incluir neste livro, encontrei essa sessão, realizada no ano de 1990. Na época, não percebi sua relevância, mas agora vejo ser outra peça do quebra-cabeça sobre as "Crianças Estrelares". Grande parte do meu material deve esperar anos antes de encontrar seu nicho.

Robert era um jovem bonito, aparentando ter entre trinta e quarenta anos. Era um veterano do Vietnã que vinha tendo muitos problemas relacionados à guerra. Desde seu retorno, ele não conseguia manter um emprego e estava em licença por invalidez, passando um longo período no Hospital de Administração de Veteranos, (Veterans Administration Hospital) onde os médicos descobriram que seus problemas físicos (principalmente estomacais, intestinais e nervosismo) eram de causa mental (ou psicossomáticas). Eles tentavam rastrear se algum incidente específico no Vietnã os havia causado, tentando, inclusive, hipnose. Não tiveram sucesso, pois Robert se recusava a falar sobre qualquer coisa que aconteceu durante a guerra. A única solução encontrada foi a administração de drogas pesadas.

Sua namorada me avisou que, provavelmente, pelo fato dele se recusar terminantemente em abordar qualquer assunto sobre o Vietnã, eu encontraria os mesmos obstáculos. Eu sabia que isso não seria problema, nem precisávamos explorar aquela área. Examinaríamos suas vidas passadas e encontraríamos alguma pista lá. Acredito que isso o ajudou a relaxar, pois eu não seria uma ameaça. De qualquer maneira, a explicação que conseguimos, nunca teria sido compreendida pelos médicos. Seu subconsciente o estava protegendo sabiamente, não permitindo que essa história fosse revelada a pessoas inapropriadas. Ele teria, provavelmente, acabado como paciente em um hospital psiquiátrico. Talvez seja por isso que seu subconsciente permitiu que ele me contasse, pois se sentiu seguro. Seja qual for o motivo, apesar de anos de terapia e tratamento médico, esta seria a primeira vez que esta explicação (ou qualquer explicação) foi oferecida para seus problemas relacionados à guerra.

Fui até a casa onde Robert morava com a namorada e os dois filhos dela. Ele tinha sua própria parte da casa, como um pequeno apartamento, onde poderia ficar sozinho, se quisesse. Foi aqui que conduzimos a sessão. Depois que ele estava em transe profundo, entrou em uma cena estranha que não parecia terrena. Precisei de alguns questionamentos para determinar onde estava. Com o tempo, ficou óbvio para mim, ele não havia entrado em uma vida passada, o que seria o procedimento normal para uma primeira regressão. Ele havia aparentemente pulado as experiências passadas e estava em um lugar que soava como o reino espiritual, entre vidas, para onde a alma vai. Parecia especificamente a área onde as escolas estão localizadas. Talvez seu subconsciente pensasse que suas respostas viriam mais facilmente dessa área, ao invés da exploração de uma vida passada específica.

Ele se viu em um lugar grande com altas paredes brancas, diferentes tonalidades de luz vinham de uma fonte desconhecida. Ele se viu vestido com uma túnica branca que parecia ser uma parte dele e não uma vestimenta.

R: Meu corpo não precisa ser protegido por roupas.
D: *Por que isso?*
R: Meu corpo é um.
D: *É um corpo físico?*
R: Não, na verdade não. Ele funciona como um corpo físico, mas não é um corpo físico.
D: *Você pode explicar o que quer dizer?*
R: Tenho energia dentro de mim. Posso sentir o calor da minha energia. Posso ver meus braços, apesar de sentir que posso passar pelas coisas. Não o tempo todo, só quando preciso.
D: *Onde você acha que esta está?*
R: Deve ser algum tipo de habitação. Uma comunicação, ou um auditório.
D: *O que você quer dizer com uma comunicação?*
R: Estou esperando para ir a um terminal, onde deveria obter informações antes de ir...

D: *Aonde você está indo?*
R: Não cabe a mim decidir.

Ele teve a sensação de que deveria esperar que alguém viesse e lhe dissesse para onde ir, ou para acompanhá-lo. Ele viu muitos corredores e não tinha certeza qual deles pegar sem alguém para lhe dar instruções. Embora realmente não importasse, "Porque estarei aqui ou estarei lá. Realmente não importa onde eu esteja." Havia a incerteza de que, se ele saísse sozinho, poderia estar quebrando algum tipo de regra. Por fim, decidiu seguir por um dos corredores curvos. Ele então se viu em uma grande área aberta.

R: Estou parado na frente de alguma coisa. Vejo pessoas, mas elas não se parecem comigo. Talvez se pareçam comigo agora. Eles estão sentados lá em cima, então podem ver todo o lugar, todos os corredores. Eles têm auras. Existem auras amarelas, auras azuis e auras verdes. Também auras brancas. Uma pessoa, ali no canto, tem uma verdadeira aura branca.
D: *Eles estão vestidos?*
R: Não. É a mesma coisa que acontece comigo. Eles não precisam de roupas. É como se tivessem uma cabine de informações, sentados acima de todos, para poderem ver quem está chegando e quem está saindo. Posso vê-los também. É como uma área de recepção. Estou perguntando o que devo fazer. (Pausa) Eles disseram: "Não se assuste. Você irá quando o tempo for necessário para ir. Você voltará para a escola."
D: *Você entende o que isso significa?*
R: Sinto que todo mundo está sendo treinado, indo para a escola aprender mais sobre o que é o amor, o que é a vida, o que é Deus. Mas meu conceito de Deus não é o conceito deles.
D: *O que você quer dizer?*
R: Deus está em toda parte.
D: *Qual é o conceito deles?*
R: Nós somos Deus. Mas devemos adorar Deus. Nós não oramos por Deus.
D: *Você pode fazer algumas perguntas a ele para mim?*
R: Vou tentar.
D: *Pergunte a ele onde é esse lugar.*

R: Está em outra dimensão. Não necessariamente no local onde está. Está em nosso sistema solar, mas o sistema solar não é o que determinamos que seja. Nossa galáxia tem diferentes sistemas solares. Este lugar é apenas um terminal, uma área de informação, para todos os diferentes mundos do nosso universo particular.

D: *Eles são físicos?*

R: Eles não são realmente físicos, assim como eu não sou físico.

D: *Eles podem dizer onde você está indo estudar?*

R: Estão descobrindo qual é o meu passado e como eu poderia beneficiar todo o universo. Como seguir adiante. Saber se minha formação científica na Terra é o que eu realmente quero ter como formação, ou se é minha natureza espiritual que eu realmente desejo seguir em minha vida. Minha formação em biologia e medicina é interessante para mim, mas é mais interessante ajudar as pessoas espiritualmente a se recuperarem.

D: *Você já teve experiência em biologia e medicina em seu trabalho?*

R: Na Terra, tenho graduação em enfermagem e mestrado em biologia. Mas quanto mais eu aprendia, menos eu sabia. Há tanto para aprender. Não podemos conceber todas as informações abertas para nós na Terra, somos muito limitados e imaturos. Estou apenas parado aqui. Me sinto meio tolo. É como esperar na fila do banheiro.

D: *(Risos) Sim, mas eles vão mandar você de volta para a Terra assim que descobrirem qual é o seu passado?*

R: Não, eu seguirei adiante. Para outro mundo. Existem mundos diferentes. Existem centenas e centenas e milhares de mundos para os quais você pode ir.

D: *Como você se sente sobre isso?*

R: Bem, farei amigos onde quer que eu vá. Seria bom saber que estou com alguns amigos, mas estamos todos no mesmo caminho, de qualquer maneira. Talvez eu possa seguir e fazer meus próprios amigos novamente.

D: *E as outras vidas?*

R: Já vivi outras vidas. Sempre estive no campo da ciência, da medicina e da metafísica.

D: *Então há muito conhecimento para se basear, não é mesmo?*

R: Sim. Sinto que sou muito inteligente. Por isso não sabem onde me colocar. Minha inteligência não bate com o que fiz na Terra. Sempre me limitei.

D: *Quer dizer que você tinha muito potencial que não usou? (Sim) E eles querem colocar você em algum lugar onde você possa usar tudo isso?*
R: Umhum. Então posso ser feliz.
D: Você acha que ficaria feliz se usasse todo o seu potencial? (Sim) Você não pode fazer isso enquanto estiver vivo na Terra?
R: Eu não sei que direção seguir, exceto para onde estou indo.
D: Se você tem muito potencial, seria uma pena desperdiçá-lo, não é?
R: Nunca é desperdiçado. O conhecimento nunca é desperdiçado. Essa é uma alegria de conhecimento e educação. Está sempre lá. São os fatos ou a verdade.
D: Você nunca os perde, podendo sempre se utilizar deles se precisar. Você já esteve neste lugar antes?
R: Poderia ter estado em alguns lugares no final do corredor, mas nunca estive nesta área em particular.
D: Quando você vai para esse lugar?
R: Depois de morrer.
D: Isso foi o que pensei, mas eles não têm certeza do que querem que você faça da próxima vez?
R: Preciso usar o equilíbrio de conhecimento que acumulei para ajudar outras pessoas que nunca tiveram oportunidades como essa. Tive muita sorte.
D: Você sempre viveu na Terra, na vida física?
R: Não. A Terra é apenas um mundo muito pequeno. É um desafio viver na Terra.
D: Talvez seja por isso que as pessoas são enviadas para cá.
R: Todo mundo precisa de um desafio, e a Terra é um dos desafios. Sempre parece que podemos lidar com esse desafio. Mas depois que chegamos aqui, ficamos muito frustrados, os desafios são maiores do que realmente pensávamos que seriam. Olhando para a Terra... é um planeta tão pequeno, mas contém tanto caos que um homem não pode realmente mudá-lo.
D: Um homem às vezes pode fazer milagres. Você nunca sabe até tentar. Você sente como se tivesse vivido em outro lugar diferente da Terra?
R: Já explorei a Terra algumas vezes, mas da próxima vez não voltarei à Terra. Vou para outro lugar.
D: E sobre os lugares que você viveu antes. Houve um favorito?

R: Sempre gostei de água. Água e árvores. Neste outro mundo. existem árvores diferentes... não parecem as mesmas. Todas essas árvores se parecem com pinheiros de Natal e a água é azul, por causa do oxigênio e do hidrogênio.

D: *Como são as pessoas que vivem lá?*

R: Eles são como eu agora.

D: *Você quer dizer com esse mesmo tipo de energia?*

R: Sim. Existem coisas físicas, animais, mas não há nada para me prejudicar, como na Terra.

D: *Por quê? Você não será mais físico e sólido naquele mundo?*

R: Porque não temos lixo, não temos comida. Absorvemos energia. Isso evita que o corpo fique denso.

D: *E esse é um dos seus lugares favoritos?*

R: Sim. Porque você pode apenas sentar e sentir o cheiro da fragrância das árvores e da água. É tão tranquilo.

D: *Mas você realizou alguma coisa enquanto morava lá?*

R: Sim. Ajudar outras pessoas.

D: *Esse mundo tem desafios?*

R: Todos os mundos têm desafios. Alguns desafios não são necessariamente de natureza maligna, como na Terra. Outros mundos têm desafios onde você precisa saber o que é certo e o que é errado. Você tem caminhos diferentes para seguir, mas tem que ter certeza que o amor de Deus está dentro de você, e você escolhe esse caminho. Porque toda vez que escolhemos esse caminho, ele reforça a bondade que temos dentro de nós.

D: *E isso é muito importante. Mas você disse que esses seres naquela sala estão tentando ajudá-lo.*

R: Sim. Esta é a tarefa deles. É o trabalho deles ajudar a alocar as pessoas. Há monitores lá em cima, na área das mesas. Não devo olhar para os monitores. Tenho a sensação de que eles estão olhando para alguma coisa, é como se eu estivesse sendo programado. Minha memória de tudo o que pensei e o que sou, eles estão repassando. Apagam as partes ruins e deixam as partes boas. Eu realmente não preciso mais me lembrar das partes ruins, porque isso está na natureza física.

D: *Acho que eles sabem o que estão fazendo. É como uma máquina?*

R: A coisa mais próxima que consigo pensar é como um computador. O homem no terminal estava tentando dizer algo, mas não dizia muito bem. (Pausa) Não é um computador. São padrões de pensamento, vibrando em um determinado comprimento de onda conhecido apenas por eles. É como uma impressão digital.

D: Então cada pessoa tem seu próprio padrão de pensamento ou vibração individual?

R: É embutido como um sistema de computador, passando por mundos diferentes e vai para aquele mundo que é a capital do nosso universo.

D: É como uma câmara de compensação. Eles estão analisando seus talentos e todas essas coisas?

R: Sim. Isso é o que está acontecendo comigo: posso ser muito bom em falar com as pessoas e confortá-las. Também discutir filosofia de natureza espiritual, que posso usar por meio de minha ciência, minha educação e minha sede de conhecimento espiritual.

D: Então o que acontece?

R: Eles vão me dar uma tarefa. Tenho algum tempo de descanso. Tenho que fazer meus ajustes.

D: Bem, é bom saber que alguém está ajudando.

R: Sempre tem alguém ajudando. Tem gente me ajudando agora. São energias diferentes, estão bem ao meu lado. Eles são uma energia diferente da minha. Não é realmente uma energia, mas é energia. Eles se sentem muito reconfortantes e estiveram comigo na Terra.

D: Essas energias são como as outras?

R: Não. Os das escrivaninhas têm uma forma mais corporal. Não são brancos. Eles são meio sujos de cor, uma cor azul-petróleo, talvez? Azul esverdeado. Eles são meio sólidos, mas não são sólidos. Você realmente não pode enfiar o braço neles. Mas a outra energia que está comigo, é mais uma energia de luz. É isso que é. É leve! Luz pura. Estão sempre comigo. Eles vão fazer parte de mim.

D: Você acha?

R: Sim. Mas ainda não falo a língua deles. Não há conversa entre nós, apenas pensamento.

Nesse ponto, decidi levá-lo à frente para um momento em que ele havia concluído seu descanso e estava pronto para aceitar sua próxima designação. Ele conseguiria acelerar a porção de repouso, mas ainda obter os benefícios dela. Não precisei contá-lo ali porque ele me interrompeu antes que eu tivesse completado as instruções.

R: (Interrompendo) Sim, estou bem ali, bem no limite, olhando para o espaço. Estou com alguém. Eu tenho que estar bem no... não sei o quê... estou engolfado por eles. Exato, eu deveria ser engolfado. Ok. Posso ir agora. Posso ir. É como asas de anjo, são anjos, mas não são anjos, são apenas diferentes. É uma espécie de hierarquia. Todo mundo tem seu trabalho. Todo mundo tem deveres diferentes para ajudar uns aos outros. Eles sempre sentem pena das pessoas que vivem na Terra, mas eles também sentem ciúmes, porque não podem experimentar as emoções que nós experimentamos.

D: *Essas energias de luz?*

R: Sim. A energia luminosa. Eles não experimentam emoções, choros e risadas, como nós experimentamos, nem a dor. Eles não sabem o que é dor. Talvez seja eu, sentindo que sou um pouco melhor do que eles, no entanto, eu não tenho o poder que eles têm. Eu deveria ser engolfado por esta energia e levado sem me queimar. Viajamos muito rápido, algum atrito tem de haver. (Essa é sua própria percepção, porque um espírito não seria ferido.) Isso me mantém seguro. Isso os mantém seguros.

D: *De nossa perspectiva humana, você pensaria que eles tiveram sorte por não terem experimentado emoções. Parece estranho pensar neles com ciúmes.*

R: Talvez eles sejam mais compassivos, e é isso que estou sentindo.

D: *E você está viajando pelo espaço ou o quê?*

R: Posso ir a qualquer hora. Estou esperando por você.

D: *Esperando por mim? Por quê?*

R: Não sei. Eu apenas pensei que deveria esperar. (eu ri) Ok. Estamos prontos. Você vem junto?

D: *Eu acho, se você estiver pronto. Sou apenas um guia para leva-lo através dessas muitas coisas diferentes. Isso é tudo que eu sou.*

R: Ok. Vamos lá!

D: *E eles estão mantendo você seguro. Diga-me como é enquanto você vai.*

R: Parece que minha cabeça... Uau! Parecia uma grande correria. Estamos em uma praia agora.

D: *Ah! Isso foi rápido, não foi?*

R: Sim. Eles viajam muito rápido, e estamos em uma praia. Serei apenas levado ao que deveria estar fazendo. (Pausa) Não sou uma criança, não tenho idade. Eu me sinto como um adulto, mas não há idade. Na verdade, não há tempo. Há tempo para descansar, mas não a hora como pensamos.

D: Onde é esta praia?

R: É em um mundo e há árvores diferentes. Estou perto da água porque é para lá que eu queria ir. Preciso andar... e tem uma morada lá em cima. Tem uma base ampla, e não é em forma de pirâmide, mas tem níveis diferentes, diminuindo até o topo. (Movimentos de mão) Tem um pequeno farol lá em cima, um tipo de farol. Você não se sente caminhando, mas está caminhando. Realmente não tenho uma pele sólida, com pelos. É apenas ....hum, difícil de explicar, mas algo que pode ser agarrado.

D: Então ele tem alguma substância. Diga-me como é a habitação.

R: Há escadas que sobem, degraus. O edifício é azul, com uma guarnição amarela. Existem grandes janelas panorâmicas. Grandes, grandes portas duplas, que são amarelas. É muito grande, muito lindo e muita luz. A aparência é muito confortável, eu acho que vou gostar deste lugar. Há outras pessoas dizendo: "Olá!"

D: Eles te conhecem?

R: Sim, me conhecem. Estavam esperando por mim. Muitos deles eu conheço, mas não têm mais seus nomes. Só sei que já os conheci antes. É bom estar com pessoas que já conheço. Escolheram o mesmo lugar que eu.

D: Este é um mundo físico?

R: Bastante físico, sim.

D: Todas as pessoas são como você?

R: Sim. Há algumas pessoas ali que são mais altas. Eles parecem mais sábios. Podem ser os superiores.

D: Todos têm o mesmo tipo de corpo energético, sem nenhuma característica?

R: Eles realmente não precisam de características. Eu não preciso de características. Temos ouvidos, mas na verdade não falamos. Temos olhos e podemos ver. Também temos cheiro, parece que tenho diferentes sentidos, mais do que tenho agora na Terra. Vai ser legal experimentar. Estamos todos lá para ensinar e ser ensinados,

D: Que tipo de sentidos você tem que não tem na Terra?

R: É difícil explicar. Os cheiros... todo mundo, tudo tem um cheiro diferente. Parece estar correlacionado com a luz. Eu realmente não preciso entrar em muitos detalhes sobre isso. O toque tem o mesmo nível de vibração que o cheiro. Todo mundo tem uma aura, como se estivesse encapsulado.

D: *O que você tem que fazer aí?*
R: Preciso estudar e conversar, aprender. Com essas outras pessoas, discutimos nossas vidas passadas e devemos ser instruídos sobre como viver neste planeta.

D: *Então ficará nesse planeta por um tempo?*
R: Sim, mais ou menos até passarmos nos exames. Outras pessoas podem não passar tão rápido quanto eu. Também posso não passar no mesmo ritmo que outros também.

D: *Não há um tempo definido.*
R: Não, não de tempo.

D: *Você sabe o que fará após passar nos testes?*
R: Não, isso será decidido na hora. Gosto da busca pelo conhecimento.

Achei que não poderíamos aprender mais nada se ele ficasse naquele lugar por um tempo. O fim da sessão se aproximava e ainda não havíamos determinado a causa de seus problemas físicos nesta vida atual. Então pedi a ele que saísse daquela cena para que eu pudesse falar com seu subconsciente e talvez obter respostas mais explícitas.

D: *Eu gostaria de fazer algumas perguntas ao seu subconsciente, relacionadas à sua atual vida na Terra. Tudo bem?*
R: Deixe-me voltar para a Terra.

Eu o orientei de volta ao tempo presente e instruí sua consciência presente a retornar completamente ao seu corpo. Nesse ponto ele começou a se mexer, e eu não queria que ele acordasse ainda.

D: *Quero que você permaneça neste estado, então posso falar com seu subconsciente e fazer perguntas.*
R: Ainda tenho lembranças disso.

D: *Ah, foi muito bonito. Quero falar com o subconsciente de Robert, por favor. Por que Robert mostrou essas cenas?*
R: Porque ele pode dizer às pessoas na Terra que a vida é para sempre e que estamos em equilíbrio, vivendo a vida que temos aqui na Terra. Nós, neste corpo físico, não precisamos ser negativos.

Podemos ser positivos. Quando conhecemos o amor e o doamos, experimentamos o que está além deste mundo. Precisamos saber que somos espirituais, que somos equilibrados. Da ciência ele sabe por que o céu é azul e as folhas são verdes. Porque os vermes entram e saem. Ele conhece cada parte do corpo, cada músculo, cada osso. Mas ele nunca desenvolveu o que considerava sua natureza espiritual. Não a simples fé religiosa, mas o espiritismo. Sempre soube haver vida após este mundo e não necessariamente neste mundo. Se você voltar a esta Terra, é uma escolha ou você é, de alguma forma, solicitado a voltar, porque não cumpriu ou aprendeu o conhecimento, os desafios deste mundo desobediente. É o mesmo de ir para a escola. Isso é tudo o que somos. Quando educamos nossos filhos pequenos desde o início, estamos aprendendo. Estamos sempre indo para a escola. O que começamos como uma criança e realizamos em nossa vida adulta, continuamos em uma vida diferente, após o nascimento. Estamos sempre aprendendo. Algumas pessoas se recusam a aprender. É como aquele velho ditado que diz, você pode levar o burro até a fonte de água, você pode enfiar seu nariz e boca na água, mas não pode obrigá-lo a beber até que ele descubra que a água mata sua sede.

D: *Às vezes as pessoas continuam cometendo os mesmos erros.*
R: Sim. Você pode bater a cabeça deles na parede. No caso de Robert, ele viveu mais vidas em outros mundos do que na Terra. Ele só veio a este mundo porque é um desafio, porque se entedia facilmente.
D: *Você acha que isso faz parte dos problemas físicos dele, por não estar acostumado com um corpo físico?*
R: É possível, eu acho. Nossa, eu não queria estar aqui. (Risos) Eu meio que concordo, porque não quero este corpo. Mas estou preso a ele.
D: *Sim, por enquanto, você está. Você tem que aprender a conviver com isso. Mas parece que em outras vidas ele não teve esse tipo de corpo para se preocupar.*
R: Não, ele não sentiu dor. A dor é um inferno.
D: *Ele não sabia o que era.*
R: Não, não há dor lá. Você tem que ser físico para entender a dor.
D: *Talvez isso seja algo que ele veio aprender.*

R: É. E todo mundo tem que aprender sobre a dor de Robert também, porque Robert pode lidar com a dor. O que está dificultando são as drogas. Há uma dependência física das drogas. Quando se livrar deste estresse do Vietnã, que seu corpo está passando, talvez ele peça para ser hospitalizado por um tempo. Porque o coitado está drogado há tantos anos, tentando combater essa dor. Essa dor nunca vai deixá-lo até que ele morra.

D: *Você acha isso ou tem algo a dizer sobre isso?*

R: Esse é o destino dele. Ele tem que sentir a dor, porque ele pode lidar com a dor, e as pessoas têm que aprender com ele.

D: *Isso não parece bastante cruel?*

R: Não é nada cruel, porque não há tempo. Quando uma pessoa morre de câncer porque fumava muitos cigarros, as pessoas ao seu redor aprendem uma lição terrivelmente dura. O indivíduo também, claro, mas todos os outros continuam. Realmente não importa, porque é apenas um flash de alguns segundos em tempo real.

D: *Se ele teve vidas sem um corpo físico, você acha que ter ido para o Vietnã foi muito estressante?*

R: Sim. Mas era algo que ele queria fazer, e lhe disseram para fazer. Inconscientemente, sabia que não ia morrer, mas havia morte ao seu redor.

D: *E trouxe medo.*

R: Sim, mas foi isso que o fez continuar. Foi isso que o levou a fazer o que fez. O desafio do medo. Não há muitos lugares nos universos que tenham guerra. A Terra é um dos únicos lugares onde você pode vivenciar a guerra como humano. Aconteceu com o homem há muito tempo, quando o mundo inteiro entrou em inadimplência.

D: *O que você quer dizer com o mundo inteiro inadimplente?*

R: Houve outros seres que desceram para nos ajudar. Eles tentaram acasalar, tentaram bagunçar e brincar de Deus.

D: *Foram eles que trouxeram essas situações?*

R: Sim. Eles queriam brincar de exército, índios e cowboys, assim estabeleceram um padrão. Os seres humanos são basicamente animais treinados, sendo difícil quebrar um padrão estabelecido. É preciso evoluir além do padrão. É como um mau hábito, depois que você começa a roer as unhas, como Robert faz, ou quando começa a falar palavrão, é difícil parar.

D: *Então é um hábito da raça humana, você quer dizer.*

R: Sim. É tudo um problema nosso.
D: *Foi trazido aqui por outros seres?*
R: Sim. Eles não sabiam. Não é realmente culpa deles. Acho que simplesmente... aconteceu.
D: *E agora isso está no padrão das pessoas da Terra.*
R: Sim. Está ficando melhor. A Terra teve algum sucesso em seus padrões evolutivos. O macho gosta de lutar e este é um dos lugares onde você pode experimentar isso. Existem muitas experiências na Terra pelas quais você pode passar, como fome, guerra. Existem outras experiências. Ser poderoso na política, poder experimentar apenas a sensação agradável do prazer da vida familiar...etc.
D: *Sim, você tem muitas escolhas. Então tenho a sensação de que quando ele foi para o Vietnã...*
R: Essa foi minha escolha.
D: *Mas você não estava preparado para o estresse.*
R: Não, não. Ninguém me contou sobre o quão ruim é.
D: *Mas aparentemente você aprendeu uma lição com isso. Uma lição que será valiosa para você.*
R: Sim, porque agora sei como é a guerra. Sei como é lutar. Então, quando eu for para outro mundo, e se alguém ficar com raiva ou começar a mostrar uma característica que você pode chamar de "regressiva", eu saberia como é, e poderia ajudar essas pessoas a superar isso.
D: *Isso é muito valioso. Mas você realmente acredita que Robert veio a esta vida para sentir o desconforto que está sentindo? (Sim) Mas não seria mais fácil se pudéssemos ajudá-lo a conviver com isso?*
R: Será mais fácil com o passar do tempo.
D: *Você acha que se ele entender de onde vem e a razão disso, será mais fácil para ele lidar coma situação?*
R: Mas ele tem muitos problemas físicos.
D: *Mas você, como subconsciente, não poderia ajudá-lo com isso?*
R: Só se ele puder ir ao subconsciente, pedir orientação, pedir ajuda às endorfinas naturais do corpo. Ele sentirá a dor para que outra pessoa possam experimentar ajudá-lo.
D: *Mas ainda seria bom se pudéssemos aliviá-lo. Não queremos tornar sua vida miserável enquanto ele aprende essas lições.*
R: A vida de Robert não é miserável. Ele mesmo fez isso.

D: *Você acha? Não sei se ele concordaria. Mas o importante é que, se ele quiser aliviar o desconforto, pode ir ao subconsciente e pedir que as endorfinas naturais o ajudem.*
R: Sim. Como agora, ele não tem nenhuma dor.
D: *Sim. Essas endorfinas são muito poderosas. São muito mais poderosos do que tomar qualquer tipo de droga. Porque são naturais e controladas pelo subconsciente.*

Então implantei a sugestão de que quando precisasse de alívio, ele poderia relaxar e pedir ao subconsciente para liberar as endorfinas naturais. O subconsciente tentou argumentar comigo: "Sim, mas Robert é tão sensível à dor de todo mundo".

Eu podia entender o porquê, Robert era uma pessoa muito sensível e compassiva. Depois de muita discussão, o subconsciente concordou em fazer sua parte, se Robert cooperasse. A ação final deve ser sempre da pessoa. Se realmente não querem se curar, por qualquer motivo, nada que eu possa fazer, ajudará.

Nunca mais trabalhei com Robert, tendo apenas algumas notícias, ocasionalmente. Ele ainda estava passando por dificuldades, entrando e saindo do hospital para veteranos. Parecia realmente não querer liberar a lição da dor, embora seu subconsciente estivesse disposto a trabalhar com ele no problema. Gosto de pensar que foi ajudado por ele, recebendo as endorfinas naturais, nos momentos que precisasse, para que não ficasse tão viciado nas drogas. Pelo menos, ele agora sabia algumas das razões pelas quais estava passando por essa parte de sua vida. Talvez, seu subconsciente estivesse correto, quando disse que a dor nunca o deixaria até que ele morresse. Se for assim, espero que ele esteja aprendendo a lição e também ensinando outras pessoas sobre a dor e sobre como viver com alguém que sofre de dor crônica. Se for esse o motivo, então tem mérito, porque ensina. É disso que se trata, aprender lições e progredir a partir daí. Se aprendermos bem uma lição, não precisamos repeti-la.

Mais uma vez, posso entender perfeitamente por que o subconsciente de Robert não permitiu que essa história viesse à tona quando estava trabalhando com os médicos. Talvez ouvir essa história possa torná-los mais compreensivos e mais abertos a procurar a causa do estresse do tempo de guerra em lugares incomuns com explicações incomuns.

* * *

RETORNO À SALA DE TAPEÇARIA

Em 2000, passei o mês de março em um tour de palestras por todas as principais cidades da Austrália. Tento fazer algumas sessões particulares quando estou viajando, há sempre uma lista de espera com interessados em todas as partes do mundo querendo terapia. Após ler alguns de meus livros, Norma entrou em contato comigo através de cartas, marcamos uma sessão, enquanto eu estava em Gold Coast. Ela apresentava muitos problemas pessoais e físicos, para os quais queria encontrar explicações. Também ficou fascinada com a descrição dos mundos espirituais que entramos ao deixarmos esta vida, conforme relatado em meu livro "Entre a Morte e a Vida". Queria ver esses lugares por si mesma, especialmente o Complexo do Templo da Sabedoria, com sua maravilhosa Biblioteca e Sala de Tapeçaria. Eu disse a ela ser possível, mas teria que levá-la primeiro a uma vida passada e descobrir para onde ela iria depois da morte. Este é o procedimento que descobri funcionar melhor se quisermos explorar o lado espiritual.

Ela rapidamente entrou em um estado profundo e reviveu uma vida passada na Inglaterra vitoriana, explicando muito dos relacionamentos cármicos pessoais com os quais estava envolvida nesta vida. Eram muitos detalhes: datas, nomes e lugares de Londres, que podiam ser checados e verificados. Já fiz tantas regressões que esse tipo de detalhe não me surpreende mais. O importante é a terapia derivada de reviver o trauma e a emoção da vida. Eu normalmente deixo para o indivíduo a escolha do que investigar. Não preciso de provas e não checo mais a veracidade dessas informações, a menos que seja importante incluir em um livro. Nunca haverá provas suficientes para convencer um verdadeiro cético, e um crente não precisa de provas. Neste momento da minha carreira, estou mais fascinada pelo desconhecido que, em grande parte dos casos, não pode ser provado.

Ao final daquela vida, Norma morreu pacificamente, já idosa, em sua casa e cercada por sua família. Enquanto se afastava do corpo físico, pedi-lhe que descrevesse o que estava acontecendo.

N: Há uma luz. Figuras em vestes e há amor e paz. Estão me levando para um lugar muito calmo e tranquilo. Não há ninguém por perto. É apenas tranquilo e muito enevoado.

Parecia o lugar que muitos descreveram como o "Lugar de Descanso", uma espécie de santuário, onde as almas podem descansar um pouco antes de seguirem para outro destino, daquele mesmo lado ou retornando a outro corpo, em uma nova vida.

D: Um lugar onde ela pode apenas descansar por algum tempo?
N: (suavemente) Sim. É agradável.
D: Depois disso ela terá que ir para outro lugar?
N: Sim, está na hora. Ela tem que ir para as salas do conhecimento, agora.
D: Já ouvi falar desses lugares. Norma queria ter a memória de como era. O que você está mostrando a ela?
N: Existem pilares com muitos livros, uma cúpula ... e vejo pessoas. É muito... pesado, cheio de conhecimento. É grande, se estendendo eternamente, para sempre. Tem muitos cômodos além da área de pedra com passarelas, livros, mesas e pessoas.
D: Com quem estou falando? Seu subconsciente ou ....?
N: Norma está ciente de Norma, mas sou seu eu superior.
D: Chamo-o de subconsciente. É a parte com todas as informações, não é? (Sim) É com você que gosto de falar. Estou ciente de algumas partes deste lugar. Existe uma sala chamada "sala da tapeçaria"?
N: Ah, sim.

Esse lugar foi descrito em "Entre a Morte e a Vida" como uma tapeçaria da vida, onde a existência de cada pessoa é representada como uma linha. A maneira como ela se entrelaça é uma descrição vívida de como a vida de cada indivíduo influencia todos ao seu redor e vice e versa. Somos um e estamos todos interconectados.

D: Ela se perguntou se poderia ver esse quarto.
N: Ela vai lá o tempo todo.
D: Ela? (Sim) Ela não sabe disso, não é?
N: Sim, ela sabe, mas não acredita.
D: Você pode mostrar a ela como é o quarto?

N: É uma sala cheia de luz. Não tem teto, pois a tapeçaria é muito alta e muito longa, indo longe, infinitamente. Ela se move, está viva.
D: *O que você quer dizer?*
N: Está viva com a luz, e os fios são coisas vivas. Eles não são... materiais. Eles têm sentimento, têm pensamento, têm cor e têm vida.
D: *Os fios que compõem a tecelagem da tapeçaria?*
N: Sim. Eles são vibrantes. Alguns deles são tão brilhantes. Cada um deles têm espessuras diferentes, com energia, são entidades com energia própria. Cada fio é único e lindo, e eles compõem esse movimento e vivacidade. Belos padrões que mudam como um filme na tela.
D: *Então é como uma coisa viva, ao invés de apenas um pedaço de pano.*
N: Ah, não é um pano. Uma tapeçaria é até um eufemismo. Simplesmente não descreve nada.
D: *É algo que podemos entender, embora com nosso conhecimento limitado. Mas se os fios estão vivos, o que eles representam?*
N: Ah, eles são lindos. São pessoas, suas vidas, suas almas. Representam tudo o que somos.
D: *Então é um exemplo de como tudo está interligado?*
N: Ah, sim. É muito, muito intrincado. Mais do que poderíamos imaginar. Cada vida, cada existência, cada pensamento, cada ação, tudo o que somos, quem seremos, quem fomos, está representado em cada fio, e nós somos todas essas coisas também.
D: *Isso representa apenas a vida presente ou o fio é a história da alma?*
N: Sim, o futuro e o... exato, a alma. É isso.
D: *Mas se já está entrelaçado, isso significa que tudo está definido.*
N: Ah, não. Em algumas áreas da vertente ela se fixa, dependendo da última jornada da alma naquele momento, pois em algumas vidas que ela escolhe levar, não têm livre arbítrio.
D: *Eles não têm? Ou eles não sabem que têm?*
N: Eles não têm livre arbítrio.
D: *Então nem toda entidade tem livre arbítrio?*
N: Isso mesmo. Depende da vida que escolher. Se escolher uma vida humana, tem livre arbítrio. Mas se escolher uma existência diferente, em alguns casos não tem livre arbítrio. Portanto, o fio

muda em sua textura, iluminação, cor, espessura e conexão com outros fios. É muito complexo.

D: *Então tudo depende da lição que a alma está aprendendo naquele momento.*

N: Não chamaríamos isso de "lição" como tal. Chamaríamos de... lembrança. Pois a alma sabe tudo, tudo. Sabe tudo sobre tudo o que há para saber. Apenas, nem sempre se lembra e dependendo da vida que escolhe viver, às vezes lembra, e às vezes não lembra.

D: *Se for uma vida humana, ficaria confuso se lembrasse de todas essas coisas.*

N: É uma vida que a alma escolhe se renovar. De outra forma, não escolheria uma vida humana, pois é uma existência difícil de escolher, em muitos níveis. É também uma vida muito estimulante, está cheia, cheia de emoção, sentimento, textura e vibração. Em muitas outras vidas, que uma alma escolhe, não há muita variação. Não há muita textura, pois em algumas vezes, não conhecem a terceira dimensão para se relacionar.

D: *Eles têm que passar por esse tipo de vida antes de vir para uma vida na Terra?*

N: Não necessariamente, depende da escolha da alma. Então, é claro, muitas almas escolheram muitas vidas na Terra e ficaram presas na roda tridimensional. Eles nem mesmo sabem de outras existências, criando assim mais conexão cármica, tendo que retornar à Terra. Para a alma pode ser uma coisa frustrante, pois entendem do outro lado que existem outras vidas que podem ser vividas. Mas estão tão presos ao plano da Terra que não podem deixá-lo.

D: *Eles têm que terminar tudo isso primeiro.*

N: Nem sempre precisam zerar todo o carma criado pela força cármica. Mas na maior parte do tempo há muito o que fazer, se eles não tivessem outra vida na Terra, perderiam a oportunidade de conseguir um corpo para o qual voltar. Perderiam as conexões que deveriam fazer, podem perder a oportunidade de fazer um contrato com a próxima alma com a qual devem se conectar. Eles tendem a permanecer em círculos semelhantes e aqueles, como Norma, que sabem que não precisam estar aqui com muita frequência, tendem a se mover em círculos de almas semelhantes ou parecidas, e também viajar para fora deles.

D: *Mas se eles perderem a oportunidade de se conectar, levaria muito tempo até que eles tivessem uma nova oportunidade, então esse carma teria que ser eventualmente reembolsado e eliminado. É isso que você quer dizer?*

N: Sim. Norma está muito ciente disso. Aqueles que estão presos na terceira dimensão não estão verdadeiramente conscientes. Eles sabem, em algum nível de seu conhecimento, especialmente entre as vidas, que existem outros tipos de vidas que podem levar, mas sabem que para cumprir as dívidas cármicas, devem permanecer na dimensão da Terra. De outra forma, perderão a oportunidade e terão de permanecer na forma de espírito por muito tempo. Eles podem ir para outras vidas alienígenas, outras vidas dimensionais, mas entendem a limitação dessas experiências, pois não os conectam com aquelas vidas terrestres, que devem cumprir e sentem falta disso.

D: *Mas nas outras vidas, onde eles nem mesmo estão cientes da terceira dimensão, eles também criam carma?*

N: Ah, sim! (Enfático) Ah, sim! Faz parte da jornada da alma criar carma.

D: *E resolvê-lo.*

N: É para elevar a vibração dessa alma, trazê-la de volta para casa, para a força de Deus.

D: *Mas nas outras vidas eles não criam o carma intenso, como acontece na forma humana?*

N: Pode ser tão intenso, sim. Às vezes, podem ficar presos em uma vida alienígena.

D: *Pelas mesmas razões? (Oh, sim!) Mas, pelo que sei, em algumas vidas alienígenas, podem viver o quanto quiserem. (Sim) Então eles teriam muito tempo para resolver as coisas.*

N: Falamos de formas de vida alienígenas inferiores.

D: *Você pode me contar sobre isso?*

N: Há alguns que são como colônias de formigas, de certo modo. Que não têm corpos, necessariamente. São energias, conectadas a uma só mente, por assim dizer.

D: *Como um grupo?*

N: Sim. Eles se movem, talvez, como um bando de pássaros, ou como formigas, se conectando entre si como uma colônia. Eles se movem como um todo, mas apresentam entidades únicas, sem as complexidades cármicas que a forma humana tem. É mais como um carma de grupo, onde eles concordam em "fazer" certo trabalho juntos, como um grupo. Portanto, se não for cumprido, não é integrado e liberado.

D: *Existem outros tipos inferiores de vida alienígenas?*

N: Eles podem ser trabalhadores a serviço de formas de vida superiores. Mas a ironia é que as almas de formas de vida superiores, às vezes, podem escolher ser trabalhadoras. Movendo-se de diferentes níveis, por assim dizer. É uma falácia dizer que uma alma se move linearmente para cima, digamos assim. Não é de uma forma de vida superior para a próxima forma de vida superior, não é desse jeito.

D: *Tendemos a pensar dessa forma.*

N: Não, ela pula, gira e se expande para todas as direções. Uma alma escolherá sua jornada por todos os tipos de razões, às vezes, apenas pela diversão da experiência.

D: *Para voltar e experimentar algo diferente na época.*

N: Sim, acrescentando à tapeçaria. Isso aumenta a complexidade da alma.

D: *A variedade.*

N: Sim, acrescenta, oferece, preenche, torna a alma mais completa. É outra peça do quebra-cabeça.

D: *Isso faz sentido para mim. Norma estava se perguntando se ela tinha uma conexão galáctica.*

N: Ah, sim! Ela está ciente das formas de vida galácticas que já foi, mas não está ciente dos detalhes em um nível consciente. Ela sabe muito de si mesma e está aprendendo muito nesta vida. A menos que realmente queira, não precisará retornar à terceira dimensão.

D: *Então, podemos dizer que está completando seu trabalho aqui?*

N: Nunca há uma conclusão como tal, porque pode ir e vir quando quiser. Mas ela gosta do aspecto de livre arbítrio desta jornada.

D: *Então, a qualquer momento, uma alma pode decidir que não quer mais vidas na Terra e tentar outra coisa.*

N: Só tendo trabalhado muito de seu carma, pois, como dissemos, a alma também pode ficar presa ao plano da Terra por muitas vidas. Porque, é claro, quanto mais vidas você vive, mais você fica preso aqui, pelo carma que você cria.

D: *Então é melhor se você limpar tudo, se quiser ir para outro lugar.*

N: Muitas almas estão cientes disso. Não em um nível consciente, é claro; é por isso que amontoam tanto em uma só vida. Muitas almas aqui presentes neste momento da evolução da Terra, tiveram vidas extraterrestres. Muitos não estão conscientes disso. Agora neste plano terrestre, mais pessoas do que nunca, estão aqui por uma razão: ajudar a elevar a vibração da Mãe Terra.

Em "Guardiões do Jardim", Phil disse que muitas almas que nunca conheceram vidas na Terra, se ofereceram para ajudar neste momento de sua história. Foram a infusão ou transfusão de sangue novo, os que nunca conheceram a violência. Como não têm isso na história de suas almas, podem ajudar a mudar a vibração da Terra e elevá-la a uma dimensão superior, onde coisas como a violência são impossíveis.

D: Isto é o que me foi dito. Que estamos nos afastando da violência e entrando em um período evolutivo diferente para a Terra?
N: Ah, sim, e a Mãe Terra criou isso.
D: Por que ela também é uma entidade viva?
N: Claro.
D: Que muitas pessoas não percebem.
N: Não, elas deve interagir com os outros planetas desta galáxia. E então, claro, além deles também. A extensão disso tudo é maior do que você pensa.
D: Sim. Ouvi dizer que não só existe a sala da tapeçaria, representando as almas, mas é mais complexo do que isso.
N: Ah, sim. A sala da tapeçaria representa apenas as almas que estão trabalhando neste universo e nos muitos universos além. Mas há mais do que isso.
D: Existem outras tapeçarias, como exemplo, como uma analogia?
N: É assim , mas essa é uma explicação tão simplificada. Palavras não podem descrever. Imagine, ou visualize, o universo, multiplique isso pelo infinito e você terá uma ideia de que cada estrela representa uma vida, uma alma, ainda assim, você estará apenas tocando na ponta desse iceberg, do que tudo isso se trata.
D: Mas as estrelas são objetos físicos, não são?
N: Sim, mas estamos usando o universo como um exemplo de quantas e quão complexas são as jornadas da alma. Se você visualizar ou imaginar que cada estrela representa uma alma e sua jornada ao infinito, entenderá o quão vastos realmente somos.

D: *Na verdade, não há limitações, a menos que as coloquemos sobre nós mesmos. Isso é correto?*

N: Cada vida escolhida pela alma representa uma limitação por um motivo, uma lição, para limpar ou aproximar-nos à fonte, esse é o propósito da nossa alma.

D: *Para retornar à fonte? (Sim) Mas temos muito que fazer antes de podermos voltar para lá, não é?*

N: E não é essa a aventura?

D: *Sim. Todos os tocos e solavancos ao longo do caminho.*

N: Norma já foi muitas formas de vida, de todas as descrições. Ela está ciente disso, já se conectou a eles. O que ela não entende é a vastidão de sua grandeza. Ela acredita que a escolha dessa forma humana é depreciativa em alguns aspectos. Ela realmente não acredita ser tão grande, pois se identifica apenas a quem ela é na forma humana, com suas fraquezas e bloqueios que está vivendo.

D: *Isso não é verdade para todos nós?*

N: Ah, sim. Mas muitas almas nem mesmo reconhecem sua grandeza, nem sequer tocaram na superfície de sua grandeza. Pois, claro, todos nós somos.

D: *Mas a esse respeito, todos somos maiores nos outros planos, nas outras dimensões. Quando você diz "grandeza", como você define isso?*

N: Todas as almas são grandes, claro, pois fazem parte da fonte. Muitas almas não entendem ou não sabem de sua grandeza, portanto, não podem sentir a turbulência que Norma está sentindo. Pois eles não o têm em sua consciência. A turbulência que ela sente é que está consciente da grandeza do seu ser, sem conseguir esclarecer o fato de estar em um corpo humano, e que essa parte de sua jornada é integrar essa grandeza. A grandeza de que falamos é o seu lugar neste plano. Ela faz parte de um quadro maior, a alma que Norma é.

Isso soou familiar. O subconsciente ou eu superior disse a mesma coisa sobre muitos dos meus outros pacientes. Aparentemente, somos todos muito maiores do que pensamos. Se pudéssemos reconhecer essa centelha de Deus nos outros, não haveria julgamento, nem preconceito. Veríamos que somos todos almas em jornadas, trabalhando em diferentes fases do carma. Todos tentando voltar para casa, para a Fonte de Deus.

N: Ela tomou muitas decisões importantes que afetam muitas almas.
D: *Em outras vidas.*
N: Está além das muitas vidas quando ela é "Quem nós somos". Ela entende que não precisa estar em forma de vida para tomar decisões. Ela tomou essas decisões em forma de alma para muitas almas.

Aparentemente, quando entramos na existência da Terra e sua realidade tridimensional, existimos com uma fachada, como atores desempenhando vários papéis. Para alguns é a aventura da experiência, a viagem. Para outros, é a armadilha de uma ilusão que assume todas as qualidades da realidade. Não importa como a percebamos, criamos carma automaticamente, apenas por viver nesta dimensão e estamos presos nesta realidade até "pagarmos" as dívidas. Há muito mais acontecendo nos bastidores do que podemos perceber. Mas já foi dito: "Se soubéssemos as respostas, não seria um teste." Assim ansiamos por retornar àquele lugar vago, que consideramos "casa", inconscientes de que isso não pode acontecer até que tenhamos concluído nosso trabalho aqui.

SEÇÃO CINCO

METAFÍSICA OU FÍSICA QUÂNTICA?

CAPÍTULO ONZE
UNIVERSOS PARALELOS

Fui encaminhada a essa estranha e profunda discussão que aconteceu na década de 1980, enquanto explorava a vida de Tuin, o caçador. Base do meu livro, "A lenda de Starcrash". Naquela vida, Tuin matou um animal muito incomum e o levou de volta para sua aldeia. Um animal nunca visto, nem antes, nem depois, pelo povo da época. O pajé da tribo notou ser, de fato, uma ocorrência muito peculiar e quis saber todos os detalhes da caçada. Impressionado, pediu aos açougueiros e esfoladores que tomassem cuidado especial ao preparar a carne. Queria que o crânio fosse preservado, usando-o posteriormente, durante as cerimônias em homenagem ao solstício de inverno. Todos os detalhes apresentados por Tuin sugeriam uma experiência paranormal do mais alto grau, algo que nunca experimentou antes, mas que aceitou prontamente. A realidade da experiência não podia ser negada pelo povo, a prova era visível, através do crânio e da pele, preservados. A descrição era tão estranha que eu também sabia não ser um animal deste planeta, pelo menos não de nossa história conhecida. Posteriormente, um zoólogo também confirmou minhas suspeitas. Se o animal não era da Terra, então de onde ele veio?

Depois que Tuin morreu e fez a passagem, pude interrogá-lo extensivamente sobre muitos dos curiosos acontecimentos relativos à sua aldeia. Nesse estado, teve acesso ao conhecimento negado ao mortal. Eu o questionei sobre a descoberta do estranho animal. A resposta que surgiu foi tão complexa que sabia não pertencer àquele livro. Ofereço aqui, a explicação na íntegra. Não foi possível adicionar nenhum comentário, só de ouvir o que saiu daquela sessão, me deixou tonta e confusa. Me senti em um redemoinho de pensamentos depois. A ideia era tão estranha ao meu entendimento que perturbou e confundiu completamente minha mente racional. Embora o conceito possa parecer revolucionário para mim, pode ser simples para outra pessoa, alguém que não tem dificuldade em compreender teorias complexas. Muitas pessoas, provavelmente, dirão não ser uma teoria nova, sendo apenas nova e surpreendente para mim. Que assim seja. Perguntei ao espírito do falecido Tuin se ele poderia explicar o mistério do estranho animal.

Beth: Essa foi uma ocorrência rara. Você deve entender que o nosso não é o único universo. Numerosos universos paralelos existem ao lado deste, mas como vibram em velocidades diferentes, normalmente são invisíveis aos olhos humanos. Os universos se cruzam, mas geralmente os pontos de interseção não são compatíveis. Assim, os habitantes dos dois universos diferentes, não estão cientes da interseção. Pode haver algumas pequenas alterações que uma ou duas pessoas podem notar, mas não será nada importante. Nesse ponto específico, era uma ocorrência rara de uma interseção compatível e quando Tuin estava caçando, estava em dois universos simultaneamente, mas sem consciência disso. O animal que ele matou era um habitante do outro universo. Mas como era uma interseção compatível, conseguiu transportar o animal para este universo, sem destruir sua matriz básica.

D: *Você quer dizer que o outro universo também era um universo físico?*

Outro sujeito havia descrito universos compostos de energia.

B: Sim. Era um universo físico, construído ao longo de uma matriz básica diferente. Mas como a interseção era compatível, a matriz do animal não foi destruída quando trazida para este universo, o que torna essa ocorrência tão rara. Se a interseção não for compatível, a matriz básica de qualquer coisa do outro universo é destruída e não existe mais neste universo.

D: *Como assim? Simplesmente desapareceria ou o quê?*
B: Sim. Simplesmente se dissolveria em nada e liberaria a energia no éter.
D: *Alguém veria isso como uma miragem ou algo parecido?*
B: Talvez. Sob certas circunstâncias, o veriam, então pareceria brilhar e desaparecer no nada.
D: *(Estava tentando entender.) Você está dizendo que este outro universo existe lado a lado com este?*

B: Sim, há um número infinito de universos existindo lado a lado com este. Estão todos entrelaçados, como uma trama, um pano. (Suspiro) Os termos desta linguagem não são suficientes.

D: *Já me disseram isso antes.*

B: (Procurando as palavras.) Terei de abusar de alguns termos para tentar transmitir esse ponto. Esses vários universos, quaisquer que sejam, estão entrelaçados como um pano em um gigantesco cosmos, que contém a totalidade de toda a existência. Mas esses universos estão vivos, portanto, estão sempre se movendo e mudando, como um tecido vivo. Conforme se movem e mudam, suas relações com os outros universos também está em constante mudança. Como há um número infinito deles, a relação nunca é a mesma duas vezes. Para haver uma interseção compatível, como neste incidente com Tuin, um conjunto muito incomum de variáveis deve existir em simultâneo. Por ser tão raro, não pode ser expresso com porcentagens, o número é muito pequeno. Assim, os dois universos ainda estão lado a lado, mas em uma relação diferente agora, porque mudaram com todos os outros universos, através das eras, nesta dança do gigantesco cosmos. Você entende?

Murmurei que sim, embora realmente, não. Essa barragem de surpresa era tão complicada que estava me dando dor de cabeça tentar acompanhá-la.

D: *Mas você disse que isso acontece às vezes e as pessoas não estão cientes disso?*

B: Sim. Este universo está se cruzando com outros, o tempo todo. É apenas uma questão de quando e onde. O quando: a cada momento. Este universo, em algum momento, está sempre se cruzando com pelo menos outro, se não mais. Como existe um número infinito de universos e eles estão sempre se cruzando, é bastante razoável que várias dessas interseções ocorram neste planeta ou próximo a ele, onde podem ser observadas pelas pessoas. No entanto, se a interseção é ou não compatível o suficiente para qualquer coisa ser observada diretamente, não é tão comum. Geralmente é uma mudança muito pequena, as pessoas com percepções muito comuns não notariam. Somente alguém particularmente observador notaria essa pequena diferença. Geralmente não é nada extraordinário ou qualquer coisa que importe. Seria apenas uma coisa muito pequena que, talvez, uma ou duas pessoas notariam, nem mesmo comentariam sobre, achariam que os outros poderiam pensar que se enganaram sobre o que observaram, para começar.

D: *Você poderia me dar uma ideia do que eles podem experimentar?*

B: Sim. Por exemplo, uma pessoa está caminhando um dia e percebe esta árvore. Tem uma forma particular, distinta e notavelmente bonita. Eles caminham pelo mesmo lugar, mais ou menos uma semana, depois, em outro momento, descobrem que a árvore não está mais lá. Ou talvez sua forma seja radicalmente diferente, mas não é nada que eles possam realmente provar de qualquer maneira. É apenas uma coisinha mínima, mas está diferente do que era antes. O que aconteceu é que no ponto onde a árvore estava, ela se cruzou com outro universo e o efeito a alterou ou destruiu sua matriz, até onde ela deixou de existir. Talvez agora exista em uma forma alterada, no outro universo.

D: *Tuin disse que sempre que se deparava com este animal, tinha uma sensação estranha com seus sentidos. Sabia que algo fora do comum estava acontecendo.*

B: Sim, ele era altamente desenvolvido psiquicamente portanto, estava ciente do fato de estar em dois universos simultaneamente, mas não sabia como afirmar isso verbalmente. Ele não tinha muita certeza do que sabia. Sabia o que sabia, sem realmente saber o que sabia.

D: *Sim, ele não sabia exatamente o que era. Quer dizer, então, ter sido muito incomum conseguir trazer o animal de volta para as pessoas da aldeia?*

B: Sim. Conseguir trazer o animal de volta totalmente ao seu universo, sem que o animal se dissolva em nada é extremamente incomum. Isso raramente acontece. Acontece, mas não com muita frequência.

D: *Claro, as pessoas também estavam com muita fome naquela época. Pode ter sido parte disso.*

B: Sim, suas habilidades psíquicas sem dúvida ajudaram o animal a fazer a transição.

D: *Então, por muitos anos depois, a cabeça e a pele do animal foram usadas pelo homem sábio, sendo definitivamente algo físico.*

Então, quando algo assim acontece, é raramente nas proximidades de pessoas, onde elas notariam?

B: Bem, isso acontece perto das pessoas, mas geralmente as mudanças são tão pequenas ou tão insignificantes que a maioria delas não percebe. As pessoas têm a tendência de ver apenas o que querem ver. Se algo diferente acontece, eles não verão, se não quiserem. Ou estão muito ocupados para notar.

D: Podem achar que imaginaram. Existe alguma chance de um ser humano atravessar para o outro universo?

B: Isso acontece o tempo todo. Muitas vezes, os seres humanos que andam na rua, atravessam para outro universo. Vários dos universos, particularmente os que estão mais próximos a este, são tão semelhantes que são praticamente idênticos. Então, sempre que estão sobrepostos, as pessoas podem passar para o outro universo temporariamente e depois voltar, sem destruir sua matriz. É a transição permanente que é tão rara, como aconteceu com o animal. Muitas vezes, estarão em outro universo e pensarão: "Puxa, pensei que isso e aquilo tinha acontecido." E alguém diz: "Bem, não, isso nunca aconteceu. Você está apenas inventando." Então, alguns dias depois, eles mencionam isso novamente e outra pessoa diz: "Bem, sim, você está certo, isso aconteceu." Bem, naquele período de alguns dias em que todos diziam que não havia acontecido, estavam em outro universo, onde não havia acontecido.

D: Isso seria confuso para um ser humano.

B: Sim. Isso os faria pensar que talvez estivessem imaginando coisas. Assim, eles logo descartariam de suas mentes e esqueceriam o incidente, para que não se tornem conscientes de que estiveram em outro universo.

D: Mas parece que os universos são idênticos, se tinham as mesmas pessoas em ambos.

B: Normalmente sim, e normalmente serão apenas algumas coisas ligeiramente diferentes.

D: Então isso significaria que todos temos uma contraparte, ou mais de uma contraparte como nós?

B: Sim. Na maioria dos universos, temos uma contraparte idêntica, cujas experiências básicas seriam muito semelhantes. Em alguns universos não teríamos uma contraparte, mas é raro encontrarmos esses universos. Quando o fazemos, é uma experiência muito chocante. Quando você vai até alguém que você conhece, e sabe que te conhece, mas quando os cumprimenta, eles olham para você como se dissessem: "Quem é você? Não o conheço. Nunca o vi antes."

D: Isso seria muito confuso. Mas é possível cruzar de volta novamente?

B: Sim. Normalmente, o cruzamento é apenas um período muito curto de tempo, talvez algumas horas, ou talvez até alguns dias. Mas geralmente é uma travessia temporária e as pessoas que cruzam, apenas continuam com suas vidas, suas atividades cotidianas comuns. Eles não estão realmente cientes de quando cruzaram e voltaram. O momento da travessia é muito ambíguo, mas algumas pessoas podem se lembrar de algo estranho que aconteceu enquanto estavam lá.

D: Eles apenas percebem que se sentem um pouco estranhos ou o quê?

B: Às vezes eles nem percebem isso, eles apenas notam algo, por exemplo, algum edifício específico que existe em seu universo. Percebem que um dia estão andando e não há nenhum prédio, nunca houve um prédio ali. Alguns dias depois, percebem haver um prédio ali novamente. Dessa forma eles saberiam que estavam, temporariamente, em outro universo, onde não havia um edifício construído, como em seu universo.

D: Em outras palavras, eles não são absolutamente idênticos.

B: Certo. Os universos nunca são absolutamente idênticos. Há sempre, pelo menos, uma coisa diferente e essa diferença já é suficiente para fazer um universo diferente. Às vezes pode ser tão pequeno quanto um grão de areia, posicionado de maneira diferente em uma praia, isso já é suficiente para ser um universo diferente. O que o torna ainda mais complexo é que sempre há novos universos sendo criados. Para cada ação feita, há mais de um resultado possível. Em seu universo, um resultado é realizado, mas toda a energia dos outros resultados tem que ir para algum lugar. Assim, esses outros resultados diferentes que não foram realizados em seu universo, fazem com que outro universo, praticamente idêntico ao seu universo, surja, exceto que esse resultado específico é diferente. A partir daí o universo continua a se desenvolver em sua própria direção.

D: *Você quer dizer que uma pessoa pode fazer isso acontecer? Ou tem que ser muita gente?*
B: Não, apenas uma pessoa. Qualquer coisa. Isso acontece o tempo todo. O gigantesco cosmos está crescendo continuamente. É infinitamente complexo, a ponto de uma mente não poder compreendê-lo. Por exemplo, neste universo, digamos que seu nariz comece a coçar e você pode escolher o que fazer a respeito. Você pode esfregar o nariz, coçar, ou seu corpo pode decidir espirrar. Todas essas três coisas acontecerão. Digamos que você decida espirrar, você o faz, no entanto, a energia dos outros dois resultados possíveis tem que ir para algum lugar, e assim, naquele momento, dois outros universos passam a existir, onde em um você esfregou o nariz e no outro você coçou o nariz. Essa seria a única diferença, até esse momento, entre esses dois universos e o seu. Então eles continuam a se desenvolver e serão um pouco diferentes, mas ainda muito semelhantes a este.
D: *Parece que pode ficar muito complicado.*
B: É.
D: *Eu sempre acredito que chegamos a encruzilhadas muitas vezes em nossas vidas. Que tomamos a decisão de fazer uma coisa e ainda assim poderíamos ter várias outras decisões que nos colocariam em outro caminho. Isso significa que a outra decisão também se torna uma realidade?*
B: Sim, as outras decisões também acontecem, mas não no seu universo. Você chega a uma encruzilhada, como diz, e tem uma decisão importante. Pode fazer qualquer uma das várias opções disponíveis. Dependendo do que você faz, pode, muito bem, determinar completamente a direção do resto de sua vida. Quando toma a decisão de seguir um caminho específico, assim que toma essa decisão, a energia potencial armazenada por trás disso, faz com que outros universos surjam, onde todas essas outras decisões também acontecem. Para onde, agora, existem "vocês" alternativos que viajam por esses caminhos diferentes. A vida deles será diferente da sua, porque tomaram uma decisão diferente e seguiram uma direção diferente. Portanto, faz com que esse universo seja diferente e, às vezes, os efeitos podem ser muito abrangentes. Para onde, em um curto período de tempo, surpreendentemente, esse universo se torna muito diferente do seu.

D: *Sim, porque sua vida poderia tomar uma direção totalmente diferente.*
B: É um efeito de bola de neve que, portanto, reverbera nas pessoas ao seu redor, etc., etc.
D: *Mas você não é realmente responsável pelas decisões de outras pessoas.*
B: Não, não. Você toma a decisão que achar melhor para você. Em suas circunstâncias, as outras surgem onde os outros lados da decisão são melhores para as circunstâncias que surgem também, no entanto, às vezes você toma uma decisão e percebe que tomou a decisão errada, que não escolheu o melhor. Quando você percebe isso, o que aconteceu é que esse ramo específico de sua vida separou-se de outro universo, de seu universo original. Logo, o "você" original fez a escolha certa, tomou e agiu de acordo com a decisão alternativa e com a energia armazenada ali. Você viveu com isso e trabalhou sua vida em torno disso o melhor que pôde.
D: *É possível obter o outro de volta? (Não) Não é possível fundir os dois novamente?*
B: Não. Mas não é tão fatalista quanto parece. Porque mesmo que você tenha tomado a decisão errada ou sinta que tomou a decisão errada, ainda pode tirar o melhor proveito dela. Como continua tomando outras decisões, a cada momento de sua vida, agir com sabedoria ajudará a manter sua vida no caminho que você deseja.
D: *Então ainda é possível mudar sua vida e ir para o outro lado, se você quiser.*
B: Sim, você apenas estará em um universo diferente do seu eu alternativo que tomou a decisão que você gostaria de ter tomado.
D: *Bem, parece que seu corpo físico está em muitos lugares, em momentos diferentes. (Sim) É uma duplicata exata deste corpo? Estou tentando entender isso em meus limitados termos terráqueos.*

Eu ri nervosamente. Isso estava se tornando extremamente complicado e perturbador.

B: Começa sendo uma duplicata exata, mas depois de um tempo ocorrem mudanças diferentes. Por exemplo, em um universo, você pode sofrer uma lesão que não ocorre neste, o que faria diferença. É muito complicado. O mais difícil de tudo é tentar relacionar os diferentes "eus" alternativos nos universos alternativos com o seu verdadeiro eu, com a sua alma. Isso é uma coisa que torna o carma tão complicado. Por causa da atração do carma, você deve experimentar tudo pelo menos uma vez para completar sua experiência e trabalhar em seu verdadeiro eu superior. Bem, em cada vida você está experimentando quase tudo ao mesmo tempo. Mas você ainda tem que experimentar todas essas coisas diferentes em suas proporções certas para te arredondar totalmente ao ponto onde será uma pessoa total. Portanto, você tem que voltar várias vezes através de várias vidas. Você acaba existindo em vários universos de cada vez. Mas é assim que as coisas são. Esta linguagem simplesmente não é suficiente.

D: *Mas se todas essas outras contrapartes estão vivendo vidas separadas, e ainda assim são todas partes de nós, por que não estamos cientes delas? Por que não somos capazes de nos comunicar e saber que eles existem?*

B: Porque seria muito difícil e muito complicado para suas limitadas mentes humanas aceitarem. Seria muito devastador. Existem muitos, muitos conceitos além do que você aceita como realidade que você não tem permissão para conhecer, porque eles sobrecarregariam completamente a psique humana. Basta você focar na vida presente e nas circunstâncias que está vivendo. Mas esteja avisado, o verdadeiro eu, sua alma, sabe sobre tudo o que suas inúmeras contrapartes estão fazendo e mantém um controle perfeito disso. Você, como humano, não precisa se preocupar com a complexidade disso.

Agradeço a Deus, por pequenas bênçãos! No meio de todas essas informações complicadas, lembrei-me de algo que outro de meus pacientes disse. Disse que eu nunca receberia as respostas para todas as minhas perguntas, por alguns conhecimentos serem mais um veneno do que um remédio. Prejudicariam em vez de esclarecer. Portanto, suponho que o humano nunca conseguirá lidar com toda a quantidade de informações da mente de Deus.

D: *Parece confuso pensar que outra contraparte sua, uma contraparte física, está fazendo coisas das quais você não tem consciência.*

B: Isso é verdade. Você pode se perguntar quando passar para outro universo e estiver interagindo com um conjunto alternativo de pessoas, as pessoas com quem você normalmente interage não sentiriam sua falta? No entanto, quando você cruza, sua contraparte também cruza e sua falta não é sentida.

D: *Eu estava pensando sobre isso, se é possível encontrar a si mesmo.*

B: Não. Porque quando você cruza, forma um vácuo que deve ser preenchido e, então, sua contraparte automaticamente cruza para preencher o vácuo, até que a tensão chega ao ponto em que você tem que cruzar de volta para o universo ao qual pertence.

D: *As outras pessoas notarão alguma diferença?*

B: Talvez. Alguma pequena falha, uma diferença sutil, geralmente em memórias e afins. Eles dirão: "Você se lembra quando isso e aquilo aconteceu?" Sua contraparte pode dizer: "Ora, não, isso nunca aconteceu comigo." Eles simplesmente atribuirão isso à memória defeituosa ou o que quer que seja.

D: *Se sua contraparte fosse sugada pelo vácuo, ela também não saberia estar em um universo alternativo?*

B: Não, a menos que você e sua contraparte fossem uma das poucas pessoas que somaram dois mais dois, por assim dizer, e perceberam: "Puxa, nem tudo está no lugar como deveria estar. Talvez eu esteja em um universo alternativo ." O que torna isso interessante, ajudando a entender seus companheiros, é que a qualquer momento você pode estar lidando com um deles, de um universo alternativos. Agora, quando você disser algo e a pessoa não se lembrar, em vez de ficar impaciente, apenas lembre-se, com este individuo em particular, talvez não tenha acontecido com ele ou ainda não tenha acontecido com eles . "Bem, caramba, devo estar falando com uma de suas contrapartes. Vou esperar alguns dias....."

D: *O outro também poderia ter uma personalidade totalmente diferente?*

B: Não, a personalidade geralmente é a mesma. Às vezes, diferentes aspectos da personalidade são desenvolvidos de maneira um pouco diferente, devido a um conjunto diferente de experiências, mas geralmente a personalidade é basicamente a mesma. Porque a personalidade é uma das coisas que liga seu corpo físico ao seu verdadeiro eu.

D: *Eu estava pensando que se conhecessem alguém com a mesma aparência, mas com personalidade totalmente diferente, as pessoas pensariam que algo estranho estava acontecendo.*

B: Certo. Mas isso nunca acontece, porque a personalidade é basicamente a mesma. Talvez alguns detalhes possam ser diferentes. Por exemplo, em um universo, alguém pode ser amigável, extrovertido e muito falador. No entanto, seu eu alternativo, ainda que amigável, pode não ser tão extrovertido. Podem ser mais tímidos e não tão falantes. Seria apenas uma pequena alteração assim.

D: *Sim, e sua família ou pessoas pensariam, bem, ele está de mau humor ou algo assim.*

B: Exatamente.

D: *Mas há algum caso onde as duas contrapartes podem se encontrar?*

B: Não acho que seja possível.

D: *Eu estava pensando em histórias ou lendas que ouvimos de pessoas que encntram sua cópia idêntica, um sósia.*

B: Sim. Quando você vê seu duplo assim, é quando os dois universos estão se cruzando e você ainda está em seu universo separado. Você os vê, mas não é muito comum.

D: *Provavelmente é por isso que é tão raro quando foi relatado.*

B: Sim. Normalmente, o que acontecerá é que outra pessoa verá seu sósia e contará a você mais tarde.

D: *Ah. Já ouvi casos assim. Eles dirão: "Nós vimos você em tal e tal lugar." E você diz: "Eu não estava lá. Fiquei em casa o dia todo."*

B: Exatamente. Você estava em casa, mas estava em um universo alternativo e seu alternativo estava vagando por aí.

D: *Isso explicaria muitos desses casos estranhos dos quais ouvimos falar. Mas no caso de Tuin, o animal era totalmente diferente de qualquer animal na Terra naquela época.*

B: Sim. Essa foi outra razão pela qual era tão raro sua matriz sobreviver e atravessar permanentemente, porque não havia contraparte neste universo. Pelo menos não na Terra. Agora, existe a possibilidade de que, nesse caso particular, o animal tenha uma contraparte neste universo, mas em outro planeta. Nesse ponto, quando este animal cruzou e permaneceu cruzado, sua contraparte passou para outro universo ou deixou de existir naquele ponto.

D: *Outro animal terrestre não teria cruzado em seu lugar?*

B: Não, porque não era a contraparte desse animal.

D: Teria que ser uma contraparte exata, então. Isso aconteceu numa época em que a aldeia precisava de comida e eles comeram, não os prejudicou de forma alguma. É muito interessante, também muito complicado.

B: Sim. Sinto que talvez tenha deixado algumas impressões equivocadas em sua mente, devido às inadequações dessa linguagem.

D: Bem, isso é possível. Outras pessoas com quem falei também disseram que a linguagem para explicar as coisas é inadequada. Às vezes, eles devem elaborar analogias para que a mente humana possa entender.

B: Verdade. Que na maioria também são inadequadas, deixando noções bastante simplificadas em sua mente.

D: Sim, mas às vezes essa é a única maneira de explicar as coisas, mesmo que não sejam totalmente precisas.

B: Isso é verdade. Não quero que você se sinta culpado ou se limite em suas ações simplesmente por causa das coisas alternativas que também podem acontecer. Continue a viver sua vida como sempre viveu, é o caminho natural do gigantesco cosmos. O fato é que quando você nasceu neste universo, também nasceu em vários outros universos, e assim, as ações e decisões que você tomar farão com que outros universo venham a existir ou talvez altere algum universo que seja semelhante o suficiente a este. Isso não é para alarmá-la, acontece o tempo todo.

D: Isso é uma coisa natural, em outras palavras.

B: Sim, e faz parte da elaboração do seu carma. Também não é como a predestinação. Você e todos os seus alternativos têm liberdade de escolha nas decisões que surgem em suas vidas, e mesmo que tome uma decisão, isso não significa, automaticamente, que um substituto deve tomar outra decisão. Se outro "eu" alternativo fizer a outra escolha, é porque ele escolheu. É a sua livre escolha e, geralmente, acaba se equilibrando dessa forma. Ocasionalmente, você e seus alternativos escolhem um caminho e o outro não foi escolhido. Então outro universo surge onde aquele caminho foi escolhido, para manter a energia equilibrada. Voce entende?

D: Estou tentando. Isso vai levar um pouco de digestão e absorção, tentando entendê-lo. Sempre que sou exposta a uma nova ideia, é

isso que acontece. Tenho que repassar o conteúdo, antes de realmente entender.
B: Sinta-se à vontade para me fazer mais perguntas quando tiver digerido. É importante que você entenda.
D: *Sinto que estou sendo levada a passar essas informações que recebo para muitas pessoas.*
B: Sim, e é importante que você entenda da forma mais clara possível, com as limitações de sua linguagem, para que, quando for transmitido para outras pessoas, elas tenham um entendimento claro e não um entendimento confuso. Pois este conceito, em particular, poderia perturbar as instituições religiosas do seu universo e isso pode causar muita, muita confusão desnecessária.
D: *Continue falando sobre essas pessoas alternativas. Seria possível um ter uma ocupação e outro, uma ocupação diferente? Ou as ocupações seriam semelhantes?*
B: Ah, isso depende. Muitas vezes não é incomum que tenham ocupações semelhantes. Por exemplo, neste universo, uma pessoa é boa em trabalhar com as mãos, portanto, faz, digamos, trabalho elétrico. Em outro universo, eles podem não estar fazendo trabalho elétrico, mas podem estar fazendo outra coisa onde também estão trabalhando com as mãos. Podem ser um artesão, um marceneiro ou algo assim. Se alguém neste universo é engenheiro e muito apaixonado por música, mas leva apenas como um hobby, digamos, então, em outro universo, eles podem ser músicos em vez de engenheiros. Portanto, quaisquer que sejam as tendências básicas em sua personalidade, irão influenciar as infinitas possibilidades de ação dos indivíduos nos outros universos, uma vez que a personalidade é basicamente a mesma, em todos eles. Se é uma personalidade multifacetada, onde a pessoa consegue fazer muitas coisas diferentes, nos outros universos, suas contrapartes podem estar fazendo algo radicalmente diferente do que estão fazendo aqui, pois a capacidade de fazer isso está em sua personalidade.
D: *Por exemplo, agora sou uma escritora. Poderia a outra parte de mim ainda ser uma dona de casa e não estar interessada em escrever?*
B: Não, o interesse de se expandir ainda estaria lá. Você poderia não tomar a direção de escrever em outro universo, necessariamente. Por exemplo, neste universo, em vez de querer continuar sendo

uma dona de casa, você queria expandir sua mente e fazer algo mais gratificante e se tornou uma escritora. Em outro, você teria esse mesmo desejo básico da sua personalidade, em não ser apenas uma dona de casa. Você gostaria de se expandir, de fazer outra coisa, então pode ter começado a fazer trabalho voluntário. Talvez em outro universo você possa ter se envolvido com artesanato e coisas assim. Percebo também você interessada em coisas psíquicas, bem, em outro universo, ao invés de se envolver com a escrita, você pode ter se envolvido com coisas psíquicas, não pensou apensa em escrever sobre elas, e sim fazê-las.

D: *E quando pensei nessas diferentes alternativas que poderia tomar, elas se tornaram realidade em outro lugar?*

B: Sim, se já não fossem uma realidade em outro lugar.

D: *Ummm, isso pode ficar muito complicado.*

B: É muito complexo. Sinto fortemente você não conseguir absorvê-lo neste momento. Você provavelmente terá que voltar e me fazer mais perguntas, o que é bom. É importante que você entenda uma coisa e que isso fique claro. Qualquer decisão que você tomar é certa. Não existe decisão errada. Você pode sentir mais tarde que poderia ter tomado uma decisão melhor. Mas na época a decisão que você tomou foi a certa para você, e assim, não se sinta culpado pelos chamados erros que você cometeu no passado, porque não existe decisão errada.

D: *Porque o outro lado da decisão existe em algum lugar.*

B: Sim, está tudo equilibrado. E sempre que uma decisão importante surge em sua vida, geralmente alguma forma dessa decisão surge em algumas de suas vidas alternativas, nos universos alternativos, assim, a maioria dos aspectos da decisão serão representados no resultado final. Ocasionalmente, um dos aspectos não será representado, portanto, um novo universo surgirá para representar também esse lado da decisão. Sempre que isso acontecer, você não estaria ciente disso, sendo apenas uma coisa natural. Sua vida continuará nessa linha, sem que você perceba a existência de uma alternativa adicional para você. É um processo automático, não há nenhum fenômeno físico envolvido nele, você não sabe quando isso acontece.

D: *Algumas das perguntas que faço podem parecer muito simples e muito ingênuas.*

B: Isso é de se esperar para que você entenda. Você tem que começar de algum lugar.

D: *Essas outras personalidades alternativas estão todas associadas aos mesmos membros da família? (Sim) Não seria uma família diferente, com um marido diferente, ou filhos, ou qualquer coisa assim.*

B: Ocasionalmente. Em geral será uma representação equilibrada. Por exemplo, se em algum momento da sua vida você tivesse que escolher entre se casar com um homem ou outro homem, e você decidiu por um, nos outros universos, vários vocês alternativos decidirão pelo mesmo homem. Em contrapartida, várias optarão pelo outro homem. Portanto, seus universos serão diferentes nesse sentido, pelo fato de terem optado por homens diferentes, as famílias seriam diferentes. Então, sim, existem vocês que têm famílias diferentes, ancestrais diferentes e coisas assim, por causa dessas decisões diferentes. Mas, ao mesmo tempo, existem outros universos onde as mesmas decisões foram tomadas e os mesmos membros da família estariam envolvidos.

D: *Então, se você cruzasse para um universo com um marido e uma família diferentes, isso seria muito confuso.*

B: Sim, mas isso não acontece com muita frequência, como esse universo é radicalmente diferente, seria mais difícil para você conseguir fazer a travessia com sucesso. Geralmente é com os universos onde tudo é muito, muito parecido, quase idêntico, onde o cruzamento acidental ocorre com facilidade.

D: *Isso teria algo a ver com os níveis de vibração?*

B: Sim, vibrações complementares, energias complementares. Um universo onde decisões semelhantes foram tomadas no passado, onde tudo parece muito próximo de ser o mesmo, com apenas algumas pequenas diferenças muito sutis aqui e ali, é muito mais fácil cruzar com este seu universo aqui. E se cruzam de maneira a ter um portal aberto para você passar. Agora, pode haver incidentes em que este universo pode se cruzar com outro, para que você possa observar as coisas acontecendo, mas não seria, necessariamente, um portal aberto que permita interação com o que acontece no outro universo.

D: *Você pode ver através, mas não passar?*

B: Certo. Por exemplo, você pode estar caminhando um dia e observar algo diferente do que se lembrava, mas você não investiga, apenas continua andando. Você se pergunta sobre o que viu e não há ninguém por perto para perguntar. Portanto, você não interagiu com esse universo, apenas observou algo diferente. Se houvesse outras pessoas por perto, por exemplo, poderia não lhe ocorrer perguntá-las, ou se o fizer, eles parecerão não ouvi-lo, porque o portal não está aberto para você poder interagir.

D: *Assim como uma janela pela qual você pode ver, mas não pode passar?*

B: Certo. Você não seria capaz de dizer onde seu universo termina e aquele universo começa, apenas pensará estar olhando para o outro lado da rua ou algo assim, só que em algum lugar, entre você e lá, é onde os dois universos se cruzam.

D: *Você disse que às vezes se vê algo que começa a brilhar para então, simplesmente desaparecer?*

B: Sim, é quando a interseção está chegando ao fim e os universos estão se afastando. Isso ajudaria a explicar muitos dos incidentes do que vocês chamam de fantasmas e miragens também. Você tem um fenômeno conhecido como Triângulo das Bermudas. Essa área, por algum motivo, continua se cruzando com esse outro universo particular. Há um magnetismo incomum lá, e faz com que esses aviões voem para o outro universo. Na maioria das vezes suas matrizes se dissolvem.

D: *Então as pessoas não existem mais quando passam por lá?*

B: Certo. Eles passam nesse ponto.

D: *E o avião, a aeronave ou o que quer que seja, a coisa toda se dissolve? Já não existe no outro plano?*

B: Depois que sai deste universo para o outro, não existe mais neste, pois fez a transição. No outro universo não pode existir, porque as vibrações não coincidem, e suas contrapartes ainda existem lá. Então um deles deve ser anulado. Normalmente é aquele que cruzou mais recentemente que se dissolve. Às vezes é o outro, mas isso não acontece com muita frequência. Esta é a explicação para alguns dos relatos que você tem de alguém andando por um campo ou algo assim e depois desaparecendo no ar. A contraparte deles havia acabado de entrar neste universo e eles tinham que ir a algum lugar. E quando desapareceram no ar, geralmente eles cruzaram para o outro universo ou sua matriz se dissolveu.

D: *Mas isso é apenas a dissolução do corpo físico. A alma não pode ser prejudicada de forma alguma, pode?*

B: Não, não. Este é apenas o corpo físico.

D: *O plano espiritual é considerado um desses universos paralelos?*

B: Existem universos infinitos no plano físico, mas no plano espiritual é tudo basicamente um universo. Podemos interagir com tudo. No plano físico, algumas pessoas resolvem seu carma levando várias vidas alternativas em vários universos paralelos. Especialmente se quiserem resolver alguns detalhes particulares de um aspecto particular de seu carma, assim as várias decisões que tomam, nos vários universos, se equilibram para ajudar no resultado. Às vezes, como todos esses universos estão em um plano físico, as barreiras protetoras entre eles se anula e a pessoa com quem eles falam já passou deste universo, mas ainda vive no outro. É difícil explicar.

D: *Pensei que quando morressem em um universo, todas as diferentes contra-partes também morreriam.*

B: Todas morrem dentro do mesmo tempo geral, mas não necessariamente todos de uma vez. Depende de quanto tempo levam para resolver esse aspecto do carma, de soluções alternativas para esse único aspecto do carma nesses vários universos. Geralmente leva aproximadamente a mesma quantidade de tempo, mas não é um final claro, porque o tempo não tem nenhum significado deste lado, e às vezes há algumas discrepâncias como essa. Geralmente elas vão aparecer porque não é sempre que essas discrepâncias coincidem com as barreiras de energia se anulando ocasionalmente.

D: *Então, se você vir alguém e descobrir mais tarde que ele morreu semanas antes, você pode estar vendo sua contra-parte?*

B: Sim. Outra explicação é que, às vezes, quando um espírito morreu algumas semanas antes e ainda não se adaptou ao plano espiritual, seu eco espiritual pode ser particularmente convincente ou particularmente compatível com a vibração física das coisas.

D: *Ser físico o suficiente para que alguém possa tocá-los e falar com eles? Isso iria de acordo com Jesus, tornando-se visível o suficiente para que as pessoas pudessem tocá-lo, quando teria supostamente voltado após a Ressurreição.*

B: Sim. Quando Ele voltou pela primeira vez, ainda não estava totalmente ajustado ao nível espiritual, é por isso que Ele disse às primeiras pessoas que queriam tocá-Lo, para não tocá-Lo, porque Ele ainda não havia subido para Seu Pai. No entanto, mais tarde, quando Tomé quis tocá-Lo, Ele fez alguns outros ajustes em Seu eco espiritual, para que pudesse ser tocado.

D: *Sempre achei isso confuso. Se estivessem mortos, como poderiam ser tão físicos. Existem também os casos dos caroneiros fantasmas, onde realmente entram no carro, andam e conversam com as pessoas...*

B: Sim, e então desaparecem.

D: *Seria na mesma linha?*

B: Sim.

Essa enxurrada de informações estranhas me deixou mentalmente exausta. Senti como se meu cérebro tivesse sido torcido e dobrado como um pretzel. Nada jamais me perturbou tanto quanto essa avalanche, e sabia que levaria muito tempo para eu absorver, se é que conseguiria um dia entender. Talvez outros leitores não tenham a mesma dificuldade e isso se encaixe perfeitamente em sua visão da realidade, ou pelo menos, seja plausível o suficiente para abrir sua mente para um pensamento radical.

Quando Beth acordou, a única coisa de que se lembrava da sessão era uma estranha imagem mental. Ela queria me contar, antes que desaparecesse.

B: Imagine modelos eletrônicos do átomo, onde mostra as várias camadas de elétrons e os caminhos dos elétrons indo, "Whirrrrr", em todas as direções. Agora, esses caminhos dos elétrons, em vez de serem fios eletrônicos, como são retratados, imagine-os como bandas prateadas e isso nos próprios níveis de elétrons, essas faixas prateadas com cerca de meio centímetro de largura, eu diria, e todo o quadro tem aproximadamente quinze centímetros de diâmetro. (Ela fez movimentos com as mãos para mostrar o tamanho.)

D: *Seria maior que uma bola de beisebol.*

B: Mais ou menos do tamanho de uma toranja ou melão de bom tamanho. Essas faixas prateadas tendo cerca de meio centímetro de largura, girando em todas as direções diferentes. Agitando e ondulando, movendo-se e mudando constantemente, como se contivesse uma explosão de faixas prateadas. Não há como contá-los, é um número infinito deles. Essa é a imagem em minha mente.

D: *Estão meio que entrelaçados?*

B: Sim, com um indo assim e outro sobreposto e outro sobreposto e outro sobreposto. (Movimentos de mão.) Eles estão todos entrelaçados, sobrepostos e cruzados. As mudanças entre eles, as relações entre eles, sempre se alterando e mudando, os ângulos mudando e coisas assim.

D: *Esta pode ser outra imagem de visualização que eles estavam tentando me dar para mostrar como os diferentes universos operam. Também falaram sobre um pano com todos os fios entrelaçados.*

B: Sim, eu também vi os fios fazendo isso.

D: *Esta deve ter sido a imagem em sua mente, mas eles não conseguiram transmitir isso, então me deram a ideia de um pano porque era mais simples de descrever.*

B: Sim. Talvez precisemos de ambos os conceitos para ajudar a explicar como é.

* * *

Informações sobre o mesmo assunto de outra fonte.

D: *Se cada um de nós vive em diferentes planos de existência e ao mesmo tempo, isso é conhecido como vidas paralelas?*

Phil: Isso é preciso. No sentido de que cada um de vocês, neste ponto de suas vidas, são simplesmente facetas de todo o seu verdadeiro eu. Vocês são pontos de consciência. Sua consciência total está muito além de qualquer coisa que você possa abranger ou imaginar em seu nível, portanto, é fácil ver que, à medida que sua consciência cresce, à medida que você amplia sua realidade da escada espiritual, descobre que sua consciência se sobrepõe à de outros indivíduos, de tal forma que no nível final você está de fato no plano de Deus, onde tudo é um. Sua consciência em seu nível é simplesmente um ponto definido ou concentrado dessa consciência espiritual total. Assim, pode ser visto que em vários níveis sua consciência realmente se sobrepõe a outras, de modo que, em última análise, tudo é um. Portanto, todas as vidas, em última análise, são concomitantes.

D: *Você disse uma vez que éramos apenas as pontas de nossos próprios icebergs.*

P: Isso é preciso.

D: *Quando as mudanças previstas na Terra acontecerem em nosso planeta, como isso afetará os universos paralelos ou interpenetrantes?*
P: Haverá experiências sobre esse especial nível, que será experimentado neste plano, no entanto, a experiência na totalidade, será compartilhada em um nível muito mais profundo. Tanto no nível da raça quanto no nível mais profundo, o nível universal. Mesmo agora, experiências em outros planetas e em outras áreas de seu universo estão sendo compartilhadas por um aspecto mais profundo do seu ser. Um nível mais acima na escada de si mesmo. Quando; e falamos novamente em um nível individual; cada um de vocês experimentar essa transição, que cada um deve eventualmente experimentar, então você verá que existem outros, em outros planos que experimentaram transições semelhantes. Eles poderão oferecer encorajamento e energia, para que você seja auxiliado em qualquer empreendimento que precisar.

* * *

Mais informações surgiram quando Beth visitou a Biblioteca no plano espiritual durante uma sessão em 1986.

B: Já faz um tempo desde que nos encontramos na biblioteca. O conhecimento está todo aqui, cintilante e brilhante, pronto para ser aprendido. Se a pergunta estiver localizada em outro lugar, me projetarei para lá. Não há problema.
D: *Uma vez eu estava perguntando sobre OVNIs e naves do espaço sideral. Naquela época você ficou muito frustrado comigo porque eu não conseguia entender o conceito de dimensões. Você disse que essas naves vieram de muitas dimensões, que eu era bastante ignorante sobre o assunto. (Risos) Você poderia me esclarecer?*
B: Sim (Exasperado), vou tentar. Uma dificuldade são as influências planetárias sob as quais você nasceu. Isso faz com que se apegue muito solidamente ao que percebe como realidade, que ocasionalmente aparece neste nível como sendo denso ou teimoso. O que às vezes é frustrante, mas tentarei explicar-lhe sobre as dimensões. Onde você está, na estrada da vida que vive neste ponto de seu desenvolvimento, você percebe visualmente

três dimensões. Sendo elas altura, largura e profundidade. Seus cientistas assumem que a quarta dimensão é o tempo, para ocupar o espaço do resto do objeto que você sabe estar lá, mas não pode ver diretamente, pois a luz viaja em linha reta em seu nível de existência. Por conveniência, seus estudiosos rotularam essas dimensões como: primeira, segunda, terceira e quarta dimensões, supondo que seja tudo o que existe. Devido sua compreensão limitada da natureza do universo e sua compreensão limitada da matemática envolvida, isso é suficiente para resolver suas equações. No entanto, existem muitas maneiras de perceber a realidade, muitas maneiras de experimentar "o que é". Cada uma dessas diferentes formas contém e envolve várias dimensões. Essas várias dimensões não são necessariamente comprimento, largura, profundidade e tempo. Esses rótulos se aplicam a apenas quatro dimensões quando na verdade existem muitas dimensões. Você entendeu até aqui? (Sim) As várias combinações dessas diferentes dimensões contêm vários ramos do mega-universo que descrevi para vocês antes. Você se lembra do universo e de como ele está sempre se ramificando, se dividindo e se entrelaçando devido à natureza do tempo?

D: *Sim. Então os universos paralelos estão todos se entrelaçando?*

B: Exatamente. Esses universos paralelos não envolvem apenas as mesmas dimensões com as quais vocês estão familiarizados, mas também outros universos paralelos que envolvem todas as outras dimensões que vocês não têm como perceber. Esses outros universos também contêm vida inteligente, formas de vida superiores que também atuam no círculo do carma. Os seres em alguns desses universos são muito mais avançados do que você, espiritualmente, mentalmente e intelectualmente. Conseqüentemente, muitos deles descobriram uma maneira de viajar de um universo para outro, usando maravilhosos dispositivos que alteram as dimensões que percebem. Alterando as dimensões que eles percebem e vivem, para as dimensões que vocês percebem e vivem, automaticamente os coloca em seu universo. É difícil de explicar. Conseqüentemente, é por isso que eles são ditos de diferentes dimensões. Porque o universo deles ocupa o mesmo espaço que o seu universo, por assim dizer, mas existindo com um conjunto diferente de dimensões para nada colidir. Para fazer uma analogia em seu mundo: em uma determinada área, em um dia com neblina, é como ter um pedaço de gaze pendurado na névoa com um pouco de orvalho na gaze. Agora a gaze, o orvalho, a névoa e a neblina estão todos ocupando o mesmo espaço, mas ainda separados uns dos outros. É assim com as diferentes dimensões. Seu conjunto de dimensões pode ser a gaze, por exemplo. O conjunto de dimensões de um outro ser pode ser a névoa. A névoa está por toda a gaze e na gaze, mas não colide com a gaze. Tudo que esse ser pode perceber é a névoa, portanto, não percebe a gaze e não colide com ela. Visto que tudo o que você conhece é a gaze e as fibras que a compõem, não está ciente da névoa ao redor e através da gaze, envolvendo cada uma de suas fibras. Você não está ciente do orvalho que se condensou na gaze, pois está fora de sua percepção. Você entende?

D: *É difícil. Os cientistas de nosso tempo pensam que esses OVNIs vêm do espaço físico como o conhecemos.*

B: Eles vêm do espaço físico, mas não como você o conhece. Eles alteram a percepção da realidade para coincidir com a sua percepção da realidade, o que os faz aparecer no espaço como você o conhece. Uma maneira de obter as velocidades fantásticas que usam para viajar é percebendo parcialmente os dois universos, para poderem condensar a distância entre os pontos. O que sei que pode parecer totalmente confuso, mas é a única maneira de conseguir explicar em seu idioma. Quando olho para as chamadas representações "visuais" apresentadas nesta biblioteca, os conceitos envolvidos são muito elegantes e simples, como a maioria dos grandes conceitos que são os blocos de construção básicos do universo. Mas quando começo a tentar explicá-los em palavras, eles parecem muito mais complicados do que realmente são. Porque estou tentando explicar o que não é, bem como o que é, então apresentarei uma imagem mental precisa.

D: *Eu vejo. Mas pesquisadores pensam em OVNIs vindo de diferentes planetas. Não sei se eles conseguem entender esse conceito.*

B: Eles precisam se esclarecer sobre esse assunto de várias dimensões. Usei apenas as categorias das quatro primeiras que você tem. As três que percebe visualmente são tudo o que você pode perceber com seus cinco sentidos. Você simplesmente não tem conceitos em nenhum lugar de seu cérebro ou de sua linguagem para lidar com outras dimensões. Portanto, não lhes dei nenhum rótulo. No entanto, direi algo para ajudar na compreensão. Aquilo que você considera ser a dimensão chamada "tempo", na verdade abrange várias dimensões. Seu mundo e universo não contém apenas quatro dimensões. Ele é composto de muito mais dimensões do que essa, mas as outras estão agrupadas sob o rótulo que vocês chamam de "tempo". É por isso que muitas vezes acontecem coisas estranhas que são inexplicáveis, devido à natureza dessas várias dimensões interagindo umas com as outras, e que vocês percebem como uma dimensão apenas. Portanto, às vezes é conflitante, sem sentido e confuso para você. As várias naturezas dessas várias dimensões que vocês chamam de "tempo" são essas dimensões extras. Você consegue percebê-las, seu corpo está equipado para percebê-los, no entanto, seus cientistas tentam racionalizá-las, mas é a percepção dessas outras dimensões que dá origem ao que vocês chamam de "poderes psíquicos". Esses poderes psíquicos não são nada extraordinários. Estão na mesma linha de sua capacidade de perceber profundidade, comprimento e largura. Esses poderes psíquicos são a sua sintonia com essas outras dimensões que você agrupa sob o conceito de tempo.

D: *Este é um assunto que provavelmente poderia continuar por um bom tempo.*

B: Poderia. Por várias sessões. Várias de suas fitas.

D: *O principal é eu conseguir descrevê-lo, e deixar que aqueles que podem entendê-lo o compreendam, mesmo que eu não possa compreender tudo.*

B: Aqueles mais instruídos podem ter mais dificuldade em entender, porque são mais fixos em suas ideias.

* * *

Informações de Phil durante uma sessão em Hollywood, 1996, onde ele morava na época. Estávamos tentando nos encontrar por um bom tempo, mas minha agenda de viagens não permitia. Meu foco principal nesta sessão foi amarrar algumas pontas soltas e encontrar peças que faltavam, para serem usadas neste livro. Levei muitos anos reunindo fragmentos de várias pessoas, em todo o mundo, para trazer à tona esses conceitos e esclarecê-los da melhor maneira possível com nosso entendimento.

Phil veio ao meu hotel depois que saiu do trabalho. Após colocar os assuntos dos últimos meses em dia, começamos a sessão. Enquanto ele relaxava na cama, antes que eu ligasse o gravador, já começou a falar. Não precisei nem usar nosso procedimento normal, com a palavra-chave. Isso só aconteceu uma vez antes, nos primeiros dias de nosso trabalho, durante a história da semeadura da Terra.

P: Você é uma detentora dos registros, e agora virão aqueles que facilitarão esse trabalho. Você pode perguntar o que percebe serem suas perguntas.

D: *Eu gostaria que estivessem presentes aqueles que pudessem fornecer informações em analogias, se possível. Isso facilita o entendimento para a pessoa comum.*

P: Isso é preciso. Isso, como você mesmo observou anteriormente, sempre foi nossa marca registrada, usar seus simbolismos simplificados para transmitir os conceitos abstratos que gostaríamos de transmitir a você. Descobrimos que talvez seja mais fácil para a mente humana visualizar o que é familiar, em vez de tentar conceituar o que é abstrato. É necessário, devido à estrutura única de sua mente humana e gostaríamos de esclarecer aqui, não para dizer o cérebro, mas sim a própria mente. Os processos mentais inerentes à sua existência humana não são convencionais. Eles são um pouco modificados da norma aceita do que chamaríamos de "realidade universal".

D: *Estou envolvida em um projeto e tentando entender muitos conceitos complicados. Você poderia explicar o conceito de tempo simultâneo?*

P: Vemos a realidade sendo um pouco deturpada em sua sabedoria convencional que sua mente humana visa definir. Isso é um obstáculo e uma ajuda em seu desejo de compreender. Pedimos que você imagine um disco deitado sobre sua face plana, de modo que a parte superior desse disco fique visível para você.

D: *Olhando para baixo sobre ele?*

P: Está correto. Em seguida, inscreva um ponto a alguma distância do centro desse disco, ao longo de um raio de uma linha do centro ao perímetro ou borda externa desse disco. Em seguida, gire esse disco e observe que o caminho percorrido por esse ponto inscrito parece continuar indefinidamente em uma direção. Descreveríamos isso como infinito. Nisso, a direção percebida nunca mudou e o fim nunca foi alcançado. Você nunca se encontrou neste caminho. Portanto, para o observador que se posiciona neste ponto, não há fim nem começo. Há simplesmente movimento, ou movimento em uma direção percebida para frente. Então perceba que essa percepção se deve apenas ao fato de você estar no plano que percorre. Quando você se retira deste plano e assume a perspectiva de quem está olhando abaixo no disco, ao contrário daquele que está sobre o disco, essa percepção seria aparente. A aparente discrepância é haver de fato um começo e um fim. Qualquer posição desse disco pode ser usada como referência de início ou fim. Simplesmente não fica aparente da posição de quem percorre o disco. Quando o indivíduo se afasta do plano da realidade aparente, então a verdadeira realidade se manifesta.

D: *Então percebemos esse caminho como quem o percorre sobre o disco?*

P: Como o caminho é percebido, não como você o percebe.

D: *Porque o percebemos como procedendo linearmente.*

P: Isso é preciso. A percepção é simplesmente de um ponto de vista, e não de uma realidade. Descobrimos que muitos em seu plano procuram definir sua realidade por seu ponto de vista. Existem realidades mais amplas que passam despercebidas, simplesmente porque as pessoas se recusam a alterar seu ponto de vista. O que é algo impossível para alguém que desafia a capacidade de fazê-lo.

D: *Acho que uma das complicações que temos ao tentar entender o tempo simultâneo é a ideia de que, em vez de progredir de maneira linear, tudo está realmente ocorrendo ao mesmo tempo. É assim que definimos o tempo simultâneo.*

P: O conceito em si não é preciso. Sua definição de acontecendo é, em si, incapaz de compreender a realidade da existência. Quando dizemos "acontecimento", a própria ideia de acontecendo está definindo. Acontecendo define agora mesmo, ao contrário de existente, que é Indefinido. A percepção de acontecendo é novamente um tanto limitante, pois, por sua definição, a palavra "acontecer" deve ter um começo e um fim. A própria definição de "acontecimento" indica o início de algum evento e o fim de algum evento. Portanto, pedimos que você abandone esses pontos inicial e final. E simplesmente perceber que há aquilo que é. Portanto, tudo existe simultaneamente, ao contrário de tudo acontece simultaneamente.

D: *Uma das dificuldades que tenho com isso é que em nossa realidade, como a percebemos, você cresce de um bebê para uma criança e para um adulto. E isso é linear. Se tudo existe ao mesmo tempo, como isso pode ser definido?*

P: Existem muitos cenários diferentes em sua vida, que você percebe conscientemente de uma forma singular. Aqui nos referimos à nossa outra afirmação, de que seus processos mentais são um pouco modificados das realidades universais aceitas em geral. Seus processos mentais em si, definem aquilo que você percebe. Eles permitem apenas uma porção muito pequena da realidade em um determinado momento. Há quem consiga enxergar um espectro muito mais amplo da existência, sem esses fatores limitantes, nem começo, nem fim, mas total existência. Falamos aqui de muitos que estão em planos de consciência muito mais elevados e avançados. No entanto, é possível que aqueles em seu plano compreendam isso e até mesmo experimentem de alguma forma ou grau, à medida que abrem suas mentes, por assim dizer, para derrubar as barreiras do começo e do fim. O universo existe. Não começa nem termina. Ele simplesmente existe.

D: *Mas em nossa realidade nos vemos começando como um bebê e o corpo cresce e muda. Isso não contradiz a ideia de tudo acontecendo ao mesmo tempo?*

P: A experiência do nascimento é muito análoga aos conceitos mentais ou funções mentais de sua experiência. Há um começo definido e um fim definido, um nascimento e uma morte e sua vida é definida por todos aqueles pontos que ficam entre os dois limites. Se você se afastasse desse conjunto definido de perímetros e olhasse para sua existência total, veria que os "pontos de referência" de nascimento e morte são simplesmente definições e não realidades. Sua alma existe dentro e fora das "marcas de referência" que você descreve como nascimento e morte. Portanto, você adota uma perspectiva mais elevada ou mais ampla e vê que existe, esteja vivo ou não.

D: *Sim, essas são coisas que posso entender. Eu simplesmente não posso colocá-lo nos perímetros do tempo simultâneo, onde tudo estaria ocorrendo ao mesmo tempo.*

P: A existência de termos como "acontecimento" ou "início e fim" são um tanto definidores, pois fazem você pensar nesses termos. Pedimos que você use termos diferentes, como "existência", que não define o começo ou o fim, mas simplesmente relata a existência da realidade. A realidade existe. Não começa e não termina. Sua definição de tempo simultâneo é simplesmente uma tentativa de olhar para o quadro todo em termos bidimensionais, o que é um tanto confuso, pois existe de fato esse conceito, mas não em seus termos.

D: *Temos que lidar com os termos que nossa mente entende na língua inglesa. Tudo bem. Vamos para outro. Estou tentando entender o conceito de vidas paralelas, até mesmo universos paralelos. Talvez sejam duas coisas totalmente diferentes, mas vamos começar com vidas paralelas. Dizem serem vidas que vivenciamos em simultâneo que estão em períodos diferentes e podem até se sobrepor. Novamente surge o conceito de tempo.*

P: Este é realmente um conceito semelhante, em que o tempo paralelo e os universos paralelos são de fato o tempo e os universos simultâneos dos quais falamos anteriormente. É simplesmente uma questão de focar sua atenção em um aspecto particular daquilo que é a soma de todas as suas experiências. Gostaríamos de nos referir novamente à analogia do círculo, na qual qualquer ponto definido no círculo pode ser um começo ou um fim. Não é definido por seu caráter como um ou outro. É simplesmente um momento que existe. Então entenda que todos os outros pontos existem simultaneamente naquele círculo. Não são começo nem fim, por si próprios, apenas se definidos com esse intuito. Eles não são, em si mesmos, um ponto, apenas se o definirmos como tal.

D: *Acreditamos que entramos em um corpo como um espírito e experimentamos essa vida. Mas se também existimos, vivendo outra vida paralela a ela, como isso pode ser definido? Estou pensando em uma alma entrando em um corpo em um momento individual.*

P: Sua realidade, você, ou sua realidade pessoal, pode ser definida como um círculo. Você, em seu estado consciente, só pode compreender o ponto ou segmento que sua mente é capaz de perceber. Sua consciência só é capaz de perceber o que está diretamente à sua frente. Não quer dizer que você não pode ver além de seu próprio nariz, mas usaríamos essa analogia no sentido de uma imagem geral. Tudo o que você é, tudo o que você foi e tudo o que você será, está nesse círculo. Mas sua percepção disso é simplesmente aquilo que é limitado o suficiente para que sua mente consciente perceba. Você está, nos planos superiores, ciente da soma total de sua existência. No entanto, sua mente consciente, no plano de onde você está falando, só é capaz de compreender aquilo que é mais imediato.

D: *Acabei de ter um pensamento. Sempre que estou fazendo hipnose e levo a pessoa para outras vidas, isso é uma forma de mudar o foco? Como mudar de canal em um aparelho de televisão.*

P: Isso é exatamente certo. É de fato a mesma pessoa ou energia. A consciência é simplesmente direcionada para frente ou para trás ao longo deste círculo. Este ser existe. Não começa, não termina. Ele simplesmente existe. Você simplesmente muda seu foco ou perspectiva de uma seção dessa existência para outra. Não há interrupção na existência. É contínuo e infinito em qualquer direção. No entanto, você pode avançar sua percepção para se adequar ao que procura. O conhecimento que você procura será encontrado em alguma outra parte desse círculo.

D: *Então é como se o subconsciente tivesse o conhecimento, a soma total de todas as vidas.*

P: O subconsciente é a soma total de todas essas vidas. É o próprio círculo. O consciente simplesmente foca naquela parte do círculo sobre a qual você busca informações e então relata o que está naquela porção. Gostaríamos de esclarecer, como em sua pergunta, que em casos de aberrações mentais ou doenças onde a percepção é distorcida, mover-se para outra parte do círculo causaria uma distorção na percepção. Falamos aqui com o pressuposto de que as realidades são apresentadas como realmente são, e não através de lentes distorcidas de falsas impressões. O que de fato é possível. A lente ou mente consciente precisa ser clara e não distorcida, de modo que a informação dos diferentes pontos deste círculo seja apresentada e...Encontramos aqui uma dificuldade em traduzir a palavra, para inferir que a percepção dessa informação é precisa.

D: *Então parece que nosso conceito de subconsciente está realmente errado. O subconsciente está mais intimamente relacionado com a alma ou com o espírito?*

P: Na verdade, não há diferença. A alma e o espírito são idênticos. O subconsciente, em sua definição, é simplesmente a inteligência ou consciência dessa alma. Em sua definição, a consciência de sua alma é definida como o subconsciente. O fato é que sua alma é sua consciência. Esse é um dos obstáculos no aprendizado das realidades do universo. É que a sua consciência é a sua realidade. Não é que você perceba o universo através de sua consciência, mas a realidade é sua consciência. Você é o que você pensa. Essa é a sua verdadeira realidade.

D: *Pensamos que o subconsciente é como o guardião dos registros, o guardião dos sistemas do corpo, e permanece objetivo dessa forma. É como um protetor do corpo. Mas acho que não o correlacionei com ser a alma ou espírito real.*

P: A existência de sua consciência valida o fato de que você é. Você pensa, logo você é. E ainda assim você é, e ainda não sabe disso. Portanto você pensa, portanto você não é.

D: *Muitas vezes, quando entro em contato diretamente com o subconsciente e peço informações sobre o corpo, parece ser muito objetivo e distante.*

P: Os aspectos emocionais de viver em um ambiente como o que você se encontra, exigem que haja algum tipo de interface para funcionar com as correntes de realidades que giram ao seu redor. Essas emoções permitem que a informação daquilo que está sendo processado ao seu redor seja assimilada na existência de sua alma. Para traduzir as existências ao seu redor de uma maneira que possa ser percebida por sua consciência.

D: *Acho que isso facilita um pouco. Outra pergunta na mesma linha, você pode me dar uma descrição ou definição de outras dimensões que existem em nossas proximidades, embora sejam invisíveis para nós?*

P: Existem muitas dimensões em torno de sua área de realidade definida. Pedimos que você escolha o que considera mais relevante e defina-o em termos que possa entender. Na verdade, existem muitas dimensões, tanto acima como abaixo da sua profundidade de percepção, no entanto, isso não quer dizer que um ou outro seja maior ou menor que.

D: *Dizem existir muitas dimensões perto de nós, mas invisíveis à nossa percepção, no entanto, semelhantes às nossas. Isso faz algum sentido?*

P: Eles são acessíveis a você, no entanto, talvez não aparentes para você. Existem muitos aspectos dessas outras dimensões que se sobrepõem de uma dimensão para outra, no entanto, existem muitos outros aspectos que são exclusivos dessa dimensão específica. Há momentos em que seus estados emocionais fazem com que sua mente se expanda, amplie e melhore sua percepção do mundo ao seu redor. Por exemplo, muitas pessoas acham que assistir a um determinado pôr do sol, em um determinado momento de sua vida, ou talvez em uma hora do dia, ou do ano, lhes dará uma sensação de consciência que não é comum em sua vida. Uma incomum unidade com a natureza. Talvez no vernáculo daqueles que buscam essas experiências, tornar-se um com a natureza, sintonizam sua consciência com aquele fio particular, comum a todos esses universos. Sentem a respiração de sua existência se expandir a ponto de experimentarem estar em muitas outras dimensões ao mesmo tempo, de fato estão e se tornam cientes disso.

D: Então parece trazer o mesmo conceito de onde está nosso foco. As outras dimensões estão todas aqui, mas não podemos percebê-las, devido ao nosso foco.

P: Isso é preciso.

D: Então parece que esses três tópicos andam juntos.

P: Isso é preciso. O escopo geral desta conversa é mais de percepção do que de realidade. As realidades do universo estão aí para todos perceberem, no entanto, o crescimento individual e a compreensão da pessoa que estaria tentando entendê-la determinaria a que profundidade, respiração ou altura ela é de fato capaz de perceber essas outras realidades.

D: Então, quando falam sobre elevar nossa consciência, isso significa que nos tornaremos mais conscientes dessas outras realidades?

P: Isso é preciso.

* * *

Discussão em uma das reuniões do grupo na década de 1980.

Q: Às vezes pensamos existir vários aspectos de nós mesmos que, possivelmente, podem estar vivendo aqui na Terra, ao mesmo tempo que nós. Com que frequência isso é verdade?

Phil: Minha resposta instantânea seria, muito frequente. Muito mais frequente do que imaginamos. Na verdade, quanto mais projeções de pensamento enviarmos nessas áreas, mais "alimentamos" essa capacidade, no entanto, nossos aspectos têm vida própria. Eles existem, e na maioria das vezes não estão conscientes de seus outros aspectos. Nós e outros.

* * *

Durante outra sessão com Phil em 1999.

D: Tenho reunido informações sobre diferentes dimensões e gostaria de expandir esse assunto. Sei, no meu modo limitado, que as outras dimensões que cercam nosso planeta são mundos físicos, com seres humanos físicos vivendo neles. Mas estão vibrando em velocidades diferentes, invisíveis para nós. Você pode me dar mais informações sobre isso?

Phil: Existe uma certa realidade circular em que, de fato, não há senso de finitude. Existem muitos tons de realidade que são expressos de maneiras diferentes, no entanto, dizer que uma dimensão é física, em oposição à espiritual, é um tanto enganoso. O conceito parece ser entendido como um ser físico diferente do espiritual. Simplesmente aquilo que você chama de "físico" tem certas características, um tanto separadas ou diferentes daquilo que você chama de "espiritual", no entanto, eles são um do mesmo. É simplesmente uma questão de haver certas diferenças que distinguem umas das outras. Se você fosse definir a verdadeira realidade da água verde em oposição à água azul, poderia dizer que, certamente, a água verde não é o mesmo que a água azul, no entanto, é óbvio que o verdadeiro constituinte de cada um, que é a água, é totalmente idêntico. Há simplesmente diferenças entre os dois, que os distinguem. Então, você poderia dizer que a água azul é realmente diferente da água verde?

D: Ouvi dizer existirem outros seres vivendo nessas outras dimensões. Eles são invisíveis para nós, mas vivem no que consideram um mundo físico.

P: Isso é preciso. É como se as ondas de rádio em seu ar estivessem todas existindo ao mesmo tempo, todas contendo informações diferentes, realidades diferentes, mas ainda assim podem existir no mesmo espaço, em simultâneo. É simplesmente uma questão de diferença de frequência. Não há interferência até que as frequências tentem compartilhar a mesma frequência ao mesmo tempo.

D: *Isso causa o que chamamos de "estática" ou sobreposição?*
P: Sim. Um problema.
D: *Isso acontece com dimensões?*
P: Ocasionalmente. Mas, felizmente, no esquema das coisas existem dispositivos que impedem isso, no entanto, é possível uma sobreposição ocasional.
D: *O que aconteceria se isso ocorresse?*
P: Seres de diferentes dimensões podem interagir e se tornar conscientes uns dos outros, através de suas próprias percepções sensoriais. Os sentidos, que vocês chamam de "cinco sentidos", são instrumentos sintonizados com as frequências em seu nível de existência. Os seres que habitam outros níveis de existência possuem órgãos sensoriais sintonizados com sua própria frequência particular de existência. Se, por algum motivo, esses níveis de consciência se sobrepuserem ou compartilharem a mesma frequência, os elementos sensoriais de cada um estariam sintonizados na mesma frequência e os seres em cada plano estariam cientes uns dos outros.
D: *Saberiam que algo incomum havia acontecido?*
P: Talvez, mas não necessariamente. Há pequenas alterações entre as dimensões. Entre dimensões sucessivas, as mudanças maiores tornam-se mais aparentes. Tanto que os seres de várias dimensões afastadas, se pudessem compreender o que estão vendo, perceberiam que de fato há algo muito peculiar acontecendo. No entanto, como as mudanças são tão sutis entre as dimensões, cada dimensão sucessiva é ligeiramente diferente da seguinte. Pode ser que alguém não esteja, pelo menos inicialmente, ciente de que se encontrou em outra dimensão.
D: *Mas é possível ir e voltar.*
P: Isso é preciso.
D: *Ouvimos dizer que às vezes existem janelas que facilitam a passagem de uma dimensão para outra. Isso é verdade?*
P: Existem aberturas úteis para permitir que os seres, com o conhecimento e a consciência, possam manifestar essa chamada "janela", no entanto, não existe em sua terminologia, um determinado lugar que pode ser definido como um fenômeno existente, estático por si só, possível de ser acessado a qualquer momento, simplesmente caminhando-se através. As energias podem ser manipuladas de forma que uma janela seja gerada, no

entanto, não é um fenômeno natural. Houve, como você sabe, um experimento feito por sua Marinha, comumente referido como o "Experimento Filadélfia". Este é um exemplo de experimento com essas "janelas". Existem aqueles seres espiritualmente capazes de passar de uma dimensão para outra. Seu melhor exemplo talvez seja Jesus, que pode acessar muitos níveis diferentes. Após sua ascensão, ele poderia retornar ao seu plano, conscientemente, e aparecer. Mesmo que ele talvez não fosse de seu plano, ele poderia vir para o seu plano.

D: *Você quer dizer que o governo encontrou uma maneira de abrir a janela para ir e vir, com o Experimento Filadélfia? Ou eles criaram uma janela?*

P: Diríamos que se abriu uma janela, no entanto, a capacidade de voltar não foi tão sutil quanto a capacidade de abri-la. Houve resultados catastróficos devido à incapacidade de manipular adequadamente esse fenômeno. É uma condição natural, no sentido universal. Esses planos são simplesmente naturais e comuns. É o seu nível de compreensão sobre o assunto que os torna um conceito um tanto sobrenatural. Nada poderia estar mais longe da verdade. É a base da realidade, no sentido universal.

D: *Mas o governo encontrou uma maneira de fazer isso.*

P: Existem aqueles que estão trabalhando na manipulação dessas energias. Há alguns que tiveram sucesso, mais ou menos nesse segmento, no entanto, devido à falta de consciência espiritual, que é necessária, talvez ainda haja uma compreensão fundamental mais grosseira desse fenômeno.

D: *Os experimentos continuam?*

P: Isso é preciso. É possível, neste momento, transportar energia ou matéria através das dimensões. No entanto, as realidades espirituais que permitem que esse fenômeno ocorra, ainda não são compreendidas. A base do entendimento, até este ponto, tem sido tecnológica. O componente espiritual não foi compreendido. Houve experimentos que falharam e os participantes ficaram um pouco piores do que antes. Suas almas ou espíritos têm a capacidade, ou talvez os recursos, para curar as vítimas desses experimentos, quando passarem do plano dimensional para o que vocês chamam de plano espiritual. Houve casos em que os indivíduos se perderam completamente em outra dimensão e ficaram, em essência, presos em outra dimensão.

D: *Como eles poderiam ficar presos se a alma pode ir a qualquer lugar que quiser e fazer o que quiser?*
P: É dos componentes físicos que falamos. Há casos onde o corpo físico é completamente transportado para outra dimensão com a alma intacta.
D: *Isso é o que você quer dizer. O físico estava preso em outra dimensão e não conseguia voltar.*
P: Isso é preciso. Sua compreensão é adequada para nos permitir ver o que você está descrevendo. Sim, é verdade que às vezes eles se sobrepõem, no entanto, neste ponto, não é tecnologicamente viável que alguém em seu plano tente fazer isso regularmente. Na verdade, é uma das maneiras pelas quais aqueles que vocês chamam de "alienígenas", são capazes de manobrar grandes distâncias. É simplesmente uma questão de ir entre as dimensões e encontrar os portais que existem em seu estado natural. Queremos aqui, definir a diferença entre o que descrevemos como janela e o que descrevemos como portal.
D: *Sim, gostaria de saber a diferença.*
P: No contexto em que falávamos anteriormente, uma janela era um dispositivo que permitia simplesmente passar de um plano de existência para outro. Este não é um dispositivo que ocorre naturalmente. Um portal, no entanto, é um fenômeno natural muito parecido com um túnel, no qual o que você chamaria de "distância" em um determinado plano pode ser atravessado. Seria possível viajar grandes distâncias, passando por esses portais, no entanto, esses portais estão no mesmo plano. Eles não transcendem os planos separados da realidade. Uma vez chegando ao destino, naquele plano em particular, é necessário converter para o plano ao qual se deseja chegar.
D: *Essa é a parte que estou tendo dificuldade. Seria isso referente a diferentes dimensões, ou isso acontece no mesmo plano?*
P: Os portais estão no mesmo plano. Eles não transcendem planos. Existem portais nos próprios planos, no entanto, os portais não abrangem outros planos.
D: *E isso é diferente de ir entre dimensões.*
P: Isso é preciso.
D: *Ainda estou um pouco confusa sobre isso. Se estivermos pensando no mesmo plano de existência, os alienígenas viriam de uma estrela física, ou parte da galáxia que existe agora? Então ao*

invés de ir à velocidade da luz, ou algo assim, eles apenas encontrariam um portal?

P: Isso é preciso.

D: *Então eles estão neste plano físico da realidade, ao invés de outra dimensão, e acabam por encontrar esses portais para poderem ir e voltar mais rápido.*

P: Isso é preciso.

D: *Tudo isso é confuso para mim, mas tive uma ideia. Usando o planeta Vênus como exemplo, na "nossa" dimensão parece que não há vida lá. Seria possível que em uma realidade "alternativa" ou em uma dimensão diferente, houvesse pessoas morando lá?*

P: No nível em que você experimenta a realidade, não haveria, no entanto, em dimensões superiores, existem de fato muitas formas de vida em muitos dos planetas que estão simplesmente em um nível diferente de expressão. Seria simplesmente que a expressão, como se manifesta em seu nível, não transmite ou expressa a essência do que você chamaria de "formas de vida". Existe nos níveis mais baixos dessa expressão simplesmente gás e rocha. Porém, por mais que um iceberg seja considerado apenas parcialmente visível, sabe-se que toda a expressão do iceberg não é visível. O nível em que você está vendo a realidade, em Vênus, é simplesmente uma porção daquilo que está debaixo d'água, por assim dizer. Existem porções da expressão total invisíveis para você, pois suas percepções são incapazes de conceber a realidade dos planos superiores de existência.

D: *Então, em uma realidade alternativa, outro mundo paralelo, por assim dizer, poderia haver uma raça física vivendo lá?*

P: Isso é preciso. No sentido de nossa analogia com o iceberg, incluiríamos o iceberg para transcender planos de existência.

Quando Phil acordou, discutiu a parte da sessão de que se lembrava.

P: A principal coisa que percebi foi o fato de haver uma diferença entre as dimensões, mas ainda dentro de uma dimensão existem diferentes níveis de consciência. Por exemplo, há coisas que não percebemos nesta dimensão, muito menos nas outras dimensões. É como o espectro de luz que é uma única luz nesta dimensão, e podemos estar cientes apenas de certas porções do espectro. Nossa consciência é limitada a uma porção muito pequena desta dimensão. Não temos total conhecimento de todos os elementos desta dimensão e muito menos das outras dimensões, e assim, o conceito de portais está dentro de uma dimensão. Você pode viajar grandes distâncias dentro desta dimensão, mas não há portais desta dimensão para a próxima. Existem diferentes graus... é quase como se existissem dimensões dentro das dimensões. Existem níveis dentro desta dimensão que mudam o suficiente para se tornarem diferentes dos outros níveis, dentro desta dimensão.

D: *É como ler uma oitava. Cada nota seria uma dimensão, mas ainda é segura dentro de uma oitava. (Sim) Eu realmente apreciei sua explicação sobre os portais em oposição às janelas.*

P: A água parecia ser a maneira mais fácil de explicar como pensamos no espiritual e no físico. É basicamente a mesma realidade apenas de uma forma diferente.

Todos concordamos que estamos crescendo e expandindo para onde conseguimos lidar e entender informações complicadas que nunca poderíamos ter entendido no início de nosso trabalho.

* * *

ARTIGO QUE APARECEU NO DAILY TELEGRAPH,
Londres, 11 de outubro de 1995

"BEM-VINDO AO PRÓXIMO MUNDO"
Por Dr. Michio Kaku

A teoria da gravidade de Einstein, que nos dá a teoria do Big Bang e os buracos negros, foi submetida ao teste mais rigoroso até agora e passou com louvor.

Na última edição de "Física Hoje", astrônomos de Harvard, MIT e do Haystack Observatory orgulhosamente anunciaram a confirmação da teoria de Einstein, com uma precisão surpreendente de 0,04%, medindo a curvatura das ondas de rádio do quasar 3C279, perto da borda do universo visível. Mas há alguma ironia neste anúncio. Cada sucesso apenas destaca uma lacuna enorme, mesmo quando os cientistas elogiam os testes, cada vez mais precisos, da teoria do espaço deformado de Einstein, o próprio Einstein sabia que sua teoria se desmoronou no momento do Big Bang. A teoria tinha pés de barro.

A relatividade era inútil, ele percebeu, quando se tratava de responder à pergunta cósmica mais embaraçosa de toda a ciência: o que aconteceu antes do Big Bang? Faça esta pergunta a qualquer cosmólogo e ele levantará as mãos, revirará os olhos e lamentará: "Isso pode estar para sempre fora do alcance da ciência. Simplesmente não sabemos."

Isso, até o momento presente, pois um notável consenso tem se desenvolvido recentemente em torno do que é chamado de "cosmologia quântica", em que os cientistas acreditam que uma fusão da teoria quântica e da relatividade de Einstein pode resolver essas questões teológicas complicadas. Os físicos teóricos estão correndo para onde os anjos temem pisar.

Em particular, uma nova imagem atraente, mas surpreendente, está surgindo na cosmologia quântica, que pode conseguir sintetizar algumas das grandes mitologias da criação.

Existem duas mitologias religiosas dominantes. Segundo a crença judaico-cristã, o universo teve um começo definido. Esta é a hipótese da Gênesis, segundo a qual o universo nasceu de um Ovo Cósmico. No entanto, segundo a crença hindu-budista no Nirvana, o universo é atemporal; nunca teve começo, nem terá fim.

A cosmologia quântica propõe uma bela síntese desses pontos de vista aparentemente hostis. No princípio era o Nada. Sem espaço, sem matéria ou energia. Mas de acordo com o princípio quântico, até o Nada era instável.

Nada começou a decair; isto é, começou a "ferver" com bilhões de minúsculas bolhas se formando e se expandindo rapidamente. Cada bolha se tornou um universo em expansão.

Se isso for verdade, então nosso universo é na verdade parte de um "multiverso" muito maior de universos paralelos, o que é realmente atemporal, como o Nirvana. Como Steve Weinberg, o físico ganhador do Nobel, disse: "Uma implicação importante é que não houve um começo; que houve Big Bangs cada vez maiores, de modo que o (multiverso) continua para sempre, não é preciso lidar com a questão de "antes do Bang". O (multiverso) esteve aqui o tempo todo. Acho isso uma imagem muito satisfatória."

Os universos podem literalmente surgir como uma flutuação quântica do Nada. Isso ocorre porque a energia positiva encontrada na matéria é equilibrada contra a energia negativa da gravidade, de modo que a energia total de uma bolha é zero. Assim, não é preciso energia líquida para criar um novo universo.

Alan Guth, criador da teoria inflacionária, certa vez observou: "Costuma-se dizer que não existe almoço grátis. Mas o próprio universo pode ser um almoço grátis."

Andre Linde, de Stanford, disse: "Se meus colegas e eu estivermos certos, em breve poderemos dizer adeus à ideia de que nosso universo foi uma única bola de fogo criada no Big Bang."

Embora esta imagem seja atraente, ela também levanta mais questões. A vida pode existir nesses universos paralelos? O cosmólogo de Cambridge, Stephen Hawking, tem dúvidas: ele acredita que nosso universo pode coexistir com outros universos, mas nosso universo é especial. A probabilidade de formar essas outras bolhas é extremamente pequena.

Por outro lado, Weinberg acredita que a maioria desses universos paralelos provavelmente está morta. Para ter moléculas de DNA estáveis, o próton deve ser estável por pelo menos três bilhões de anos. Nesses universos mortos, os prótons podem ter decaído em um mar de elétrons e nêutrons.

Nosso universo pode ser um dos poucos compatíveis com a vida. Isso responderia, de fato, à antiga questão de por que as constantes físicas do universo caem em uma faixa estreita compatível com a formação da vida. Se a carga do elétron, a constante gravitacional, etc., mudassem ligeiramente, então a vida teria sido impossível. Isso é chamado de Princípio Antrópico. Como disse Freeman Dyson, de Princeton: "É como se o universo soubesse que estávamos chegando."

A versão forte disso, afirma, prova a existência de Deus ou de uma divindade todo-poderosa. Mas, de acordo com a cosmologia quântica, talvez existam milhões de universos mortos. Foi um acidente, portanto, que nosso universo tivesse condições compatíveis com a formação de moléculas de DNA estáveis.

Isso deixa em aberto a possibilidade, no entanto, de que existam universos paralelos que são quase idênticos ao nosso, exceto por algum incidente fatídico. Talvez George III não tenha perdido as colônias em um desses universos.

No entanto, posso calcular a probabilidade de que um dia você esteja andando na rua, apenas para cair em um buraco no espaço e entrar em um universo paralelo. Você teria que esperar mais do que o tempo de vida do universo para que tal evento cósmico acontecesse.

Como o biólogo J.B.S. Haldane observou: "O universo não é apenas mais estranho do que supomos, é mais estranho do que podemos supor."

* * *

Dr. Michio Kaku é professor de física teórica na City University of New York e autor de "Hiperespaço: uma Odisséia Científica através da 10ª Dimensão" (Imprensa da Universidade de Oxford).

Parece que as grandes mentes científicas começam a entender, pelo menos, parte dessa grande imagem.

CAPÍTULO DOZE
A ENERGIA E OS ASSISTENTES

Muitas das informações incluídas neste livro foram acumuladas durante a década de 1980, quando eu ainda era uma investigadora iniciante e estava convencida de que tinha todas as respostas da vida, adquiridas por meio de meu trabalho como terapeuta de vidas passadas. Todas as evidências me provaram a existência da reencarnação, mas eu havia colocado as vidas em uma progressão (ou regressão) linear, essa era a única maneira pela qual a maioria de nossas mentes poderia concebê-la. Formei minhas opiniões e teorias com base nos casos com os quais trabalhei. Então, quando comecei a trabalhar com Phil, meu sistema de crenças organizado foi desestabilizado. Meu trabalho com ele resultou no livro "Guardiões do Jardim" me expondo a um conceito sobre início da vida na Terra radicalmente diferente. Havia muito mais informações que não incluí naquele livro. Eu estava sendo exposta a conceitos dos quais nunca ouvira falar e que ameaçavam derrubar meu mundo seguro. A princípio, eu tinha tanta certeza de deter todas as respostas que não queria explorar nenhuma nova teoria que não se encaixasse com minha imagem já formada. Poderia tê-las descartado, mas decidi manter a mente aberta e me aprofundar. Percebi que, se negasse a informação sem examiná-la, não seria melhor do que as instituições religiosas, que proclamam ter a "única" verdade. Em vez de jogar fora o material dissidente, coloquei-o de lado para ser visto mais tarde. Chegou a hora de examiná-lo e tentar entendê-lo, da melhor maneira que nossas limitadas mentes humanas conseguirem.

O que a princípio eram informações isolada de Phil, outros clientes, em todo o mundo, começaram a relatar as mesmas verdades e conhecimento inexplorados. Sei que nunca entenderia isso no começo do meu trabalho, e poderia ter jogado tudo fora. Agora, depois de mais de vinte anos de pesquisa, percebo que comi pequenas porções até estar pronta para digerir as informações mais complicadas. Mesmo que eu não entenda completamente, e sei que tenho apenas uma pequena parte de uma imagem muito maior, agora estou pronta para apresentá-la e fazer os outros pensarem.

Nos primeiros dias de minhas experiências, na década de 1980, frequentemente tínhamos reuniões de grupo na casa de Billie Cooper, em Rogers, Arkansas. Lá, colocaria Phil em transe e qualquer um poderia fazer perguntas. Frequentemente, havia muitas pessoas presentes e, naturalmente, suas perguntas giravam em torno de seus problemas pessoais (empregos e vida amorosa). Mas, ocasionalmente, perguntas mais complexas eram feitas, e eu as isolei para serem apresentadas neste livro, pois seguiam um fio comum.

Frequentemente, quando pedíamos à entidade falante que se identificasse, o seguinte acontecia.

P: Falamos aqui como uma energia coletiva. Pois não há necessidade de personalização. Não existe o conceito de "eu" aqui, pois tudo é "nós".

D: *Quantos vocês são?*

P: Atribuir um número físico seria inútil. Pois, ao fazer isso, você estaria tentando definir limites de personalidade, de modo que haveria uma quantidade de personalidades e, de nossa percepção, isso não é preciso, não há distinção. Nós simplesmente coexistimos. Não há distinção entre uma personalidade e outra, ou o começo de uma personalidade e outra. É simplesmente uma existência compartilhada e coexistente. Não há distinção. Novamente dizemos, não somos lineares no tempo nem na distância, e somos um tanto incapazes de traduzir esse conceito. Nós simplesmente existimos. Não tentamos definir nossa existência. Apenas em seu lado que você deve se identificar, se separar e se isolar, para que você se torne "você". Somos nós. Nós, neste plano, não temos o que vocês chamariam de identidade, pois neste nível, não há necessidade de identificação. O reconhecimento da identidade é instantâneo e completo. Não há necessidade de anexar uma etiqueta. Pois quando alguém coloca rótulos, fixa-se mais no rótulo do que na identidade. Isso é feito em seu plano porque você não tem consciência. Não pense no rótulo, mas na energia. Se vocês fossem como nós, vocês agora sentados nesta sala, poderiam sentar-se na escuridão total, entrar e sair de cada sala, e cada um de vocês reconheceria instantaneamente na escuridão total, aqueles que estão sentados e aqueles que estão se movendo. Por favor, entenda que o que sua consciência abrange é tão vasto e é muito mais do que suas mentes conscientes podem compreender. Você é realmente um com o universo, portanto, não deve se surpreender ao descobrir que existem muitos aspectos de si mesmos dos quais você nunca esteve ciente.

D: *Isso incluiria o que pensamos como experiências de vida passadas?*

P: Estas podem ser memórias, nada mais do que memórias compartilhadas, por estarem conectados, todos e cada um de vocês juntos, em sua consciência do plano interior. A memória de um é compartilhada por cada um de vocês. Você pode se lembrar dos pensamentos um do outro em um nível muito profundo e assim descobrir que sua vida passada é, de fato, chamada de memória de alguém que viveu essa existência. Diríamos que não existem vidas passadas, pois do nosso ponto de vista, tudo foi, tudo é e tudo será, simultaneamente. Como não temos noção de tempo, cada um de vocês já foi um ao outro e será um ao outro em seu futuro. Sabemos que isso não está muito claro para você neste momento, no entanto, cada um de vocês receberá informações em seu futuro próximo, no qual cada um de vocês será desafiado a examinar este conceito. Ou seja: o passado e o presente simultâneos com o futuro.

D: *Isso é o que fica confuso. Como somos capazes de entrar em contato com uma certa vida passada por repetidas vezes? Por que não iríamos a diferentes vidas, cada vez que eu regredisse a pessoa?*

P: Você também pode seguir uma única nota ao longo de uma sinfonia inteira. Se você pudesse imaginar, ouvir uma única nota tocada em um único instrumento, e seguir esta nota ao longo de uma sinfonia inteira, perceberia esta nota reaparecer, ou mais precisamente, ouviria esta nota reaparecer ao longo desta sinfonia. Você poderia de fato identificar esta única nota como uma identidade separada. Da mesma forma, você pode recordar o que chamaria de vidas passadas ao longo de toda a sua história, simplesmente estreitando sua perspectiva para aquela área específica que deseja escolher. A seleção consciente pode parecer aleatória; no entanto, é de fato que você se pré-programou para retornar a esse segmento específico toda vez que voltar para lá.

D: *Podemos usar a palavra "vibração" ou "energia"? Que aqueles que podem rever muitas vidas passadas são simplesmente capazes de rever mais desses níveis de energia do que outros?*

P: Isso é preciso. Cada um de vocês poderia seguir muito mais linhas do que poderia compreender. É possível, no entanto, existir a necessidade de limitar as experiências de alguém, apenas àquelas áreas que trazem compreensão e iluminação e seria sábio desconsiderar aquelas vidas que trariam desarmonia, pois esse não é o propósito pretendido. Se você permitisse que sua consciência absorvesse tudo o que está disponível para você, instantaneamente, ficaria sobrecarregado. Pois há muito mais acontecendo do que podem compreender, mesmo agora enquanto falamos, em cada uma de suas próprias personalidades separadas. Pois na cor branca há muitas, muitas cores separadas, e você pode facilmente extrair uma cor separada daquela que é o branco. Da mesma forma, você mesmo puxou ou isolou uma energia particular que é um componente do seu Eu Superior. Então essa energia foi reduzida ao seu nível, esse aspecto da personalidade, por assim dizer. Na verdade, foi uma parte integrante de si mesmo que teve rédea solta neste nível. Vocês sentados nesta sala, são simplesmente as pontas de um enorme iceberg e, se você fosse mais consciente e conscientemente capaz, poderia trazer mais daquilo que está abaixo da superfície para o seu nível e vice-versa. Aquilo que isolaram, como sendo vocês mesmos, pode ir para níveis mais elevados nos quais residem seus outros aspectos de energia. Muitos de vocês fazem isso em algum momento. Não é como se você estivesse experimentando outra pessoa. É como se você estivesse experimentando uma parte de si mesmo que nunca viu antes.

D: *É possível, então, rever uma vida que ainda não ocorreu?*

P: Isso é preciso. Você pode ir a qualquer lugar que quiser: passado, presente, futuro, na Terra ou no espaço. Não importa. Em qualquer lugar. Ir para o futuro pode parecer difícil no começo, simplesmente porque você não está acostumado a pensar dessa forma. Então, sim, você poderia facilmente regredir para uma vida futura.

D: *Progredir.*

P: Seria uma questão de semântica. Porém, como foi dito, tudo já ocorreu e nada ainda ocorreu, simultaneamente. O tempo é de fato um fator relativo.

D: *Você pode descrever o tempo simultâneo de uma forma que os humanos neste plano possam entendê-lo facilmente?*

P: Vamos tentar. Se puder, considere a diferença entre uma linha reta e um círculo. Se você traçasse uma linha reta e conectasse dois pontos, descobriria que não há possibilidade de paralelismo, no sentido de que todos estão no mesmo plano. No entanto, se você conectar dois pontos dentro de um círculo, haveria de fato a possibilidade de dois pontos serem conectados por uma linha reta. Se você considerasse o tempo apenas como um conceito e, nesse contexto, um círculo, seria possível conectar dois pontos no tempo. Suponha que esse círculo se tornasse uma espiral, de modo que as extremidades fossem infinitamente estendidas a ponto de serem de fato o mesmo ponto. Então, esse conceito de espiral pode ser imaginado para ver que existe mesmo dentro de um círculo, talvez, uma espécie de progressão linear, de uma ponta a outra. Este conceito de tempo é de natureza particularmente física, pois tudo no mundo físico deve obedecer a certos conceitos fundamentais. Um começo e um fim. Vida e morte. Preto e branco. Mais e menos. É necessário segregar as realidades do mundo espiritual, de forma que essas realidades fiquem no físico, para que se consiga um processo de polarização. Há neste processo um conceito de dualidade que é dado. O mais e o menos, e assim por diante. Existe, portanto, o livre arbítrio, enquanto em um círculo não há livre arbítrio, porque não há começo, nem fim, nem preto, nem branco. No físico você tem um fim ou outro, se conseguir seguir esse conceito. O livre arbítrio não é o fim que justifica os meios. É simplesmente um subproduto da realidade das polarizações. O livre-arbítrio simplesmente evoluiu do fato de que existem polaridades no mundo físico. O tempo, no entanto, não é polarizado. Não há tempo positivo nem tempo negativo. Há simplesmente uma ideia do que é agora e do que é então. Que está, enquanto falamos, mudando do que é agora para o que é então. Então, como poderia haver "agora"? O tempo nunca pára, então automaticamente o conceito de agora é simplesmente jogado pela janela. Agora é instantaneamente ontem ou passado. No minuto em que você percebe que o agora é um pensamento, ele já se tornou passado, portanto, não há necessidade de se preocupar agora. Você está sempre vivendo no futuro, se assim o desejar.

D: *Mas ouvi dizer que temos muitos futuros possíveis.*

P: Isso é preciso, mas muitas vezes você pode observar os mais prováveis de acontecer a você, da direção que sua vida está tomando até aquele ponto. Também existe o livre arbítrio que dita tudo o que será.

D: *Uma pergunta do grupo: Tenho me preocupado com as energias, mais e menos, masculina e feminina, da maneira como as expressamos agora. Existem maneiras de equilibrar essas energias dentro de nós?*

P: Em primeiro lugar, deve-se estar ciente de que muitos são polarizados por um motivo. Há, de fato, tanto na natureza quanto no mundo espiritual, aqueles que são mais de um do que de outro, depois há aqueles sendo iguais. Talvez possamos usar os exemplos de yin e yang aqui. É menos nobre ser todo yin do que ser todo yang? Ou é mais nobre haver um equilíbrio total entre os dois? Não é mais certo ser mais de um do que do outro, nem mais certo ainda ser completamente igual. Existe apenas o que é mais apropriado para cada lição particular, você deve extrair o que é mais apropriado, o yin ou o yang. Vemos que sua pergunta fala de se harmonizar, ou seja, para ficar mais equilibrado em suas energias, no entanto, alertamos você ao perceber que o meio da estrada não é necessariamente o lugar mais desejável para se estar.

D: *O que levanta a questão da homossexualidade.*

P: Isso é simplesmente uma questão de energias, pois existem energias masculinas e femininas. No homem, quando é dotado de energias predominantemente femininas, ele exerce essa característica, sendo predominantemente feminino. Esta é, então, a razão da atração pelos homens, pois os opostos se atraem, estejam eles em corpos masculinos ou femininos. Então isso é delineado para um nível energético feminino estando em um corpo masculino, atraído pela energia masculina em um corpo masculino.

D: *Você disse ser uma energia feminina. O que você quer dizer?*

P: A polaridade ou disposição da alma é dada como energia predominantemente feminina.

D: *Isso significaria que a alma teve mais vidas femininas ou mais experiências femininas?*

P: Esta alma provavelmente sim, não que a predominância de vidas tenha programado a alma para mais energia feminina. Há, na criação das almas, uma marca de personalidade que geralmente é mais masculina ou mais feminina, ou um pouco mais neutra.
D: *Então as vidas passadas não têm nada a ver com isso?*
P: Sim, eles têm muito a ver com isso, pois são experiências lembradas e, assim, programam um pouco as afetações do indivíduo ao expressar as energias. As vidas, porém, não determinam se a entidade é masculina ou feminina.
D: *Descobri que se uma alma tivesse mais vidas de um sexo do que do outro, era mais difícil para ela lidar com isso.*
P: Isso é correto, pois há mais familiaridade com o sexo oposto. Isso pode causar confusão, pois há, nesta sociedade, muita programação a ser estritamente ou um homem, ou uma mulher, e não simplesmente um ou outro com os gêneros cruzados.
D: *Esta é a principal razão para a homossexualidade, ou pode haver outras explicações?*
P: Esta é a mais prevalente, no entanto, há casos em que alguém escolhe encarnar em uma realidade tão cruzada para aprender lições. Muitas lições sendo: temperança, tolerância, paciência, humildade, etc. Pode não ser simplesmente uma questão de escolha, mas de necessidade.
Pergunta: Existe uma teoria de que o planeta Terra é circundado por uma faixa de energia. Registrado nesta banda está cada ação, cada pensamento e tudo o que já ocorreu. Qualquer pessoa pode receber informações simplesmente se conectando a ela. Isso é preciso?
P: Essa é uma afirmação precisa. Sim, de fato, pois existe o que vocês podem chamar de uma aura envolvendo este planeta, sendo continuamente construída a partir das emoções e atitudes dos habitantes que vivem neste planeta. Assim, esta aura reflete, na totalidade, a raça que povoa o planeta abaixo dela. Tanto quanto sua aura, como um todo, reflete sua personalidade. Ou seja, a energia que reside em sua aura.
D: *Nossa aura é influenciada pelas energias que nosso corpo cria?*
P: Isso é preciso.
D: *E as energias que circundam a Terra?*
P: São energias futuras que talvez não tenham sido canalizadas para um nível físico? A resposta é sim. Para o seu progresso passado,

presente e futuro é um tipo de processamento. Um processo industrial que leva as energias de um plano superior e as canaliza para um plano inferior, por meio de suas ações. Assim sua aura é resultado desse processamento, no entanto, as energias sempre existiram e sempre existirão e são, no entanto, do seu ponto de vista, recanalizadas de um nível para outro. A aura da Terra é composta por aquelas energias processadas das energias superiores para as inferiores. Portanto, esses são subprodutos da experiência humana. Tanto quanto a fumaça de uma chaminé.

D: *Você poderia explicar a diferença entre as energias mais altas e as energias mais baixas?*

P: As energias superiores são o que vocês podem chamar de "Deus" ou "consciência da verdade" ou "iluminação". Aquilo que é. Estas são frequências da mais alta ordem e são tocadas por sua mente e sua consciência. As energias inferiores são energias do plano superior trazidas para um plano inferior. São um subproduto da experiência humana. As energias, no entanto, foram reduzidas a um nível mais sintonizado com o seu. Falamos aqui de energias de muitas maneiras diferentes. Música, matemática, espanto, admiração, amor, ódio. Tudo isso são energias.

D: *Entendo que todas são registradas. Que nenhuma é desperdiçada, nenhuma é esquecida. Isso está correto?*

P: Nenhuma se perde. Muitas, no entanto, não são usadas. Por exemplo, se a energia do amor ao redor do seu planeta fosse usada com mais frequência do que a energia do ódio ou do medo, perceberíamos a aura ao redor do seu planeta muito diferente, de um nível de energia global mais elevado. É como se esses subprodutos, essas auras emitidas fossem indicativas das energias que foram processadas.

D: *Se este planeta fosse destruído, o que seria dessas energias?*

P: Seriam simplesmente devolvidas ao universo e reprocessado de outra maneira, em outro lugar, como se pode dizer, em outro momento. A energia não pode ser destruída. Seria necessário, entretanto, que fossem redirecionadas, pois vagariam sem rumo pelo universo, se não recanalizadas e reaplicadas em outra área ou plano, para, então, serem devolvidas para um propósito útil.

D: *Então essas energias não são perdidas, são alteradas. Elas não permaneceriam na mesma forma. Você pode elaborar sobre o que* chamamos de nossa "alma"? Esta seria a mesma energia da qual você tem falado?

P: Há uma separação aqui. Falamos de energias que a alma processa de forma muito livre. A alma aqui seria a máquina de funcionamento, por assim dizer. As energias seriam o combustível que alimenta a alma. A alma é uma centelha, um fragmento da Alma Única original. Pois todos, ao mesmo tempo, eram simplesmente inteiros e juntos e no que você chama de início da criação, essa totalidade foi estilhaçada e cada um de vocês foi lançado para começar a experimentar a vida como identidades separadas. Isto é o que vocês chamam de "Tempo da Queda", onde o conhecimento foi perdido e a consciência voltou-se para a Terra. Esses planos de energia superior foram desconsiderados e descartados, assim, você pode ver, de um ponto de vista estritamente analógico, que houve uma queda definida da consciência, do plano superior para o plano terrestre mais básico. Não havia, como já foi sentido, uma onda de mal presente, quando esta queda ocorreu. Simplesmente a atenção daqueles habitantes foi desviada dos planos superiores para os inferiores. Isso é o que significa a "Queda". Este não é um julgamento certo ou errado, é simplesmente um fato que está no reino da verdade. Quando se perde a visão de quem e, o que você é, então você tende a vagar, como a humanidade tem feito neste planeta por muitos milênios. Assim, a "Queda" é, simplesmente, um esquecimento da verdadeira identidade. Um rebaixamento da consciência e o esquecimento de que todos são verdadeiramente parte do todo.

D: O que causou a fragmentação, a separação, em primeiro lugar?

P: Este foi um ato intencional da Alma inteira, a Alma Inteira, para que a experiência pudesse ser diversificada. Sentia-se nessa altura a necessidade de uma experiência mais diversificada. Reconheceu-se que, para permitir a compreensão completa de Tudo O Que É, seria necessária mais experiência.

D: Essa alma, que se estilhaçou no início, teve a experiência da Terra e tomou a forma de um corpo. O corpo e a alma são separados na morte. Sabemos o que acontece com o corpo, mas o que acontece com a alma nesse momento?

P: Esta é uma base altamente individual. Muitas almas, nós as chamaríamos de estilhaços, descobrem que regrediram além do ponto em que se encontravam originalmente e, assim, se encontram mais longe da verdade do que quando originalmente encarnaram, assim devem ser dadas as lições que apagarão os erros cometidos. Outros acham que se tornaram mais iluminados, portanto, estão sintonizados com aquele nível que é a Alma Única.

D: *Aqueles que regridem têm que voltar a habitar um corpo?*

P: Não, pois não há "tem que" . Se for mais apropriado, sim, então essa pode ser a melhor coisa a fazer. No entanto, não há nenhuma regra que diz que um tem que encarnar.

D: *O que eventualmente acontece com a alma individual.*

P: O objetivo final é que todas as almas retornem ao Um, assim trazendo consigo tudo o que foi vivido. É como se cada um de vocês estivesse coletando experiências e armazenando-as para alguma data futura, quando cada um de vocês retornará com sua coleção de experiências, e então compartilhar com o todo, mais uma vez. Tudo o que foi experimentado desde o início até o fim da criação será compartilhado. É uma sinfonia de experiência.

D: *Essa alma original que se fragmentou, seria o mesmo que nosso conceito de Deus?*

P: Isso é preciso. É o Um, o Todo-Ser, a Verdade, a Luz. Muitos têm seu próprio rótulo particular. Você pode dizer que suas identidades estão separadas deste Deus, no entanto, cada um de vocês é verdadeiramente uma peça individual, ou parte daquilo que chamam de Deus. Não há Deus sem cada um de vocês, pois se cada um de vocês, simplesmente, descriasse, então o próprio Deus descriaria.

* * *

Esta sessão ocorreu em 1987. Phil passou muitos meses na Califórnia trabalhando em vários empregos, inclusive no cinema, enquanto eu estava totalmente imersa no trabalho, com as informações de Nostradamus. Depois que ele voltou para nossa área, queria começar a trabalhar comigo novamente. Não tínhamos nenhum tópico para focar, então decidimos apenas ver onde essa sessão nos levaria. Eu estava sempre preparada para o inesperado. Usei sua palavra-chave e o método do elevador. Quando a porta do elevador abriu, ele viu uma luz branca brilhante.

P: É uma luz totalmente branca. Energia total. Este é um plano de energia, ou um reino de existência no qual nós, que poderíamos ser chamados de "Assistentes", habitamos. Somos, em essência, pura forma de energia, meramente composta de pensamentos e sem construção física.
D: *O que você quer dizer quando diz que são assistentes?*
P: Somos aqueles que vêm para ajudar nestes esforços que os humanos empreendem. Isto é, buscar o conhecimento que está disponível para aqueles que perguntam. Somos fluidos por natureza e podemos nos moldar às energias que encontramos ao nosso redor e entrar em conformidade com as energias que nos chamaram, ou seja, vocês mesmos. Somos assistentes, trazemos conosco aquela energia mais propícia ao trabalho do qual você está prestes a participar. Digo "nós", pois somos uma consciência coletiva e não uma identidade singular. Não subscrevemos o conceito de identidade singular que, em termos humanos, significaria isolamento, pois definitivamente não estamos isolados. Estamos em comunicação e comunhão com todas as outras formas de energia, em todos os momentos. Não há isolamento ou separação. Falamos apenas do reino da existência em que ocupamos, para o seu reino de existência que você ocupa.

Eu não sabia como fazer perguntas. Isso era algo que eu nunca havia encontrado antes. Tentei relacioná-lo com algo que eu conhecia no meu trabalho. Nunca sabia o que esperar, estava sempre sendo levada a um território desconhecido e inusitado.

D: *Você tem alguma ligação com nossos guias ou responsáveis?*
P: Talvez haja uma diferenciação aqui, não somos vocês mesmos ou partes de vocês. Somos, de fato, distintos desse aspecto de vocês, e ainda, de fato, somos parte de vocês mesmos, pois somos do todo, um com toda a criação. Portanto, em alguns fatos, somos parte de vocês e em outros, não. Pertencemos e não pertencemos ao que vocês chamam de energias da "Terra".
D: *Então você quer dizer que nossos guias ou guardiões são aspectos de nossa própria alma, nosso próprio eu?*
P: Está correto. Pois você é de fato seu próprio guia, pois seu Eu Superior está sempre cuidando de seu "eu inferior". Você, que procura identificar-se em um ponto de consciência, é apenas uma

faceta de sua totalidade. Você, procurando identificar e isolar sua consciência, segrega esse aspecto particular de seu todo. Isso é o que chamaríamos... encontramos aqui o termo intraduzível. No entanto, o conceito seria isolamento do todo ou personalização.

D: *Como energias, vocês já tiveram vida na Terra, ou separação, ou identidade dessa forma?*

P: Compartilhamos de seu isolamento, pois somos, novamente, parte de sua existência. A esse respeito, sim, realizamos muitas encarnações, no entanto, não somos o que você chamaria de "habitantes" de um plano específico. Somos, de fato, multidimensionais e abrangemos muitos níveis diferentes de consciência, simultaneamente. Portanto, não poderíamos dizer que alguma vez fomos, como se pode dizer, personalizados.

D: *Estou tentando diferenciar. Pensei que poderia, em algum tempo, ter tido identidades terrestres e então evoluiu para uma energia superior, como são agora. Isso não está correto?*

P: Poderíamos dizer que não houve, de fato, alguma vez que tenhamos nos tornado fracionados. Falamos de um nível multidimensional e não dividido, ou fragmentado em unidades de energia individuais. Estamos simplesmente cientes de muitos níveis diferentes, simultaneamente, de tal forma que, agora, falamos em seu nível de existência, ainda que enquanto sendo ou existindo em outro nível, simultaneamente. É o que você talvez possa chamar de "transconsciência".

D: *Então essa energia é a única existência que você já teve.*

P: Evoluímos de uma respiração menor de consciência para uma forma de energia mais abrangente, no entanto, sempre fomos uma energia de "transconsciência". O nosso modo sempre foi um de existência assistencial. Ao ajudarmos, trazemos o que é necessário para aqueles que o pedem. A nossa, é uma indústria de serviços, como se pode dizer.

D: *Claro, estou sempre presa ao nosso pensamento convencional. Então, por favor, desculpe se minhas perguntas parecerem ignorantes. Mas você estaria no nível que consideramos "anjos"? Eu sei que nosso conceito provavelmente é muito limitado.*

P: Sentimos que, em sua terminologia, seria, de fato, apropriado para alguns dizer que somos realmente anjos. Pois em sua terminologia, um anjo é aquele que vem para ajudar em tempos de necessidade. Um mensageiro de Deus. Um benfeitor. Existem, é claro, muitas ideias diferentes sobre o que é um anjo. No entanto, para fins de ilustração, nos permitiríamos ser classificados como anjos, se fosse apropriado.

D: *Claro, temos essa imagem mental de anjos com forma humana.*

P: Não é nada mais do que pura energia, atraída por outra energia. É uma simples questão de atração por forças semelhantes. Talvez seja possível explicar empregando o termo "nível nuclear". No entendimento de que energias são, de fato, nucleares em sua essência. Nuclear sendo usado aqui no termo de .... (pausa). Achamos que talvez essa linha de pensamento seja imprecisa e gostaríamos de inverter nossa explicação. O conceito que estamos tentando descrever é de uma natureza elétrica, em que cargas iguais se repelem e opostas se atraem, assim, pode-se ver que quando há uma diferença de energia o excedente gravitará naturalmente para o déficit, basicamente onde você obtém seus opostos polares. Um é superavitário e o outro deficitário, assim, os dois se atrairiam naturalmente.

D: *Então, quando usamos eletricidade, estamos utilizando uma parte do que você representa? Isso seria preciso?*

P: Seria melhor dizer: um conceito do que somos. O princípio é o mesmo, no conceito de fazermos parte da corrente elétrica que flui, mas não necessariamente, usando uma parte de nós mesmos, no entanto, toda energia é do todo, a esse respeito é correto dizer isso.

D: *Então, a maneira como usamos a eletricidade seria a maneira como poderíamos utilizar seus serviços?*

P: Talvez, para explicar melhor, pode-se usar a biologia do seu sistema imunológico. Quando há necessidade, em uma parte do corpo, de um sistema defensivo específico, o corpo, como um todo, mobiliza seu metabolismo para produzir e enviar a enzima ou proteína necessária para construir os anticorpos específicos necessários para repelir uma infecção. Então, o corpo, de forma sistêmica, irá reagir para combater essa infecção localizada, enviando as necessidades específicas dessa reação defensiva para a área que precisa. Da mesma forma, o universo, como um todo, pode mobilizar e enviar qualquer forma de energia particular para qualquer lugar específico do universo que seja necessário para auxiliar na cura do que chamaríamos de "desarmonia". Nós, nesta analogia, poderíamos ser comparados a anticorpos, enviados para curar a desarmonia.

D: *Sempre consigo obter uma imagem mais clara por meio dessas analogias. Me explicaram sobre elementais, você tem alguma conexão com esse tipo de energia?*

P: Como dissemos anteriormente, há sempre uma conexão entre todos os níveis e formas de energia. Existe, meramente, a localização de uma energia particular para uma forma particular necessária, dessa maneira, estamos em contato e cientes daquilo que vocês chamam de energias "elementais". Não somos, entretanto, o que vocês chamariam de energia "elemental", pois, como você perceberia, estamos muito acima disso, mas abrangendo-as simultaneamente.

D: *Eu me questionei se você seria da mesma natureza. Ouvi dizer que a energia elementar é muito básica e não tem a inteligência, ou o entendimento que você parece ter.*

P: Talvez você esteja olhando para uma ponta de um espectro, quando singulariza ou isola o que você chamaria de energia "elemental". Você está apenas olhando para um aspecto particular de uma energia total e descrevendo isso como elementar, no entanto, é parte integrante de um quadro mais completo.

D: *Entendo que a energia elemental está principalmente associada à nossa Terra.*

P: Me parece que você entende serem apenas formas de vida inferiores, como suas gramíneas e plantas, ou formas particulares do que você talvez possa chamar de formas de "vida inferior", presentes em seu planeta. Existe, é claro, a energia associada às suas formas de vida superiores, isto é, seus cães e gatos, mas inclui também a energia associada às suas formas de vida mais elevadas, sendo vocês mesmos. Não há distinção entre as energias, pois são, novamente, parte integrante do todo, estando meramente associados a um ou mais níveis particulares de consciência. Seria uma grosseira inexatidão dizer que a grama não é consciente, pois a mesma é, de fato, consciente. O próprio chão em que você caminha é consciente. Negar isso seria, talvez, relegar-se a uma posição de Deus, que abrange tudo, consciente de tudo, e tudo que está abaixo é inconsciente. Isso não é preciso. Toda a criação está ciente. Se você percebe isso ou não, depende inteiramente de você, pois tem a capacidade de se tornar consciente de toda a criação, desde as formas mais baixas, até as mais altas de consciência, sem se limitar à sua Terra particular. Você poderia, muito possivelmente, tornar-se consciente de toda a criação, simplesmente reconhecendo o fato de que tudo o que é, é consciente.

D: *Claro, isso dificultaria viver em nossa vida física.*

P: Achamos que talvez isso tornasse sua vida mais rica e plena, porque você não se sentiria tão sozinho e isolado, pois estaria em uma irmandade mais uma vez, como é o seu destino. Você, talvez, tenha se isolado devido a muitas falhas que não são suas, ou talvez por infortúnio, no entanto, em última análise, é responsabilidade do indivíduo o quão consciente ele ou ela se torna. Se alguém escolhe negar a existência de outros, então é sua prerrogativa. Mudaríamos isso, pois não desejamos denotar um significado de punição. Não queremos expressar esse conceito. Estamos tentando sugerir que cada um cria sua própria realidade, e assim, pode-se ver que quando alguém cria sua própria realidade, deve vivê-la.

D: *Sim, algumas pessoas considerariam isso um castigo, mas se você mesmo criou, terá que arcar com as consequências.*

P: Isso é Preciso.

D: *Você continua falando do todo. É isso que consideramos ser Deus?*

P: Em uma abordagem mais esclarecida, o todo é, de fato, o que você chamaria de "Deus", no sentido de que Deus abrange o todo. Sentimos, no entanto, que seu conceito geral ou atual de Deus, talvez, seja mais generalizado quanto a ser uma abstração de atributos humanos, elevados a uma situação de criador.

D: *Gostaria de saber se você pode ser considerado com o "status" de criador ou co-criador.*

P: Há, de fato, alguma verdade no que você diz, no entanto, achamos que seria inapropriado nos considerarmos assim.

D: *Então você não evoluiu tanto? Acho que estou tentando colocá-lo fisicamente em algum lugar.*

P: Nunca fomos criadores, não somos criadores, na verdade, somos....possivelmente. Gostaríamos, no entanto, de esclarecer o seguinte: existe, neste momento, um .... (Pausa)

D: *O que? Um mal-entendido ou o quê?*

Depois de um profundo respiro, Phil abriu os olhos abruptamente. Ele estava acordado, o que era incomum. Perguntei o que aconteceu.

P: Fui desligado. Era como se estivessem se preparando para dizer algo, então houve uma interrupção nos campos de energia.
D: Você acha que era algo que eles não deveriam estar falando?
P: Não, era como se houvesse interferência. Às vezes acontece, você sabe, quando diferentes energias estão indo e vindo, é meio delicado equilibrar isso, e se uma energia externa entra, ela quebra a conexão.
D: Como estática ou o quê?
P: Bem, não é energia elétrica, é mais como energia de pensamento.
D: Algo que você pensou?
P: Não, é apenas energia externa. Não é ruim, foi como se a conexão tivesse sido quebrada.

Nunca ficou claro o que causou a interferência, mas Phil achou que deveríamos encerrar a sessão do dia. Tudo bem para mim, porque toda a sessão foi tensa para mim. Estávamos discutindo um assunto muito complicado para eu compreender, e estava tendo dificuldade em formular perguntas. Então dei um suspiro de alívio ao sair de sua casa. Eu sabia que precisaria de tempo para digerir, ou pelo menos assimilar parcialmente as informações. Mal sabia eu que não vira o que de fato representava essa estranha energia.

Havíamos agendado uma reunião especial na casa de Billie Cooper naquela noite. Eles também haviam perdido nossas sessões com Phil, então, estavam ansiosos por esse reencontro. Entre os presentes, havia muitos que nunca presenciaram este fenômeno, então, um ar de curiosidade pairava na sala quando começamos. Novamente usei sua palavra-chave e o método do elevador. Quando a porta se abriu, a luz brilhante voltou, quase como se nunca tivesse ido embora. Como não tive tempo de formular perguntas, minha mente estava disparada, tentando pensar em como começar.

D: É esta a mesma luz que vimos esta tarde?
P: Isso é preciso.
D: Você acha que esta é a energia apropriada para responder a quaisquer perguntas que possam ser feitas esta noite?

P: Para este grupo, neste momento, isso seria uma ligação entre o que você pede e o que você receberá. Pois muitas vezes alguém pedirá o que é impraticável dar e, portanto, deve receber o que está mais próximo daquilo que foi pedido.

D: Quando contatamos esta energia, nesta tarde, eles disseram serem de natureza assistente. Quando você deseja criar coisas em sua vida e fazer coisas acontecerem, esta energia assistente é gerada e usada, podendo ser usada de várias maneiras, estou correta em minha definição?

P: Diríamos que seria preciso.

D: Sendo uma energia multidimensional, tinha muito mais conhecimento do que uma única energia teria, então, talvez, seja o apropriada para esta noite.

P: Diríamos que, talvez, uma explicação mais definida esteja em ordem. Queremos explicar que esta energia não é de natureza acumulativa, ou seja, uma forma ou receptáculo detentora do conhecimento. É simplesmente um canal, através do qual esse conhecimento é transmitido. Nós trazemos o que é pedido, não mantemos ou armazenamos esse conhecimento. Talvez no seu nível, este seja um ponto insignificante, no entanto, em conversas posteriores, pode tornar-se bastante evidente que há, de fato, uma profunda diferença entre aqueles que canalizariam esse conhecimento e aqueles que armazenariam ou recebem esse conhecimento.

As perguntas e respostas estão incorporadas nos vários capítulos deste livro.

* * *

Muitas vezes, nessas reuniões, espíritos, ou o que quer que fossem, mostravam-se curiosos sobre nós. Estes costumavam nos divertir e nos assustar, perguntando-nos questões. Algumas dessas perguntas eram extremamente difíceis de responder, muitas vezes envolviam conceitos em nossa cultura sobre os quais não pensamos muito. Quando isso acontecia, podíamos avaliar prontamente a dificuldade que estávamos colocando-os por meio de algumas das perguntas que frequentemente fazíamos. É notável que eles sempre foram capazes de encontrar as respostas instantaneamente, enquanto nós, tropeçamos e conferenciamos, muitas vezes, apenas encolhemos os ombros em resignação, quando os holofotes são virados em nossa direção.

P: Não há necessidade de nos temer enquanto falamos através deste homem, ele faz isso de bom grado e sem medo de más consequências. Assim, traz esta energia através de seu veículo, para compartilhar com você, pois encontrou a verdade nesta energia, e deseja compartilhá-la com os outros. Ao dar, ele recebe imensuravelmente. Novamente, não há necessidade de nos temer. Somos simplesmente alguns que atingiram um nível muito acima do que, agora, está na natureza encarnada de seu planeta. Estamos aqui para trazer a verdade e a iluminação para ajudar a elevar a consciência em seu planeta, de modo que a ignorância e as superstições, que parecem prevalecer, sejam dissipadas e substituídas por conhecimento e verdade. Viemos em paz, harmonia e amor. (A voz era mais profunda e soava diferente da de Phil. Isso me causou arrepios.) Você está sendo monitorado, neste momento, por alguém muito maior do que qualquer coisa já experimentada nesta sala. Há, neste momento, um "vigia", um "guardião", agora designado para esta sala, para proteger aqueles reunidos aqui, e desejam aprender. (A voz continuou, ficando mais baixa e profunda. Não era nada parecida com a voz normal de Phil e isso também era aparente para os outros na sala.) Gostaríamos de perguntar agora, poderíamos perguntar-lhes algumas questões?

Isso foi inesperado, mas enquanto eu olhava ao redor da sala, os outros balançavam a cabeça concordando que deveríamos tentar esse ângulo diferente.
Um membro do grupo perguntou: "Você é a essência das vidas vividas na Terra?"

P: Isso seria uma afirmação precisa, sim. Se puderem, imaginem a consciência coletiva de cada um de vocês nesta sala agora, juntos, sem seus corpos físicos. Se sua consciência fosse removida de seus corpos, vocês seriam unidos por um interesse comum, ou um objetivo comum. Assim é conosco, pois descobrimos que nossas energias são semelhantes em vibração e muito compatíveis, embora não sejam idênticas. Simplesmente trabalhamos muito bem juntos, como uma unidade, compartilhando informações e ideias, e oferecendo o que estamos familiarizados a qualquer momento. Não há identidade dada, nem necessária, simplesmente existimos.

D: *E você deseja nos fazer algumas perguntas?*

P: Neste momento agradecemos a oportunidade, no entanto, permitiremos que você anuncie quaisquer compromissos para esta noite. Em outras palavras, você pode ir primeiro.

D: *Da maneira que desejar, creio que haverá tempo para todos nós.*

P: Há uma área que gostaríamos de abordar esta noite, se estiverem de acordo, e seria a seguinte: consciência sexual, ou em outras palavras, identidade de gênero. Nós, aqui, não recebemos identidade sexual. Somos, simplesmente, energia espiritual etérica, e achamos um tanto divertido, sem desrespeito, que vocês se definam como um ou outro. Vocês parecem ter uma necessidade muito forte de se segregar, usando uma identidade de gênero. Achamos isso fascinante, a necessidade de manifestar uma identidade individual. Sentimos que perderam sua verdadeira identidade ao se relacionarem entre si nesses termos, esta é simplesmente uma observação do nosso ponto de referência, e esse é simplesmente o item que ponderamos trazer para discussão, se você achar apropriado.

D: *Hmmm, um assunto bastante estranho. Acho que nunca pensamos nisso, não é?*

Um membro do grupo se ofereceu: "Posso elaborar um pouco, por favor?"

P: Esperamos que você o faça, e , assim, dê-nos alguma visão sobre esta aparição, para podermos chegar a uma melhor compreensão a partir do nosso nível.

O membro continuou: "Pelo que entendi, você quer discutir a área física, e sendo você energia etérica, não se preocupa com coisas físicas, então não precisa se preocupar com identidade sexual. Em uma área física, no entanto, isso é muito importante, pois representa a essência de nossa identidade. Então, você entrou em uma área de discussão que pode ser um tanto "estranha" à energia etérica, mas enquanto estivermos confinados a corpos físicos, esta é uma parte muito importante do nosso ser e devemos nos preocupar com ela. Isso faz sentido para você?"

P: Estamos assimilando essa resposta. Entendemos sua preocupação e entendemos sua necessidade de identificar ou reconhecer seu aspecto físico. Sentimos, no entanto, que estamos aqui, não pregando, apenas fazendo uma observação de nossa referência, de que não se tornou tanto um senso de cuidado tutelar dado a esses corpos físicos, mas mais um senso de identidade dado a esses corpos físicos. Parece que o próprio corpo físico recebeu uma identidade.

D: *Isso é verdade. Recebeu uma identidade porque é assim que nos reconhecemos, estando confinados ao tempo e às coisas materiais. Eu poderia fazer uma pergunta? Alguma de suas energias já esteve em um corpo físico?*

P: Isso não é exato, pois nunca estivemos em um nível onde o físico pudesse se manifestar. Somos de uma energia que simplesmente não conduz à formação da matéria física, uma energia eletromagnética, e não de estrutura ou composição que facilitaria a formação da matéria física. Não há ninguém entre nós, neste momento, que já experimentou o que você chamaria de encarnação "física", embora isso não signifique que não tenhamos estado em seu planeta antes. Nós temos, mas não em uma forma humana. Houve muitas formas além da humana em seu planeta, que carregavam consciência, no entanto, você não tem registro desses formulários, pois nenhum foi dado para ser registrado.

Membro: *Qual é a sua origem então?*

P: Falamos da essência da verdade, do Único Deus Verdadeiro, como você diria em seu vernáculo. Viemos dos doadores da verdade, da legião da luz, ou como você pode dizer, dos arcanjos. A nossa é uma mensagem de informação. Definiremos aqui nosso papel como doadores da verdade. Existem muitos outros esquadrões ou legiões cujas responsabilidades podem incluir questões de saúde, ou talvez reconstituir, ou reconstruir planetas e existem aqueles cuja função é apenas a construção de universos.

D: *O nível do Criador.*

P: Está correto. Existem muitas áreas diferentes de especialização disponíveis, como o grupo busca informações, vocês nos contatou, os doadores da verdade, e aqui estamos nós.

Membro: Acho que entendo isso. Temos responsabilidades em nosso reino físico, que tipo de responsabilidades você tem? Sei que você não está confinado pelo tempo como nós. Com o que você se ocupa? O que essa energia faz?

P: Há, neste plano, muito trabalho e atenção dada à formação e criação de energias subservientes. Parafraseando o ato de criar anéis, ou círculos em uma lagoa, nosso trabalho, se pudermos fazer uma analogia grosseira com isso, é simplesmente jogar pedras na água e fazer com que os círculos irradiem para fora de onde as pedras ou seixos caíram. É nesses círculos concêntricos, que irradiam para fora, onde nos destacamos ou estamos no nosso melhor. Claro, você entende que esta é uma analogia simples, mas o propósito é criar padrões de energia que sejam úteis para aquelas formas de vida e energias que estão em um nível um pouco abaixo do nosso. Em outras palavras, criamos uma atmosfera, ou ambiente muito propício nesses círculos de energia, para que, aqueles trabalhando abaixo de nós, tenham um ambiente de trabalho hospitaleiro. É uma cadeia de ambientes hereditários, algo muito parecido com sua cadeia natural de hierarquias, em seu mundo físico. Isso faz sentido?

Os membros do grupo responderam que sim.

D: É um pouco complicado, mas essas também são energias que nós mesmos podemos usar para criar coisas?

P: Não diretamente. Essas energias com as quais lidamos, estão em um nível muito mais alto do que vocês poderiam manipular diretamente. Através de situações como esta, onde há um efeito de ponte, podemos, no entanto, trocar conceitos, analogias, visualizações e racionalizações, e assim por diante, para que nossas realidades e verdades possam ser conectadas ao seu nível de compreensão e vice-versa.

D: É por isso que parece tão estranho para você ver nossos diferentes conceitos.

P: Isso é preciso. Pedimos desculpas aqui, pois realmente não desejamos pregar, mas apenas observar. Sentimos que muita ênfase foi dada à identidade de gênero e retirada da verdadeira identidade, a consciência; ou Deus; ou identidade Crística; ou uma das muitas centenas de milhares de termos dados para aquilo que é. O que é sua verdadeira identidade, a energia, energia como nós mesmos somos. Claro, você sabe que seus corpos físicos nada mais são do que um implemento ou uma ferramenta. Seria como se você, ao andar em seu carro, assumisse a identidade do próprio carro, e não fosse apenas um passageiro no carro. (Risos) Você sentiria, então, ser um Fusca, que é grande, vermelho, sentiria seus quatro pneus abaixo de você, e sentiria cada arranhão e amassado recebido. Isso, é claro, é novamente uma analogia muito simples, no entanto, sentimos que resume adequadamente, pelo menos do nosso ponto de vista, nossas percepções de como a realidade física parece ter transcendido a realidade espiritual.

D: *Sim, mas sempre que você entra no corpo físico, o subconsciente esquece a outra parte e se concentra apenas no físico. Este é um dos perigos de encarnar no mundo físico.*

P: Essa é uma afirmação totalmente precisa. É de fato um risco, que não é exata ou necessariamente um dado, mas um que é verdadeiramente prevalente.

Outro membro do grupo interveio: "Você está dizendo que nos envolvemos tanto com o corpo que carrega nosso espírito, a ponto de notar e sentir cada arranhão, cada solavanco, e temos orgulho de nossa cor e etc, mais do que estar envolvido com a verdadeira identidade, o espírito?"

P: Isso é preciso, e uma visão muito iluminada de um problema muito real neste planeta. A verdadeira identidade reside no físico e é muito incomum que um indivíduo reconheça sua verdadeira identidade como sendo a energia interna, e não o veículo que a envolve.

D: *Então, estamos exagerando na divisão entre o masculino e o feminino, em vez de integrar ambos em nosso ser?*

P: Isso é totalmente preciso, pois nesta separação de identidade são dadas as leis sociais que ditam que as energias contidas na energia masculina devem se relacionar, por convenção social e de maneira particular, com aquelas energias contidas em um veículo feminino. Podemos usar como exemplo, seus costumes de namoro e linguagem corporal, e assim por diante. Neste momento do seu planeta (ano 1987), a norma aceita é que toda a ênfase seja voltada para os gêneros de identidade oposta, não sendo aceito que gêneros de igual identidade tenham interesse um do outro, como acontece em nosso plano. Sentimos que houve muito desalinhamento, devido a essa identificação equivocada. O que estamos dizendo aqui não é nada em termos de relações sexuais, mas simplesmente as relações de amizade. Muitos homens têm medo de serem amigos porque ambos são homens, e muitas mulheres também, no entanto, muitas mulheres e homens também têm medo de serem amigos, porque temem segundas intenções. Você vê, então, que há muito mal-entendido por causa dessa identificação física.

D: *Você tem o equilíbrio das energias masculina e feminina em cada um de vocês?*

P: Para todos os propósitos práticos, não existem energias masculinas e femininas neste nível. Simplesmente energias, não há distinção.

Membro: Acho que para ser capaz de reconhecer a importância dos gêneros, você teria de ter alguma experiência em existências nesse nível. Então, vocês são energias criadas por energias superiores, ou vocês são aqueles sendo criados devido a padrões de pensamento da Terra?

P: Fomos criados pelo Mestre, pelo Todo. O Deus supremo de toda a criação. Não somos, como você pode suspeitar, das energias da Terra, pois viemos de um plano muito acima daquele que poderia ser abordado pelas energias deste planeta. No entanto, à medida que você avança além do nível de existência masculino-feminino, essa distinção se e torna cada vez menor, até o ponto de não haver distinção alguma, como experienciamos aqui. É simplesmente para seus propósitos de procriação, que esta distinção foi dada, no entanto, no espiritual não há necessidade de procriação. No espiritual não há necessidade de distinção, portanto, quanto mais você se afasta de seu plano físico, mais a distinção diminui, até o ponto em que não há distinção alguma.

D: *Esta é uma das lições que escolhemos aprender e vivenciar, vir a este plano e viver nestes corpos físicos de diferentes gêneros. Aparentemente, você como uma energia não decidiu experimentar essas coisas, mas tudo faz parte do nosso aprendizado.*

P: Não há escolha neste assunto. Pois, se escolhêssemos encarnar, simplesmente não poderíamos. É uma questão de física.

D: *Você não teria permissão ou não poderia?*

P: Não seria possível que nossas energias estivessem contidas em um corpo físico. É uma questão de vibração. Os corpos físicos que abrangem suas energias estão vibrando em um nível muito lento para conter nossas energias. Seria como tentar reter água em um balde de tela. Não estamos fazendo um julgamento aqui, pois entendemos suas razões para estar encarnado no físico. Há muitas lições a serem aprendidas aqui, no entanto, sentimos isso e novamente dizemos, com tanto carinho quanto podemos transmitir, simplesmente parece haver, do nosso ponto de vista, um exagero na identificação dada aos veículos físicos, deixando a desejar quanto ao aspecto energético de suas identidades. Talvez sejamos preconceituosos em nossa opinião, porque o vemos de uma posição distante dele.

D: *Achei que talvez você fosse uma energia em evolução. Que em algum momento chegaria ao ponto em que encarnaria em um corpo.*

P: Se fosse possível elevar um corpo físico a um nível que pudesse nos conter, então seria possível, no entanto, neste ponto, pelo menos em nosso reino de experiência e nos níveis de matéria física que experimentamos, isso não seria possível.

D: *Qual é a diferença entre a energia espiritual que habitamos em nossos corpos e seu tipo de energia?*

P: Simplesmente frequência de vibração. Encontramos em sua discussão muita iluminação, e agradecemos sua honestidade e franqueza. Ocasionalmente também gostamos de observar, para podermos aprender com suas discussões. Apreciamos isso, pois muitas vezes não há quem venha ao nosso nível, compartilhar conosco suas verdades, seus conceitos. Embora não sejam nossos, agradecemos por compartilhá-los com você, pois também nos iluminam. Aparentemente, por sermos diferentes, existe a ideia de que somos superiores de alguma forma. Essa não é a verdade. Estamos em uma vibração diferente, possivelmente um pouco distante da sua, porém, isso não nos torna superiores. No reino de Deus não há superiores e inferiores. Existem, simplesmente, aqueles que existem em sua forma e espaço apropriados, fazendo o que deve ser feito. Não existe conceito de melhor que, ou menor que. Este é um conceito particularmente humano.

Membro: Seria você um ser perfeito; e existem caminhos de evolução em seu nível? Você está voltando para a fonte de toda a energia do universo ou ficará no nível que vive atualmente?

P: Em primeiro lugar, diríamos que existem várias suposições que consideramos não totalmente precisas. Não somos seres perfeitos e longe disso, somos também, seres aprendizes, seres ascendentes. Estamos em um caminho evolucionário, como você pode escolher dizer. Não temos a resposta definitiva, pois, se já tivéssemos atingido a etapa final, não haveria como nos comunicarmos através deste veículo e permitir que ele sobrevivesse. É uma energia muito além de qualquer coisa que possa acomodar uma forma física. Como a forma física simplesmente vaporizaria, se essa energia tentasse habitar um corpo. Simplesmente elevaria a vibração dessas moléculas físicas a um nível muito além do que elas poderiam sustentar, e se dissolveriam. Não desejamos assustá-lo ou alarmá-lo, mas dar-lhe uma noção do poder dessa energia, pois a energia seria tão intensa que faria com que todos nesta sala, ao seu redor, simplesmente vaporizassem. Você não tem noção do poder de toda a energia de Deus. É muito poderoso para ser trazido a este nível. Essa energia percorre todo o universo, toda a criação e como tal, mesmo em forma minúscula, se fosse trazido a este nível, não serviria de nada. Em algum momento de sua evolução, e isso inclui todos presentes fisicamente nesta sala, cada um de vocês, não apenas atingirá este nível do qual falamos, mas o ultrapassará, como nós mesmos iremos. Nós também somos uma espécie evolutiva. Estamos em um nível ascendente e não somos aperfeiçoados, no entanto, somos mais esclarecidos, visto que nossa perspectiva é muito mais ampla do que a sua. Existem aquelas coisas das quais você tem conhecimento íntimo, e nós não conhecemos, e assim é comunicando que damos e recebemos esse conhecimento. Aprendemos com isso, enquanto vocês também aprendem. Poderíamos facilmente nos agrupar e entrar em contato com um de vocês para podermos fazer perguntas, e muitas vezes o fazemos.

D: Então, em algum momento, atingiremos esse nível?

P: Isso é preciso, no entanto, não seria simplesmente dado, deve ser aprendido, pois ao aumentar seu conhecimento e consciência, sua frequência de vibração também aumenta. Quanto mais você se sintonizar com o absoluto, com a verdadeira identidade de Deus, mais sua vibração aumentará, assim você irá, através de seu processo de evolução espiritual, eventualmente, alcançar aquela vibração na qual ressoamos agora. Presumindo, é claro, que nosso nível é para onde você deseja evoluir. Novamente, existem muitas outras áreas e níveis para os quais evoluir. Você pode se imaginar no sopé de uma imensa montanha, com muitos, muitos caminhos diferentes para escalar e você está ao pé de um caminho que se ramifica em uma miríade de outros caminhos. Todos, eventualmente, levando ao topo, mas todos diferentes, nem mesmo levando ao mesmo topo, pois talvez, haja um planalto no nível mais alto, e você pode estar em muitos lugares diferentes desse planalto. Então cada um de vocês está em algum ponto abaixo deste platô, talvez perto da base, para nossa analogia. Pode ver que já existe alguma distância entre você e a base, porque ao atingir esse nível de comunicação, você já percorreu uma certa distância. Pode também observar que nesta encosta da montanha, coberta por diferentes caminhos, existem muitos caminhos diferentes para seguir em sua ascendência. Nós, talvez, estejamos de lado e em algum nível mais alto do que você, se você escolher nos colocar lá, e nos sentimos lisonjeados por você fazer isso. Então, você pode ver que, talvez, queira seguir um caminho, ou caminhos para chegar ao nosso mesmo ponto na encosta desta montanha, no entanto, há uma infinidade de opções, para que você não precise ou talvez nem queira e por si só, alcançaria o platô, talvez em um tempo muito mais curto, ou talvez mais longo, para usar sua terminologia. Eventualmente, todos chegaríamos ao planalto, no entanto, podemos não estar necessariamente no mesmo ponto, e ainda assim no mesmo planalto. Isso faz sentido?

Houve muita concordância do grupo.

D: Mas você não precisou passar pela mesma evolução que estamos passando.
P: Não era o que você poderia chamar de comparável, no entanto, nós mesmos evoluímos de um menor para um maior. Existem energias mais poderosas do que o nível que atingimos, que vocês nem podem imaginar.
D: De onde vêm essas energias? Onde eles se originam?

P: Não há um referente tempo nem espaço dado a essas energias. Elas são de um tipo de energia construtiva. Seriam algo como energias construtoras do universo. São energias construtivas, porque auxiliam e se esforçam para construir universos, ou seja, as realidades físicas e as necessidades espirituais que atendem a essa realidade física. São os construtores dos universos.

D: *Do nível do criador? Co-criador?*

P: Não é assim, pois eles não são do criador, no entanto, eles são assimiladores, talvez esse seja um termo mais preciso. Eles, em si mesmos, não criam os materiais que constituem um universo, no entanto, reúnem essas energias e realidades para formar um universo. Para não implicar que eles criam do nada, como seria no nível do criador, mas são mais do status de engenharia. Eles são os construtores, talvez, não os criadores.

D: *Há pouco você disse que gostaria de nos fazer algumas perguntas.*

P: Talvez devêssemos nos reunir aqui, pois estamos um pouco dispersos agora. Podemos reunir nossos recursos e ver o que é mais relevante para perguntarmos, como vocês mesmos fizeram antes desta sessão. Uma situação muito semelhante ocorrerá do nosso lado, se você assim escolher. Preferiríamos um curto período para que possamos reunir nossas energias em um foco. (Pausa) Diríamos que compreendemos muito pouco o seu conceito de justiça, pois o que é justo para um, muitas vezes não é justo para outro, no entanto, talvez amanhã isso possa ser totalmente revertido. Como seus padrões de justiça podem ser tão flexíveis?

Essa, literalmente, era uma "grande" questão. Houve muita discussão sobre se alguém em nosso grupo queria se oferecer para elaborá-la.

D: *Essa é uma pergunta difícil, mas temos feito perguntas difíceis também. Agora é nós que estamos na berlinda.*

Membro: Devo admitir que há muito pouca justiça vista e reconhecida. Imagino que devido nossa natureza humana, buscamos um certo conforto e queremos que tudo seja justo no que se refere a nós. Nossa inclinação é pensar em nós mesmos, antes de pensar nos outros, então, até chegarmos no ponto em que aceitamos o outro em sua natureza, é difícil sermos justos. Ainda assim, muitas vezes, mesmo quando tentamos ser justos, isso não é recebido por outras pessoas da mesma forma como pretendíamos, e assim, a justiça torna-se mais um conceito do que uma realidade.

D: Em outras palavras, você quer dizer que é uma coisa egoísta.

Membro: Isso é o que faz parecer egoísta, sim. Ser injusto.

P: Poderíamos ver então que seu conceito de justiça é bastante dinâmico. Mudando, talvez, a cada momento, conforme as situações em que vocês se encontram. Então, poderia ser dito, também, que a justiça parece ser, talvez, um conceito altamente individual que foi grosseiramente generalizado por sua sociedade como dado pelo próprio Deus? Assim, o que é justo é bom e, portanto, é dado por Deus.

Membro: Acho que é verdade.

D: Acho que a nossa educação influencia muito também. A maneira como você é criado.

P: Sentimos que talvez seja por isso que Deus é tão mal compreendido em seu nível, que talvez Seus julgamentos e decretos pareçam ser, na realidade, simplesmente humanos, buscamos aqui por,....(pausa) não há um conceito bastante preciso disponível para descrevê-lo.

D: Talvez por isso seja tão difícil de explicar. (Risada)

P: Diríamos que seu conceito de justiça é talvez um teste decisivo, usado para permitir a passagem mais confortável em um dado momento específico. Para aliviar um desconforto, em outras palavras.

Outro membro: Bem, eu tenho um conceito diferente de justiça. Se uma coisa ou um privilégio é justo para uma pessoa, então deve ser a mesma vantagem para todas as pessoas envolvidas. Mas nossa sociedade não permite que seja assim, é mais ou menos, uma questão de quem você conhece para tirar mais vantagem. Isso não é justo, e não estou falando por mim, estou falando por todo o Estados Unidos, ou pelo mundo inteiro. Este é o meu conceito de justiça, e não: "Ei, fui enganado no supermercado e isso não é justo", porque não seria o único com quem isso acontece. Provavelmente estou falando em enigmas.

Membro: E também somos indivíduos, portanto, olhamos para cada coisa separadamente, sendo indivíduos, não há dois de nós que pensem da mesma forma.

D: *Sim, é isso que dificulta dizer o que é justo e o que não é. Não podemos ter uma descrição geral, porque somos todos muito diferentes. Não sei se respondemos muito bem a essa.*
P: Sentimos que talvez voltemos ao quadro de imagens. (Risos do grupo.)
D: *Me desculpe por isso. Provavelmente confundimos você mais do que nunca. (Risada)*
P: Isso é preciso. Novamente, não estamos aqui para discutir questões morais, pois do seu ponto de vista, não temos moral. Não há necessidade de moral. A moral é simplesmente uma séries de leis estabelecidas para governar o comportamento. Em nossa existência não há necessidade dessas influências governantes externas. É inexistente. Não é necessário. Assim, não escolhemos impor nossa moral artificial, que seria necessária para se relacionar com sua moral real, pois não temos tal autoridade para fazê-lo. Não temos experiência real com a qual ter moral. Sempre que houver quem queira aprender, compartilharemos o que sabemos ser verdadeiro para nós e para você. Há muitas coisas que são verdadeiras para você que não são verdadeiras para nós e, novamente, muitas coisas verdadeiras para nós, que não são verdadeiras para você, no entanto, há muitas coisas que podemos compartilhar e que são verdadeiras para nós dois.
D: *Um ponto de encontro comum.*
P: Isso é preciso. Ficaríamos muito honrados em voltar, pois sempre nessas trocas, aprendemos tanto quanto, senão mais, que vocês. Muitas vezes não entendemos seus conceitos, até que possamos explicá-los do nosso ponto de vista.

Nesse ponto, ocorreu uma estranha transição. Com uma respiração profunda e um suspiro, Phil começou a falar em sua voz normal, mais aguda e viva. Era evidente para todos que aquela energia se foi e outra tomou seu lugar. Este preferiu responder às questões mundanas e comuns, relativas ao plano terrestre. A energia anterior esteve presente por mais de meia hora e quando saiu, a mudança foi completa e imediata. O questionamento continuou com cada pessoa fazendo perguntas pessoais, sobre suas vidas diárias.

O gravador foi deixado ligado e, quando Phil voltou ao estado de vigília, disse se lembrar haver muito mais coisas acontecendo do que ele podia relatar. Era como se essas energias conversassem muito entre si, seja sobre o que estávamos perguntando ou sobre o que estávamos dizendo, no entanto, não era como um discurso, ele apenas teve a sensação de que uma discussão interna acontecia em paralelo. De qualquer maneira, não seria capaz de repeti-la para que ficasse gravada.

Phil lembrou que o grupo de entidades nos pediu para definir o que era justiça. Ele tinha a impressão de um grupo, às vezes, balbuciava tanto que não conseguia identificar nenhuma voz individual. Parecia que eles diziam: "Por que está certo matar um homem no campo de batalha e não uma criança no ventre?" Esta foi a razão para a pergunta sobre justiça. Para ajudar a resolver seu sentimento de frustração sobre nosso aparente padrão duplo.

* * *

Durante outra reunião, um membro do grupo fez uma pergunta: "Muitas vezes, quando acordo de um sono profundo, sinto que estou vibrando, ou meu corpo está pulsando em um ritmo acelerado. O que causa isso?"

P: Sua alma, como você a chama, está retornando do plano astral com um estado de carga superior, um nível superior de consciência e precisa está voltar para um nível inferior de consciência. Seu corpo vibra em uma determinada frequência, e enquanto sua alma está no seu corpo, é necessário que sua alma esteja próxima dessa frequência vibracional, para poder se conectar. Se sua alma estivesse vibrando muito rápido, ela se separaria de seu corpo. Em seu estado de sonho, muitas vezes, sua alma pode ser estimulada a um nível mais alto de energia, e assim, você se separa de seu corpo, experimentando a projeção astral. Sua alma e seu corpo devem vibrar, não necessariamente, em uma frequência igual, mas em uma frequência semelhante ou próxima. Muitas vezes, quando você está em depressão, sua alma baixa sua vibração abaixo da frequência de seu corpo, portanto, você se sente muito triste ou mal-humorado. Seus momentos de elevação são, muitas vezes, quando sua alma está vibrando em uma frequência mais alta que seu corpo.

D: *Então, vibrando mais rápido e se separando do corpo, essas são as experiências fora do corpo que as pessoas têm?*

P: Isso é preciso, pois quando você se separa de seu corpo, você está vibrando em uma frequência que é mais alta do que aquela que seu corpo pode manter ou suportar, e assim ocorre a separação.

Retornar de uma experiência extra corpérea (projeção astral) também pode criar paralisia temporária, até que a conexão cérebro/corpo seja restabelecida.

* * *

MÚLTIPLAS PERSONALIDADES

Pergunta: Sempre me senti muito desconfortável neste plano, como se eu fosse cinco pessoas diferentes.
P: Talvez, seja necessário que você identifique todas as suas personalidades verdadeiramente. Esse conceito te surpreende? De fato, existem entidades ou identidades separadas dentro de você, pois muitas pessoas têm personalidades múltiplas. Este não é um conceito estranho, no entanto, parece que nesta sociedade, ficou um tanto maculado com a ideia de que personalidades múltiplas são automaticamente esquizofrênicas, ou um sintoma de doença mental, o que não é o caso. Este é um aspecto simples da natureza, que prevalece em todas as sociedades e em todos os tipos de animais, humanos ou não. Você, se assim o desejar, pode identificar várias identidades dentro de si mesmo. O tímido e o introvertido que gosta de ficar em casa tricotando ou fazendo crochê, ou seja lá o que for. Há também aqueles momentos em que você prefere sair e bater perna, por assim dizer, e apenas se divertir, e isso não está errado. Não é mais errado do que ficar em casa e ser uma pessoa caseira. Nenhum dos dois está errado. Cada um fala suas próprias verdades e sua própria adequação. Existem aqueles aspectos de si mesmo que escolhem ser estudiosos e clamam por conhecimento, ou aquele aspecto de si que é muito maternal e muito amoroso, no entanto, com o lançamento de uma moeda, pode ser tão frio quanto uma pedra de gelo. Isso te faz lembrar de alguém? É antinatural ser muito amoroso em um minuto e muito frio no seguinte? Se alguém se encontra na posição que exige isso, é antinatural ou não? Não, é claro que não é. Não há necessidade de temer múltiplas personalidades, pois isso é

simplesmente um aspecto do ser. Gostaríamos de incentivá-lo a identificar essas personalidades ou traços de personalidade individuais. Eles até atribuirão nomes a si mesmo, se você assim desejar, e terão o que você pode chamar de identidades "separadas". Estas são simplesmente facetas de sua personalidade total. É essa combinação de facetas que compõem uma personalidade humana. Quando uma personalidade não é saudável, essas facetas estão fora de sincronia ou não se comunicam entre si, eles não estão trabalhando juntos. Uma personalidade saudável tem essa composição de facetas em harmonia. Não existe um diamante com apenas uma face, assim como não existe um ser humano com uma única personalidade. É impossível, pois a personalidade humana, por sua própria existência, requer múltiplas facetas. O arco-íris pode ser usado como uma analogia da harmonia. Esse fenômeno dá a aparência do aspecto circular ou talvez semicircular com cores diferentes por toda parte, ou seja, harmonia. A soma do espectro de cores em um aspecto circular, representativo do todo. O círculo sendo infinito e representando Deus, portanto, metade é mostrada e metade não é aparente, o que é novamente verdadeiro para sua própria natureza. Significando que vocês mesmos são físicos e ainda espirituais. Metade é mostrada e metade não é, e ainda, em cada um de vocês, está contido aquilo que não é, juntamente com o espectro completo de tudo o que existe.

* * *

Outra versão de múltiplas personalidades vinda de outro cliente.

D: *Você já ouviu falar sobre o que é chamado de "personalidades múltiplas"? O que parece ser muitas personalidades em um só corpo.*
Brenda: Sim. Seus psicólogos estão no caminho certo para rastrear os motivos e suas causas. Essas múltiplas personalidades são causadas por espíritos com uma carga particularmente pesada de carma negativo, e no processo de tentar negar isso a si mesmos, eles se dividem no que parecem ser entidades individuais, mas na verdade são diferentes ramificações da mesma entidade. É como ter uma flor com muitas pétalas. Usarei a mão desta unidade para

demonstrar. (Ela levantou a mão e apontou para os diferentes dedos e o punho, enquanto fazia sua analogia.) Você tem uma flor com muitas pétalas e as pétalas estão conectadas na base (o punho). Digamos que a flor está posicionada onde você só vê as pétalas da metade até as pontas, e assim elas parecem objetos separados. Você não pode ver na parte inferior, onde estão unidos. Esses espíritos de múltiplas personalidades parecem ser entidades separadas porque você está vendo apenas a parte que aparece separada. Mas na base, no cerne do espírito, todos eles se conectam em um só espírito. Como mencionei, o espírito tem uma carga particularmente pesada de carma negativo que desenvolveu, e eles estão tentando negar isso a si mesmo, querendo escapar de seu atual ciclo de carma, então se fragmentam, buscando recomeçar, atacando em todas as direções. Essas diferentes direções que o espírito segue, aparecem como diferentes personalidades dentro do corpo que o espírito está ocupando.

D: *Tenho a teoria de que talvez essas personalidades fossem fragmentos ou imagens espelhadas de personalidades que tiveram em vidas passadas.*

B: Normalmente, sim. À medida que se fragmenta em direção diferente, ele recorre às vidas passadas recentes, suas personalidades passadas, ou outras existências físicas. Mas como o espírito está lançando-se descontroladamente, geralmente são versões distorcidas dessas personalidades ou, como você disse, apenas um fragmento delas, porque o espírito não está sendo organizado. O espírito está em pânico.

D: *Dizem que às vezes as outras personalidades são masculinas, femininas, adultas ou infantis. Foi por isso que tive essa ideia.*

B: Sim. Foi uma boa ideia e se aproxima do que acontece, pois eles se baseiam em suas memórias passadas, e o espírito se lembra dessas vidas passadas, e assim eles podem recorrer a vários aspectos, ou talvez apenas um aspecto particular de uma personalidade de uma vida passada para uma dessas múltiplas personalidades.

D: *E eles os trazem para "ajudá-los" a escapar, por assim dizer, de sua vida, de seu carma..*

B: Eles pensam que isso os ajuda a escapar, mas não é o caso. É como ter um peixe se debatendo em sua linha de pesca, tem quase o mesmo efeito.

D: *O psiquiatra tenta uni-los em uma única personalidade. Dizem ser algo muito difícil de fazer.*
B: Sim. Os psiquiatras ainda não são realmente eficazes com isso, eles têm a ideia certa em mente, mas estão tentando aplicar cola nas pontas das peças separadas, em vez de tentar descer até a base, onde já estão unidas e curar os rasgos na base. Esse é um processo muito complexo e eles ainda não desenvolveram a capacidade de fazer isso, pelo menos estão no caminho certo.
D: *Uma coisa que eles descobriram ter em comum é que parece haver algum tipo de evento traumático na vida da pessoa que faz com que isso aconteça, em primeiro lugar.*
B: Sim. O acontecimento traumático chama a atenção do espírito para a carga negativa de carma que deve lidar. É por isso que, nesses casos, sempre que um evento traumático acontece, o espírito entra em pânico novamente, se fragmenta e outra personalidade aparece. O espírito não percebe que poderia reverter isso e trabalhar para o bem, para o carma afirmativo. Eles simplesmente entram em pânico novamente, recriando o ciclo de fragmentação.
D: *Parece que eles não estão resolvendo seu carma.*
B: Sim, isso é verdade. Eles não estão lidando com o problema, para assim resolvê-lo.
D: *Eles continuam lutando contra.*

* * *

D: *Há algo de diferente em gêmeos, idênticos ou não idênticos?*
B: Não. Os gêmeos geralmente são como qualquer outro irmão ou membro da família. Eles são dois espíritos intima e carmicamente relacionados um ao outro, trabalhando em algo juntos, como marido e mulher, outros irmãos ou relacionamentos próximos, no entanto, no caso de gêmeos idênticos, devido à ressonância entre os dois corpos, eles tendem a ter habilidades psíquicas extras.
D: *Eu ouvi uma teoria, que gêmeos idênticos podem ser a mesma alma que se dividiu em duas partes para aprender duas lições diferentes.*
B: Geralmente não. Normalmente, se uma alma precisa aprender duas lições diferentes, ela habitará o mesmo corpo, mas em dois universos diferentes. (Explicado no Capítulo 11.)

D: *Dizem que alguns gêmeos são tão parecidos que podem estar separados por um continente inteiro e ainda fazer as mesmas coisas.*
B: Isso se deve à ressonância estabelecida entre seus corpos e energias mentais, devido ao padrão geral do universo. Quando duas coisas são muito parecidas, elas vão ter uma ressonância entre elas. Suas vibrações são tão semelhantes que terão efeitos e resultados semelhantes. É por isso que gêmeos separados no nascimento, criados em um continente distante, sem se conhecerem, acabam se casando com pessoas com nomes iguais, tendo hobbies parecidos, trabalhos parecidos e tal, por causa da ressonância.
D: *Às vezes, eles também parecem ter uma conexão mental.*
B: Oh sim. Como eu disse, gêmeos idênticos têm uma dose extra de habilidades psíquicas entre os dois. Simplesmente porque suas mentes vibram no mesmo nível.
D: *Então eles são como qualquer outra pessoa. São dois espíritos que voltaram para ficarem juntos.*
B: Exato. Tendo a habilidade de pensar igual e com suas habilidades psíquicas, é como dedilhar uma corda, então aproximar de uma forquilha e esta começar a vibrar.
D: *Achei que uma maneira de provar ou refutar isso seria regredir gêmeos e ver se eles tinham a mesma personalidade na mesma vida. Você não acha que isso aconteceria?*
B: Não, eu não acredito nisso. Eles, provavelmente, se sobreporiam várias vezes em vidas passadas e mencionariam um ao outro, em outros relacionamentos. Em uma vida passada, eles podem ter sido marido e mulher ou algum outro tipo de relacionamento próximo.
D: *Eles seriam personagens diferentes, por assim dizer, na mesma vida, mas não seriam a mesma pessoa..*

* * *

A VOLTA DE CRISTO

Durante outra sessão na casa de Billie, a discussão se voltou para perguntas sobre Jesus.

Phil: Seria apropriado dizer que Ele era um homem em todos os sentidos, no entanto, em todos os sentidos, Ele também era uma mulher. Ele estava completamente integrado e tinha tanto os desejos de um homem quanto a intuição e o sentimento de uma mulher. Falamos aqui não necessariamente de desejos sexuais, mas de sentimentos humanos, no entanto, Ele foi mais do que humano. Ele não era, como você diria, um ser humano comum. Não poderia O Mestre estar aqui agora?

D: Pensamos que Ele está entre nós em espírito.

P: Ele não poderia estar no físico?

D: Na Terra, você quer dizer?

P: Isso é preciso.

D: Bem, nunca pensamos nisso.

P: Talvez Ele tenha vindo e você não O tenha reconhecido. Isso é possível?

D: Poderia ser. Era meu entendimento que Seu espírito deveria habitar em cada um de nós.

P: Isso é preciso.

D: Então isso é diferente de habitar em um corpo como uma pessoa?

P: Se o espírito habita em um corpo, Ele não está encarnado?

D: Bem, se é isso, seria uma encarnação universal.

P: Isso é preciso.

D: Você está dizendo que Ele voltou para a Terra?

P: Ele está aqui. Ele está ao seu redor.

D: Não é apenas como uma pessoa individual?

P: Isso é preciso.

D: Pensamos que talvez você quis dizer que Ele voltou à forma física.

P: Ele retornou em forma física. Mas não está, como você diria, em um único corpo individual. Ele está trabalhando através de cada um de vocês, isso é, em um sentido muito literal, a verdade. Não é simplesmente uma figura de linguagem eloquente. O poder de Cristo está dentro de cada um de vocês agora encarnados nesta sala.

D: Acabei de ter o pensamento de que isso pode ser o que dizem sobre a "segunda vinda de Cristo".

P: Isso é preciso, pois neste influxo de iluminação, há verdadeiramente, em cada um aqui, a centelha de Cristo. Cada um tem um pequeno pedaço do Espírito de Cristo habitando neles, e é assim por toda a humanidade. Quando toda a humanidade se unir em uma mente, então haverá literal e figurativamente o retorno de Cristo.

D: *Acho que as pessoas esperam que Ele seja uma entidade, uma pessoa encarnada que retorná.*

P: Esta é uma percepção precisa, no entanto, é uma que não é verdadeira neste caso. Você percebe a situação com precisão, no entanto, a verdade é mais do que isso. É isso e ainda é mais.

D: *Então, em vez de 1 pessoa voltando, é o retorno do Cristo em várias pessoas.*

P: Isso é preciso. Como em todo o planeta.

D: *Na verdade, então, Cristo já voltou.*

P: Isso é preciso.

D: *É apenas uma maneira diferente de olhar para a questão. É por isso que seria necessário um conceito diferente para entendê-lo. Ele já voltou no espírito de várias pessoas diferentes.*

P: No espírito de muitos bilhões de pessoas. Pois este espírito está verdadeiramente sobre todo o planeta agora, não em alguns poucos.

D: *Dessa forma, eles podem realizar muito mais do que uma pessoa.*

P: Isso é preciso. Pois a palavra é espalhada por todo o planeta, simultaneamente, trabalhando de dentro para fora.

D: *A Igreja quer que pensemos ser apenas uma pessoa que a espalharia, quando retornasse, e que seria novamente adorado, etc. Esse é o problema.*

P: Essa é uma avaliação precisa.

D: *Esta seria uma maneira diferente de entender a situação, a qual a Igreja teria problemas.*

P: Teríamos problemas com a Igreja nesse ponto também, pois tentamos muitas vezes alcançar aqueles que estão verdadeira e honestamente buscando a verdade, no entanto, eles imaginam que devem se voltar para fora, em vez de para dentro. Eles parecem não conseguir alcançar esse conceito para permitir que eles se voltem para dentro, onde está a verdade real.

D: *Sim, eles devem sempre ter algo ou alguém para olhar e adorar. Essa é a única maneira que eles conseguem interpretar. Com uma estátua, uma imagem ou um conceito de uma pessoa.*

P: Isso é preciso. Seja um pregador, um orador, um político ou um médico, ou qualquer uma das muitas outras formas de adoração de heróis.

D: *Isso torna muito mais fácil para alguns deles, eu acho, se receberem a palavra dessa fonte ou ideologia, ou seja lá o que for, assim não precisam confiar em seu próprio pensamento, em sua própria mente.*
P: Isso é preciso.
D: *É um conceito interessante.*

* * *

Q: *O Sudário de Turim é o autêntico sudário de Jesus?*
P: Isso é preciso. Essa relíquia chamada ou atribuída como o Sudário de Turim é, de fato, aquela vestimenta funerária com a qual o próprio Mestre estava envolvido no momento de sua morte física. Está impresso com aquela energia irradiada pela decomposição avançada de seu corpo físico, de forma que não restariam vestígios físicos daquele corpo. Este é realmente um fenômeno puramente natural, um pouco avançado em sua natureza porque não era habitual, no entanto, não foi um milagre.
Q: *Você pode nos dizer por que algumas imagens e estátuas, especialmente de Cristo ou Sua mãe, parecem produzir lágrimas ou sangue, há algum significado nisso?*
P: Existe, novamente, essa consciência da qual falamos, que permeia tudo o que existe e toda a criação é parte integrante desse conceito de Deus. Portanto, os elementos físicos reais dos quais você fala são de fato uma parte integrante desse conceito de Deus e são, de fato, consciente, no entanto, em sua definição, eles podem não ser vivos. Há nesses ícones a consciência desse conceito de Deus. Consciência não apenas de sua própria consciência, mas também daqueles indivíduos e entidades ao seu redor, vocês mesmos, que também são consciências. Em suas projeções, ao visualizar esses ícones, a consciência é transferida de um para o outro, ou a consciência dos indivíduos que visualizam é, muitas vezes, transferida para esse ícone. O fenômeno em si é uma manifestação dessa transferência de consciência. As lágrimas são uma manifestação da consciência dos indivíduos que estão vendo esses ícones, a tristeza é realmente genuína, a vergonha da humanidade é a crucificação daquele que veio para salvar a própria raça que O crucificou.

Q: *Me parece que um produziu lágrimas que poderiam ser coletadas em uma garrafa. O que mostrariam se fossem analisados?*
P: Seriam de fato lágrimas, ou o conteúdo comparável às lágrimas humanas.
D: *Mesmo que tenham vindo da tela e da tinta?*
P: Isso é preciso. Vocês mesmos são criadores. Este é de fato um fenômeno puramente físico e inteiramente natural, a transferência de consciência. Nada mais é que a formulação de uma manifestação derivada da consciência ou da consciência que foi transferida. Os próprios indivíduos estão transferindo essa consciência para os ícones, não que os próprios ícones estejam realmente chorando. Mas a consciência dos indivíduos e a força de sua fé transferem essa consciência para aquele ícone.
D: *O ser humano é o catalisador, então.*
P: O ser humano é o emissor dessa consciência. O ícone sendo o catalisador.
D: *Mesmo sem estarem conscientes de que estão realmente fazendo isso?*
P: Isso é preciso. Se ninguém estivesse vendo esses ícones, não haveria transferência de consciência e, portanto, não haveria milagres a serem vistos.

* * *

Membro: *Então é mesmo verdade que se dez por cento de todos nós orarmos pela mesma coisa...*
D: *O efeito é ampliado. Não é apenas multiplicado, mas elevado à potência.*
P: Exato. Cada um de vocês carrega dentro de si uma centelha dessa energia. Uma pequena tabuleta de tempo, talvez, para usar as palavras do seu vocabulário. Um pequeno fragmento dessa energia e ao orarem juntos, vocês estão conectando essas minúsculas faíscas e criando um nível muito mais potente e poderoso dessa energia. Você pode ver como quando as pessoas rezam juntas, sua energia aumenta e isso é realizado quando todos se unem, em simultâneo, a esta centelha do criador.
Membro: Então todos temos uma centelha do criador em nós. Parte de nós é Deus.

P: Isso é preciso. Isso é o que te mantém vivo. Gostaríamos de elaborar um aspecto opinativo aqui. Muitos no planeta sentem que, para manifestar algo, devem se tornar inflexíveis a ponto de não haver possibilidade de que qualquer outra coisa aconteça. A falha nisso reside no fato de que o que se diz e o que se pensa muitas vezes estão em desacordo. O que alguém realmente acredita, muitas vezes não é exatamente o que se diz, e assim, quando alguém diz algo, está de fato desencadeando uma reação que pode ser totalmente oposta ao que é dito. Por ser tão firme nessa crença, o que se manifesta, por fim, pode parecer estar totalmente em desacordo com o que está sendo dito.

* * *

P: Diríamos que sua dúvida é um pouco mais uma característica protetora, pois você escolhe não acreditar, portanto, duvida. A informação que muitas vezes entra em conflito com a realidade concordada é desconfortável de integrar, causando um sentimento de que aquilo é infundado, e assim desnecessário. Gostaríamos de pedir que você tenha mais fé em si mesmo. Entenda que vocês não estão aqui para se enganar, na verdade, você é seu próprio professor e você deve ouvir e colocar mais fé naquilo que você mesmo está ensinando. Você deve se entender mais como seu melhor amigo e confidente do que como rival.

* * *

Q: *Minhas perguntas foram respondidas enquanto caminhávamos pela sala. Eu me sinto como quando meu filho estava na quinta série e disse: "Quando eu estava na terceira série, achava que sabia tudo." E eu disse: "Bem, e agora?" E ele disse: "Agora eu sei que sei tudo." (Houve muitas risadas.)*

P: Diríamos ser o mais apropriado para a experiência humana, pois alguém que avista a próxima montanha, diz: "Bem, devo escalá-la", e assim o fazem, quando chegam no topo, dizem: "Ah, existe outra, ainda maior." E assim cada montanha abaixo desta é simplesmente uma pequena colina. Esta não é bem a analogia que você estava dando, mas nos divertimos com ambas. Gostaríamos de apreciá-los, pois nos divertimos bastante com os esforços humanos de construir montanhas, ficando assim insatisfeitos, logo, constroem outras. O conhecimento funciona da mesma forma. Um aluno da terceira série constrói uma montanha de conhecimento, olha e diz: "Nossa, agora eu sei tudo." Eis que ele olha ao lado e encontra outra montanha. Então ele escala aquela, e esta montanha de terceiro grau lhe parece, agora tão pequena, e assim por diante. Ainda construímos montanhas aqui também, pois nunca há a montanha mais alta, alcançada até a perfeição. Essa é a montanha definitiva.

D: *Cheguei a essa conclusão. Quanto mais você aprende, mais descobre que precisa aprender.*

CAPÍTULO TREZE
O USO E A MANIPULAÇÃO DE FORÇAS ENERGÉTICAS

Esta sessão foi realizada em 1989 com Beverly, uma artista com quem trabalhei várias vezes. Usei sua palavra-chave e a contagem para levá-la ao estado espiritual "entre-vidas", onde poderíamos ter acesso às informações.

D: *O que você está fazendo? O que você vê?*
Beverly: Ainda não vejo nada, mas é como se eu estivesse balançando em ondas suaves. Não estou em um oceano, mas no universo. Posso olhar para baixo e ver o planeta. Parece com todas as imagens que você vê da Terra, azul e branco.
D: *Tem algo de diferente nisso?*
B: Não. Está apenas suspenso no espaço, em uma trama de fios ou tela, por assim dizer.
D: *O que você quer dizer?*
B: É como se o universo fosse feito de linhas entrelaçadas, por toda sua extensão, elas flutuam, se movem, vão e vêm, como ondas encorpadas no oceano. Não estou falando de ondas quebrando. Quero dizer ondas que se movem de muito fundo no oceano, são gentis, mas são movimentos ondulantes, muito profundos e lentos no espaço. A terra descansa nesta cama, assim como todos os outros planetas, estrelas e sóis.
D: *Isso mostra que o universo está realmente vivo, se estiver se movendo assim. Isso significa que a Terra e os outros planetas também estão se movendo? Estou pensando na ação das ondas.*
B: Eles não estão se movendo em ondas como o espaço, estão girando, como tudo neste espaço ondulante. Tenho um exemplo para você, já viu aquelas caixas de vidro com água dentro, que corre para frente e para trás, que os empresários, às vezes, compram para olhar porque é relaxante?
D: *Sim, eu já as vi.*

B: Se movem de maneira lenta e uniforme, subindo e descendo, subindo e descendo, nessa trama que é o espaço.

D: *Isso não perturba os planetas?*

B: Não. Eles giram e giram, dentro desta trama de fios, como em uma cama

D: *A imagem é de como se estivesse em uma cama?*

B: Eles estão descansando dentro dessa cama. Como um peixe nadando no oceano, pode haver água acima do peixe e abaixo do peixe, à direita e à esquerda. Talvez se eu dissesse ser como o ar em que vivemos, em vez da cama, isso esclareceria para você.

D: *Entendi. Porque a imagem que tinha era da Terra balançando para frente e para trás, como um navio sendo jogado no mar.*

B: Não. É um movimento muito lento, mas encorpado, em outras palavras, ele se move como um todo, não é apenas como uma onda de superfície.

D: *E é disso que o espaço é composto? (Sim) Acho que temos a ideia do espaço ser vazio e estagnado.*

B: Não, não. Está vivo e é substancioso, nutrindo e alimentando tudo dentro dele, portanto, teria que estar vivo e em movimento.

D: *De que forma se alimenta?*

B: Nada poderia crescer em estagnação, nada poderia evoluir ou mudar. Sua própria essência alimenta o que está dentro dela, assim como o ar nos permite respirar. Se o ar não existisse para nos fornecer a respiração, nós também estaríamos mortos.

D: *Então a mesma coisa está ocorrendo em uma escala maior, como se a Terra fosse uma pessoa. Há algo no espaço que contribui para a vida. Posso ver o que o ar nos fornece. O que o espaço fornece para a Terra, os mundos? Uma energia?*

B: Sim! Exatamente. Sua presença é vitalidade. Voltando aos peixes no oceano, se fossem retirados daquele lugar ou se a água evaporasse, eles morreriam, então, não é que o espaço nos fornece um algo que nos nutre. A sua própria existência nos permite viver e, por isso, nos alimenta de vida, sem ele não existiríamos. Há vida nele e, sim, poderia ser chamado de energia. Mas temo que isso seja enganoso, porque não é energia ativa. É ativa, mas em um nível sutil.

D: *Mas também não é passiva.*

B: Exato. Como eu disse, ela é ativa em um nível sutil, não como pensamos na energia sendo algo com forte movimento. Claro que existe energia com forte movimento passando através deste espaço, e através nós. Mas o próprio elemento espacial do qual tenho falado é mais uma energia inativa, mas não morta. Seria uma energia menos ativa do que costumamos pensar.

D: *O que é essa energia mais forte que você disse passar por tudo?*

B: A energia mais forte é mais parecida com a força vital, o impulso criativo, que realmente pode ser direcionado, já a vivacidade do espaço não seria direcionada, ela apenas está lá, existindo.

D: *Como se fosse neutra?*

B: É neutra, no entanto, contém uma positividade, porque sem ela não viveríamos. Então não podemos dizer que é totalmente neutra, como se fosse "estagnada" ou "morta". Ela tem força vital e algum movimento.

D: *Mas não é direcionada.*

B: Correto. É como uma constante, onde mais energia ativa pode ser direcionada e focada.

D: *Esta é a energia mais ativa de que você está falando, que passa por tudo.*

B: Esse é um tipo separado de energia da vitalidade ou energia do espaço, sim.

D: *E essa energia mais forte e direcionavel, atravessa tudo em todos os níveis?*

B: Sim.

D: *Sempre me pergunto de onde vem algo assim. Tudo tem que vir de algum lugar, de acordo com nossa forma de pensar, é claro.*

B: Isso é preciso em nossa maneira de pensar, mas mesmo não sabendo todas as respostas, neste caso, eu não acho que tem que vir de algum lugar. Está aí, é uma coisa certa, sempre existiu e sempre existirá, então, como saber de onde veio?

D: *Mas você disse que pode ser direcionada.*

B: Sim, pode ser direcionada. Talvez esse termo faça mais sentido ou seja mais preciso. Pode ser direcionada e pode ser alterada. A força energética pode entrar em uma flor e fazê-la brotar do solo, crescer e florescer. Essa mesma força de energia poderia ir para um corredor, correndo uma maratona, ou ir para um pintor que estava pintando. Poderia ir para o parto e recriar-se para continuar e continuar, infinitamente. Em vez de ser uma energia dispersa quando se torna uma flor, um corredor ou uma nova criança, é uma energia direcionada e focada.

D: *Foi isso que me confundiu, quando você disse ser dirigida ou direcionável. Eu sempre acho que alguém ou alguma coisa teria que direcionar, dar direção.*

B: Você já viu um pião girando? Assim que começa a girar, recria sua própria força, digamos. Agora, é claro, em um momento esse impulso se torna vacilante, mas existe tal coisa, creio que chamada de "força centrífuga", uma vez que começasse a girar, continuaria. Como a própria Terra, uma vez que começa a girar em sua órbita, simplesmente continua. Ninguém tem que continuar empurrando, como faria com uma criança em um balanço. Não morre e com a energia seria o mesmo, ela continua a se recriar, constantemente, mas de onde veio originalmente, se é que veio, eu não sei.

D: *Então não precisa ser dirigido por algum tipo de força superior.*

B: Isso está além do que poderia dizer. Para tentar aproximá-lo de algo que possamos entender, seria como dizer que a energia se autodirige. Ela mesma é consciência e se direciona, se existe algo acima e além disso, não sei o que é.

D: *Você disse ser algo sobre o qual não poderia falar. É por que você não tem permissão ou apenas algo para o qual você não sabe as respostas.*

B: Não, é simplesmente muito grande.

D: *Grande demais para trazer a um nível que possamos compreender?*

B: É muito grande para eu entender.

D: *Imagino que sempre volta a nos remeter ao nosso conceito de Deus.*

B: Acho que nosso conceito de Deus é muito errôneo. Tentamos imaginar ser uma pessoa, ou um espírito, ou uma energia que aperta o botão para ligar as coisas, eu não acho que é assim que funciona. Mas é muito vasto para eu compreender e, portanto, muito vasto para eu relatar a alguém.

D: *Então, se esta energia é direcionável, ela é direcionável por seres humanos?*

B: A energia é o ser humano. A energia se manifesta como um ser humano. Então o ser humano não dirige a energia, a energia dirige o ser humano.

D: *Eu estava pensando se a energia está disponível, talvez fosse para usarmos de alguma forma.*

B: Nós mesmos a usamos. Sei que isso é difícil. Não sei como esclarecer.

D: *A menos que você tenha outra analogia.*

B: Possivelmente. (Sendo uma artista, Beverly usou o que ela conhecia para fornecer uma analogia.) Digamos que você despejasse tinta em um pedaço de papel, ... teria que usar tinta fina, porque tinta grossa não se moveria, mas imagine tinta fina caindo em um pedaço de papel. Uma tinta lindamente colorida, que caiu e se espalhou em diferentes direções, formando uma bela imagem. A imagem no papel, é resultado da energia da tinta empregada na queda, essa energia controla o resultado que apareceu no papel. A pintura no papel não controla a energia que a deixou cair. Você entende o que quero dizer?

D: *Acho que sim. Quando caiu, foi sozinho ao acaso.*

B: Sim. Então, pensando em um desenho formado pela mancha de tinta e não uma pintura finalizada, na qual você trabalha por muitas horas. Digamos que você jogou uma bela tinta do céu sobre este papel mata-borrão, de modo que ela correu em direções diferentes e formou um padrão de beleza. Esse padrão completo de beleza não governa a energia que a despejou, então igualmente, é a energia que se manifesta como uma forma humana, e a própria energia detém esse controle. A forma humana, que seria, nessa analogia, a pintura, não controla a força que a deixou cair.

D: *Acho que estou pensando em pessoas que querem mudar suas vidas e criar suas próprias realidades. Este é o tipo de energia que poderia ser usada de forma direcionada?*

B: Sim, mas você não pode fazer isso do lado errado, entende. O que lado que controla a ação e direciona a energia é o lado que e realiza o trabalho, não o lado que é o resultado final, sendo, em nossa analogia, a pintura no papel ou a forma humana. Agora, o lado humano pode afetar uma mudança em seus resultados, mas que não vem da pintura final no papel, ou do corpo humano, vem da própria energia. A energia poderia derrubar outra gota de tinta e mudar o que existia no momento anterior.

D: *Estou tentando entender se pudéssemos direcionar essa energia, talvez tivéssemos mais controle sobre nossa vida.*

B: Nós podemos! Nós temos o controle, mas o "botão" deste controle está do outro lado, não pode ser controlado pelo resultado final e sim pela energia. Posso estar interpretando mal o que você quer dizer, mas acho que você está tentando dizer que quer que o desenho final no papel se levante e direcione a energia, que no caso é o fluxo da tinta, usando nossa analogia. Não é assim que funciona. Se você usar o ser humano como sendo o borrão final de tinta no papel e usar a queda da tinta como a força de energia, entenderá que a queda da tinta no papel cria algo que já estava dentro dela, a própria tinta, agora em forma de desenho no papel. A tinta continua sendo tinta e se não houvesse mais tinta caindo, o desenho ficaria estagnado e permanente, nunca mudaria. Se o próprio borrão tentasse transformar a energia de onde veio, isso seria impossível. A energia, ou seja, a tinta, cai no papel continuamente e isso que causa sua constante mudança. Não é o papel com o borrão que altera a energia.

D: *Então, como as pessoas podem efetuar mudanças, se tiver que ser do outro lado? Como eles podem usar isso e efetuar mudanças em seus vida?*

B: Eles fazem da mesma forma, com essa força energética que vai soltando a tinta. Você vê, nós todos somos conectados a essa força, é como a transformação acontece, daí que vem a mudança, da força energética, não da forma humana material somente.

D: *Então, como eles podem criar uma mudança? Estou tentando pensar em uma maneira de as pessoas usarem essa energia para ajudar a si próprias..*

B: Elas usam, mas... talvez eu tenha feito uma analogia ruim. O papel, sem a tinta caindo continuamente, seria um papel morto. Agora, a interação da energia que deixa cair a tinta no papel é uma troca contínua de energia para frente e para trás, mas a maneira de apertar o botão não é pelo corpo material, e sim pela fonte de energia

D: *Mas como podemos fazer esse botão ser pressionado?*

B: Nós somos esse botão. Nós não somos o pedaço de papel. Então nós o apertamos toda vez que "deixamos cair a tinta".

D: *Então temos o controle de nossas próprias mentes?*

B: É mais do que a mente. Sim, a mente faz parte disso, mas existe uma energia ainda maior que a mente, que a envolve, que a mente está contida e isso é maior do que a mente.

D: *Mas a ideia, o desejo, tem que começar com a mente humana. Quanto ao que eles querem mudar, e o que eles querem criar.*

B: Já que usamos o exemplo da tinta caindo, digamos que seja de um conta-gotas, ou de uma torneira. O conta-gotas talvez não seja a melhor analogia, mas imagine que está deixando cair tinta líquida em um pedaço de papel. Se a tinta parar de cair, o pedaço de papel seria apenas algo sem vida, como é um fluxo constante, o papel sobre o qual ele cai, está sempre mudando. Eles se alimentam um do outro, porque a energia, na forma de tinta, que cai no papel, dá energia ao papel. Uma energia gera a si mesma, então ela se espalha e realimenta a fonte, o conta-gotas, ou torneira. Portanto, há um ciclo contínuo, o papel sozinho não poderia direcionar a energia, porque sozinho não é nada. Para começar, foi criado a partir da queda da tinta, você entende um pouco melhor?

D: *Penso que sim. Estou apenas tentando encontrar uma maneira viável para que nós, como humanos, possamos usar esse sistema, ainda que sejamos o "fundo do barril", nessa escala.*

B: Não, não somos o fundo do barril. É simplesmente a maneira como os humanos estão usando a energia neste nível. Não é o fundo. A própria palavra "fundo" designa haver algo acima ou superior, ou algo para se elevar, essa não é uma descrição precisa. Existem muitas formas e pelas quais a energia pode ser direcionada e um não é necessariamente melhor ou pior que o outro.

D: *Eu queria encontrar uma maneira prática de um ser humano direcionar essa energia. Haveria um procedimento que eles poderiam seguir para criar um objetivo e torná-lo realidade?*

B: Sim. Eles poderiam direcionar essa energia.

D: *Como eles fazem isso?*

B: Em nossos corpos físicos seria mental, mas é mais do que isso, pois o feedback mental do papel para sua fonte de energia é minúsculo em comparação com o uso da energia direta da fonte. Seria como usar apenas uma parte do potencial total para ativar o que se deseja. Acho que é isso o que você está perguntando.

D: *Sim. Pensando na vida em geral.*

B: A própria energia é vida, e também é Luz. Se tentarmos separá-los, estaremos cometendo um grande erro. Ainda usando nossa analogia, seria como se a imagem final, criada pela tinta, tentasse ter controle sobre a energia que a criou. Portanto, devem funcionar em cooperação, deve haver um fluxo e a maneira como isso poderia ser direcionado seria sintonizar à fonte de energia. É mais uma questão de atenção e foco, e sintonizar onde esse fluxo é constante e suave. Se o desenho final quisesse trabalhar por conta própria e sair pela tangente, poderia, pois tem sua própria energia, podendo então iniciar outro ciclo. Mas seria muito pouco e provavelmente mal direcionado, se comparado a alimentar-se de sua própria fonte, e é isso que mantém a força trabalhando constantemente. Enquanto o desenho final no papel, aqui à minha direita, se alimentar dessa fonte de energia à minha esquerda (movimentos de mão), direcionando-a em um ciclo, de um para o outro. Imaginando que fosse uma flor se alimentando dessa energia, crescendo, deixando cair sua semente, alimentando-se de volta à fonte, brotando novamente, crescendo, deixando cair sua semente, alimentando-se de volta à fonte, assim seria constantemente. Claro que não se manifestaria fisicamente no inverno, por exemplo, mas voltaria à tona na primavera. É um pouco como os seres humanos, que embora não hibernam, entram e saem sutilmente de graus de vitalidade, como por exemplo o estado de sono, ou talvez o estado de sonho, talvez uma entrada e saída da qual não temos consciência real. O que quero enfatizar é que enquanto esse continuasse alimentando a fonte de onde veio, haveria uma energia contínua que não diminuiria, mantendo um estado energético constante. Agora, se esse desenho no papel decidisse sair pela tangente e criar algo por conta própria, até poderia, mas teria menos força do que se estivesse retroalimentando sua fonte original. É como raios que se apagam. Você entende o que quero dizer?

D: Sim. Mas no exemplo da flor, tudo isso é automático. Acontece de qualquer maneira. É uma alimentação constante de volta à fonte. Isso é o que é a força vital.

B: Sim. E é o mesmo com as pessoas.

D: Mas é uma coisa automática sobre a qual eles realmente não pensam.

B: Aconteceria quer eles pensassem nisso ou não, mas poderia ser dirigido também. Via de regra, essa direção viria de um nível superior à nossa própria consciência. Quase como se guiado, e quando guiado insuficientemente, resulta no mau direcionamento e coisas que provavelmente não pretendíamos, aconteceriam.

D: Por que enviamos ondas de energia erradas?

B: Não, até podemos enviar as ondas de energia certa, mas não saberíamos como direcioná-las ou não teríamos força suficiente para direcioná-las efetivamente para realizar o desejado, isso causaria um descontrole. Como estática em um rádio, quando não está sintonizado corretamente. Se você estiver sintonizado, terá muito mais clareza, mas se você enviar energias sem nenhum direcionamento, pode haver estática, o que pode parecer uma bagunça. Porque não foi focado corretamente ou direcionado corretamente.

D: *Então a gente tem que saber direcionar isso e focar?*

B: Sim. Mas é mais do que apenas o conhecimento humano, o fluxo de energia que nos criou sabe como, precisamos voltar a sintonizar nessa frequência original, assim não teríamos que descobrir sozinhos. Estaríamos descobrindo por nós mesmos, porque ainda faz parte de quem somos, mas estaríamos sintonizando uma frequência ainda mais forte, um nível de consciência mais elevado, que ajudaria a direcioná-la, em vez de tentar tomar todo o poder para nós e direcioná-lo erroneamente.

D: *Mas você disse que devemos ter mais contato. Como podemos fazer isso conscientemente?*

B: Acho que é uma questão de... "reparar o estrago", mas temo que esse não seja o melhor termo a ser usado, mas nesse momento não saberia como dizer de outra forma. Se não interferíssemos no funcionamento, fluiria bem por si só. Agora, quando enviamos energia mal direcionada ou estática, digamos, se deixada sozinha, ela se dissipará e voltará à energia original. Mas se uma pessoa envia energia mal direcionada e uma dúzia de outras pessoas a enviam ao mesmo tempo e no mesmo lugar, então ela ganha poder. Um poder de energia mal direcionada, você vê. Isso torna tudo mais difícil, porque agora está começando a se formar e se solidificar em um poder próprio, se torna mais difícil para se dissipar naturalmente e voltar ao fluxo natural.

D: *Ganha vida própria então.*

B: Sim. E uma vez que isso acontece, devemos trabalhar conscientemente para dissipá-lo, quando de outra forma, isso não precisaria ser feito. Voltaria ao fluxo automaticamente, mas quando há energias mal direcionadas suficientes, enviadas ao mesmo tempo ou no mesmo lugar e ela ganha alguma força, então ela continuará girando por si mesma. Fazendo a mesma coisa que sabe fazer, replicando esse mal direcionamento. A menos que quebremos esse ciclo, deixando que se dissipe de volta ao fluxo normal, o que acontece inconscientemente, aliás. Acho que isso fazia parte da sua pergunta inicial: "Como podemos fazer isso conscientemente?" Não temos que fazê-lo conscientemente. Ele apenas faz. A única vez que precisamos fazê-lo conscientemente é quando ele se desvia.

D: *Como podemos quebrar essa energia equivocada? Você teria que quebrá-la para liberá-la de voltar para a fonte.*

B: Semeando, isso seria uma maneira. Não sei se são todas as formas. Mas digamos que você tenha esse fluxo indo de uma fonte de energia gigante para sua manifestação, da qual somos apenas uma entidade, um corpo humano. Há muitas, muitas coisas que essa energia está se tornado, mas focaremos na experiência do ser humano. Quando o ser humano envia energia, pois agora tem essa energia em si, agora também é vida. Ao ser emanada, assa energia apenas se recria, enviando mais do mesmo, energia mal direcionada. Como podemos quebrar isso, é a sua pergunta. Voltando à fonte de energia inicial, permitindo que o fluxo de energia natural ou positivo seja introduzido, semeando-o nessa energia mal direcionada, a ponto de diluí-la o suficiente para que possa cair de volta ao inconsciente normal da rotina humana . Há consciência aqui, então quero esclarecer isso. Existe, nesta grande fonte de energia, sua consciência, que se espalha em nós à medida que a energia vai e volta.

D: *Essa era a consciência que você disse estar além de nossa compreensão.*

B: Sim, sim.

D: *Então temos que enviar bons pensamentos e pensamentos positivos, ou poderíamos fazê-lo pedindo à fonte original que envie pensamentos positivos.*

B: É mais como sintonizar a essa fonte. Digamos que a fonte original tenha tudo e está sempre enviando essa energia para nós. Ela pode criar tudo e qualquer coisa, não apenas neste mundo, mas em todos os mundos. Se queremos uma coisa em vez de outra, basta apenas sintonizar naquela banda.

D: *Mas temos que fazer isso com um esforço consciente. Estando em um corpo físico, precisamos ser instruídos em como fazer certas coisas, para conseguir realizá-las*

B: É possível direcioná-la usando a própria consciência. Todos temos acesso a essa energia para criar o que desejarmos receber, basta sintonizar. Abrir esse canal para deixar que essa energia entre, em vez de outra coisa, e assim, essa fonte de energia criadora torna-se uma parte mais proeminente e predominante do seu ser, se desdobrando para criar o que desejam manifestar.

D: *As pessoas estão sempre me perguntando como podem criar o que querem. Eles querem uma fórmula, um método passo a passo.*

B: Sim, eu sei, e isso é muito difícil. Eu gostaria que houvesse uma resposta mais útil, mas acho que não há. Acho que quando aprendermos a andar em linha reta, por assim dizer, e não quero dizer moralmente, mas entender que quando oscilamos, nossas energias se dissipam no caminho. Se estivermos trilhando um caminho equilibrado e coerente, mais poder teremos para criar o que desejamos. Mas como ainda oscilamos, muitas vezes criamos e, ao oscilarmos, o desfazemos, para só depois de algum tempo, voltarmos e o recriarmos. Talvez esse seja o propósito, praticar a caminhada, até o ponto aonde não iremos mais cambalear tanto e perder o que queremos pelo caminho.

D: *Imagino que isso também tem muito a ver com sistemas de crenças.*

B: Oh, sim, isso envolveria o que você quer. Se você não tivesse um sistema de crenças, não iria querer uma coisa em detrimento de outra. Tudo está disponível.

D: *Você simplesmente aceitaria o que surgisse em seu caminho.*

B: Exatamente. E nosso sistema de crenças é o que nos faz ter preferência por uma coisa em detrimento de outra, seja chuva, ou sol. Eles são todas as manifestações, toda a chuva e toda a luz do sol. Se não tivéssemos um sistema de crenças, um seria tão bom para nós quanto o outro; na verdade, eles são. É o nosso sistema de crenças que diz que o sol é preferível à chuva, e se chegamos a esse ponto de realização, já estamos lá; nós simplesmente não sabemos, não temos consciência disso. Quando tivermos consciência de que tudo é tão bom quanto tudo, nem tentaremos nos concentrar em conseguir o que queremos. Saberíamos que já temos tudo.

D: *Há pessoas que apenas seguem o fluxo, por assim dizer, e aceitam o que vier. Eles não sabem que podem escolher algo em detrimento de outra coisa.*

B: Mas infelizmente sofremos com isso. Obviamente, sofremos se tivermos dor intensa em vez de conforto corporal. Sinto ser isso que você está dizendo. Eles seguem o fluxo, sofrendo ou não. Mas estou dizendo que há um nível elevado de experiência, onde a dor não machuca, é tão boa quanto se sentir bem e onde o sofrimento não nos faz mal. É claro que ainda sentimos tudo isso, como sendo assim, mas estamos sendo conduzidos a um momento derradeiro, no qual essa dualidade não fará mais sentido. Passaremos pelo processo de aprendizado, talvez, como seres humanos. Falando desse nível, em como direcionar nossa vibração para esta energia e conseguir o que queremos, já estamos nesse processo, que pode ou não ser demorado. Como não sabemos nada sobre o tempo, é difícil julgar. Mas você vê, aqui, esta grande fonte de energia (movimentos de mão) não se importa com o que é enviado, porque tudo é tão bom quanto qualquer outra coisa. Nós, aqui na Terra, com nossos sistemas de crenças, decidimos que um é melhor que o outro e o que você está perguntando é como nos treinamos para escolher apenas o que é bom.

D: *Ou o que queremos.*

B: Exato, o que queremos, do que está sendo enviado, por assim dizer. Vamos passar por este processo de aprender como fazer isso, e quando acontecer, perceberemos que tudo isso não era necessário, porque tudo isso é o que queríamos de qualquer maneira. Se percebêssemos isso, não teríamos que aprender como conseguir o que queremos.

D: *Então, na verdade, podemos usar qualquer um deles. O que consideramos positivo, negativo ou o que quer que seja.*

B: Absolutamente. Tudo isso é apenas energia sem bem, sem mal, sem dor, sem se sentir bem, sem certo, sem errado, sem nada. Mas principalmente devido ao nosso sistema de crenças, queremos separá-lo em partes que são certas e erradas, boas e más, e como resultado, queremos escolher exatamente o que queremos disso. Quando chegarmos a um nível em que entendermos que tudo aquilo era desnecessário, não havia certo, nem errado, nem bom, nem ruim, nem dor, nem alívio, então não precisaremos nem aprender como conseguir o que queremos.

D: *Mas sendo seres humanos, é aí que está o nosso foco.*

B: É onde está agora, sim. Antes que possamos atrair para nossas vidas o que queremos, temos que chegar à consciência de que isso não faz nenhuma diferença. Porque, desde que faça diferença, tornamos mais difícil para nós mesmos obtê-lo. Somente quando não faz mais diferença, o fluxo se torna tão uniforme que podemos sintonizar com tanta facilidade que podemos ter tudo o que quisermos. É como se fosse preciso dinheiro para ganhar dinheiro, contanto que você tenha, você continua ganhando, mas quando você não tem, é quando você está com problemas, nesta vida. Quando elevarmos nosso nível de consciência, perceberemos que podemos ter todo o dinheiro, ajuda, ou seja lá o que quisermos, mas em chegando lá, como saberemos ser possível apenas desbloqueando nosso pensamento, isso não fará mais diferença, não estaremos mais tão apegados. Infelizmente, até que possamos perceber, continuaremos apegados, pelo simples fato de ainda acreditamos que não conseguimos tê-lo.

D: *Isso faz muito sentido.*

B: Vou dar um exemplo. Imagine que você está subindo uma escada, uma escada para o Céu, digamos assim, a medida que sobe cada degrau, os que ficam para trás vão se dissolvendo. É como se projetasse cada degrau à sua frente, porque acha que irá precisar para subir até a próxima estrela, e os degraus que você já subiu, porque você não precisa mais deles, se dissolvem abaixo dos seus pés, conforme avança. Você está vindo desta estrela e indo para aquela. (Movimentos com as mãos), assim você vai construindo sua escada, que a medida que sobe, vai se dissolvendo, você sobe daqui para ali. Agora, a verdade é que o tempo todo, enquanto você estava nesta estrela, poderia estar nesta outra, a qualquer momento, sem usar a escada, mas a única maneira de sabermos disso é subindo nessa escada, que, então, não serve para nada e não vale nada. Não quero dizer que não seja bom, apenas que, não serve mais a um propósito, se pensamos que estamos construindo essa escada para que outros nos sigam, estamos enganados, porque cada um tem que construir sua própria escada. Você não pode viajar no cérebro ou na energia de outra pessoa. Não deve ser assim, mas talvez nesses termos seja explicável. Você não pode viver a vida de outra pessoa.

D: *Sim, mas a escada não serviria para mostrar o caminho?*

B: Irá apenas mostrar o caminho para a pessoa que está vivendo essa vida. Outra pessoa teria que construir sua própria escada para chegar lá.

D: *Achei que se você aprendesse alguma coisa, poderia passar adiante como conhecimento para ajudar outras pessoas.*

B: Sim, pode ser, mas a escada é mais como a vivência dessa experiência, mais do que é conhecimento. Cada pessoa deve fazer sua própria vivência. Não podemos cavalgar para o céu na aba do chapéu de outra pessoa.

D: *Mas podemos dar-lhes exemplos e mostrá-los?*

B: Sim. Cada entidade, fazendo o que faz, dá exemplos, querendo ou não, é um estado natural. Outra entidade, com um nível de consciência, pode ver que, na verdade, eles não precisariam emprestar ou utilizar o que o outro aprendeu, mas acreditam que sim, e assim o fazem.

D: *Eles não querem começar do zero e descobrir tudo sozinhos. Por isso temos exemplos, temos livros.*

B: Sim. Sendo útil, nós o usamos para nos guiar, tudo bem. Não há nada de errado com isso. A verdade é que se houvesse apenas um ser humano na face da Terra, e ele não soubesse nada dos exemplos de ninguém que o precederam, ele ainda chegaria àquela estrela, e provavelmente faria isso com a mesma rapidez, se o tempo existisse em algum lugar.

D: *Descobrindo por si mesmo.*

B: Não é uma questão de descobrir, é uma evolução natural. Você sempre vai colher exatamente o que plantar. Se você planta uma bolota, o que cresce é um carvalho, não é uma bétula ou um coelho. Como as sementes, temos dentro de nós tudo o que precisamos, se ficarmos completamente sozinhos, sem referência alguma, ainda assim acabaremos chegando onde deveríamos. Mas por causa dessa energia estática ao nosso redor, que interfere nesse fluxo natural, queremos formulas prontas para nos ajudar, e porque a estática está lá, e achamos que precisamos de dessas formulas, nós acabamos dependentes delas. Mas por trás de tudo isso, realmente não precisaríamos e chegaremos onde quisermos de qualquer maneira. Apenas alivia nossas mentes humanas ter ajuda de fora, ou o que pensamos como ajuda.

D: *Sim, essa é a parte humana disso. Bem, toda essa energia de que você está falando, estou me perguntando, como nossa alma humana se encaixa.*

B: É provavelmente o que você chamaria de "alma". O espírito, a força vital, seria a maneira mais próxima que eu poderia explicar. Isso é o que geralmente rotulamos como uma "alma" aqui.

D: *Essa é a parte que resta depois que o corpo físico morre.*

B: Sim, porque continuaria indefinidamente. A energia não pode ser destruída.

D: *Mas parece que permanece individualizada como uma personalidade.*

B: Sim, ela pode. Na verdade, pode se transformar no que desejar, pode individualizar-se como uma flor, como ser humano, seja com a mesma consciência exata do momento anterior, ou com uma consciência diferente. Ele pode fazer qualquer coisa que quiser. É criação.

D: *A energia ou a alma?*

B: É tudo um e o mesmo. Pode se dividir ou pode se coagular como uma grande entidade. Imagine que você está pulverizando água de um bocal de mangueira, ao girar o bocal, você pode fazer com que saia como gotas separadas ou pode fazer com que saia como um fluxo único, ou pode espalhá-la ainda mais, em pequenas gotas, como um spray. Pode expressá-la como quiser, é tudo a mesma coisa.

D: *É tudo tão complicado. É por isso que estou tentando colocar em termos que eu possa entender. Porque se eu não entender, é difícil passar para outra pessoa.*

B: Há uma diferença entre entender logicamente e estar ciente. Acho que podemos estar cientes das coisas, saber que existem, mas não significa que as entendemos logicamente. É como colocar um pino quadrado em um buraco redondo. Eles não se encaixam muito bem.

D: *Vejo ser muito difícil para nós, até mesmo alimentar a esperança de entender sobre grande parte de tudo isso. Somos limitados por nossos cérebros humanos, podemos apenas perceber e sentir que é verdade.*

B: Sim. Enquanto estivermos limitados em nossos sistemas de crenças, é difícil, senão impossível, entender logicamente. Nossos sistemas de crença é tão limitado em tamanho, e o que estamos tentando entender e nos conscientizar é tão grande, que nem tudo caberá em nossa caixinha de sistemas de crença. Até que dispensamos essa caixa, nem tudo vai conseguir entrar, vai acontecer quer você entenda tudo ou não, porque essa é a natureza disso.

D: *Mas tento escrever sobre essas coisas, para que as pessoas possam estar cientes delas.*

B: Sim. Isso é muito útil, porque expande as crenças das pessoas, e é aí que aprender com os outros que vieram antes de nós ajuda. Isso aconteceria de qualquer maneira, mas ao ver aqueles que vieram antes de nós e ter consciência disso, nos permite expandir um pouco nossa caixa. O que você faz ao escrever sobre essas coisas, ajuda as pessoas a ver que há algo do outro lado da caixa, e que eles podem abri-la um pouco para incluir o novo. A medida que fazem mais e mais disso, suas caixas se expande, ficando grande o suficiente para lidar com todas essa informações. Bem, não tudo, mas seria um processo contínuo.

D: *Em outras palavras, eles não podem lidar com isso até que estejam prontos, de qualquer maneira.*

B: Isso é verdade. Você pode escrever todos os livros que quiser, mas até que alguém esteja disposto a lê-los, não irá causar nenhuma transformação, não irá ajudar a pessoa que não está pronta para olhar por cima da borda de sua caixa. Quando eles estiverem prontos para olhar além de seus limites, qualquer coisa ajudará.

D: *E então irão procurar por coisas que fornecerão as informações. Parece muito claro para você, mas ainda é complicado para mim.*

B: Também não é tão claro para mim, exceto que eu sei que é assim.

* * *

D: *Temos estudado sobre a mente universal, e a consciência universal. É verdade que estamos todos conectados de alguma forma, e que podemos obter informações da mente universal uma vez que nos tornamos mais iluminados?*

Phil: Isso é exato, pois todos são eventualmente um, o conceito de Deus abrange toda a criação. Tudo, ponto final. Portanto, já que cada um de vocês é de fato uma parte do todo, então cada um de vocês é de fato um aspecto do outro. Vocês são realmente parte um do outro.

D: *É assim que ocorre a cura metafísica? Onde você pode manipular as energias disponíveis e com as quais estamos todos interconectados?*

P: Seria um pouco mais complicado do que isso, no entanto, o conceito é realmente preciso no sentido de que as energias das quais vocês falam, fazem parte de vocês mesmos e vocês fazem parte das energias. É como se você estivesse nadando em energias e você mesmo fosse uma parte integrante das próprias águas em que nada. Ao manipular as águas ao seu redor, você pode fazer com que as correntes empurrem ou puxem de você para alguém, ou de alguém para você. Essas correntes, como você bem pode imaginar, são as energias das quais falamos. Você só precisa direcionar essas energias com sua mente para formar essas correntes. Pode haver depósitos dessas correntes disponíveis para aqueles que precisarem delas e nessa manipulação, você descobre que esses armazéns estão disponíveis para você mesmo. É criar e dissolver energias. Vocês mesmos, em seu plano, são, no sentido mais verdadeiro da palavra, deuses, pois têm o poder de criar e, de fato, criam em seu próprio plano de dimensões de consciência. No entanto, você não é tão igual, ou tão grande quanto, o aspecto geral e totalmente abrangente do conceito de Deus que você tem. Nenhum de vocês neste plano jamais poderia esperar atingir esse nível, no entanto, basta dizer que cada um de vocês tem uma parte dessa consciência total dentro de você. Você é realmente capaz de criar e destruir, portanto, você é por sua própria definição de Deus, o Criador, um deus em si mesmo. Vocês são criadores de Deus. Talvez não no nível que você atribui ao Deus abrangente, no entanto, é importante observar aqui que vocês, de fato, são criadores.

* * *

Phil: Existe um espectro de energia física. São energias que constituem e na proporção adequada, fazem aquilo que você percebe como físico. Na combinação adequada de diferentes energias, manifesta-se a forma física. A forma física que você vê ao seu redor é uma combinação de muitas energias físicas diferentes, manifestadas para produzir as formas que você vê. Seus olhos percebem essas energias e assim você percebe a forma física.

* * *

Brenda: Estou em um nexo que é um ponto de interseção de vários universos em continuidade. Estou observando como eles interagem e estou olhando para os padrões que eles causam em sua estrutura de existência.

D: *Isso parece complicado. É bonito de se ver?*

B: É sim. Realmente complexo e bonito. É difícil descrever, depende de que nível você olha para ele. Em um nível, parece ser como;... você sabe como é uma tela de luzes?(Sim) Imagine uma tela de luzes de todas as cores concebíveis e veja tudo interagindo entre si. As várias folhas de energia das várias cores, fluindo e piscando ao redor, você olha para isso em outro nível e pode ver a grade do tempo girando, interagindo e mudando. Depende apenas de que nível você olha para ele. Existem outros níveis. É muito complexo e muito bonito.

* * *

Brenda: Estou observando a rede de partículas básicas de energia que compõem o universo e o mantêm unido. Você pode descrevê-lo de várias maneiras diferentes, dependendo de suas percepções e do nível de organização em que o observa. Por um lado, parece um cobertor frouxamente entrelaçado, com cada fio individual representando tipos particulares de energia, entrando e saindo, e interagindo com as outras energias, mantendo tudo junto e em ordem. Por outro lado, se você olhar de outra forma, parece uma névoa de energia, pois tudo é energia e elas se espalham por toda parte. É como se você estivesse em uma névoa e pudesse ver cada partícula individual que compõe a névoa, para usar uma analogia. Onde você está em seu plano terrestre, a névoa é composta de minúsculas partículas de umidade. É como se você pudesse ver cada partícula individual única e completa em si. Neste caso, no entanto, cada partícula individual é uma partícula de energia que, à sua maneira, está viva e animada, vibra e se move dentro de sua pequena esfera de influência. E isso se replica em toda parte, com incontáveis multidões de partículas.

D: *Isso seria como átomos?*

B: Menor que os átomos. Os átomos são aglomerados de partículas de energia. São como as propriedades físicas subatômicas que seus cientistas estão tentando estudar. (Pausa) Não consigo fazer a conexão com o seu idioma. Eles têm nomes tão estranhos que seus cientistas usam. Quarks? Coisas como minúsculos neutrinos de energia. As energias e partículas envolvidas com o que é rotulado em sua linguagem como a nova física. Este é o primeiro vislumbre de uma ideia de como as coisas são. Como este é um novo campo de estudo, ainda é muito desconhecido. Seus cientistas mal suspeitam que esse aspecto das coisas existe, estão tentando entendê-lo e qualificá-lo. Para dar regras que explicariam as coisas que eles observam, mas o que eles estão observando é um quadro muito incompleto. Para usar uma analogia, é como se um longo filme estivesse sendo exibido em seus cinemas e tudo o que você viu foi um único quadro de uma cena em particular, e com base nisso você tenta explicar o enredo da história do filme inteiro.

D: Apenas de um quadro?

B: Exato. É isso que seus cientistas estão tentando fazer com essa energia. O que eles observaram é o equivalente a ter visto talvez um pequeno detalhe naquele quadro. Talvez a cor do cabelo de um dos atores, e a partir dessas informações, tentam construir a ideia sobre o que era o filme: o enredo da história, quem a escreveu, sobre o que era a música e tudo mais. Isso é impossível. Eles precisam aprender e observar mais antes que possam descobrir o que realmente está acontecendo. Eles já fizeram a conexão correta entre essa nova física e a antiga ciência do misticismo, mas a antiga ciência do misticismo é parcialmente remanescente da civilização anterior e parcialmente de milênios de observação coletada dessas coisas causadas por essa névoa de energia, que as pessoas tentam explicar.

D: Mas como eles podem obter a imagem completa? Eles não podem ver essas coisas.

B: Não, mas eles podem observar os efeitos dessas coisas, o que os ajudaria a entender o que são. A principal coisa que eles precisam fazer é manter suas mentes abertas para qualquer coisa, não importa o quão absurdo soe ou o quão improvável pareça a princípio. Todas as improbabilidades e todas as coisas que parecem absurdas também fazem parte do universo. O que chamam de "acaso" e "coincidência" são rótulos gerais de coisas observadas, causadas por isso.

D: Você disse ser baseado na ciência do misticismo. Muitas pessoas pensam nisso como bruxaria e ocultismo. É isso que você quer dizer?

B: Sim, parcialmente. Na era em que você está, as pessoas se separaram de suas raízes, no processo de fazer isso eles negaram o misticismo, dizendo serem um povo moderno e educado; que a ciência explica tudo. Quando a ciência finalmente chegar ao seu ápice, todos serão místicos. Por misticismo me refiro a qualquer coisa que lide com os níveis superiores das coisas, incluindo bruxaria, ocultismo, as diferentes religiões místicas do Oriente: Budismo ou Hinduísmo e coisas assim.

D: *Muitas pessoas simplesmente juntam tudo como estando no lado negro.*

B: Sim. O poder pode ser desvirtuado e usado pelos motivos errados, como qualquer outra coisa. Mas é para benefício da humanidade familiarizar-se e sentir-se confortável com este poder, e usá-lo para resolver seus problemas. Ainda existem culturas mais abertas a isso do que outras, em sua cultura, isso foi fechado. Mas há muitos indivíduos que praticam e usam em suas vidas, ajudando a manter vivas suas tradições, o que é importante. Isso parece ser uma característica da humanidade, coisas que eles não entendem, agrupam em categorias e as fecham em um armário para tentar esquecê-las. Tudo o que existe pode ser aprendido para seu benefício, algumas coisas mais do que outras, é verdade, mas tudo em geral. Por exemplo, em sua ciência da medicina, eles desenvolveram a vacina, agora as vacinas são usadas por todos para ajudar a prevenir doenças e prevenir um desequilíbrio do corpo. Nas civilizações anteriores, as ciências desenvolveram o que hoje é chamado de misticismo, e todos o usaram para ajudar a prevenir o desequilíbrio do todo harmonioso. Naturalmente chegaram a um conhecimento, realizando o que todas as suas ciências individuais estão tentando realizar agora. Tudo começou como ciências individuais semelhantes e depois se uniram. À medida que se tornaram muito avançados em seus campos do conhecimento, perceberam que tudo é um. Um todo harmonioso, então se uniram para aprender e o povo aplicou o conhecimento que desenvolveu. É o que se conhece como misticismo, porque eles aspiraram ao máximo e descobriram que essa energia subjacente organiza tudo. Se alguém está ciente disso e sabe como pode ser alterado ou manipulado para alcançar o que se deseja, enquanto permanece em harmonia com isso, então tudo o que precisa ser feito é feito.

D: Quer dizer que eles descobriram que não precisavam da ciência para criar remédios?

B: Quando chegaram a esse nível em que podiam estar em harmonia com o todo, os remédios já não eram mais necessários. Ficou obsoleto, já que era muito raro alguém ficar doente. Eles sabiam onde estavam desequilibrados e apenas alteravam suas energias para colocar tudo de volta em equilíbrio, assim não ficavam mais doentes.

D: Você pode me dizer quais civilizações desenvolveram isso em um grau tão alto?

B: Foram várias civilizações, mas que estavam em contato umas com as outras. Era um tipo de conhecimento mundial, mas devido às diferentes culturas, em diferentes partes do mundo, cada uma mantinha uma sutil individualidade de como ver as coisas. Havia a civilização da Atlântida e havia uma civilização na América do Sul, assim como várias civilizações no Oriente: uma na Índia, uma nas montanhas no que hoje é chamado de "Tibet" e "Sri Lanka" e duas civilizações diferentes surgiram no lugar chamado "China", mas viviam em harmonia uma com a outra, eram considerados uma grande civilização com uma cultura dual, em equilíbrio. Todas essas civilizações contribuíram para o desenvolvimento da ciência de seus vários pontos de vista para ajudar a torná-la um todo completo.

D: Essas outras civilizações existiram ao mesmo tempo que a Atlântida?

B: Sim. A Atlântida antecedeu a maioria deles, mas eram todas civilizações antigas. A civilização no Tibete e na América do Sul começou mais ou menos na mesma época que a Atlântida, e as outras civilizações surgiram um pouco mais tarde, mas eles existiram por tempo suficiente para que todos avançassem em um alto grau.

D: Acho que muitas pessoas têm a ideia de que essas civilizações surgiram depois da destruição.

B: Um novo conjunto de civilizações surgiu após a destruição da Atlântida. Quando a Atlântida foi destruída, ela abalou o mundo inteiro, no que diz respeito à interação humana, ciências, arte, etc. O mundo inteiro sentiu seus efeitos. A Atlântida foi a principal civilização, o centro da civilização em geral, e quando foi destruída, parecia ter minado a energia vital das outras civilizações, a ponto de entrarem em declínio. Mas essas outras civilizações deram origem ao mundo atual.

* * *

Brenda: Estou olhando para toda a estrutura do tempo. É muito complicado. É quase como um globo oco feito de um fino fio de prata, e todos esses fios estão girando e se cruzando uns com os outros, como um modelo tridimensional do átomo e como você vê os elétrons girando. Há uma série de fios de prata girando assim (movimentos de mão) e outra girando em ângulos retos, para se cruzar com todos eles, formando este globo oco. É difícil de descrever, é muito complexo.
D: Parece complicado.
B: E algo que pode trazer esperança, pois sendo estruturado assim, significa que tudo pode acontecer, pois todas as combinações possíveis estão presentes aqui.
D: Você quer dizer que não está definido, ou predestinado, para o que tem que ser.
B: Não. Esta é a razão pela qual a magia funciona. Porque se você quer que algo aconteça, e você medita sobre isso e projeta energia mental para esse acontecimento, isso fará com que sua vida seja direcionada para esse fluxo de tempo.

* * *

Brenda: Pode ser uma repetição do que você ouviu antes, mas não há como enfatizar o suficiente. Em primeiro lugar, você deve perceber que tudo o que gera energia emite vibrações. Coisas que geram luz, que é uma forma de energia, emitem vibrações de luz e vocês as veem como irradiantes, assim funciona uma lâmpada. Algo que gera som, você vê vibrando e ouve o som, mas ainda é vibração e ainda é energia. Seu cérebro também gera energia. Tudo o que acontece em seu cérebro gera energia, portanto, gera vibrações. Isso significa que qualquer um de seus processos corporais ou qualquer um de seus pensamentos, ou emoção, emite vibrações e essas vibrações afetam o éter que o cerca. Você está cercado, preenchido e atravessado por vibrações de bilhões de fontes diferentes. Essas vibrações são de todos os níveis e forças.

A energia emitida pelo seu cérebro é suficiente para afetar alguns desses níveis de vibração, consequentemente, é possível afetar os resultados futuros através do que se pensa. Eu sei que você já ouviu isso antes, mas estou explicando novamente, para que você não desanime quando as coisas parecerem não funcionar no começo. Apenas foque o pensando no que quer que aconteça e irá acontecer. Muitas vezes de maneiras inesperadas, porque as vibrações precisam passar por muitos canais para afetar o que precisa ser afetado, posso ver isso muito claramente. Não sei se estou explicando de forma convincente o suficiente.

D: *Você está fazendo um trabalho muito bom. Se eu ficar confusa, vou te perguntar.*

B: Seu cérebro é o centro vibracional do seu corpo e existe um foco dessas vibrações, chamado plexo solar, isso é como uma lente focalizando a luz. O plexo solar concentra essas vibrações e as envia novamente para todas as partes do corpo e para a sua aura, mantendo as coisas equilibradas. É por isso que quando você medita e se abre para absorver e reabastecer suas vibrações, você deve imaginá-las entrando pelo topo de sua cabeça e depois descendo para o seu plexo solar. Para que o plexo solar possa espalhar essas vibrações para o seu corpo, onde elas são necessárias para que tudo esteja em equilíbrio.

D: *Ensinaram-me a percorrer o corpo energizando cada chakra e depois passando o excesso pelos pés até o chão. Isso seria incorreto?*

B: Não é incorreto, é uma forma de o fazer. Ao passar por cada chakra, certifique-se de enviar uma carga extra de energia para carregar também o plexo solar, dessa forma, ele revitaliza seu corpo e também sua aura. É preciso ter certeza de que sua aura está sendo revitalizada até o limite, pois se estende muito além do corpo, para ajudar a protegê-lo de qualquer dano que possa vir em sua direção. Então, qualquer excesso de energia, sim, deve ser enviado pelas solas dos pés para a mãe Terra, que está recarregando sua aura e ajuda a protegê-lo quando suas defesas estão baixas, como quando você está dormindo. É sábio fazer coisas extras para se proteger durante o dia, seja imaginando sua aura brilhando uma luz branca ou dourada, ou imaginando uma pirâmide de energia ao seu redor. Seja qual for o método com o qual você se sinta confortável, porque quando você está interagindo com outras pessoas, você precisa de proteção extra, mas à noite, na privacidade de sua casa, quando você vai dormir, a proteção de sua aura deve ser suficiente. Você pode querer imaginar uma pirâmide de energia ao seu redor, antes de dormir, mas não precisa se preocupar com isso. Você estará protegida durante a noite enquanto estiver dormindo, porque o subconsciente já realiza um ótimo trabalho. Se você estiver em uma posição reclinada quando estiver projetando a pirâmide, imagine-se aproximadamente um terço acima da base da pirâmide, porque esse é o foco da força e da energia da pirâmide.

D: *Você quer dizer como se o corpo estivesse levitando um pouco acima da base da pirâmide.*

B: Sim, mas ainda assim você estará totalmente cercada pela pirâmide, até mesmo a parte de baixo do seu corpo. É uma figura muito poderosa, como um foco, chega a ser difícil explicar tudo o que a pirâmide pode fazer.

D: *Muitas pessoas me disseram não haver com o que se preocupar, que não precisamos nos proteger de nada.*

B: É como um relâmpago. É uma força neutra, não é bom ou ruim, apenas está lá. É muito poderoso, por um lado, pode ser usado para gerar eletricidade e por outro, pode matar pessoas. Essas forças são basicamente neutras e podem ser usadas para os próprios fins, se formos cuidadosos. Mas, ao mesmo tempo, quando alguém se abre para exploração e novas experiências, deve se certificar de que está protegido, porque essas forças neutras não têm moralidade, apenas agem da maneira como sua energia flui em uma situação particular. Você deve se certificar de que está protegido contra quaisquer fluxos negativos. É bom que siga os nossos conselhos, isso ajuda em seu avanço e torna nossa comunicação mais fácil.

D: *Mas, de qualquer maneira, você estava dizendo que envia essas vibrações para o que deseja realizar e após enviadas, então devem se manifestar?*

B: Sim. Há coisas, no entanto, que podem influenciar esse processo, por exemplo, você envia pensamentos de que deseja que algo aconteça e eles vão sair e começar a fazer as coisas se encaixarem para sua realização. Em um momento seguinte, caso você se desanime ou fique deprimido, e enviar pensamentos do tipo: "Poxa, isso nunca vai acontecer", isso enfraquecerá a força daquela energia gerada. Assim, quando a depressão for superada, você deve enviar pensamentos fortes novamente, pensamentos positivos para ajudar a recuperar seu ímpeto, para que seu desejo aconteça.

D: *Você diz ser preciso enfatizar os primeiros pensamentos?*

B: Exatamente. Isso funciona com qualquer coisa, qualquer mudança em sua vida, seja profissional ou pessoal. Um relacionamento entre você e outro, ou algo que você quer fazer, ou sonhos pessoais. Qualquer coisa.

D: *Fui ensinada que os pensamentos são muito poderosos e podem realizar o que você deseja.*

B: Sim, eles podem. É por isso que você deve ter cuidado com os pensamentos negativos porque eles também são poderosos. Eles podem ajudar a neutralizar seus pensamentos positivos. Portanto, se você deseja que seus pensamentos positivos aconteçam, continue pensando positivamente sobre eles. Medite intensamente, fazendo uma visualização verdadeiramente real sobre tudo o que deseja. Você está familiarizada com esse conceito?

D: *Onde você visualiza como se já tivesse acontecido?*

B: Sim, ou talvez até imagine isso acontecendo, como se você estivesse flutuando acima e observando. Depois imagine todas as mudanças positivas que aconteceram como resultado desse evento e como seria o mundo e sua vida depois que isso acontecesse.

D: *Fui ensinada a visualizar cada evento como já acontecendo e preenchê-lo com o máximo de detalhes possível.*

B: Sim, exatamente. Adicione diálogos, sentimentos e tudo mais, como se estivesse observando a realidade. Lembre-se de que quanto maior o projeto, às vezes mais tempo levará, porque há mais canais pelos quais seus pensamentos devem passar para que mais peças se encaixem.

* * *

Em uma reunião de grupo, perguntávamos sobre energias de cura. Um membro questionou: "Tenho interesse em ajudar pessoas. De onde vem a energia usada no ato de ajudar na cura ?"

Phil: As energias cósmicas, das quais falamos anteriormente, são as energias sobre as quais você pergunta. Você precisa apenas abrir sua mente para focar nessas energias. Abra e aceite, e sua mente funcionará tão verdadeiramente quanto um cristal.

D: *Qualquer pessoa pode usar essas energias ou são dons especiais para a cura?*

P: Essas energias podem ser usadas por praticamente todos no universo, para seu próprio benefício e benefício de outros, se assim o desejarem, não são exclusivas de ninguém. Você pode usar essas energias como achar melhor.

D: *Existe alguma chance dessas energias serem prejudiciais para a pessoa que está ajudando ou para quem está recebendo??*

P: Existe uma sobrecarga, mas nada prejudicial, apenas um desequilíbrio. Você não mataria ninguém ao usá-las. Não tema, pois estes são presentes de Deus, tão certamente quanto a luz do sol e o ar em seu planeta. Valorize-os e use-os de boa-fé, com o tempo, serás valorizado.

O membro: *Várias pessoas recebem o que chamamos de "cura", mas em um curto período de tempo, seis meses ou um ano, desenvolvem outro problema ou voltam ao mesmo problema.*

P: Você está dizendo que a cura não perdura?

O membro: *Bem, parece que sim. Eles são curados por um período e depois voltam à mesma doença.*

P: Sim, isso é natural. Os efeitos nem sempre são permanentes. Se a doença está em ponto avançado, uma cura periódica, um reforço, se preferir, seria necessário e apropriado. Isso não diminui os efeitos da cura nem intensifica a doença. É simplesmente pelo fato que muitas vezes um reforço pode ser necessário. Você se familiarizará com essas ações quanto mais frequentemente usar essas energias. Algumas doenças podem exigir uma curta sessão de cura, outras podem exigir um compromisso prolongado, às vezes vitalício, para a cura ser efetiva. A primeira questão, no que diz respeito à cura, pode ser melhor visualizada como um balde furado. Se o balde tiver buracos, você precisará enchê-lo continuamente com água. O balde vazará até que os orifícios estejam tampados. A cura é apenas, neste exemplo de ilustração, encher o balde com água, o que cobrirá temporariamente os sintomas. Os buracos no balde precisam ser tampados e só assim a cicatrização será completa.

O membro: É possível termos sido pré-programados para viver por determinando tempo e depois morrer. É possível que isso esteja em nosso DNA ou seja hereditário? Por exemplo, uma pessoa nasce e deve viver até os trinta e cinco anos, mas acaba morrendo mais cedo por um acidente ou pode estender seu período de vida. Isso é possível?

P: Isso é possível, por muitas razões diferentes. O indivíduo pode ser pré-programado para viver a vida por um tempo predeterminado, e ter sua morte antecipada, podendo ser devido a uma dieta, um estilo de vida inadequados, ou pode ser por acidente. Há muitas coisas que podem causar um buraco no balde, por assim dizer. Quanto a um tempo na vida, a morte é necessária para progredir. A estagnação ocorreria se não houvesse morte para mover alguém para o lado espiritual. Este é um processo contínuo, mais adequado para o aprendizado de muita informação. Tudo é como deveria ser a este respeito.

O membro: Eu estava apenas curioso para saber se poderíamos alongá-lo ou encurtá-lo com livre arbítrio. Me pergunto se meu DNA tem algum tipo de pré-programação.

P: Existe um limite programado no DNA. O tempo real alocado, quase certamente, depende do indivíduo.

A conversa girou em torno do uso de energia para ajudar em situações financeiras.

P: Essa energia, você pode se surpreender ao descobrir, é uma energia quase idêntica, porém manifestada de maneiras diferentes. A energia que traz finanças é de fato a mesma energia que traz saúde ou doença. Você está surpreso ao saber disso? Estimular o aumento da energia financeira seria usar a mesma técnica de visualizações e afirmações que são usadas na cura energética. Isso é simplesmente como se você estivesse passando o mesmo raio de luz branca através de dois prismas separados. Um que tendesse a realçar mais a cor azul e outro que tendesse a realçar mais a cor verde. É de fato a mesma energia, porém, é traduzida de forma diferente. A energia é basicamente neutra, e simplesmente muda de acordo com como é usada. Essa energia pode trazer muitas coisas, pobreza ou riqueza, pode trazer saúde ou doença, felicidade, tristeza, pode trazer sanidade, ou insanidade. Sempre, é como se usa, e se manifesta de acordo com sua intenção.

D: *A maioria das pessoas pensa ser ou só boa, ou só ruim.*

P: Muitos escolheriam decidir que outra pessoa os fez mal e fez com que isso , ou aquilo acontecesse. Quando pensa assim, estão derrotando seu próprio propósito de vida, isto é, aprender a focar essas energias da forma mais construtiva possível. Essa é realmente a razão subjacente de nascer encarnado no físico, aprender a se tornar manipuladores dessa energia.

D: *Talvez essa seja uma das lições que estamos tentando aprender.*

P: Essa é a lição que todos estamos tentando aprender, a mais importante lição a ser aprendida neste planeta, pois tudo nos leva até essa realização. Seja pelas lições de cura, lições de amor, de compreensão, e de paciência, todas têm suas raízes neste fundamento básico: o aproveitamento das energias. Isso se reflete no plano físico mais de perto, que é o verdadeiro objetivo, o plano divino. Aqueles que manipulam essa energia de maneira imprudente ou inconscientemente descobrem que criam situações ao seu redor que não são produtivas ou fiéis ao plano. Todo o propósito de encarnar e evoluir é para aprender a se tornar um manipulador hábil dessa energia. Em todos os seus atos, você está aprendendo a manipular isso de uma forma ou de outra, seja no financeiro, na política, saúde, de muitas maneiras diferentes.

D: *A maioria das pessoas não percebe que atrai para si o que deseja, mesmo que seja ruim.*

P: Não tanto que eles atraiam para eles, mas que os manifestam. Cada um de vocês manifesta o que encontra. Não é que está "por aí" e acaba vindo em sua direção. Pode apenas parecer uma questão de semântica, mas esse é um ponto delicado e precisa ser entendido. Você realmente manifesta o que encontra. Não é que ele esteja "flutuando" e de alguma forma se "prenda" a você, e então você se encontra nos poços e nas angústias da agonia e do desespero. Não, não. A verdade é que esta situação que achamos tão desagradável se manifestou e foi provocada por um uso indevido, ou mal-entendido das energias. Não aconteceu por acaso, foi de fato criada.

D: *A maneira como as pessoas dizem: "Tudo sempre dá errado. Tudo que eu faço, nada dá certo."*

P: Sim, e isso reforça todo o conceito de "tudo de ruim acontece comigo". Assim a pessoa passa a vida pensando em como a vida é errada para ele e como tudo é miserável. Seus próprios pensamentos estão canalizando a energia para esse tipo de situação. Você obtém o que você pedir.

D: *Claro, eles seriam os últimos a admitir que estão realmente causando isso a eles mesmos. Vão dizer: "Não, quero ser infeliz. Não quero ficar doente".*

P: Isso é verdadeiro, e a voz mais difícil de ser ouvida é a sua própria voz. Há, neste momento, neste planeta, uma falta de compreensão da relação entre emoções e saúde. Integrando todos esses entendimentos, a recuperação seria muito mais rápida e efetiva, portanto, pode-se dizer, de um ponto de vista emocional, imaginando que um corpo está inicialmente em um estado harmônico, ao introduzir uma desarmonia, esta se espalha por toda parte. Então você pode olhar para isso como uma questão de desarmonia ou doença. Ao ser trazido para alguém que não está em paz consigo mesmo, você pode entender que tal doença, quando entra no sistema e se espalha, faz a pessoas se sentir pouco à vontade, ou fora de harmonia, simplesmente do ponto de vista emocional. Pode ser encarado de um ponto de vista matemático, se você quiser prosseguir até esse nível. Por exemplo, se você tiver o que pode ser chamado de equação perfeita, uma que funciona perfeitamente, sem restos e sem divisores. Seremos cuidadosos aqui porque este veículo não possui um nível superior de compreensão da matemática, mas usaremos seu nível para explicá-lo. Se você pode ver que existe uma dada equação que satisfaz um certo conjunto de cálculos, e isso resulta em uma resposta perfeitamente balanceada, então isso é harmonia. No entanto, se alguém inserir uma variável nesta equação, ou um número, talvez, que tende a fazer com que os restos apareçam, ou a equação não chegue a um acordo perfeito, então haverá, como você pode relatar, desarmonia ou doença. Há de fato um resto, em termos matemáticos.

D: *O resultado não está balanceado.*

P: Exatamente. Pode ser relacionado através da música, como uma desafinação ou através de qualquer um dos vários métodos diferentes do que você pode chamar de "analogias". Estes são todos verdadeiros e concomitantes, acontecendo simultaneamente em diferentes níveis de percepção. É simplesmente que você escolhe que isso aconteça em um ou mais níveis de consciência.

D: *Então, o que essas pessoas podem fazer para se realinhar ou voltar à harmonia consigo mesmas?.*

P: Devem ver-se sempre rodeadas daquilo que há de mais belo e perfeito possível, devem usar seu julgamento sempre à luz deste fato, para manter este nível de qualidade de vida perfeita. Ter sempre em mente esse fator de harmonia, aquilo que for percebido será o mais adequado para aquele fim, e isso é verdade para todos os aspectos da consciência humana. Entender que cada um sempre receberá e fará o que for mais adequado para si, independentemente do empreendimento. Pois ao fazer isso, você atrai naturalmente para si, se deseja se relacionar com esse nível de fala, exatamente o que está pedindo. Você está, de fato, manifestando a realidade da situação mais harmoniosa. Muitos no planeta sentem que, para manifestar algo, devem se tornar inflexíveis a ponto de não haver possibilidade de que qualquer outra coisa aconteça. A falha nisso reside no fato de que o que se diz e o que se pensa muitas vezes estão em desacordo. O que alguém realmente acredita muitas vezes não é exatamente representado em sua fala. Assim, ao verbalizar, está de fato desencadeando uma reação que pode ser totalmente oposta ao que realmente deseja e sendo tão firme nessa crença, é dada a manifestação que parecer estar em desacordo com o que se diz. A pessoa manifesta aquilo que mais teme, pois quando algo é muito desejado, vem acompanhado do pensamento que diz que "tal coisa" nunca irá acontecer, ou seja, estão pensando continuamente sobre o que não deseja. Não importa o que se pensa, bom ou mal, desejado ou indesejado, é o que irá se manifestar.

D: *Esse é um paradoxo do ser humano.*

P: Isso é preciso. É um paradoxo ser um manipulador das energias. É a armadilha de se tornar ou ser menos esclarecido, e assim caberia a todos que são, como são neste planeta agora, um manipulador das energias, tornarem-se mais iluminados para entender e se esclarecer melhor sobre como manifestar aquilo que verdadeiramente se deseja.

D: *A vida seria muito mais fácil se as pessoas pudessem perceber que têm um grande controle sobre situações e eventos.*

P: Isso é preciso. Eles poderiam ter em suas vidas a verdadeira harmonia que todos buscam. Alguns são mais proficientes e hábeis nisso do que outros. Diríamos a vocês, agora reunidos nesta sala, que cada um de vocês, à sua maneira, pode agora ver uma jornada que está à sua frente. Na verdade, em termos muito simples, todos neste planeta têm a mesma jornada, no entanto, muitos estão mais conscientes disso do que outros.

D: *Estamos todos no mesmo caminho, apenas indo em direções diferentes.*

P: Isso é preciso, no entanto, todos os caminhos, eventualmente, convergirão e se encontrarão em um único lugar.

D: *A diferença é que alguns terão muito mais voltas e reviravoltas ao longo do caminho.*

P: Isso é preciso.

CAPÍTULO QUATORZE
A TRANSFORMAÇÃO DO CORPO HUMANO

Em 1999, fui exposta pela primeira vez ao assunto referente à mudanças no DNA do corpo humano e aconteceu durante uma sessão com Luigi, na UFO Conference, em Eureka Springs. Conheci a mãe dele na Flórida, em um evento semelhante, alguns meses antes. Infelizmente, na ocasião, não tivemos tempo para realizar uma sessão privada. Quando contei a ela sobre a UFO Conference em Eureka Springs, ela decidiu trazer sua filha e, ao contar para seu filho, Luigi, que mora na Itália, ele também se animou para participar e viajou exclusivamente da Europa para o evento. Quando chegou, entenderam que ele precisava mais da sessão do que a mãe, queria aproveitar a oportunidade para explorar supostas experiências com Óvnis que o deixaram perturbado. Sua mãe e irmã participaram da sessão, uma exceção, pois imaginaram que poderíamos encontrar barreiras de comunicação por conta das diferenças entre meu inglês e o italiano dele, o que não aconteceu. Em nossa conversa prévia, ele me contou o que lembrava. Estava à noite na escola, em Pavia, na Itália, para uma aula de atuação, e foi no caminho de volta que o incidente ocorreu. Em sua lembrança, ele e a namorada viram uma luz no céu e saíram da rodovia para observá-la. Isso foi tudo o que aconteceu, mas ainda o deixou perturbado. Planejamos voltar naquele dia e obter mais detalhes.

    Não fiquei surpresa quando, durante a sessão, descobrimos que muito mais do que apenas terem avistado a suposta luz, de fato aconteceu. Quando Luigi entrou em estado de transe profundo, ele reviveu o incidente. Pensando que talvez a luz fosse um avião caindo, o casal parou no acostamento da rodovia para observar o evento. Ao saírem do carro, viram ser uma nave enorme, que se movia lentamente até parar acima deles, então, uma porta se abriu, revelando um feixe de luz que desceu ao seu encontro. Na próxima cena, ele já estava deitado em uma mesa, numa sala cirúrgica, com uma grande luz no alto. Quando ele se sentou, viu um ser, composto inteiramente de luz, se aproximando. Para minha surpresa o ser o abraçou e Luigi então ficou emocionado ao dizer: "Sinto-me seguro lá, sinto-me feliz." Ele teve dificuldade em encontrar as palavras corretas em inglês para descrever como se sentia ao ser tocado pelo ser. "Como se alguém lhe passasse energia e você pudesse senti-la. Quando me abraçou, parecia ser físico, mas ao tocá-lo ...a sensação não é sólida."

Eu quis, então, fazer perguntas ao ser, que concordou. Disse estar a bordo de uma nave e não era a primeira vez que estava lá. Perguntei por que Luigi não se lembrava e ele disse: "É melhor para mim. Mais tarde saberei. Agora é muito cedo". Disse também que isso acontecia há muito tempo e que já haviam se encontrado em outras vidas. O ser diz ter vivido por seiscentos anos, de acordo com nossa contagem de tempo.

Eu já tinha ouvido isso antes, ao trabalhar com esse tipo de caso. Muitas vezes os seres seguem almas por várias vidas, interagindo com elas, porque podem viver o quanto quiserem. Às vezes, ficam frustrados porque a pessoa não se lembra do acordo e compromisso com um projeto em conjunto.

Em inglês quebrado, Luigi repetiu o que o ser estava lhe dizendo. "Eu saberei no momento certo. Terei um papel importante no que vai acontecer. Eles já estão nos dizendo. Grandes mudanças, na Terra. Continentes vão se mover, e a água... e eles estão voltando. Não reconheceremos nada e eles ficarão muito tristes por nós. Os humanos têm feito todas aquelas coisas sujas, estúpidas. Mas não é o fim do mundo. Será o fim de um era." As entidades não podiam fazer nada para impedir essas coisas, mas estavam tentando retardá-las. Seu papel era salvar as pessoas, e eles o ensinariam como fazer isso.

Claro, como estou sempre procurando uma data, disseram ser muito em breve, mas isso não quer dizer muita coisa, já que a noção de tempo deles é diferente da nossa. Ele disse: "Máximo de vinte anos." Luigi então viu uma grande explosão com uma nuvem tóxica que se espalharia pela terra, e pessoas correndo e tentando se esconder.

Disseram-lhe então a mesma coisa que já mencionei neste livro, que eles poderiam salvar alguns selecionados, levando-os a bordo de embarcações. Haveria muitas, muitas naves e as pessoas teriam que viver a bordo por muito tempo, então seriam trazidos de volta: "E com a ajuda deles continuamos crescendo. Começamos de novo. Tudo mudou. Será muito difícil para nós. Já aconteceu no passado."

Perguntei quem eram essas pessoas. "Eles são de planetas diferentes, galáxias diferentes. Como uma união? Para salvar o planeta. Em primeiro lugar eles nos ajudam, porque somos diferentes, e este é um planeta que tem que ser salvo, porque nós mudamos, não temos mais a "máscara". Eles viajam pelas galáxias, principalmente com os nossos, porque estamos mais em dificuldades e não podemos sair disso sozinhos, porque crescemos sempre mais fundo. Não seremos físicos como agora. Ele me mostrou como seremos, parecemos... uma espécie de fantasma, mas com uma forma."

D: *Um fantasma. Você quer dizer no entendimento que se pode ver através?*
L: Não exatamente. É difícil descrever isso, não sei, mas não é mais sólido.
D: *Mais como um espírito?*
L: Sim, mas não um espírito, ele está me mostrando, mas não sei como explicar. Não é como eles são, mas quase. Ele acabou de me mostrar, se tornou um porco para que eu entenda que ele pode se tornar como deseja.
D: *Sim. Diga a ele que entendo o que ele está dizendo. Ele é um ser de energia, não é? Pode se tornar o que quiser. Mas ele disse que não seríamos assim.*
L: Sim. É Quase, mas não totalmente.
D: *Mas o corpo ainda será físico até certo ponto? (Sim Sim.) Ainda vai precisar de comida?*
L: Não tanto quanto agora. Diferente.
D: *Será que ainda precisa dormir, e outras coisas que um corpo precisa?*
L: Algumas. Não isso.
D: *Estou pensando em reprodução, em como ainda terá que criar outros seres...?*
L: Ele diz que o sexo será diferente. Não é mais físico. Será como uma união de energia, mas ele diz ser agradável, que de qualquer maneira, ainda será uma sensação prazerosa. Ele está me mostrando. Como duas bolas se juntando e criando algo. É difícil de explicar.

Este tipo de reprodução foi descrito em "Sob Custódia".

D: *Acho que sei o que você quer dizer. Mas estou tentando descobrir, sendo quase físico, o que seria parecido e o que seria diferente. Será que precisaremos ter casas e prédios como temos agora? (Sim) E cidades?*
L: Cidades? Porque não seremos como eles são. Isso é demais e muito cedo.
D: *Se não formos realmente sólidos, ainda usaremos nossos corpos para construir coisas?*
L: Com a cabeça. A mente será muito forte. Não precisaremos mais conversar e poderemos viver muito mais.
D: *Ele pode responder a algumas perguntas sobre você? Porque Luigi tem se perguntado o que está acontecendo ultimamente, quando ele disse que acordou tremendo e vibrando. Este ser pode dizer o que acontece durante esses momentos?*
L: Sim. Trabalhando no sistema. Trabalhando no DNA. Colocando-o ... em aspirante (Ele quis dizer espirais?).
D: *Pode explicar o que quer dizer?*
L: Sim. Nós humanos temos hoje duas espirais de DNA. Teremos doze.
D: *Por que temos que ter doze?*
L: Esse é um nível mais alto que podemos obter.
D: *Mas como isso vai ajudar o corpo?*
L: Costumávamos ter doze. Muitos milhões de anos atrás.
D: *Então o que aconteceu?*
L: Experimentações genéticas. Poderia nos trazer de volta para doze. Eles reduziram para dois.
D: *Qual foi a experimentação feita?*
L: Para ver como... o que acontece, acho que para fazer... o que fazemos com ratos, com outros animais. Eles fizeram isso conosco.
D: *Você quer dizer que eles na nave fizeram isso?*
L: Não, não, não, não eles. Outros seres.
D: *Por que eles iriam querer fazer isso?*
L: Para ver. Por curiosidade.
D: *Para ver o que aconteceria se eles mudassem o DNA para dois, você quer dizer?*
L: Sim. É por isso que estamos assim agora, e temos aquela grande máscara. É por isso que os humanos são tão limitados, por isso

que existem pessoas que não acreditam em Óvnis e todo tipo de coisa.
D: *Estamos todos sendo experimentados, para aumentar nosso DNA?*
L: Uma parte de nós terá seis e outra parte doze.
D: *E eles estão fazendo isso agora, com certas pessoas da população, você quer dizer.*
L: Sim, em muitas pessoas. Para mudar o DNA. Para nos preparar.
D: *Ele disse que estão fazendo isso agora com o corpo de Luigi. Isso vai machucar o corpo de alguma forma?*
L: Não, não, de jeito nenhum. Não teremos mais as doenças que temos agora. É um processo muito lento e leva anos.
D: *Mas aqueles cujos corpos foram preparados são os que serão levados a bordo da nave quando as mudanças ocorrerem?*
L: Sim, mas eles dizem, muitos, muitos mesmo, terão isso.

Tive um pensamento enquanto redigia esse trecho. Foi mencionado no meu livro "Sob Custódia", que o corpo humano não pode sobreviver, em seu estado atual, em viagens espaciais a bordo de naves. O corpo não conseguiria lidar com a aceleração e mudança nas vibrações de uma dimensão diferente. Isso era algo que impediria a humanidade de viajar no espaço, cruzando dimensões como eles fazem. Será que a alteração no DNA humano permitirá que o corpo se ajuste a essas mudanças? Seria essa uma das razões para isso? Ele disse ser uma preparação.

D: *Então eles estão trabalhando em muitas pessoas.(Sim) É por isso que mais e mais pessoas estão relatando avistamentos de Óvnis e tendo experiências com extraterrestres?*
L: Porque tem que se tornar normal para nós vê-los.
D: *Estão se "deixando" ver com mais frequência agora, é porque querem que as pessoas se acostumem com eles? (Sim) Então, essas coisas acontecendo com o corpo de Luigi, não são preocupantes, mas naturais.*
L: Sim, precisamente. Alguns os sentem mais, outros menos. Mas ele é bastante sensível. "Muito em breve irei fisicamente para o navio e conseguirei me lembrar, eles vão me dar muitas informações".

Ele então se lembrou do momento em que deixou a nave para voltar ao carro, estava chorando: "É tudo felicidade, porque me sinto bem." Foi um grande contraste com o que ele sentiu no início, quando relatou o incidente, houve um grande medo do desconhecido e uma dúvida sobre o que teria acontecido, se é que alguma coisa aconteceu.

Devido à dificuldade com o inglês quebrado de Luigi, condensei muito este relato, colocando a maioria na narração.

Os casos a seguir vieram de outras partes dos Estados Unidos e fornecem mais informações sobre a mudança do corpo humano.

* * *

Conheci John durante uma excursão na bela ilha de Bali, no verão de 2000. Além de visitar os templos e participar de várias cerimônias, ele desejava ter uma sessão particular comigo. John era um homem mais velho e estava envolvido com a metafísica há muitos anos. Por meio de meditação pessoal, já havia aprendido detalhes sobre muitas de suas vidas passadas e agora estava mais interessado em descobrir quaisquer associações alienígenas. Apesar de não guardar nenhuma lembrança consciente de qualquer envolvimento com extraterrestres, devido a muitos eventos incomuns, ao longo de sua vida, ele suspeitava que pudesse haver uma conexão. Eu disse a ele que, nos casos sem um evento específico, eu busco não conduzir a pessoa, nem tentar influenciá-la, assim ela irá aonde deveria ir para encontrar a informação que precisa.

A sessão foi realizada em um lindo e luxuoso hotel na praia e quando começamos, o perfume das flores e o canto cadenciado dos pássaros enchiam o ar ao entrarem pelas janelas. Usei a técnica projetada para colocar o indivíduo em uma vida passada apropriada, mas isso não aconteceu.

Quando John entrou em cena, se viu parado em seu quintal, de pijama e olhando para um objeto de aparência estranha. Era um disco brilhante de prata, tinha um formato convexo e estava apoiado em suas pernas. Ele exclamou: "Tem, talvez, uns 8 metros de comprimento. Estou surpreso, é tão estreito, tão fino. Acho que alguém teria que se deitar nele para caber. Não é o que pensei que deveria ser. "

Tentando encontrar uma referência de tempo, perguntei como ele se via. Ele disse ter barba, mas era escura (agora está grisalha) e seu corpo parecia mais jovem. John usa barba há cerca de quinze anos e isso nos deu um prazo adequado. Ele ficou observando o disco brilhante até que notou outra fonte de luz à sua esquerda. Era uma nave muito maior, com várias camadas. "Tem uma qualidade luminescente em seu todo que parece iluminar a área. É metálico, mas diferente do disco de prata que é fino, esse é tão grande que não consigo ver tudo de uma vez. Eles são muito diferentes um do outro."

Quando lhe perguntei por que estava parado no quintal, ele contou uma história muito familiar em minhas investigações desse tipo de fenômeno. "Alguém me trouxe para que eu pudesse ver. Eu estava indo para a cama quando vi algo esvoaçando no canto da sala. Eles me levaram até o teto e tudo escureceu, não consigo me lembrar dessa parte. Do lado de fora, este ser estava me carregando e flutuamos até o que parece ser um feixe de luz, entrando em um tipo de compartimento, onde entramos em uma área branca, limpa, e de aparência muito moderna.

Chegando lá, foi saudado por vários seres que pareciam conhecê-lo, sendo escoltado até uma sala. "Há uma mesa de exame médico com algum tipo de estribos de metal no final, para os pés. A mesa é semelhante ao que existe em qualquer consultório médico na Terra, exceto por essas extensões de metal. É uma superfície acolchoada, de cor cinza-claro. Me pediram para deitar sobre a mesa. Não pareço estar com medo, estou meio acostumado com o que chamo de "suas caretas". É como se eu já tivesse feito isso antes, e aqui estou eu novamente para meu "check-up" anual ou algo semelhante."

As figuras estavam de pé ao lado da mesa, inclinados sobre John. "Eu não estou consciente deles fazendo nada além de apenas olharem para mim. Acho que talvez me escaneando com suas mentes, seus olhos ou algo assim." Não havia nenhum tipo de equipamento ou instrumento. Os seres eram bastante pequenos, mas havia um ser mais alto que projetava um sentimento feminino de bondade para com ele. Não estava participando, mas ficou atrás dos outros, apenas observando.

Ele então se levantou da mesa e caminhou com os outros para outra parte da nave. Eles passaram por uma abertura em uma grande área redonda e abobadada com camadas intensificadas nas laterais. Uma luz brilhante emanava de um grande cristal que brilhava no centro da sala. John pensou que esta poderia ser a fonte de energia da nave. Eles contornaram o perímetro da sala e viraram por um corredor estreito para outra área, foi lá que colocaram John, em um estranho dispositivo posicionado contra uma das parede.

J: Estou de pé nisto... estou sendo amarrado em.... uma espécie de vidro... todo transparente. É um pouco mais profundo do que eu, mas não é um tubo, é uma coisa oblonga com as costas achatadas. Estou de pé nesta coisa transparente, e agora há luz vindo de cima. Acho que estou sendo infundido com algum tipo de energia luminosa. É como se eu estivesse do lado de fora, me observando.

Assegurei que ele estava seguro. A forma com que John descreveu a cena, soou semelhante a Phil em "Guardiões do Jardim", observando o que estava sendo feito com ele, sua personalidade foi retirada e separada de seu corpo e ele também se tornou o observador.

J: É só essa luz vindo de cima. Está iluminando minha cabeça e acho que a luz está descendo pelo meu corpo. Parece uma infusão de energia, alterando minha estrutura molecular. Acho que está transformando-o cada vez mais em um corpo leve ou algo assim, embora ainda me sinta muito pesado por dentro. Mas acho que é disso que se trata. Parece ser apenas uma sensação de tilintar. Estou entendendo agora algo sobre alterar os filamentos de DNA, aumentando a quantidade de filamentos.

D: O que você quer dizer?

J: Que a energia da luz que entra no corpo está alterando e aumentando o... você sabe que os filamentos de DNA são realmente como filamentos de luz em certo sentido. Eles estão sendo alterados e expandidos, aumentados. Isso significa que aumenta sua capacidade de reter mais e mais luz, a cada infusão. Isso não dura muito; eles estão abrindo a porta e eu estou saindo.

D: E o processo de luz está mudando o DNA de alguma forma?

J: Esse é o entendimento que eu tenho.

D: Qual é o propósito de mudar o DNA?

J: Para "segurar" cada vez mais luz e transformar o corpo em um corpo cada vez mais leve, menos denso e ser capaz de reter mais e mais luz celestial. O propósito é alcançar um estado de consciência Crística.

D: Você sabe como o DNA está sendo alterado? Você pode perguntar a alguém aí? Talvez eles possam te explicar.

Isso funcionou no passado. Quando temos uma pergunta para a qual o sujeito não sabe a resposta, peço que solicite a um dos seres que forneça a informação.

J: Sim, vou perguntar como o DNA está sendo alterado. (Pausa) Bem, eles estão me mostrando..Estou visualizando esses fios, são bobinas sendo todas iluminadas ou brilhantes com luz, ou algo assim. Aparentemente eles se dividem e criam outros fios por meio dessa fusão de luz.

D: *Em quantos fios eles estão se dividindo?*

J: Estou ouvindo "seis", mas não vejo seis.

D: *E isso tem que ser feito de vez em quando?*

J: Eu acho que é um procedimento contínuo, cada vez mais frequente neste momento. Às vezes, mais de uma vez, durante um período de vinte e quatro horas. Quando tiro uma soneca e depois, à noite, durante o sono. É por isso que estou sendo encorajado a fazer pausas frequentes para meditação. A cada hora, pelo menos, para manter esse certo nível de vibração.

D: *Por que tem que ser repetido? O DNA não permanece assim sempre que é expandido?*

J: Permanece assim, mas para se manter em um alto nível de fluxo de luz, depende também das infusões intermediárias e da minha capacidade mental de acessar minha própria força divina, a luz interior, por assim dizer. Ele mantém esses fios ativados, para que se tornem cada vez mais permanentes. É o que significa se preparar para a próxima etapa, mas antes tem que ser meio que consolidado ou solidificado.

D: *Antes de ir para a próxima etapa?*

J: A etapa seguinte, sim. E muito disso depende da minha disposição e da minha capacidade de sintonizar constantemente com a consciência Crística, meu eu superior.

D: *Isso é algo que vem acontecendo há muitos anos?*

J: Sim, mas está acelerando agora que provei a eles que me dedico a cumprir meu propósito divino, por assim dizer, e me preocupo em permanecer no caminho espiritual. Provei que realmente quero servir à humanidade e assim cheguei a um certo ponto de passar nos testes e desafios e manter o curso. Então esse processo de aceleração está sendo intensificado.

D: *E isso tem que ser feito em um ritmo crescente para tornar-se uma mudança permanente no corpo?*

J: Continuamente para aumentá-lo até os doze fios finais. Esse é o objetivo final, alcançar o estado de ser exaltado da quinta dimensão.

D: *Então poderia "calcificar", digamos assim, se isso não fosse repetido regularmente?*

J: É como se pudesse calcificar ou ficar estagnado, ou... estou vendo isso... exatamente como os músculos do corpo. Se eles não são usados, eles se tornam ....

D: *Atrofiado?*

J: É a mesma coisa. Por isso tenho que fazer minha parte, meditando, sintonizando e realizando minhas intenções e afirmações, é aí que eles entram e ajudam no processo tecnológico deles, acelerando tudo. Levaria muitos, muitos anos para realizar através da meditação estritamente.

D: *Mas se esse processo fosse interrompido a qualquer momento, ele atrofiaria e não continuaria?*

J: Eu estaria em um estado mais elevado do que costumava ser, mas ficaria aquém do que se destina e pode ser. O Objetivo Final: o estado de quinta dimensão de vibração e consciência.

D: *Pergunte a eles, quando fazem isso, estão ativando algo com a luz, ou estão criando algo no corpo, um novo DNA, que não existia antes?*

J: Oh não. Eles começaram com os dois filamentos e, como eu disse, de alguma forma, durante esse processo, eles continuaram "dando luz" a outros filamentos, aumentando o número de células ou algo assim.

D: *Quase como as células se dividem?*

J: Hmmm, acho que é isso que eles estão tentando dizer.

D: *Isso está sendo feito para todos?*

J: Está sendo feito principalmente para aqueles que encarnaram especificamente para ajudar a humanidade durante este maior estado evoluído de consciência. Acontecerá em menor grau para aqueles que não estão atualmente conscientes de seus eus espirituais, que não sabem que são espirituais. Então, principalmente, eles ainda estão atolados na densidade da consciência.

D: Os outros que estão fazendo isso, todos eles têm que ir a bordo de naves como esta para ativá-lo?
J: A resposta é sim.
D: Isso é? Você disse há pouco que eles poderiam fazer isso quando você está meditando ou dormindo?
J: Acho que sou levado nessas horas para outro processo menos intenso, mas vamos ver. (Pausa) Há algo que pode ser conduzido quando estou fora do corpo. Existem cirurgiões tecnológicos, eles estão dizendo, que são capazes de remover meu corpo etérico e fundi-lo com o maior quociente de luz, pelo que entendi (Confuso). Depois devolvê-lo ao meu corpo físico sem ter que subir até a nave-mãe. Eles têm naves de laboratório menores onde isso é feito.
D: Então, nem sempre tem que ser feito com essa máquina então.
J: Estou tentando ver se é um dispositivo tecnológico ou se os cirurgiões tecnológicos estão fazendo isso com a mente. Acho que é isso. Seu poder mental também pode ajudar e estimular esse processo, mas não no mesmo grau que a mente e o dispositivo de tecnologia na nave maior. Mas ambos são eficazes e ambos estão sendo feitos regularmente nesse momento.
D: Como esse processo afeta o corpo?
J: O corpo fica mais leve e a estrutura celular, as membranas ficam cada vez mais finas, cada vez mais leves. Desejamos alimentos cada vez mais leves. O corpo tem cada vez mais dificuldade em digerir e processar os alimentos pesados e densos. Acho que é por isso que tenho desejado cada vez mais líquidos e muito raramente, quando estou em casa, como outra coisa senão um batido de frutas. Despejo tudo e faço um café da manhã e almoço líquido espesso, e, várias vezes por semana, almoço líquido apenas com cenoura, suco de tomate, aipo e vegetais frescos.
D: Então isso faz você não querer os alimentos mais pesados?
J: Exato. Cada vez mais tenho sentido isso, por um bom tempo agora.
D: Como essas mudanças afetam a saúde do corpo?
J: Seria um corpo mais saudável, à medida que mudasse, cada vez mais para um corpo leve.
D: O corpo fica mais saudável onde não tem doença, quer dizer?
J: Não, haverá a possibilidade de doença, mas após a conclusão do processo, o corpo ficará muito mais imune à maioria das doenças, mas não completamente livre. Notei também um aumento dos

meus poderes mentais e, quando a transformação estiver completa, terei muito mais controle sobre meu corpo, podendo corrigi-lo e reequilibrá-lo tanto quanto desejar, por assim dizer.

D: *Então mesmo a troca de apenas alguns fios de DNA pode fazer diferença no corpo, antes de chegar ao estado completo?*

J: Faz algumas diferenças, mas no processo de transição há uma tendência de ocorrerem mais desequilíbrios. Digamos que o "modelo antigo" que está sendo substituído pelo novo, quer se "agarrar" a si mesmo para manter um status quo, mas apenas até o ponto onde o novo se torna sólido e as novas vertentes são a maioria. É quase como um processo democrático, então o novo será dominante. O processo de aceleração se intensifica, à medida que mais e mais do velho é substituído pelo novo.

D: *Então durante esse tempo que o corpo está passando por mudanças, ele fica ainda mais resistente a doenças e enfermidades?*

J: Não necessariamente.

D: *Minha dúvida é como o corpo é afetado e como se sente.*

Até este ponto, a voz de John era suave, sonolenta, misturando as palavras, o que por muitas vezes dificultou a transcrição. Agora a voz estava mais distinta e com bom som, mais fácil de entender e consequentemente transcrever. Essa é sempre uma pista segura de que a outra entidade finalmente começou a responder por John, em vez de ele ouvir e repassar as respostas. Também poderia indicar que o subconsciente havia entrado na conversa. De qualquer maneira, as respostas fluíam com muito mais facilidade, o que eu sempre gosto, pois sei que estou em contato com a informação verdadeira e posso obter respostas mais precisas, sem a interferência da mente consciente, cética e crítica.

D: *Isso aumentará o tempo de vida do indivíduo?*

J: Muito.

D: *No momento em que é concluído, ou enquanto todo o processo está acontecendo?*

J: O ser humano, durante este processo de transição, ainda está suscetível a muitos efeitos adversos que existem no planeta, neste momento específico. Existem, no entanto, outros fatores de natureza protetora que estão auxiliando e incentivando os seres humanos que estão passando por esse processo, além da maior proteção possível. Durante as visitas a bordo, são utilizados dispositivos de escaneamento que geralmente podem reduzir quaisquer bactérias intrusivas ou partículas infecciosas. Não é um procedimento perfeito neste momento. Há muita experimentação e observação científica quanto à transformação mais dramática do corpo humano em um corpo consideravelmente diferente, um corpo de luz.

D: Então você não tem certeza de como isso vai acabar, por que você ainda está experimentando?

J: Certamente receberemos o produto tátil final, por assim dizer, mas o processo de transição ainda contém muitos mistérios.

D: Mas quando você está dando essa proteção para deixar alguém mais resistente à bactérias e tal, isso é realizado com máquinas? Ou como é feito esse processo?

J: Quando alguém está na câmara de vidro e sendo infundido com a luz, ela destrói uma série das coisas "interessantes" que podem permear o corpo humano.

D: Qual era o propósito do escaneamento no começo, na mesa?

J: Em geral, apenas para determinar seu bem-estar físico, mental e emocional geral. Ver até que ponto ele está equilibrado, até que ponto seus vários corpos: físico, mental, emocional, etérico e astral, estão alinhados ou desalinhados. Apenas um exame visual das condições físicas e assim por diante, que devem ser observados e registrados e comparados com visitas e exames anteriores e....

D: É como um check-up para ver se tudo está indo como deveria? E se não está, você faria ajustes?

J: Sim. Os ajustes seriam parte instruções tecnológicas e parte instruções complementares, através do processo de meditação, sobre o qual o uso do termo "existência escolhida" pode trazer incentivo, em termos de superação de problemas atuais, comportamento crítico ou sentimentos de escassez. O sentimento de não confiar no universo para fornecer sempre tudo o que é necessário a qualquer momento, não importa quais sejam as circunstâncias. Para finalmente deixar de lado todos os sentimentos do mundo material, como fonte de segurança e contar com o mundo espiritual e metafísico, por assim dizer, como essa fonte.

D: Isso é difícil. Mas você disse que os ajustes são realizados com dispositivos tecnológicos. Seriam essas máquinas com a luz?

J: Provavelmente, mas a pessoa humana deve fazer a sua parte. Não podemos sobrepor nossa expertise tecnológica além do que a pessoa humana está disposta a fazer por conta própria, no plano físico. Deve haver uma perfeita harmonia entre a vontade de progredir espiritualmente, de modo a trabalhar em conjunto. Se alguém der os passos necessários no plano mental, esses passos serão recompensados por nossa maior participação para ajudar esse indivíduo. Se o indivíduo parar, sem vontade de seguir em frente, em seu caminho pré-selecionado e acordado, antes da encarnação, o processo será interrompido. O livre arbítrio é muito importante para todos na Terra, eles devem ver e transcender a ilusão que existe na presente consciência de massa e confiar nas leis e processos espirituais superiores.

D: Isso está sendo feito em várias pessoas que estão espiritualmente no ponto certo?

J: Dezenas de milhares de pessoas neste momento. Aqueles que aumentaram suas taxas de vibração e sua capacidade de manter quantidades cada vez maiores de luz celestial, afetarão outros no planeta. Quando a humanidade atingir a massa crítica, devemos dizer que a "Síndrome do Centésimo Macaco" se tornará uma realidade e esta Terra terá alcançado um estado de consciência superior. Finalmente, esse bem-estar da consciência superior se espalhará de relativamente poucos para números crescentes, simplesmente devido à unicidade de toda a criação, porque todos existem dentro de uma linha, o único amor de Deus.

D: O que acontecerá com aqueles que não participarem? Aqueles que ainda estão na mentalidade mais densa, no sentido físico.

J: Cada alma fará sua própria escolha, participar ou não neste processo. Muitos não vão participar, muitos se apegarão aos seus antigos sistemas de valores e muitos se apegarão à ilusão daquilo em que passaram a acreditar durante sua encarnação na Terra. Aqueles que não conseguirem enxergar além dessa ilusão, ao deixarem seus corpos, serão transferidos para outro planeta, cujas lições são uma continuação daquelas do planeta Terra neste momento específico. O planeta Terra se tornará outra escola, uma escola superior, na qual a vibração da quinta dimensão determinará o novo currículo, as novas lições disponíveis para essas almas participarem em um nível superior ao que agora está disponível na consciência tridimensional.

D: *Disseram-me que essas pessoas seriam deixadas para trás. Isso é o que significa?*

J: Eles serão deixados para trás em termos de seu próprio crescimento. Eles não se moverão e continuarão a caminhar e crescer com os outros que são dedicados e praticaram as disciplinas mentais e físicas, necessárias para se envolverem espiritualmente.

D: *Então, quando eles deixarem seus corpos, não voltarão para cá pois a Terra estará em um lugar totalmente diferente. Você diz que isso está acontecendo com dezenas de milhares de pessoas, mas que não sabem disso conscientemente, correto? Assim como John não sabia em um nível consciente.*

J: John sabe muito, devido a seus ensinamentos diretos. Há muitos na Terra hoje que estão em contato direto com seus guias de muitos sistemas planetários, que estão aqui para ajudar a humanidade a se elevar aos níveis mais altos de vibração e consciência. Cada vez mais pessoas estão despertando todos os dias por causa de seu horário específico pré-selecionado, determinado quando vieram para o corpo na Terra. Sua alma chega com uma programação pré-selecionada que inclui um cronograma para o despertar, por assim dizer. Esse despertar será desencadeado por certos eventos que acontecem no planeta. Esses eventos podem ser simplesmente o contato com outras pessoas, mestres espirituais que lhes dirão algo que os despertará e iniciará seu processo. Alguns serão despertados por calamidades geofísicas, por assim dizer, que acontecerão em sua vizinhança, seja um furacão, um tornado ou um terremoto. Portanto, existem muitos dispositivos ou processos diferentes para desencadear o despertar das almas que chegam ao planeta neste momento específico. Alguns serão repentina e dramaticamente despertados, como John foi, por seus guias pré-selecionados e pré-nomeados. Enquanto outros chegarão ao processo de autorrealização de forma mais gradual, através de diferentes experiências e assim por diante. Existem catalisadores à medida que esse processo está sendo "desenvolvido", por assim dizer.

D: *Em todo o mundo então.*

J: Sim. Embora a América seja, neste momento, a principal área de recepção e divulgação de informações, por pessoas, nos livros que escrevem, nos filmes que fazem e em outras formas de comunicação que serão disseminadas pelo mundo. Isso não quer dizer que outras pessoas em outros países também não estejam recebendo informações, mas os Estados Unidos da América são o centro de publicação, por assim dizer, de informações espirituais neste momento específico.

D: *Vai se espalhando para fora da América, afetando muito mais pessoas dessa maneira. Esta é outra razão pela qual a vida útil está sendo aumentada?*

J: Sim. À medida que a nova Terra se desenvolve, o estado de ser será dramaticamente diferente da realidade atual, porque quando se atinge o estado superior de consciência, a consciência da quinta dimensão, não há mais ignorância do processo cósmico. Não há mais uma ignorância de Deus permeando toda a vida em todos os lugares. Portanto, a pessoa está livre das limitações de nascimento, maturação e morte em um período de tempo relativamente curto. Alguém na consciência da quinta dimensão percebe que pode ter um controle muito maior não apenas sobre quanto tempo vive, que pode ser centenas de anos, mas sobre todo o processo de criação. Porque a criação de realidades ocorrerá muito, muito rapidamente quando alguém atingir esse estado de consciência multidimensional. Portanto, controle sobre o corpo ou vários corpos e a capacidade de viajar, livremente "fora do corpo" por todo o universo será lugar-comum.

D: *Disseram-me que estaria por perto para ver todas essas coisas, porque a idade não seria a mesma. É isso que você quer dizer?*

J: Sim. O velho paradigma que existe na Terra agora com uma vida útil relativamente curta será uma memória distante.

D: *Mas apenas para aqueles que estão se preparando para isso.*

J: Aqueles que alcançarem o estado de consciência multidimensional, seguirão em frente e participarão da nova Terra, sendo capazes de fazer essas coisas.

D: *Também me disseram que os extraterrestres têm verificado corpos humanos, tentando encontrar curas para doenças para que o corpo possa viver mais tempo. Isso está correto?*

J: Está correto.

D: *Que um dos propósitos das abduções era tentar deter algumas dessas doenças progressivas que existem no mundo.*

J: À medida que o corpo físico passa por seu processo de transformação, ele se torna mais imune. Os humanos ou os novos humanos, ou os híbridos que participarão da nova Terra, trarão maior consciência, maior conhecimento para curar as velhas doenças, por assim dizer. Este não é apenas um processo atual em andamento, mas que continuará nos estados superiores de consciência, onde essa eliminação será acelerada, devido ao grande aumento da inteligência, utilização da mente e maior acesso à tecnologias avançadas. Muitas coisas que não existem no planeta neste momento específico ou se existem, não são utilizadas ou estão sendo suprimidas e mantidas em segredo por uma motivação ou outra.

D: *Disseram-me que as pessoas que estão a bordo dessas naves já dominam isso. Eles podem viver o quanto quiserem, estão livres de doenças e não morrem até que estejam prontos para morrer.*

J: Está correto.

D: *E que eles estão tentando levar os humanos a um estado semelhante?*

J: Sim, ou pelo menos um estado consideravelmente além de onde a humanidade está atualmente.

D: *Provavelmente, sempre teremos algumas limitações então.*

J: Sim. Sempre será um trabalho em andamento, por assim dizer, é uma série de desafios em constante evolução, bem como a superação desses desafios.

D: *Porque este é um planeta de aprendizado, além de livre arbítrio.*

J: Todos os planetas têm suas lições, por assim dizer. Mesmo aquelas lições que estão além da imaginação mais selvagem, presente no estado atual de limitações tridimensionais da Terra. Mas o universo é, e sempre será, um processo de crescimento, expansão e desafios. Não importa quão alta seja a taxa de vibração, não importa o nível que as civilizações e os seres atingiram, com cada nível de espiral ascendente, novos desafios são encontrados para o crescimento contínuo.

D: *Portanto, a Terra nunca pode se tornar um lugar verdadeiramente perfeito, por causa do livre arbítrio e das lições aqui.* (Sim) *Tenho mais uma pergunta sobre a mudança do DNA. O governo dos Estados Unidos sabe disso? Vocês compartilham esses conceitos com eles?*

J: Existem vários cientistas nos EUA e em outros países que estão cientes do processo de mutação, por assim dizer. Eles estão um tanto confusos e surpresos com o processo que está se desenrolando no planeta e olham para isso como um processo de mutação bastante repentino e dramático. Mas muitos estão cientes.

D: *Você quer dizer que eles podem ver cientificamente essas mudanças que estão ocorrendo?*

J: Muitos estão cientes. Muitos também têm medo de divulgar essas informações por medo de serem ridicularizados por seus pares científicos, que não tiveram experiência direta e observação desse processo.

D: *Então eles realmente conseguem, com seus instrumentos científicos, ver que essas mudanças estão ocorrendo no corpo humano.*

J: Está correto.

Outros investigadores e escritores descobriram informações sobre a ativação e o progresso para o DNA de doze filamentos, mas eles assumem que isso acontecerá espontaneamente. Parece que será um processo gradual para ativar o DNA a produzir (ou dar à luz) mais filamentos. Se essas novas cadeias puderem se solidificar e se tornarem permanentes, se duplicarão. Portanto, não acontecerá rapidamente, mas está sendo definitivamente acionado nos corpos de dezenas de milhares de pessoas em todo o mundo. Tudo faz parte de um plano divino, do qual temos apenas um vislumbre no momento.

Antes da sessão, listei as perguntas para as quais John queria encontrar as respostas. Uma envolvia um sonho incomum que havia permanecido em sua memória.

D: *John disse que teve um sonho muito real uma noite. Ele viu uma nave espacial pela janela e sentiu a necessidade de gritar, mas não podia. Isso foi apenas um sonho, uma experiência verdadeira, ou o quê?*

J: Isso foi mais que um sonho, foi um encontro em outra dimensão. A presença de nossa nave trouxe de volta algumas memórias traumáticas, decorrentes principalmente de suas experiências de infância, quando sua alma atual ainda não estava desenvolvida para a maturidade que existe hoje dentro dele. Quando era criança, nossa estranha aparência não humana, infelizmente o assustava e deixava certas cicatrizes emocionais traumáticas, por assim dizer.

D: *Porque muitas vezes as crianças não entendem.*

J: Sim. Lamentamos profundamente que isso tenha acontecido e que as cicatrizes ainda permaneçam. Assim, para John, a aparência de nossa nave tinha duplo significado ao desencadear aquela memória e sensação de terror, mas também de servir ao propósito de conscientizá-lo do trabalho interior a fazer para superar essa experiência passada. Ele fez muito progresso a esse respeito desde aquela época.

D: *Essa é uma das razões pelas quais essas memórias são obscurecidas ou removidas, sendo mais difícil para uma criança entender o que está acontecendo? Seria esse um motivo para não permitir que a pessoa se lembrasse?*

J: Muito definitivamente. Além disso, quando alguém evolui espiritualmente, eleva sua taxa de vibração a um ponto de sentir-se verdadeiramente um com toda a criação e manter um estado de consciência amorosa, não há nada a temer. Porque o fato universal da vida, por assim dizer, de ser um com toda a vida, torna-se, não apenas aceito intelectualmente, mas um conhecimento profundo. Assim, a unidade de toda a criação é aceita, não importa qual seja a aparência das formas de vida. Quando se atinge esse estado de unidade universal e amor incondicional por todos, qualquer medo se dissipa e deixa de se tornar uma opção de realidade para aquela pessoa em particular.

Os extraterrestres me disseram que o medo é a emoção mais forte que os humanos têm. Se eles não conseguem entender algo, eles o colorem com medo para caber na estrutura de sua mente. Com a compreensão da experiência, o medo desaparece. Esta tem sido a plataforma do meu trabalho com pessoas que pensam ter tido as chamadas experiências "desagradáveis". Quando entendem o que ocorreu, podem integrá-lo à sua vida atual e conviver com aquilo, em vez de temê-lo e fugir dele.

Acho bastante notável que dois homens em diferentes continentes, possam criar um cenário idêntico, sem saber as informações que acumulei durante meus encontros ao redor do mundo e tenho certeza que isso acrescenta validade para essa teoria da transformação do DNA humano.

* * *

Nessa sessão conduzida no ano de 2000, durante os dias do evento Laughlin UFO Conference, em Nevada, onde palestrei, não havia nenhuma expectativa, além de ser apenas mais uma regressão terapêutica. Na entrevista inicial, sempre faço uma lista de perguntas formuladas pelos clientes, dessa forma posso ajudá-los a obter o máximo de benefício de cada sessão. Em muitos desses casos, as respostas não são o que eu normalmente esperaria. Ao trabalhar com o subconsciente, aprendi a manter a mente curiosa e aberta a qualquer nova informação, por mais estranha que seja, sendo capaz de desenvolver, continuamente, perguntas objetivas, como uma repórter investigativa, mesmo que a sessão tome uma direção inesperada.

Lee era uma jovem de quarenta e poucos anos. Durante sua sessão de hipnose, havíamos acabado de passar por uma vida passada e, agora, com a ajuda de seu subconsciente, estávamos fazendo as conexões com sua vida atual.

D: Existiria alguma conexão entre aquela vida e a atual que Lee está agora?
L: Sim, mas é gradual. Nada acontece em apenas uma vida e não gosto dessa lentidão. Aquela vida estava mostrando a ela que não há problema em defender o que você acha que é certo. Está tudo bem ficar sozinho, na verdade não importa que estejamos sozinhos. Nós nunca estamos realmente sozinhos, apenas pensamos que estamos.
D: Ela tem algumas perguntas que gostaria de fazer. Em sua vida atual como Lee, ela nunca se casou e se absteve de sexo. Ela queria saber o motivo disso.
L: Parte de mim não veio desta realidade. Uma parte de mim que está aqui agora não é desta época, nem deste espaço. Não entendo o sexo como é entendido neste planeta, não entendo o tempo como é entendido neste planeta. Este planeta é extremamente lento e muito, muito difícil de se estar. Essa parte de mim veio aqui por conta própria, e eu não tenho ajuda aqui para isso.
D: De que parte você está falando?
L: Somos todos partes. Nunca somos apenas um. Essa parte chegou aqui como luz, a luz já sabe. A luz chega aqui completamente pura,

e é uma experiência muito estranha estar aqui, mas tudo bem, pode se ajustar.

D: *Mas Lee teve muitas vidas físicas na Terra, não?*

L: Sim, mas isso é apenas parte dela. Ela nunca foi apenas Lee. Essa interpretação de ser, é apenas um sistema de crenças, somos mais do que isso. Não é masculino, nem feminino. É luz. É uma compreensão de um tipo diferente. Não há palavras no vocabulário para isso. É novo.

D: *A alma dela é a mesma alma que passou por todas essas vidas e aprendeu com as experiências. Não é verdade?(Sim) Você está falando de outra coisa que entrou?*

Eu estava lembrando dos pequenos seres de luz brilhante com quem Bartolomeu falava, que se ofereceram para vir e ajudar. (Seção Um)

L: (Ela teve dificuldade em expressar isso.) O tempo não existe. O tempo não é. O tempo está apenas em sua dimensão, nesta dimensão aqui. Não existe o mesmo em nenhum outro lugar. É muito lento e muito difícil expressar isso. Precisa de esclarecimento.

D: *Mas estamos presos neste sistema de tempo, nesta realidade.(Sim) Essa parte que é diferente, que não entende essas coisas, de onde veio?*

L: Vem de... não das estrelas. Não do seu sistema solar. Não vem de sua crença em um sistema solar, porque é isso que todas as dimensões aqui são. É exatamente o que você precisa para o seu aprendizado.

D: *Para nossa realidade.*

L: Sim. Você cria mestres. Você cria professores. Essas são apenas criações.

D: *Mas eles nos ajudam a aprender.*

L: Sim. Eles estão aqui para isso.

D: *De onde vem a outra parte?*

L: A outra parte está além... não está por aí afora, em algum lugar. Não está aqui, não está lá. É apenas,...é um ritmo vibratório, mas não é um ritmo vibratório. É tão além disso, que não há palavras para expressá-lo, deve ser sentido. Está começando a ser sentido neste planeta, mas está levado tanto tempo.

D: *Esta parte, como se torna uma parte de Lee?*
L: Liberando velhos conceitos, velhas ideias. Sendo capaz de se reunir com ela. Tem estado lá, sempre esteve lá, mas nos amarramos quando estamos neste planeta, e quando nos amarramos, não conseguimos ver.
D: *Estou tentando entender. Essa parte irá toma o controle, digamos assim?*
L: Não tem nada a ser controlado, isso é, apenas se torna. Não há como assumir controle. Acreditamos que estamos sendo controlados. É isso que está errado neste planeta, estamos sempre com medo de sermos controlados por algo ou alguém, mas nunca somos. Esta é a ilusão. Nunca fomos controlados. Nós apenas pensamos que somos.
D: *Mas se sempre esteve aqui, por que outras pessoas não estão cientes disso?*
L: Não possui palavras, não tem localização, não tem som, nem nada que possa ser reconhecido. É totalmente silencioso e, no entanto, totalmente poderoso. É apenas ... muito lento. (Suspiro) Está demorando muitas vidas. O tempo neste planeta nem está correto. Os livros de história não o têm corretamente. O tempo simplesmente não é o que fomos levados a pensar que é.
D: *Você disse que não assumiu. Como esta parte se liga à pessoa física? (Pausa) Seria essa a palavra certa?*

Eu ainda estava pensando que a parte que ela estava descrevendo era algo separado de sua alma ou personalidade como a percebemos. A conclusão mais lógica seria um tipo de posse por alguma entidade. Outros investigadores relataram casos desse tipo, mas em todos os meus anos de trabalho nunca encontrei nada igual.

L: O físico é apenas aqui. Aqui não está nem no intervalo de tempo que você pensa estar, e a duração da vida não é a que vocês pensam ser. É eterna, é o todo, mas planejamos passar por isso. As pessoas passam por isso, mas não é tudo sobre quem somos.
D: *Você disse ser uma parte dela. Esta também é outra parte de todos?(Sim) Todos os humanos têm essa outra parte?*
L: Sim. Há gradações, mas todo mundo tem, no entanto, nem todo mundo irá notar.

D: *Eles não vão saber que está lá? (Sim) E os mestres ou professores espirituais? Etão conscientes em um grau maior do que os outros?*
L: Alguns deles.
D: *Estava buscando uma data de quando essa parte entrou ou se apegou ao corpo dela, já que é predominante nesta vida, mas você quer dizer que sempre esteve lá. É por isso que ela nunca se casou?*
L: Sim.
D: *Em outras vidas não foi tão predominante?*
L: Não, mas isso não acontece em uma sequência de eventos. Está lá, fora deste período de tempo linear, é por isso que parece se "prender", mas não é assim. Há tanta coisa. Existem mundos e mundos de informação e nada disso se limita ao nascimento e à morte. Nascer e morrer é uma pequena parte disso, e realmente não importa. Pensamos ser muito importante e não deixa de ser, mas ao mesmo tempo não importa muito. É apenas uma pequena cintilação, minúscula. A outra parte é a mais importante, e não é limitada. É a parte mais difícil de descrever. Você não pode descrever algo que é ilimitado.
D: *Isso é verdade. Seria esta parte o equivalente a Deus, como o conhecemos?*
L: Não conhecemos Deus. Achamos que sim, mas não. Deus é tão vasto. Deus é um nome que demos para o poder supremo que vai além das galáxias, além de qualquer coisa que as mentes possam conceber.
D: *Esta outra parte está conectada com aquela, ou está separada?*
L: Não, está conectada.

Eu estava realmente me esforçando para entender esse novo conceito, então era difícil pensar em perguntas que extraíssem mais informações.

D: *Então, é como uma energia ou poder abrangente que está em todos, ou está por tudo?*
L: Sim. Está por toda parte.
D: *Mas nem todo mundo está ciente disso.*
L: Sim. Os corpos são montados mais frouxamente do que se pode imaginar. Nós os vemos como sólidos, mas de outros pontos de vista, não são. De outras realidades eles não são. Às vezes as

pessoas têm medo disso, mas não é algo para se temer. O universo está certo em sua maneira de fazer as coisas.

D: *Por que as pessoas têm medo disso?*

L : Porque eles não enxergam longe o suficiente e isso não tem nada a ver com "ver com os olhos". Não se pode alcançar, não se pode chegar ao fim do universo, nem ao fim de nada, porque não há fim. As palavras, a linguagem... a estrutura genética do corpo ainda não o contém, tem apenas indícios disso, mas não o contém. Não estamos separados dele. Está lá para nós, mas nós nos separamos em indivíduos para experimentá-lo. Não há experiência que esteja errada.

D: *Tudo tem um propósito ou uma lição. Mas todos nós temos almas individuais, não temos?*

L : Sim. Uma alma é um conceito muito maior que podemos imaginar chamando-a de "indivíduo". Podemos ser individuais em um momento e podemos ser uma alma vasta em outro momento, não havendo divisão de tempo nisso. Isso vai de um para o outro.

D: *Gosto de pensar em um indivíduo espírito tendo experiências e aprendendo lições.*

L : O espírito sai e aprende lições por meio de centelhas individuais e retorna com todo o conhecimento dessas experiências.

D: *Ele faz isso e se torna parte dessa alma maior? E essa alma maior é equivalente a Deus?*

L: Sim. É equivalente ao que pensamos ser Deus, porque não entendemos Deus. É muito vasto. Temos que colocar perímetros. Fazemos nossas próprias hierarquias para entender.

D: *Concebemos Deus como o Criador de tudo o que conhecemos. Isso está correto?*

L : Nós também somos esse criador. Não estamos separados de Deus. Somos todos parte da mesma criação. Não há divisão.

D: *Com esse entendimento, eu disse às pessoas que elas podem criar o que quiserem no físico, não podem?*

L : Não, porque há amarras aqui. Existem maneiras de aprender aqui que estamos experimentando. Sim, de uma forma poderíamos, e de outra forma optamos por não fazê-lo. É uma escolha seguir esse caminho.

D: *Colocamos limitações em nós mesmos.*

L : Colocamos limitações para esta experiência.

D: *Mas essa outra parte não se manifesta na vida da maioria das pessoas para fazer com que suas vidas sejam diferentes. Isso é verdade?*
L : Isso é o que todos somos, mas que não podemos tocar com os cinco sentidos. Ainda não há capacidade de começar a entender isso adequadamente, mesmo no cérebro. O que está acontecendo é que está mudando, pois não há ,no cérebro humano, circuitos para lidar com isso. Isso está mudando.
D: *Como está mudando?*
L: Há um salto à nossa frente. Não será gradativo. Há um salto, mas nem todos darão esse salto. Alguns irão, outros não. Mas isso não significa que serão deixados para trás, eles estão apenas em uma rota diferente. É momento de atualizar nossa habilidade. Muitas coisas estão mudando agora no planeta e existem muitos problemas surgindo sob a superfície do oceano e do solo. Nós o criamos para a nossa experiência. Não é algo a se temer, pode causar medo, mas....
D: *Tudo acontece por uma razão.*
L : Sim.
D: *Mas o que você disse sobre o circuito em nossas mentes, nossos cérebros, está mudando?*
L: Seremos capazes de lidar com mais, mas nunca saberemos tudo, pois não há fim.
D: *Como isso está acontecendo?*
L : Por muito tempo o cérebro humano ficou estagnado. Não foi e não poderia ir mais longe. Atualizações foram feitas. Assim como os computadores são atualizados, os cérebros humanos também são atualizados e está acontecendo. É uma nova ponte de circuitos.
D: *Isso é em um nível genético?*
L : As células estão mudando. A genética está mudando. (Como se estivesse observando alguma coisa.) Oh, não sei o que são! As células estão mudando. A genética está mudando. As pessoas pensam que seus cérebros precisam crescer para ter mais capacidade, mãos não, já está disponível, eles só precisam ser ... É como uma fiação diferente, uma configuração diferente.
D: *Eles sempre dizem que não usamos todo o nosso cérebro. É o que eu acredito.*
L : Realmente não.

D : Isso é algo programado automaticamente em nossos circuitos ou é algo que está ocorrendo externamente?

L: Foi colocado lá originalmente para ver como se desenvolveria, mas poderia ocorrer quando certas mudanças tivessem ocorrido na atmosfera do planeta. Você tem que observar as crianças pequenas para isso. Alguns deles, não todos, mas alguns deles,. crianças pequenas têm algo novo que nunca foi visto antes. Não se pode ver em raios-x, ou em qualquer tipo de equipamento como esse. É um novo desenvolvimento. Todos temos capacidade para isso, mas nem todos conseguem ainda, mas está lá.

D: Então está aparecendo gradualmente nos adultos também? Algo colocado em nossos corpos quando fomos criados?

L: Sim. Havia esperança de que se desenvolvesse, mas falhou duas vezes, em seguida, foi reiniciado e parece que finalmente se consolidou.

D: Me disseram que os extraterrestres são quem criaram nossos corpos físicos. Foram eles que programaram isso em nosso sistema?(Sim) Você disse que falhou duas vezes, você pode me falar mais sobre isso? Isso está na nossa história?

L : Foi antes da história escrita, para se ter uma idéia. Nao ha nenhum registro sobre isso no inicio da civilizaçao. Então, novamente, toda a sua história está errada. Muito disso está errado. Foi reescrito, escrito falsamente. Não é certo.

Não me diga algo assim se não quiser despertar meu interesse. Estou sempre em busca de conhecimento "perdido", especialmente conhecimento que chegou incorretamente até nós. Estou sempre procurando a versão "verdadeira".

L : Parece que foi uma falha no planejamento. Algo não foi permitido.

D: Quer dizer que algo inesperado ocorreu?(Sim.) A humanidade estava se desenvolvendo rápido demais?

L :Eles estavam se desenvolvendo na direção errada. O homem teria se desenvolvido rápido demais para o planeta que o abrigava. Alguns erros foram cometidos e isso teria causado um desequilíbrio muito cedo no sistema.

D: Demais e antes da hora? E isso foi antes do tempo da história registrada?

L : Sim. Eles tiveram que fazer mudanças.

Eu me perguntei se ela estava falando sobre Atlântida. Me disseram que a humanidade desenvolveu o potencial de sua mente em um grau muito elevado, mas que foi usado de "má fé", de modo que essa habilidade foi retirada. Isso foi na época da destruição da Atlântida, foi dito que as habilidades retornariam em nosso período de tempo se estivéssemos no estágio em que pudéssemos usá-las com sabedoria.

D: O que aconteceu na segunda vez?
L : Houve uma ruptura, uma separação. A Bíblia não está certa sobre raças indo em direções diferentes. Essa não é uma informação correta. (Ela parecia frustrada, aparentemente tendo dificuldade em como expressar isso.) A história deste planeta nunca será conhecida através dos escritos exitentes nesse momento, não foram escritos corretamente. Há pistas, mas não estão corretas.

D: É isso que tento fazer no meu trabalho, restaurar conhecimentos perdidos.
L : Parte da história foi excluida dos registros, parte deliberadamente perdida e parte foi enterrada. Há um retorno disso agora, mas são fragmentos, e são esses fragmentos que você deve procurar, eles vêm pouco a pouco, não chegarão todos de uma só vez. Estão escondidos nos cérebros de algumas das pessoas com quem você trabalhará no futuro.

D: E eu tenho que juntar isso?(Sim) Mas você disse que "se partiu" na segunda vez, quando não funcionou? Você poderia explicar isso?
L: Houve um experimento genético feito que não funcionou corretamente e deu confusão. A Bíblia escreveu sobre isso na história da Torre de Babel. Esse foi um experimento genético que não foi totalmente preciso.

D: Então a mente naquela época estava tentando se expandir?
L : Sim. Não conseguiu e se fragmentou. Perdeu sua capacidade de compreender adequadamente e se dividiu.

D: E então tudo teve que começar de novo? Mas não todo o caminho desde o começo.
L: Não. De outra forma.

D: E agora estamos chegando ao mesmo ponto novamente?Eles acham que vai funcionar desta vez?

L : Sim. Está acontecendo, mas de uma forma tão diferente, que as pessoas não estão olhando na direção certa. Estamos ficando desequilibrados em nossa tecnologia, e é aí que reside o maior problema, o espiritual não está sendo suficientemente enfatizado. A religião não é nada, mas a espiritualidade é tudo e há um desequilíbrio, e o planeta perde seu eixo quando perde o equilíbrio. A mente, o corpo, o espírito se desequilibram e o planeta como um todo. Somos responsáveis por isso.

D: Então, neste momento, os extraterrestres o acionaram novamente para trabalhar na direção certa?

L : Sim, foi acionado. Mas eles não podem fazer muito, porque temos nossas lições a aprender.

D: Sim, é verdade. Quando é acionado, é feito por meio desses avistamentos e interação com eles?

L : Sim, isso acontece de muitas maneiras diferentes.

D: E isso é algo que precisamos neste período?

L : Sim. Sempre esteve lá para ser usado.

D: E eles acham que agora estamos chegando ao momento em que podemos abrir essa capacidade.

L : Sim. Mas se acontecer muito rápido, não há "circuito" para dar conta disso, "circuitos" nem são o melhor uso da linguagem. Há coisas no cérebro que um médico não pode ver. Um raio-x não pode te dizer, nenhuma dessas coisas.

D: Mas circuito é uma palavra que entendemos. Então temos que usar analogias e palavras que possamos compreender, senão fica muito difícil de explicar para as pessoas.

L : Sim. Não tem palavras, nem entendimento. Quando você olha para a escuridão do oceano, não pode lançar luz para iluminar lá no fundo, simplesmente não pode, vai atrapalhar o que já está estabelecido ali. Há quem precise da luz, e há aqueles que precisam nadar no escuro ou toda a sua forma de vida seria destruída e totalmente arruinada. Não pode ser feito rapidamente, embora ocorram saltos. Saltos podem ocorrer, mas apenas quando o circuito está presente e de maneira equilibrada. O planeta está em um estado desesperador agora, não está nada estável. Há pessoas andando por aí sem nenhuma noção do que está acontecendo com elas, ou acontecendo com seus cérebros, com seus corpos, sob o aumento do peso das vibrações e do plasma. Plasma?.....(pausa) Algo sobre um vórtice de plasma. Não entendo

...(parecia estar confusa) Há algum tipo de vórtice de plasma que está influenciando isso. Não há bom ou ruim aqui. Há apenas experiência. Mas temos essa capacidade dentro de nós de sermos equilibrados. Há uma combinação de estimulo eletro-magnético em diferentes partes do cérebro que não poderia ser descoberta até este momento da história. Só agora pode se manifestar, antes disso não estaria pronto e pode reabrir circuitos que foram fechados. Se você olhar para suas pirâmides, encontrará uma imagem do que está acontecendo agora no planeta. Mas é preciso olhar profundamente para a história das pirâmides, para encontrar essa corroboração. Isso está lá, mas não está escrito nas paredes. O que está acontecendo neste momento é uma reordenação dos circuitos do cérebro. O Egito sabia disso e tinha um sistema próprio para manifestá-lo. Era rudimentar para o que agora pode ser realizado no planeta, embora seu sistema tenha sido auxiliado por extraterrestres. Se alguém disser que não era verdade, era verdade. Da forma como aconteceu, gerou uma atualização e houve melhorias semelhantes em todo o planeta, em diferentes áreas.

D: *Mas às vezes acontecia cedo demais. É isso que você quer dizer?*
L: Na maioria das vezes aconteceu quando deveria acontecer. Mas, novamente, estamos à beira do desequilíbrio. Mas o desequilíbrio não é apenas planetário. Está cercando o planeta. É o pensamento, é o mau uso do equilíbrio ambiental. Temos todo esse conhecimento, mas o destruímos, o subjugamos e perdemos grande parte dele.
D: *Temos que começar tudo de novo.*
L: Algo está sendo feito na costa leste dos Estados Unidos. Não será imediato, mas já está em alguns laboratórios. É na Virgínia.
D: *Uma nova tecnologia?*
L: Sim. É um começo, ainda assim há uma nova tecnologia.
D: *Uma coisa me disseram. Nossa idade física não importa, não é?*
L: Não tem nada a ver com isso. Nossa idade está prestes a ser expandida, de qualquer maneira. Ainda vai levar alguns anos, temos muito trabalho a fazer antes que isso aconteça.

Nesse caso, aprendi que não apenas a composição genética do corpo humano estava sendo alterada para resistir a doenças e à idade, mas o cérebro também estava passando por desenvolvimentos e expansão. A menção de crianças que mostram esse incrível desenvolvimento em tenra idade, já foi documentada. Existem vários livros sobre o assunto, e testes estão sendo feitos em algumas partes do país. As crianças estão nascendo com os circuitos avançados, já instalados. Os adultos são os que terão que desenvolvê-los.

Este estranho conceito de uma parte falando comigo que era separada do cliente, mas uma parte integrante deles, era difícil para minha mente humana compreender, no entanto, encontrei outros casos semelhantes, um deles é relatado no último capítulo deste livro.

* * *

Mais informações desse tipo vieram de Phil em 1999. Havia alguns anos que não realizavamos sessões. Depois de trabalhar por um tempo na Califórnia, ele estava morando em Arkansas nessa época e veio para a UFO Conference em Eureka Springs. Harriet esteve presente durante esta sessão. Ela também ficou encantada em vê-lo depois de tanto tempo.

Usei o método "prédio de andares", com o qual ele estava acostumado. Quando a porta do elevador se abriu, Phil viu a familiar luz branca brilhante que frequentemente estava presente durante nossas sessões. Havia alguém pronto e esperando para nos levar aonde precisávamos buscar informações.

P: Ele diz que a informação está sendo dada neste momento porque é hora da raça humana entender a ignorância que os levou a ter tanto medo por muitos, muitos anos. Conhecimento, consciência e compreensão podem permitir que as pessoas se expressem de forma mais plena e completa, e não fechem partes de sua realidade por medo ou ignorância. Ele está dizendo que você está recebendo uma chave que lhe permitirá acessar essas áreas de informação que estiveram inacessíveis por muitas eras. A compreensão de quem somos e de onde viemos mudou tão completamente que não havia base para que esse conhecimento fosse aceito. Nestes tempos de despertar espiritual e elevação, a verdadeira história e a realidade genética da raça humana podem ser novamente compreendidas de forma mais completa em sua totalidade.

D: *Você disse que eles vão me dar a chave?*

P: Existem aqueles que são suas contrapartes no plano espiritual que estão trabalhando com você, assim como em você, para promover este esforço que você vem empreendendo. Não apenas este episódio em particular do qual estamos falando agora, mas todo o esforço para levar o conhecimento e a conscientização às massas. Esta chave permitirá o acesso a certas áreas de informação até então indisponíveis para aqueles que se empenham em pesquisar a história e a realidade da espécie humana.

D: *Existem vários assuntos que nos interessam neste momento. Temos obtido informações sobre o que está acontecendo com o DNA do corpo humano, e como ele está mudando. Você pode nos dizer algo mais sobre isso?*

P: Certas mudanças, que permitem que funções do corpo sejam aprimoradas, estão sendo feitas. O modelo humano está sendo de alguma forma manipulado para aumentar sua capacidade de sobrevivência e capacidade de resistir a certos desafios ambientais. Isso é necessário para que o corpo humano possa tolerar certas condições atmosféricas em outros planetas. O protótipo do corpo que você está usando pode ser usado em muitos outros lugares do universo. Assim este corpo físico está sendo adaptado para poder sobreviver a certas condições planetárias, diferentes das suas.

D: *Isso significa que esses corpos humanos irão para outros planetas?*

P: Exatamente. Haverá o uso desses corpos geneticamente modificados em outros planetas, que serão habitados por almas que escolheram aquela esfera para permitir que participem de seus deveres espirituais.

D: *Eu tenho sido informada que algo definitivamente está acontecendo com o DNA dos corpos encarnados neste momento.*

P: Muitas mudanças foram introduzidas através das condições ambientais em seu planeta, não manipuladas geneticamente, muitas mudanças em seu ambiente que causaram alterações em sua expressão fisiológica. A reação a esses produtos químicos e energias em sua atmosfera e ambiente determinou essas mudanças em seus corpos que estão, simplesmente, reagindo a esses estímulos.

D: *Você quer dizer como se o sistema imunológico estivesse se adaptando ou reagindo de alguma forma?*

P: Isso é preciso. Uma adaptabilidade para atender seu ambiente e realizar mudanças automáticas foi programada nesta expressão humana em sua criação. Existem aquelas formas de vida que não possuem essa adaptabilidade automática incorporada, portanto, dependem da manipulação externa para mudar. O corpo humano, no entanto, recebeu a capacidade de se adaptar automaticamente ao seu ambiente, de modo que a manipulação em proximidade não seja necessária. Os corpos estão simplesmente reagindo a essas mudanças em seu ambiente.

D: Se os corpos não se adaptassem, o corpo morreria?

P: Haveria menos tolerância à medida que o ambiente mudasse e se tornasse, talvez, mais desafiador para o corpo humano. Assim, à medida que as condições mudassem, haveria menos resistência aos desafios ambientais e sim, os corpos em algum momento não seriam capazes de se sustentar no meio ambiente.

D: Então, o que está acontecendo com nosso ambiente está envenenando o corpo e forçando-o a se adaptar?

P: Isso é preciso.

D: Então, se não mudasse, não sobreviveria.

P: Presumindo que o ambiente não mudou para um estado mais harmonioso, pois se houvesse a remoção dos desafios ambientais, o corpo teria aprendido e modelado suas defesas para novamente se adaptar ao ambiente em que se encontrava.

D: Disseram-me que existem alguns extraterrestres que parecem humanos, mas não são realmente humanos, porque seus órgãos internos aprenderam a se adaptar a muitos ambientes diferentes.

P: Isso é preciso.

D: Então, estamos indo por esse caminho?

P: Isso é preciso.

D: Disseram-me que uma das razões pelas quais teríamos dificuldade em viajar e viver no espaço é porque nossos corpos não podem se adaptar neste momento.

P: Diríamos que "neste momento" é a chave. Estamos cientes de que essas mudanças realmente levam tempo, porém a manipulação pode ser feita através de gerações sucessivas, o que permite uma tolerância bastante capaz aos mais diversos tipos de ambiente.

D: Poderia ocorrer rapidamente numa geração?

P: Dependendo da mudança específica necessária, ela pode ser realizada de fato em uma geração, no entanto, diferentes mudanças, mais radicais, podem exigir um prazo muito maior para ocorrer naturalmente.

D: Como uma forma de evolução, embora acelerada.
P: Isso é preciso.
D: Todo mundo está mudando? Ou são apenas alguns grupos, certas pessoas?
P: Todos os seres humanos que vivem neste momento, neste planeta estão experimentando mudanças causadas pelo meio ambiente em seus sistemas imunológicos. As outras mudanças de que falamos não são ambientais, mas são manipulações genéticas intencionais. A manipulação genética está sendo controlada dentro de uma determinada população selecionada, pela.....(com dificuldade em encontrar a palavra correta) "colheita" da geração anterior. Essa talvez seja uma forma de expressar essa ideia, no entanto, somos sensíveis ao seu condicionamento moral em relação à "colheita" no sentido convencional.
D: Nosso uso de palavras.
P: Isso é preciso.
D: Então, se certos grupos ou certas pessoas foram selecionadas, a manipulação genética não está ocorrendo para todos?
P: Isso é preciso. A manipulação é causada de dentro do útero, no período da concepção. À medida que esse ser cresce e se torna produtor, ou reprodutor, ou talvez reprodutor em potencial, cada geração sucessiva é ligeiramente alterada para propagar a mudança desejada. Este é um empenho geracional, em que cada geração sucessiva é ligeiramente diferente da anterior.
D: Essas pessoas selecionadas apresentariam diferenças notáveis?
P: A criação e manipulação que está sendo feita em seu planeta não é o que vocês chamariam de "perceptível" de uma geração para a outra. Se você pudesse, no entanto, comparar talvez dez gerações lado a lado, ou o número de dez gerações removidas, haveria uma mudança mais perceptível nos componentes fisiológicos, emocionais e espirituais.
D: Claro, a maioria das pessoas diria ser diferença na alimentação e avanços que nossa ciência médica fez.
P: Haveria mudanças com base nesses estímulos, no entanto, as mudanças das quais falamos aqui são muito mais sutis do que você perceberia, devido a mudanças ambientais ou sociais.

A sessão relatada a seguir aconteceu enquanto eu participava de uma conferência sobre Óvnis em Clearwater, Flórida, em novembro de 1999. Após minha apresentação, Marie me procurou para mostrar alguns escritos estranhos, feitos por ela durante minha palestra, disse fazer essa escrita estranha o tempo todo e não tem ideia do que significa, nem por que a faz. No ano anterior, em outra conferência, também sobre Óvnis, dessa vez em Wisconsin, conheci outra mulher que me deu amostras do que ela chamou de escrita alienígena, mas parecia mais escrita automática, rabiscada, porque estava em inglês. Os dois casos são estranhamente semelhantes, dessa forma, acredito ser uma boa ideia apresentá-los aqui.

Marie tinha interesse em fazer uma sessão comigo, uma das coisas que queria explorar era por que se sentia compelida a realizar aquela escrita estranha, também teve uma experiência incomum no ano anterior, enquanto participava do curso Gateway no Monroe Institute, na Virgínia. Este é um curso intensivo para aqueles que desejam aprender a realizar viagens conscientes fora do corpo, visão remota e outros usos da mente de formas notáveis.

Nossa sessão foi realizada no quarto de hotel que estive hospedada durante a conferência. Tudo ia relativamente normal e ao entrar em estado de transe profundo, eu a direcionei até o momento do incidente, quando estava do lado de fora do Instituto e, em seguida, entrou no prédio. Logo ficou óbvio que ela estava descrevendo algo além do ambiente normal que deveria estar lá.

M: Estou entrando no prédio... Vejo toda a madeira, e os tecidos ao redor. Estou verificando a atmosfera, possivelmente vendo se.... não tenho certeza do que estou procurando ou vendo... estou vendo através do ar, vejo mais do que normalmente veria.
D: O que você acha deste lugar?
M: Que não é o que pensei. É maior e há mais coisas acontecendo. Estou quase impressionada com a vastidão do espaço contido ali.
D: Você pensou que seria apenas um pequeno grupo com seu programa.
M: Acho que sim.
D: Há outras coisas acontecendo lá, então?

Achei que o que queria dizer era haver outros programas, com outros participantes, acontecendo em simultâneo. Logo ficou claro que não estava descrevendo a entrada física deste edifício, mas que nesse estado de transe podia ver algo além, não visível a seus olhos físicos, mas que não podia ser ignorado pelo seu subconsciente. Teria, Marie, conseguido enxergar outra dimensão?

M: Há um buraco como estou vendo agora, como um desfiladeiro ou um portal.
D: *O que você quer dizer?*
M: Isso é tudo que posso sentir quando olho. Estou entrando e, de repente, o espaço físico desaparece e um tipo diferente de espaço está em seu lugar, é vasto e muito claro.
D: *Você quer dizer que em vez das paredes e dos quartos, há algo mais ali?*
M: Exato. Como se fosse uma estrutura falsa. Há uma etapa para compreensão física, para algum conforto do ser físico.
D: *Há outras pessoas lá também?*

Eu queria saber se as outras pessoas, chegando para o curso, estavam vendo a mesma coisa.

M: Não vejo ninguém nesta sala agora, mas todos deveriam estar lá. Estou tendo uma sensação de existirem "coisas" incrivelmente carregadas neste vasto espaço, mas não vejo seres. Entendo que entrei no que pensei ser a realidade física que eu estava prestes a experimentar, mas agora, deste ponto de vista, posso ver ser apenas uma ilusão do que realmente está acontecendo. Há, uma oportunidade de, além de conhecer e relacionar-se com o mundo de três dimensões, passar a existir em mais do que contempla a terceira dimensão.

D: *Mas na época você não sentiu isso conscientemente, é isso que você quer dizer?*
M: Sim, eu não tive consciência disso até agora. É muito real e muito físico em seu próprio sentido, mas não como o conhecemos.
D: *Que tipo de programa você foi estudar lá?*
M: Sobre luz.

Minha próxima frase foi completamente apagada. Deslocou-se para tão longe que mal consegui ouvir algumas palavras. Com a frase seguinte o som voltou ao normal. Isso às vezes acontece ao fazer esse tipo de trabalho, e o gravador quase parece ser afetado por rajadas de energia. Ela estava respirando pesadamente e parecia estar sentindo algum tipo de desconforto, será que também estava captando a mesma energia que afetou meu gravador? Dei sugestões de bem-estar e perguntei o que a estava afetando.

M: Não sei. (Respiração pesada.) É ser mais de sua totalidade, é um choque.
D: *Por que você acha que isso a afetaria dessa maneira?*
M: Porque é muito diferente. Devido às outras energias que abrigamos.
D: *Em nossos corpos, você quer dizer?*
M: Parte em nossos corpos, mas está além de nossos corpos. Nossos corpos são como pequenos dispositivos de aterramento, por causa dessa "coisa" dimensional.
D: *Como é este lugar?*
M: Não se parece com o que eu pensei. Não se parece com a madeira, nem com o tecido.
D: *Quer dizer, parece um prédio?*
M: O verdadeiro instituto sim, aquele por onde eu entrei.
D: *Mas e o que você está vendo agora?*
M: Não. Estou em uma sacada, uma sacada bem alta., o que também existe lá no físico. Mas isso é muito mais amplo e é como cristal. Tem muito cristal. Estou olhando para o centro da sala. E é bastante esclarecedor e chocante, de tirar o fôlego. É uma sobreposição. Há algo existindo assim como o físico.
D: *Essa é uma boa palavra para isso, uma sobreposição.*

Seria possível que o Instituto Monroe estivesse realmente localizado sobre algum tipo de porta ou portal interdimensional invisível para nossos sentidos conscientes? Isso pode explicar parcialmente alguns dos eventos notáveis que ocorrem lá.

D: *Você está sozinha?*
M: (Um sussurro.) Estou sozinha. Vejo meu corpo físico que parece muito parado e isolado e... como se ainda não tivesse mudado. Agora que estou avançando nessa experiência, vejo que estão me pedindo para me desapegar e permitir as mudanças do meu físico. É muito bonito.

Ela se emocionou e começou a chorar.

D: *Qual é o problema?*
M: (Emocionada) É tão bonito. (Choro)

Marie era uma artista. Uma das coisas que ela queria descobrir era por que não conseguia mais pintar, por que não tinha mais inspiração.

Sugeri, então, que ela pudesse se lembrar da cena que estava olhando e recriá-la em uma pintura.

M: (Emocional e pasmo.) Eu poderia tentar. Sim.
D: *A maioria das pessoas nunca perceberia haver algo tão bonito ali, não é?*
M: Não, eles não conseguiam ver, eu não conseguia ver, não poderia saber disso antes.
D: *Vamos permitir que você mantenha a memória da imagem em sua mente para poder pintá-la e podemos obtê-la tão exato quanto pudermos.*
M: (em lágrimas) Eu quero. Eu quero.

Dei sugestões ao subconsciente para que ela pudesse reter a memória e usá-la mais tarde. Embora este fosse um desenvolvimento inesperado, ao ver que uma cena tão bonita, a estava afetando emocionalmente, mas eu queria seguir adiante e explorar o evento incomum que ocorreu no Instituto. Ela se lembra de ter visto uma bela luz, enquanto estava sentada em uma cabine de isolamento escura e com fones de ouvido na cabeça.

D: *Sei que é difícil deixar aquele lugar bonito, mas queremos explorar outras coisas. Vamos deixar essa cena e passar para o momento em que você teve a estranha experiência com a luz, enquanto ouvia algumas fitas, é isso?*
M: (A emoção e o choro cessaram.) Numa caixinha.
D: *As fitas são música?*
M: São vibrações.
D: *Você está ouvindo através de fones de ouvido?*
M: Exato. Você fica sozinha com esses fones de ouvido.
D: *Em um quarto sozinha?*
M: Uma caixinha. Você dorme e ouve fitas e ....

D: Você dorme aí?
M: Sim, é uma cabine de isolamento onde você dorme.
D: Te incomoda ficar fechada assim?
M: Não, eu gosto. É onde posso encontrá-los.
D: Quem?
M: Não sei. Esses seres muito inteligentes.
D: Tudo bem. Enquanto você ouvia as vibrações sonoras pelos fones de ouvido, algo aconteceu, não foi? (Sim) Podemos passar por isso novamente e ver com mais detalhes. O que aconteceu primeiro?
M: Fiquei assustada.
D: Por quê?
M: Porque eu nunca senti nada assim. Deus! Parece um amor puro incrivelmente benevolente. Ele vem até você, e você não pode acreditar. (Emocional) Você não acredita que está com você. E você pode ver isso.
D: Isso é causado por ouvir os fones de ouvido?
M: Isso abre uma oportunidade de ser tão aberto e se encontrar com a frequência certa.
D: Você tem que estar aberto para fazer isso, sem bloqueios, ou o quê?
M: Você tem que ansiar por isso em algum nível.
D: Então o que acontece?
M: Ela ganhou minha confiança, a luz branca, e me estabilizou. Me fisgou, assim então eu não teria medo.
D: Só a luz branca?
M: Inicialmente, sim, quando estava estável, senti outra vibração do meu lado esquerdo. Isso me assustou porque era muito diferente da luz branca, de alguma forma fui direcionada para virar minha cabeça e olhar. Estava tudo escuro neste espaço, mas eu podia ver e sentir, era cintilante, é um ser espacial. Eu não sabia disso, quase posso ver dentro dele, é de um azul claro, claro e profundo. Posso mais senti-lo do que vê-lo.
D: Como sabe que é um ser espacial?
M: Não sei. Acabei de pensar nisso.
D: Você poderia ver alguma característica, ou qualquer coisa que fez você pensar isso?
M: Apenas o azul profundo. Não sei de onde veio, tenho apenas uma sensação de que vem de uma estrela e parece certo em meu coração quando digo isso.

D: *Qual foi a primeira luz branca que você viu?*
M: Veio direto de Deus. Não era Deus, mas parecia sentir o amor de Deus. Era uma inteligência que guiava essa conexão entre mim e esse ser. Sabia tanto sobre as emoções humanas que poderia intensificar as melhores e mais seguras emoções que conhecemos e providenciou isso, para que a ligação acontecesse.
D: *E a outra luz azul veio nessa hora e ficou ao seu lado?*
M: Em mim.
D: *Dentro de você. Você teve que permitir que entrasse em você?*
M: Sim. Ele esperou que eu o reconhecesse, então, da maneira mais suave, lenta e fácil, simplesmente deslizou, como uma sobreposição. Ele vibrou, e eu me sinto assim agora. Estava apenas vibrando. Acho que isso estava me mudando, reformando meu sistema.
D: *Por que estava fazendo isso?*
M: Para trabalhos elevados, para que não me ferisse ou me queimasse.
D: *Como você poderia se machucar ou se queimar?*
M: Há algo que pode nos queimar. Isso é uma proteção. Radiação, algum tipo de experimento de radiação.
D: *E isso está te dando uma proteção? Mudando você?*
M: Sim, em meu nível celular. Começando no nível celular físico, mas também está ajustando algo para abrigar novos sistemas para o futuro.
D: *Novos sistemas. O que você quer dizer?*
M: Novas sementes estelares para este planeta. Sistemas que residem no corpo, mas não são do corpo.
D: *Está criando novos sistemas no corpo que não existiam antes?*
M: Está semeando o sistema.
D: *Isso não vai prejudicar o corpo de forma alguma, vai?*
M: Não. Geneticamente estou preparada para ajudar nesta transição. (Ela parecia eufórica.) Está completo e vivo, é seguro.
D: *De onde vem essa radiação que pode machucar as pessoas?*
M: Debaixo da Terra. Agora vejo o núcleo da Terra. Só vejo uma bola. Pode até ser algum tipo de radiação que é injetada em nós ou colocada em nós, por algum motivo ruim. Este sistema azul pode alterá-lo o suficiente para que este material "central" seja desativado.
D: *Em nossos corpos, você quer dizer?*

M: Pode ser, ou pode ser colocado no núcleo da Terra. Você poderia engolir. (Emocional) Foi doloroso pensar nisso.
D: *Como poderíamos colocá-lo em nossos corpos?*
M: Você poderia engolir. (Quase chorando.) Você pode ser forçado. Como algum tipo de guerra. Você pode sobreviver. (Ela estava emocionada.)
D: *Existem outras maneiras de entrar no corpo?*
M: Você pode ser bombardeado, irradiado com ele. Este sistema de luz azul o protegeria e você não se machucaria.
D: *Quem iria bombardear as pessoas com algo assim?*
M: Há outra raça que gostaria do material genético, eles poderiam tomá-lo dessa maneira. Mas essa energia azul tornaria isso impossível.
D: *Essa energia azul também está sendo usada com outras pessoas?*
M: Sim. Muitas pessoas agora. Quando chegar, e for o momento, você terá a opção de aceitá-lo ou não.
D: *Porque nem todos podem ir ao Instituto Monroe.*
M: Não, pode acontecer em outros lugares.
D: *É algo que acontece e eles não percebem?*
M: Eles não sabem para que serve. Eles pensam que todo esse amor, vindo para eles, tão bom, tão sedutor, é claro que você irá desejá-lo. É a única maneira de se fundir com o seu sistema, porque você tem que dizer "sim" com o coração.
D: *Isso sempre acontece em um nível consciente, onde as pessoas se lembram de ter acontecido?*
M: Sim. E você sabe sobre a troca consciente.
D: *Mas parece bom, porque é uma forma de proteger as pessoas.*
M: Faz parte de um plano maior. Haverá uma grande guerra.
D: *Na terra?*
M: Envolverá pessoas na Terra. Há energia vermelha com este outro grupo e está muito quente. Eles não vão ganhar, mas vão se esforçar muito para levar o que querem e precisam.
D: *E isso vai causar a radiação?*
M: Sim, este grupo. É o método deles.
D: *Mas nem todos estarão abertos a essa energia de amor, não é?*
M: Não. Eles têm que aprender como se conectar com o coração antes que a abertura e a infusão possam acontecer.
D: *Porque tem muita gente nesse mundo que é muito amarga, muito negativa.*

M: Exato, e isso pode atrapalhar.
D: *O que acontecerá com as pessoas que não tiverem essa proteção?*
M: Eles vão se murchar. Eles vão fritar. Eles não serão protegidos.
D: *Então esta energia protetora está chegando a mais e mais pessoas na Terra?(Sim) Este é o plano, que mais pessoas sobrevivam?*
M: Sim. É o plano.
D: *E por que você recebeu essa proteção?*
M: Porque posso falar. Porque estarei trabalhando com muitas pessoas, e eu digo a eles as palavras certas na hora certa, agindo como uma chave para que eles se abram para receber.
D: *Essa luz azul tem alguma conexão com você fazendo seu trabalho de cura?*

Ela havia começado recentemente a fazer esse serviço.

M: (Uma revelação.) Oh, sim! Você vê, quando estou fazendo o trabalho de cura, eu sou o ser de luz azul e faço aos outros o que o ser de luz azul fez a mim. Eu posso transferir isso para as pessoas, é por isso que eles vêm até mim.
D: *Há pouco, você chamou isso de "semeadura". Eles colocam a energia nas pessoas e podem transferi-la para outras pessoas.*
M: Sim, está certo, embora seja em um nível tão individual. Essa é a parte difícil, mas é o que tenho que fazer por um tempo. Leva muito tempo para fazer um de cada vez. Este é o meu propósito, pude ver tudo isso agora, que estive em contato mais do que imaginava. Eu não poderia ligar todos esses pontos, não conseguia ver o quadro geral.

Uma observação aqui. Quando ela estava falando sobre algo sendo feito no corpo físico para evitar que a radiação a prejudicasse, me lembrou da regressão de Karen, relatada em "Sob Custódia". Em sua visão, mostrada pelos alienígenas, ela estava tentando ajudar as pessoas que morriam ao seu redor, mas ela propriamente não podia ficar doente. Parecia ser algum tipo de envenenamento por radiação, mas nada que ela pudesse fazer ajudaria. Foi de partir o coração e ela ficou muito desconfortável ao assistir a cena. Pouco antes disso, ela viu uma nuvem sobre a terra e a chuva tinha alguma coisa que envenenou os peixes, etc. Me pergunto se a história de Marie, tendo seu corpo protegido, tem a mesma referência com a de Karen.

D: *Temos outra pergunta. Esta estranha escrita que Marie tem recebido. Você sabe alguma coisa sobre isso?*
M: É como chuva. É como a luz que chove através desses canais ao redor do mundo, da Terra. Se você olhar para ela, mudará você.
D: *É uma língua?*
M: É informação. Está vindo de uma fonte superior que está cuidando de nós e observando nossa evolução.
D: *Por que eles estão colocando isso em símbolos?*
M: Porque os símbolos ativam novos padrões dentro do próprio campo de energia.
D: *Só de observar os símbolos?*
M: Exato. A pessoa pode realmente seguir o padrão e identificar o movimento.
D: *Esta é uma língua que alguém em algum lugar fala ou escreve?*
M: Já foi falada.
D: *Então é uma linguagem que alguém em algum lugar entende?*
M: É mais como uma linguagem de tipo matemático, se você puder imaginar isso.
D: *Já me disseram que alguns dos seres espaciais usam símbolos, e é assim que eles transferem blocos de informação, em símbolos.*
M: Não é exatamente como a linguagem que você conhece, ou mesmo em escrituras antigas, não é desse jeito. É um padrão, quando representado de forma bidimensional, aparece como uma linguagem, mas se você pudesse ver cada peça como um movimento que ativa uma parte diferente do ser, então você entenderia melhor.
D: *Então, quando tentamos ler o que Marie escreveu, não é como ler algo na página de um livro? (Não) Portanto, se eu pedisse a ela para olhar o que escreveu, não seria capaz de me dizer o significado. Isso é correto?*
M: (Hesitante) Você poderia tentar.
D: *Ok. Vamos deixar Marie abrir os olhos para observar o papel. (Segurei o papel que ela havia escrito na frente dela.) Você pode ver o papel e dizer se diz algo possível de ser traduzido em palavras?*
M: (Enquanto ela estudava o papel) Sim, na verdade, posso.
D: *Como é lido? De qual direção?*
M: (Ela fez um gesto do papel em direção aos olhos.) Vem por aqui.

D: *O que você quer dizer?*
M: Não é assim, é assim, e assim. (moções)
D: *Não para cima e para baixo, nem vai em sucessão.*
M: Seria assim, desta maneira. Vem do papel até você, passando informação. É quase como se você estivesse colocando aqui. (Ela colocou a mão sobre o coração.)Você pode senti-lo. Outra forma também, talvez melhor, seria apenas olhar para a escrita e apreciá-la com o coração, aqui.
D: *Mas que informação está lhe dando?*
M: Encorajamento, é uma forma de conhecer o caminho reto do seu coração, entendendo sua grandeza.
D: *Então, quando ela escreve esses símbolos, é como uma maneira de absorvê-los pelo seu corpo?(Sim) Da mesma forma que a luz azul fez?*
M: É diferente, mas de certa forma sim, e vai alterando seu interior. Mas é quase como se pudesse imaginar uma luz saindo de cada símbolo e a própria radiação dessa energia mudasse seu corpo.

O exemplo desenhado por Marie parece mais uma caligrafia rápida ou taquigrafia. Desde essa experiência, tenho recebido amostras de textos estranhos de todo o mundo. Em todos os casos as pessoas se sentem compelidas a escrever os símbolos que parecem não ter lógica em sua estrutura. Essa escrita, em particular, parece mais estruturada (como impressão). Na continuação desta série, no Livro Dois, incluirei essas amostras e análises de computador para encontrar semelhanças.

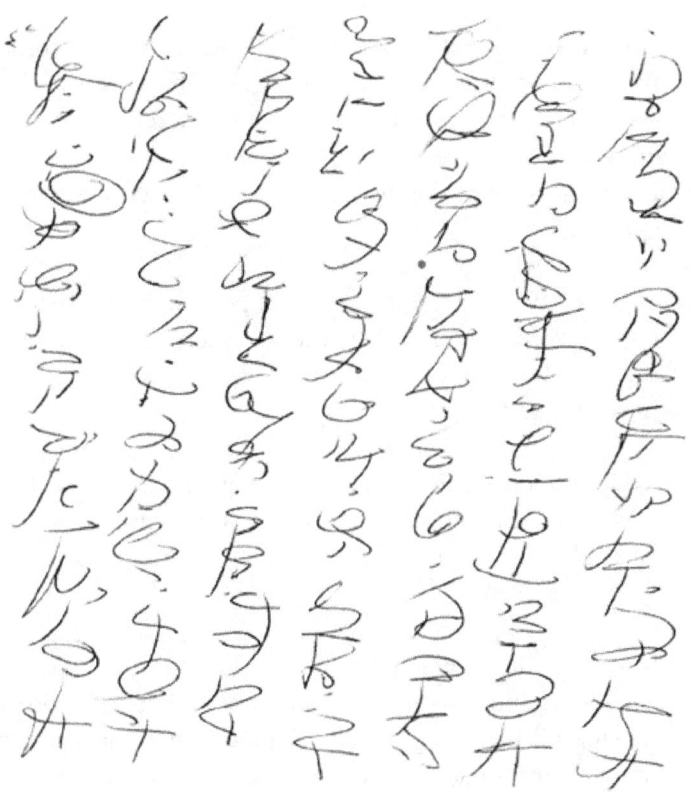

Retirei o papel das mãos de Marie e fiz com que ela fechasse os olhos novamente.

D: É comum interpretar os símbolos e esperar que fossem como palavras semelhantes à nossa escrita, então está tudo bem se Marie continuar a escrever essas coisas.
M: Sim. Eles estão "limpando" seu corpo.
D: Os símbolos estão fornecendo informações de maneiras que não poderíamos imaginar. (Exato) Temos mais uma pergunta. Ela teve sonhos no passado sobre operações. Você pode dizer algo sobre isso? Eram apenas sonhos ou algo mais?

Marie tinha lembranças vívidas da infância, de operações físicas realizadas em seu corpo e de consultas médicas. Ela não conseguia entender por que sua família negava o ocorrido. Eles disseram que nada nunca foi feito com ela.

M: Acho que ela sabe. Está muito claro ter sido tudo por acordo. Ela perguntou, anos atrás, anos atrás, para trabalhar conosco.
D: *Então não eram sonhos? Eram lembranças de coisas que aconteceram?*
M: Foram ajustes realizados no corpo físico, quando ela atingiu a idade certa.
D: *Para que servem os ajustes?*
M: Para remover velhos padrões que a impediriam de se dedicar ao trabalho que faria mais tarde. Eles tiveram que ser removidos cirurgicamente.
D: *Cirurgicamente! Entendi.*

Houve outra ocorrência incomum enquanto Marie estava no Instituto Monroe. Ela experimentou um tom agudo que parecia perfurar sua cabeça. Durou vários segundos e foi muito desagradável, também questionei sobre isso.

D: *O que causou o desconforto?*
M: Ela sabia, e na época não quis aceitar. Foi uma tentativa de ajuste de alta sintonia dos receptores nos lóbulos templários, para poder acessar mais informações, isso teve que ser feito em grupo. Tinha que ser feito com os outros.
D: *Outras pessoas também foram afetadas da mesma maneira?*
M: Sim, era um plano.
D: *Estavam passando informações ou recebendo informações?*
M: Não, foi apenas o ajuste da parte do cérebro, mas não é o cérebro. O ser que recebe todas as informações, e as frequências mais altas já podem ser acessadas.
D: *Foi feito para que ela pudesse receber mais informações?(Sim) Eles não estavam tirando nada, então. (Não)*

Em apenas um ano eu consegui acessar todos esses casos que tratavam do mesmo assunto, manipulação do corpo humano. Posso imaginar quantos outros ainda não foram acessados. Eles disseram que essas mudanças estavam sendo feitas em dezenas de milhares de pessoas, em toda a Terra. Pode ser realmente semelhante à Síndrome do Centésimo Macaco e passará despercebida até que a massa crítica seja atingida, e a realidade desse fenômeno não poderá ser negada.

Eu ainda estava recebendo mais informações sobre a mudança na estrutura do DNA do corpo humano quando este livro estava sendo impresso. Isso será expandido no Livro Dois de Universo Convoluto. Originalmente, pensei que deveria segurar este capítulo inteiro para que este material pudesse ser adicionado, mas acho que isso atrasaria a preparação das mentes das pessoas. Eles devem estar prontos para entender as mudanças dramáticas e dinâmicas que estão por vir.

CAPÍTULO QUINZE
A PESSOA MECÂNICA

Esta sessão foi conduzida na cidade de Londres, setembro de 2000, no quarto de hotel onde fiquei hospedada durante uma turnê de palestras na Inglaterra. Johanna era uma jovem alemã que vivia na Inglaterra há apenas dois anos, notei seu sotaque perfeito e ela me disse ter um talento natural para idiomas, e que os aprende muito rápido. Ela não apresentava muitas queixas e alguns de seus pedidos pareciam triviais para mim, mas eram importantes para ela. Uma de suas preocupações era ter arrancado alguns dentes quando criança. Isso trazia muita curiosidade. Questionei-a sobre a sensação de ter que ser perfeita, mas ela não via bem assim. Eu não tinha ideia do que esperar (como acontece com todos que vêm para uma sessão), mas certamente não esperava a vida passada que surgiu. No final, perguntei se ela permitiria usar a transcrição da fita neste livro, certamente era a primeira vez que lidava com tal informação e ainda neste ponto da minha pesquisa pensava que mais nada poderia me surpreender. Toda vez que faço essa suposição, algo novo vem a mim para mais uma vez desafiar meu pensamento. Ela fez uma cópia da fita e a enviou ao meu hotel mais tarde.

Para essa sessão, usei o método da nuvem que normalmente leva a pessoa a uma vida passada apropriada. Mais uma vez, fui surpreendida.

D: *Diga-me a primeira coisa que você vê enquanto desce para à Terra.*
J: Na verdade, não estou flutuando para a Terra, estou à deriva, em outro lugar, flutuando em uma espécie de planeta acinzentado. Parece metálico e isso me dá uma sensação estranha, muito estranha. Não tão legal.
D: *Por que isso te incomoda?*
J: É frio, e não é macio como a nuvem. É duro.
D: *O que vê sob seus pés?*

J: Pedras, um chão pedregoso, poeira também. Não há grama alguma, nem nada parecido com plantas. Pelo menos onde estou no momento, é cinza e metálico também. Parece haver algum tipo de edifício na superfície do planeta, fica um pouco distante, mas poderia caminhar até lá se quisesse.

D: *Como são os edifícios?*

J: Assimétricos, tipo meio telhado. Se você imaginar uma casa com um telhado muito íngreme e cortá-la pela metade, terá o tipo de construção a que me refiro. Tem uma frente muito reta e pequenas janelas, mas que podem ser buracos de ar ou algo assim, não sei.

D: *Todos os prédios são iguais?*

J: Posso ver apenas alguns, no momento, e estes são como descrevi. Todo o resto é pedra e montanhas, pequenas montanhas.

D: *No fundo?*

J: Sim, e onde estou também.

D: *Está claro?*

J: Não, não está claro.

D: *Eu queria saber se havia um sol.*

J: Não, não consigo ver um Sol. Posso enxergar tudo, mas o céu não é claro, é um céu escuro.

Então pedi a ela que olhasse para seus pés para que eu pudesse descobrir alguma pista sobre sua aparência. Ela engasgou, totalmente surpresa com o que viu, algo inesperado para ela.

J: É um tanto problemático para mim dizer isso, mas sinto que preciso dizer. Quando olho para baixo, vejo pés metálicos. São coisas horríveis, se você imaginar os cascos de um cavalo, mas pontiagudos e muito técnicos. Esse é o meu pé. (Isso a deixou muito desconfortável.)

Também fiquei surpresa, mas aprendi a ir adiante, deixando o cliente confortável com o que observa, por mais estranha que seja a situação e tentar pensar em perguntas. Sempre há uma razão para o subconsciente escolher a vida que entra.

D: *Que estranho, como se fossem feitos de algum tipo de metal?*

J: Sim. Parece que eu também sou meio que de metal. Minhas mãos são um pouco assim, como garras, mas são apenas duas partes.

Você sabe, como os pés. É como um casco com duas coisas pontiagudas saindo, e as mãos são semelhantes.
D: Em vez de ter dedos ou dígitos de qualquer tipo?
J: Sim. Não parece nada humano. Eu me sinto estranha.
D: Você tem ideia de como é o seu rosto? (Pausa) Imagino que você não consiga se ver, não é?
J: Quero ir ao lago e me ver na água.
D: Tem um lago aí perto?
J: Sim, posso caminhar até lá. (Pausa) Ando de um jeito engraçado, quase como se fosse uma máquina. É diferente de como estou agora em meu corpo, nesta vida. Consigo ver meu braço, é como uma coisa toda metálica, um tanto estranho, confirmando meu choque. Caminho até este lago, vou cambaleando na verdade, pois meus movimentos não são suaves. Chegando lá, olho para a água.
D: São movimentos rígidos?
J: Sim, duros. Me sinto como um robô, como quando eles andam, movendo um lado para a frente, depois o outro, não muito elegante, na verdade. Ainda assim, o corpo não me parece de todo feio, vou dar uma olhada no meu rosto em um minuto.

Dei instruções para que ela não se incomodasse em olhar para si mesma, por mais incomum que fosse.

J: Tenho algo parecido com olhos, ou pelo menos se parecem com olhos, mas... da maneira como estão posicionados em meu rosto, parece mais como um triângulo. Sim, eles formam um triângulo.
D: Em vez de terem formato oval?
J: Sim. O plano está no topo e a ponta está para baixo. São olhos até que bonitos, isso é um alívio. O que ainda acho estranho é que parecem ter uma qualidade gelatinosa, e são olhos muito escuros. O resto do rosto é metálico.
D: Você tem boca ou nariz?
J: Tenho uma espécie de boca, sim, mas é mais como uma abertura. Como uma coisinha redonda, e o nariz... Não tenho certeza sobre um nariz. Há uma espécie de fresta, ou fenda. Muito estranho.
D: Você consegue ter alguma noção de como é por dentro?
J: Tem muito maquinário rodando aqui. Máquinas.
D: Eu queria saber se você tinha órgãos como humanos.

J: Parece que tenho coisas dentro de mim, sim. Não sei se são órgãos ou o que são. Sinto como máquinas, parece haver mais máquinas do que qualquer outra coisa. Não sei se tenho sangue ou algo assim. Eu sou... acinzentado, escuro... uma espécie de metal cinza escuro.

D: *É como a cor de todo o planeta, não é? Cinza escuro?*

J: Sim. Existem variações no planeta, quando você se aproxima, também pode ver algumas pedras brancas, e também pedras cinza-escuro. Já os prédios são muito escuros, são uma espécie de cinza brilhante. Como você chama esse metal tão escuro e cinza? A casa é um brilhante refletindo, como o material que eles têm na Terra, não como prata, mas escuro.

D: *O alumínio é brilhante, não escuro. Mas não há árvores ou grama, ou qualquer coisa do tipo?*

J: Não, sem árvores ou grama, não.

D: *Você acha que mora naquela cidade onde estão aqueles prédios?*

J: Sim, eu pertenço lá de alguma forma. É onde fui feito.

D: *Você quer ir lá e ver aquele lugar mais de perto?*

J: Hmm, é uma distância considerável.

D: *Você não precisa andar. Você pode se mover muito rapidamente.*

J: Sim, posso ir lá. É uma cidade enorme.

D: *É maior do que você pensou ser?*

J: Não, é um lugar diferente. Aquele onde eu vi, uma ou duas casas, é só aquilo. Me mudei para outro lugar onde fui feito. São todos os tipos de formas de casas, mas todas muito brilhantes, cinzas e escuras. Podemos ir por baixo e entrar no planeta. Há muitas coisas acontecendo sob a superfície. O principal está acontecendo meio que em segredo, embaixo.

D: *Essa é a parte com a qual você está mais familiarizado?*

J: É de onde eu venho, onde fui feito.

D: *Como você vai até lá embaixo?*

J: Eu só saber descer, existem aberturas, mas não são como portas, você apenas passa quando desejar. Você meio que... não flutua, mas desliza. Existem muitos caminhos que você simplesmente desce, como se tivesse um sistema de tubos moderno, no k onde apenas empurra o ar ou algo em um tubo.

D: *Como caminhos ou calçadas?*

J: Sim, mas você realmente não anda, você cai nele. Você decide para onde quer ir, e é para onde isso te empurra.

D: *E você disse que foi feito nessa área?*
J: Sim. Há muito fogo e posso ver mesas, onde eles fazem as coisas.
D: *Fogo? Você quer dizer como soldagem ou máquinas, ou ....?*
J: Sim, talvez soldagem. Existem fornalhas onde lidam com metal e criam essas formas. Há outros lugares em outra salas, onde a parte interior é feita.
D: *As diferentes partes e tudo mais?*
J: Sim, o interior. Tudo funciona em conjunto.
D: *Você pode ver as pessoas que estão fazendo essas máquinas?*
J: Sim. Eles são mais carnudos no rosto. O resto não consigo ver porque estão com uma espécie de roupa de proteção, feita de plástico. Eles usam essa roupa por todo o corpo.
D: *Isso é por causa de onde eles estão trabalhando?*
J: Sim, tem que estar bem limpo.
D: *Como eles se parecem?*
J: (Ela parecia estar estudando-os.) Não como eu. Eles têm rostos mais suaves, com pele bastante pálida e rosada. Parecem humanos, o que chamamos de "humanos". Eles têm sobrancelhas, o que eu não tenho.
D: *Eles têm cabelo?*
J: Eles têm cabelo, sim, um exagero de cabelo. Bastante curto. Vejo louro, muito claro, ou totalmente preto, não consigo ver outra cor. É uma espécie de liso, alisado para trás. Posso ver os homens, e eles são muito bonitos.
D: *Você vê alguma mulher ou são todos homens?*
J: Não consigo ver nenhuma mulher no momento, não.
D: *E esses homens estão fazendo essas máquinas?*
J: Sim, eles estão nos fazendo.
D: *Você vê outras pessoas que se parecem com você?*
J: Não. Só vejo as metades, quero dizer, partes dessas maquinas.
D: *Então estão em processo de fabricação. Você consegue saber por que estão criando essas pessoas, ou "coisas" como você? Não sei se devo chamá-lo de pessoa ou não. Por que estão criando você?*
J: Eles querem experimentar e ver se é possível. Também nos usam para coisas que não querem fazer, ou não podem fazer, porque é muito perigoso ou algo assim.
D: *Como servos ou trabalhadores?*
J: Sim, mais como trabalhadores. Trabalhadores que têm que fazer uma determinada tarefa.

D: Parece que eles estão experimentando há algum tempo, porque funcionou muito bem, não é mesmo?
J: Sim. Há um grande espaço e estão fazendo novos modelos, não sei por quê. Suponho que vamos nos desgastando depois de um tempo e não podemos continuar para sempre, então eles precisam fazer novos. É muito estranho.
D: Mas são todos máquinas?
J: São todos máquinas e há algo como uma alma. Isso é o que me parece estranho, porque eu também tenho sentimentos. Não sou apenas uma máquina, sabe.
D: Eles conseguem colocar uma alma, um espírito nessas máquinas?
J: Acho que eles colocaram parte "deles" nisso.
D: O que você quer dizer?
J: Eles extraem algo deles e nos dão um pouco "disso". Mas nós não somos eles, mas estamos meio que funcionando à maneira deles.
D: Caso contrário, você seria como um robô, uma máquina?
J: Sim. Eles querem que façamos as coisas direito, ou confiar em nossas emoções, bem como na tarefa que temos que fazer. Não seríamos sofisticados o suficiente para realizá-lo se não tivéssemos essa peça, seríamos apenas programados. Além de estarmos muito bem equipados para a tarefa, com um corpo de metal, também precisamos fazer coisas onde precisamos de alguma forma de alma, por isso nos dão um pouco deles, porque é a única maneira que eles... quero dizer, eles não "criam" almas, eles não têm essa capacidade. Talvez Deus faça isso ou alguém, mas eles não têm uma alma para nos dar e só podem fazer isso sacrificando um pouco deles, é isso que eles colocam em nós.

Essa era a parte que eu estava tendo dificuldade de entender. Se ela foi para uma vida onde era uma pessoa mecânica, uma máquina, um robô, como poderia se comunicar comigo? Como ela poderia ter sentimentos? Uma criação mecânica não teria uma alma atribuída a ela, e uma alma normalmente não escolheria entrar em uma máquina. Esta era uma ideia totalmente nova: A possibilidade de doar um pedaço de sua própria alma para que uma máquina pudesse funcionar de forma mais eficaz, neste mundo alienígena.

D: Você pode ver como isso está sendo feito?

J: Eu posso ver que fazem uma cerimônia; eles se juntam e meio que "sopram para fora", inoculando a máquina com isso, quando finalizada.
D: *O que você quer dizer com "sopram para fora"?*
J: Eles parecem decidir que querem dar uma parte e sopram, de sua boca, na pessoa-máquina.
D: *O que parece quando eles "sopram para fora"?*
J: (Pausa) Eu realmente não consigo ver. Eles colocam diretamente na máquina.
D: *Quer dizer que é invisível?*
J: Sim. Como quando se expira, você realmente não vê nada, a menos que esteja frio. Esse tipo de coisas.
D: *Isso... o ativa?*
J: Isso apenas permite que chegue até lá. É isso que permite o sentimento à máquina, sem isso seria apenas uma máquina e eles teriam que colocar chips de computador ou coisas do tipo para fazê-la realizar tarefas muito servis. Mas eles querem mais do que isso.
D: *Isso tira alguma coisa deles quando eles dão um pedaço de si mesmos?*
J: Sim, tira esse pedaço de si mesmos e têm de se contentar com menos. Eles têm que abrir mão de um pouco de seu "poder" para realizar o que desejam e fazer as coisas acontecerem, caso contrário, não seria possível.
D: *Você acha que haveria alguma outra maneira de ativar as máquinas?*
J: Não, não seria possível. Eles precisam de uma alma.
D: *Muitas vezes as coisas são ativadas pela mente.*
J: Ah, não, não é assim. Eles não têm esse poder da mente. Eles ainda não têm isso.
D: *Mas se eles conseguem dar um pouco de si, e se dividir para ativar a máquina.*
J: Sim. Isso é o que eles podem fazer. Quer dizer, a máquina vai funcionar só com a eletricidade ou o que eles tiverem para estimular as peças e tudo mais. A máquina já funcionaria pelo simples fato de ser programada, mas não dessa maneira sofisticada. Eles decidiram que fariam esse pequeno sacrifício de colocar dez ou vinte por cento de si, e ainda ter suas partes da

alma. Imagino que eles pensam ser o bastante, então dão um pouquinho para a máquina agir mais de acordo.

D: A máquina pensa por conta própria e possui intelecto?

J: A máquina tem poder de pensamento, sim. Mas é claro que está programada. Só está pensando porque foi programada e tudo isso foi dado por eles.

D: Ela não pode funcionar sozinha, como um indivíduo?

J: Não, não. É só quando tem a fagulha de alma que pode reagir de uma forma diferente. Essa é a diferença, ainda fará apenas o que deveria fazer, mas com uma variedade de reações.

D: Então não é como um ser completo que pode funcionar e pensar por conta própria, como um humano? Mas isso lhe permite mais habilidades do que apenas uma máquina e mais de uma personalidade, eu acho.

J: Sim, está correto.

D: Bem, como uma máquina, você pode falar, pode se comunicar com eles?

J: Não. Podemos conversar, sim, mas não soa muito bem. É como se fosse um idioma, mas não soa bonito.

D: É assim que eles se comunicam?

J: Não, eles têm lidas vozes, mas nós temos apenas vozes de máquinas.

D: Então eles se comunicam verbalmente, em palavras.

J: Sim. Eles podem nos dar comandos em palavras, assim como podem nos programar pelo maquinário. Só não podem simplesmente nos comandar pelo pensamento, eles devem nos comunicar verbalmente.

D: E você é capaz de se comunicar com eles.

J: Tudo o que dizemos é "sim" ou "entendido" ou algo assim.

D: Então, mesmo que você tenha uma certa quantidade de intelecto, não pode se comunicar como um ser humano pensante.

J: Não devemos. Poderíamos, mas não devemos. Estamos programados para entender a tarefa, dizer "entendi" e cumpri-la.

D: Bem, mas o indivíduo que lhe deu um pedaço de sua alma, de si mesmo, esse indivíduo sente alguma atração ou conexão com você?

J: Acho que a única conexão que temos é que eu sei qual é. Posso ver o rosto.

D: Eu estava pensando que, se desse a você uma parte de si mesmo, poderia se sentir conectado a você, de alguma forma.

J: Pode ser, mas não saberia dizer com certeza. Eu não posso sentir isso, apenas sei quem foi, e talvez eu sinta algo por ele, ou com ele, ou... não sei dizer.
D: Bem, é uma forma diferente de existir, não é?
J: Sim, é uma forma estranha de existir.
D: Você precisa consumir alguma coisa para se nutrir? Como você se mantém vivo? Como uma máquina, acho que essa é provavelmente uma pergunta estranha.
J: Nós realmente não comemos nada. Também não vamos ao banheiro. Obtemos algo como uma substância, como um óleo, mas isso é apenas para o maquinário. Não ganhamos nada pela alma.
D: Como eles colocam o óleo em você?
J: Eles apenas o colocam onde é necessário, pequenas alavancas e orifícios, onde você precisa de óleo comum. Você sabe, é como um carro ou algo assim.
D: Mas eles não queriam ter apenas máquinas, queriam algo com mais personalidade, mas como você disse, se gastam rapidamente e é por isso que eles têm que continuar fazendo mais?
J: Sim, eles realmente querem explorar tudo e precisam de muitos trabalhadores. Por não conhecerem o ambiente para onde estão indo, nem como será, temos que ser estáveis contra o calor e qualquer situação adversa. Se tivermos que ir para um planeta diferente, onde é muito quente, temos que conseguir sobreviver e não secar, portanto, o óleo é à prova de calor. Nossas mãos são à prova de calor, na verdade. Percebo agora que os pés também, tudo é à prova de calor.
D: Eu pensaria que o metal conduziria calor, mas acho que é um tipo diferente.
J: É um tipo diferente. Não temos isso na Terra, apenas parece, externamente, como algo que temos.
D: Então eles os levam em sua exploração de outros planetas.
J: Sim, eles nos enviam para tarefas, para que possamos ver qual planeta é propício para qualquer que seja o propósito.
D: Quando eles te levam lá, como isso é feito?
J: Viajamos nessas coisas redondas, onde o destino pode ser programado. Sabemos que eles dão um pequeno cartão e o inserem, e esse é o destino. Então isso nos transporta para lá.
D: Eles vão com você?

J: Não, não. Eles nunca iriam conosco. Não, não. Temos que fazer isso sozinhos, porque eles têm pele e são rosados, não teriam nenhuma proteção contra a luz. É uma luz muito intensa para onde estamos indo, por isso temos olhos escuros. Também temos óculos de sol especiais, são óculos de sol que são... (confuso, difícil de descrever)... como se diz isso? Como uma coisa fina e plástica, mas tem pequenos orifícios, então apenas uma certa quantidade de luz passa, e todo o resto é escuro. É assim que nos damos proteção extra.

D: *Isso é uma parte do seu olho?*

J: Não, é como algo extra que colocamos por cima. Colocamos sobre os olhos, quase como óculos de sol.

D: *Quando você vai a esses lugares, eles também podem ser muito frios, não é?*

J: Sim, podem ser.

D: *Você pode funcionar em qualquer tipo de temperatura, qualquer tipo de ambiente?*

J: Sim, mas fomos feitos especialmente para locais de calor.

D: *Bem, veja-se sendo enviado para um desses lugares. Você disse que colocaram o cartão na máquina?*

J: Sim. Entramos nessa cápsula, ela é fechada e vai para onde deveríamos ir. Também deve ser à prova de calor, ainda mais resistente do que nós mesmos de alguma forma, senão não nos traz de volta.

D: *Eles têm que trazer você de volta com informações?*

J: Exato. Possuímos um cadastro automático de informações que passa pelos olhos.

D: *Isso registra informações como dados ou algo assim? (Sim.) O que você faz quando chega ao local?*

J: A capsula pousa lá. Temos que passar pelo calor, viajar pelo calor e ver o que está por baixo. Se tem gente, ou não, ou o que tem.

D: *Como uma barreira térmica, você quer dizer? (Sim, sim.) E você pousa lá pra ver se tem vida?*

J: Se há vida, e de que tipo. Assim podem estar preparados, caso consigam passar pelo calor, para explorar o planeta ou dominá-lo. Se não há vida, pode ser melhor que não o façam, então recebem esse tipo de informação.

D: *Se é o tipo de lugar que eles poderiam sobreviver.*

J: Sim. É por isso que precisamos da alma também, porque podemos sentir se é agradável, ou se as pessoas são boas ou más.
D: *Uma máquina não seria capaz de fazer isso. (Não) Uma máquina poderia registrar informações, mas não poderia processar outros tipos de informações que eles precisam saber.*
J: Sim. Mas também há uma desvantagem nisso. Porque temos alma, e talvez seja apenas dez ou vinte por cento, ok, mas nós a temos. Isso significa que sentimos todas as emoções que a acompanham, como atração um pelo outro.
D: *Você quer dizer um ao outro, como uma máquina?*
J: Sim. Talvez até com outras criaturas de outros planetas. Pode haver outros que sejam semelhantes o suficiente para criar uma atração, e é claro, não devemos viver ou sentir isso. Não temos órgãos de reprodução, isso foi bloqueado quando nos fizeram, mas podemos sentir todos os sentimentos. Isso é muito estranho.
D: *Essa é uma das desvantagens?*
J: Sim, porque sofremos com isso. Para eles também é algo que não entendem. Quando voltamos e não queremos fazer nossa tarefa, porque conhecemos alguém, eles têm que lidar com isso. É muito difícil.
D: *Porque essa parte da alma tem uma atração, um sentimento.*
J: (Com tristeza) Na verdade, eles são muito cruéis conosco, porque eles provam para nós que não há esperança. Eles fazem coisas com nossos corpos, coisas engraçadas. Porque achamos que pode haver uma chance se eles nos derem algo lá dentro, se tornassem nossos corpos adequado, poderíamos realmente fazer isso e ter conexões como eles têm. Poderíamos nos apaixonar, ter uma família e outras coisas, mas eles não estão preparados para isso. Pelo contrário, eles riem e fazem coisas comigo. Você sabe, colocam algo, como uma chave de fenda, e dizem: "Olhe, não há nada nisso. É ridículo. É apenas metal. Você não tem nada. Não pode haver nenhum sentimento." Mas é como uma dor fantasma. Nós o temos, porque pensamos que temos algo que é frutífero ali, devido à parte da alma. Eles provavelmente não fazem ideia de como realmente nos sentimos e pensam: "Oh, eles são apenas máquinas." Mas não somos. Temos todas as necessidades, apenas em um grau menor, talvez, um grau menor, mas, à nossa maneira, temos essas necessidades e não nos permitem vivê-la.

D: *Então eles não perceberam que também estavam prejudicando, dando-lhe esses sentimentos.*
J: Acho que eles não faziam ideia.
D: *Mas como você disse, eles ainda estão experimentando.*
J: É verdade, eles estão experimentando e realmente não perceberam o que poderia acontecer.

Isso me fez pensar em referências a filmes e programas de TV recentes. Em "Bicentennial Man" Robin Williams era um robô que evoluiu a ponto de ser indistinguível de um ser humano, com todos os seus sentimentos e emoções. Também em um episódio de "Star Trek, Next Generation", quando Data deveria ser desmontado e teve que provar que ele era realmente quase humano. Em ambos os casos, os seres humanos "normais" não podiam acreditar que as máquinas pudessem desenvolver a capacidade de sentir e experimentar emoções, de exibir características que categorizamos como pertencentes estritamente à raça humana.

D: *Quando você vai a esses lugares, você coleta informações apenas observando tudo?*
J: Sim. Basicamente vamos para lá e ficamos medindo a temperatura, vendo o quão denso é o cinturão ao redor do planeta, quão frio ou quente está lá embaixo e se há população ou não. Se houver população, tiramos uma fotografia com nossos olhos. Apenas em olhar para eles já registramos a informação em algum grau, e eles podem obter isso na outra ponta e reproduzir os dados.
D: *E as pessoas, os seres que vivem nesses planetas? Como eles reagem quando te veem?*
J: Oh, nós realmente temos que tentar não ser vistos, porque eles ficam bastante chocados quando nos veem.
D: *Isso é o que eu estava pensando. Você não se pareceria com eles.*
J: Ah, de jeito nenhum. Eles ficariam horrorizados. Só podemos fazer isso quando estão... como que em transe. Às vezes, temos que fazer algo para que eles não percebam que estamos lá, meio que bloqueando a parte consciente da mente, então tiramos a fotografia e vamos embora. Depois eles relaxam e voltam ao normal, não se lembrando disso.
D: *Talvez seja por isso que você tem que ter aquela partezinha humana, uma máquina não saberia fazer essas coisas.*

J: Não, não seria sensível o bastante para perceber que a outra pessoa está se concentrando, ou dormindo, ou sonhando acordada, ou seja o que for.
D: *E se fosse visto, não saberia se esconder.*
J: Não. Ele não entenderia o choque que está causando. Embora possamos saber, podemos ver que existem diferentes tipos de pessoas e elas reagem, nós preferimos as "pessoas máquina". Quero dizer, prefiro estar com uma "pessoa máquina" apaixonada, do que com outra pessoa. É muito difícil.

Esta descrição do propósito e dos deveres dos robôs soou muito semelhante aos pequenos seres cinzentos, vistos nos casos de Óvnis. Em "Sob Custódia", me disseram que esses pequenos seres foram criados para realizar tarefas e entrar em ambientes físicos que fossem prejudiciais aos seres da nave maior. Quando sugeri soarem como robôs, disseram-me que não eram mecânicos, mas sim seres criados biologicamente e usados estritamente como trabalhadores. Eles também parecem ter uma certa inteligência, pois podem realizar as tarefas, mas não parecem estar emocionalmente envolvidos. É essa atitude fria que mais assusta os humanos que tiveram contato com eles. Tento explicar em minha terapia que isso ocorre porque eles não são um ser totalmente pensante e funcional. Seriam eles uma versão mais atualizada dos trabalhadores de robôs mecânicos? Será que a tecnologia científica progrediu de maquinário para biônico, ao longo do tempo? Poderiam também ser ativados por uma centelha, dada a eles por seus criadores? Não estou dizendo que foram criados pela mesma raça de seres, mas seus propósitos são notavelmente semelhantes.

D: *Bem, você sente felicidade ou alegria com o seu trabalho? Você tem esse tipo de emoção?*
J: Tenho um senso de dever, mas realmente não tenho alegria com o trabalho. Estou fazendo isso porque sei que deveria estar fazendo.
D: *Você está programado para fazer isso.*
J: Sim, e é o que eu deveria estar fazendo, então está certo. Parece certo fazer isso, mas não é algo que me oferece nada em particular.
D: *Então você não pode dizer que gosta do seu trabalho. Você apenas realiza o que precisa.*
J: Sim. Eu também não desgosto, apenas tenho que fazer.

D: *Então, o que você faz sempre que termina de explorar o planeta?*
J: Voltamos e eles tiram a informação, às vezes nos dão um pouco de descanso e nos lubrificam, entre outras coisas. Às vezes iniciamos imediatamente outra missão.
D: *Vocês não se cansam como eles.*
J: Não, apenas ficamos emocionalmente cansados por dentro, se é assim que você chama. De qualquer maneira, eles não sabem disso.
D: *Você não tem como se comunicar e contar a eles sobre seus sentimentos.*
J: Sim, podemos, mas não devemos. Eles zombam se dissermos que queremos isso e aquilo, riem, porque somos apenas cerca de dez por cento humanos. Você sabe que quer dizer algo, mas não devemos. Eles não percebem o que nos deram. É uma coisa muito mais ampla, do que eles imaginam, um dom ou algo assim.
D: *Eu me pergunto se eles sabiam se isso faria diferença.*
J: Não, porque iriam querer nos controlar, eles nos mantêm apenas pelo que querem.
D: *Achei que faria diferença se eles realmente soubessem.*
J: A única coisa que eu poderia imaginar acontecer é, em vez de cutucar nossas partes inferiores do corpo, eles simplesmente nos preencheriam com algum tipo de coisa metálica impenetrável e iriam rir de novo e dizer: "Olha, agora está aí. Isso é o que você tem. Você não tem nada".
D: *Pensei que por não saberem realmente o que você está sentindo, essa seria uma das razões pelas quais não possam fazer nada a respeito.*
J: Não, eles não querem. Sempre que dizemos algo que não seja referente à nossa tarefa, eles apenas riem.
D: *Você disse que se um se desgasta, eles têm que criar outro. O que acontece com essa parte humana? Isso é transferido para o novo?*
J: Penso que sim, vai de um para outro.
D: *Então não precisam fazer o ritual novamente?*
J: Não, todo mundo só faz a doação uma vez.
D: *E então, sempre que o corpo enferruja ou se desgasta ....*
J: Sim, ou o que quer que seja. Eles apenas colocam no próximo.
D: *Como eles podem fazer isso? Como seria transferido de uma máquina para outra?*

J: (Sussurro) Como eles podem fazer isso? (Pausa) Acho que é a mesma coisa que na cerimônia. Deixam-se absorver pelo outro, pelo novo. O novo parece sugá-lo do antigo.

D: *Então o outro é provavelmente usado para peças, imagino.*

J: Sim, ou eles simplesmente o colocam no fogo e fazem algo novo depois.

D: *Então essa parte que é como uma alma....*

J: É meio que reciclado.

D: *Apenas indo de máquina em máquina. Portanto, eles só precisam fazer isso uma vez. Mas você realmente não tem escolha sobre a coisa toda, não é?(Não) Bem, vamos deixar essa cena e passar para um dia importante, quando está acontecendo algo que você considera importante na vida desta máquina. O que você está fazendo agora? O que você vê?*

J: Estou com alguém, com uma pessoa-máquina e nós realmente queremos viver de uma maneira diferente. Ela é realmente mais....como devo dizer isso? Ela anseia por isso e abriu meus olhos um pouco, parece ter mais alma ou algo assim. Ela diz que não basta ser como uma máquina, pois também temos esta outra parte e queremos fazer outras coisas também, não apenas entrar no calor e explorar. Queremos ter o que você pode chamar de uma "vida privada".

D: *Como você sabe que é uma "ela"? Você se sente como tendo um sexo ou um gênero?*

J: Eu me sinto um "ele", porque ganhei a alma de um "ele" e ela é de uma área diferente. Ela é ela, eu sei disso, posso sentir isso. Sempre posso sentir quando estou trabalhando, se estou cercado por um "ele" ou por uma "ela".

D: *Ela veio de uma área diferente?*

J: Sim. Ela realiza tarefas como eu, mas talvez tenha um tanto mais de alma, ou algo assim. Ela pensou muito sobre isso e quer que fujamos ou façamos outra coisa.

D: *O que você sente sobre isso? Existe uma maneira de escapar?*

J: Não sei, mas confio nela. Acho que pode haver, se ela disser.

D: *Existe algum lugar que você poderia ir?*

J: Ela acha que podemos ir a muitos lugares, porque eles não saberiam se fôssemos a algum lugar diferente depois da tarefa, antes de nos darem a nova informação. Se planejássemos para onde poderíamos ir, eles não saberiam.

D: *Na cápsula, você quer dizer?*
J: Não, apenas no planeta. Se apenas sairmos para a tarefa, mas, em vez disso, caminharmos para outro lugar e simplesmente não voltarmos.
D: *Eles não conseguiriam rastreá-lo de alguma forma?*
J: Não sei. Talvez sim.
D: *Esse é o plano dela?*
J: É apenas uma esperança, uma fagulha de esperança. Não é um plano realmente pensado, porque é tudo o que ela pode fazer.
D: *Mas é uma ideia.*
J: É uma boa ideia, e valeria a pena tentar, não é?
D: *Sim. É isso que ela quer fazer depois da próxima tarefa?*
J: Ela não quer fazer isso sozinha, porque obviamente a razão pela qual queremos realizar isso é por causa dessa parte privada. Uma espécie de troca de almas, não temos muito, mas achamos que pode crescer se tivermos a chance de usarmos mais ou algo assim.
D: *Sim, e se você estivesse sozinho, você se sentiria solitário. Você pode sentir solidão. Isso está certo?*
J: Sim, podemos sentir isso e temos anseios de proximidade indescritível, que nunca experimentamos.
D: *Você anseia por outros de sua própria espécie, então você não poderia simplesmente sair sozinho e existir sozinho.(Não, não) O que você decide fazer?*
J: Eu acho que soa muito sedutor o que ela diz e acho que valeria a pena tentar. Isso lhe dá coragem para dizer: "Talvez devêssemos tentar logo". Quanto antes, melhor. Então resolvemos encontrar maneiras de ir para esses lugares distantes, onde há uma gruta ou algo assim. Nas montanhas há um pequeno buraco, e talvez possamos nos esconder lá por um tempo. Porque tudo o que precisamos é de óleo ou algo assim, então não é um problema.
D: *Então você acha que poderia fazer isso e eles não saberiam a diferença. (Sim) O que você decide fazer?*
J: Decidimos fazer isso após a próxima tarefa. Quando a próxima oportunidade surgir.
D: *Diga-me o que está acontecendo.*
J: Ela voltou e está em uma cápsula diferente, mas na mesma missão. O que é estranho, porque ela não fazia parte do mesmo grupo antes. Não sei como isso funcionou, talvez ela tenha trocado com alguém ou algo assim. Mas estávamos na mesma missão. Sim, nós

escapamos, nós escapamos! Nós apenas nos afastamos para este lugar, mas é claro que não percebemos que eles têm mais meios de nos encontrar e nos resgatam na manhã seguinte. Eles nos encontram muito rapidamente, percebem no dia seguinte que partimos e apenas usam suas máquinas para achar nossa localização. Eles nos encontram mais rápido do que eu pensava.

D: Então o que aconteceu?

J: Em primeiro lugar, deram aquelas risadas desagradáveis para zombar de nós e então eles meio que cutucam nossas partes inferiores do corpo. Cutucam e fazem piadas engraçadas sobre nosso sexo inexistente e como somos tolos, quão inteligentes pensamos que somos, e que realmente eles são os mestres. Entra um que está realmente irritado, como se estivesse pessoalmente ofendido pelo que nos permitimos fazer. (suspiro) É ele que dá a ordem para amassarem nossa parte de baixo do corpo. Somos esmagados enquanto ainda temos a alma em nós.

D: Eles não percebem que não tem nada a ver com sexo. É só companheirismo, não é?

J: Eles acham que é isso que queremos fazer e eles tiram sarro disso.

D: Então é isso que ele decretou, que você será esmagado?

J: Sim, seremos esmagados nessa parte do corpo. "Vamos mostrar o quão ridículo você é." Para nós dois isso aconteceria como uma humilhação e um castigo, claro que acaba sendo como uma pena de morte, não é? (Sim) Porque significa que seremos derretidos novamente. (triste). O que acontece com a parte da alma?

D: Sim, era isso que eu queria saber. O que acontece?

J: Eles fazem isso conosco, sim e podemos sentir a humilhação. Embora não possamos sentir o corpo nem nada, podemos sentir a humilhação.

D: Você realmente não pode sentir dor em um corpo de metal.

J: Não, não. Mas sentimos todo o resto, sentimos o poder que eles têm e basicamente que podem nos tratar como nada. Então eles esmagam o corpo e nos jogam no fogo.

D: Com a alma ainda dentro? Eles não costumam fazer isso, não é?

J: Não, a alma deve ter sido... Não sei o que fazem com a alma.

D: Vamos ver o que acontece depois que eles te jogam no fogo. Vá para onde acabou. O que aconteceu com você, a real você?

J: Está apenas circulando. Deixou o fogo e está circulando é capaz de se comunicar com a outra alma também, então isso é muito bom, mas, novamente, nossa existência não foi possível da maneira como queríamos.

D: *O que você decide fazer?*
J: Decidimos flutuar para longe, muito longe.
D: *Eles não podem pegá-lo agora, podem?*
J: Não, eles nem nos notam, na verdade, se esqueceram completamente disso.
D: *Normalmente eles teriam colocado você em outro corpo.*
J: Sim, é verdade. Eles pensaram nisso tarde demais ou algo assim. Não sei.
D: *Talvez eles tenham pensado que você não era do tipo para se manter, então seria melhor se livrar.*
J: É uma possibilidade, sim. Não sei.
D: *Mas isso é bom. Você escapou, não foi?*
J: Na verdade, depois de tudo o que fizemos, sim. Isso é verdade.
D: *Você escapou de uma maneira diferente do que você pensava. (Sim) Você não precisa mais viver nesse tipo de existência. Você pode ir aonde quiser.*
J: Sim, é verdade.

Então pedi para falar com o subconsciente de Johanna. É assim que consigo as respostas e aplico a terapia, falando diretamente com aquela parte que guarda os registros da personalidade e pode ser influenciada a fazer mudanças positivas. Nunca me foi negado o acesso, porque percebe que tenho o bem-estar da pessoa em primeiro lugar. Acredito que conheça meus motivos com muita clareza e, se não fossem adequados, meu acesso seria negado. É sempre fácil saber quando o subconsciente está falando, pois ele é objetivo e fala do cliente na terceira pessoa, tratando-o como uma personalidade à parte.

D: *Por que o subconsciente mostrou a Johanna aquela vida incomum?*
J: Para mostrar a ela que a parte da humilhação ainda é muito forte nela. Ela tem medo de ser humilhada. Há uma ligação forte.

Nesta vida presente, um dos problemas de Johanna é que ela facilmente sente humilhação, mesmo quando não é intencional. Isso a impediu de desenvolver todo o seu potencial e perseguir muitos objetivos.

D: Aquele corpo não era humano. Johanna teve muitas vidas em um corpo totalmente humano?
J: Sim, ela teve muitas outras vidas humanas também. Mas aquele ainda a está influenciando. Foi também para ajudá-la a entender por que sua necessidade de liberdade é tão forte. Para ser independente.
D: Mas achei estranho ela ter sido criada dessa maneira incomum e receber uma parte de uma alma.
J: Isso não é surpreendente, porque antes disso ela tinha uma vida em que não apreciava o suficiente sua parte alma. As pessoas dizem: "Oh, é apenas a sua alma. Oh, essa parte emocional não é importante." Nessa vida foi mostrado a ela o que acontece quando a alma não consegue encontrar expressão, ou como é restritivo ter apenas dez ou vinte por cento, em vez do valor total.
D: Para mim isso é confuso. Você pode responder? Ela pensou que a pessoa que a criou deu a ela parte de sua alma. Foi isso que aconteceu?
J: Sim. Mas mesmo assim ela era ela mesma na vida da máquina. Ela era uma alma completa, tão completa quanto poderia ser a alma de uma pessoa. Ela teve que experimentar a restrição de ter mais vida de máquina do que vida de alma.
D: Mas a partir do momento que a outra pessoa lhe cedeu parte de sua alma, a alma seria dele e não seria dela, correto?
J: Era uma parte dela, não era? Quer dizer, ela era os dois.
D: O que acaba de me ocorrer é que ela também era a pessoa que lhe deu a vida?
J: Sim, mas ela não sabia disso. Porque senão ela não teria tido essa experiência, se tivessem contado isso a ela. Se ela tivesse sido informada de que somos mais do que uma única pessoa e que temos pedaços de alma em todo o lugar.
D: Porque, essencialmente, eles não podiam criar vida, eram apenas capazes de transferir uma parte de si mesmos?
J: Isso mesmo.
D: Então ela realmente sabia que em sendo máquina ela era inferior, que parte dela continuou com o homem e isso criou carma também. (Sim) E a outra parte existe em Johanna agora.
J: E também explicará a ela por que nesta vida ela considera sua alma mais importante do que qualquer coisa.

D: *Agora ela pode perceber o valor de sua alma, porque houve um tempo em que tinha apenas uma parte muito pequena. Ela tinha mais algumas perguntas. Isso também explica os problemas em seus órgãos físicos femininos?*

Antes da sessão, ela discutiu problemas com períodos menstruais irregulares com muitas cólicas.

J: Sim. O medo de ser humilhada por um homem, porque quem decidiu seu esmagamento foi um homem. Além disso, as sondagens e cutucadas que eles faziam com as ferramentas quando riam dela, também criaram em sua alma uma memória de humilhação. Então, não estava se sentindo segura em um papel feminino.
D: *Ela não queria ser uma mulher completa e ter filhos.*

Ela nunca se casou e nunca quis filhos e atualmente tem um relacionamento platônico com um homem.

J: Sim. O perigo de ser esmagado assim por alguém que é mais poderoso parece um perigo muito real.

Continuei a fazer as perguntas que ela havia solicitado, e muitos dos problemas atuais decorrem de ser facilmente humilhada, mesmo que involuntariamente. Grande parte do meu trabalho de terapeuta é juntar as peças e persuadir o subconsciente a liberar os desconfortos físicos, porque eles não são necessários na vida atual. Eles têm suas raízes em outra vida. Uma vez que a conexão é estabelecida e a compreensão vem, então o problema é liberado e os benefícios físicos e emocionais são imediatos. Os sintomas serviram ao propósito de chamar a atenção da mente consciente, de modo que não são mais necessários. Muitos casos de problemas femininos e infertilidade, etc., podem ser rastreados até eventos de vidas passadas, no entanto, essa foi a explicação mais estranha que já tive para esse tipo de problema físico.

A conexão terapêutica foi importante, mas para mim o aspecto mais interessante deste caso foi saber que uma alma pode habitar um corpo de máquina. Também que a alma pode se dividir, e uma fagulha pode se desviar e se tornar outra personalidade, aprendendo lições diferentes do hospedeiro ou alma original. Os dois nunca teriam percebido um ao outro, ou que houve uma separação. Então, quantos pedaços de nós se estilhaçaram e se tornaram pedaços de alma sem nossa consciência? Provavelmente nunca saberemos, e isso remonta à ideia de que somos, essencialmente, parte de todos e todos são um.

* * *

Nos meus primeiros dias de terapia de regressão, tive um caso com alguma semelhança e, na época, não tinha ideia do que havia encontrado, pois não se encaixava no molde linear em que eu estava tentando colocar meus casos, principalmente em se tratando de reencarnação. Uma mulher foi para uma vida passada onde era uma sacerdotisa altamente treinada que se dedicava a trabalhar em um templo, como conselheira do povo. Ela deveria permanecer celibatária fechada no templo e levava uma vida muito solitária.

Um dia um estranho entrou no porto e eles acabaram se apaixonando. Ela se deparou com uma escolha difícil: partir com seu amante ou permanecer com seus votos no templo. Ela finalmente decidiu partir, e foi aí que surgiu a confusão (da minha parte). Parte dela estava indo embora. Aparentemente, a parte dela que estava no navio não sabia da parte que ficou para trás. Quase como se a decisão a tivesse dividido em duas. Eu nunca consegui entender esse conceito.

No entanto, também valida o conceito relatado no Capítulo 11, sobre vidas e dimensões paralelas. Quando tomamos uma decisão, a energia do que não escolhemos tem que ir para algum lugar e assim, ela se divide e se torna um outro "você", vivendo a outra decisão, paralelamente. Talvez, neste caso, por causa de seu treinamento, a sacerdotisa estivesse ciente do que aconteceu, mas normalmente não saberia que algo assim aconteceu e apenas veria o homem partir. No mínimo, esses casos me ensinaram a pensar e explorar conceitos complicados com a mente mais aberta.

CAPÍTULO DEZESSEIS
A FONTE DE DEUS?

Em novembro de 2000, eu palestrava em uma conferência sobre Óvnis em Berkeley, na California. Estava hospedada no Y.M.C.A e esta foi uma das várias sessões que conduzi em meu próprio quarto de hotel. Shirley era uma mulher na casa dos quarenta anos e queria uma sessão há muito tempo, mas toda vez que eu vinha para esta parte da Califórnia, havia uma longa lista de espera à sua frente. Finalmente tivemos a chance de nos encontrar. Para meu desconforto, do outro lado da rua, havia uma construção pesada acontecendo com um prédio de cinco andares sendo finalizado e todas as minhas sessões neste local tiveram o mesmo problema, o barulho perturbador. Isso nunca parece incomodar meus clientes, uma vez que eles entram em transe, ficam alheios a qualquer perturbação. Certa vez, em Memphis, uma sirene de alerta de tornado, presente no topo do prédio ao lado, tocou continuamente por meia hora e chegou até a ficar gravada na fita, mas o cliente não se lembrava de nada.

    Shirley entrou rapidamente e em transe profundo e eu a levei a uma vida passada para localizar as respostas de seus problemas. Ela regrediu para uma vida rural, onde os agricultores trabalhavam no campo. Ela se via em um corpo masculino, mas não parecia uma participante, apenas uma observadora. Muitas vezes, quando isso acontece, eles não são da área ou podem estar viajando, e pararam para observar a cena. Nesses casos, geralmente posso levá-los de volta ao local de onde partiram ou levá-los à diante para seu destino. Isso não funcionou com Shirley, ela não se envolveu em nenhuma das cenas a que foi, embora cheios de detalhes vívidos, era apenas uma observadora.

    Ela disse: "Reconheço esses lugares, mas não me sinto confortável lá. Sinto-me deslocada, como se não fosse quem sou. Nada realmente me parece familiar. É como se estivesse lutando".

Como ela se sentia deslocada, pedi que se mudasse para um lugar onde se sentisse confortável, onde se sentisse pertencente, um lugar familiar.

Ela me pegou completamente desprevenida com sua resposta rápida e inesperada: "O Sol!" Pedi que explicasse o que queria dizer.

S: Podemos ir para o Sol. É onde me sinto confortável e familiar.
D: *No "O Sol"?*
S: No Sol, com a luz. Sou uma parte disso. É apenas uma grande luz e está quente.
D: *Nosso Sol, ou é ... algo semelhante?*
S: É, o Sol.
D: *Isto é, o Sol?(Sim) Bem, como é fazer parte disso?*
S: (Respiração forte) Normal! Me sinto em casa e não tenho um corpo, tenho consciência. Eu sou uma parte da coisa toda, e não separada.

Como ela estava tão positiva e satisfeita, decidi concordar. Tive clientes descrevendo algumas experiências muito estranhas e inesperadas. O subconsciente sempre os leva para o que eles devem ver, e geralmente é por um motivo importante. Isso beneficiará o individuo, mesmo que eu não o entenda.

D: *Parte de toda a luz? Bem, como é estar no sol? Muitas pessoas se perguntam sobre isso.*
S: Conforme você se aproxima, é extremamente brilhante e quente, mas quando você entra nele, não é mais quente. Uma vez que você se torna ele, é apenas uma bola de luz. Com consciência.
D: *O Sol também tem consciência?*
S: Sim. É uma consciência contínua, que vai e vai para sempre.
D: *Mas há muitos Sóis em muitos lugares, não é mesmo?*
S: Não assim. Há apenas este.
D: *Isso é diferente de uma estrela que é um Sol? É isso que você quer dizer?*
S: Sim. É pura energia.
D: *Mas existem muitos Sóis, com muitos planetas orbitando ao seu redor, você concorda?*
S: Não sei. Tudo o que sei é que fui em direção a essa bola de luz que reconheci. Soube que era a minha casa assim que entrei e já não tinha mais forma. Eu apenas era total consciência e energia.

D: *Você sente que é a sua casa?(Sim) É aí que você se sente confortável? (Sim) Bem, isso é ótimo. É estranho não ter um corpo?*
S: Não. Parece normal.
D: *Você sabe dizer se esteve lá por muito tempo?*
S: Não sei, mas o reconheço. É quem eu sou.
D: *Existem outros seres, outras entidades com você?*
S: Sim, mas uma vez que você está lá, você não é diferente. É como se tornasse essa entidade. À medida que saio do Sol, ou desta bola de energia e luz, é que fico diferente. Há outras entidades e à medida que eles saem, eles se tornam separados também e quando entram, são apenas um.
D: *Então é uma sensação confortável, fazer parte de uma coisa só e poder se separar?*
S: Sim, se eu quisesse, poderia me separar.
D: *Você tem um nome para este lugar?*
S: Eu não tenho um nome para isso.
D: *Gostamos de colocar nomes e rótulos nas coisas. Você está aí há muito tempo?*

Era difícil pensar em perguntas para algo tão desconhecido.

S: Posso estar aqui por muito tempo. Se estou lá não é provável que eu queira sair novamente, mas eu posso.
D: *Mas nem sempre dá para ficar no mesmo lugar, não é?*
S: Eu posso. Não sei por que sairia, mas às vezes a gente sai.

Eu estava tentando pensar em como movê-la, pois isso parecia não ir a lugar nenhum. Ela poderia se contentar em ficar lá indefinidamente.

D: *E você pode sair e voltar de novo?(Sim) E quando você sai, você se separa em diferentes entidades individuais?(Sim) Tudo bem. Vejamos para onde você vai quando sair. Diga-me o que acontece quando você sai e se torna uma entidade individual.*
S: Não é confortável. É muito perturbador. É... aquele físico... uma sensação desagradável.
D: *Quando você deixa a luz, quer dizer que se torna uma entidade física?*

S: Fisicamente como uma entidade. É muito diferente, não fazer parte do todo é muito, muito perturbador. É muito frio e muito pesado, e muito, muito sozinho.

D: *Você está separado, então, e no outro você faz parte de tudo? Isso seria certo?*

S: Você não faz parte disso. Você é apenas isto.

D: *Você é isto.*

S: Não é como se você fosse um monte de, entrando em um. Você apenas é isto. Não há separação, nenhuma diferença. Só há uma diferença, quando você sai, é quando você se separa e se torna "nós" e "eles" ou muitos, ou... um limite.

D: *O que você quer dizer com limite?*

S: Porque você tem uma forma, então há um limite ao seu redor e por causa dessa forma, ela evita que você fique sem limite.

D: *Estou tentando entender. Por que você assume uma forma então?*

S: Acho que é para servir quem escolhemos. Acho que é uma forma de servir e sacrificar que a gente vai... ajudar....

D: *Para ajudar quem?*

S: Para ajudar os outros que podem não saber como voltar.

D: *Todos vêm do mesmo lugar?*

S: Eu penso que sim. Se me aproximar, posso responder melhor. Quando estou entrando nele, aí sim, mas quando saio, e fico fora dele, há muita diferença para saber tudo.

D: *Quer dizer que você perde alguma informação ou conhecimento?*

S: Acho que sim. É como quando estou me aproximando, eu sei, tenho certeza, eu Sou. Quando me afasto Disso, perco um pouco Disso. Ainda assim, eu escolho ir embora.

D: *Mas você acha que todas essas entidades individuais vêm de um só lugar?*

S: É o único lugar que conheço.

D: *O único que você conhece.(Sim) Eu estava curiosa para saber se havia outros lugares assim.*

S: Minha sensação é que existe apenas um lugar.

D: *E então as pessoas saem e voltam como indivíduos. Eles voltam em ciclos, em intervalos ou o quê?*

S: Sim. Não é tudo de uma vez, é aleatório, quando algo é concluído ou quando você precisa se energizar.

D: *Quer dizer que você tem que voltar periodicamente para ser energizado?(Sim) Se não o fizer, o que aconteceria?*

S: Não é que não faríamos. Temos que ir para casa. Você vai voltar e ficar energizado para poder continuar a sair. Você nunca vai não voltar.
D: *Então você vai e volta.*
S: Sim. Às vezes você fica mais tempo, e às vezes você fica menos.
D: *Mas é sempre um lugar para o qual você voltará?(Sim) Bem, para onde você vai quando está viajando para longe desta luz?*
S: Acho que vou a planetas. Terra, outros lugares também.
D: *Você pode descrever o que quer dizer? Que outro tipo de lugar você iria?*

O barulho da construção, rebitagem e outros equipamentos pesados do outro lado da rua estavam ficando muito altos e me distraíam, no entanto, isso não parecia incomodar Shirley.

S: Lugares que são diferentes. Que não têm tanta cor como a Terra e com formas diferentes do não material.
D: *O que você quer dizer?*
S: Sem vegetação. Nada com cor. Sem flores, sem pássaros. Monótono. Cores vermelhas. Cores vermelhas brutas. Montes, argilas.
D: *Eles têm um ambiente físico, como montanhas, terra ou algo assim?*
S: Existem montanhas, mas elas são diferentes lá, são pontiagudas, afiadas e muito alinhadas.
D: *Como você sabe para onde ir quando vai a esses lugares diferentes?*
S: Quando me mexo há algo em mim que... me manda. Fui enviado para ajudar o anfitrião.
D: *Como você sabe onde você tem que ir?*
S: A consciência nos envia. Nós apenas sabemos.
D: *Você quer dizer, a grande luz que você deixou? A consciência? É assim que você a chama?(Sim) Ela te envia, te diz para onde ir?*
S: Sim. É mais como telepatia mental, como se eu soubesse. Sou uma parte da coisa toda, então sei para onde ir e quando saio, torno-me como que um ser de luz individual.
D: *Então no momento em que você está separado, parece saber instintivamente para onde deve ir?(Sim) Quando você chega lá, o que acontece?*

S: Vou me tornar, penso eu, uma forma como as formas onde quer que eu vá e eu ajudo quando preciso.
D: Portanto, as formas podem ser diferentes a cada lugar que você vai. Como você se torna essas formas?
S: Sim. Acho que basta apenas pensá-las.
D: Acho que estou pensando em almas e espíritos, e como eles entrariam em uma forma. É diferente disso?
S: EU penso a forma, e eu estou lá.
D: Estou pensando em termos da Terra.
S: Você quer dizer como se eu tivesse nascido.(Sim) Eu não me vejo nascendo. Na Terra... deixe-me pensar, se eu fosse para a Terra.
D: Porque a Terra é o que eu conheço, mas sei que em outros provavelmente é diferente.
S: Eu estava indo para outro lugar.
D: Podemos voltar a isso em um minuto, antes eu queria esclarecer esta parte, se possível. Se você estivesse vindo para a Terra, como isso aconteceria?
S: Acho que vindo para a Terra, às vezes posso nascer, mas eu não preciso ser.
D: Estou pensando na alma ou espírito, como quer que você se chame, entrando em um bebê quando ele nasce.
S: Eu não tenho que fazer isso dessa maneira.
D: Como você faria de uma maneira diferente?
S: Eu apenas entraria em algo.
D: Mas já não haveria um espírito lá dentro?
S: Não se eu entrasse. Não quando eu entrar. Mas muito raramente, na Terra, fazemos isso.
D: Porque me disseram que para cada forma, apenas um é atribuído?
S: Às vezes você desocupa, às vezes é um acordo e a alma vai embora, e eu posso entrar.

Isso soou um pouco como um "walk-in". Estes são descritos em "Entre a Morte e a Vida". Normalmente, outra alma troca de lugar com a alma que ocupa atualmente o corpo, se essa alma assumiu mais do que pode suportar. É uma alternativa aceitável ao suicídio.

D: Você se considera uma alma ou um espírito?
S: Eu não sou um espírito. Sou uma alma.

D: *Como você se definiria, como uma alma? Sei que às vezes o idioma não é suficiente.*
S: Sim, porque não uso linguagem. Pensar. Você apenas pensa. É consciência e eu sou consciencia, as coisas podem acontecer muito rápido.
D: *Então, você considera uma alma como um pedaço de consciência?*
S: Eu sou consciência.
D: *Você é consciência, mas também é um indivíduo.*
S: Na Terra, em outros lugares, mas quando vou para casa sou apenas o todo.
D: *Quando você vem para a Terra, entra na forma quando nasce como um bebê?*
S: Quando vamos para a Terra e eu entro em um bebê, não entro apenas em qualquer bebê, entro onde sou necessário. Posso ver uma alma no bebê que eu vou, acho que me juntei a essa alma.
D: *Então é diferente de como as outras almas ou espíritos fazem? É isso que você quer dizer? Onde eles são atribuídos a um, você faz isso de uma maneira diferente?*
S: Acho que sim, porque não me vejo nascer. Eu me vejo fazendo uma escolha, e é um acordo.
D: *Com a alma que já está lá?*
S: Sim. Tal situação talvez.
D: *E você pode fazer isso a qualquer momento durante a vida como forma?*
S: Faço isso e fico com ela durante todo o tempo, então vou embora, mas posso fazê-lo em qualquer fase.
D: *Foi isso que eu quis dizer, não precisa ser um bebê? Você pode entrar em qualquer fase? Desde que esteja de acordo com a alma que já está lá?(Sim) E a consciência é aquela que instintivamente lhe diz para onde você deve ir a seguir?(Sim) E você disse que quando você vai para outros lugares, outros planetas ou outros reinos, é diferente?*
S: Acho que entro como adulto. Eu vejo a forma e eu apenas me torno ela, mas ela já existe.
D: *Portanto, não há versões menores dela, como bebês. Eles são todos maduros, formas adultas?*
S: Quando entro nessa fase, sim, pelo menos neste lugar.
D: *Eu continuo pensando no físico, mas pode não ser assim.*

S: É uma entrada física. Quando digo que sou um indivíduo quando deixo a massa da consciência energética, sou uma forma de algo fora dessa consciência energética, posso ainda não ser a forma do que está para acontecer, ainda assim, sou consciência energética, com uma forma indescritível.
D: *E você tem uma consciência, uma personalidade que pensa, não é?*
S: Foi-me dito que sim, como consciência.
D: *Dessa forma, você tem uma individualidade, mesmo sendo energia. É isso que você quer dizer?*
S: Sim, e estou a serviço.
D: *Esses lugares que você vai, onde você pensa um corpo, é assim que as outras entidades também criam corpos?(Sim)*

Agora, além dos barulhos da construção, algumas crianças começaram uma manifestação na rua abaixo com gritos, cantos e batuques, porque estávamos nas proximidades de várias escolas. Mais uma vez, isso não pareceu incomodar Shirley.

D: *Estou fazendo tantas perguntas porque estou tentando entender conceitos difíceis. Então, nesses lugares, as pessoas ou entidades não precisam passar por um processo de crescimento, eles apenas criam a forma em que desejam estar, pensando nisso. Isso é correto?(Sim) Portanto, existem muitas outras maneiras de fazer as coisas, além das que conhecemos na Terra.(Sim) É por isso que é um pouco difícil para mim compreender, mas se você trouxesse o corpo à existência pensando nele, ele não morreria, morreria?*
S: Eu nunca morro. O corpo de quem quer que eu vá, esse morre, então nos separamos. Sua alma segue seu próprio caminho e eu volto.
D: *Então toda vez que você faz isso está sempre com outra alma no corpo?*
S: Acho que sim.
D: *Você nunca está no corpo sozinho. Isso soa diferente. Não é a maneira como normalmente pensamos em espíritos e almas.*
S: Eu sou a consciência.
D: *Mas você quer dizer que há outra alma nesses corpos, a forma física, mesmo quando você pensa sua existência?(Sim) Então você se combina com ela.*

S: Eu não me combino.
D: *Como você faz isso? Junta-se a ela? Isso seria combinar.*
S: Eu não me torno um com ele, eu o sirvo, e então vou para casa.
D: *Isso não o tornaria mais como um observador? Provavelmente não estou usando a terminologia correta.*
S: Eu não sou um observador.
D: *Você disse que serve à alma, mas você é uma consciência. Você pode me ajudar a entendê-lo?*
S: Esta pessoa deitada aqui, está tendo dificuldade em entender isso também.
D: *Apenas deixe a informação fluir, e nós podemos resolver isso mais tarde, dessa forma, nós duas poderemos entender. Você disse que não é um observador, mas se você serve a alma que está no corpo, você não é a alma que está tendo a experiência.*
S: Pode ser que eu me una à alma e seja pura consciência. Eu terei uma alma, mas eu não serei minha alma. Agora sou pura consciência, uma energia. Já estou com o todo há tempo suficiente para ser a minha casa e eu ajudo planetas. Vou a certos lugares onde sou necessário e ajudo os seres do planeta. Quando entro neles, é onde sou necessário, no momento em que sou necessário. Quando entro na alma, um bebê, minha consciência predomina. Eu anulo essa consciência até que eu não seja necessário.
D: *Isso pode acontecer antes que o corpo realmente morra, você não ser mais necessário?*
S: Sim. Mas geralmente não.
D: *Bem, se há outra alma atribuída a esse corpo e você está mais ou menos ajudando essa alma, isso significa que você não cria carma para si mesmo?*
S: Posso criar carma, mas não preciso. Às vezes posso esquecer demais e criar carma, então perco um pouco o rumo de casa, até que me lembro. Esses são os momentos em que passo mais tempo longe. Então posso nascer de uma maneira diferente, mas quando me lembro, vou para casa. Eu nunca, nunca esqueço, mas, às vezes, se tenho um carma sério acumulado, preciso resolvê-lo antes de me lembrar.
D: *Quando isso acontece, você é a alma predominante no corpo, em vez do ajudante?(Sim) Você pode alternar entre um e outro?(Sim) Você pode ajudar a alma ou, se criar carma, você se torna a alma*

que deve experimentá-lo. Isso faz sentido?(Sim) Acho que sempre pensamos em possessão, mas não soa assim.
S: Não. É sempre por escolha, e só quando precisam de mim.
D: *Mas às vezes você fica preso, por assim dizer, e tem que ser o "predominante" no corpo até resolver.(Sim) Só então você pode ir para casa ou alternar novamente?*
S: Eu vou para casa. Não é... às vezes eu vou esquecer.
D: *Então, a maior parte do que você fez foi como um ajudante, em vez de viver uma vida física. É isso que você quer dizer? (Sim) Assim, mesmo em outros planetas, outras dimensões, vocês tentam ajudar.(Sim) Mas neste momento em que você está no corpo de Shirley, você é o ajudante ou a alma predominante?*
S: Vou entrar pra ver. (Pausa) Sou a alma predominante.
D: *É por isso que em sua mente consciente, ela se sente desconectada nesta vida? (Sim) Ela vive dizendo que quer ir para casa e sabe que não pertence a este lugar.(Sim) Porque ela está mais conectada com você do que uma pessoa normalmente seria?(Sim) Isso faz sentido, não é?*

Isso tem uma semelhança com os outros casos deste livro, em que as pessoas ansiavam por voltar para "casa", mas não sabiam dizer o que isso significava. Na maioria desses casos, "casa" era um estranho planeta físico. Neste caso com Shirley, parecia indicar um desejo ainda mais profundo de lar, além do planeta físico, hospedeiro ou original. Esses outros casos, muitas vezes se sentiam parte do lugar em que se encontravam e também hesitavam muito em sair, no entanto, com Shirley, parecia ainda mais ancestral e essencial. Talvez uma memória parte de nossa mente primordial que existia antes da criação dos mundos físicos e que existe em nós desde sempre.

D: *O que aconteceu para você ficar preso, por assim dizer, neste corpo e se tornar a alma predominante? (Pausa) Você criou carma, eu acho, ou você não seria a alma predominante, seria?*
S: Ego. Fiz mal uso de algum poder.
D: *Conte-me sobre isso.*
S: Eu criei coisas falsas.
D: *Você disse que pode pensar em coisas e elas passam a existir?*
S: Não. Só quando saio do todo, e posso pensar e assim existir, mas eu não consigo pensar em coisas e elas existirem.

D: *Mas você disse, em outro momento, você criou coisas falsas?*
S: Experimentei em animais. Eu os fiz em diferentes formas.
D: *Isso foi em uma vida que você estava vivendo naquela época? (Sim) Porque você fez isso?*
S: Porque eu queria criar algo e eu tinha a capacidade.
D: *Você estava fazendo essas coisas como uma entidade física? (Sim) Acho que estou pensando em um cientista ou algo assim? (Sim) Você só fez isso por curiosidade ou o quê?*
S: Era para ver se funcionava.
D: *Outros estavam fazendo a mesma coisa?*
S: Sim. Mas eu era uma das cabeças. Não era moralmente certo.
D: *Mas você disse, criando coisas falsas.*
S: Humanos e animais. Experimentando em diferentes animais. Criando com partes do corpo. Cirúrgica e geneticamente.
D: *Essas estranhas criaturas viveriam? (Sim) Este lugar onde você estava fazendo isso tinha um nome?*
S: Atlântida. Não era exatamente lá, mas em algum lugar perto.
D: *Apenas por curiosidade, para ver se isso poderia ser feito.*
S: Sim, veio do ego.
D: *O que você fez com essas criaturas depois que elas foram criadas?*
S: Eu as deixei ir.
D: *Eles poderiam procriar, se reproduzir?*
S: Alguns sim, outros não. Eu havia entrado em outra alma. A alma era um cientista. Alma tinha ego, muito ego. Eu me perdi no ego.
D: *Você se envolveu demais então, e isso se tornou seu carma. (Sim) Mas é verdade que, naqueles dias, as pessoas estavam fazendo muitas coisas que não eram certas, apenas por curiosidade?*
S: Sim. Mas porque fui pego pelo ego, meu ego consciente foi usado de forma errada. Eu tinha poder.
D: *Então você foi, mais ou menos, apanhado no ciclo de ter que retornar e reembolsar o carma e isso fez com que você ficasse preso no plano físico da Terra humana? Você está pagando esse carma?*
S: Eu venho pagando.
D: *Essa é uma grande dívida, mas você acha que quase completou esse carma? (Sim) Então talvez não demore muito e você possa ir para casa. Mas a essa altura você tem que ficar com a Shirley, com esse corpo? (Sim) Isso significa que Shirley tem muito conhecimento inexplorado e informações que ela nem sabe que*

estão lá.(Sim) Se ela quiser usá-lo nesta vida, ela conseguiria acessar esse poder e essa informação?
S: De alguma forma.

Então comecei a fazer as perguntas que Shirley havia escrito antes da sessão a essa parte dela (não sabia se estava falando com seu subconsciente ou não). Essa parte estava tão alinhada com ela que foi capaz de lhe dar conselhos importantes para ajudá-la a entender os eventos de sua vida. Uma coisa em particular sobre a qual ela perguntou, foi sua profunda e próxima afinidade com os animais. Ela pode se comunicar mentalmente com eles. Suspeitei que a resposta estaria ligada à vida em Atlantis, onde ela havia abusado de animais em grande medida. Eu estava certa, disse que ela havia evoluído a ponto de se tornar uma com os animais de uma forma positiva.

Shirley teve uma experiência estranha, alguns anos atrás, sobre a qual ela queria que eu perguntasse. Durante uma sessão de renascimento, ela se viu vivendo uma vida como extraterrestre em um corpo reptiliano. Às vezes, enquanto relaxa durante o processo de renascimento, o sujeito terá experiências dramáticas, muitas vezes indo além de reviver a experiência do nascimento e trazer cenas de vidas passadas. Ela queria encontrar mais informações sobre isso.

D: Certa vez, quando ela estava tendo uma experiência de renascimento, se viu em uma forma reptiliana. Isso foi uma memória verdadeira? O que estava acontecendo?
S: Sim, essa foi uma memória verdadeira. Não foi quem ela era e sim quem eu sou. Na verdade não sou separado dela, mas eu sou.

Eu estava confusa novamente. Toda essa sessão estava apresentando informações que eu nunca havia encontrado antes.

D: Você disse ser a alma predominante agora como Shirley.(Sim) Vocês sempre estiveram juntos, como almas?(Sim) Cada vida que você viveu, ela viveu?(Sim) E às vezes ela era a predominante, e às vezes você?
S: Ela tem sido a alma predominante, mas estou começando a ser a alma predominante.

D: Mas vocês sempre estiveram juntos e você a ajuda o tempo todo.(Sim) Mas foi uma vida inteira que ela viveu em outro lugar em uma forma reptiliana?
S: Essa foi uma memória minha. Como tenho existido em sua alma, como uma parte dela, todavia não separado, mas ainda não o mesmo; não há palavras para expressar esse conceito. Eu vim com a minha memória e quando ela "renasceu", ela se viu assim.
D: Essa é a parte difícil, tentar separar essas duas coisas, porque estamos muito acostumados a pensar em termos físicos.
S: Esses são os limites.

Depois de fazer mais perguntas relacionadas à condição física de Shirley, pedi que essa parte incomum recuasse para assim trazer-lhe de volta à plena consciência. Desnecessário dizer que fiquei confusa com essa nova informação e sabia que levaria tempo para digerir. Também me perguntei como seria difícil para Shirley compreender depois que ela tivesse a chance de ouvir a fita.

Desde esta sessão, tive uma experiência semelhante com um homem em 2001. Ele também regrediu para uma luz brilhante que era tão confortável que ele queria ficar lá. Ele expressou o sentimento de grande solidão e separação, quando teve que deixá-la e individualizar-se para viajar nessas explorações da alma.

O que nós contatamos? A fonte? Consciência Universal? Parte fragmentada da alma? Fonte de Deus?

Quanto mais perguntas fazemos, mais perguntas surgem. Parece não ter fim. Provavelmente nunca conseguiremos entender tudo, e sempre haverá conceitos mais complicados além do nosso alcance. No entanto, para mim e para minha curiosidade insaciável, essa é a emoção da busca e a aventura de sondar o desconhecido. Continuarei nessa viagem.

Sobre o Autor

Dolores Cannon, uma hipnoterapeuta regressiva e pesquisadora psíquica que registra o "conhecimento perdido", nasceu em 1931 em St. Louis, no Missouri, onde se educou e viveu até seu casamento em 1951 com um militar da Marinha. Dolores passou os próximos 20 anos viajando por todo o mundo como uma típica esposa, criando sua família.

Em 1968, teve sua primeira exposição ao tema reencarnação por meio da hipnose regressiva, quando seu marido, um hipnotizador amador, trabalhando no tratamento de sobre peso de uma cliente, tropeçou em uma vida passada. Naquela época, o assunto ainda era heterodoxo e poucas pessoas estavam experimentando no campo. Isso despertou seu interesse, mas teve que ser deixado de lado, pois as exigências da vida familiar tinham prioridade.

Em 1970, seu marido foi dispensado como veterano inválido e após sua aposentadoria, a família se mudou para as colinas do Arkansas. Dolores pôde, finalmente, iniciar sua carreira de escritora e logo começou a vender seus artigos para várias revistas e jornais.

Quando seus filhos começaram a viver por conta própria, seu interesse pela hipnose regressiva e reencarnação foi desperto. Ela estudou os vários métodos de hipnose e, assim, desenvolveu sua própria técnica, única, que permitia obter a liberação mais eficiente de informações através de seus cliente. Desde 1979, ela regrediu e catalogou informações obtidas de centenas de voluntários. Em 1986, ela expandiu suas investigações no campo da Ufologia, realizando estudos a campo, visitando supostos locais de pouso de ÓVNIS e investigando fenômeno dos Agroglifos (Círculos nas Plantações) na Inglaterra. Grande parte de seu trabalho neste campo tem sido o acúmulo de evidências de supostas abduções, por meio da hipnose.

Seus livros publicados incluem: Conversas com Nostradamus Volumes I, II, III - Jesus e os e Essênios - Eles Caminharam com Jesus - Entre a Morte e a Vida - Uma Alma Recorda Hiroshima - Guardiões do Jardim - Legado das Estrelas - A Lenda de Starcrash - Sob Custódia - O Universo Convoluto - Livro I, II, III, IV. Vários de seus livros estão agora disponíveis em diferentes idiomas.

Dolores tem quatro filhos e quatorze netos que a ajudam a manter uma vida solidamente equilibrada entre o mundo real de sua família e o mundo invisível de seu trabalho.

Se você deseja se corresponder com Dolores sobre seu trabalho, escreva para o endereço abaixo. (Por favor, anexe um envelope selado e endereçado para a resposta dela.) ou através do nosso Web Site.

Dolores Cannon
c/o Ozark Mountain Publishing, Inc.
Caixa postal 754
Huntsville, AR 72740
WWW.OZARKMT.COM

Other Books by Ozark Mountain Publishing, Inc.

Dolores Cannon
A Soul Remembers Hiroshima
Between Death and Life
Conversations with Nostradamus, Volume I, II, III
The Convoluted Universe -Book One, Two, Three, Four, Five
The Custodians
Five Lives Remembered
Horns of the Goddess
Jesus and the Essenes
Keepers of the Garden
Legacy from the Stars
The Legend of Starcrash
The Search for Hidden Sacred Knowledge
They Walked with Jesus
The Three Waves of Volunteers and the New Earth
A Very Special Friend
Aron Abrahamsen
Holiday in Heaven
James Ream Adams
Little Steps
Justine Alessi & M. E. McMillan
Rebirth of the Oracle
Kathryn Andries
Time: The Second Secret
Will Alexander
Call Me Jonah
Cat Baldwin
Divine Gifts of Healing
The Forgiveness Workshop
Penny Barron
The Oracle of UR
P.E. Berg & Amanda Hemmingsen
The Birthmark Scar
Dan Bird
Finding Your Way in the Spiritual Age
Waking Up in the Spiritual Age
Julia Cannon
Soul Speak – The Language of Your Body
Jack Cauley
Journey for Life
Ronald Chapman
Seeing True
Jack Churchward
Lifting the Veil on the Lost Continent of Mu

The Stone Tablets of Mu
Carolyn Greer Daly
Opening to Fullness of Spirit
Patrick De Haan
The Alien Handbook
Paulinne Delcour-Min
Divine Fire
Holly Ice
Spiritual Gold
Anthony DeNino
The Power of Giving and Gratitude
Joanne DiMaggio
Edgar Cayce and the Unfulfilled Destiny of Thomas Jefferson
Reborn
Paul Fisher
Like a River to the Sea
Anita Holmes
Twidders
Aaron Hoopes
Reconnecting to the Earth
Edin Huskovic
God is a Woman
Patricia Irvine
In Light and In Shade
Kevin Killen
Ghosts and Me
Susan Linville
Blessings from Agnes
Donna Lynn
From Fear to Love
Curt Melliger
Heaven Here on Earth
Where the Weeds Grow
Henry Michaelson
And Jesus Said – A Conversation
Andy Myers
Not Your Average Angel Book
Holly Nadler
The Hobo Diaries
Guy Needler
The Anne Dialogues
Avoiding Karma
Beyond the Source – Book 1, Book 2
The Curators
The History of God
The OM
The Origin Speaks

For more information about any of the above titles, soon to be released titles, or other items in our catalog, write, phone or visit our website:
PO Box 754, Huntsville, AR 72740|479-738-2348/800-935-0045|www.ozarkmt.com

Other Books by Ozark Mountain Publishing, Inc.

Psycho Spiritual Healing
James Nussbaumer
And Then I Knew My Abundance
Each of You
Living Your Dram, Not Someone Else's
The Master of Everything
Mastering Your Own Spiritual Freedom
Sherry O'Brian
Peaks and Valley's
Gabrielle Orr
Akashic Records: One True Love
Let Miracles Happen
Nikki Pattillo
Children of the Stars
A Golden Compass
Victoria Pendragon
Being In A Body
Sleep Magic
The Sleeping Phoenix
Alexander Quinn
Starseeds What's It All About
Debra Rayburn
Let's Get Natural with Herbs
Charmian Redwood
A New Earth Rising
Coming Home to Lemuria
Richard Rowe
Exploring the Divine Library
Imagining the Unimaginable
Garnet Schulhauser
Dance of Eternal Rapture
Dance of Heavenly Bliss
Dancing Forever with Spirit
Dancing on a Stamp
Dancing with Angels in Heaven
Annie Stillwater Gray
The Dawn Book
Education of a Guardian Angel
Joys of a Guardian Angel
Work of a Guardian Angel
Manuella Stoerzer
Headless Chicken

Blair Styra
Don't Change the Channel
Who Catharted
Natalie Sudman
Application of Impossible Things
L.R. Sumpter
Judy's Story
The Old is New
We Are the Creators
Artur Tradevosyan
Croton
Croton II
Jim Thomas
Tales from the Trance
Jolene and Jason Tierney
A Quest of Transcendence
Paul Travers
Dancing with the Mountains
Nicholas Vesey
Living the Life-Force
Dennis Wheatley/ Maria Wheatley
The Essential Dowsing Guide
Maria Wheatley
Druidic Soul Star Astrology
Sherry Wilde
The Forgotten Promise
Lyn Willmott
A Small Book of Comfort
Beyond all Boundaries Book 1
Beyond all Boundaries Book 2
Beyond all Boundaries Book 3
D. Arthur Wilson
You Selfish Bastard
Stuart Wilson & Joanna Prentis
Atlantis and the New Consciousness
Beyond Limitations
The Essenes -Children of the Light
The Magdalene Version
Power of the Magdalene
Sally Wolf
Life of a Military Psychologist

For more information about any of the above titles, soon to be released titles,
or other items in our catalog, write, phone or visit our website:
PO Box 754, Huntsville, AR 72740|479-738-2348/800-935-0045|www.ozarkmt.com